비정규직 노동법

비정규직 노동법

초 판 인 쇄 | 2007년 1월 10일
개정5판 발행 | 2016년 9월 26일

지 은 이 | 김 수 복
펴 낸 이 | 김 남 진
펴 낸 곳 | (주)중앙경제
편집·디자인 | 한 지 희

주 소 | 서울시 중구 다산로 11길 19(신당2동 355-8) 백석빌딩 신관
전 화 | 02-2231-7293
팩 스 | 02-2235-5344
홈 페 이 지 | www.elabor.co.kr
출 판 등 록 | 80. 6. 21 제 2-66호

I S B N | 978-89-7017-359-7 (93330)
정 가 | 40,000원

개정5판

비정규직 근로자 관리를 위한 다각적 해결방안

비정규직 노동법

김 수 복

㈜중앙경제

머리말

비정규직 보호법을 제정 · 시행한 지 10년이 되었다. 비정규직근로자에 대한 불합리한 차별을 시정하고 그 근로조건 보호를 강화하겠다는 당초의 입법목적과는 달리 그 동안 비정규직근로자는 오히려 늘고 임금격차는 더 커지고 있다. 임금근로자의 거의 절반이 비정규직이라는 현실은 결코 정상이 아니다. 정규직근로자와 비정규직근로자의 임금격차가 너무 커서 형평성 문제는 놔두더라도 비정규직근로자들의 좌절과 불만은 폭발 직전에 있다. 임금 등 양극화는 더욱 심화되고 장기적으로 고착화 · 구조화 돼가고 있을 뿐만 아니라 앞으로 그 격차가 더욱 확대될 것이라는 점이다. 비정규직 근로자의 차별해소문제는 이념과 계층 · 정파를 초월한 시대정신이자 국가적 공동과제이다.

본서는 비정규직근로자들의 고용과 권익을 보호하면서도 기업의 노무관리 합리화라는 시각에서 예상되는 문제점을 제시하고 그 해결대책을 제시하였다.

본서 5판을 발간함에 있어서 역점을 둔 것은 다음과 같다.

첫째, 비정규직근로자 문제의 심각성이 있음에도 불구하고 현재 기업 현장에서는 비정규직근로자의 다양한 취업의식이나 취업실태를 바탕으로 한 적절한 노무관리가 행해지지 않고 있고, 적절한 법적 보호를 받지 못하고 있다. 이로 인해 비정규직근로자 문제를 둘러싸고 노사간에 갈등이 빈번하게 야기되고 있고, 비정규직근로자들도 여러 가지 직업생활상의 불안을 겪고 있다. 이러한 상황에 대응하여 비정규직근로자 유형에 따른 적정한 보호대책과 노무관리방안을 제시했다. 이에 따라 「파견근로자를 효율적으로 활용하기 위한 포인트」를 새로운 장으로 추가했다.

둘째, 비정규직보호법의 시행에 따라 비정규직근로자들이 같은 조건에서 같은 일을 하고 노동강도마저 같다면, 임금 그 밖의 근로조건 등에서 차별이 있어서는 안된다. 정규직과 비정규직간 차별 금지와 그 차별 시정 문제는 노 · 사간 갈등의 핵심요인으로 작용하고 있다. 노동시장의 유연화 경향으로 인해 불가피하게 증가하고 있는 비정규직근로자들의 근로조건을 보호하기 위한 제도적 장치를 마련하는 동시에 이들의 고용불안을 최소화하여 생산성을 향상시키기 위한 차별시정의 중요성은 그 어느 때 보다도 크다. 그러므로 차별시정과 관련한 모든 쟁점을 제시하고 그 해결책을 제시하였다.

셋째, 비정규직근로자 관리를 위하여 필요한 관련규정 · 사례 · 모델안 등 해결책을 다각도로 모색하였다. 이러한 작업에는 고용노동부에서 편찬한 「비정규직법령 업무매뉴얼」과 「차별시정제도」는 많은 도움을 주었고 상당부분 그 내용을 인용하였다. 그 밖에도 고용노동부의 「비정규직 종합대책」 · 「공공부문 비정규직 고용개선 대책」과 기간제근로자 고용안정 가이드라인, 전자근로계약서 활성화를 위한 가이드라인 등 각종 「가이드라인」을 해설을 덧붙여 게재했다.

넷째, 2016년 8월 말까지 각급법원 판례 · 노동위원회 판정례 · 고용노동부 행정해석을 정확하게 소개하였다. 특히 대법원 판례 중 사용사업주의 직접고용의무의 법적 성격, 지엠대우의 근로자파견법 위반의 형사책임, 인천국제공항공사와 KTX여성승무원 사건의 도급업체근로자에 대한 지시감독권의 허용한계, 현대자동차 사내하도급과 근로자파견의 구별기준, 각종 차별처우에 관한 판단기준 및 기간제근로계약의 갱신기대권 인정 등을 상세히 해설하였다.

아무쪼록 본서가 비정규직근로자의 보호와 기업의 노무관리에 조금이라도 도움이 되기를 바라며, 본서를 출간하여 주신 (주)중앙경제 金熙成 회장님, 김남진 대표이사님, 김태윤 상무님, 한지희님과 한국노동연구소 임승현, 이상익 공인노무사와 임지현님의 노고에 감사드립니다.

2016.9.
金 洙 福

목 차

1편 비정규직근로자 고용형태

2편 기간제근로자의 고용과 법률문제

3편 단시간근로자의 고용과 법률문제

4편 파견 · 도급 · 사내하도급 근로자의 고용과 법률문제

5편 특수직 · 특정 전문직 근로자의 고용과 법률문제

각종 지침 · 가이드라인 · 표

제2편 제3장 6 기간제근로자 고용안정 가이드라인
7 전자근로계약서 활성화를 위한 가이드라인
7 표준근로계약서 (기간의 정함이 없는 경우)
7 표준근로계약서 (기간의 정함이 있는 경우)
제4장 2 [표2] 기간제법상 기간제근로자 사용기간 예외사유
제7장 2 [표3] 표로 본 기간제 · 단시간근로자 차별시정제도
2 [표4] 표로 본 노동위원회를 통한 차별시정 신청처리절차
3 차별판단 체크리스트
6 [표5] 표로 본 고용노동부장관의 차별시정 · 요구에 따른 차별시정제도
8 고용형태에 따른 차별개선 가이드라인

제3편 제2장 3 단시간근로자 관리의 체크포인트
제3장 3 단시간근로자의 근로조건 결정기준 등에 관한 사항
제5장 4 단시간근로자 표준근로계약서

◈ 법률약어표 ◈

· 고용상연령차별금지및고령자고용촉진법: 고령자고용촉진법
· 근로자참여및협력증진에관한법률: 근참법
· 근로자퇴직급여보장법: 근퇴법
· 기간제및단시간근로자보호등에관한법률: 기간제법
· 남녀고용평등과일 · 가정양립지원에관한법률: 남녀고용평등법
· 노동조합및노동관계조정법: 노조법
· 산업안전보건법: 산안법
· 산업재해보상보험법: 산재보험법
· 파견근로자보호등에관한법률: 근로자파견법

◈ 각급법원약칭 ◈

· 대법원: 대법
· 고등법원: 고법
· 행정법원: 행법
· 지방법원: 지법
· 헌법재판소: 헌재

제1편

비정규직근로자 고용형태

1장 비정규직근로자 고용형태의 다양화

1 고용형태 다양화의 요인

최근 사회 · 경제적 변화와 경영환경이 급변함에 따라 고용 · 취업 형태가 매우 다양화되고 있으며 경제구조의 서비스 산업화, 정보사회화 및 세계화, 노동력 구조의 변화, 정부의 적극적인 고용정책 등에 의하여 기업의 인력 운용방식이 달라지면서 비정규직근로자(non-standard worker, contingent worker)는 증가하고 있다.

산업구조와 사회환경 등의 변화를 고려할 때 비정규직근로자의 증가는 계속될 것으로 예측된다.

비정규직근로자의 증가와 함께 고용 · 취업형태도 빠르게 변화되고 있다. 최근 서비스 산업의 발달과 정보기술의 발전, 기업 경쟁력의 강화 등을 원인으로 전통적 근로관계에서 벗어나는 새로운 형태의 노무제공이 증가하고 있다. 따라서 고용 · 취업형태의 다양화에는 여러 가지 측면이 있지만 그 주된 내용은 다음과 같이 분류할 수 있다.

1. 고용관계의 차이로 인한 다양화

같은 직장에서 일하고 있더라도 당해 기업에 직접고용되어 있는 근로자인지, 타회사에서 파견 나온 근로자인지(소위 파견근로자 · 계열회사에서 장기출장 온 근로자), 아니면 당해 기업의 업무의 일부를 도급받아 일하는 도급 근로자인지(청소, 경비 등)

근로형태가 다양할 뿐 아니라 당해 기업에 직접고용되어 있는 경우에도 정년까지 근무하는 정규직인지, 아니면 시간제, 계약직, 임시직근로자인지 고용형태가 다양하다.

2. 근무하는 장소의 차이로 인한 다양화

최근 재택근무, 출장근무, 도급 근로자(청소, 경비, 건물관리), 파견근로자(전산직 사무원의 경우를 생각해 보자)의 근무 등은 종래의 사용자의 지휘 · 감독에서 사용자가 경영하는 사업장(공장, 사무실)의 범위를 벗어난 새로운 형태의 근무이다.

3. 근로시간의 차이로 인한 다양화

아침 9시에 출근하여 6시에 퇴근하는 8시간 근로형태 이외에 교대제근무(제조업뿐만 아니라 24시간 편의점도 생각해 보자), 플랙시블타임제, 시간제근로 등 근로시간에 따른 근무도 더욱 다양해지고 있다.

4. 직무나 직종 내용의 차이로 인한 다양화

우리 사회도 제조업, 생산직 위주의 공장제 근로형태에서 서비스, 판매직이 더욱 늘어나고 있으며, 종래에 생각할 수 없었던 컴퓨터 관련 직종이 늘어나고 있다(SE, CAD Operator).

5. 노동수요 · 공급의 다양화

기술 변화가 가속화되고 세계시장의 경쟁이 치열해짐에 따라 상품시장에서 불확실성이 크게 증가하여 생산품 수급변동이 심함에 따라 노동수요의 변화 폭도 커지고 있어, 기업의 효율적인 인사관리의 중요성이 어느 때보다 강조되고 있다. 그 예로서 미국의 경쟁력 약화의 가장 큰 요인이 비탄력적인 노동시장구조와 기업의 비효율적인 인력 관리에 있다고 주장할 정도이다.

또한, 여성의 경제활동 참가의 증가와 경제활동인구의 고령화로 인하여 노동의 공급측면에서 이들의 취업에 편리한 고용형태가 필요하게 되었다. 근로자측에서도 자유시간 선호경향이 나타나고 자발적인 비정규직 선호현상이 증대되었다. 이와 같이 노동시장의 수요 · 공급 양측의 필요에 따라 변형된 고용형태들이 보편화되기 시작하였으며 대표적인 예로서 시간제고용, 임시직고용, 파견 및 계약고용을 들 수 있으며 이런 특수한 고용형태를 총괄하여 비정규직고용이라고 부른다.

6. 국적의 차이로 인한 다양화

우리나라에서도 최근 문제가 되고 있는 산업현장의 외국인근로자 문제를 생각해 볼 수 있다. 합법취업 외국인, 불법취업 외국인, 외국인 기술연수생 등 명칭을 불문하고, 우리나라 산업현장에 외국인근로자가 있는 것은 사실이다. 외국인근로자고용등에관한법률이 제정되어 2004년 8월 16일부터 시행되고 있으며 이러한 고용 · 취업 형태의 다양화는 새로운 인사 · 노무관리 대응기법이 요구되고 있다.

2 비정규직근로자 활용 촉진의 요인

우리 기업이 직면한 경쟁력의 강화, 산업의 서비스화 및 기술변화에 따라서 비정규직근로자의 활용이 촉진되고 있다. 구체적으로는 다음 사항들이 비정규직근로자의 이용을 촉진시키고 있다.

① 업무가 탈개인화되고 표준화됨에 따라 순환근무, 시간제근무, 정규근로시간 혹은 장소 이외에서의 근로가 가능해진다.

② 설비의 가동률을 높이기 위하여 야간근무, 교대근무, 주말근무 등이 필요해진다.

③ 컴퓨터를 이용한 단순 반복적 업무가 증가함으로써 근로자의 오랜 경험이 중요하지 않게 된다.

④ 회사 전체의 흐름을 자세히 알 필요가 없는 독립적 업무가 증가한다.

⑤ 컴퓨터 프로그래밍, 소프트웨어 개발, 시스템 분석, 연구 개발 등과 같은 전문적 업무는 외부인력 활용이 더욱 능률적이고 비용도 적게 들 수가 있다.

2장 비정규직근로자의 개념 · 특징

1 비정규직근로자의 개념

1. 일반적인 경우

비정규직근로자란 고용관계의 차이의 다양화에서 나타난 것으로서 정규직근로자와 대비되는 개념으로 볼 수 있다. 비정규직근로자란 기간제근로자, 단시간근로자, 파견근로자 등을 말한다. 단시간근로자 대부분은 기간제로 되어 있고, 파견근로자는 법상 최장 2년 이상 특정 사용사업주에게 파견될 수 없도록 고용의무 규정을 둠으로써 비정규직근로자 모두에게 공통적인 특징은 기간의 정함이 있는 근로계약을 체결하고 있다는 점이다. 정부의 공식 통계 중 근로의 정규성 여부를 기준으로 비정규직근로자를 조사하는 통계는 없으며 국제적으로도 비정규 또는 비정형 근로에 대한 통일된 기준이나 개념 정의가 없다.

비정형근로에는 계약직근로, 단시간근로, 도급 · 용역 · 파견 · 재택 근로 등 다양한 범주가 포함될 수 있다. 비정규직근로자 또는 비정형근로자는 정년까지 계속하는 정규직근로자와는 달리

① 단기간의 고용기간을 정하고 근무하는 임시근로자, 촉탁, 아르바이트, 단시간근로자

② 타기업으로부터 근로자를 파견받아 사용하는 파견근로자

③ 도급 · 위임계약 등에 의해 노무를 제공하는 외근근로자 등을 총칭해서 하는 말이다.

비정규직 고용이란 넓게는 근로자파견 · 단시간근로자, 계약직 · 촉탁직 · 일용직 등 정규고용 형태가 아닌 모든 비정규 고용형태를 포함하는 개념으로 사용되기도 하며, 좁은 의미로는 계약직 · 촉탁직 · 아르바이트직의 고용형태를 의미하기도 한다. 특히, 단시간근로자와 임시직 고용은 노동현장에서 서로 밀착되어 있어서 양자를 분리하여 고찰하기 어려운 경우도 있다. 대부분의 단시간근로자가 임시적으로 고용되어 있기 때문이다.

그러나 일반적으로 비정규직이란 일정한 기간의 노무급부를 목적으로 사용자와 근로자가 한시적으로 근로관계를 맺는 모든 비조직화된 고용형태를 말한다. 통상적으로 비정규직 계약기간은 1개월, 3개월, 6개월, 1년 이내지만 1년 이상의 장기계약을 체결하는 경우도 있다. 사용자는 한시적인 업무에 사용하기 위하여, 또는 정규직근로자가 휴가를 사용하는 등의 업무의 공백을 메우기 위한 목적으로 비정규직근로자를 사용한다.

따라서 비정규직근로자의 개념징표로서는 첫째, 일정한 기간을 정하여 고용계약이 체결된다는 것, 둘째, 조직화된 노동력이 아니라는 것을 들 수 있다. 비정규직근로자는 고용계약의 내용에 따라서 전일제 또는 단시간근로자로 근로한다.

2. 노사정위원회의 분류

비정규직의 경우 개념이 모호해 비정규직 통계가 통계청이 매달 발표하 는 경제활동인구조사의 임시 · 일용직 통계와 동일시되어 개념상 혼란을 초래하였다. 이에 따라 2002.5.6 노사정위원회 비정규직대책특별위원회에서는 비정규직 개념을 고용 형태에 따라 3가지 유형으로 분류키로 합의하고 향후 정기적인 경제활동인구조사 부가조사를 실시키로 하였다.

합의된 내용에 따르면 비정규직을 고용의 지속성, 근로시간제, 근로제공방식에 따라 각각 한시적근로자, 시간제근로자, 비전형근로자의 3가지 유형으로 분류키로 하였다.

비정규직 개념에 대해 국제적으로 통일된 기준은 없으나, OECD는 임시직근로자(temporary worker), 시간제근로자(part-time worker) 정도를 비정규직으로 파악하고, 임시직근로자에는 유기계약근로자(worker with fixed-term contract), 파견근로자(temporary agency worker), 계절근로자(seasonal worker), 호출근로자(on-call worker) 등을 포함하고 있는데, 우리나라와 달리 시간제 · 용역 · 특수형태근로종사자 · 가정내근로자를 제외하고 있다.

(1) 한시적근로자(고용의 지속성)

근로계약기간을 설정하고 있는 근로자나 근로계약기간은 설정되어 있지는 않지만 비자발적 · 비경제적 사유로 계속근무를 기대할 수 없는 근로자를 의미한다. 한시적근로자에는 기간제근로자(근로계약기간을 정한 자)와 비기간제근로자(반복적인 계약갱신으로 계속근로기대자, 기간의 정함은 없으나 비자발적 사유로 계속근로 기대 곤란자)가 있다.

(2) 시간제근로자(근로시간)

근로시간이 통상의 근로자에 비하여 짧은 파트타임근로자를 말한다.

(3) 비전형근로자(근로제공 방식)

비전형근로자는 파견 · 용역 · 특수형태근로종사자 · 가정내 · 일일(호출)근로자를 포함한다.

① 파견근로자

근로자파견업체에 고용되어 다른 사업장에 파견되어 사용사업주의 지휘 · 명령을 받아 일하는 근로자이다.

② 용역근로자

청소용역 · 경비용역 등 용역업체에 고용되어, 이 업체와 용역계약을 맺은 다른 업체에서 일하면서 고용사업주의 지휘 명령을 받는 근로자이다(예; 청소용역, 경비용역 업체 등에 근무하는 자).

③ 특수형태 근로 종사자

독자적인 사무실, 점포 또는 작업장을 보유하지 않았으면서 비독립적인 형태로 업무를 수행하면서도, 다만 근로제공의 방법, 근로시간 등은 독자적으로 결정하면서 개인적으로 모집 · 판매 · 배달 · 운송 등의 업무를 통해 고객을 찾거나 맞이하여 상품이나 서비스를 제공하고 그 일을 한만큼 소득을 얻는 자이다.

④ 가정내 근로자

재택근무, 가내하청과 같이 사업체에서 마련해 준 공동작업장이 아닌 가정 내에서 근무에 종사하는 자이다.

⑤ 일일근로자

건설일용근로자, 파출부, 간병인 등 고용계약기간을 별도로 정하지 않고 일거리가 생겼을 경우 며칠 또는 몇 주씩 일하는 형태의 근로자이다.

3. 비정규직법에 의한 보호대상이 되는 비정규직근로자

(1) 비정규직법에 의한 보호대상

비정규직법은 "기간제및단시간근로자보호등에관한법률(이하 "기간제법"이라 칭한다)", "파견근로자보호등에관한법률(이하 "근로자파견법"이라 칭한다)" 및 차별시정제도와 관련된 "노동위원회법"을 일컫는 것이며, 기간제와 단시간 그리고 파견근로자를 그 보호대상으로 한다. 비정규직법 보호대상이 되는 비정규직근로자는 근로기준법상 근로자이어야 한다. "근로자"란 직업의 종류와 관계없이 임금을 목적으로 사업이나 사업장에 근로를 제공하는 자를 말하며(근로기준법 제2조제1항제1호) '근로를 제공하고 있는 자'란 사용종속관계를 전제로 하므로 사용종속관계가 없다면 근로기준법상 근로자가 아니다.

(2) 정규직근로자와 비정규직근로자의 구분

비정규직법 보호대상이 되는 비정규직근로자는 일반적으로 정규직이 아닌 근로자를 통칭해서 부른다. 정규직근로자는 일반적으로 (가) 정년까지 고용을 보장하며, (나) 전일제(full-time)로 근무하고, (다) 고용과 사용이 분리되지 않는 근로자를 말한다. 비정규직근로자는 국제적으로 통일된 기준은 없으며 우리나라의 경우 2002.7월 노사정위원회에서 노사정 합의에 따라 '한시적 · 시간제 · 비전형근로자' 3가지 유형으로 분류하고 있다(2012.6.15, 고용차별개선과-1200).

▲ 한시적근로자(고용의 지속성): 근로계약기간을 정한 자 또는 정하지 않았으나 비자발적 사유로 계속근무를 기대할 수 없는 근로자

▲ 시간제근로자(근로시간): 통상근로자보다 근로시간이 짧은 파트타임근로자
▲ 비전형근로자(근로제공방식): 파견 · 용역 · 특수형태근로종사자 · 가정내근로자(재택, 가내) · 일일(호출)근로자

(3) 취약근로자가 비정규직근로자의 범위에 포함하는지 여부

경제활동인구조사 본조사의 임시 · 일용직 중 부가조사의 비정규직에 해당하지 아니하는 근로자는 고용형태상 정규직이나 주로 영세기업에서 근무하는 근로조건이 열악한 「취약근로자」로 파악하고 있다. 취약근로자도 정부의 보호대상에 해당하나, 비정규직이 아니므로 고용형태에 따른 차별 · 남용규제 차원이 아닌 기업규모간 임금격차, 근로감독 차원에서 해결책이 강구되어야 한다.

4. 비정규직근로자의 개념 · 범위에 관한 노동계와 정부의 기준

(1) 정부 기준

비정규직의 개념 · 범위에 대해서는 노동계와 정부가 기준이 다르다. 양측 모두 통계청 경제활동인구조사자료를 토대로 비정규직 규모를 파악하고 있으나 다른 기준을 적용함에 따라 큰 차이가 발생한다.

통계청 경제활동인구조사는 매월 실시하는 「본조사」와 연1회(8월)에 실시하는 「부가조사」(2007년부터는 3월과 8월 연 2회로 확대)가 있다. 본 조사에서는 근로자를 종사자 지위에 따라 상용직, 임시직, 일용직으로 분류한다.

※ ① 고용기간을 정한 경우에는 상용직(1년 이상), 임시직(1월~1년), 일용직(1월 미만)으로, ② 고용기간을 정하지 않은 경우에는 (가) 퇴직금 · 상여금 등을 지급받고, (나) 회사의 인사규정에 의해 채용되는 경우에만 상용직으로 분류하고 나머지는 임시 · 일용직으로 분류한다.

부가조사에서는 고용형태에 따라 한시적근로자, 시간제근로자, 비전형근로자로 분류한다.

(2) 노동계 기준

노동계는 비정규직 범위를 경제활동인구 본조사상의 임시 · 일용직근로자(기간의 정함이 없는 계약을 체결하였으나 기존 인사규정의 적용을 받지 않거나 상여금 및 퇴직금 혜택

을 받지 못할 경우 임시일용으로 파악한다)를 추가하고 한시적 근로자 중 반복갱신근로자(기간의 정함이 없는 계약을 체결하였으나 계약이 반복 · 갱신되고 있는 근로자 예컨대 성과에 따라 계약이 종료될 수 있는 연구원 등)를 제외한다(2013년 859만명, 54.2%).

(3) 평가

정부는 경제활동인구 부가조사상 고용형태에 따른 비정규직만으로 파악한다(2015년 627만명, 32.5%). 정부는 2002년 5월 노사정위원회에서 합의한 비정규직 분류기준에 따르고 있다.

우리나라의 경우 비정규직 범위는 정부기준에 의하더라도 외국에 비해 넓은 편이다. 특수형태근로, 용역근로 등 다양한 비전형근로자를 포함하고 있고 계약기간을 정하지 않았으나 고용의 지속성을 기대할 수 없는 자를 포함하고 있어 기간제근로자의 범위도 다소 넓다.

전체적인 비정규직근로자의 규모는 외국에 비해 과도히 높다고 보기는 어려우나 외국의 경우 대부분 기간제근로자보다 단시간근로자의 비율이 높은데 반해 우리나라의 경우 기간제근로자의 비중이 높고 단시간근로자의 비율은 상대적으로 낮다는 점이 특징이다.

우리나라의 경우 비정규직 범위는 정부기준에 의하더라도 외국에 비해 넓은 편이다. 특수형태근로, 용역근로 등 다양한 비전형근로자를 포함하고 있고 계약기간을 정하지 않았으나 고용의 지속성을 기대할 수 없는 자를 포함하고 있어 기간제근로자의 범위도 다소 넓다.

전체적인 비정규직근로자의 규모는 외국에 비해 과도히 높다고 보기는 어려우나 외국의 경우 대부분 기간제근로자보다 단시간근로자의 비율이 높은데 반해 우리나라의 경우 기간제근로자의 비중이 높고 단시간근로자의 비율은 상대적으로 낮다는 점이 특징이다.

2 정규직근로자와 비정규직근로자의 특성

1. 정규직근로자의 특성

우리나라 기업의 장기고용시스템의 중핵인 정규직근로자의 근로관계는 장기근속이 예정되고 기간의 정함이 없는 근로계약으로서 사용자의 해고권은 법적으로도 사회적으로도 상당히 엄격한 규제를 받고 있다. 또한 그 경제적 대우는 장기근속에 대응한 생활급, 상여금, 복리후생급여 등의 점에 특색이 있다.

정규직근로자는 다음과 같은 특성을 지니고 있다.

① 근로자의 지위는 사용자에게 종속적이다. 근로자와 사용자간의 근로관계가 근로계약의 형식에 의하여 형성되고 사용자와 근로자가 근로계약을 맺으면 근로자는 사용자의 지시를 수행할 자세를 갖추어야 한다.

② 근로계약은 특별한 사유가 없는 한 근로계약기간을 정하지 아니하고 정년시까지 상용고용이다.

③ 근로시간은 전일제(full-time)이다.

④ 근로시간의 배분은 균일하고 근로장소가 일정하다.

⑤ 임금은 월급으로 지급한다.

⑥ 법과 단체교섭에 의해 임금을 보장받을 수 있고 노동조합과 같이 고용의 안정성을 보장받을 수 있는 장치가 있다. 그리고 근로자의 이해관계는 노동조합과 같은 대표기구를 통해 집단적으로 보호받는다.

⑦ 임금의 수준은 숙련도(기업 내)와 근속년수에 의한다.

⑧ 특정 기업의 범위 내에서 경력개발과 승진, 교육훈련, 사내복지제도 등을 적용 받는다.

2. 비정규직근로자의 특성

비정규근로는 이러한 전형적인 특징들에서 벗어나는 특수한 고용형태의 근로라고 할 수 있다. 비정규근로 혹은 주변적 근로의 개념 징표로는 대략 다음과 같은 것을 들 수 있다.

① 고용보장이 희박하고 근로계약기간이 일정하게 정해져 있어 해당 기간만 근

무하며 그 근로관계는 임시직(temporary workers)이다.

② 근로시간의 변동이 큰데, 그 변동은 근로자가 원하기 때문에 바뀌는 것이라기보다는 사용자가 그때그때 바꾸기를 바라기 때문에 그러한 결과를 초래하는 것이다.

③ 복리후생 혜택이 없거나 그 수준이 미미하다는 점 등이다.

이는 그만큼 개별근로자와 기업 간의 결합도가 낮다는 점을 의미한다.

[정규직근로자와 비정규직근로자의 특성 비교]

구 분	정규직근로자의 특성	비정규직근로자의 특성
고용과 지휘명령	고용과 지휘명령이 일원화 되어있다.	고용과 지휘명령의 분리현상이 일어난다(파견근로자).
고용보장	근로계약은 특별한 사유가 없는 한 근로계약기간을 정하지 아니하고 정년까지 고용한다.	고용보장이 희박하고 계약기간이 일정하게 정해져 있어 해당기간만 근무한다.
근로시간의 길이	근로시간은 1일 8시간을 기준으로 한 전일 근무이다.	근로시간은 당해 사업장의 동종업무에 종사하는 통상근로자의 근로시간에 비해 짧다(단시간근로자).
근로시간의 배분	근로시간의 배분은 균일하고 근로장소가 일정하다.	기업의 경영여건에 따라 근로시간 및 근무장소의 변동이 크다.
임금지급 방식	임금은 월급으로 지급한다.	임금은 일급, 주급, 월급 등 다양한 형태이다.
노동조합 관계	법과 단체교섭에 의해 임금을 보장받을 수 있고 노동조합에 의하여 고용의 안정성을 보장받을 수 있는 장치가 있다.	원칙적으로 근로계약기간만료로 고용관계가 소멸되므로 고용의 안정성이 낮고 정규직위주의 노동조합에 의해 배제되는 실정이다.
임금수준	임금수준은 숙련과 근속년수에 의한다.	임금수준은 노동시장의 수급에 따라 결정된다.
경력개발·복리후생	특정기업의 범위내에서 경력개발과 승진, 교육훈련, 사내복지제도 등을 적용받는다.	경력개발이 미약하고 복리후생 혜택이 없거나 그 수준이 정규직에 비하여 낮다.

3장 비정규직근로자 고용실태

1 노동시장의 변화

최근 우리나라에도 종전의 상용고용 형태와는 다른 이른바, 비정규적인 고용형태인 시간제근로자(단시간근로자), 임시근로자, 파견근로자 및 가내근로자 등 새로운 고용형태의 근로자들이 급증하고 있다.

이들 고용형태는 모두 노동력의 고학력화, 여성화 및 고령화라는 노동시장의 변화와 기술변화에 따른 다양한 인력수요의 증대 그리고 정부의 적극적인 고용창출 정책의 결과로 나타나고 있다. 종래 일시적 · 주변적 · 보조적 노동력으로 취급되었던 비정규직근로자는 노동시장에서 정규직근로자 수보다 훨씬 많으며 오히려 중심적 · 항시적 · 필수적 근로자로서 위치를 굳히고 있는 실정이다.

비정규직의 증가는 노동수요측(기업측)과 노동공급측(근로자측)의 변화라고 하는 두 가지 경로로 나누어 살펴볼 수 있다. 노동수요측의 변화에 따른 비정규직의 증가는 기업이 인건비 절감의 차원에서 정규직 사원을 줄이고 상대적으로 인건비 부담이 적은 비정규직 사원을 늘리게 되면서 나타나게 된다. 반면 노동공급측의 변화에 따른 비정규직의 증가란 근로자측이 자발적으로 비정규직의 고용형태를 선호하게 되면서 나타난다. 우리나라 비정규직의 급격한 증가는 외환위기 이후 각 기업의 구조조정을 통한 인건비 절감의 수단에 따른 영향이 크다고 볼 수 있으므로 노동수요측의 변화요인이 강하다.

우리나라의 경우에는 전형적 고용은 장기고용시스템으로서 독자의 명확한 조직체계를 형성하고 있는 관계에서 비전형고용은 그 조직체계 외에 두고 그 조직체계를 보완하는 기능을 가지고 있다는 특색이 있다.

정규직근로자와 비전형고용근로자간의 고용시스템의 대조성 · 보완성은 우리나라 노동시장의 특색이다.

2 비정규직 고용실태

노동부가 통계청에서 2015년 8월에 실시한 경제활동인구 조사보고서를 기초로 부가조사자료를 분석한 결과, 비정규직근로자수는 627만명으로 전체 임금근로자의 32.5%를 차지하였다.

[표1] 고용형태별 규모 추이

(단위: 천 명, %)

	임금근로자	정규직	비정규직			
			전 체	한시적 근로	비전형 근로	시간제근로
2006.8	15,351	9,894(64.5)	5,457(35.6)	3,626(23.6)	1,933(12.6)	1,135(7.4)
2007.8	15,882	10,180(64.1)	5,703(35.9)	3,546(22.3)	2,208(13.9)	1,201(7.6)
2008.8	16,103	10,658(66.2)	5,445(33.8)	3,288(20.4)	2,137(13.3)	1,229(7.6)
2009.8	16,479	10,725(65.1)	5,754(34.9)	3,507(21.3)	2,283(13.9)	1,426(8.7)
2010.8	17,048	11,362(66.7)	5,685(33.4)	3,281(19.2)	2,289(13.4)	1,620(9.5)
2011.8	17,510	11,515(65.8)	5,994(34.2)	3,442(19.7)	2,427(13.9)	1,702(9.7)
2012.8	17,734	11,823(66.7)	5,991(33.3)	3,403(19.2)	2,286(12.9)	1,826(10.3)
2013.8	18,240	12,295(67.4)	5,946(32.6)	3,431(18.8)	2,215(12.1)	1,883(10.3)
2014.8	18,776	12,699(67.6)	6,077(32.4)	3,508(18.7)	2,112(11.2)	2,032(10.8)
2015.8	19,312	13,041(67.5)	6,271(32.5)	3,638(18.8)	2,206(11.4)	2,236(11.6)

주: 1) ( ) 안은 임금근로자 중 비중.
: 2) 한시적 근로이면서 비전형 근로에 해당하는 사람들은 한시적 근로자에도 포함되고, 비전형 근로자에도 포함되므로, 전체 비정규직 수는 한시적 근로+비전형 근로+시간제 근로의 합이 아님. 전체 비정규직 수는 이와 같은 중복을 제거한 값임.
자료: 통계청, 「경제활동인구조사」 원자료, 각 연도.
자료 출처: 한국노동연구원 「2015 KLI 노동통계」 2015.12. P.4

3 비정규 인력 활용

2000년대 경제 및 경기 여건에 따른 임금 인플레를 타개하고 노동시장의 변화에 적극적으로 대응하고자 비전문 분야 및 단기 · 특수 분야를 중심으로 정규직 인력의 지원, 보완책의 일환으로 비정규 인력을 채용, 활용함으로써 인력 운영의 탄력성을 제공하고 인력의 정예화를 통해 경쟁력 강화를 도모하고 있다. 일반적으로 알려져 있는 비정규직 고용의 활용배경과 그 장점은 크게 네 가지를 들 수 있다.

1. 기업의 고용관리 유연성 제고

상품 수요의 변화 또는 기술 변화와 같은 생산방법의 변화가 발생하였을 때 투입되는 노동의 양적 조절을 용이하게 해주며, 해고에 따른 근로자의 사기 저하를 방지할 수 있고, 경기변동에 대해 비정규직근로자가 충격흡수 기능을 함으로써 오히려 핵심 근로자들의 고용안정과 인적 자원에 대한 보다 많은 투자가 이루어질 수 있다.

기업의 핵심인력은 기업유지에 필요한 만큼 정예위주로 최소한만 보유하되, 기타 인력은 물량 변동에 따라 외주화 하든지, 단시간근로자 또는 임시직을 고용하거나 외부에서 인력을 파견 받아 사용하든지 하는 노동력 활용의 이원화 전략을 추구한다.

2. 노동비용의 절감

보다 낮은 임금수준의 노동력을 활용하여 노동비용을 절감함으로써 경영의 효율성을 높여 준다. 최근 외환위기 극복과정에서 기업의 구조조정과 비용절감을 위한 정규직의 비정규직으로의 대체와 아웃소싱을 통한 고용승계문제를 해소하려는 노무관리정책에 기인한다.

3. 기업 외부에서의 노동력 조달의 효율성

기업 외부로부터 제공받는 것이 비용상으로 유리한 특정 업무는 파견 및 계약고용과 같은 비정규직 고용이 경제적이다. 특별한 장비나 전문적 기술이 요구되는 업무에 대해서 기업이 자체적으로 근로자를 채용하는 것보다 외부에서 업무적인 지원을 받는 것이 효율적이다.

4. 유휴인력 활용 촉진

비경제활동인구, 실업자 또는 불완전 취업자에게 보다 많은 취업기회를 제공하며 유휴인력 활용을 촉진시킨다. 단시간근로자, 임시직 근로자 등의 다양한 고용형태가 활성화되면 무직자에게 취업기회를 제공해 줄 수 있다.

4 비정규직 고용확대에 따른 문제점

다음으로 비정규직 고용에 따른 문제점으로 지적되는 것들은 다음과 같다.

1. 작업의 연속성 부족 및 전문성 결여

단시간근로자나 임시직 고용은 작업의 연속성이 부족하고, 전문성의 결여로 생산성이 낮은 경우가 많고, 파견근로자의 경우에도 소속감이 약하여 전반적인 근로의욕이 저하되기가 쉽다는 점이다.

2. 비정규직근로자의 사회적 · 경제적 불이익 초래

비정규직근로자들은 경제적 불이익을 받을 우려가 크다. 임금에 있어서는 물론이며 부가급여(fringe benefits)에 있어서도 상대적으로 불리하다.

3. 고용불안정

전반적으로 고용불안정의 문제가 있으며 특히, 불경기일 때는 대량 실업의 우려가 높다. 비정규직 고용은 경기변화에 상대적으로 크게 영향을 받는다.

4. 책임감 결여 및 생산성 향상 기대 곤란

고용관계가 지속적이지 못하고 약한 유대관계로 인하여 근로자는 기업의 장기 발전에 대한 책임감이 약하고, 기업도 비정규직근로자에 대해서는 교육훈련과 같은 인적 자원에 대한 투자가 적어 기술개발이나 생산성 향상을 기대하기가 어렵다.

5. 근무여건의 악화

비정규직이 증가함에도 임금 · 사내 복지 등에서의 차등대우, 휴일 · 휴가 등 법정 근로조건을 지키지 않는 등 근무여건이 열악한 사업장이 상당수 파악되고 있다. 이들의 권익보호를 위한 특별대책과 그 입법화가 논의되어야 할 것이다.

4장 비정규직근로자에 대한 노동정책

1 비정규직근로자 노동정책에 대한 향후 과제

1. 대우와 고용보장의 격차 해소

우리나라의 비정규직근로자에 대한 최대의 특색은 비정규직근로자가 근로자의 종류(신분)에서 정규직근로자와 구분되며 대우와 고용보장이 상대적으로 열악하다는 점이다. 이 문제는 장기고용시스템 주변의 비정규직근로자 전체에 관한 문제이다. 비정규직근로자 문제는 노동시장에서 수요와 공급의 원리가 적용하면서 나타난 구조적인 문제이다. 따라서 비정규직근로자를 억제하거나 없어져야 할 대상으로 인식해서는 곤란하고, 불가피한 현상으로 이해해야 할 것이다. 또한 비정규직 유형별로 고유한 특징과 문제가 있고, 근로여건이 괜찮은 경우도 있으므로 모든 비정규직근로자를 보호의 대상으로 여겨서도 안 될 것이다.

2. 여성에 대한 장기고용시스템 개발

비정규직근로자의 경우, 남성 중심의 장기고용시스템 하에서 여성에게 충분히 그 능력을 발휘할 수 있는 기회가 주어지지 않는 채, 육아로 인하여 퇴직하거나 아니면 퇴직 후에 비정규직근로자로서 고용에 복귀하기가 힘들다고 하는 소위 여성 노동문제로서의 성격이 강하다.

따라서 앞으로는 장기고용시스템 하의 남녀 고용평등을 추진해 나가면서, 동시에 육아나 가족돌봄 등의 가정에 대한 책임에 있어서도 남녀 공통의 지원시스템을 충실하게 정비하는 것이 중요한 과제가 될 것이다.

여성에 대한 장기고용의 기회를 정비하기 위해서는 비정규직근로는 남녀간에 공통하는 다양한 고용기회의 하나로서 또한 효율적인 고용관리의 수단으로서 활용해야 할 것이다.

3. 고령자의 고용형태

앞으로 비정규직근로는 은퇴 과정에 있는 고령자의 고용형태로서 중요한 의미를 가지게 될 것이다. 또한 육아나 가족돌봄 등의 가정에 대한 책임과 양립할 수 있는 고용형태로서 그 유용성을 더해 갈 것이다. 이러한 비정규근로는 양호한 고용기회로서 육성해 나가는 것, 즉 비정규직근로자의 직업능력을 향상시킴으로써, 비정규직근로자들에 대한 기업의 양호한 고용과 처우를 촉진하는 것이 향후 지향해야 할 기본적 방향이라고 생각된다.

4. 임금제도의 개편

다만, 우리나라에서 정규직근로자의 임금제도의 수정이 진행되고 있으나 생활급 · 연공급이 아직도 강하게 존속한 채로 한편 기업은 치열한 경쟁을 하지 않을 수 없다.

이와 같은 상황 하에서 비정규직근로자와 정규직근로자 간의 균등대우는 정규직근로자의 생활급 · 연공급의 대폭 인하 없이는 달성하기 어려운 것이 현실이다. 정규직근로자와 비정규직근로자 간의 균등대우원칙은 내부 노동시장, 외부 노동시장의 전체에서 세대 단위의 생활급이 아니고 개인단위의 직무 · 능력 · 업적에 의한 임금제도로 재편성하기 위해서는 먼저 법원칙으로 수립되어야 할 것이다.

5. 차별시정제도의 실효성 확보

비정규직법의 시행 후 가장 크게 제기된 쟁점은 차별시정제도의 실효성 문제로서 차별시정제도를 운영함에 있어 나타나는 여러 쟁점들에 대하여 부분적으로는 법원의 판단을 기다려 해소할 수 있는 쟁점도 있으며, 부분적으로는 입법적 개선(고용노동부장관의 차별적 처우 시정요구)을 통하여 실효성을 높이는 방안도 고려될 수 있다.

6. 지속적 정책개발

비정규직근로자에 대한 입법정책의 지향목표는 합리적인 고용기준 하에서 기업이 필요로 하는 비정규직근로자 활용의 가능성을 개방하되 비정규직근로자의 확산으로 인하여 노동시장의 양극화가 확대되는 것을 방지하는 데 있어야 할 것이다. 정규직근로자와 비정규직근로자의 불합리한 차별을 해소하고 사회안전망 및 복지 확충을 위한 지속적인 정책개발이 있어야 할 것이다.

또한 비정규직법 시행으로 크게 우려되는 문제는 기간제법 사용기간 상한이 2년으로 제한되고 그 연장이 불가함에 따라 기간제법의 적용을 받게 된 후 2년의 기간이 도래하게 되는 근로자의 고용불안이 현실화되고 있다는 점과 기간제법 및 근로자파견법의 시행을 전후하여 기간제근로자나 파견근로자의 사용기간 제한을 회피하기 위하여 외주화, 용역 등 다양한 형태를 취하면서 현행 비정규직법의 적용을 받지 않으려는 "외주화로의 도피"현상이 증가하고 있다는 점에 주목하고 이를 해결할 수 있는 정책개발이 필요한 것이다.

2 비정규직 종합대책(2011.9.9)

최근 우리 사회의 소득 양극화 문제, 대·중소기업 간 격차 문제 등과 맞물리면서 비정규직 문제가 현안핵심 이슈로 부각됐다. 고용노동부는 2011년 9월 9일 7개 분야 30대 시책으로 마련된 '비정규직 종합대책'을 내놨다. 비정규직 종합대책은 지속가능한 공생발전과 사회통합을 위해서는 비정규직문제에 대한 적극적 대응이 긴요한 시점이다. 그러나 정규직과 비정규직을 이분법적으로 구분하여 비정규직을 나쁜 일자리로 일반화하는 것은 바람직하지 않으므로 비정규직의 문제점과 보호가 필요한 대상을 명확히 했다는 점에서 그 의의가 있다.

1. 추진 배경

최근 소득양극화, 대 · 중소기업간 격차 등이 비정규직 문제로 집약되면서 우리 사회의 핵심 쟁점으로 부각했다. 지속가능한 공생 발전과 사회통합을 위해서는 비정규직 문제에 대한 적극적 대응이 긴요하다.

그러나, 정규직과 비정규직을 이분법적으로 구분하여 비정규직을 나쁜 일자리로 일반화하는 것은 바람직하지 않으므로 비정규직의 문제점과 보호가 필요한 대상을 명확히 할 필요가 있다.

정규직과 동종 · 유사한 업무를 하면서도 불합리한 차별을 받거나 사회안전망 누락 등 근로여건이 취약한 근로자에 중점을 두어 대책을 마련했다.

2. 비정규직 실태(생략)

3. 비정규직 대책

(1) 기본 방향

① 경제 환경 변화에 대응한 기업의 탄력적 인력운용과 일 · 가정 양립 등 근로자의 필요도 있어 비정규직 활용은 불가피하다. 다만, 불합리하게 차별하거나 취약계층에 대한 사회안전망 누락이 문제이다.

② 인력 운용의 유연성은 보장하되, 동종 · 유사 업무를 하면서도 불합리하게 차별 받는 문제를 해소하고 저임금 근로자에 대한 사회안전망 및 복지를 확충한다.

근로자의 노력과 필요에 따라 비정규직과 정규직간 이동이 원활하게 이루어질 수 있도록 직업훈련 기회를 확충하고 직접고용 관행을 유도한다. 아울러, 최근 쟁점이 되고 있는 사내하도급 근로자의 근로조건 개선 방안을 마련한다.

③ 제도개선 및 정책적 지원과 병행하여 노사가 사회적 책임을 토대로 양보 · 협력하여 비정규직 문제 해결에 동참하도록 유도하는 등 상생협력의 문화를 확산시킨다.

(2) 사회안전망 및 복지 확충

취약계층에 대한 사회안전망 보호를 강화하기 위해 사회보험료를 지원하고, 교육 · 주거 등에서의 복지 혜택을 확충한다.

① 사회보험료 지원

영세사업장 저소득 근로자에 대한 사회안전망을 강화하기 위해 2012년부터 사회보험료를 지원한다.

지원방안
대상보험: 4대 사회보험 중 사각지대가 넓은 고용보험, 국민연금 지원대상: 5인 미만 사업장, 주 15시간 이상, 최저임금 120%* 이하인 근로자와 사업주 (2012년 월 보수 약 124만원 수준) 지원수준: 노 · 사 · 정 1:1:1 공동분담 취지에 따라 근로자 · 사업주 부담분 각각 1/3씩 지원 지원시기: 2012년 상반기 2개 지역 준비사업 실시 후 하반기 전면 시행한다.

② 특수형태업무종사자 사회보험 확대

지입 택배기사, 퀵 서비스 기사 등에 대한 산재보험 적용 확대 및 실효성을 제고한다.

(현행) 적용제외 신청 우선 → (개선) 당연적용 원칙, 예외적 제외

③ 복지 확충

대학의 장학생 선발, 기숙사 및 국공립 보육시설 이용자 선정시 저소득 근로자 자녀를 우대한다.

④ 국민임대주택

공급시 저소득 비정규직근로자를 우대한다.

* 현재 노부모 부양, 한부모, 고령자, 중소기업종사자, 북한이탈주민 등 우대

⑤ 근로자생활안정자금 대부

대부항목에 저소득 근로자의 복지 수요가 높은 '긴급생활 유지비, 자녀학자금 등' 을 추가하고, 저소득 근로자가 우선 선정 될 수 있도록 개선한다.

* 현재 대부 항목: 의료비, 노부모요양비, 장례비, 혼례비

사내근로복지기금 혜택을 사내하도급 · 파견근로자까지 부여할 경우 당해 연도 출연금의 80%까지 사용(현행50%)할 수 있도록 허용한다.

(3) 차별시정 강화

동종 · 유사 업무를 하는 근로자간의 차별을 적극적으로 해소하기 위해 근로감독관이 차별 요인을 사전에 발굴 · 시정하고, 심판 대리인 제도 명문화 등 차별시정제도를 활성화한다.

동일 사업장 내에서 근로자간 근로조건 등에서의 차별이 개선될 수 있도록 「임금 및 근로조건 차별개선 가이드라인」을 제정한다.

① 임금 · 근로조건 등에 대해 적극적 차별시정

사업장 지도 · 감독시 임금 · 근로조건 등에 대한 차별을 적극적으로 시정할 수 있도록 근로감독관에게 차별시정 지도 · 감독 권한을 부여한다.

* 현행 제도는 당사자의 신청과 노동위원회의 시정명령을 통해 사후적으로 차별이 해소되는 구조이나, 불이익 우려 등으로 활용도가 낮고 차별의 일괄 해소도 어렵다는 비판이 제기되고 있다.

근로감독관이 차별을 인지한 경우 차별이 일괄 해소되도록 지도하되, 사업주가 불응할 경우 노동위원회 의결을 거쳐 시정명령한다.

* 시정명령에 따르지 않을 경우 과태료 부과

② 차별시정제도 활성화

차별시정 신청 기간을 차별적 처우가 있은 날로부터 3개월 → 6개월로 확대하였다.

차별시정제도의 활용도 제고 및 효율적인 차별 시정을 위해 심판 대리인 제도 명문화 및 대표자 선정 제도를 활성화한다.

* 대표자 선정 제도(노동위원회 규칙 제35조): 사건의 당사자가 다수인 경우 대표자를 선정할 수 있으며, 이 경우 판정의 효력은 해당 당사자 모두에게 미친다.

③ 차별개선 가이드라인 제정

동일 사업장 내에서 근로자간 근로조건 등에서의 차별이 개선될 수 있도록 「임금 및 근로조건 차별개선 가이드라인」을 제정한다.

노사가 차별을 시정토록 하는 준거로 활용하도록 하고, 사업장 지도 · 점검시 준수 지도한다.

주요 내용 (예시)
법 준수사항 기간제법 · 근로자파견법 등에서 차별을 금지하고 있는 사항 * 임금, 근로시간, 휴일 · 휴가(하계휴가, 명절휴가 포함), 안전보건 및 재해보상 등 권고 사항 동일 사업장 내의 근로자간 근로조건 격차 완화를 위해 대기업의 사업주 · 노동조합 등이 노력해야 할 사항 * 당해 사업장 정규직에게 일괄 지급되는 기본적인 복리후생(작업복, 명절선물, 식당 · 주차장 · 샤워장 · 통근버스 등 사내복지시설), 상여금 등을 비정규직에게도 적용한다.

(4) 근로조건 보호

최저임금 등 근로조건 보호를 강화하고, 비정규직 유형별 지도 · 점검을 강화한다.

① 최저임금 보호

최저임금 보호 및 단기 고용 남용 사례를 방지하기 위해 1년 미만 기간제근로자를 수습기간 설정 대상에서 제외하였다.

* 구 법상 수습근로자에게는 3개월까지 최저임금액의 10% 감액 적용 가능

최저임금법상 도급업체의 연대책임 규정 위반에 대한 제재 근거(과태료 또는 벌금)를 신설했다.

* 최저임금법(제6조): 도급인의 귀책사유로 수급인이 근로자에게 최저임금 미만의 임금을 지급한 경우 도급인에게 연대책임 부여, 위반시 처벌규정은 없음

② 파견근로자 보호

사용사업주가 파견근로자의 근로조건 보호를 위해 준수해야 할 사항*에 대해서는 파견근로자 취업규칙을 작성토록 지도한다.

* 근로시간, 휴일 · 휴가, 산업안전보건 등

불법파견으로 확인된 경우 파견근로자를 사용한 기간에 관계없이 파견근로자를 직접고용하도록 의무를 부과하였다.

* (종전) 파견 절대금지 업무에 파견근로자 사용시 사용기간에 관계없이 직접고용의무가 있으나, 그 외 업무는 2년을 초과하여 파견근로자를 사용한 경우에 한해 직접고용의무 발생

근로여건이 양호한 상용형 파견에 대해서는 규제를 완화하여 활성화를 유도하였다.

* 상용형은 파견사업주가 파견근로자를 상시 고용하고 있다가 사용사업주 요청시 파견하는 형태로, 파견기간 종료와 동시에 계약 해지되는 모집 · 등록형과 차이

③ 특수형태업무종사자 보호

종사형태가 동질적인 직종을 중심으로 표준계약서 제정을 확대한다.

* 대리운전 · 택배기사 · 관광가이드 등

④ 유형별 지도 · 점검 강화

기간제 · 파견 · 사내하도급 등 유형별로 지도 · 점검함으로써 비정규직 남용 및 차별을 사전에 예방한다.

(가) 기간제근로자: 불합리한 차별 여부를 점검하고, 2년 초과 계속 고용시 무기계약근로자 전환 지도

(나) 파견근로자: 무허가 파견이 의심되는 인력공급 · 알선업체를 점검하고, 파견근로자 근로조건 보호 지도

(다) 청소용역 근로자: 최저임금 등 기본 근로조건 준수 여부 점검

(라) 사내하도급 근로자: 사내하도급 다수 활용 사업장을 중심으로 「사내하도급 가이드라인」 준수 지도 및 불법파견 여부 점검

(5) 정규직 이행 기회 확대

직접고용 유도를 위해 세제 지원 강화 및 공공기관의 고용구조를 공시하고, 비정규직이 정규직으로 가는 징검다리가 될 수 있도록 직업훈련 기회를 확충한다.

① 세제 지원

고용창출투자세액공제제도의 공제 한도를 확대한다(1%→5~6%).

* 기업 투자금액의 1%한도 내에서 고용이 추가로 1명씩 늘어날 때마다 1,000만원(청년층은 1500만원)의 사업소득세 또는 법인세 감면

② 고용구조 공시

공공기관의 고용형태별 고용인원, 고용구조 변화 추이 등을 「공공기관 경영정보 공개시스템(ALIO)」에 공시함으로써 고용관행 개선을 유도한다.

③ 직업능력개발 기회 확충

비정규직이 정규직으로 가는 징검다리가 될 수 있도록 직업능력개발 기회를 확

충한다.

(가) 내일배움카드제

지원대상에 비정규직을 포함하여 자율적 직업훈련을 강화하고, 지원금액도 인상한다(현행 연간 100만원→200만원 지원).

(나) 인력부족 업종에 특화된 직업훈련 제공

비정규직에 대해 제조업 등 인력부족 업종에 특화된 직업훈련을 제공하여 해당 업종 정규직으로의 취업을 지원한다.

(다) 고숙련 직업훈련프로그램 개설 · 우대

훈련접근성을 높이기 위해 야간 · 주말과정 개설, 훈련수당을 제공한다.

비정규직 대상 고숙련 직업훈련프로그램 개설 · 우대 지원하고, 훈련 이수 후 정규직 전환이 예정된 경우 훈련비 외 추가 지원한다.

(라) 직업훈련 기회 확대

공공 및 민간훈련 인프라(폴리텍대학 등)를 활용하여 비정규직 직업훈련 기회를 확대한다.

(6) 사내하도급 근로자 보호

사내하도급 근로자의 근로조건 개선을 위해 가이드라인의 실효성 제고, 사내하도급 전환시 노사협의회에서 협의, 원청의 산재예방 조치 강화 등을 추진한다.

① 가이드라인 실효성 제고

가이드라인(2011.7월 제정)이 산업현장에서 실효성 있게 적용될 수 있도록 체크리스트 보급, 「사내하도급 근로조건 개선 서포터즈」 운영 등 다양한 방안을 추진한다.

가이드라인 주요 내용
법 준수사항 * 임금 등 근로조건 서면 명시 · 교부, 해고사유 · 시기 서면 통지, 산재예방 조치, 사회보험 가입 등 권고 사항 * 수급사업주 교체시 원청사업주는 신 · 구 사업주와 협의하여 사내하도급 근로자의 고용 및 근로조건 유지 노력 * 수급사업주의 기여를 감안하여 원청의 성과를 도급대금에 반영 노력 * 원사업주의 노사협의회 또는 간담회 등을 통해 사내하도급 근로자의 의견 개진 기회 부여 * 원사업주가 신규 채용시 사내하도급 근로자 우선 채용 노력

② 사내하도급 전환시 노사협의

직접수행업무를 사내하도급으로 전환할 경우 노사협의회에서 협의하도록 의무화한다.

③ 원청의 임금체불 연대책임

수차의 도급이 이루어진 사업에서 도급인의 귀책사유로 임금체불 발생시 당해 도급인도 연대하여 책임을 지도록 개선한다.

* (종전) 직상 수급인에게만 임금체불의 책임을 묻고 있음(근로기준법 제44조)

④ 원청의 재해 예방 조치 강화

사내하도급 비율이 높은 업종의 대규모 기업에 대해 원청의 재해율 산정시 사내하도급 업체의 재해를 포함한다. 또한, 원청사업주가 사내하도급의 산재예방을 위한 조치를 해야 하는 업종을 현행 건설 · 제조업에서 서비스업으로 확대한다.

(7) 공공부문 비정규직 대책

공공부문 비정규직 대책을 수립하여 비정규직 문제 해결에 있어서 민간부문을 선도한다.

① 실태조사

공공부문 비정규직에 대한 임금 및 근로조건에 대한 실태조사를 실시하고(전수조사 및 심층 사례조사, 8~9월) 실태조사 결과를 바탕으로 취약직종별 고용안정 및 근로조건 개선을 위한 「공공부문 비정규직 대책」을 마련한다(2011.11.28 제정).

반복적으로 계약이 갱신되는 업무는 상시업무 여부를 검토한 후 고용이 안정된 정규직화(무기계약직)를 추진한다.

동일 직종내 불합리한 차별이 발생하지 않도록 근무조건 · 보수 등에 대한 기준을 마련하고, 불합리한 보수지급 기준을 개선한다.

비정규직 활용실태에 대한 정기 점검 등을 통해 비정규직 남용 방지를 유도한다.

(8) 상생협력의 노사문화 확산

노사가 사회적 책임을 토대로 비정규직 문제 해결에 힘을 모을 수 있도록 상생협력의 노사문화를 확산한다.

① 노사의 자율적 노력 유도

'공생 발전' 차원에서 노사 자율적으로 비정규직 문제 해결 노력 및 공감대를 확산한다.

대기업 노사가 양보 · 협력을 통해 정규직 과보호 해소 및 정규직 · 비정규직간 불합리한 차별이 개선되도록 지도한다.

* 정규직 · 비정규직간 임금격차 해소 방안, 복리후생에 있어서 비정규직 배려 등의 내용이 임단협에 반영될 수 있도록 권고

「임금 및 근로조건 차별개선 가이드라인」 및 「사내하도급 가이드라인」 준수 등을 통해 주요 기업 · 지역단위 노사민정 차원에서 차별개선 문화를 확산하고 비정규직 증가와 임금 격차의 요인인 연공급 임금체계를 직무 · 성과를 반영한 임금체계로 개선한다.

② 우수사례 발굴 · 홍보

비정규직 처우 개선 및 정규직 전환 등 우수사례를 발굴 · 확산하고, 사회적 책임 우수기업 선정 및 캠페인 등 상생협력 분위기를 조성한다.

「민관경제협의체」 등에서 비정규직 문제 해결을 위한 노 · 사의 역할 등에 대해 논의하여 개선방안을 마련한다.

3 공공부문 비정규직 고용개선 대책(고용노동부 2011.11.28)

비정규직근로자는 고용이 불안정하고 임금 수준이 정규직근로자의 60%정도밖에 되지 않아 소득 양극화를 심화시키고 사회적 갈등을 확산시키는 주요 원인이 된다는 점에서 비정규직 문제에 대한 보다 적극적인 해결책 모색이 우리 사회의 절실한 현안으로 부각되고 있다. 고용노동부는 2011년 11월 26일 공공부문이 솔선수범해 비정규직의 고용환경 개선을 추진하고 민간부문을 선도한다는 차원에서 공공부문 비정규직 34만1,000명 가운데 2년 이상 근무한 상시 · 지속적 업무에 종사하는 근로자 9만 7,000여명을 2012년부터 무기계약직으로 전환하는 방안을 골자로 한 「공공부문 비정규직 고용개선 대책」을 발표했다. 이는 2011년 9월 9일 발표된 '비정규직 종합대책' 에서 공공부문에 적용될 대책을 추가하여 마련한 것이다.

1. 추진 배경

소득양극화 등을 시정하고 지속가능한 공생발전과 사회통합을 위해 비정규직 문제에 대한 대응이 핵심 현안으로 부각되고 있다.

공공부문이 솔선수범하여 민간을 선도해야할 필요가 있다.

* 2011.6.27 대통령이 "정규직과 비정규직간 불합리한 차별은 없어야 하며, 공공부문이 솔선수범하여야 한다"고 지적

지난 9.9 발표한 「비정규직 종합대책」은 공공부문 비정규직근로자에게도 동일하게 적용한다.

* 저소득 비정규직의 복지 확충, 차별시정제도 활성화, 직업능력개발 기회 확충 등

이번에 공공부문의 특성을 고려한 추가 대책을 마련, 공공부문 비정규직의 고용안정과 근로조건 등을 개선할 필요가 있다.

2. 비정규직 실태(생략)

3. 공공부문 비정규직 고용개선 대책

(1) 기본 방향

① 공공부문도 행정수요가 증가하고 효율적인 예산 및 인력운영에 대한 국민적 요구도 있어 비정규직 활용이 불가피하다.

공공부문은 그간 공공부문 비정규직 대책 시행(2007~2008년) 등으로 비정규직의 활용 관행이 일정 부분 개선되고 있다.

다만, 아직도 처우수준의 미흡 등 불합리한 관행도 상존하고 있다.

* 상여금 및 맞춤형복지제도 등 후생복리 비정규직에 지급 제외, 상시 · 지속적 업무에 기간제 교체사용 등

특히 청소 등 단순업무 외주시 근로조건 보호를 위한 제도적 장치는 미흡한 실정이다.

② 이에 따라 공공부문 비정규직의 고용개선을 위한 추가대책을 마련했다.

상시 · 지속적 업무에 정규직 고용, 고용개선 컨설팅 및 차별시정 점검 강화 등

으로 합리적 고용관행을 정착시키고 맞춤형복지제도, 상여금, 사내근로복지기금 등의 수혜를 확대하여 복지확충과 처우개선을 도모하며 용역계약제도 개선을 통해 청소용역 등 외주근로자의 근로조건을 보호하고 고용구조 공시제, 매년 실태조사 등 비정규직 고용 개선상황을 관리하고 평가한다.

(2) 합리적 고용관행 정착

① 상시 · 지속적 업무 종사자의 원칙적 무기계약직 전환 · 채용

공공기관에서 2년 이상 계속되고, 향후에도 지속되는 업무를 담당하는 기간제를 대상으로 고용노동부가 정한 직무분석 · 평가 기준에 따라 기관별로 일정기준 해당자를 무기계약직으로 전환한다.

* 직무분석 · 평가 기준 시달(2012.1월, 고용부) → 기관별 전환 추진 및 실적 제출(반기) → 분석 및 점검(2012.4/4분기, 고용부)

* 97천여명이 검토대상으로 추정

② 비정규직으로 근무하다가 정규직으로 고용시 비정규직 근무경력을 인정

* 정부기관: 공무원 보수규정을 개정: (현)'공공법인에서 행정 · 경영 · 연구 · 기술분야의 정규직원으로 상근한 경력' 호봉 인정 → (개정)유급으로 상근한 경력 포함

* 공공기관: 기관별 인사규정 등 개정

③ 공공기관 비정규직의 고용개선을 위한 전문 컨설팅 제공

전문기관을 활용(노사발전재단 등), 합리적 직무 · 성과급제 도입 등 비정규직 인사관리 개선을 위한 제도설계 및 자문을 제공한다.

④ 전 공공기관 대상 차별시정 관계부처 합동 점검

임금 · 복리후생 등 근로조건 전반에 대한 차별여부 점검 및 '고용형태에 따른 차별개선 가이드라인' 준수 여부를 지도한다.

* 근로감독관에게 차별시정 지도 · 감독 권한을 부여하는 관련법률이 개정되었다.

* 복리후생적 현물(근무복, 명절선물 등) 및 금품(경조사비, 건강검진비, 식대 등), 편의시설, 휴가, 상여금 등에 있어서 불합리한 차별개선에 노력

(3) 복지확충 및 처우개선

① 맞춤형 복지제도 지급 확대

근무기간 등을 고려하여 복지포인트를 지급한다.

* 1년 이상 근무자 기본포인트(약 30만원 수준) 지급(86천여명, 258억), 1년 미만자의 경우 기관별로 근무기간 등을 고려하여 차등 지급한다.

② 상여금 지급 확대

근무기간 · 직무의 특성을 고려한 상여금(명절휴가비 등)을 지급한다.

* 1년 이상 근무자 우선 지급(80천여명, 640억~800억), 1년 미만자의 경우 기관별로 근무기간 · 직무특성 등을 고려하여 차등 지급한다.

③ 공공기관의 사내근로복지기금을 활용한 복리후생 확충

파견 · 용역 · 사내하도급 등을 포함하여 비정규직에 대한 복리후생 등 개선실적을 공공기관 경영평가에 우대 반영한다.

사내근로복지기금 수혜대상에서 기간제 등 차별시 시정조치한다.

* 21개 기관의 사내복지기금 실태조사 결과 13개 기관에서 차별소지(2011.9.)

④ 조리사 · 교육보조 등 학교종사자(130천명, 1,563억원) 처우개선

시 · 도 교육청협의회를 구성 · 운영하여 불합리한 근로조건 차이를 해소한다.

장기근속수당 인상(3~8만원 → 5~13만원), 교통비(월 6만원) 등 각종 수당을 신규 지급한다.

* 2012년의 경우 1인당 평균 연 103만원 수준(임금인상분 포함 8.5%)처우개선 효과

학생수 감소 등으로 감원시 타학교 전보로 고용안정을 제고하고, 인력풀 운영으로 적극적인 재취업을 지원한다.

⑤ 우편물구분원(4천명, 24억원) 처우개선

맞춤형복지 및 상여금, 작업복 및 안전화(연 14만원)를 신규 지급한다.

(4) 청소용역 등 외주근로자 근로조건 개선

① 청소 · 경비 등 단순업무 외주시 근로자 보호지침 마련

공공부문 전체에 적용되는 규정을 마련, 용역계약시 업체선정 · 관리 등 준수사

항을 명시한다.

(가) 용역업체 적격심사시 용역근로자 보호 관련 사항 심사 강화

▲ 예정가격산정시 적용노임에 낙찰률을 곱한 수준 이상의 임금 지급(예: 현행 최저임금 수준 → 입찰시 산출임금 수준) ▲ 4대 사회보험 적용 ▲ 포괄적 재하청 금지 ▲ 노동법 준수 확약서 제출

(나) 계약체결시 용역근로자 보호 관련 사항 명시

▲ 용역업체 교체시 원칙적으로 고용승계 ▲ 용역근로자 보호 관련 사항 위반시 계약해지 가능 ▲ 계약내용 공개(노무비 산출내역 포함) ▲ 분기별 임금지급명세 제출 등

(다) 발주기관은 계약내용을 기관 홈페이지에 공개

(라) 용역업체의 용역근로자 보호 관련 사항 준수 확인 및 위반시 계약해지 등 사후관리 강화

근로자 보호 관련 주요내용을 명기한 표준계약서를 보급 · 활용한다.

② 청소용역 직영 전환 또는 사회적기업 위탁시 지원

외주를 직영(시설관리공단 고용 등) 전환 또는 사회적기업 위탁시 근로조건 개선과 경영효율화를 위한 민간전문가 경영 컨설팅을 지원한다.

* 노사발전재단 · 사회적기업진흥원 민간전문가 등으로 TF를 설치

청소업종 사회적기업 네트워크 구축 및 공동 브랜드 개발을 지원하고 모범사례를 발굴 · 전파한다.

* 청소업종 사회적기업 53개소, (사)청소대안기업연합회 법인 설립(2011.6)

사회적기업에 위탁을 확대하는 지방자치단체에 예산을 우대 지원한다.

* 시도 '사회적기업 일자리 창출사업' 예산(2012. 국비 778억원) 교부 심사시 자치단체의 사회적기업 우대 조례 반영 및 위탁 실적 평가(고용부)

지역 취약계층 일자리창출 등을 위해 청소업종 사회적기업 특화사업을 신청하는 자치단체에 사업개발비를 우선 지원한다.

* 2012년도 사업개발비 예산(안): 175억원(지방비 20% 별도)

③ 용역업체 근로조건 준수에 대한 근로감독 강화

노동법 준수 여부, 서면 근로계약서 교부 및 계약에 따른 임금 지급 등을 점검, 위반사항을 시정 및 소관 기관에 통보한다.

용역업체 교체시 특별한 사정이 없는 경우 고용승계 하도록 지도한다.

(5) 비정규직 고용개선 관리 및 평가 체계 구축

① 공공부문 비정규직 고용구조 공시제 확대

기관별로 비정규직 고용형태별 고용인원과 변화 등을 공시한다.

중앙공공기관은 공공기관경영공시시스템(알리오)을, 지방공공기관은 이에 준해 지방공기업공시시스템(클린아이)을 개편·활용한다.

* 정부기관은 공공부문 실태조사 결과를 활용

② 공공부문 비정규직 정기 실태조사 등 관리 합리화

비정규직 현황과 근로조건 실태를 매년 정기적으로 조사하고, 기관별 개선상황을 분석·평가, 개선 유도한다.

* 무기계약직 전환 및 상여금·맞춤형복지 지급 실적 등도 파악

③ 기관별 비정규직 차별시정 등 고용개선 기능 강화

차별처우 등 진정·고충처리절차 마련 등 고용개선을 추진한다.

기관 자율해결이 곤란한 진정사항 등을 조사, 감독 및 시정한다.

비정규직 문제는 법·제도 개선만으로는 해결에 한계가 있으므로 노사가 사회적 책임을 토대로 상생·협력의 문화가 확산되도록 적극적으로 노력하는 것이 중요하다.

노사가 양보·협력을 통해 정규직·비정규직간 격차와 불합리한 차별 개선에 노력함으로써 지속가능한 공생발전과 사회통합을 도모하며 정부는 합리적 고용의 모범사례를 발굴·확산하고 상생협력 분위기가 조성되도록 노사의 노력을 적극 지원할 예정이다.

4 「상시 · 지속적 업무 담당자의 무기계약직 전환기준」 등 공공부문 비정규직 고용개선 추진지침(2012.1.16, 관계부처 합동)

1. 상시 · 지속적 업무 담당자의 무기계약직 전환 기준

(1) 추진배경

상시 · 지속적 업무에 종사하면서도 예산 · 인력운용상의 이유 등으로 2년 이내 단기고용 후 교체되어 비정규직근로자들의 고용이 불안하다는 문제가 제기되었다. 이에 따라 상시 · 지속적 업무 담당자는 원칙적으로 무기계약직으로 전환 · 채용하는 내용의 「공공부문 비정규직 고용개선 대책(2011.11.28)」 발표하였다.

〈무기계약직 전환 관련 대책 주요 내용〉

상시 · 지속적 업무 종사자의 원칙적 무기계약직 전환 · 채용 2년 이상 계속되고, 향후에도 지속되는 업무를 담당하는 기간제를 대상 직무분석 · 평가 기준에 따라 기관별로 일정기준 해당자를 전환

공공부문이 비정규직의 고용안정 등 고용개선을 선도하기 위해 상시 · 지속적 업무 여부에 대한 직무분석과 종사자 개인별 평가를 거쳐 무기계약식 전환을 추진힌디.

(2) 직무분석

① 대상 업무

계약직 등 명칭을 불문하고 기산세, 단시간근로자 등 해당기관이 비정규직을 직접고용하여 수행하는 업무

② 분석기준일: 2011년 11월말 현재

「공공부문 비정규직 고용개선 대책」 발표(2011.11.28) 시점을 고려

* 상시 · 지속적 업무를 담당하다 근로계약 기간 만료 등으로 고용이 종료된 비정규직근로자라 하더라도 분석기준일 당시 근무성적이 우수한 자에 대해서는 무기계약직으로 채용 가능

③ 상시 · 지속적 업무 판단 기준

연 중 계속되는 업무로서 과거 2년 이상 계속되어 왔고, 향후에도 계속 지속될 것으로 예상되는 업무

* 정부의 복지정책 · 실업대책이 아닌 국고보조사업의 경우 사업 기획 소관부처와 협의하여 상시 · 지속적 업무 여부를 판단

〈상시 · 지속적 업무 세부 판단기준〉

① 당해 직무가 연 중 계속되는 업무인지 여부 연간 10~11개월은 기간제근로자가 담당하고, 1~2개월은 정규직이 대체하여 담당하는 경우는 연 중 계속되는 업무로 간주 동일한(하나의) 장소(사업장)에서 이루어지는 동종 · 유사 업무에 수개월 단위로 기간제근로자를 반복 교체 사용하는 경우에도 연 중 계속되는 업무로 간주 급식조리원 등과 같이 방학 등으로 일시적으로 근무가 면제되는 기간이 있더라도 연 중 계속되는 업무로 간주 ② 분석 기준일 이전 2년 이상 계속되어온 업무인지 여부 사업의 명칭 여부와 관계없이 기관내에서 유사 · 동일한 업무가 과거 2년 이상 계속되어 온 경우는 포함 ③ 향후에도 2년 이상 지속될 것이 예상되는 업무인지 여부 사업의 명칭과 관계없이 향후 유사 · 동일한 업무가 계속 수행될 것으로 예상되는 경우 포함 정부로부터 위탁받은 사업의 경우 위탁 방식 등을 고려하여 기관에서 자체 판단(매년 공모선정방식에 의한 사업 위탁의 경우 상시 · 지속적 업무로 보기 어려울 것임)

단순 집행적 성격의 업무이거나 공무원을 보조하는 업무, 서비스적 성격이 강한 업무 등인 경우에도 상시 · 지속적 업무에 해당 가능하다

④ 전환 제외

「기간제법」 제4조에서 정한 기간제근로자 사용기간 예외사유에 해당하는 경우 전환 대상에서 제외된다(붙임 1 참조).

* 예시) 업무대체자, 고령자, 박사학위 등 전문적 지식 · 기술자, 정부의 복지정책 · 실업대책 등에 의한 일자리 종사자, 기간제 교사, 영어회화 전문강사, 시간강사, 초단시간근로자, 연구업무(지원) 종사자 등

행정수요의 변화 등으로 향후 업무량 감소가 예상되는 경우 기간제로 운영 가능하다(다만, 해당자의 근속기간이 2년 경과시 무기계약직으로 전환).

(3) 평가 및 무기계약직 전환

상시 · 지속적 업무에 해당되어 무기계약직 전환대상인 자에 대해 기관이 정한

평가기준 충족여부를 평가한다.

해당 기관별로 근무실적 · 직무수행 능력 · 직무수행 태도 등을 종합적으로 평가, 무기계약직으로 전환한다.

근무성적이 불량한 자 등 해당 기관이 자체 평가기준에서 정한 기준에 미달하는 경우는 전환 제외한다.

평가 기준, 방법 및 절차는 해당 기관의 실정에 맞게 결정하되, 인사위원회 심의 등 절차적 합리성을 확보한다.

전환시기는 근로계약 기간이 종료되는 시점에서 개인별로 전환된다.

* 기관 사정에 따라 근로계약기간 종료이전 조기 전환도 가능

(4) 무기계약직 전환자 관리

무기계약직 관리 업무를 담당하는 부서를 지정 · 운영한다.

기관별 실정에 맞게 "(가칭)무기계약직 근로자 관리규정*"을 마련하여 체계적으로 관리 · 운용한다.

* 총인원 및 부서별 · 직종별 인원, 채용요건 · 절차 및 고용종료에 관한 사항, 보수 · 수당 · 정년 · 복무관리 등에 관한 사항 등

해당 직무의 특성을 고려하여 직무 · 성과급제 임금체계를 도입 · 운영한다.

무기계약직 전환은 고용안정을 도모하는 것이므로 전환자체가 보수인상을 수반하는 것은 아니다.

여타 근로자들과의 차별처우 등 논란을 방지하기 위해서는 무기계약직에 대한 합리적 보수체계 운영이 필요할 것이다.

특히, 무기계약직에 대해 정기적으로 근무성적 등을 평가하는 평가체계를 마련 · 운영한다.

* 동 평가에 근거, 성과상여금 등 근무성적 우수자에 대한 인센티브 마련

고용계약, 운영규정 등에 근무실적이 불량하거나, 사업 · 예산의 축소 또는 폐지시 고용관계 종료가 가능함을 명기한다.

* 기관별 '무기계약직 근로자 관리규정' 등에 사유 명시

(5) 행정사항

기관별 전환 계획 및 실적을 제출한다(전산입력).

(전환계획 제출) 상시 · 지속적 업무에 대한 직무분석을 통해 기관별 자체 전환 계획을 수립 · 제출한다(2012.4.15).

* 비정규직 전환 실태조사를 위한 전산 프로그램을 개발 중인 바, 전산개발이 완료되는 대로 구체적인 입력방법 등에 대해서는 별도 통보 예정

(전환실적 제출) 매 반기별 전환자수를 누계*로 작성하여 기관별로 제출 (2012.7.15, 2013.1.15)

* 전환실적은 2011.11.28 이후 전환된 근로자수를 입력(붙임2 참조)

고용부의 「비정규직 고용개선 심의위원회」를 통한 자문 및 평가

민간전문가 등이 참여하여 무기계약직 전환 및 임금 · 직무체계 개선 등 자문, 고용개선 실적 등을 평가한다.

* 2012.27 무기계약직 전환 지침 마련 관련 1차회의 개최

비정규직의 무기계약직 전환 등 비정규직 고용개선과 인력관리 등에 대해 민간 전문가 컨설팅을 제공한다.

무기계약직 전환 실적 등은 공개하고, 고용개선 실적이 우수한 기관은 모범사례로 홍보한다.

* 2012년 상반기 중 관계부처 합동 점검시 기관별 고용개선 실태 등 점검 예정

자치단체의 경우 금번 대책에 따라 무기계약직으로 전환되는 근로자의 인건비는 총액인건비 조직관리기준을 초과하여 인건비 예산 편성 · 운영이 가능하다(행안부 자치제도과-3881, 2011.12.29).

국회, 법원, 감사원, 헌법재판소, 중앙선거관리위원회 등 헌법기관도 금번 기준에 준하여 자체 개선방안을 마련 · 추진함이 바람직하다.

무기계약직 전환 및 실적보고 서식

* 무기계약직 전환계획 및 실적입력은 전산개발이 완료되는 대로 추후 별도 통보할 예정이며, 동 서식은 무기계약직 전환계획 수립시 업무에 참고한다.

· **무기계약직 전환 계획(제출 서식)**

기관명:					작성기준일: '12.3.31
연 번	직 종	비정규직 근로자수	업무 유형		전환대상규모 (예상)
			상시 · 지속 (전환대상)	일시 · 간헐 (전환제외)	
계		10	9	1	6
1	사무보조	5	4	1	3
2	비 서	5	5	0	3

· **무기계약직 전환 실적(제출 서식)**

기관명:					작성기준일: '12.6.31		
연 번	직 종	비정규직 근로자수	업무 유형		전환자수 (B)	미전환자수 (A–B)	미전환 사유*
			상시 · 지속 (전환대상,A)	일시 · 간헐 (전환제외)			
계		10	9	1	5	4	
1	사무보조	5	4	1	3	1	2
2	비 서	5	5	0	2	1	19
						2	20

* 예: 1. 사업완료기간이 정해진 경우 2. 휴직 · 파견근로자 대체자 3. 학업 · 직업훈련 등 이수 4. 고령자 5. 박사학위소지자 6.기술사 등급의 국가기술자격 소지자 7. 건축사, 변호사, 변리사, 의사 등 전문직종 8. 정부의 복지정책 · 실업대책 등에 따라 다른 법령에 의해 국민의 직업능력개발, 취업촉진 및 사회적으로 필요한 서비스를 제공하기 위한 일자리 9. 제대군인의 고용증진 및 생활안정을 위한 일자리 10. 국가보훈대상자 지원을 위한 일자리 11. 다른법령에서 사용기간을 달리 정한 경우(기간제 교사, 영어회화 전문강사 등) 12. 군사관련 종사자 13. 국가안전보장, 국방 · 외교 등 업무 종사자 14. 고등교육법상 조교, 겸임교원, 시간강사, 초빙교원 등 15. 근로소득 상위 100분의 25 해당자 16. 초단시간근로자 17. 체육선수 및 지도자 18. 연구업무 종사자, 연구업무에 직접 관여하여 지원하는 자 19. 근무성적 불량자 20. 향후 업무량 감소

2. 복지포인트 및 상여금 지급 기준

(1) 추진배경

그간 정규직 대부분에게 지급되는 맞춤형복지 · 상여금(명절휴가비 등)이 비정규직에게는 일부만 지급되고 있어 고용형태에 따른 차별이 존재했다.

관계부처 합동 「공공부문 비정규직 고용개선 대책(2011.11.28)」후속조치의 일환으로 무기계약직 · 기간제 등에 대한 차별해소 및 처우개선을 위해 복지포인트 및 상여금 지급 확대 기준을 마련하였다.

〈맞춤형 복지 · 상여금 지급 관련 대책 주요 내용〉맞춤형 복지제도 지급확대: 근무기간 등을 고려하여 복지포인트 지급

1년이상 근무자 기본포인트(약 30만원 수준) 지급(86천명, 258억) 1년 미만자의 경우 기관별로 근무기간 등을 고려하여 차등 지급 상여금 지급확대: 근무기간 · 직무 특성을 고려한 상여금(명절휴가비 등) 지급 1년이상 근무자 우선 지급(80천여명, 640~800억) 1년 미만자의 경우 기관별로 근무기간 · 직무특성 등을 고려하여 차등 지급

(2) 지급기준

① 총 괄

(적용대상) 공공부문(중앙행정기관, 자치단체, 공공기관, 교육(행정)기관) 무기계약직 및 1년이상 근무한 기간제 · 시간제 근로자

* 초단시간(주15시간 미만) 근무자, 일일 · 재택 근로자, 재정지원 일자리 사업 참여자 등은 제외 가능
* 조리사 · 교육보조 등 학교종사자, 우편물구분원 등 별도의 처우개선 방안을 마련한 근로자는 제외

6개월~1년미만 근무자는 근무기간 · 근무시간, 직종특성 등을 고려하여 지급한다.

(소요재원) 2012년도에는 기관별 기본사업비 등 자체예산을 우선 활용하고, 부족분은 기관별로 재정부와 협의 · 타비목에서 전용한다.

* 재정부는 관련예산 전용시 적극 협조 예정
* 2013년부터는 기관별로 예산에 반영

(근로조건 저하금지) 본 지침을 이유로 기지급되고 있는 복지포인트 · 상여금(명절휴가비 등) 지급 수준을 하향할 수 없다.

② 복지포인트

(지급수준) 기본 복지포인트로 1인당 30만원 수준 일률 지급

* 각 기관별 정규직 지급 수준 등을 고려하여 조정 가능

가족 및 근속기간에 따른 추가 포인트는 개별 기관의 예산 등을 고려하여 자율

적으로 지급 가능하다.

현재 정규직을 포함, 소속 직원들을 위해 별도의 맞춤형 복지제도를 운영하고 있지 않는 기관은 해당되지 않는다.

③ **상여금**(명절휴가비 등)

(지급수준) 1인당 연평균 80~100만원 수준으로 하되, 일부 금액은 직무성과 평가에 따라 차등 지급 가능하다.

직무성과 평가에 따라 지급하는 금액의 비율, 평가방식 등 세부 내용은 기관별로 별도 규정을 마련하여 자율적으로 결정한다.

연봉제 등으로 정규직에도 상여금(명절휴가비 등)을 지급하지 않는 경우는 적용제외하나, 연봉제 설계시 고정적으로 지급하는 명절휴가비 등을 연봉에 포함한 경우는 지급하여야 한다.

(지급방식) 명절(설 · 추석), 상 · 하반기 등 연 1~2회에 걸쳐 지급하되, 개별기관이 자율적으로 결정

* 예시: 상반기(설휴가비) · 연말(성과평가)로 나누어 지급

(3) 행정사항

각 기관은 2012년 예산 배정 계획 등에 반영하여 석극 이행한다.

각 기관(중앙행정기관, 자치단체 등)은 복지포인트, 상여금 지급시행 결과를 작성하여 통보

* 구체적 시행 내용은 추후 별도 공문 시달예정

* 全 공공기관 대상 관계부처 합동 차별 점검시 지급기준 준수 여부 점검 계획(2012.상반기)

국회, 법원, 감사원, 헌법재판소, 중앙선거관리위원회 등 헌법기관도 금번 기준에 준하여 자체 개선방안을 마련 · 추진함이 바람직할 것이다.

3. 용역근로자 근로조건 보호지침(기획재정부 · 행정안전부 · 고용노동부 공동)

(1) 개 요

① **추진배경**

최근 청소 · 경비 등 단순노무 용역근로자의 근로조건 개선 문제가 사회 이슈화

되어 이에, 국가정책조정회의(2011.11.25), 당정협의(2011.11.28) 등을 거쳐 용역 근로자의 고용안정 및 처우개선 방안을 담은 「공공부문 비정규직 고용개선 대책」을 발표하였다(2011.11.28).

〈용역근로자 근로조건 보호 관련 대책 주요 내용〉

공공부문 전체에 적용되는 규정을 마련, 용역계약시 업체선정 · 관리 등 준수사항 명시 청소용역 직영 전환 또는 사회적기업 위탁시 민간전문가 경영컨설팅 지원 용역업체 근로감독 강화 등

용역업체를 통해 수행하던 청소용역 업무를 직영화 하거나 사회적기업에 위탁하는 경우 경영효율화 컨설팅 등을 지원하는 한편, 외주화하는 경우 계약과정을 개선하고 발주기관의 관리 · 감독 등을 강화함으로써 용역근로자 근로조건을 보호한다.

② 적용대상

일반용역 중 청소 · 경비 · 시설물관리 등 단순노무용역에 적용한다.

(2) 계약체결시 유의사항

① 입찰공고

입찰공고 단계에서 '예정가격 산정 방법, 외주근로자 근로조건 보호 관련 확약서 제출, 제출 내용 미이행시 계약 해지 · 해제 가능' 등의 내용을 명시하며 특히, 근무인원을 명시하여 용역근로자 고용규모가 감소되지 않도록 유의한다.

② 예정가격 산정

예정가격 산정시 노임단가는 최저임금이 아닌 시중노임단가를 적용한다.

* 기존 임금 수준보다 낮아지지 않도록 유의하여야 한다.

〈노임단가〉

중소기업중앙회에서 발표하는 제조부분 보통인부 노임*을 기본급으로 적용한다. * 2012년의 경우 57,859원/일 예정가격 산정시 노임단가 = 기본급 + 「근로기준법」상 제수당 + 상여금(기준단가의 연 400%를 초과하여 계상할 수 없음) + 퇴직급여충당금 등 시설물관리용역의 경우 해당직종의 시중노임단가 또는 (사)한국건축물유지관리협회의 건축물유지관리비 표준단가표상 노임*을 적용한다. * 2012년의 경우 ▲ 관리소장: 2,162천원/월 ▲ 분야별책임자(주임): 1,891천원/월 ▲ 기능사(반장): 1,677천원/월 ▲ 기능사보(기사): 1,581천원/월

자치단체의 생활폐기물 수집 · 운반용역의 경우 i)행정안전부의 환경미화원 인건비 예산편성참고자료(2008년)를 기준으로 산출하거나, ii)건설협회가 발표하는 시중노임 단가 중 보통인부 노임*을 적용(환경부 고시 제2011-147)

* 2012년의 경우 75,608원/일

③ 용역업체 선정

일반용역 적격심사기준에 외주근로자 근로조건 보호 관련 항목을 포함, 근로조건 보호 관련 확약서 제출 여부를 심사한다.

〈확약서 내용〉

① 예정가격 산정시 적용한 노임에 낙찰률을 곱한 수준 이상의 임금을 지급 ② 퇴직금, 4대 사회보험료 등 법정부담금을 지급 ③ 포괄적인 재하청을 하지 않겠음 ④ 근로기준법 및 최저임금법을 위반하지 않겠음

* 최저 낙찰하한율을 예정가격의 87.745%이상으로 적용

④ 용역계약체결

계약체결시 다음 내용을 계약서에 명시한다.

〈계약서 명시 사항〉

① (고용승계) 특별한 사정이 없는 한 고용을 승계 ② (고용유지) 특별한 사정이 없는 한 용역계약기간 중 고용유지 ③(근로조건 보호) 적격심사시 제출한 외주근로자 근로조건 보호 관련 사항 위반시 계약해지 및 향후 입찰참가자격 제한 가능 ④ (정보공개) 노무비 산출내역 등 계약내용을 홈페이지에 공개 가능 ⑤ (임금명세서 제출) 분기별로 발주기관에 임금지급명세서 제출

(3) 발주기관의 관리 · 감독

발주기관은 용역업체가 제출한 외주근로자 근로조건 보호 관련 확약내용의 이행 여부를 수시로 확인한다.

* ▲ 예정가격 산정시 적용한 노임에 낙찰률을 곱한 수준 이상의 임금 지급 여부 ▲ 퇴직금, 4대 사회보험료 등 법정부담금 지급 여부 ▲ 포괄적 재하청 금지 사항 준수 여부 ▲ 용역업체 변경시 원칙적 고용승계 여부 등

외주근로자 근로조건 보호 확약내용 불이행시 계약해지 및 향후 입찰참가자격을 제한한다(단, 미이행 사실 즉시 시정 · 보완시 제외).

* 국가 · 지방계약법 시행규칙(부정당업자의 입찰참가자격 제한)

계약이행능력심사를 위하여 제출한 외주근로자 근로조건 이행계획에 관한 사항을 지키지 아니한 자에 대하여 입찰참가자격 1~3개월 제한

(4) 행정사항

단순노무 일반용역의 수의계약 및 협상에 의한 계약 체결시에도 위 사항을 준수해야 한다.

* 단순노무용역 이외 업무 외주시에도 사회통념상 합리적인 이유가 없는 한 외주근로자의 고용 및 근로조건이 유지될 수 있도록 노력(사내하도급 근로자의 근로조건 보호 가이드라인 〈2011.7.18〉 준수 〈참고 3〉)

全 공공기관 대상 관계부처 합동 차별 점검(2012.상반기), 용역업체 근로감독(수시)시 지침 이행 여부 점검 계획(고용부 · 소관부처 합동)

* 용역업체 근로감독시 용역계약 위반업체에 대해서는 발주기관 외에 재정부(공공기관) · 교과부(교육기관) · 행안부(자치단체)에도 통보

발주기관은 용역근로자가 이용할 수 있는 위생시설(휴게실, 세면 · 목욕시설, 세탁시설, 탈의시설 등) 설치 또는 제공

국회, 법원, 감사원, 헌법재판소, 중앙선거관리위원회 등 헌법기관도 금번 기준에 준하여 자체 개선방안을 마련 · 추진함이 바람직하다.

【붙임 1】

근로조건 이행계획의 적정성 평가기준(예시)

구 분	심사항목	배점한도
I. 당해용역 수행능력		25
II. 근로조건 이행계획의 적정성	예정가격 산정시 적용한 노임에 낙찰률을 곱한 수준 이상의 임금 지급, 퇴직금 및 4대사회보험료 등 법정부담금 지급, 포괄적인 재하청 금지, 근로기준법 및 최저임금법 준수 여부	5
III. 입찰가격		70
합 계		100

II.근로조건 이행계획의 적정성		
심 사 항 목	평가점수	
	제출시	미제출시
1. 예정가격 산정시 적용한 노임에 낙찰률을 곱한 수준 이상의 임금을 지급한다는 확약서 제출	2	0
2. 근로기준법 등 관련법규 준수 여부 ① 퇴직금, 4대보험료 등 법정부담금을 지급한다는 확약서 제출 ② 포괄적인 재하청을 하지 않겠다는 확약서 제출 ③ 근로기준법 및 최저임금법을 위반하지 않겠다는 확약서 제출	3	0
계	5	0

【붙임 2】

근로조건 이행확약서(예시)

1. 인건비는 ○○일반용역적격심사세부기준에 따라 "예정가격 산정시 적용한 노임에 낙찰률을 곱한 수준 이상의 임금"을 지급하겠습니다. : 예 ( )
: 아니오 ( )

2. 「근로기준법」등 아래의 관련 법규를 준수하겠습니다. : 예 ( )
: 아니오 ( )

① 퇴직금, 의료보험, 국민연금, 산재보험, 고용보험 등 관계법령이 정한 금액을 별도 책정하여 지급하겠습니다.
② 포괄적인 재하청을 하지 않겠습니다.
③ 「근로기준법(제107조 내지 제114조)」및「최저임금법(제28조)」을 준수하겠습니다.

(회사명)는 본 용역을 수행함에 있어 위에 언급한 내용대로 계약을 성실히 이행할 것이며, 만일 이를 이행하지 않을 경우 계약해지, 입찰참가자격제한조치 등 불이익 처분을 받더라도 하등의 이의를 제기하지 아니할 것을 확약하고 근로조건 이행확약서를 제출합니다.

년 월 일

주소:
회사명:
대표자: (인)

【붙임 3】

용역 표준계약서(근로조건 부분 예시)

용역명	
발주처	○○기관의 장 또는 계약담당자 성명
계약상대자	○○회사 대표 ○ ○ ○

* 이 용역 표준계약서는「단순업무 외주시 용역근로자 근로조건 보호지침」중 근로조건 부분을 요약 · 정리한 내용으로 단순노무 일반용역을 계약할 때 반영해야할 사항이다.

위 용역사업에 대하여 ○○기관의 ○○○을 "갑"으로 하고 ○○회사 대표 ○○○을 "을"로 하여 다음과 같이 용역계약을 체결한다.

제○○조(종업원의 신분) ①"을"은 소속 근로자의 처우에 대하여 근로기준법 등 노동관계법령을 준수하여야 하며 무단해고 또는 불이익을 주어서는 안 된다.

②"을"은 현재 근무하고 있는 종사원에 대하여 특별한 사정이 없는한 고용을 승계하도록 한다.

③"을"은 특별한 사정이 없는한 용역계약기간 중 소속 근로자의 고용을 유지한다.

제○○조(근로자 임금) ①"을"은 예정가격 산정시 적용한 노임단가에 낙찰률을 곱한 수준 이상으로 임금을 지급하여야 한다.

② 제1항을 불이행할 경우 "갑"은 "을"과 체결한 계약의 해지 · 해제가 가능하고 향후 입찰참가를 제한한다.

제○○조(법정부담금 별도반영) "을"은 근로자의 퇴직금, 의료보험, 국민연금, 산재보험, 고용보험에 대하여 관계법령이 정한 금액을 별도로 책정하여야 한다.

제○○조(포괄적재하청 금지) "을"은 "갑"과 체결한 용역사업을 포괄적인 재하청 방식으로 처리할 수 없다.

제○○조(용역업체 관리) "갑"은 "을"이 제출한 용역근로자 근로조건 보호와 관련된 확약내용의 이행 여부를 수시로 확인 · 지도할 수 있다.

제○○조(정보공개 및 자료제출) ①"갑"은 "을"과 체결한 계약내용을 공개할 수 있다.
②"을"은 분기별로 임금지급대장을 "갑"에 제출하여야 한다.

4. 정규직 채용시 비정규직 경력 인정

(1) 추진배경

과거 경력에 대한 내용 분석 없이 고용형태라는 형식적 요소에 의해 호봉 인정 여부를 판단하는 것은 불합리하여 정규직 채용시 정규직 근무 경력을 인정하는 경우 비정규직으로 근무한 경력도 인정하기로 하였다.

〈비정규직 근무경력 인정 관련 대책 내용〉

비정규직으로 근무하다가 정규직으로 고용시 비정규직 근무경력을 인정

* 공공기관: 기관별 인사규정 등 개정

공공기관에서 비정규직으로 근무하던 직원을 정규직으로 채용하는 경우 비정규직 근무 경력을 인정＊하는 구체적인 방안 마련이 필요하다.

* 정부기관의 경우 '공무원 보수규정' 에 반영(2012.1월, 행안부)

(2) 비정규직 경력 인정 방안

경력 인정은 호봉 등 근무 경력을 반영하는 경우에 해당

* 직무 · 성과급 적용 등으로 근속기간이나 경력을 반영하지 않는 경우 경력 인정 불요

정규 · 비정규직 등 고용형태에 따라 경력 인정에 차별을 두는 것은 불가

* 예) 공공기관 정규직 경력 100% 인정, 비정규직 경력 불인정 또는 50%인정

그러나, 업무의 성격, 책임과 권한 등의 차이에 따른 차등은 가능하다.

* 예) 공공기관 회계직업무 100% 인정, 회계보조업무 50% 인정한다.

(3) 행정사항

기관별 인사규정 등에 비정규직 경력 인정 관련사항을 명기한다.

5. 공공부문 비정규직 고용개선 기능 강화

(1) 개 요

비정규직 고용불안과 차별처우 문제 해소를 위해 합리적 고용관행 정착 및 처우개선, 고용개선 관리 등을 주요 내용으로 하는 「공공부문 비정규직 고용개선 대책」을 발표하였다.

비정규직 차별시정 등 고용개선이 일회성이 아닌 체계적으로 지속 추진될 수 있도록 비정규직 대책에 고용개선 기능 강화 방안을 반영하였다.

〈고용개선 기능 강화 관련 대책 내용〉

기관별 비정규직 차별시정 등 고용개선 기능 강화 차별처우 등 진정 · 고충처리절차 마련 등 고용개선 추진 기관 자율해결이 곤란한 진정사항 등 조사, 감독 및 시정

각 기관 실정에 맞춰 비정규직에 대한 불합리한 차별해소 등 고용개선 기능을 강화하였다.

(2) 고용개선 기능 강화방안

① 「공공부문 비정규직 고용개선 대책」이행

상시 · 지속적 업무종사자는 원칙적으로 무기계약직 전환 · 채용하고 – 상시 · 지속 업무 여부에 대한 직무분석과 종사자 개인별 평가를 거쳐 무기계약직 전환을 추진한다.

비정규직으로 근무하다가 정규직으로 전환 · 채용시 비정규직 근무경력을 인정한다(인사규정 등에 명기).

맞춤형 복지제도 · 상여금 지급 확대를 통한 처우개선 및 공공기관의 사내근로복지기금을 활용한 복리후생을 확충한다.

기관별 비정규직 고용형태별 인원 및 고용구조 변화 공시*, 관계부처 합동 비정규직 정기 실태조사**('12.8~9월 예정)에 성실 참여한다.

* 공시관련 업무지침 및 시스템 개편(2012.1~2) → 고용구조 공시(2012.4)
* 실태조사를 위한 온라인 프로그램 개발 중

② 차별개선 등 기관별 고용개선 추진

「고용형태에 따른 차별개선 가이드라인('11.11.28)」준수

* 복리후생적 현물(근무복, 명절선물 등) 및 금품(경조사비, 건강검진비, 식대 등), 편의시설, 휴가, 상여금 등에 있어서 불합리한 차별개선에 노력(참고 2 참조)

비정규직 차별시정 등 기관별 고용개선 계획을 마련 · 시행한다.

<고용개선계획 수립 · 시행(예시)>

비정규직근로자 임금, 복리후생 등 실태 파악	⇨	임금, 복리후생 등에 있어 불합리한 차별요인 발굴	⇨	자율적 차별시정계획 마련(비정규직 의견수렴)	⇨	고충처리, 노사협의회 등을 통한 상시 차별해소 노력

차별사항에 관한 고충 접수 및 신속한 처리를 위해고충처리 시스템을 구축 · 운영한다.

고충이 접수될 경우 최대한 신속 처리한다.

* 고충사례 중 노사간 협의가 필요한 사항은 기관별 노사협의회 등을 통해 협의(수시)

고충처리 내용을 비정규직근로자 모두가 열람할 수 있도록 하는 등 고충처리 활성화 방안을 강구한다.

양보와 배려 문화 확산

차별예방교육* 실시, 노사협의회 등을 통한 근로조건 격차 완화 방안 등 협의**(수시)

* 「차별 없는 일터 지원단」홈페이지(www.1588-2089.com)를 통해 차별 예방 교육을 신청할 경우 교육 제공(무료, 방문 교육 가능)

** 비정규직근로자가 노사협의회 등에서 의견을 개진할 수 있는 방안 마련

임금, 복리후생 등에 있어 차별요인이 있는지에 대한 지속적 모니터링을 통해 차별요인 사전 해소(수시)

③ 비정규직 능력개발을 통한 정규직 고용 기회 확대

비정규지근로자에 대한 교육훈련 참여기회 확대를 통해 정규직으로 채용 기회를 제공한다.

* 비정규직→무기계약직→정원상 직원으로 채용되는 직업경로의 사다리 기능 강화

기관별 교육훈련계획에 비정규직 교육훈련계획을 포함하여 교육을 시행하고 직무수행에 필요한 전문지식 및 기타 역량 강화를 위한 교육기회를 제공한다.

* 고용보험에서 지원하는「사업주 직업능력개발 훈련」,「재직자 내일배움카드제」,「근로자 직무능력향상 지원금」을 활용할 수 있도록 조치

<고용보험에서 지원하는 비정규직 교육프로그램>

◈ 「사업주 직업능력개발 훈련 지원」
(개요)사업주가 소속 근로자를 대상으로 직업능력개발훈련을 실시할 경우 훈련비 등 소요비용 일부를 지원
(지원내용) 훈련비, 숙식비 및 임금의 일부 지원
◈ 「재직자 내일배움카드제」
(개요)근로자가 고용지원센터로부터 '재직자 내일배움카드'를 발급받아 고용노동부장관이 인정한 '내일배움카드과정'을 수료한 경우 훈련비용 일부 지원
(지원내용)1인당 연간 200만원 이내, 과정별(집체 훈련 · 외국어 훈련 · 인터넷 원격훈련) 훈련비의 50~100% 지원

◈「근로자 직무능력향상 지원금」
(개요)근로자가 고용노동부장관이 인정한 '근로자 직무능력향상 지원 과정'을 수료한 경우 훈련비용 일부 지원
(지원내용)1인당 연간 100만원 이내, 과정별(집체 훈련 · 외국어 훈련 · 인터넷 원격훈련) 훈련비의 50~100% 지원

(3) 행정사항

기관별 비정규직 관리 담당부서(자) 지정 · 운영(2012.1월)

기관별 비정규직 고용개선 기능 총괄

▲「공공부문 비정규직 고용개선 대책」이행, ▲ 비정규직 인원현황 관리 및 관련 규정 개정 등 인사 · 노무 관리, ▲ 비정규직 차별 관련 고충처리 시스템 운영 등

「공공부문 비정규직 고용개선 대책」이행 관계부처 합동점검* 예정(2012.상반기)

점검내용: ▲ 비정규직 차별 여부 ▲ 차별개선 가이드라인 준수 여부 ▲ 복지포인트 · 상여금 지급기준 준수 여부 ▲ 사내근로복지기금 수혜 차별 여부 ▲ 용역업체 근로조건 준수 여부 등

비정규직 관리 업무담당자 교육 적극 참여(2012. 3월)

비정규직 담당자 등을 대상으로 비정규직 관련법률, 고용개선대책 등에 대해 6개 권역별 순회교육 실시 예정(2012.3~4)

공공부문 비정규직 고용개선 컨설팅을 적극 활용하여 기관별 고용형태에 따른 차별문화를 적극 개선

컨설팅 내용: ▲ 직무 · 성과급제 도입 등 임금체계 개선 ▲ 경영컨설팅(외주화를 직영 전환 또는 사회적기업 위탁시) ▲ 노사관계 개선 등

기본사업계획 수립(2012.1) → 수탁사업자 공고 · 확정 및 세부사업계획 마련(2012.2~3) → 컨설팅 대상기관 모집 및 컨설팅 실시(2012.4~10)

고용개선 실적 공개 및 우수사례 발굴 · 홍보(고용노동부)

국회, 법원, 감사원, 헌법재판소, 중앙선거관리위원회 등 헌법기관도 금번 기준에 준하여 자체 개선방안을 마련 · 추진함이 바람직할 것이다.

제2편

기간제근로자의 고용과 법률문제

1장 기간제근로자의 의의와 고용형태

2장 기간제법의 목적과 적용범위

3장 기간제근로계약의 체결과 그 제한

4장 기간제근로자의 사용기간 및그 제한 예외를 둘러싼 법률문제

5장 기간제근로자의 근로조건의 서면명시

6장 차별적 처우 금지 및 불리한 처우의 금지를 둘러싼 법률문제

7장 노동위원회를 통한 차별시정을둘러싼 법률문제

8장 과태료 · 감독기관에 대한 통고권 및 취업촉진 노력

1장 기간제근로자의 의의와 고용형태

1 기간제근로자의 개념

관련조문

기간제법 제2조 【정 의】 1. "기간제근로자"란 기간의 정함이 있는 근로계약(이하 "기간제근로계약"이라 한다)을 체결한 근로자를 말한다.

기간제근로자란 기간의 정함이 있는 근로계약(기간제근로계약)을 체결한 근로자를 말한다(기간제법 제2조제1호). 기간제법 시행 이후 근로계약기간을 정하는 방법은 다음과 같다.

① 기간의 정함이 없는 근로계약(무기계약 또는 정년제 계약)

② 사업의 완료 또는 특정한 업무의 완성에 필요한 기간을 정한 경우 등 동법 제4조제1항 단서 각 호의 특례에 해당하는 계약

③ 2년 이내의 기간을 정한 근로계약

그 중 ②, ③번 형태의 근로계약을 체결한 근로자가 기간제근로자에 해당 된다.

기간제근로자는 사용자와 기간의 정함이 있는 근로계약을 체결하여 고용된 근로자를 말한다. 기간을 정한 사유 · 기간의 장단 · 명칭(계약직, 촉탁직, 일용직, 임시공, 계약근로자, 계약사원, 아르바이트, 촉탁사원, 파트타임사원 등) 등에 관계없이 근로계약에 기간을 정하여 고용된 근로자를 말한다. 종래 단시간근로자나 아르바이트 등 보조적 업무에 종사하는 근로자가 다수였으나 최근에는 핵심적 · 전문적 업무

에 종사하며 정규직근로자와 달리 개별 계약조건에 따라 근로하는 근로자도 증가하고 있다(계약직근로자, 기간파트타임근로자 등). 다만, 근로계약기간이 정해져 있더라도 동 기간의 만료가 근로계약 종료의 의미가 아닌, 동일한 임금결정단위를 연간으로 설정한 기간(연봉계약기간 등)과 같은 의미로 해석되는 경우에는 기간제근로계약으로 볼 수 없을 것이다.

기간의 정함이 있는 근로계약에 대하여 통상 임시직 · 계약직 · 촉탁직 · 기간제 또는 단기 근로자 등 다양한 표현이 사용되고 있다. 그러나 이러한 근로계약 형태는 일정한 기간의 경과로 또는 소정 목적의 달성 내지 일정한 조건의 충족으로 사용자의 별도의 해지통고가 없더라도 근로관계가 종료된다는 점에서 차이가 없다. 따라서 이들 고용형태에 있어서는 구체적인 고용사유나 고용조건의 차이가 있다 하더라도 기간의 정함이 있는 근로관계(유기근로관계)로서의 본질이 달라지는 것은 아니다.

2 기간제근로자와 유사형태 근로자 개념의 비교

1. 시용 · 수습근로자

시용 · 수습근로자의 경우 기간을 정한 목적이 근로계약의 종료인지 시용 · 수습을 목적으로 정한 것인지 여부에 따라 판단한다. 원칙적으로 시용과 수습은 확정적 근로계약의 체결 이후 일정 기간 동안 당해 근로자의 업무적격성 · 품성 등을 판단하거나 또는 직업능력의 향상 및 오리엔테이션 등을 목적으로 설정된다. 이러한 시용 · 수습기간은 '근로계약의 존속기간(시작과 종료)'을 정한 것이 아니므로 시용 · 수습기간만을 별도의 기간제근로계약으로 볼 수 없을 것이다. 따라서 무기근로계약을 체결하면서 일정기간을 시용 내지 수습기간으로 설정했다면 이를 별도의 기간제근로계약이 체결된 것으로 볼 수 없으므로 이 경우 시용 · 수습 중인 근로자에 대한 불리한 처우는 차별 시정의 대상에 포함되지 않을 것이다.

2. 단시간근로자

"단시간근로자"란 1주 동안의 소정근로시간이 그 사업장에서 같은 종류의 업무에 종사하는 통상근로자의 1주 동안의 소정근로시간에 비하여 짧은 근로자를 말한다(「근로기준법」 제2조제1항제8호 및 기간제법 제2조제2호). 이 경우 단시간근로자의 소정근로시간에 대해서는 노동관계법에서 별도로 정하고 있지 않은 바 노사당사자간에 정한 단시간근로자의 소정근로시간이 같은 종류의 업무에 종사하는 통상근로자의 1주 동안의 소정근로시간에 비하여 짧은 경우이고 그 짧은 정도는 따로 정하고 있지 아니하다. 다만 「근로기준법」 제18조제3항에 따라 4주간(4주 미만으로 근로하는 경우에는 그 기간)을 평균하여 1주간의 소정근로시간이 15시간 미만인 근로자에 대하여는 주휴일 및 연차유급휴가 규정을 적용하지 않더라도 법 위반의 문제가 발생되지 아니한다. 여기서 기간제근로자란 기간의 정함이 있는 근로계약을 체결한 근로자를 말하는 바 단시간근로자도 기간의 정함이 있는 근로계약을 체결한 경우에는 기간제근로자의 범위에 당연히 포함되어 사용기간이 2년을 초과한 시점부터 기간의 정함이 없는 근로계약(단시간 근로계약)을 체결한 것으로 간주된다(2007.4.25, 비정규직대책팀-1370).

3. 임시직근로자

「임시」란 종래에는 일시적인 변동요원으로서 유기고용사 전체를 가리키는 명칭으로서 사용되어 왔다. 종전에는 정규직근로자에 대응하는 비종신 고용자이며 연공으로 간부 등에 승진하는 것은 처음부터 예정하지 않고 근로자로서의 신분상 비정규직근로자를 널리 포함하는, 이른바 단시간근로자, 아르바이트, 촉탁 등 모두를 포함하는 개념으로 쓰여 왔으나, 오늘날은 이렇게 넓은 의미로 「임시」라는 명칭을 쓰는 것은 분규의 원인이 되기 때문에 포괄적인 개념으로 쓰지 않는 것이 좋다.

최근에는 고용형태의 다양화로 아주 바쁠 때에만 고용되는 계절적근로자를 의미하는 문자 그대로의 「임시」, 즉 일시적 고용자로 정의가 바뀌었으며, 그런 의미로 쓰여져야 할 것이다. 이 경우의 근로시간은 일반 근로자와 같으나 임금은 일급제를 취하는 경우가 많은 것이 특징이며, 주로 기간제근로자나 계절적근로자가 이에 해당한다고 인식되고 있다.

① 임시직근로자에 대해 특별히 개념을 규정한 판례나 행정해석을 발견 하기 어려우며 학계 등에서도 이를 구분하여 정의하고 있지 않다.

② 일반적으로 업무가 한시적이거나 통상근로자의 휴가사용 등으로 인해 일시적으로 업무의 공백이 생길 때 이를 보충하기 위해 고용되는 자로 소정근로시간과 소정근로일이 정하여져 있다.

③ 근로기준법이 전면 적용됨은 물론 계약기간 동안 고용이 보장되고 그 기간 동안에 대해 단체협약 · 취업규칙 · 근로계약에 특별히 규정하지 않는 한 통상근로자와 똑같은 근로조건의 적용을 받는다.

4. 계약근로자

「계약근로자」란 여러 가지 형태의 고용을 말하나 일반적으로는 다음과 같다.

① 대리상적 도급고용자

② 전문직으로서 개인의 기술, 기량에 따라 성적이 명백하게 판명되어 업적에 따르는 비율급적인 임금요소를 가미한 보수계약을 하고 있는 고용형태로서 계약갱신제도를 취하고 있는 자도 많은데, 이와 같은 지위의 고용자

③ 광고, 선전, 디자인 등 특수 기능자로서 전속적인 자

④ 고도의 전문 업무에 종사하는 자로서 연봉제에 의하여 고용된 자

⑤ 일정의 단순노무에 종사하는 유기고용자

⑥ 야간수위, 일 · 숙직 전업자, 주차장 관리인 등으로 다른 기업에서 일하든지 독립 자영자 등의 겸무 고용자

⑦ 타사에서의 파견근로자 또는 업무 위탁적인 자나 자동차운전, 오퍼레이터, 영선 · 보수관리, 청소 · 원예 · 미화 등의 유자격 내지 전문직 업무에 종사하는 자

이와 같은 고용자를 널리 계약근로자라고 부르는 경우가 많다. 어떻든 기업내에서 일하는 각양각색의 고용형태의 근로자를 적절하게 관리하기 위해서는 각 기업마다 명백한 정의 등을 규정하여 그 각각의 취업규칙의 대상자를 명확하게 하여 두지 않으면 안 된다. 이러한 고용형태에 있는 자는 「비정규직근로자」이면서 비종신고용자로서 「정규직근로자」와는 고용보장, 인사이동, 임금체계, 직무권한 기타 기업과의 계약관계에 있어서 명시적으로나 묵시적으로 명백한 차이가 있는 근로자이다.

5. 파견근로자

“파견근로자”란 파견사업주가 고용한 근로자로서 근로자파견의 대상이 되는 자이다(근로자파견법 제2조제5호).

“근로자파견”이란 파견사업주가 근로자를 고용한 후 그 고용관계를 유지하면서 근로자파견계약의 내용에 따라 사용사업주의 지휘 · 명령을 받아 사용사업주를 위한 근로에 종사하게 하는 것을 말한다.

사용사업주가 파견기간 2년을 초과하여 사용하거나 절대적 파견금지업무 등 불법파견으로 파견근로자를 사용하는 경우에는 근로자파견법 제6조의2 규정에 따라 직접고용의무가 발생한다. 이러한 직접고용의무는 사용사업주에게 고용의무만을 부과하고 이를 이행하지 않을 경우 과태료 처분을 할 수 있을 뿐이지 사용사업주에게 고용된 것으로 간주되는 것은 아니다. 기간제근로자란 기간의 정함이 있는 근로계약(기간제근로계약)을 체결한 근로자를 말한다(기간제법 제2조제1호). 사용자가 2년을 초과하여 사용할 수 있는 사유가 없거나 소멸되었음에도 불구하고 2년을 초과하여 기간제근로자를 사용하는 경우에는 그 기간제근로자는 기간의 정함이 없는 근로계약을 체결한 근로자로 본다(기간제법 제4조제2항). 기간제근로자를 2년을 초과하여 사용하면 직접고용간주가 된다는 점에서 직접고용의무가 발생하는 파견근로자와는 다르다. 따라서 파견기간이 2년을 경과한 후에도 사용사업주가 당해 근로자를 직접고용하지 않고 파견근로자로 계속 고용하고 있다면 그 기간 동안에는 파견근로자로서 차별시정 신청이 가능하다.

3 기간제근로자의 고용문제

1. 기간제근로자의 증가 원인

최근 정보화 진전, 경제구조의 서비스 산업 발달에 따른 고용형태의 다양화, 기업의 인력 운용 방식의 변화, 각국의 노동시장 유연화 정책 방향 등의 영향에 따라 전세계적으로 기간제근로자는 증가 추세를 보이고 있다. 그러므로 장기적 · 항상적 일자리보다는 일시적 · 임시적 노동수요가 증대하는 현상이 확산되었다.

우리나라의 경우에도 여성의 사회진출이 활발해지고 경제활동인구의 고령화로 노동의 공급측면의 구성이 다양화 · 변화됨과 동시에, 근로자 측에서도 자유시간 선호 경향의 증대와 함께 일정한 수준의 자발적인 비정규직 선호 현상이 증대되었다. 이러한 노동시장 여건 변화에 따라 기간제근로자가 증가하는 추세를 보여왔으며, 특히 지난 1997년 말 외환위기와 2009년 국제 금융위기 및 2011년 유럽 재정위기 이후에 기간제근로자가 급격히 증가하였다.

최근 특히 IMF 및 국제 금융위기 극복 과정에서 우리나라의 기간제근로자의 확산은 기업의 혁신적인 경영전략이라고 보기보다는 실질적으로 기업의 구조조정과 비용절감을 위한 정규직의 비정규직으로의 대체와 아웃소싱을 통한 고용승계의무 등을 우회하려는 노무관리정책에 기인한 바가 큰 것으로 분석된다.

2. 비정규직 및 기간제근로자 현황

2002년 5월 노사정위원회에서 노 · 사 · 정 대표 및 공익위원들이 합의한 「비정규직근로자」의 정의에 따라 통계청에서는 2001년 이후 매년 2회 3월과 8월에 경제활동인구조사 부가조사를 실시하여 고용형태에 따른 비정규직근로자 실태를 파악하여 왔으며, 이 조사(매년 8월)에 따르면 전체 임금근로자 중 고용형태에 따른 비정규직근로자의 비중은 2015년 8월 32.5%로 1년전보다 약 0.1%가 증가하였다(627만명). 그 중 기간제근로자는 14.8%로 286만명이나 된다.

이처럼 비정규직근로자가 다소 증가하는 가운데 비정규직에 대한 근로조건 · 복지 등의 차별, 사회안전망의 취약, 위법 · 탈법행위 사례 등이 문제로 대두되었다. 비정규직근로자의 월평균임금(148만원)은 정규직근로자(269만원)의 54.4% 수준에 불과하며, 비정규직근로자들의 사회보험 가입률 격차는 완화추세이나 여전히 정규직근로자의 40% 수준(국민연금가입자 비율 38.4%, 건강보험 44.7%, 고용보험 43.8%)이다(2015년 8월 경제활동인구부가조사자료).

정부는 노동시장의 건전한 발전과 노사관계 안정, 사회통합을 위해서 기간제근로자에 대한 보호대책이 조속히 마련될 필요가 있다고 판단하여 보호대책을 비정규직에 대한 불합리한 차별 해소 기조하에 남용 규제와 노동유연성을 조화하는 방향에서 기간제근로자 보호입법 개정, 공공부문 비정규직 대책 수립, 비정규직근로자에 대한 현장 지도점검 강화 등 다양한 유형의 보호대책을 추진하였다.

3. 기간제근로자 문제와 법제정의 필요성

최근 기간제근로자가 증가하면서 기간제근로자와 정규직근로자 간의 근로조건 격차를 해소하는 각종 정책적 수단의 모색이 새삼 문제되고 있다. 기간제근로자가 정규직근로자와 실질적으로 동일한 직무를 수행함에도 불구하고 양자 간에 근로조건에 큰 차이가 현실적으로 존재하고 있다는 사실은 노동정책뿐만 아니라 경제 · 사회정책의 중요한 과제가 아닐 수 없다.

기간제근로자의 활용은 기업 측면에서 단순히 인건비를 절감하겠다는 목표를 달성하기 위한 손쉬운 수단에 그치는 것이 아니라, 기업 내부의 노동력을 핵심층과 주변층으로 분리하고 주변층에 해당하는 기간제근로자에 비하여 핵심층인 정규직근로자를 상대적으로 우대함으로써 기업경영의 효율화를 꾀하는 측면도 있기 때문이다. 기업 입장에서는 기간제근로자와 정규직근로자간의 근무내용이 실질적으로 동일한지의 여부 크게 관심을 두고 있는 중요한 문제가 아니다. 양자간의 근로조건에서의 격차가 이윤창출이나 생산성 증가에 기여한다면 그것으로 충분한 것이다. 따라서 근로자의 지위에 근거한 근로조건의 차별은 앞으로 더욱 심화될 가능성이 있다.

그렇기 때문에 기간제근로자 문제의 관련법의 제정을 통한 해결은 우리 사회의 중요한 과제라 할 것이고, 따라서 기간제근로자의 보호를 위한 법제정의 필요성에 따라 2006년 12월 21일(법률 제8074호) 「기간제법」이 공포되어 2007년 7월 1일부터 시행되었으며 2007년 4월 11일(법률 제8372호), 2010년 6월 4일(법률 제10339호), 2012년 2월 1일(법률 제11273호), 2013년 3월 22일(법률 제11667호), 2014년 3월 18일(법률 제12469호)에 개정되어 2014년 8월 19일부터 시행되고 있다.

4 기간제근로자의 고용형태상의 문제

우리나라의 장기 고용제도는 정규직근로자로서 기업과 기간의 정함이 없는 근로계약을 체결하여 정년까지 장기 고용 보장과 처우를 받는 형태이다. 우리 기업의 장기 고용시스템 내에서 정규직근로자의 근로관계는 장기 근속을 예정한 기간의 정함이 없는 근로계약으로서, 이에 대한 사용자의 해고권은 법적 · 사회적으로 상당히 엄격하게 규제되고 있다. 또한 정규직근로자에 대한 경제적 대우는 장기 근속에 상응하는 생활급, 상여금, 복리후생 등의 측면에서 특색을 지니고 있다.

장기 고용시스템을 기본으로 하는 기업에는 정규직근로자와 고용형태와 근로조건에 있어서 구별되는 단시간근로자, 계약직근로자, 아르바이트, 기간제근로자, 파견근로자, 하도급 근로자, 촉탁직근로자 등이라 지칭되는 근로자가 존재하고 있다. 이와 같은 비정규직근로자는 정규직근로자보다 낮은 처우로 취업하고 유연한 고용형태를 지니므로, 경기변동에 따른 고용조정의 우선적 대상이 되고 있다. 특히 최근 장기간의 경기부진 속에서 기업 내 비정규직근로자의 비중이 증대하고 있으며, 이것은 장기고용시스템의 해체 요인이 되고 있다.

한편 근로자의 의식도 함께 변화하여, 기업에의 구속도가 높은 정규직근로자로서가 아니라 기간제근로자로서 근로하려는 니즈가 증가하였다. 이에 따라 계약사원, 기간제 및 파트타이머 등 정규직근로자와 비교하여 손색이 없는 전문적 · 핵심적 업무에 종사하려는 근로자가 증가하였다. 이와 같은 비정규직근로자의 증가 추세에 따라 기간제근로자에 대한 공정한 처우 및 고용정책이 중요한 과제가 되고 있다.

기간제근로자 또는 비전형근로자 등으로 총칭되는 근로자는 장기 근속관계가 예정되어 있지 않으며 경제적 대우가 정규직근로자와 구별되므로, 불안정한 고용관계 속에서 단기간의 저기능 근로에 대한 처우를 받는다. 그러나 사회의 전형적 고용으로부터 구별되는 고용형태는 어떠한 산업사회에서도 보편적으로 존재한다. 국제적으로는 「비전형고용(Atypical employment)」, 「비중핵고용(Non-core employment)」, 「연고고용(Peripheral employment)」, 「유연고용(Flexible employment)」, 「비표준고용(Non-standard employment)」 등으로 지칭되고 있다. 우리나라의 경우에는 전형적 고용이 장기 고용시스템으로서 독자의 명확한 조직을 형성하고 있는 상황에서 비전형고용 근로는 그 조직 밖에서 전형적 고용을 보완하는 기능을 가지고 있는 것이 특색이다. 정규직근로자와 비전형고용 근로자의 고용시스템 간의 대조성 및 보완성은 우리나라 노동시장의 특색 으로서 국제적으로도 주목받고 있다.

한편 최근 외국인근로자의 증가 추세는 출입국관리정책 뿐만 아니라 노동정책에 있어서도 대단히 중요한 과제이다. 이와 함께 외국인근로자의 고용 · 근로조건을 둘러싼 근로계약상의 분쟁도 증가하고 있다.

기간제근로자의 고용형태가 다양화되고 있는 데 반해 그 고용 · 근로조건이 불리한 지위에 놓여있는 구조에는 변함이 없다. 이들은 ① 임금 · 처우가 낮을 뿐만 아니라 정규직근로자와 같은 임금개정(임금인상) 절차가 없으며(다만, 계약직근로자의 처우는 성과주의인사에 따라 비교적 높다), ② 근로계약기간 만료로 고용의 당연종료가 예정되어 고용이 매우 불안정하다는 특징이 있다. 이에 이와 같은 비정규직근로자의 고용에 관한 적절한 입법이 요청되었고, 따라서 우여곡절을 거쳐 2006년 12월 21일에 「기간제법」이 제정된 것이다. 동법의 목적은 「기간제 및 단시간근로자에 대한 불합리한 차별을 시정하고 근로조건 보호를 강화함으로써 노동시장의 건전한 발전에 이바지하기 위하여」(동법 제1조) 제정되었으며, 2007년 7월 1일부터 시행되고 있다. 동법의 제정은 비정규직이 이미 우리 노동시장에서 중요한 고용형태로 자리잡고 있다는 인식에서 출발한다. 정보화의 진전에 따라 다양한 서비스 산업이 생겨나고, 생활패턴이 달라지고, 고용형태도 다양화되고 있다. 급격한 환경 변화에 따라 기업도 유연성 위주의 인력 운용방식을 추구하고 있다. 비정규직근로자의 증가는 세계적인 추세이고 고용 창출, 실업대책 차원에서 그 남용에 대해서는 적절히 규제하여 노동시장의 건전한 발전을 도모해야 할 것이다.

5 기간제근로자 보호와 집단적 노사관계법상의 문제

우리나라 노동조합은 대부분 정규직근로자를 중심으로 설립되고 조직되어 있다. 그러므로 노동조합은 비정규직근로자에 대한 근로조건의 차별을 이용하여 오히려 정규직근로자인 조합원의 이익 유지를 도모하려는 바람직하지 못한 현상까지 발생하고 있다. 결국 비정규직근로자들은 사용자에 의한 차별뿐만 아니라 노동조합에 의해서도 차별을 받고 있는 이중적인 어려움에 처해있는 것이다.

이러한 불합리한 현상을 타개하기 위하여 비정규직근로자의 조직화가 요청되고 노동조합및노동관계조정법(이하 노조법이라 약칭한다) 제35조에서 규정하고 있는 단체협약의 효력확장제도가 새로이 주목받고 있다.

6 특수형태근로종사자의 보호문제

보험설계사 · 학습지교사 등 특수형태근로종사자는 비정규직 법률의 혜택을 볼 수 있는가의 문제이다. 특수형태근로종사자가 근로자와 사실상 동종 · 유사업무에 종사하고 그와 다를 바 없는 사회적 보호의 필요성이 있음에도 불구하고 노동법적 보호가 마련되지 못함으로써 발생하는 문제를 해결하기 위하여 법률로 노동법적 보호를 도모할 필요성이 제기되고 있다.

이들 직종에서도 회사와 근로계약을 체결하는 등 노동법상 근로자로 인정받는 경우에는 근로기준법, 노동조합및노동관계조정법 등을 적용받아 보호를 받을 수 있으며, 기간제 · 단시간 · 파견근로에 해당하면 이번 비정규직 법률의 혜택을 받게 된다. 다만, 특수형태 근로종사자는 일반적으로 개인사업자 신분으로 노동법상 근로자로 인정받지 못하고 있으며 노사정위원회에서도 우선 기간제 · 단시간 · 파견근로자에 대한 법적 정비를 먼저 하기로 하고, 특수형태 근로 종사자에 대해서는 계속 논의하기로 한 바 있다.

이들 종사자들은 직종이 다양하고 동일 직종 내에서도 근무형태가 달라 단일한 보호방안을 수립하기 어렵고 국제노동기구(ILO) 등에서도 나라별로 노동시장 여건과 법규정이 달라 국제표준이나 구속력 있는 협약을 마련하지 못하고 있는 실정이다.

노사정위원회는 2003년 7월 이후 특별위원회를 설치하여 논의를 시작하였으나 2004년 9월 이후 노동계 위원들이 논의에 불참하였고, 노사간의 이견도 좁혀지지 않은 상황에서 실질적인 논의가 이루어지지 못한 상황이었으나 2006년에 정부는 「특수형태종사자보호등에관한법률」을 마련하여 2007년 6월 의원입법형식으로 발의되어 국회에 계류되어 있었으나 제17대 국회의 폐회로 동 법안은 자동 폐기되었다. 동 법안은 고용형태가 다변화됨에 따라 근로자와 자영인의 중간영역에 종사하는 자들이 확산되고 있으나, 이들은 근로자가 아니어서 노동법적 보호대상이 되지 못하고 또한 타인을 사용하지 않는 1인 자영인이여서 공정거래 관련법의 보호도 충분히 받지 못하고 있는 경우가 많아, 이들에 대한 법적 보호 문제가 사회적 과제로 대두되고 있는 실정을 감안하여 마련된 것이었다. 또한 고용형태의 다변화를 긍정적으로 정착시키기 위해서는 취업자에 대한 최소한의 보호를 부여함으로써 취업형태의 선택가능성을 확대하는 것이 노동시장정책적 관점에서도 바람직하다.

이처럼 근로자와 자영인의 중간영역에 종사하는 자로서 사회적 보호의 필요성이 있는 자를 “특수형태 근로종사자”로 정의하여 노동법적 보호를 함으로써, 특수형태 근로종사자의 경제적 · 사회적 지위를 향상시키고 균형있는 국민경제의 발전을 도모하기 위하여 특별법 제정이 요청되는 것이다.

현재 특수형태 근로종사자의 경우에는 일반적 보호입법을 통해서가 아니라 산업재해보상보험법의 적용범위에 포함되어 업무상 재해에 대해서만 제한적 보호를 받도록 하고 있다.

2장 기간제법의 목적과 적용범위

1 기간제법의 목적

관련조문

기간제법 제1조 【목 적】 이 법은 기간제근로자 및 단시간근로자에 대한 불합리한 차별을 시정하고 기간제근로자 및 단시간근로자의 근로조건 보호를 강화함으로써 노동시장의 건전한 발전에 이바지함을 목적으로 한다.

법률의 목적은 그 법률의 제 · 개정과 해석에서 중요한 준거기준이 된다.

기간제법 제1조에서 "기간제근로자 및 단시간근로자에 대한 불합리한 차별을 시정하고 기간제근로자 및 단시간근로자의 근로조건 보호를 강화함으로써 노동시장의 건전한 발전에 이바지함"이 목적이라고 밝히고 있다. "기간제근로자 및 단시간근로자에 대한 불합리한 차별의 시정"과 "기간제근로자 및 단시간근로자의 근로조건 보호"의 강화가 "노동시장의 건전한 발전에 이바지함"이라는 목적의 핵심개념으로 파악되고 있다.

비정규직법(기간제법 및 근로자파견법)의 목적은 비정규직 근로자(기간제 · 단시간 · 파견근로자)에 대한 근로조건상의 차별을 금지하고 또한 사용의 남용을 방지함과 아울러 기업측에 대하여 비정규직 근로자의 사용에 대한 합리적 고용기준을 마련하는데 있다. 즉, 기업의 합리적 인력사용을 위한 법적 · 제도적 기반을 조성하여 비정규직 근로자의 사용을 줄이는 한편, 비정규직과 정규직의 근로조건 격차를 감소시켜 노동시장의 건전성을 높이는 것이다.

이를 요약하면 기간제법의 목적(동법 제1조)은 다음 두 가지 점을 목적으로 하고 있다.

1. 불합리한 차별의 시정

기간제법은 기간제 및 단시간근로자의 보호를 도모하기 위하여 불합리한 차별의 시정을 그 목적으로 하고 있다. 비정규직 근로자에 대한 차별과 남용은 우리 사회의 대표적인 사회 양극화 현상의 하나이며 비정규직의 규모가 지속적으로 증가하여 전체 임금근로자의 1/3을 넘어섰다. 또한 비정규직에 대한 차별대우도 개선되지 않고 있는 실정이며 사회보험에서도 실제 적용률이 현저히 낮고 상여금과 기업복지 측면에서도 비정규직의 소외 현상이 나타나고 있었다. 비정규직을 차별과 남용으로부터 보호할 수 있는 법적 · 제도적 장치가 없는 실정이므로 불합리한 차별을 시정하기 위한 차별시정 제도의 도입은 동법의 핵심적인 목적이기도 한 것이다.

비정규직 차별시정 제도의 도입은 비정규직 문제 해결에 있어 크나 큰 진전이라 할 수 있다. 동법이 목표로 하고 있는 차별금지 제도를 본래적 취지에 맞게 운용하기 위해서는 어떠한 해석적용이 타당하고 어떠한 제도적 보완이 필요한가를 검토하는 것이 매우 중요한 과제이다.

2. 근로조건의 보호 강화

기간제법은 기간제 및 단시간근로자의 보호를 도모하기 위하여 근로조건의 보호를 강화하고 있다. 기간제근로자의 사용기간의 원칙과 예외를 규정하고 사용기간을 초과하여 기간제근로자를 사용하는 경우에는 기간제근로자를 무기계약을 체결한 것으로 보는 직접고용간주를 비롯하여 4명 이하 사업장에도 근로계약기간, 휴게, 임금의 구성항목 등에 관한 사항을 명시하도록 하고 있다. 또한 단시간근로자에게 1주간에 12시간을 초과하여 연장근로시킬 수 없도록 하고 단시간근로자의 동의를 얻지 아니하고 초과근로를 하게 하는 경우에는 이를 거부할 수 있게 하고 있다(기간제법 제6조). 전체 기간제 및 단시간근로자의 근로조건을 명확히 규정하여 이에 따라 기본적 근로조건 보호가 강화될 것이다.

2 적용대상 및 적용범위

관련조문

제3조 【적용범위】 ① 이 법은 상시 5인 이상의 근로자를 사용하는 모든 사업 또는 사업장에 적용한다. 다만, 동거의 친족만을 사용하는 사업 또는 사업장과 가사사용인에 대하여는 적용하지 아니한다.
② 상시 4인 이하의 근로자를 사용하는 사업 또는 사업장에 대하여는 대통령령이 정하는 바에 따라 이 법의 일부 규정을 적용할 수 있다.
③ 국가 및 지방자치단체의 기관에 대하여는 상시 사용하는 근로자의 수에 관계없이 이 법을 적용한다.

1. 적용범위 내용

기간제법은 적용범위를 근로기준법의 적용범위(근로기준법 제11조 및 제12조)와 연계하여 규정하고 있다. 동법은 상시 5명 이상의 근로자를 사용하는 모든 사업 또는 사업장에 적용한다(동법 제3조제1항 본문).

2. 상시 근로자 5명 이상의 사업 또는 사업장

(1) "상시"의 의미

기간제법 제3조제1항에서 상시 5명 이상의 근로자를 사용하는 모든 사업 또는 사업장에 적용한다고 규정하고 있다. "상시"라는 의미는 상태적이라고 하는 뜻으로 사회통념에 의거 객관적으로 판단되어야 할 것이나, 구체적인 사실을 조사하여 일정 사업 기간내의 고용근로자 연인원 수를 일정 사업 기간내의 사업장 가동일 수로 나누어 주면 상시 고용근로자 수를 산정할 수 있는 것이다.

판례도 「근로기준법의 적용범위를 정한 동법 제11조의 "상시"란 '상태'라고 하는 의미로서, 근로자의 수가 때때로 5명 미만이 되는 경우가 있어도 어떠한 사업 또는 사업장이 상시 5명 이상의 근로자를 사용하는 경우에 해당하는지 여부는 사회통념에 의하여 객관적으로 판단되어야 할 것이다(대법 2008.3.27, 2008도364). 근로자 수가 때때로 5명 미만이 되는 경우가 있어도 상태적으로 보아 5명 이상이 되는 경우에는 이에 해당한다 할 것이고, 이 경우 근로자란 근로기준법 제2조제1항제1호에 규정된 근로자라 할 것이므로 당해 사업 또는 사업장에서 동일한 근로자를 계속 사용하지 아니하고 일용근로자를 고용하는 경우가 있다 하더라도 이러한 근로자를 포함하여 상태적으로 5명 이상이 되는 경우에는 이에 해당한다 할 것」이다(2007.11.27, 근로기준팀-7859).

(2) 상시근로자 수 산정범위 및 산정방식

① 산정범위 원칙

사용자가 직접고용하고 있는 모든 근로자(일용직, 단시간, 기간제근로자, 외국인근로자(불법취업자 포함) 등)을 포함하되 사용자가 직접고용하지 않은 근로자(도급 · 용역 · 위임 등에 의한)는 제외한다. 즉 기간제 및 단시간근로자에 대한 차별처우 금지 의무는 사용자가 '직접' 고용한 기간제(단시간)근로자를 무기계약(통상)근로자에 비하여 불합리하게 차별하는 것을 금지하는 것이므로 상시근로자 수 산정에는 직접고용한 근로자만을 포함한다.

근로기준법은 임시 · 일용 · 상용직 여부 등에 관계없이 적용되므로 '상시근로자' 산정시 임시 · 일용 · 상용직 여부 등에 관계없이 사용자가 직접고용 하고 있는 모든 근로자를 포함하되, 사용자가 직접고용하지 않은 하도급업체 근로자나 파견근로자는 제외하도록 하고 있다(2008.6.30, 근로기준과-877).

② 상시근로자 수 산정방식

상시근로자 수 산정방식은 상시근로자 수 산정범위를 기초로 상시근로자 수를 산정한다. 근로기준법상 상시근로자 수의 산정근거(동법 제11조제3항, 시행령 제7조의2)에 따른 산정방법은 다음과 같다(2008.6.30, 근로기준과-877「근로기준법 적용범위 관련 상시근로자 수 판단기준」).

「상시 사용하는 근로자 수」는 해당 사업 또는 사업장에서 법적용 사유 발생일 전 1개월(이하 '산정기간' 이라 한다) 동안 사용한 근로자의 연인원을 같은 기간 중의 가동일 수로 나누어 산정한다.

$$\text{상시근로자 수} = \frac{\text{산정기간 동안 사용한 근로자 연인원}}{\text{산정기간 중 가동일 수}}$$

〈예시〉 법 적용사유 발생일이 2016.9.15, 산정기간(8.15~9.14) 동안 사용근로자의 연인원이 132명, 산정기간 중의 가동일 수가 24일인 경우 상시근로자 수 산정은?

→상시근로자 수(5.5)=132명(산정기간 중 연인원)÷24일(산정기간 중 가동일 수)

이때 산정기간이 사업 성립한 날부터 1개월 미만인 경우에는 그 사업이 성립한 날 이후의 기간을 말하며, "법 적용사유"란 차별시정, 휴업수당 지급, 근로시간 적용 등 법 또는 이 영의 적용 여부를 판단하여야 하는 사유를 말한다. 산정기간의 상시근로자 수가 법 적용기준(5명) 미만이더라도 산정기간 동안에 일별 근로자 수가 법 적용기준 미만인 일수가 1/2 미만인 경우에는 법 적용 사업(장)으로 본다. 따라서, 산정기간의 상시근로자 수가 법 적용기준(5명) 이상이더라도 산정기간 동안에 일별 근로자 수가 법 적용기준 미만인 일수가 1/2 이상인 경우에는 법 적용 사업(장)으로 보지 아니한다.

③ 모든 사업 또는 사업장

(가) 상시근로자 수 산정기준은 '사업 또는 사업장' 단위이며, 이 경우 '사업 또는 사업장'은 일정한 장소에서 유기적인 조직하에 업으로서 계속적으로 행해지고 있음을 요건으로 한다. 업으로서 계속적으로 행하는 한 영리를 목적으로 하지 않더라도 관계가 없다. 또한 '사업 또는 사업장'은 차별시정에 있어서의 비교대상 근로자를 선정하는 단위로도 적용된다.

(나) 판례에서는 "근로기준법 제10조 소정의 사업 또는 사업장이란 그것이 영리의 목적으로 행하여지는 것은 물론 영리의 목적이 없는 사회사업이나 종교단체의 계속적 활동 등, 사회통념상 업으로 행하여진다고 인정하는 것은 모두 포함된다고 해석함이 상당하다 할 것이므로 갱생보호회와 같은 비영리적 공익 목적을 추구하는 공법인의 사업 또는 사업장도 위 법 소정의 사업 또는 사업장에 포함된다고 보아야 할 것"이라고 하며(대법 1978.7.11, 78다591), "적용대상 사업인지의 여부를 상시 5명 이상의 근로자를 사용하는지에 달려 있으므로 상시 5명 이상의 근로자를 사용하는 사업이라면 그 사업이 1회적이거나, 그 사업기간이 일시적이라 하여 근로기준법의 적용대상이 아니라 할 수 없다"고 하는 판례도 볼 수 있다(대법 1994.10.25, 94다21979).

(다) 회사가 본사와 여러 지점, 분점, 지사 등으로 나누어 구성된 경우, 하나의 회사가 장소적으로 분산되어 여러 개의 사업장을 갖고 있더라도 근로조건의 결정 단위가 회사 전체인 경우 하나의 사업으로 본다. 다만, 한국표준산업분류상 산업(대분류)이 다른 경우, 각 사업장별로 인사 · 노무 · 재정 및 회계 등이 분리되고 서로 다른 단체협약, 취업규칙의 적용을 받는 등 각각의 사업이 독립적으로 영위되

고 있는 경우는 사업장별로 판단하여야 할 것이다.

(라) 판례는 사업 또는 사업장은 경영상 일체를 이루는 기업체 자체를 의미하는 것이라고 하면서 경영상의 일체를 이루면서 유기적으로 운영되는 기업 조직은 하나의 사업이라고 한다(대법 1993.2.29, 91다23181). '하나의 사업'에 해당된다고 한 사안은 한국방송공사의 방송 업무 부분과 시청료 징수 업무 부분, 무역 관계 업무를 담당하는 주식회사 대우의 서울 본사와 섬유제품 생산업무를 담당하는 부산 공장(대법 1993.10.12, 93다18365), 주식회사 대우의 국내 사업 분야와 해외 건설 사업 부분(대법 1997.11.28, 97다24511), 학교법인 고려중앙학원 산하의 고려대학교와 그 부속의료원 · 병원(대법 1999.8.20, 98다765) 등이다.

(마) 행정해석(2007.11.29, 근로기준팀-8048)은 한국표준산업분류상 산업이 다른지 여부, 서로 다른 단체협약이나 취업규칙을 적용받는지 여부, 노무관리, 회계 등이 명확하게 독립적으로 운영되는지 여부를 기준으로 제시하고 있다.

3. 특수한 고용형태와 기간제법 적용 여부

(1) 해외 현지채용 근로자의 기간제법 적용

국제법 질서에 있어서 각국의 법령은 그 영역내의 모든 사람에게 적용될 수 있을 뿐이고 다른 국가의 영역 내에서까지 적용 · 집행될 수 없다는 속지주의 법리가 일반적으로 승인되고 있으므로 국가간의 소약이나 협약에 의하여 속인주의를 인정하는 특별한 규정이 없는 한 우리나라의 기간제법은 국외에 소재하는 사업 또는 사업장에 적용될 수 없다고 할 것이다.

즉, 해외현지법인은 소재국에서 법인격을 부여받은 권리주체로서 국내법이 적용되지 아니하므로 국내 회사가 현지에 독립한 법인을 설립하고 동사업장에서 한국인 등을 고용하였을 경우에는 동법이 적용되지 아니한다고 보아야 할 것이다.

그러나 국내 파견회사가 해외현지법인에 근로자를 파견하거나, 현지에서 채용한 근로자에 대한 인사 및 노무관리 등을 관장하고 근로자의 보수 및 주요 근로조건 등을 결정하고 있는 현지에서 채용한 근로자 또한 국내 회사와 함께 동법의 적용을 받는다고 보아야 할 것이다.

이 경우, 해외지사에서 근로자를 직접 채용하였다는 사실만을 이유로 동법의 적용에 영향을 미치는 것은 아니다(2007.4.9, 비정규대책팀-1122).

(2) 위임계약직 또는 위촉직 채권추심 업무 담당자의 기간제근로자 해당 여부

'기본급이 없이 채권추심 실적에 따른 성과급을 지급받는 채권추심원'이 근로기준법상 근로자로 볼 수 있는지 아니면 '일정한 업무'의 사무처리를 위임한 형태의 계약을 체결한 것으로서 근로자성이 부인되는지 여부에 대한 판단이 선행되어야 한다(2007.6.26, 비정규직대책팀-2416).

(3) 정부부처 자문위원회의 '전문위원'과 '연구위원'의 기간제근로자 해당 여부

자문위원회가 국가 및 지방자치단체의 기관에 해당하는 경우에는 동 위원회에 재직 중인 전문위원도 기간제법의 적용을 받는 것이 원칙일 것이나, 동 전문위원에게 우선 적용되어야 하는 법률규정이 있는 경우, 동 범위내에서는 기간제법의 적용이 배제되는 것이 타당하다(2007.2.22, 비정규직대책팀-591).

(4) 외국인근로자가 비정규직 보호법의 적용을 받는지 여부

기간제법 제2조제1호는 "기간제근로자란 기간의 정함이 있는 근로계약을 체결한 근로자를 말한다"고 규정하고 있는 바, 기간을 정한 사유 · 기간의 장단 · 명칭 등에 관계없이 근로계약을 기간을 정하여 고용된 근로자를 말하므로 고용허가제로 입사한 외국인근로자의 경우도 기간제근로자로 간주되어 기간제법이 적용된다고 볼 수 있다. 다만, 같은 법 시행령 제3조제3항제1호는 "다른 법령에서 기간제근로자의 사용기간을 법 제4조제1항과 달리 정하거나 별도의 기간을 정하여 근로계약을 체결할 수 있도록 한 경우" 기간제근로자 사용기간 제한의 예외를 인정하고 있으며, 외국인근로자는 「외국인근로자의고용등에관한법률(이하 외국인고용법) 제18조의 규정에 의거 취업기간이 "입국한 날부터 3년"으로 제한되므로 기간제법에 의한 사용기간 제한의 예외로 인정된다 할 것이다. 한편 외국인근로자에 대해서는 외국인고용법 제22조(차별금지)에 의하여 "외국인근로자라는 이유로 부당한 차별적 처우"가 금지됨은 물론, 기간제법 제8조(차별적 처우의 금지)의 규정에 따라 "당해 사업 또는 사업장에서 동종 또는 유사한 업무에 종사하는 기간의 정함이 없는 근로계약을 체결한 근로자에 대하여" 임금 그 밖에 근로조건 등에서 합리적인 이유가 없는 불리한 처우가 금지된다 할 것이다(2007.7.2, 비정규직대책팀-2618).

(5) '지역사회교육전문가'의 기간제법 적용 여부

기간제법 제4조제1항은 "사용자는 2년을 초과하지 아니하는 범위 안에서(기간제근로계약의 반복 갱신 등의 경우에는 그 계속 근로한 총기간이 2년을 초과하지 아니하는 범위 안에서) 기간제근로자를 사용할 수 있다"고 규정하고 있으며, 단서 제1호에 따라 '사업의 완료 또는 특정한 업무의 완성에 필요한 기간을 정한 경우'에는 기간제한의 예외를 인정하고 있다. 따라서 지역사회교육전문가를 사용한 "교육복지투자우선지역 지원사업"이 사업기간을 정하여 운영되는 것이라면, 이는 기간제법 제4조제1항 단서 제1호에 따른 사용기간 제한의 예외업무에 해당되는 것으로 판단된다(2007.7.10, 비정규직대책팀-2784).

3 적용제외

1. 동거의 친족만을 사용하는 경우

동거의 친족만을 사용하는 사업 또는 사업장과 가사사용인에 대하여는 적용하지 아니한다(동법 제3조제1항 단서).

동거하는 친족 이외의 근로자가 1명이라도 있으면 동거하는 친족을 상시 근로자 수에 포함하여 5명 이상인지의 여부를 판단한다(근로기준법시행령 제7조의2 제4항 제2호).

동거의 친족이란 세대를 같이하면서 생활을 공동으로 하는 8촌 이내의 혈족, 4촌 이내의 인척, 배우자를 의미한다(민법 제777조 친족의 범위).

동거의 친족만을 사용하는 경우에는 종속적 근로관계를 인정할 수 없으며, 친족상호간에 누가 사용자이고 근로자인지를 형식적으로 구별하기 곤란할 뿐만 아니라 또한 그러한 관계에까지 국가가 개입하여 근로조건을 강행적으로 정한다는 것은 적어도 동양적인 윤리관에 비추어 온당하지 않기 때문에 동법의 적용대상 사업에서 제외하고 있다.

동거의 친족 이외의 근로자가 1명이라도 있고 동거의 친족을 상시 근로자 수에 포함하여 5명 이상이면 기간제법과 근로자파견법이 적용되나 차별금지 및 시정 관련 규정은 사업의 규모에 따라 단계적으로 적용된다.

2. 가사사용인의 경우

가사사용인이란 일반 가정의 가정부 · 파출부 등과 같이 개인의 집안일에 종사하는 자를 가리키므로, 주로 개인의 사생활과 관련되어 있고 근로시간이나 임금에 관한 규제를 통하여 국가적 감독행정이 미치기 어렵기 때문에 동법의 적용에서 제외하고 있다.

4 상시근로자 4명 이하의 사업 또는 사업장

관련조문

기간제법 제3조【적용범위】 ① 이 법은 상시 5인 이상의 근로자를 사용하는 모든 사업 또는 사업장에 적용한다. 다만, 동거의 친족만을 사용하는 사업 또는 사업장과 가사사용인에 대하여는 적용하지 아니한다.
② 상시 4인 이하의 근로자를 사용하는 사업 또는 사업장에 대하여는 대통령령이 정하는 바에 따라 이 법의 일부 규정을 적용할 수 있다.
③ 국가 및 지방자치단체의 기관에 대하여는 상시 사용하는 근로자의 수에 관계없이 이 법을 적용한다.

1. 적용범위의 원칙

상시 4명 이하의 근로자를 사용하는 사업 또는 사업장에는 대통령령이 정하는 바에 따라 이 법의 일부규정을 적용할 수 있다(동법 제3조제2항). 동법 적용의 기본 원칙은 4명 이하 사업장은 취약사업장으로서 이들 사업장에 대해 동법을 즉시 적용하는 것은 바람직하지 않다고 보아, 동법의 핵심인 차별금지와 무기계약 전환 규정은 법의 시행경과를 보면서 적용하도록 하고, 당장은 근로기준법에서도 4명

이하 사업장에 적용되는 근로조건의 서면 명시 규정(기간제법 제17조)을 적용토록 하였다.

기간제법(2006.12.21 공포, 법률 제8074호) 제3조제2항에 따라 상시 4명 이하의 근로자를 사용하는 사업 또는 사업장에 적용되는 법조문을 명확히 규정할 필요가 있다.

2. 상시 4명 이하의 근로자를 사용하는 사업 또는 사업장

상시 4명 이하의 근로자를 사용하는 사업 또는 사업장에 적용되는 사항은 다음과 같다.

① 동법 제1조(목적), 제2조(정의)

② 동법 제5조(기간의 정함이 없는 근로자로의 전환)

③ 동법 제16조(불리한 처우의 금지) 제4호에 의한 동법 제18조의 규정에 따른 통고

④ 동법 제17조(근로조건의 서면명시), 제1호(근로계약기간에 관한 사항), 제2호(휴게에 관한 사항), 제3호(임금의 구성항목 · 계산방법 · 지급방법에 관한 사항), 제4호(휴일에 관한 사항), 제5호(취업의 장소와 종사하여야 할 업무에 관한 사항),

⑤ 제18조(감독기관에 대한 통고)

⑥ 제19조(권한의 위임)

⑦ 제20조(취업촉진을 위한 국가 등의 노력)

⑧ 제21조(벌칙)

⑨ 제23조(양벌규정)

⑩ 제24조(과태료) 제2항제2호(제17조의 규정을 위반하여 근로조건을 서면으로 명시하지 아니한 자), 제24조(과태료) 제3항부터 제6항까지의 규정이다.

사용자는 기간제근로자 또는 단시간근로자의 근로조건을 서면으로 명시하도록 한 것이다.

근로계약기간, 휴일, 휴게에 관한 사항, 임금의 구성항목 등에 관한 사항에 서면으로 명시하도록 함으로써 기간제근로자 또는 단시간근로자의 근로조건의 보호를 강화할 필요가 있기 때문이다.

기간제법 제3조제2항의 규정에 의하여 상시 4명 이하의 근로자를 사용하는 사업 또는 사업장에 적용하는 법규정은 〈별표1〉과 같다.

〈시행령 별표 1〉

상시 4명 이하의 근로자를 사용하는 사업 또는 사업장에 적용하는 법규정(제2조 관련)

구 분	적용법규정
제1장 총 칙	제1조, 제2조
제2장 기간제근로자	제5조
제3장 단시간근로자	제7조
제5장 보 칙	제16조제4호 제17조제1호, 제2호(휴게에 관한 사항에 한정한다) · 제3호 · 제4호(휴일에 관한 사항에 한정한다) · 제5호 제18조부터 제20조까지의 규정
제6장 벌 칙	제21조, 제23조 제24조제2항제2호, 제3항부터 제6항까지의 규정

3. 구체적 사례

주민자치위원회, 아파트입주자대표회, 작은도서관 운영위원회가 상시 5인 이상 사업장에 해당하는 경우라면 기간제근로자를 2년을 초과하여 사용하는 경우, 2년을 초과하는 시점에서 기간의 정함이 없는 근로계약을 체결한 근로자로 전환된 것으로 보아야 할 것이나, 상시 4인 이하 사업장에 해당하는 경우라면 「기간제법」 제4조의 적용을 받지 않으므로 2년을 초과하여 기간제근로자로 사용하더라도 기간의 정함이 없는 근로계약을 체결한 근로자로 간주되지 않을 것이다. 그러나 기관 사정에 따라 당사자간의 합의에 의해 무기계약직으로 전환하는 것은 무방할 것이다(2012.11.12, 고용차별개선과-2540).

5 국가 및 지방자치단체의 기관

1. 국가 및 지방자치단체의 기관

기간제법은 국가는 물론이고 서울특별시, 광역시, 도, 시, 군, 읍, 면 등의 지방자치단체에도 적용된다. 국가 및 지방자치단체의 경우 상시 사용하는 근로자의 수에 관계없이 근로기준법이 전면 적용되고 있으므로(근로기준법 제12조) 동법 역시 전면 적용된다(동법 제3조제3항).

국가 및 지방자치단체의 경우는 공무원 신분이 아닌 근로자가 단 1명만 있어도 이 법을 전면 적용한다.

2. 공공부문에 해당하는 기관

① 국가 및 지방자치단체의 기관

②「정부산하기관 관리기본법」 제3조의 규정에 따른 정부산하기관

③「정부투자기관 관리기본법」 제2조의 규정에 따른 정부투자기관. 여기에는 「공공기관의 운영에 관한법률」 제5조에 따라 공기업, 준정부기관, 기타 공공기관으로 지정되는 기관 중 법률 제8258호「공공기관의운영에관한법률」 부칙 제2조에 따라 폐지된「정부산하기관관리기본법」 제3조에 따른 정부산하기관의 요건에 해당하거나「정부투자기관관리기본법」 제2조에 따른 정부투자기관의 요건에 해당하는 기관

④「지방공기업법」 제49조 및 동법 제76조의 규정에 따른 지방공사 및 지방공단

⑤「정부출연기관등의설립 · 운영및육성에관한법률」 제2조 및「과학기술분야정부출연연구기관등의설립 · 운영및육성에관한법률」 제2조의 규정에 따른 정부출연연구기관 및 연구회

⑥「국립대학병원설치법」에 따른 국립대학병원 등이다.

3. 공공부문 해당 여부에 관한 구체적 사례

① 대덕연구개발 특구지원본부 부설기관인 복지센터의 공공부문에 해당 여부

「대덕연구개발특구 등의육성에관한특별법」 제8장에 따라 설립된 "대덕연구개발특구지원본부"는「공공기관의운영에관한법률」 제5조제4항에 따른 기타 공공기관으로 분류되고 있고, 동 지원본부의 정관 등에 따라 '학교와 병원 등 특구의 생활환경 개선을 위한 교육 · 문화 · 체육 · 복지시설의 유치 및 설치' 업무를 효율적으로 수행 · 지원하기 위하여 부설기관으로 "복지센터"를 설치 · 운영하고 있는 경우라면, 해당 복지센터는 별도의 독립된 기관의 성격을 갖는 것이 아니라 "대덕

연구개발특구지원본부"라는 공공기관의 내부조직에 불과한 것으로 보아야 할 것이다(2007.5.11, 비정규직대책팀-1750).

② 지방자치단체에서 출연하여 설립한 사단법인의 기간제법 적용 여부

기간제법 제3항에 따라 국가 및 지방자치단체의 기관에 상시 사용하는 근로자의 수에 관계없이 이 법을 적용한다고 정하고 있다.

"지방자치단체 산하 ○○북구문화관광축제조직위원회"가 민법에 따라 설립된 비영리 사단법인이라면 지방자치단체와는 독립되어 별도의 법인격을 갖춘 사업 또는 사업장으로 판단된다. 사단법인의 정관에서 위원장을 당연직으로 '구청장'으로 정하고 있는 등은 동 법인의 운영에 관한 사정일 뿐, 이러한 사정만으로 동 사단법인을 지방자치단체의 산하 행정기관으로 볼 수는 없다. 따라서 동 법인이 상시 5인 이상을 고용하고 있는 사업 또는 사업장에 해당되지 아니한다면 기간제법 제3조제2항 및 같은 법 시행령 제2조 별표1에 따라 일부 규정이 적용되고, 기간제법 제4조에 따른 기간제근로자의 사용기간 제한 규정은 적용되지 아니한다고 판단된다(2013.5.30, 고용차별개선과-1029).

③ 지역사회복지협의체의 기간제법 적용 여부

지역사회복지협의체는 사회복지 또는 보건의료에 관한 학식과 경험이 풍부한 사람, 민간 기관 · 단체의 대표자, 공익단체 추천자, 공무원, 구의회 의원 등으로 구성되는 협의체로서 국가 및 지방자치단체의 기관 등에 해당하지 않는다.

구청장의 채용 행위 및 업무지시 행위 등은 지역사회복지협의체의 당연직 위원장으로서 조례에 따라 당해 협의체를 대표하고 업무를 총괄하도록 권한을 받은 자로서의 행위일 뿐이므로 지역사회복지협의체가 채용한 상근의 유급직원과 지방자치단체 사이에 근로계약관계가 있다고 볼 수는 없을 것이다. 따라서 지역사회복지협의체가 고용한 상근의 유급직원에 대하여는 동 협의체가 사업주의 지위에 있다고 보아야 하고, 이 경우 협의체가 상시 4인 이하의 근로자를 사용하는 경우라면 기간제법 제4조에 따른 사용 기간 제한(2년) 및 무기계약 간주 규정은 적용되지 않는다. 다만, 이와는 별개로 2013년 지역사회복지협의체 운영지침(보건복지부) 및 해당 근로자의 고용안정 등을 감안하여 무기계약직으로 채용함이 바람직할 것이다.

한편, 지역사회복지협의체와 근로계약을 체결하였다 하더라도 구청(지방자치단

체)이 해당 근로자를 지휘 · 감독하고 근로조건을 결정하는 등 사실상 구청과의 사이에 사용종속관계가 있다고 볼 수 있는 경우라면 기간제법 제3조제3항 및 제4조에 따라 계속근로한 총 기간이 2년을 초과하는 경우에는 기간의 정함이 없는 근로계약을 체결한 근로자로 보아야 한다(2013.12.23, 고용차별개선과-2587).

4. 사립학교가 공공부문의 범위에 포함되는지 여부

사립학교는 기간제법 부칙 제1항제2호에 따른 국가 · 지방자치단체 및 공공부문의 범위에 포함되는 것으로 볼 수 없다.

아울러, 사립학교 기간제교사는 원칙적으로 「사립학교법」 및 「사립학교교직원연금법」 등의 규정이 적용된다고 보아야 할 것이다(2007.4.4, 비정규직대책팀-1057).

6 기간제법과 근로기준법과의 관계

기간제법과 근로기준법은 특별법과 일반법 관계에 있기 때문에 특별법이 우선 적용되고 특별법에 규정이 없을 때는 일반법이 적용되는 "일반법-특별법"의 관계에 있다. 따라서 기간제근로자들은 우선적으로 기간제법의 적용을 받게 되고, 이들 법에 관련 규정이 없는 사항에 대해서는 일반 노동법인 「근로기준법」의 적용을 받게 될 것이며, 사안에 따라서는 일반 민법이 적용되는 경우도 있을 것이다.

3장 기간제근로계약의 체결과 그 제한

1 기간제근로계약의 체결

구 근로기준법 제23조는 근로계약기간에 대한 제한을 두고 있으나, 기간제근로계약의 체결 자체를 제한하지 않았기 때문에 근로계약의 당사자는 계약기간이 1년을 초과하지 않는 한 기간제근로계약을 체결할 수 있었다.

근로계약기간을 정한 경우에 있어서 근로계약 당사자 사이의 근로관계는 특별한 사정이 없는 한 그 기간이 만료함에 따라 사용자의 해고 등 별도의 조처를 기다릴 것 없이 근로자로서의 신분관계는 당연히 종료된다. 다만 단기의 근로계약이 장기간에 걸쳐서 반복하여 갱신됨으로써 그 정한 기간이 단지 형식에 불과하게 된 예외적인 경우에 한하여 비록 기간을 정하여 채용된 근로자일지라도 사실상 기간의 정함이 없는 근로자와 다를 바가 없게 되는 것이고 그 경우에 사용자가 정당한 사유 없이 갱신계약의 체결을 거절 하는 것은 해고와 마찬가지로 무효로 된다(대법 1998.1.23. 97다42489).

구 근로기준법 제23조는 근로계약기간에 대하여 '근로계약은 기간의 정함이 없는 것과 일정한 사업완료에 필요한 기간을 정한 것을 제외하고는 그 기간은 1년을 초과하지 못한다'고 규정하고 있으나, 그와 같은 근로계약기간에 따라 근로자를 정규직이나 비정규직, 또는 계약직 또는 기간제근로자 등으로 구분하여 정의하고 있지는 않다. 다만, 근로계약기간인 1년 미만인 근로자를 「단기계약근로자」라 하고, 일반적으로 이와 같은 단기계약근로자 또는 단시간근로자를 비정규직근로자라 부르기도 하나 이러한 구분이 법으로 규정된 것은 아니다.

한편, 1년간의 계약기간을 정하여 근로계약을 체결한 근로자는 기간의 정함이 있는 근로계약을 체결한 근로자로서 이를 '기간제근로자' 로 칭하더라도 무방할 것이다(2004.12.24, 근로기준과-1650). 기간의 정함이 있는 근로계약이란 계약기간을 특정한 근로계약을 말하고, 이러한 기간의 정함이 있는 근로계약에는 '일정한 시점까지로 계약기간을 정하는 경우' 는 물론, '일정한 목적의 달성까지 내지는 사업의 완료 또는 특정한 업무의 완성에 필요한 기간을 정한 경우' 도 포함된다.

이와 같은 기간제근로계약은 당해 기간의 만료에 따라 종료하는 것이 원칙이다. 이것은 계약관계의 자동 종료를 의미하며, 기간의 정함이 없는 근로계약의 해약(해고)에 있어서와 같이 정당한 이유를 필요로 하는 것이 아니다. 실제로 기간제근로계약이 장기에 걸쳐 반복 갱신되는 사례도 많으며, 사용자는 기간제근로계약의 갱신 거절(고용중지)에 따라 고용관계를 단절하는 것이 일반화되고 있었나. 따라서 이러한 고용관계의 단절이 무제한하게 인정된다면 고용이 현저히 불안정해질 것이므로, 고용중지에 관한 법규제가 과제로 되고 있다. 근로계약기간을 정한 경우 동 기간의 만료로 근로관계는 종료함이 원칙이나, 장기간에 걸쳐 그 기간의 갱신이 반복되어 그 정한 기간이 단지 형식에 불과하게 된 경우에는 사실상 기간의 정함이 없는 근로 계약과 다를 바 없게 되는 바, 이 경우 계약기간 만료에 따른 계약갱신(재계약)의 거부는 사실상 해고에 해당하므로 근로기준법 제23조에 의한 정당한 이유가 있어야 한다.

이 때 몇 차례 계약이 반복 갱신 되어야 사실상 기간의 정함이 없는 근로계약으로 볼 수 있게 되는지에 대하여는 일률적으로 규정할 수 없으며, 근로계약을 특별히 유기계약으로 할 필요성 여부, 기간을 정한 목적과 당사자의 진정한 의사, 반복 갱신에 따라 계약 갱신에 대한 합리적이고 상당한 기대가 형성되었는지 여부, 당해 사업장의 계약관행 등을 종합적으로 고려하여 판단해야 한다(2001.5.30, 근기 68207-1756).

처음으로 근로계약을 체결하면서 기간을 정한 근로계약서를 작성한 경우 그 근로계약이 계약서의 문언에 반하여 기간의 정함이 없는 근로계약이라고 하기 위해서는 계약서의 내용과 근로계약이 이루어지게 된 동기 및 경위, 기간을 정한 목적과 당사자의 진정한 의사, 동종의 근로계약 체결방식에 관한 관행 그리고 근로자보호법규 등을 종합적으로 고려하여 그 기간의 정함이 단지 형식에 불과하다는 사정이 인정되어야 한다(대법 2007.9.7, 2005두16901).

한편 구 근로기준법 제23조에서는 사용자는 정당한 이유 없이 해고하지 못한다고 규정하고 있다. 그러나 이러한 해고보호 규정은 기간의 정함이 없는 근로계약의 경우에만 적용된다. 그러므로 기간제근로계약이 아무 제한 없이 자유롭게 체결된다면 구 근로기준법 제23조의 보호목적인 근로관계의 존립 보호는 무의미하게 될 우려가 크다.

대법원은 수차에 걸쳐 반복 갱신된 근로계약의 갱신 거부를 해고로 보아 근로기준법 제23조에 의한 정당한 사유의 요건을 갖추어야만 해고의 효력을 인정하였다(대법 2010.6.24, 2007다31471 ; 1994.1.11, 93다17843; 1976.6.24, 74다1625).

2 반복 · 갱신된 근로계약의 법적 효력

기간을 정해 채용된 근로자라 하더라도 장기간에 걸쳐서 계약의 갱신이 반복돼 실질적으로 기간의 정함이 없는 계약으로 된 경우에 사용자가 계약 갱신을 거부하는 것은 기간제법 제4조에 의해 제한을 받게 된다.

이 경우 기간의 정함이 없는 계약인지 여부를 판단하기 위해서는 근로계약을 특별히 유기계약으로 할 필요성이 있었는지 여부, 사용자가 근로계약기간을 일정한 기간으로 하려는 진의가 있었는지 여부, 근로계약이 계속적으로 반복 갱신돼 근로자가 계약 갱신에 대한 합리적이고 정당한 기대를 가지고 있었는지 여부 등을 종합적으로 판단해야 할 것이다. 임시적이고 한정된 업무에 대해 매년 공개 모집 절차(면접→공개 채용→서류 전형)를 통해 근로자를 채용해 온 경우 근로자가 계약 갱신에 대한 합리적이고 상당한 기대를 가지고 있었다고 보기 어려우나, 모집 공고를 통한 공개 채용 절차가 형식에 불과해 관행상 전년도에 근무한 근로자들 대부분이 다시 채용돼 재계약 또는 계속 고용의 기대가 형성돼 있다면 계속 근로로 인정될 수 있다고 볼 수 있으므로 이러한 기준에 따라 계속 근로 여부를 판단하여야 한다(2008.8.8, 근로조건지도과-3102).

근로계약기간을 정한 근로계약 당사자 사이의 근로관계와 그 기간의 정함이 형식에 불과하다는 사정이 인정되는 경우, 재고용될 수 있으리라는 정당한 기대권이 인정되는 경우, 근로계약이 당연 종료되는 것으로 볼 수 있는 경우 그 밖에 사용자의 정당한 사유 없는 갱신계약체결 거절의 효력에 관하여 다음과 같이 유형별로 나누어 볼 수 있다.

1. 기간의 정함이 있는 근로계약과 계약의 만료

① 근로계약에 있어서 기간의 만료는 근로관계의 자동소멸사유에 해당하므로, 특별한 사정이 없는 한 근로계약은 그 기간의 만료로 해고나 해지의 의사표시 등 사용자의 별도의 조치를 기다릴 필요 없이 당연히 종료됨이 원칙이다(대법 2006.2.24, 2005두5673). 그러므로 기간의 만료에 따른 근로관계의 종료 즉, 해고에 해낭하지 않기 때문에 민법적인 측면에서만 본다면 여기에 근로기준법 제23조 제1항의 해고 제한의 법리는 적용될 여지가 없다.

② 근로계약이 그 기간의 정함이 형식에 불과하여 사실상 기간의 정함이 없는 근로계약에 해당한다고 할 수 없고, 근로계약, 계약인력관리지침 등이 재계약할 의무를 지운다거나 재임용 절차 및 요건 등에 관한 근거가 된다고 볼 수 없고, 근무성적평가 결과에 따라 이 사건 근로계약에 대한 재계약을 체결할 수 있을 것이라는 점에 대한 정당한 기대권이 형성되었다고 볼 수 없어, 근로계약이 그 기간이 만료됨으로써 당연히 종료된 이상 갱신거절이 정리해고에 해당한다고 할 수는 없다는 것이다(대법 2012.2.9, 2010두22290). 이 판례는 은행의 계약인력관리지침 및 2008년 계약인력 재계약 기준 등이 은행에게 근로자들과 재계약할 의무를 지운다거나 재임용 절차 및 요건 등에 관한 근거가 된다고 볼 수 없다고 보았다. 나아가 해당 근로자들에게 근무성적평가결과에 따라 이 사건 근로계약에 대한 재계약을 체결할 수 있을 것이라는 점에 대한 정당한 기대권이 형성되었다고 볼 수도 없다고 판단하였다.

③ 그러나 이러한 법리를 모든 기간제근로계약에 획일적으로 관철시킬 경우 근로계약이 상당 기간에 걸쳐 계속 반복 갱신된 근로자의 근로조건 및 고용안정의 보호에 중대한 결함이 발생하게 된다. 또한 사용자가 고용유연화 등을 이유로 비정규직 재용을 확대하는 대신에 정규직 채용을 기피하게 만드는 법적 근거를 제

공하는 요인으로 작용할 수 있을 수도 있다. 판례는 기간제법의 제정 이전부터 위 원칙에 대한 예외로서 '근로계약상 기간의 정함이 단지 형식에 불과하다고 볼 수 있는 경우'(제1유형) 또는 '근로자에게 재계약에 관한 정당한 갱신기대권이 형성된 경우'(제2유형)에는 사용자가 정당한 사유 없이 기간의 만료와 동시에 계약의 갱신을 거절함으로써 근로관계를 종료하는 것은 부당해고에 해당하여 무효라는 내용의 기간제근로관계에 대한 보호 법리를 전개하였다(대법 2005.7.8, 2002두8640, 대법 2005.9.9, 2005두6003).

2. 근로계약기간이 형식에 불과한 경우

① 근로계약기간을 정한 근로계약서를 작성한 경우 처분문서인 근로계약서의 문언에 따라 특별한 사정이 없는 한 근로자와 사용자 사이에는 기간의 정함이 있는 근로계약을 맺었다고 보아야 하고, 이 경우 근로계약기간이 끝나면 그 근로관계는 사용자의 해고 등 별도의 조처를 기다릴 것 없이 당연히 종료함이 원칙이다(대법 2011.7.28, 2009두2665; 대법 2011.4.14, 2007두1729).

② 그러나 기간을 정한 근로계약서를 작성한 경우에도 예컨대 단기의 근로계약이 장기간에 걸쳐서 반복하여 갱신됨으로써 그 정한 기간이 단지 형식에 불과한 사정이 인정되는 경우에는 갱신계약 체결을 거절하는 것은 정당한 이유 없는 해고에 해당한다는 것이 판례의 태도이다(대법 2007.9.7, 2005두16901). 기간의 정함이 단지 형식에 불과한 것인지의 여부에 대해서는 근로계약서의 내용과 근로계약이 이루어지게 된 동기 및 경위, 기간을 정한 목적과 채용 당시 계속근로의사 등 당사자의 진정한 의사, 근무기간의 장단 및 갱신 횟수, 동종의 근로계약체결방식에 관한 관행 그리고 근로자보호법규 등을 종합적으로 판단하여야 한다(대법 2013.2.14, 2011두24361). 그 기간의 정함이 단지 형식에 불과하다는 사정이 인정되는 경우에는 계약서의 문언에도 불구하고 사실상 기간의 정함이 없는 근로계약을 맺었다고 볼 것이며, 이 경우 사용자가 정당한 사유 없이 갱신계약 체결을 거절하는 것은 해고와 마찬가지로 무효이다(대법 2010.6.24, 2007다31471).

③ 그러나 기간을 정하여 계약을 반복 갱신하여 온 것이 형식에 불과한 것으로 볼 수 없는 경우에는 사용자의 갱신 거절의 통지에 의하여 계약기간의 만료로 근로관계는 종료된다(대법 2007.1.25, 2006두7945).

3. 재고용될 수 있으리라는 정당한 갱신기대권이 인정되는 경우

(1) 갱신기대권의 의의

기간의 정함이 있는 근로계약이라 해도 근로자에게 계약갱신을 기대할 수 있는 객관적 사정이 있는 경우에는 기간 만료와 함께 당연히 근로관계가 종료한다고 해석해서는 안 될 것이다. 기간이 만료하면 어떠한 경우에도 근로관계가 종료한다고 형식적으로 해석한다면, 해고를 간편하게 하기 위한 사용자의 탈법적 의도를 그대로 방치하는 결과가 되기 때문이다. 다시 말하여 근로기준법이 해고제한 규정을 두고 있는 취지가 몰각될 것이다. 판례도 다음과 같은 기준에 의하여 근로자의 갱신기대권을 폭넓게 인정하고 있다.

(2) 판례법리에 의한 갱신기대권 인정기준

1) 근로계약 갱신규정이 있는 경우

기간을 정하여 근로계약을 체결한 근로자의 경우 기간이 만료되면 근로자로서 신분관계는 당연히 종료되고 근로계약을 갱신하지 못하면 갱신 거절의 의사표시가 없어도 당연 퇴직되는 것이 원칙이다. 그러나 근로계약, 취업규칙, 단체협약 등에서 기간이 만료되더라도 일정한 요건이 충족되면 근로계약이 갱신된다는 취지의 규정을 두고 있는 경우에는 근로자의 갱신기대권이 인정된다.

2) 근로계약 갱신규정이 없는 경우

① 근로계약 갱신규정이 없더라도 근로계약 내용과 근로계약이 이루어지게 된 동기 및 경위, 계약 갱신 기준 등 갱신에 관한 요건이나 절차의 설정 여부 및 그 실태, 근로사가 수행하는 업무 내용 등 근로관계를 둘러싼 여러 사정을 종합하여 볼 때 근로계약 당사자 사이에 일정한 요건이 충족되면 근로계약이 갱신된다는 신뢰관계가 형성되어 있어서 근로자에게 근로계약이 갱신될 수 있으리라는 정당한 기대권이 인정되는 경우에는, 사용자가 이를 위반하여 부당하게 근로계약 갱신을 거절하는 것은 부당해고와 마찬가지로 아무런 효력이 없고, 이 경우 기간만료 후 근로관계는 종전 근로계약이 갱신된 것과 동일하다(대법 2011.7.28, 2011두2665).

이 사건은 서울행정법원과 서울고등법원은 기간 만료로 판결했으나 대법원에서는 부당해고라고 하여 파기환송 후 대법원판결대로 확정되었다. 판례가 근로자의 갱신기대권을 인정한 이유는 첫째 농업협동조합은 매년 재계약을 체결하는 방법으로 甲 · 乙과 근로관계를 유지한 점, 둘째 甲 · 乙의 계속근로기간이 「계약직 직원 운용규정」등에서 한도로 정한 5년을 초과한 점을 들었다.

② 근로계약기간의 정함이 단지 형식에 불과한 것이 아니라면 당사자 일방의 해지(해고 또는 사직)의 의사표시나 사용자의 갱신거절의 의사표시가 없더라도 계약기간의 만료로 근로관계는 자동 종료한다. 그러나 근로계약, 취업규칙, 단체협약 등에서 기간만료에도 불구하고 일정한 요건이 충족되면 해당 근로계약이 갱신된다는 취지의 규정을 두고 있거나, 그러한 규정이 없더라도 근로계약의 내용과 근로계약이 이루어지게 된 동기 및 경위, 계약 갱신의 기준 등 갱신에 관한 요건이나 절차의 설정 여부 및 그 실태, 근로자가 수행하는 업무의 내용 등 해당 근로관계를 둘러싼 여러 사정을 종합하여 볼 때 근로계약 당사자 사이에 일정한 요건이 충족되면 근로계약이 갱신된다는 신뢰관계가 형성되어 있어 근로자에게 그에 따라 근로계약이 갱신될 수 있으리라는 정당한 기대권이 인정되는 경우에는 사용자가 이에 위반하여 부당하게 근로계약의 갱신을 거절하는 것은 부당해고와 마찬가지로 아무런 효력이 없고, 이 경우 기간만료 후의 근로관계는 종전의 근로계약이 갱신된 것과 동일하다고 보아야 한다는 것이 판례의 태도이다(대법 2014.2.13, 2011두12528; 대법 2012.6.14, 2010두8225; 대법 2012.2.9, 2010두22290; 2011.4.14, 2007두1729).

③ 2012.6.14 대법원 판결은 사용자인 시설관리공단이 기존 직원들의 동의절차를 거치지 않음은 물론 기존 직원들에게 가점을 주는 것에 대하여 구체적인 기준도 마련하지 않은 채, 근로계약 갱신에 대한 정당한 기대권이 인정되는 해당 기간제근로자에게 재계약 절차가 아닌 공개채용절차를 통하여 선발되어야만 계약 갱신을 해주겠다고 주장하면서, 공개채용절차에 응시하지 않았다는 이유만으로 해당 기간제근로자와의 해당 근로계약의 갱신을 거절한 것은 부당하게 근로계약의 갱신을 거절하는 것으로서 부당해고에 해당한다고 판단하였다. 2011.4.14. 대법원 판결(대법 2011.4.14, 2007두1729)은 '서울특별시시설관리공단이 계약기간을 1년으로 정하여 장애인콜택시 운행에 관한 위 · 수탁계약을 체결하고 장애인콜택시의 운행업무를 수행하던 운전자 甲 등에게 계약에서 정한 위탁기간이 만료되

었고 갱신계약체결 대상자 선정을 위한 심사에서 탈락하였다는 취지의 통지를 한 사안'에서 "(가) 서울특별시의 장애인콜택시 운영계획에 계약기간을 1년 단위로 갱신하도록 하면서 그 취지가 부적격자의 교체에 있음을 명시하고 있고, (나) 장애인콜택시 사업을 한시적·일시적 사업이라고 볼 수 없는 점, (다) 위·수탁 계약에서 위탁기간 연장 규정을 두고 있는 점 등을 종합하면, 甲 등을 비롯한 위 시설관리공단 소속 운전자들에게는 기간제근로계약이 갱신되리라는 정당한 기대권이 인정된다고 보아야 하고, 위 공단이 공정성 및 객관성이 결여된 심사과정을 거쳐 甲 등에 대하여 갱신기준점수 미만이라는 점을 들어 위 계약의 갱신을 거절한 것은 정당성을 결여하여 효력이 없다"며 원심판결을 파기 환송하였다. 이 판결은 1년의 기간을 정한 근로계약을 체결하여 계약갱신이 단 한 차례도 이루어진 바 없이 계약기간 만료로 근로관계를 종료한 사안에서 갱신기대권을 인정하였다는 점에서 매우 의의있는 판결이다. 이 사건은 서울행정법원은 부당해고로 판결하고 고등법원은 기간만료로 판결하였으나 대법원은 부당해고라고 판결하였으니 피기환송 후 더 이상 상고없이 확정되었다.

③ 그리고 계약직 근로자들에게 근무성적 평가를 통하여 재계약을 체결해 온 경우 근로자들에게는 일정한 순위 이상의 성적을 얻게 되면 기간제근로계약이 갱신된다는 정당한 기대권이 인정된다(대법 2011.7.28, 2009두5374).

(3) 정당한 계약 갱신기대권이 인정되지 않는 경우

① 오로지 사용자의 재량적 판단에 따라 근로계약의 갱신 여부를 결정해 온 경우 근로계약의 갱신에 관한 기대권이 인정된다고 보기 어렵다(대법 2011.9.8, 2009두9765).

② 회사는 해당 근로자들과 근로계약을 체결하기 약 2년여 전에 근로자들의 고용안정을 요구하는 노동조합의 요청에 따라 노동조합과 2년 기간제 임시근로계약제도를 도입하기로 협의하는 등 기간의 정함이 있는 근로계약을 체결하여 버스운전기사를 채용할 태도를 분명히 밝혔고, 그 이후 그 태도를 명시적으로 바꾸지 않은 채 해당 근로자들과도 근로계약을 체결하면서 임시근로계약서에 각 계약기간을 2년으로 명시하였으며, 해당 근로자들 또한 2년의 기간이 명시된 임시근로계약서를 작성하면서 기간의 정함이 없는 근로계약을 체결할 의사였다거나 그러한

기대를 하였다고 보기는 어려운 점, 회사와 해당 근로자들 사이에 작성된 임시근로계약서는 물론이고 회사의 단체협약 및 취업규칙의 어디에도 기간만료에도 불구하고 일정한 요건이 충족되면 해당 근로계약이 갱신된다는 취지의 규정을 두고 있지 않을 뿐만 아니라 계약갱신과 관련한 요건이나 절차에 관한 근거규정조차 두고 있지 않은 점 등을 종합해 보면 해당 근로자들에 대한 계약기간이 단지 형식에 불과하여 해당 근로자가 사실상 기간의 정함이 없는 근로자의 지위에 있었다거나 해당 근로자에 대하여 임시근로계약서에 명시한 계약기간이 지나더라도 근로계약이 갱신될 수 있으리라는 정당한 기대관계가 형성되었다고 볼 수 없다(대법 2011.11.10, 2010두7628).

③ 사업주의 기간제근로자 관련 규정 제5조제2항에 의하면 고도의 전문적 지식 · 기술의 활용이 필요하다는 등 각 호에서 정한 사유가 없는 이상 2년을 초과하여 기간제근로자를 사용할 수 없도록 규정하고 있는바, 이는 기간제법 제4조제2항에 따라 기간제근로계약이 기간의 정함이 없는 근로계약으로 전환되는 것을 방지하기 위한 것으로 보이며, 이와 같은 사용자의 의사는 계약의 자유라는 관점에서 보호할 가치가 크다. 근로자를 고용함에 있어 법령과 예산의 엄격한 제한을 받는 사업주의 성격 등에 비추어 보면, 해당 근로자들이 사업주가 자신들을 2년을 초과하여 사용함으로써 기간제법에 따른 무기한 고용의 부담을 안으리라고 기대하였다고 보기 어렵다(대법 2011.12.24, 2011두2306).

(4) 갱신기대권 인정범위의 확대

기간제근로계약의 갱신기대권을 다루는 판례들에서는 그 인정범위를 확대하고 있다. 우선 갱신기대권에 대한 판례의 기본 입장은 종전에 임용의 근거가 되는 법령 등의 규정이나 계약 등 명시적 · 규범적 근거를 요구하였지만(대법 2005.7.8, 2002두8640), 최근에는 이러한 규범적 근거가 없더라도 근로계약 내용과 근로계약이 이루어지게 된 동기 및 경위, 계약갱신의 기준 등 갱신에 관한 요건이나 절차의 설정 여부 및 그 실태, 근로자가 수행하는 업무의 내용 등 당해 근로관계를 둘러싼 여러 사정을 종합하여 볼 때 근로계약 당사자 사이에 일정한 요건이 충족되면 근로계약이 갱신된다는 신뢰관계가 형성되어 있어 근로자에게 근로계약이 갱신될 수 있으리라는 정당한 기대권이 인정되는 경우도 아울러 판단 근거로 삼고 있다. 이는 2011년 4월의 판례(대법 2011.4.14, 2007두1729)에서부터 등장한 것으로, 이 판례는 수행하는 업무가 상시적이고 계속적인 업무인지 여부, 다른 근로자들의 경우에 갱신된 사례와 그 방식 등을 종합적으로 인정 근거로 삼고 있으며, 또한 최초의 갱신거절에서 갱신기대권을 인정한 사례이기도 하다.

또한 갱신기대권이 인정되는 경우 당해 갱신거부를 종전에는 '사회통념상 인정되는 합리적 이유 없이' 라는 표현을 사용하였지만, 최근에는 '그 실질에 있어서 부당해고에 해당되어 그 효력을 인정할 수 없다' 는 표현을 사용함으로써 근로기준법상의 정당한 이유 없는 해고의 한 유형으로 파악하고 있다. (김재훈, 「기간제 고용과 갱신기대권, 기간제 고용의 규율방식 전환」, 노동법률, 2012년 1월호 p.78-79).

(5) 갱신기대권 인정기준 규율방식의 실질적 전환

기간제근로계약의 갱신기대권에 관한 최근 판례들은 그 인정기준에 대해 평가의 공정성 · 합리성을 심사함으로써 그 판단의 실질화를 도모하고 있다.

판례(대법 2011.7.28, 2009두2665)는 심사결과를 바탕으로 하여 갱신거절시 기준에 미달하는 평가점수가 나오게 된 배경을 평가하고 있다. 그리하여 평가대상 근로자와 접근도가 낮은 일부 평정자의 현저히 저조한 점수의 불공정성에 유의하고 있고, 장기간의 점수에 비하여 낮게 나오게 되기에 업무수행능력이나 업무수행태도의 문제가 있었는지 그 실질적 내용을 판단근거로 삼고 있다. 또한 판례(대법 2011.4.14, 2007두1729)에서는 심사항목 중 일부는 평가자의 자의적 평가가 개입될 여지가 있어 그 객관성과 공정성이 결여되었다고 보고 있으며, 일부 심사항목은 심사대상자 전원에 대하여 일률적으로 적용되지 아니하여 불공평한 결과가 초래되었음을 지적하고 있다.

기간제근로계약의 반복 갱신과 갱신 거부시의 취급

판단요소

① 근로계약체결시의 사정 · 유기성의 명시 유무, 사용자의 계약시의 갱신 기대의 언동 등

② 계약체결 · 갱신시의 문서교부 등의 유무(근속전제인가, 갱신시 사정에 의한 결정인가, 기재내용 등)

③ 업무의 객관적 내용(일시적인가, 상시 지속적인가, 임시 · 단기성인가, 단순 중형적 업무인가 등)

④ 계약상의 지위 · 업무의 성격(기간적인가, 보조적인가, 정형업무인가, 지휘감독자인가, 책임과 권한 등)

⑤ 당사자의 주관적 태양(주로 생계유지인가 · 가계보조인가, 취업목적, 계약시의 갱신의 인식 등)

⑥ 임금에 있어서 정기 승급, 근속가산의 유무, 상여 그 밖의 조건상의 정규사원과의 차이 등)

⑦ 갱신 절차, 갱신 횟수(형식적인가, 갱신시 사정에 의한 심사판단인가, 엄격한가, 기계적인가, 갱신계속에 따른 실태 변동인가

⑧ 다른 같은 형태 지위 근로자의 갱신상황 실태 등

⑨ 계약상이나 업무상의 제한 등(겸직업무금지 등)

⑩ 회사에의 협력(QC활동, 주식 배당 등)의 내용

여러 사정의 종합 참고

반복갱신에 따라 실질적으로 기간의 정함이 없는 계약과 사회통념상 동시할 수 있는 경우 = 갱신 거부 (실질적인 해고)

기간만료 후 갱신기간 계속기대의 합리성을 수긍할 수 있는 경우 해고법리의 유추

임시성, 갱신한도성, 갱신계속의 차단성 등 으로부터 계속 고용의 기대가 합리적으로 수긍되지 않는 경우 = 고용종료(기간만료)

↓

예측가능성이 낮다

↓

갱신기간의 한도, 최종갱신 · 차기갱신 없이 금회로서 종료의 합의 등이 필요 ➡ 명백한 합의에 의한 고용종료

3 기간제근로계약의 체결과 그 제한

기간제근로계약이 모든 경우에 해고보호 규정의 적용을 면하려는 목적으로 체결된 것이라고 볼 수는 없다. 예컨대 계절업무와 같은 업무 자체의 특성 및 출산 전후휴가 중인 근로자를 위하여 대체근로가 요구되거나 예산 및 기간이 제한된 프로젝트 업무와 같이 기간제근로계약이 불가피한 경우가 있으므로, 노동시장의 유연성 제고라는 관점과 함께 기간제근로자에 대한 적정 근로조건의 보호라는 관점에서 이를 고려하여야 한다.

4 총 사용기간 중 반복 갱신되는 횟수의 제한

기간제근로계약과 관련하여, 기간제법은 그 사용사유나 목적을 제한하고 있지 않다. 원칙적으로 근로의 종류와 상관없이 기간제근로계약은 이용될 수 있는 것이다. 기간제근로계약에 제한이 가해지는 것은 사용기간과 방법에 대한 것이다. 즉 사용기간에 관한 기간제법 제4조와, 반복 갱신된 기간제 근로계약의 효과에 관한 판례 법리를 통해 기간제근로자의 사용이 제한받고 있는 것이다.

기간제법은 2년의 총 사용기간 제한을 원칙으로 하며, 총 사용기간 중에 반복 갱신되는 횟수의 제한을 하지 않고 있다. 따라서 계약당사자는 기간제근로자의 사용기간의 범위 내에서 자유롭게 계약기간을 정할 수 있음은 물론 반복체결도 가능하다고 해석된다. 즉, 2년의 기간 동안에은 연쇄적 근로관계의 성립이 인정되기 어려울 것이다(김형배, 「노동법」, 24판, p.1274).

5 기간제근로자의 기간의 정함이 없는 근로자로의 전환

1. 기간의 정함이 없는 근로자로의 전환 노력

> **관련조문** **기간제법 제5조【기간의 정함이 없는 근로자로의 전환】** 사용자는 기간의 정함이 없는 근로계약을 체결하려는 경우에는 당해 사업 또는 사업장의 동종 또는 유사한 업무에 종사하는 기간제근로자를 우선적으로 고용하도록 노력하여야 한다.

(1) 기간제근로자의 우선고용의 취지

기간제근로자의 우선고용 노력의무에 관한 기간제법 제5조의 취지는 사용자가 당해 사업 또는 사업장의 동종 또는 유사한 업무에 신규채용의 기회가 생기기만 하면 반드시 기간제근로자를 우선 고용하여야 한다는 법적인 의무를 부과한 것이 아니라, 사용자가 신규채용하려는 직책에 맞는 기간제근로자가 있으면 그를 우선적으로 고용하도록 노력하라는 훈시규정에 불과하다. 기간제근로자가 사용자가 신규채용하려는 직책에 맞는 사람이라고 볼 만한 사정이 인정되지 아니한다면 사용자가 그의 합리적인 경영판단에 의하여 다른 근로자를 채용하였다고 하더라도 동법이 정한 우선고용 노력의무를 위반하였다고 평가할 수는 없다. 이것은 정리해고 된 근로자에 대하여 사용자가 우선 고용하도록 노력하여야 한다는 구 근로기준법 제31조의2와 마찬가지의 조항이다. 동 조항은 정리해고 된 근로자의 재고용을 강제할 수는 없고 훈시규정에 불과하다(대법 2006.1.26, 2003다69393).

기간제근로자의 본래는 정년고용제도와 연공서열제도에 입각한 우리나라의 정규직근로자제도에 있어서 예정되어 있지 않는 기간제 임시고용 그 자체를 목적으로 하는 비정형적인 고용이다.

기간제근로자 측에서 가사 그 밖의 사생활의 사정과 조화를 이루기 위해 기간제근로자이기를 희망하고, 사용자 측에서 일시적인 업무 수행을 위해 기간제고용 그 자체를 목적으로 하며 기간의 정함이 없는 근로자로의 등용을 예정하지 않은 것이다. 사용자는 기간의 정함이 없는 근로자 등용의 전 단계 내지 예비단계에서 일방적으로 기간의 정함이 없는 근로자가 될 것을 명령할 수 없으며, 책임과 의무가 가벼운 간이고용을 희망해 고용된 자를 기간의 정함이 없는 근로자로 등용할 때에는 다시 본인의 동의를 얻어야 한다.

2. 응모기회의 우선적 부여

기업사회에서는 「일반근로자로의 응모기회 부여」로서 사업주는 기간의 정함이 없는 근로자를 모집하려고 할 때에는 현재 고용하는 동종 또는 유사 업무에 종사하는 기간제근로자로서 기간의 정함이 없는 근로자로 고용될 것을 희망하는 사람에게 우선적으로 응모기회를 주도록 노력하는 것이 바람직한 것이다.

이는 기간제근로자 중에는 취업기간의 장기화 등으로 기간의 정함이 없는 근로자로 고용되는 것을 희망하는 자가 있음을 감안하고 기간제근로자의 고용안정, 능력활용, 사기향상 등을 도모하는 관점에서, 사용자는 기간의 정함이 없는 근로자를 모집하려고 할 경우, 모집하려고 하는 업무와 동종의 업무에 대하여 응모요건을 충족시킬 기간제근로자가 기업 내에 있을 때 사업주는 기업 외에서의 모집에 앞서 그 기간제근로자에게 응모기회를 우선적으로 부여하도록 노력하는 것이 필요할 것이다.

3. 기간의 정함이 없는 근로자로의 전환 거부

신규채용이 아니라 기간의 정함이 없는 근로자로의 전환제도라는 인사이동 형태를 취할 경우에는, 기간의 정함이 없는 근로자로의 전환을 희망하는 기간제근로자에게 기간의 정함이 없는 근로자로의 전환을 거부당했을 때에 문제가 생긴다. 즉 사용자가 행한 기간의 정함이 없는 근로자로의 전환조건을 충족할 경우에는 사용자가 이유없이 전환을 거부하는 것은 불가능하며 부당거부라는 문제가 생긴다.

4. 기간의 정함이 없는 근로자로의 전환제도의 명확화

전환제도를 규정하고 있을 경우에는 그 제도를 정확히 해둘 필요가 있다. 가능하면 시험을 보든지, 다시 기간의 정함이 없는 근로자로의 채용원서를 받아 회사의 선발기준에 의하여 선발하든지(시험 · 면접 · 건강) 확실하게 기간의 정함이 없는 근로자의 이행 및 채용 절차를 취하지 않으면 도리어 문제가 생기고 또한 기간의 정함이 없는 근로자와의 구별이 없어져 혼란을 야기하므로 전환제도를 명확히 할 필요가 있다.

6 기간제근로자 고용안정 가이드라인(2016.4.11, 고용차별개선과-6735)

기간제법에 따른 사용기간 제한 등 규제에도 불구하고 비정규직근로자의 규모는 지속적으로 증가되어 왔다(2015.8. 6,271,000명(32.5%)). 또한 기간제근로자의 교체사용 및 외주화 등으로 고용불안은 심화되었고 정규직근로자와의 근로조건 격차는 여전히 상존하고 있다.

우리 경제와 사회통합에 부정적 영향을 미치는 노동시장 이중구조의 주요 원인인 비정규직 문제를 해결하기 위해 기업의 자율적 고용구조 개선을 통한 상생고용 분위기를 확산할 필요가 있으며 인건비 절감 목적의 비정규직 남용을 방지하고, 상시 · 지속적 업무에는 가급적 정규직을 사용하며, 불합리한 차별을 개선하도록 하는 동기 부여 및 사회적 책임 강화를 도모할 필요가 있었다. 그 동안 고용노동부는 각계 전문가 · 노사단체 · 당사자 등의 의견을 수렴하여 「기간제근로자 고용안정 가이드라인」을 제정(2016.4.11, 고용차별개선과-6735) · 시행하게 되었다.

기간제근로자 고용안정 가이드라인(2016.4.11, 고용차별개선과-6735)

1. 목 적

현행 「기간제법」에 따라 사용자는 2년의 범위 내에서 기간제근로자를 사용할 수 있고 2년을 초과하여 기간제근로자를 사용할 경우에는 기간의 정함이 없는 근로자로 간주하고 있다.
그러나, 상시 · 지속적 업무임에도 재정 사정 · 인력 운용 등의 이유로 2년 이내의 기간 동안 기간제근로자를 사용하다가 계약을 해지하는 관행으로 근로자들의 고용불안이 지속되고 있는 상황이다.
이에 기간제근로자의 사용과 관련하여 사업주가 준수하거나 노력해야 할 사항들을 제시함으로써, 기간제근로자의 고용불안을 개선하고 불합리한 차별을 방지하는 한편, 기업의 경쟁력을 높이고 이를 통해 우리 사회의 지속가능한 발전을 도모하고자 한다.

2. 기본원칙

① 상시 · 지속적 업무에 종사하고 있는 기간제근로자는 기간의 정함이 없는 근로자로 전환함을 원칙으로 하고, 이후 해당 업무에는 기간의 정함이 없는 근로자를 고용하는 관행이 정착되도록 노력한다.
② 기간의 정함이 없는 근로자로 전환된 근로자에게는 기존 동종 · 유사 업무에 종사하는 기간의 정함이 없는 근로자와 비교하여 불합리한 차별이 없도록 한다.
③ 사용자는 기간제근로자를 사용할 때에는 업무의 지속성 등을 고려하여 근로계약기간을 합리적으로 설정하여야 하고, 기간제근로자에 대한 불합리한 차별이 없도록 하여야 하며, 직업능력개발 기회를 충분히 제공하여야 한다.
④ 사용자와 근로자 대표 등은 기간제근로자의 근로조건 개선 및 고용안정에 함께 노력한다.

3. 기간제근로자의 고용안정을 위한 세부 내용

(1) 기간의 정함이 없는 근로자로의 전환

① 전환 대상 업무: 기간의 정함이 없는 근로관계로의 전환 대상 업무는 상시 · 지속적 업무이며, 상시 · 지속적 업무는 연중 지속되는 업무로서 과거 2년 이상 지속되어 왔고, 향후에도 지속될 것으로 예상되는 업무를 말한다.

② **전환 대상자 선정시 고려사항**: 전환 대상자는 원칙적으로 전환 평가 · 선정 시점에 상시 · 지속적 업무에 종사하는 기간제근로자이며, 근무기간이 2년 이내이거나 계약기간이 종료되기 전이라고 하더라도 상시 · 지속적 업무에 종사한다면 전환 대상자에 포함된다. 현재 다른 업무에 종사한다고 하더라도 기간제로 근무하고 있는 근로자라면 전환 대상에 포함할 수 있다.

③ **선정 기준**: 사용자는 근무실적 · 직무수행 능력 · 직무수행 태도 · 근무기간 등을 합리적으로 고려하여 공정하고 객관적으로 전환 대상자를 선정하여야 한다.

④ **전환 방법 등 사전명확화 및 공지**: 사용자는 전환 대상 업무, 전환 대상자 선정을 위한 합리적 기준 및 방법, 절차 등을 마련하고, 사업 또는 사업장 내 기간제근로자를 포함한 전체 근로자가 그 내용을 알 수 있도록 공지한다.

⑤ **전환 시 근로조건 · 복리후생의 합리적 결정**

(가) **비교대상 근로자가 있는 경우**: 기간의 정함이 없는 근로자로 전환된 근로자에게 적용되는 근로조건 · 복리후생 등은 단체협약, 취업규칙, 근로계약 등을 통해 당사자가 자율적으로 결정하여야 할 사항이나 전환된 근로자가 담당하게 되는 업무와 같거나 유사한 업무에 종사하는 기존의 기간의 정함이 없는 근로자가 있다면 그 근로자와 같은 근로조건 등을 적용하거나 그 근로자에 비해 불합리한 차별이 없도록 결정한다.

(나) **비교대상 근로자가 없는 경우**: 동종 · 유사 업무에 종사하는 기간의 정함이 없는 근로자가 없을 경우, 전환된 근로자에 대해 적용되는 근로조건 또는 복리후생은 수행업무의 종류, 난이도, 책임도, 자격 등을 고려하여 유사한 수준의 업무를 수행하는 근로자의 근로조건과 비교할 때 불합리한 차별이 없도록 결정한다.

이때 '불합리한 차별이 없다' 는 것은 임금 등에 차이가 없거나, 낮은 대우를 하는 경우라도 그 필요성이 인정되고, 그 정도 · 방법이 합리적인 범위 내라고 볼 수 있는 경우 등을 말한다.

⑥ **전환 시 기간제 근무기간 및 업무경력의 반영**: 사용자는 기간의 정함이 없는 근로자로 전환되는 근로자의 임금(퇴직급여 포함), 연차휴가, 승진 · 승급, 복리후생 수준 등을 결정함에 있어 기간제근로자의 근무기간 및 업무경력을 반영하는 등 합리적으로 산정한다.

(2) 근로계약기간의 합리적 설정 및 갱신남용 금지

① **기간설정의 합리성**: 사용자는 기간제 근로계약기간을 정함에 있어 업무의 지속성 등을 고려하여 합리적으로 설정하여야 하며, 근로계약기간을 불합리하게 단기간으로 설정하여 근로계약의 해지와 체결을 반복하여서는 아니 된다.

② **계약기간 설명**: 사용자는 근로계약기간 설정 이유 등에 대하여 기간제근로자에게 충분히 설명하여야 한다.

③ **갱신을 이유로 한 불합리한 처우 금지**: 사용자는 기간제 근로계약 갱신을 이유로 근로조건의 저하 등 불합리한 처우를 강요하여서는 아니 된다.

(3) 불합리한 차별 개선

① **기간제근로자의 근로조건 결정 시 불합리한 차별 금지**

(가) **비교대상 근로자가 있는 경우**: 현행 기간제법에서와 같이 사용자는 기간제근로자임을 이유로 당해 사업 또는 사업장에서 동종 · 유사 업무에 종사하는 기간의 정함이 없는 근로자에 비하여 차별적 처우를 하여서는 아니 된다.

(나) **비교대상 근로자가 없는 경우**: 동종 · 유사 업무에 종사하는 기간의 정함이 없는 근로자가 없는 경우에도 복리후생(선택적 복지, 식대, 출장비, 통근버스, 식당, 체력단련장 이용 등)에 있어서는 그 사업장의 다른 근로자에 비하여 불합리한 차별이 없도록 한다.

(4) 직업능력개발

① **기간제근로자에 대한 직업능력개발 기회 제공**: 사용자는 기간제근로자에게 직무수행에 필요한 지식, 태도, 기타 역량 강화를 위해 교육훈련 등 직업능력개발 기회를 충분히 제공하도록 노력하여야 한다.

② **전환된 근로자에 대한 직업능력개발 기회 동등제공**: 기간의 정함이 없는 근로자로 전환된 근로자에 대해서도 기존 기간의 정함이 없는 근로자와 동등하게 교육훈련 등 직업능력개발 기회를 제공하여야 한다.

(5) 고충처리

① **고충해소**: 사용자 및 근로자 대표 등은 기간제근로자가 고용안정 등에 대해 고충을 제기할 수 있는 경로를 마련하고, 고충이 제기된 경우 이를 신속하고 적절하게 처리하여야 하며, 고충을 제기한 근로자에게 그 처리결과를 알려주어야 한다.

② **자유로운 고충제기 보장**: 사용자는 기간제근로자가 고용안정 등에 대한 고충 또는 이의제기 등을 이유로 그 근로자에게 불리한 처우를 하지 아니한다.

(6) 기간제근로자의 고용안정을 위한 노사 간 소통과 협력

사용자와 근로자 대표 등은 단체교섭 · 노사협의회 등에서 기간제근로자의 근로조건 개선과 고용안정을 위한 임금체계 합리화 등을 지속적으로 협의 · 강구한다. 이 경우 기간제근로자가 의견을 개진할 수 있는 기회를 보장한다.

표준근로계약서 (기간의 정함이 없는 경우)

____________(이하 "사업주"라 함)과(와)____________(이하 "근로자"라 함)은 다음과 같이 근로계약을 체결한다.

1. 근로개시일: ____년____월____일부터
2. 근로장소:
3. 업무의 내용:
4. 소정근로시간: ____시____분부터____시____분까지(휴게시간: ____시____분~____시____분)
5. 근무일/휴일: 매주____일(또는 매일단위)근무, 주휴일 매주____요일
6. 임 금
   - 월(일, 시간)급: ____________원
   - 상여금: 있음(　　) ____________원, 없음(　　)
   - 기타급여(제수당 등) : 있음 (　　), 없음(　　)
     · ____________원, ____________원
     · ____________원, ____________원
   - 임금지급일: 매월(매주 또는 매일) _____일(휴일의 경우는 전일 지급)
   - 지급방법: 근로자에게 직접지급(　　), 근로자 명의 예금통장에 입금(　)
7. 연차유급휴가
   - 연차유급휴가는 근로기준법에서 정하는 바에 따라 부여한다.
8. 사회보험 적용여부(해당란에 체크)
   □ 고용보험 □ 산재보험 □ 국민연금 □ 건강보험
9. 근로계약서 교부
   - 사업주는 근로계약을 체결함과 동시에 본 계약서를 사본하여 근로자의 교부 요구와 관계없이 근로자에게 교부한다(근로기준법 제17조 이행).
10. 기 타
   - 이 계약에 정함이 없는 사항은 근로기준법령에 의한다.

년　　월　　일

(사업주) 사업체명:　　　　　　　(전화:　　　　　　)
주　　소:
대 표 자:　　　　　　　(서명)

(근로자) 주　　소:
연 락 처:
성　　명:　　　　　　　(서명)

표준근로계약서 (기간의 정함이 있는 경우)

___________(이하 "사업주"라 함)과(와)___________(이하 "근로자"라 함)은 다음과 같이 근로계약을 체결한다.

1. 근로계약기간: ____년____월____일부터 ____년____월____일까지
2. 근로장소:
3. 업무의 내용:
4. 소정근로시간: ____시____분부터____시____분까지(휴게시간: ____시____분~____시____분)
5. 근무일/휴일: 매주____일(또는 매일단위)근무, 주휴일 매주____요일
6. 임 금
   - 월(일, 시간)급: ___________원
   - 상여금: 있음(　　) ___________원, 없음(　　)
   - 기타급여(제수당 등) : 있음 (　　), 없음(　　)
     · ___________원, ___________원
     · ___________원, ___________원
   - 임금지급일: 매월(매주 또는 매일) ____일(휴일의 경우는 전일 지급)
   - 지급방법: 근로자에게 직접지급(　　), 근로자 명의 예금통장에 입금(　)
7. 연차유급휴가
   - 연차유급휴가는 근로기준법에서 정하는 바에 따라 부여한다.
8. 사회보험 적용여부(해당란에 체크)
   □ 고용보험 □ 산재보험 □ 국민연금 □ 건강보험
9. 근로계약서 교부

- 사업주는 근로계약을 체결함과 동시에 본 계약서를 사본하여 근로자의 교부 요구와 관계없이 근로자에게 교부한다(근로기준법 제17조 이행).

10. 기 타

- 이 계약에 정함이 없는 사항은 근로기준법령에 의한다.

년　　월　　일

(사업주) 사업체명:　　　　　　(전화:　　　　　)
주　　소:
대 표 자:　　　　　　(서명)

(근로자) 주　　소:
연 락 처:
성　　명:　　　　　　(서명)

7 전자근로계약서 활성화를 위한 가이드라인(2016.9.1, 근로기준정책과-5455)

근로계약을 체결할 때에는 근로조건을 명확히 하여 당사자 간 분쟁을 예방하고 근로자를 보호할 수 있도록 함이 중요하며, 이를 위한 첫걸음이 바로 근로계약서 작성이다. 그러나 산업 현장에서 근로계약서를 작성하는 비율은 약 60%에 불과한 실정이다.
이러한 상황에서 최근 IT 기술을 바탕으로 한 전자근로계약서 방식이 작성과 보존이 용이하다는 점에서 근로계약서 작성률을 높일 수 있는 새로운 수단으로 주목받고 있다.
다만, 전자근로계약서가 활성화되기 위해서는 서면근로계약서와 같은 수준의 안정성·신뢰성 등을 확보할 필요가 있는 바, 이에 정부는 「근로기준법」, 「전자문서및전자거래기본법」 등 관련 법령을 토대로 전자근로계약서의 작성·교부·보존에 관한 가이드라인을 마련함으로써 노동시장 전반에 합리적이고 투명한 근로계약 체결 문화와 관행이 확산되도록 하고자 한다.

Ⅰ. 이 가이드라인에서 사용하는 용어에 관하여 「근로기준법」(이하 '법'이라 한다)과 「전자문서및전자거래기본법」(이하 '전자문서법'이라 한다)에 따라 다음과 같이 정의한다.

1. "전자근로계약서"란 근로자가 사용자에게 근로를 제공하고 사용자는 이에 대하여 임금을 지급하기로 하는 법 제2조제1항제4호에 따른 근로계약이 체결되었음을 증명하는 출력이 즉시 가능한 전자문서를 말한다.
2. "전자문서"란 전자문서법 제2조제1호에 따라 정보처리시스템에 의하여 전자적 형태로 작성, 송신·수신 또는 저장된 정보를 말한다.
3. "정보처리시스템"이란 전자문서법 제2조제2호에 따라 전자문서의 작성·변환, 송신·수신 또는 저장을 위하여 이용되는 정보처리능력을 가진 전자적 장치 또는 체계를 말한다.

Ⅱ. 사용자와 근로자는 전자근로계약서를 작성하는 방법으로 근로계약을 체결할 수 있다.

1. 전자문서법 제4조제1항에 따라 근로계약서도 전자적 형태로 되어 있다는 이유로 문서로서의 효력이 부인되지 않는다.
2. 전자근로계약서는 PC, 스마트폰 등 정보처리시스템 상 전자문서 생성 전용프로그램(흔글, 오피스, 웹 에디터, PDF 등)이나 전자근로계약서 작성을 지원하기 위하여 별도로 마련한 정보처리시스템 등을 활용하여 작성할 수 있다.

【전자근로계약서 작성으로 인정되는 경우 예시】
■ 사내전산망, 인터넷 구인·구직 사이트 등에 마련된 근로계약서 작성 프로그램을 이용하여 작성
■ 수기(手技), 흔글 프로그램 등으로 작성한 근로계약서를 PDF, 사진 파일 등으로 전자화하여 저장(전자화문서)

3. 사용자, 인터넷 구인 · 구직사이트 운영자 등이 전자근로계약서 작성을 지원하는 정보처리시스템을 마련하여 운영하는 경우에는 해당 시스템을 통하여 근로계약서를 작성 · 확인 · 수정할 수 있고, 작성된 전자근로계약서가 계약 당사자들에게 자동으로 배포되어 열람 · 출력할 수 있도록 하는 등 안정성과 신뢰성을 담보하는 장치를 갖추어야 한다.

4. 사용자와 근로자는 근로계약을 체결하는 경우에 법 제17조제1항에 따라 근로조건에 관한 사항을 명시할 의무가 있으므로 전자근로계약서를 작성할 때에도 다음의 사항을 명시하여야 한다.

가. 임금(임금의 구성항목 · 계산방법 · 지급방법을 포함한다)
나. 소정근로시간
다. 법 제55조에 따른 휴일
라. 제60조에 따른 연차유급휴가
마. 취업의 장소와 종사하여야 할 업무에 관한 사항
바. 법 제93조제1호부터 제12호까지의 규정에서 정한 사항

4-1. 사용자가 근로자와 기간제 또는 단시간 근로계약을 체결하고 전자근로계약서를 작성하는 경우에도 「기간제및단시간근로자보호에관한법률」 제17조에 따라 다음의 사항을 전자근로계약서에 모두 명시하여야 한다.

가. 근로계약기간에 관한 사항
나. 근로시간 · 휴게, 휴일 · 휴가에 관한 사항
다. 임금의 구성항목 · 계산방법 및 지불방법
라. 취업의 장소와 종사하여야 할 업무에 관한 사항
마. 근로일 및 근로일별 근로시간(단시간 근로자에 한함)

5. 전자근로계약서를 작성하는 사용자와 근로자는 근로계약에 관한 분쟁을 사전에 예방할 수 있도록 가급적 당사자의 서명을 포함한 문서를 전자화하거나 「전자서명법」에 의한 전자서명을 하는 등의 방법으로써 해당 계약 당사자 쌍방의 의사가 합치하여 전자근로계약서에 명시된 내용대로 근로계약을 체결하였음을 명확히 하여야 한다.

6. 전자근로계약서는 최종 작성 또는 서명 이후에 어느 일방이 임의로 수정할 수 없도록 가급적 읽기전용문서*로 저장하여야 한다. 전자근로계약서 작성을 지원하는 정보처리시스템을 마련하는 경우 계약 당사자 일방이 서명 이후 근로계약서의 내용을 수정하면 상대 당사자가 이를 바로 확인할 수 있는 장치**를 마련하여야 한다.

* 읽기전용 PDF 파일, 배포용 HWP 문서, 이미지 파일(JPG,TIF 등) 등

** 파일의 내용과 크기 등에 따라 고유의 값을 갖게 되는 해시 값(MD5) 생성(근로계약서 작성프로그램에 내장 또는 문서파일에 대해 생성 가능), DRM · 워터마크 도입(근로계약서 작성프로그램에 내장) 등

Ⅲ. 사용자는 작성된 전자근로계약서를 법 제17조제2항에 따라 근로자에게 교부하여, 근로자가 자신의 근로조건을 명확히 알 수 있도록 하여야 한다.

1. 전자근로계약서를 교부하는 방법은 다음과 같다.

가. 전자근로계약서를 종이로 출력하여 근로자에게 직접 전달

나. 전자근로계약서를 작성하고 자동으로 송·수신되도록 구축된 정보처리시스템, 사내전산망의 정보처리시스템, 근로자가 지정한 소프트웨어 및 이에 부속한 저장공간(애플리케이션), 전자문서법에 따른 공인전자주소('샵메일'), 포털사이트 등에서 제공하는 이메일 등 각종 전자적 방법을 이용하여 근로자에게 전송

2. 사용자가 전자적 방법으로 근로계약서를 교부한 경우 교부의무를 이행하였는지는 다음의 구분에 따라 판단한다.

가. 근로자가 전자근로계약서를 수신할 정보처리시스템을 지정한 경우

(1) 근로자가 전자근로계약서를 수신할 정보처리시스템을 지정한 경우에는 사용자가 해당 정보처리시스템에 전자근로계약서를 입력한 때* 사용자가 근로계약서를 교부한 것으로 볼 수 있다(참조: 전자문서법 제6조제2항제1호본문).

* 해당 정보처리시스템 서버에 전자근로계약서가 수신된 때를 말함

(2) 사용자가 근로자가 지정한 정보처리시스템이 아닌 다른 정보처리시스템에 입력한 경우에도 근로자가 이를 확인하여 출력한 경우에는 근로계약서를 교부한 것으로 볼 수 있다(참조: 전자문서법 제6조제2항제1호단서).

나. 근로자가 전자근로계약서를 수신할 정보처리시스템을 지정하지 않은 경우

(1) 근로자가 전자근로계약서를 수신할 정보처리시스템을 지정하지 아니한 경우에도 사용자가 근로자가 관리하는 정보처리시스템에 입력한 때*에는 근로계약서를 교부한 것으로 볼 수 있다(참조: 전자문서법 제6조제2항제2호). 다만, 근로자가 근로계약서를 전자적 방법으로 받는 것에 동의하지 않는 경우 사용자는 근로계약서를 서면으로 교부하여야 한다.

* 해당 정보처리시스템 서버에 전자근로계약서가 수신된 때를 말함

다. 사용자가 근로계약서를 교부하면서 근로자가 수신을 확인할 것을 조건으로 한 경우

(1) 사용자가 이메일 등 전자적 방법으로 근로계약서를 교부하면서 근로자가 수신을 확인할 것을 조건으로 한 경우에는 사용자가 근로자로부터 수신확인 통지를 받은 때 근로계약서를 교부한 것으로 볼 수 있다(참조: 전자문서법 제9조제1항).

Ⅳ. 사용자는 근로자에게 교부한 전자근로계약서를 법 제42조 및 시행령 제22조에 따라 해당 근로자와의 근로관계가 유지되고 있는 동안 뿐 아니라 근로관계 종료 후에도 3년까지 보존하여야 한다.

1. 사용자가 다음의 요건을 갖추어 전자근로계약서를 보관한 경우에는 근로계약서 보존의무를 이행한 것으로 볼 수 있다(참조: 전자문서법 제5조).

가. 전자근로계약서의 내용을 열람할 수 있을 것
나. 전자근로계약서가 작성 및 송신 · 수신된 때의 형태 또는 그와 같이 재현될 수 있는 형태로 보존되어 있을 것
다. 전자근로계약서의 작성자, 수신자 및 송신 · 수신 일시에 관한 사항이 포함되어 있는 경우에는 그 부분이 보존되어 있을 것
라. 종이에 작성된 근로계약서 등 전자적 형태로 작성되지 않은 근로계약서를 PDF, 사진 파일 등으로 전자화하는 등 정보처리시스템이 처리할 수 있는 형태로 변환하여 보관하는 경우에는 위 요건에 더하여 근로계약서 원본과 내용 및 형태가 동일할 것

* 전자화 과정에서의 신뢰성을 확보하기 위하여 전자문서법 제5조제3항에 따라 미래창조과학부장관이 고시한 「전자화문서의 작성 절차 및 방법에 관한 규정」을 준수하도록 노력할 필요가 있음

4장 기간제근로자의 사용기간 및 그 제한 예외를 둘러싼 법률문제

제1절 기간제근로자의 사용

1 기간제근로자의 사용기간 산정

관련조문

기간제법 제4조【기간제근로자의 사용】 ① 사용자는 2년을 초과하지 아니하는 범위 안에서(기간제근로계약의 반복 갱신 등의 경우에는 그 계속 근로한 총기간이 2년을 초과하지 아니하는 범위 안에서) 기간제근로자를 사용할 수 있다. 다만, 다음 각 호의 어느 하나에 해당하는 경우에는 2년을 초과하여 기간제근로자로 사용할 수 있다.

1. 사업의 완료 또는 특정한 업무의 완성에 필요한 기간을 정한 경우
2. 휴직 · 파견 등으로 결원이 발생하여 당해 근로자가 복귀할 때까지 그 업무를 대신할 필요가 있는 경우
3. 근로자가 학업, 직업훈련 등을 이수함에 따라 그 이수에 필요한 기간을 정한 경우
4. 「고령자고용촉진법」 제2조제1호의 고령자와 근로계약을 체결하는 경우
5. 전문적 지식 · 기술의 활용이 필요한 경우와 정부의 복지정책 · 실업대책 등에 의하여 일자리를 제공하는 경우로서 대통령령이 정하는 경우
6. 그 밖에 제1호 내지 제5호에 준하는 합리적인 사유가 있는 경우로서 대통령령이 정하는 경우

② 사용자가 제1항 단서의 사유가 없거나 소멸되었음에도 불구하고 2년을 초과하여 기간제근로자로 사용하는 경우에는 그 기간제근로자는 기간의 정함이 없는 근로계약을 체결한 근로자로 본다.

부 칙 ② 【근로계약기간에 관한 적용례】 제4조의 규정은 이 법 시행후 근로계약이 체결 · 갱신되거나 기존의 근로계약기간을 연장하는 경우부터 적용한다.

1. 기간제근로자의 사용기간 제한 내용

(1) 사용기간 제한 내용

기간제법 제4조제1항 및 제2항은 기간제근로자의 사용에 관하여 기간(반복 갱신 등의 경우에는 계속근로한 총 사용기간)을 2년으로 제한함을 원칙으로 하고(동법 제4조제1항) 사용자가 2년을 초과하여 기간제근로자를 사용할 때에는 기간의 정함이 없는 근로계약(무기계약)을 체결한 근로자로 간주된다(동법 제4조제2항). 기간제근로자의 사용기간을 2년으로 제한함에 따라 구 근로기준법상 근로계약기간 상한(1년) 규정을 폐지 한 것이다(동법 부칙 제3항).

기간제법 제4조는 기간제근로자의 사용기간을 다음과 같이 규정하고 있다.

① 사용자는 2년을 초과하지 않는 범위 안에서(기간제근로계약의 반복 갱신 등의 경우에는 그 계속근로한 총기간이 2년을 초과하지 않는 범위 안에서) 기간제근로자를 사용할 수 있다. 다만, 다음 각 호의 어느 하나에 해당하는 경우에는 2년을 초과하여 기간제근로자로 사용할 수 있다.

1. 사업의 완료 또는 특정한 업무의 완성에 필요한 기간을 정한 경우
2. 휴직 · 파견 등으로 결원이 발생하여 당해 근로자가 복귀할 때까지 그 업무를 대신할 필요가 있는 경우
3. 근로자가 학업, 직업훈련 등을 이수함에 따라 그 이수에 필요한 기간을 정한 경우
4. 「고령자고용촉진법」 제2조제1호의 고령자와 근로계약을 체결하는 경우
5. 전문적 지식 · 기술의 활용이 필요한 경우와 정부의 복지정책 · 실업대책 등에 의하여 일자리를 제공하는 경우로서 대통령령이 정하는 경우
6. 그 밖에 제1호 내지 제5호에 준하는 합리적인 사유가 있는 경우로서 대통령령이 정하는 경우

② 사용자가 제1항 단서의 사유가 없거나 소멸되었음에도 불구하고 2년을 초과하여 기간제근로자로 사용하는 경우에는 그 기간제근로자는 기간의 정함이 없는 근로계약을 체결한 근로자로 본다.

(2) 구 근로기준법상의 문제점

종전 근로계약기간이 1년 이내로 제한될 뿐, 1년 이내의 단기 근로계약의 반복 갱신이나 총 사용기간에 대해서는 법령상 아무런 제한이 없어 기간제근로자의 보호수단이 없는 실정이었다. 즉, 구 근로기준법상 근로계약기간은 1년 이내로 제한되어 있으나 단기 근로계약의 반복 갱신이나 총 사용기간에 대해서는 법령상 아무런 제한이 없으므로, 기간제근로계약의 반복 갱신을 통해 기간제근로자를 장기간 사용하는 것에 대해서는 법령상 아무런 제한이 없었다. 이에 따라 나타난 문제점으로서는 사용자들이 1년 이내의 기간제근로계약을 반복 갱신함으로써 근로기준법 제23조의 해고제한 규정을 회피하는 수단으로 활용하여 기간제근로자의 규모가 증가하였다(2015년 8월 3,638,000명, 18.8%).

2. 기간제근로자의 계속근로기간 판단

기간제근로자 사용기간을 2년 이내로 제한하고, 2년을 초과하여 사용할 경우에는 정당한 이유 없이 계약기간 만료만을 이유로 한 고용관계 종료를 금지하도록 하였다. 즉, 기간제근로의 사용기간을 2년으로 제한하면서 근로기준법 제23조의 근로계약기간 규정을 폐지하였으며, 이에 따라 당사자는 기간제근로자의 사용기간의 범위 내에서 계약기간을 자유롭게 설정할 수 있게 되는 것이다. 기간제법 제4조에 따르면 사용자는 계속근로한 총 기간이 2년을 초과하지 않는 범위 안에서 기간제근로자를 사용할 수 있고, 2년을 초과하여 기간제근로자로 사용하는 경우에는 그 기간제근로자는 기간의 정함이 없는 근로계약을 체결한 근로자로 본다는 것이다. 여기서 근로계약기간이란 원래 근로계약을 체결하여 해지할 때까지의 기간을 뜻한다. 계속근로기간의 유형은 다양하다.

(1) 시용 · 수습기간

시용 · 수습기간은 '근로계약의 존속기간(시작과 종료)'을 정한 것이 아니므로 시용 · 수습기간만을 별도의 기간제근로계약으로 볼 수 없을 것이다. 따라서 무기근로계약을 체결하면서 일정기간을 시용 내지 수습기간으로 설정했다면 이를 별도의 기간제근로계약이 체결된 것으로는 볼 수 없으므로 이 경우 시용 · 수습 중인 근로자에 대한 불리한 처우는 차별시정의 대상에 포함되지 않을 것이다.

(2) 대학병원에서 인턴으로 수습하는 기간을 기간제근로자의 사용기간에 포함시킬 수 있는지 여부

대학병원에서 인턴 수습기간은 당연히 기간제근로자의 사용기간에 포함시켜야 할 것이다. 수련의로서 인턴인 경우에는 「의사면허를 소지하고 채용시험에 합격한 후 일정기간 동안 수련의(인턴)로 채용되어 병원측의 지휘 · 감독 아래 근로계약에 정한 출 · 퇴근시간의 제약을 받고 근로의 대가로 금품을 지급받는다면 달리 볼 사정이 없는 한 수련의(인턴)라는 이유만으로 근로자성을 부인할 수 없다(2000.8.9, 근기 68207-2376).

(3) 기간제근로자가 임신을 한 경우 산전후 휴가기간이 지나기 전에 계약기간이 만료되는 경우 계약기간은 출산전후휴가 기간이 종료할 때까지 연장되는 것인지 여부

출산전후 휴가기간 중이라 하더라도 근로계약기간이 만료되면 근로계약이 자동 종료된다. 다만, 고용보험기금의 출산후계속고용지원금 제도를 통하여 비정규직 여성근로자들의 계속고용을 유도해 나갈 수 있다.

(4) 매년 동계기간 2개월을 제외한 10개월간의 근로계약기간을 정하여 근무하는 근로자의 경우 정규직 전환을 위한 계속 근로의 산정방법

특별한 사업완료에 필요한 기간을 정하는 계약은 동 기간을 정한 것이 합리적이라면 2년을 초과한 경우에도 기간이 없는 계약으로 의제되지는 않을 것이다. 계절적인 영향으로 동계기간을 제외한 10개월간의 근로계약기간을 설정하는 것은 업무의 특성에 기한 유기계약으로 판단할 수 있으며 정규직 전환을 위한 계속 근로기간은 근로계약 단절의 기간, 단절 전과 후의 근로계약의 동질성 여부, 재계약에 대한 기대 가능성, 고용관행 등을 종합적으로 고려하여 산정되어야 할 것이다.

예를 들어 재계약을 체결하는 것이 노사간의 관행이고, 노사 당사자 모두 그렇게 기대하면서 사실관계에 있어서도 일정한 기간이 지나면 재계약을 체결하는 형태의 근로관계가 반복되었다면 근로계약을 체결하지 아니한 기간은 동일업무에 계속근로를 위한 대기상태로서, 근로관계가 단절된 것이 아니라 일시적으로 정지 또는 중지된 것으로 볼 수 있으므로, 단절 전의 근로계약과 새로운 근로계약을 포괄하여 기간계산을 하여야 한다.

(5) 1일 단위의 근로계약관계가 장기간 반복된 경우 법적 효과

근로계약서에 계약기간이 1일이고 1일 단위로 근무가 종료된다고 명시되어 있는 점을 고려할 때 3개월 19일 동안 84회에 걸쳐 갱신하여 계속 근무하여 왔다고 하여도, 근로계약에서 계약기간을 정한 것이 단지 형식에 불과한 경우에 해당한다고 보기 어려워 기간의 정함이 없는 근로계약관계에 있다고 볼 수 없고, 근로계약 갱신에 대한 정당한 기대권도 인정할 수 없다(서울행법 2015.6.18, 2014구합75377).

(6) 입영휴직기간이 기간제근로자의 계속근로기간에 포함되는지 여부

병역법 제74조에서는 입영으로 휴직하게 되는 자는 군 복무 후 직장에의 복직을 보장하고, 군복무로 인하여 휴직된 때에는 승진에서 의무복무기간을 실제근무기간으로 산정하도록 규정하고 있어, 입영휴직기간을 승진의 경우 이외에 기간제근로자의 계속근로기간으로 합산할 수 없을 것이다. 따라서 1년 6개월 가량 근무한 기간제근로자가 계약기간 6개월을 남겨둔 상태에서 군 복무를 위해 입영휴직하였다가 복직을 보장하고, 군복무로 인하여 휴직된 때에는 승진에서 의무복무기간을 실제근무기간으로 산정하도록 규정하고 있어, 입영휴직기간을 승진의 경우 이외에 기간제근로자의 계속근로기긴으로 합산할 수 없을 것이다(2011.11.21, 고용차별개선과-2037).

(7) CCTV 통합관제신터 모니터링 요원의 계속근로기간의 산정

기간제법 제4조는 동일한 사용자가 기산세근로자를 2년 초과하여 사용하는 경우에 기간의 정함이 없는 근로계약을 체결한 것으로 간주하는 규정이므로 다른 사용자에게 근로를 제공했던 자를 해당 기관이 채용한 경우 종전의 근로기간은 계속근로로 보기 어려울 것이다. 따라서 종전의 용역업체 소속으로 근로했던 기간제근로자를 새로 선정된 용역업체가 신규 채용한 경우에는 종전의 용역업체에서 근로했던 기간은 기간제법 제4조제1항 본문의 "2년"에 포함되지 않을 것이다. 만일, 기관 CCTV 통합관제센터 모니터링 용역이 근로자파견법 제2조제1항제1호의 "근로자 파견형태"로 운영되는 경우에는 근로자파견법 제6조의2제1항에 따라

2년을 초과하여 계속적으로 파견근로자를 사용한 사용사업주는 당해 파견근로자를 직접 고용하여야 할 것이다(2011.12.30, 고용차별개선과-2545).

(8) 공백기간이 없는 경우와 있는 경우의 근로계약 반복 갱신과 계속근로기간 산정

① **근로계약의 반복 갱신 사이에 공백기간이 없는 경우**: 기간제법 제4조제1항제1호부터 제6호에 해당하는 경우에는 2년을 초과하여 기간제근로자로 사용할 수 있다. "계속근로기간"은 근로계약을 체결하여 해지될 때까지의 기간을 말한다. 기간의 정함이 있는 근로계약의 경우 계약기간의 만료로 그 고용관계는 종료되는 것이 원칙이다. 그러나 근로계약이 만료됨과 동시에 근로계약기간을 갱신하거나 동일한 조건의 근로계약을 반복하여 체결한 경우에는 갱신 또는 반복한 계약기간을 모두 합산하여 계속근로기간을 산정하여야 한다(대법 1995.7.11, 93다26168).

② **근로계약의 반복 갱신 사이에 공백기간이 있는 경우**: 갱신 또는 반복 체결된 근로계약 사이에 일부 공백기간이 있다 하더라도 그 기간이 전체 근로계약기간에 비하여 길지 아니하고 계절적 요인이나 방학 기간 등 당해 업무의 성격에 기인하거나 대기 기간 · 재충전을 위한 휴식 기간 등의 사정이 있어 그 기간 중 근로를 제공하지 않거나 임금을 지급하지 않을 상당한 이유가 있다고 인정되는 경우에는 근로관계의 계속성은 인정될 수 있다(대법 2006.12.7, 2004다29736).

(9) 공백기간을 두고 공개채용절차를 거칠 경우 계속근로기간 산정

① **계속근로기간의 산정기준**: 계약기간의 만료로 근로관계를 종료하고 일정 기간 경과 후 공개경쟁 방식의 신규채용절차를 통해 새로운 근로계약을 체결하게 된 경우라면 각 근로계약은 별개의 것으로 보아 종전의 근로관계는 단절되었다고 보아야 하고, 계속근로기간은 새로이 체결한 근로계약 체결 시점부터 기산하여야 할 것으로 판단된다. 다만, 근로계약 기간이 아닌 기간에도 업무를 수행케 하는 등 사실상 근로관계가 계속되고 있었다고 볼 만한 사정이 있거나 매년 공개경쟁을 통해 선발하는 절차를 거치더라도 종전 근무자가 별다른 하자가 없는 한 재계약되는 등 계속 근무할 수 있다는 기대관계가 형성되었다고 볼 수 있는 경우라면 근로의 계속성이 인정될 수 있다. 즉, 각 근로계약 사이에 일부 단절(공백)기간을 두고, 공개채용절차를 거치더라도 그러한 절차나 단절이 2년의 사용기간 제한을

회피할 목적으로 일시적으로 근로관계를 중단했다가 다시 기간제근로자를 사용하기 위한 형식에 불과하다고 볼 수 있는 경우라면 전후의 근로관계는 단절되지 않고 계속성이 있다고 판단될 수 있을 것이다(2013.12.6, 고용차별개선과-2457).

② **방학을 제외한 일정 기간만 강사 근로계약을 반복 체결한 경우**: 여름방학을 제외한 10개월만 근로계약을 체결했으나 근로계약기간이 만료될 무렵 같은 기간의 근로계약을 다시 체결해 둔 점, 여름방학 기간에도 4대 보험 및 거주용 주택 등 복지혜택을 유지하고 근로자로부터 출국 보고를 받은 점, 학기가 시작되기 전 강의계획을 세우면 이메일이나 전화 등으로 근로자의 의견을 들어 반영한 점, 장기근무자의 근속기간을 연봉에 반영해주는 임금 체계를 가진 점 등을 고려하면 공백기간은 강의 외 부수 업무 수행과 다음 연도 강의를 위한 재충전 기간으로 근로관계는 계속됐다고 본다(대법 2010.12.9, 2010다58490).

(10) 사업수행 방식 변경(직접운영↔민간 위탁)에 따른 고용승계 여부 및 계속근로기간 산정

① 기간제법은 '사업 또는 사업장'을 단위로 적용하므로 기간제근로자의 사용기간 제한(2년) 및 이에 따른 무기계약 간주 규정도 같은 '사업 또는 사업장'에 대하여 산정된 계속근로기간을 토대로 판단되어야 한다. 지방자치단체가 직접 운영하던 "자원봉사센터"를 민간업체와 위수탁계약을 체결하여 운영을 맡기고 이에 대하여 인건비, 운영비, 사업비 등 위탁대가를 지급하는 경우, 종전 사업주(지방자치단체)가 기존 근로자들에 대하여 '계약기간 만료 통보' 또는 '자의에 의한 사직원 제출', '퇴직금 및 4대 보험 정산' 등을 거쳐 유효하게 근로관계를 단절하고, 동 운영을 수탁 받은 사업주(민간 수탁업체)와 근로자간 새로이 근로계약을 체결하는 경우라면 계속근로기간은 수탁업체와 근로계약을 체결한 시점부터 새로 기산된다고 보아야 할 것이다. 다만, 이러한 경우에도 위·수탁계약 체결의 당사자간 고용승계에 대한 특약을 두어 위수탁계약 전후의 근로기간을 계속근로로 통산할 수도 있다.

② 한편, 해당 구청과 민간 수탁업체가 체결한 "자원봉사센터 운영 위·수탁 계약"이 "사업의 양도·양수"에 해당하는 경우라면, 원칙적으로 해당 근로자의 근로관계가 양수 기업에 포괄적으로 승계된다고 보아야 하고, 계속근로기간의 산정

에 있어서도 양도 전후기간이 통산되어야 할 것이다.

사업의 양도란 "일정한 영업목적에 의하여 조직화된 업체, 즉 인적·물적 조직을 그 동일성을 유지하면서 일체로서 이전하는 것"을 말한다.

③ 마찬가지로 위수탁계약의 만료에 따라 해당 구청에서 해당 사업을 직접 수행하게 된 경우에도 "사업의 양도·양수"에 해당하거나 "고용승계에 대한 특약"을 둔 경우가 아니라, 수탁업체와 유효한 퇴사 절차를 거치고 구청과 새로 근로계약을 체결한 근로자의 계속근로기간은 새로운 근로계약 체결의 시점부터 새로 기산되며, 이 때부터 계속근로한 총기간이 2년을 초과하는 때에 기간의 정함이 없는 근로자로 간주된다고 보아야 할 것이다. 다만, 고용승계 여부와는 별도로 사업수행 방식의 변경, 또는 수탁업체의 교체 등으로 인해 근로자의 고용불안이 초래될 수 있으므로 상시·지속적인 업무에 종사하는 기존 근로자의 고용이 안정될 수 있도록 조치함이 바람직하다(2013.12.10, 고용차별개선과-2506).

(11) 기업 이동과 계속근로기간 산정 관련

① **기업일부가 분리된 경우**: 기간제근로자의 사용기간 제한(2년) 및 이에 따른 무기계약 간주 규정은 같은 '사업 또는 사업장'에 대하여 산정된 계속근로기간을 토대로 판단되어야 할 것이다. 기존 기업에서 퇴직금 지급 등 퇴직 절차를 거친 후 서로 다른 법인격을 갖는 기업으로 입사한 경우, 일반적으로 기존 기업과의 근로관계는 단절되고 새로 입사한 기업의 근로계약체결 시점부터 계속근로기간은 새로 기산된다고 보아야 한다. 그러나, 기업의 일부가 분리 독립하여 새로운 회사가 설립되었다 하더라도 신설회사와 구 회사사이에 기업의 동일성을 유지하고 있다면 신설회사가 구 회사와는 별개의 독립된 법인체로서 그 권리·의무를 포괄승계하지 않은 경우라 할지라도 구 회사에 속한 근로자에 대한 근로관계는 신설 회사에 포괄승계되어 근로의 계속성이 유지된다 할 것이다(대법 1987.2.24, 84다카1409).

다만, 이러한 경우에도 근로자가 자유로운 의사에 의하여 구 회사를 퇴직하고 소정의 퇴직금을 수령한 후 신설회사에 새로이 입사하는 방법을 취하였다면 구 회사와의 근로관계는 단절된다고 볼 수 있다(대법 1997.6.27, 96다38551).

② **전적의 경우**: 또한, 근로자가 종전 회사에서 계열회사로 전적되는 경우 종전

회사의 경영방침에 의한 일방적인 결정에 따라 퇴직과 재입사의 형식을 거친 데에 불과한 것이 아니라 근로자가 자의에 의하여 종전 회사에 사직서를 제출하고 퇴직금을 지급 받은 다음 계열회사에 입사하였다면 종전 회사와의 근로관계는 단절된 것으로 볼 수 있고, 유효한 전적이 이루어진 경우에 있어서는 당사자 사이에 종전 기업과의 근로관계를 승계하기로 하는 특약이 있거나 이적하게 될 기업의 취업규칙 등에 종전 기업에서의 근속기간을 통산하도록 하는 규정이 있는 등의 특별한 사정이 없는 한 해당 근로자의 종전 기업과의 근로관계는 단절되는 것이고 이적하게 될 기업이 해당 근로자의 종전 기업과의 근로관계를 승계하는 것은 아니라 할 것이다(대법 2000.12.22, 99다 21806).

(12) 반복적으로 체결한 기간제근로자의 계속근로기간 인정 여부

기간의 정함이 있는 근로계약의 경우 그 계약기간의 만료로 고용관계는 종료되는 것이 원칙이므로 근로계약 만료 후 새로운 채용공고, 서류전형, 면접, 새로운 사번 부여 등 실질적인 공개채용과정을 거친다면 각각의 근로기간은 단절되는 것으로 보아야 할 것이다. 그러나, 공개모집 절차를 통해 채용을 하더라도 그러한 절차가 형식에 불과하여 관행상 이전에 근무한 근로자를 동일한 업무에 다시 채용하여 재계약 또는 계속근로에 대한 기대가 형성되어 있고, 공개모집절차가 법 회피목적으로 이루어진 것에 불과하다면 반복적으로 체결한 근로계약 전 기간을 계속근로로 인정하여야 할 것이다. 따라서, 기간제근로자는 회사지침(고객지원실 명예상담원 운영지침)에 따라 매년 새로이 공개모집절차를 통하여 채용되었고, 예산 확보 여부 및 그 규모에 따라 계약체결 여부와 계약기간이 달라질 수 있는 점 등으로 보아 공개모집 채용절차가 형식에 지나지 아니하여 당해 근로자의 재계약 또는 계속근로에 대한 갱신기대가 형성되었다고 단정할 수 없으므로, 반복적으로 체결한 각각의 근로계약기간은 단절된 것으로 보아야 할 것이다(2014.11.24, 근로복지과-4422).

3. 기간제근로자의 사용기간을 2년으로 정하는 이유

(1) 사용기간을 2년으로 정하는 이유

기간제근로자의 사용기간을 2년으로 정한 이유는 기업의 인력운용 실태와 기간제근로자 교체사용의 부작용 등을 감안할 때 2년 정도가 적정하다고 판단되기 때문이다. 기간제근로자의 사용기간의 규제방식에 대하여는 사용기간 제한방식과 사용사유제한방식이 있으나 현행법은 사용기간 제한방식을 채택하였다. 기간제근로자의 사용기간 제한을 통해 앞으로 기간제근로자에 대한 합리적인 사용준칙이 마련되고 근로관계의 불확실성이 제거되어 법적 안정성이 제고될 것으로 기대된다.

(2) 사용사유 제한방식을 도입하지 않는 이유

기간제근로자의 사용사유 제한방식을 도입하지 않는 이유는 사용사유 제한방식은 현재 기간제근로자에 대한 사용기간, 사용사유 등 아무런 제한없이 사용하고 있는 노동시장의 현실과 동떨어져 있어 부작용이 우려된다. 우리의 경우 현재 기간제근로자가 아무런 제한없이 노동시장에 근무하고 있는 현실을 고려한다면 사용사유제한(입구규제) 보다는 기간제한(출구규제)을 하되 불합리한 차별을 해소하는 것이 더욱 합리적이라 생각된다.

(3) 기간제법 제4조제1항 본문의 위헌 여부

헌법재판소(헌재2013.10.24, 2010헌마219)는 기간제근로자의 2년 이상 사용기간 제한은 합헌이라고 결정했다. 결정문에 따르면 “기간제근로계약을 제한없이 허용한다면 근로자와 사용자가 대등하게 근로조건을 결정할 수 없는 단순노무직 근로자들은 단기의 근로계약체결을 강요당하더라도 이를 거부할 수 없고, 이 경우 불안정고용은 증가하고 정규직과의 격차는 심화될 수밖에 없다. 이러한 사태를 방지하기 위해 기간제근로자 사용기간을 제한해 무기계약직으로의 전환을 유도할 수밖에 없고, 그 과정에서 불가피하게 취업 희망자의 고용을 막는 경우가 발생한다고 해도 전반적으로 고용불안해소나 근로조건 개선이 긍정적으로 작용하고 있다면 기간제근로자의 계약의 자유를 침해한다고 볼 수 없으므로 입법자의 선택은 존중돼야 한다”는 것이다.

헌법재판소는 기간제법 제4조제1항 본문은 “사용자는 2년을 초과하지 않는 기간의 범위 내에서 기간제근로자를 사용할 수 있다”고 규정한다. 이 규정에 대하여는 위 결정의 반대의견처럼 근로자들의 기간제근로계약을 침해하는 요소가 있지만 장기적으로는 구조적으로 근로자들의 고용불안 해소나 근로조건 개선을 위하여 긍정적인 것임을 부인할 수 없다는 취지이다. 제도의 개선을 위해 불가피한 선택으로 보아야 할 것이다.

4. 민법과의 관계

민법에 의하면 기간의 정함이 없더라도 민법 제660조제1항에 의하여 「근로계약기간의 약정이 없는 때에는 당사자는 언제든지 계약해지의 통고를 할 수 있다」고 규정하고 있다. 또한 근로계약기간의 약정이 있는 경우라 하더라도 「부득이한 사유가 있는 때에는 각 당사자는 계약을 해지할 수 있다. 그러나 그 사유가 당사자 일방의 과실로 인하여 생긴 때에는 상대방에 대하여 손해를 배상하여야 한다(민법 제661조)」고 규정하고 있다.

그러나 기간을 정한 근로계약에 있어서는 기간만료까지 사용자도 근로자도 고용의 구속을 받아야 한다. 그러므로 근로계약기간의 약정이 있는 경우에 상대방의 채무불이행이나 과실 없이 계약을 해제할 때 및 파산선고를 받은 때를 제외하고는 사용자는 잔여부분의 임금을 지급해야 하며, 근로자의 경우에는 잔여의 근무를 아니할 때의 손해를 사용자에게 배상하여야 한다(민법 제661조, 제663조).

5. 2년을 초과하여 기간제근로자를 사용하는 경우의 법적 효력

(1) 무기계약 간주

기간제근로자를 2년을 초과하여 사용하는 경우에는 기간의 정함이 없는 근로계약을 체결한 근로자로 본다는 것은 무기계약으로 간주(고용의제)한다는 것으로 이는 기간제법 제4조제2항의 핵심내용이다. 무기계약으로 간주한다는 의미는 직접고용의무와 달리 사용자와 기간제근로자 사이에 계약관계가 존속하는 만큼 사용자가 기간제근로자를 고용하지 않을 경우 해당 규정이 적용되는 시점에서 사용자와 기간제근로자 사이에 근로계약관계가 자동적으로 형성된다는 의미이다.

(2) 기간제근로자의 사용가능 기간과 무기계약근로자로의 전환 시점

1) 기간제근로자의 사용가능 기간

기간제법 부칙 제2항에 의거 2007.7.1 이후 근로계약이 체결 · 갱신되거나 기존의 근로계약기간이 연장되는 경우에 사용자가 그 후 2년을 초과하여 기간제근로자를 사용한다면 그 기간제근로자는 기간의 정함이 없는 근로계약을 체결한 근로자로 보게 되는 바, 사용자가 기간제근로자와의 근로계약을 2008.1.1 갱신한다면 그때부터 기산하여 2년간은 기간제근로자로 사용할 수 있으나, 2년을 초과하여 사용하게 되면 달리 볼 사정이 없는 한, 그 기간제근로자는 기간의 정함이 없는 근로계약을 체결한 근로자로 보아야 할 것이다.

2) 기간제법 시행전 계약기간을 5년으로 정한 근로계약을 체결한 경우 기간의 정함이 없는 근로계약을 체결한 근로자로 보게 되는 시기

사용자가 근로자와 계약기간 1년을 초과하는 근로계약을 체결한 경우 근로기준법 위반에 대한 벌칙적용 문제는 별론으로 하더라도 당해 근로계약은 일단 유효하며 사용자는 근로계약기간 만료 이전에 1년의 기간이 경과하였음을 이유로 근로계약의 종료를 주장할 수 없고, 근로자는 1년 이상 근로를 한 경우 계약기간 만료전이라도 언제든지 당해 근로계약을 해지할 수 있다. 이 때, 사용자가 당초의 근로계약기간(5년)이 종료된 후에 당해 근로자와 근로계약을 체결 · 갱신하거나 기존의 근로계약기간을 연장하여 그 후 2년을 초과하여 사용하게 되면 달리 볼 사정이 없는 한, 동 2년을 초과한 시점부터 그 기간제근로자는 기간의 정함이 없는 근로계약을 체결한 근로자로 보아야 할 것이다(2007.2.22, 비정규직대책팀-585).

3) 근로계약기간의 설정 방식

근로계약기간은 근로계약의 존속기간으로 기간제법 제17조에 따라 서면으로 명시해야하는 근로조건이며, 근로계약 당사자는 원칙적으로 이를 당사자의 합의에 따라 임의로 정할 수 있다. 따라서 특정 사업(공사)의 완료에 필요한 근로계약기간을 정함에 있어, 날씨 등의 사유로 사업완료일을 확정할 수 없는 경우에는 근로계약기간 만료일을 당해 특정 사업(공사)의 "공사종료일"로 정하여 근로계약을 체결할 수 있다(2007.7.18, 비정규직대책팀-2917).

4) 의료급여관리사의 근로계약기간 종료시점을 「상급기관의 인건비 예산 지원시점까지」로 정하는 경우

"의료급여사업"의 경우 한시적이거나 기간의 정함이 있는 사업이라기보다는 향후에도 지속성이 요구되는 계속사업(2003년도 사례관리사업으로 시작하여 2006년도부터 전국 시군구로 확대)으로 봄이 타당하며, 의료급여관리사와 기간의 정함이 있는 근로계약을 체결하고자 하는 경우에는 향후 이와 관련된 근로자와 사용자간의 분쟁예방 등을 위해 근로계약기간을 명확히 정해야 할 것이다.

따라서, 근로계약의 종료시점을 “상급기관의 인건비 예산의 지원시점까지”로 정하는 것은 근로계약 효력의 발생이나 존속(소멸)이 불안한 상태에 놓여지게 되므로 근로자보호법규인 기간제법 제17조의 취지에 반한다고 할 것이다. 또한, 임금의 구성항목 · 계산방법 및 지불방법의 서면명시 방법과 관련하여 임금도 상기와 마찬가지로 근로자의 근로조건 보호 및 분쟁의 예방 등을 위해 근로계약 체결(갱신)시 서면으로 명시하여 명확히 정함이 원칙이며, 다만 의료급여관리사의 임금수준이 매년 보건복지부에서 결정되고, 인건비 재원이 전액 상급기관의 지원에 따라 지급되고 있는 현실을 감안하여, 임금액을 현 단가로 명시하되 단가조정시 임금을 다시 조정하여 그 차액분을 소급(인상될 경우에 한함)하여 지급한다고 명시하는 것은 가능하다(2008.6.25, 차별개선과-922).

5) 기간의 정함이 없는 근로계약의 전환(체결)시점

① 기간제법 제4조제1항단서에서 명시한 객관적 사유 없이 2년을 초과하는 기간제근로계약을 체결한 경우 2년의 기간을 초과한 날이 기간의 정함이 없는 근로계약의 전환(체결)시점이 된다. 기간제법 제4조제1항의 객관적 사유에 따라 기간제 근로계약을 체결한 경우에는 객관적 사유의 존속기간이 2년 미만일 경우에는 적어도 2년을 초과하여 근로관계가 계속되어야만 기간의 정함이 없는 근로계약이 체결된 것으로 의제될 수 있으므로 2년을 초과한 날, 객관적 사유의 존속기간이 2년 이상일 경우에는 객관적 사유가 소멸된 날이 고용의제 시점이 된다.

② 기간제법 제4조제1항 단서의 사유가 없거나 소멸되었음에도 불구하고 2년을 초과하여 기간제근로자로 사용하는 경우에는 그 기간제근로자는 기간의 정함이 없는 근로계약을 체결한 근로자로 본다고 규정되어 있다. 첫째 견해는 객관적 사유의 소멸 이후 2년이 초과된 근로자에 대하여만 기간의 정함이 없는 근로계약의 체결을 의제한 것으로 보는 입장이다. 둘째 견해는 객관적 사유에 의하여 2년을 초과하는 기간제 근로계약을 체결한 근로자의 경우 그 사유(휴직근로자의 복귀)가 소멸했음에도 불구하고 사용자가 기간제 근로관계의 만료를 통고하지 아니하고 계속 해당 근로자를 고용한 때에는 기간의 정함이 없는 근로계약의 체결이 의제된다고 보는 것이 타당하다는 입장이다. 예컨대 3년 동안 휴직한 정규직 근로자

의 대체요원으로 기간제 근로계약을 체결한 경우 그 근로계약은 기간제법 제4조제1항 단서 제2호에 의하여 유효하다. 그런데 휴직한 근로자가 복귀하면 객관적 사유가 소멸하므로 그 때부터 계속해서 2년을 초과하여야만 기간의 정함이 없는 근로계약의 체결이 의제되는 것으로 보는 것은 이 규정의 취지를 고려할 때 타당한 해석이 아니다. 이렇게 해석하여야만 객관적 사유 없이 기간제 근로계약을 체결한 근로자와의 형평을 기할 수 있으며 동법 제4조제1항 단서 제2호의 예외규정을 둔 취지에도 부합할 것이다. 따라서 위의 사례의 경우에는 객관적 사유가 소멸한 날을 기준으로 기간의 정함이 없는 근로계약체결의 의제시점이 결정되어야 할 것이다(김형배, 「노동법」, 24판, p.1273).

③ 기간제법은 2007.7.1 이후 근로계약을 체결 · 갱신한 경우에 적용되는 것이므로 기간제법 시행일(2007.7.1) 이전에 근로계약을 체결하여 근로한 기간(2002.3~2002.8)은 기간제법의 적용을 받지 아니한다. 기간제법 시행일(2007.7.1) 이후 근로계약을 체결한 2011.3.24.부터 근로기간을 산정하여 계속근로기간이 2년을 초과하는 시점부터 기간의 정함이 없는 근로계약을 체결한 것으로 간주된다(2011.11.29, 고용차별개선과-2097).

④ 동일법인 내 별도의 사업장등록된 시설을 이동하며 근무하는 경우

기간제근로자 사용기간 제한에 관한 규정은 기간제근로자를 사용하는 사용자에게 효력이 발생하므로, 동일법인 내 별도의 사업자등록이 되어 있는 시설이 여럿 있는 경우라 하더라도 사용자가 동일한 경우에는 계속근로기간으로 산정하여야 할 것이나, 동일 법인 내에 별도 등록된 여러 시설이 인사 · 노무 · 재정 및 회계가 서로 분리되어 독자적으로 사업경영이 이루어지는 등 실질적으로 사용자가 달라 다른 시설에서 근무하는 기간제근로자에 대한 인사노무관리 가능성이 없다면 각 사업시설별로 계속근로기간을 산정할 수 있을 것이므로 사용자가 동일한지 여부에 따라 계속근로기간 산정 여부를 판단하여야 할 것이다(2011.3.9, 고용차별개선과-82).

6) 무기계약직 전환규정의 적용에 있어 초단시간 근로기간의 포함 여부

기간제법 제4조제1항 단서 제6호와 동법 시행령 제3조제3항제6호에서 정한 단시간근로자로 기간제 근로계약을 체결하였다가 해당 근로관계가 종료된 이후에 새로이 기간제법 제4조제1항 단서에 해당되지 않는 일반 기간제 근로계약을 체결한 경우 단시간근로자로 근무한 기간이 같은 법 제4조제2항의 '2년' 에 포함되는

지 여부이다. 포함되지 않는다는 것이 대법원 판례의 입장이다. 기간제법 제4조는 제1항에서 '사용자는 2년을 초과하지 아니하는 범위 안에서(기간제 근로계약의 반복갱신 등의 경우에는 그 계속 근로한 총기간이 2년을 초과하지 아니하는 범위 안에서) 기간제근로자를 사용할 수 있다'고 규정하면서 그 단서에서 제1호 내지 제6호로 2년을 초과하여 기간제근로자로 사용할 수 있는 예외를 정하고 있고, 제2항에서는 '사용자가 제1항 단서의 사유가 없거나 소멸되었음에도 불구하고 2년을 초과하여 기간제근로자로 사용하는 경우에는 그 기간제근로자는 기간의 정함이 없는 근로계약을 체결한 근로자로 본다'고 규정하고 있다.

기간제법 제4조제1항 단서 제6호와 그 법률 시행령 제3조제3항제6호에서 정한 단시간근로자로 기간제 근로계약을 체결하였다가 해당 근로관계가 종료된 이후에 새로이 제4조제1항 단서에 해당되지 않는 일반 기간제 근로계약을 체결한 경우에는 단시간근로자로 근무한 기간은 위 제4조제2항의 '2년'에 포함되지 않는다고 할 것이다(대법 2014.11.27, 2013다2672). 이 판례는 해당 근로자가 회사와 사이에 체결한 4차례의 근로계약에 따라 응급구조사로 근무한 총기간 중 2009년 2월 10일까지는 시간제 경마직으로서 기간제법 제3조제1항 단서 제6호가 정한 단시간근로자였고, 한편 그 후에는 시간제 경마직과 근로조건이 다른 상근계약직이었던 사건에서, 기간제법 제4조제2항의 '2년'에는 단시간근로자로 근무한 기간은 포함되지 않는다고 보아야 한다는 이유로, 해당 근로자가 2009년 2월 11일부터 근무한 기간이 2년을 초과하지 않으므로 해당 근로자를 기간의 정함이 없는 근로계약을 체결한 근로자로 볼 수 없다는 원심판단이 정당하다고 하여 상고를 기각한 사안이다. 이 판결은 기간제법 제4조제2항의 '2년 초과' 여부를 동법 제4조제1항제6호의 사유가 소멸된 이후부터 계산할 것인지, 위 사유가 존재했던 기간을 포함해 계산할 것인지가 문제되었다. 문제가 된 기간제법 제4조제2항은 "소멸되었음에도 불구하고 2년을 초과해 기간제근로자로 사용하는 경우"라고 불명확하게 규정되어 있어 적용배제 사유가 소멸되기 전의 기간을 "2년 초과"여부를 판단하는 기간에 포함해야 한다는 해석과 포함하지 말아야 한다는 해석이 모두 가능하다. 이 판결은 초단시간근로자로 근로한 기간은 위 기간에 포함되지 않는다는 점을 분명히 한 것이다.

(3) 임금과 근로조건의 결정방법

1) 임금 등 근로조건의 결정방법

2년을 초과한 기간제근로자가 기간의 정함이 없는 근로계약을 체결한 근로자로 간주될 경우에 임금 그 밖에 근로조건은 어떻게 결정되는가의 문제가 있다. 기간의 정함이 없는 근로자의 임금 등 근로조건은 단체협약이나 취업규칙 또는 당사자간 근로계약이 정하는 바에 따라 적용되어야 한다는 견해(2010.12 고용노동부 편「기간제법 · 파견법 업무매뉴얼」 p.99)와 기존의 기간제근로계약에 의한 근로조건이 그대로 적용되어야 한다는 견해가 있다. 사용자는 기간제근로자를 2년을 초과하여 사용할 경우 「기간의 정함이 없는 근로계약」을 체결한 근로자로 간주되며 신분에 대해서만 규정이 있을 뿐 정규직 전환시의 근로조건에 대해서는 아무런 규정이 없으므로 이 때 임금 등 근로조건은 단체협약이나 취업규칙 또는 당사자간 근로계약이 정하는 바에 따라야 할 것이나 기존의 근로조건을 저하시켜서는 아니된다. 근로자의 신분이 무기계약근로자로 전환된다고 하여 근로조건이 자동적으로 비교대상 무기계약근로자의 근로조건으로 변경되는 것은 아니다. 당사자 사이에 별도 합의가 없으면 종전의 근로조건이 계속 적용된다고 보아야 할 것이다. 따라서 사업주가 고용한 기간제근로자의 사용기간 2년이 초과되어 무기계약근로자로 간주될 경우, 해당 근로자의 근로조건은 단체협약 · 취업규칙 · 근로계약에 의하나 기존 근로조건의 내용을 유지 또는 상회하는 것이어야 한다(2007. 7.18, 비정규직대책팀-2917). 다만, 2년을 초과하기 이전에 기간제근로자는 동일 또는 유사한 업무에 종사하는 정규직(기간의 정함이 없는 근로계약을 체결한 근로자)에 비해 차별적 처우를 받아서는 아니되며 이 기간제근로자가 2년을 초과하여 무기계약근로자로 간주될 경우에는 당해 근로자의 동의 없이 기존의 근로조건 보다 근로조건을 낮출 수 없다.

2) 단시간근로자가 무기계약으로 전환되는 경우의 근로형태 및 보호범위

기간제근로자란 기간의 정함이 있는 근로계약을 체결한 근로자를 말하는 바, 단시간근로자도 기간의 정함이 있는 근로계약을 체결한 경우라면 기간제근로자의 범위에 포함되는 것이며, 단시간근로자의 사용기간이 2년을 초과하여 무기계약자로 전환된다는 의미는 매번 반복 · 갱신 체결하던 단시간 근로계약을 반복하지 않더라도 앞으로는 단시간근로자로서 기간의 정함이 없는 근로계약을 체결한 것으로 보기 때문에 고용안정의 보호를 받을 수 있게 되는 것이다. 또한 사용자는 단시간근로자임을 이유로 통상근로자에 비하여 합리적인 이유없이 불리하게 처우할 수 없도록 규정하고 있는 바, 단시간근로자가 비록 무기계약자로 전환되었다 하더라도 단시간근로의 고용형태는 그대로 유지되는 것이므로, 이 부분에 대해서는 동법 제8조에 따른 차별적 처우 금지관련 규정 적용이 배제되는 것은 아니다 (2007.5.7, 비정규직대책팀-1582).

3) 무기계약 근로자로 전환시 직무변경 및 처우변경이 가능한지 여부

무기계약 근로자로 전환에 따른 직군(직무) 및 처우 변경에 대하여는 기간제법에서 별도로 규율하고 있지 않은 바, 근로기준법 등 노동관계법 및 당해 회사의 단체협약, 취업규칙 등의 관련 규정을 위반하지 않는 범위에서 노사가 자율적으로 결정할 수 있다. 다만, 직무변경과 관련해서는 원칙적으로 인사권자인 사용자의 권한에 속하므로 업무상 필요한 범위 안에서는 상당한 재량이 인정된다고 할 것인 바(대법 1998.12.22, 97누5435), 기간제근로자를 무기계약 근로자로 전환 시 정당한 인사권 범위 내에서는 직무변경도 가능하다. 이 경우 당사자 간의 명시적 또는 묵시적 합의로 근로조건을 결정한 경우에는 이에 따르면 될 것이나, 근로자의 동의 없이 사용자가 기존 근로조건을 일방적으로 저하시킬 수는 없을 것이다 (2011.6.1, 고용차별개선과-761).

(4) 기간제근로자의 사용기간 제한 위반의 효과

기간제법 제4조제1항의 법해석은 동법의 취지와 목적에 따라 해석되어야하며 동법 제4조제2항에서 「고용간주규정」을 둔 취지는 기간제근로자의 근로조건 등에 관한 기준을 확립함으로써 기간제근로자의 근로조건 보호와 노동시장의 건전한 발전에 이바지하려는 목적에서 비롯된 것으로서 사용자가 동일한 기간제근로자를 2년을 초과하여 사용할 필요가 있는 경우에는 동 사용자로 하여금 「근로기준법상 사용자」로서의 책임을 지도록 한 것이다.

기간제법 제4조제2항에 따라 기간의 정함이 없는 근로계약의 체결이 의제된 경우 그 법률효과에 대하여도 두가지 견해가 있다.

① **제한적 효력설**: 제한적 효력설에 의하면 2년이 초과되었음에도 불구하고 근로계약기간의 만료를 이유로 고용을 종료하면 이는 사실상 해고와 다를 바 없으

므로 근로기준법 제23조에 의하여 정당한 이유가 있어야 해고할 수 있다는 의미로만 이해하고 그 밖에 근로조건은 종전의 기간제 근로계약의 내용이 그대로 적용된다는 견해이다.

② **일반적 효력설**: 기간의 정함이 없는 근로계약의 체결이 의제되면 이는 정규직근로자로 전환된 것이므로 해고규정뿐만 아니라 근로조건 전체에 대하여 정규직근로자와 동등한 근로조건이 보장되어야 한다는 견해가 있을 수 있다.

③ **평가**: 생각건대 법문의 규정에 의하면 계약기간이 초과된 기간제근로자의 경우에는 그 시점부터 기간의 정함이 없는 근로계약이 체결된 것으로 의제되는 것이므로 종전 근로계약과는 별개의 새로운 근로계약이 체결된 것으로 볼 수 있다. 따라서 이 때부터는 근로계약의 내용은 계약의 해석에 따라 결정될 수 있을 것이다. 그런데 당사자 사이에 달리 정함이 없다면 회사의 취업규칙이 적용될 것이므로 사실상 정규직근로자와 동일한 법적 지위를 갖는다고 보는 것이 합당하다고 생각된다(김형배, 노동법, 24판, p.1274).

(5) 기간제근로자가 무기계약근로자로의 전환을 거부하는 경우에도 무기계약근로자로 전환이 되는지 여부

① **기간제근로자가 무기계약근로자로의 전환을 거부한 경우**: 기간제법 제4조제1항 단서의 각호에서 정하고 있거나 대통령령으로 정하는 경우에는 해당 계약기간이 2년을 초과하고 이에 따라 동 근로자의 계속 근로계약기간이 2년을 넘는 경우에도 기간의 정함이 없는 근로계약을 체결한 것으로 보지 않도록 예외규정을 두고 있다. 또한, 매년 동일한 기간제근로자를 계절적 또는 자연환경적 요인에 따라 1년 중에 특정 시기에 국한하여 사용한 것이 계속 반복된 경우라면 해당 근로자에 대한 각각의 사용기간을 합산한 기간이 2년을 초과한 때부터 기간의 정함이 없는 근로계약을 체결한 것으로 보아야 한다. 이때 기간의 정함이 없는 계약을 체결한 근로자로서 간주되고 보호받을 수 있는 기간은 해당 작업이 이루어지는 특정기간으로 한정하여야 할 것이다.

만일 기간제근로자를 계속 고용한 기간이 2년을 넘은 시점부터는 해당 기간제근로자가 무기계약근로자로 전환되는 것을 명시적으로 반대하는 경우에도 기간제법에 따라 동 근로자는 기간의 정함이 없는 근로계약을 체결한 근로자로 간주된다(2007.4.17, 비정규직대책팀-1248).

② **기간제근로자의 의사표시로 무기계약근로자로의 전환을 거부할 수 있는지 여부**: 기간제법에서는 당사자의 의사를 고려하여 기간제근로자로 계속 사용할 수 있다는 취지의 규정이 없고, 2년을 초과하여 기간제근로자로 근로하여 무기계약근로자로 전환된 상태인 해당 근로자가 기간제법 제4조제1항 단서 및 동법 시행령 제3조의 사용기간제한의 예외에 해당된다고 볼만한 사정이 없는 한, 기간제근로자가 2년을 초과하여 계속근로한 상태에서 기간제근로자로 근무하기 원한다고 하더라도 무기계약근로자로 전환된다고 할 것이다. 무기계약근로자로 전환된 이후 근로자는 근로계약 해지의 의사표시를 하고 사직할 수 있으나, 사용자는 정당한 사유없이 해고할 수 없다(2011.3.3, 고용차별개선과-24).

6. 2년을 초과하여 기간제근로자를 사용할 수 있는 경우

기간제근로자의 사용기간은 2년이지만 유기사업, 특정 프로젝트 완성, 결원 근로자의 대체, 근로자의 학업 · 직업훈련 이수, 55세 이상 근로자, 전문직종 등 합리적인 사유가 있으면 2년을 초과하여 기간제근로자를 사용할 수 있도록 하고 있다. 동법 제4조제1항 단서는 2년을 초과하여 기간제근로자를 사용할 수 있는 경우 규정하고 있는바 이에 관하여는 제2절에서 설명하고 있다.

7. 기간제근로자 해고시의 법적효력 및 동일인에 대한 「2년 미만의 계약」을 반복시 법적효력

(1) 2년 내에는 정당한 사유가 없어도 해고할 수 있는지 여부

사용자는 기간제근로자의 2년간의 근로계약기간 중에는 근로기준법 제23조의 규정에 따라 정당한 사유가 없으면 근로자를 해고할 수 없다. 만약 정당한 이유없이 해고할 경우 사용자는 노동위원회의 부당해고 구제명령을 이행하여야 하며 확정된 구제명령을 이행하지 않을 경우 기간제법 위반으로 처벌받게 된다. 따라서 기간제근로자의 사용기간 상한이 2년 이내이더라도 사용자는 근로자와 맺은 근로계약에 따라 근로계약기간 중에는 정당한 이유없이는 기간제근로자를 해고할 수 없다.

(2) 2년 이상 근로한 기간제근로자 해고시의 법적효력

사용자가 기간제근로자를 2년을 초과하여 사용한 경우 「기간의 정함이 없는 계약」을 체결한 근로자로 간주하게 되므로 근로기준법 제23조의 규정에 따른 "정당한 이유"가 없을 경우 사용자는 기간제근로자를 해고할 수 없다. 2년 초과 사용시 사용자가 종전에 체결한 근로계약기간의 만료를 이유로 고용을 종료하면 '해고' 에 해당되므로 근로기준법 제23조의 정당한 이유가 있어야 한다. 기간제법에서는 사용기간 2년 초과 자체에 대한 벌칙 등 제재는 없으나, 2년 초과 사용시 정당한 이유가 없는 고용종료는 부당해고에 해당된다. 만약, 사용자가 정당한 사유가 없는데도 해고할 경우 근로자는 노동위원회에 부당해고 구제신청을 하여 권리를 구제받을 수 있다. 부당해고를 한 경우의 구제신청은 부당해고 등이 있는 날부터 3개월 이내에 하여야 한다(근로기준법 제28조제2항).

(3) 기간제근로자를 2년간 사용하고 동일한 직무에 다른 기간제근로자를 사용할 수 있는지 여부

기간제근로자를 2년 초과 사용시 무기계약근로자로 간주하는 규정은 동일한 근로자를 2년 초과하여 사용하지 못한다는 것으로서 직무 내지 업무기준이 아닌 사람을 기준으로 판단하여야 할 것이다. 동일한 사업장에서 어떤 근로자를 2년간 사용하고 신규근로자를 동일한 직무에 사용하더라도 신규근로자가 무기근로계약근로자로 간주된다고 볼 수는 없다.

(4) 기간제근로자를 파견근로자로 사용하는 것이 가능한지 여부

기간제근로자를 2년 사용하고 기간제근로자가 수행했던 직무가 파견대상 업무일 경우에 동일 직무에 사용했던 기간제근로자를 파견근로자로 사용하는 것이 가능한지 여부이다.

1) 사용기간 제한규정을 면탈할 목적없이 전환한 경우

기간제법과 근로자파견법은 모두 최장 사용기간인 2년을 초과하여 사용할 수 없음만을 규정하고 있을 뿐 기간제근로자로 사용한 경우에 동일 근로자를 파견근로자로 사용할 수 없다거나 기간제근로자로 사용한 기간과 파견근로자로 사용한 기간을 합산하여 고용강제 관련 규정(무기근로계약체결 근로자 간주 또는 고용의무 부과)이 적용된다는 규정이 전혀 없다.

이는 동일 근로형태로 법이 정한 2년의 사용기간을 초과한 경우에만 동법상의 고용간주나 근로자파견법상의 고용의무규정이 적용된다는 의미라고 보여진다.

따라서 기간제근로자를 사용한 직무가 파견 허용 대상업무일 경우에 동일 근로자이더라도 기간제근로계약으로 2년 계속하여 사용하고 파견근로계약으로 2년 사용하거나 파견근로계약으로 2년을 사용하고 계속하여 기간제근로계약으로 2년을 사용하는 것은 모두 가능하다고 판단된다.

2) 사용기간 제한 규정을 면탈할 목적으로 전환한 경우

계약상으로는 파견근로자로 전환하여 사용하는 형식을 취했으나, 실제로는 동일 근로자를 계속 사용하되 기간제근로자의 사용기간(2년)제한 규정을 면탈할 목적으로 단순히 근로계약형태를 전환한 것에 불과하다면 이는 사실상 기간제법 제4조의 규정을 회피하려는 것에 불과한 것으로서 동법 제4조제2항의 규정에 의한 2년을 초과하여 기간제근로자로 사용하는 경우에 해당한다고 보아 기간의 정함이 없는 근로계약을 체결한 근로자로 보는 것이 타당하다.

8. 계약기간 만료 기간제근로자를 그룹내 다른 계열사에서 채용할 경우

기간제근로자가 복수 계열사에서 근무한 경우 각 계열사를 별개 사용자로 볼 수 있다면 근로기간 합산 문제는 발생하지 않는다. 행정해석(2008.10.9, 차별개선과-1867; 2007.12.31, 비정규직대책팀-4582)은 각각 독립적으로 기간제근로자를 채용하고 해임 · 승진 · 배치전환 · 징계 · 보수 및 퇴직금 지급 등 노무관리에 대해 전권을 행사하는 경우라면 각각 별개 근로기간으로 산정해야 할 것이라는 입장이다. 계열사가 각각 독립적으로 기간제근로자를 채용하고 해임 · 승진 · 배치전환 · 징계 · 보수 및 퇴직금 지급 등 노무관리에 대해 전권을 행사하는 경우로서 각각 별개의 사용자로 볼 수 있다면, 기간제근로자의 계열사 통산 근로기간이 2년을 초과하더라도 기간제법의 사용기간(2년) 제한 규정 위반 문제는 발생하지 않는다.

그러나 계약기간 만료로 퇴사한 기간제근로자가 타 계열사에 기간제근로자로 신규 채용되는 것이 수차례 반복되거나, 각 계열사에서 동일 · 유사한 직종에 종사하는 기간제근로자들을 상호 교환하는 방식으로 신규 채용이 이뤄진다면, 비록 입 · 퇴사 형식을 갖췄다 하더라도 그 실질에 있어 기간제법상 사용기간(2년) 제한 규정을 면탈하기 위한 것으로 인정될 가능성이 크다. 이 경우 각 계열사에서의 근로기간이 각각 2년 미만이어도 통산해 2년을 초과하면 기간의 정함이 없는 근로자로 전환된 것으로 보고, 해당 기간제근로자를 고용했던 계열사들이 그 책임을 부담하게 될 것이다.

9. 근로계약기간에 관한 기산일 적용방법

기간제법은 새로 제정된 법률로 시행일 이전에 대해서는 소급적용되지 아니한다. 동법 제4조의 사용기간 제한 등에 관한 규정은 동법 시행 후(2007년 7월 1일) 근로계약이 체결 · 갱신되거나 기존의 근로계약기간을 연장하는 경우 부터 적용된다(동법 부칙 제2항). 동법 제4조는 기간제근로자의 사용기간 제한 등에 관한 규정의 적용시점을 명확히 한 것이며 기간제근로자의 최대 사용기간을 2년으로 하고 그 기간을 초과하여 사용하는 경우에는 기간의 정함이 없는 근로계약을 체결한 근로자로 보고 있다.

10. 3년 임기의 임원비상근 회장으로 위촉되어 3년의 임기가 종료된 경우 그 임원 전속 운전기사 또는 비서의 경우 근로계약의 당연종료 여부

(1) 운전기사의 경우

구체적 상황에 따라 다르지만 임원의 근로계약이 종료되었다고 해서 그에게 전속 배치된 운전기사의 근로관계도 당연 종료 된다고 보기는 어렵다.

기간제근로자 운전인력을 해당 공단 이사장의 임기(3년) 동안만 일하는 것으로 채용한 경우 기간제법 제4조제1항 "사업의 완료 또는 특정한 업무의 완성에 필요한 기간을 정한 경우"에 해당하는 예외조항을 적용할 수 있는 사업(장)인지의 여부이다. 기간제법상 예외 조항은 한시적이거나 1회성 사업의 특성을 갖는 경우로 한정된다고 보아야 할 것이므로, 해당 공단의 기관장 운전인력 업무가 상시적이지 않은 편이거나 해당 기관장의 전담 운전기사로만 사용해야 하는 등 운전인력을 한시적으로 사용해야 할 경우에만 동 예외조항이 적용된다고 보아야 할 것이다. 또한 해당 기간제근로자와 근로계약 체결 시 "기관장의 임기동안만 일하는 것"이라는 명시적 조건 없이 계약을 체결하였고, 입사 이후 계속적으로 1년 단위 근로계약을 반복 갱신하여 3년을 초과하게 되었다면 당해 사업의 완료 또는 특정업무의 완성에 필요한 유기계약을 체결한 것으로 보기는 어려울 것이므로 해당 기간제근로자가 2년을 초과하는 시점부터 기간의 정함이 없는 근로계약을 체결한 것으로 보아야 할 것이다(2013.1.25, 고용차별개선과-159).

(2) 비서의 경우

구체적 상황에 따라 다를 수 있겠으나 3년 임기의 비상근 회장의 비서를 채용하는 경우 당해 근로자와 근로계약을 체결할 때 회장의 임기동안만 일을 하는 것으로 유기계약을 체결하였다면 사업의 완료에 필요한 기간을 정한 것으로 해석하여 기간제법 제4조 단서조항에 의한 사용기간 제한의 예외로 인정될 수 있을 것으로 사료된다(2007.7.26, 비정규직대책팀-3017).

2 육아휴직기간의 사용기간 포함 여부

관련조문

남녀고용평등법 제19조【육아휴직】 ①~④ 생략
⑤ 기간제근로자 또는 파견근로자의 육아휴직기간은 기간제법 제4조에 따른 사용기간 또는 근로자파견법 제6조에 따른 근로자파견기간에 산입하지 아니한다.
⑥ 생략

1. 기간제법 제4조와 남녀고용평등법 제19조제5항과의 관계

기간제법 제4조제1항 본문 및 제2항의 규정에 의하면 사용자는 2년을 초과하지 아니하는 범위 안에서(기간제근로계약의 반복갱신 등의 경우에는 그 계속근로한 총기간이 2년을 초과하지 아니하는 범위 안에서) 기간제근로자를 사용할 수 있고 사용자가 2년을 초과하여 기간제근로자를 사용하는 경우, 동 2년을 초과한 시점부터 기간의 정함이 없는 근로계약을 체결한 근로자로 보도록 되어 있다. 이 경우, "계속근로기간"이란 근로계약을 체결하여 해지될 때까지의 기간을 말하는바, 기간의 정함이 있는 근로계약의 경우 그 계약기간의 만료로 고용관계는 종료되는 것이 원칙이나, 근로계약이 만료됨과 동시에 근로계약기간을 갱신하거나 동일한 조건의 근로계약을 반복하여 체결한 경우에는 갱신 또는 반복한 계약기간을 모두 합산하여 계속근로년수를 계산하여야 한다.

남녀고용평등법 제19조제5항은 「기간제근로자 또는 단시간근로자의 육아휴직기간은 기간제법 제4조에 따른 사용기간 또는 근로자파견법 제6조에 따른 파견기간에 산입하지 아니한다. 다만 사용자와 근로자가 합의하는 경우(파견근로자는 파견사업주 및 사용사업주와 합의하는 경우를 말한다)에는 그러하지 아니하다」고 규정하여 육아휴직기간을 기간제근로자의 사용기간 또는 파견근로자의 파견기간 산정시 이를 제외할 수 있도록 하였다.

2. 기간제법 제4조의 사용기간 산정에 육아휴직기간이 포함되는가

기간제법 제4조는 사용기간 산정에 있어서 기간제근로자 또는 파견근로자의 육아휴직기간이 포함되는지 여부에 관한 규정이 종전에는 없었다. 그러므로 육아휴직기간 중에 기간제근로자의 사용기간 또는 파견근로자의 파견기간이 종료되는 경우에는 육아휴직기간이 진행 중임에도 불구하고 기간제근로자 또는 파견근로자의 계약기간은 기간만료에 따라 근로관계가 중단될 수밖에 없었다. 육아휴직이 필요하고 요구되는 근로자로서는 기간제근로계약상의 사용기간에 육아휴직기간이 포함된다면 고용불안 때문에 기간제근로자의 사용기간이나 파견근로자의 파견기간에는 육아휴직 사용이 사실상 곤란하였다. 그러므로 육아휴직의 활용을 촉진하기 위해서는 육아휴직기간을 기간제근로자의 사용기간이나 파견근로자의 파견기간에서 제외할 필요가 있었으므로 2012년 2월 1일 개정 남녀고용평등법 제19조제5항을 신설하여 이를 입법화한 것이다.

3. 출산전후휴가기간 · 가족돌봄휴직기간 · 육아기근로시간단축기간의 제외 여부

출산전후휴가기간이나 가족돌봄휴직기간, 육아기근로시간단축기간에 대하여 남녀고용평등법은 기간제근로자의 사용기간이나 파견근로자의 파견기간 산정에 관하여 제외한다고 규정하지 아니한다.

이 경우에는 출산전후휴가기간과 가족돌봄휴직기간에 대해서는 그 기간 중 기간제근로자의 사용기간이나 파견근로자의 파견기간이 종료되면 기간제근로자나 파견근로자의 근로계약은 자동 종료될 것이다. 다만 육아기근로시간단축기간에 대하여 일부 견해는 해당 근로자가 육아휴직에 가름하여 선택적으로 행사할 수 있는 것이므로 그 성질상 육아휴직기간과 같이 사용기간이나 파견기간 산정에서 제외되어야 할 것이라고 주장하나 육아휴직기간은 휴직인 반면 육아기 근로시간 단축은 일종의 의제된 단시간근로자로서 근무할 뿐 아니라 기간제법상 제외한다는 규정이 없는 것으로 보아 출산전후휴가기간이나 가족돌봄휴직기간과 같이 제외한다고 볼 수 없다는 견해가 타당하다.

4. 기간제사용기간 또는 파견근로자파견기간 산정 예외

[표2] 기간제법상 기간제근로자 사용기간 예외사유

연 번		업 무 명
1		사업의 완료 또는 특정한 업무의 완성에 필요한 기간을 정한 경우
2		휴직 · 파견 등으로 결원이 발생하여 당해 근로자가 복귀할 때까지 그 업무를 대신할 필요가 있는 경우
3		근로자가 학업, 직업훈련 등을 이수함에 따라 그 이수에 필요한 기간을 정한 경우
4		「고령자고용촉진법」 제2조제1호의 고령자(55세 이상)와 근로계약을 체결하는 경우
5		전문적 지식 · 기술의 활용이 필요한 경우로서 대통령령이 정하는 경우
	가	박사학위를 소지하고 해당 분야에 종사하는 경우
	나	국가기술자격법 제9조제1항제1호에 따른 기술사 등급의 국가기술자격을 소지하고 해당 분야에 종사하는 경우
	다	기간제법 시행령 별표2의 전문자격증(건축사, 변호사, 변리사, 의사 등)을 소지하고 해당 분야에 종사하는 경우
		정부의 복지정책 · 실업대책 등에 의하여 일자리를 제공하는 경우로서 대통령령이 정하는 경우
	라	고용정책기본법, 고용보험법 등 다른 법령에 따라 국민의 직업능력개발, 취업촉진 및 사회적으로 필요한 서비스를 제공하기 위해 일자리를 제공하는 경우
	마	제대군인의 고용증진 및 생활안정을 위해 일자리를 제공하는 경우
	바	국가보훈대상자에 대한 복지증진 및 생활안정을 위해 보훈도우미 등 복지지원 인력을 운영하는 경우

연번		업무명
6		제1호 내지 제5호에 준하는 합리적인 사유가 있는 경우로서 대통령령이 정하는 경우
	가	다른 법령에서 기간제근로자의 사용기간을 달리 정하거나 별도의 기간을 정하여 근로계약을 체결할 수 있도록 한 경우
	나	군사적 전문지식을 가지고 관련 직업에 종사하거나 대학에서 안보 및 군사학 과목을 강의하는 경우
	다	특수한 경력을 갖고 국가안전보장, 국방 · 외교 등의 업무에 종사하는 경우
	라	고등교육법에 따른 조교, 겸임교원, 시간강사, 초빙교원 등의 업무
	마	한국표준직업분류 대분류 2 직업에 종사하는 자의 근로소득 상위 100분의 25에 해당하는 경우
	바	1주간의 소정근로시간이 15시간 미만인 근로자
	사	국민체육진흥법상 선수 및 체육지도자
	아	연구기관에서 연구업무에 직접 종사하는 경우 또는 실험 · 조사 등을 수행하는 등 연구업무에 직접 관여하여 지원하는 업무에 종사하는 경우

* 1, 2, 3, 4, 5, 6은 기간제법 제4조제1항의 제1호부터 제6호까지이며 가,나,다...는 기간제법 시행령 제3조에 규정된 사항이다.

제2절 2년을 초과하여 기간제근로자를 사용할 수 있는 경우

관련조문

기간제법시행령 제3조 【기간제근로자 사용기간 제한의 예외】 ① 법 제4조제1항제5호에서 "전문적 지식 · 기술의 활용이 필요한 경우로서 대통령령이 정하는 경우"란 다음 각 호의 어느 하나에 해당하는 경우를 말한다.

1. 박사 학위(외국에서 수여받은 박사 학위를 포함한다)를 소지하고 해당 분야에 종사하는 경우
2. 「국가기술자격법」 제9조제1항제1호에 따른 기술사 등급의 국가기술자격을 소지하고 해당 분야에 종사하는 경우
3. 별표 2에서 정한 전문자격을 소지하고 해당 분야에 종사하는 경우

② 법 제4조제1항제5호에서 "정부의 복지정책 · 실업대책 등에 의하여 일자리를 제공하는 경우로서 대통령령이 정하는 경우"란 다음 각 호의 어느 하나에 해당하는 경우를 말한다.

1. 「고용정책기본법」, 「고용보험법」 등 다른 법령에 따라 국민의 직업능력 개발, 취업 촉진 및 사회적으로 필요한 서비스 제공 등을 위하여 일자리를 제공하는 경우
2. 「제대군인 지원에 관한 법률」 제3조에 따라 제대군인의 고용증진 및 생활안정을 위하여 일자리를 제공하는 경우
3. 「국가보훈기본법」 제19조제2항에 따라 국가보훈대상자에 대한 복지증진 및 생활안정을 위하여 보훈도우미 등 복지지원 인력을 운영하는 경우

③ 법 제4조제1항제6호에서 "그 밖에 제1호 내지 제5호에 준하는 합리적인 사유가 있는 경우로서 대통령령이 정하는 경우"란 다음 각 호의 어느 하나에 해당하는 경우를 말한다.

1. 다른 법령에서 기간제근로자의 사용기간을 법 제4조제1항과 달리 정하거나 별도의 기간을 정하여 근로계약을 체결할 수 있도록 한 경우
2. 국방부장관이 인정하는 군사적 전문적 지식 · 기술을 가지고 관련 직업에 종사하거나 「고등교육법」 제2조제1호에 따른 대학에서 안보 및 군사학 과목을 강의하는 경우
3. 특수한 경력을 갖추고 국가안전보장, 국방 · 외교 또는 통일과 관련된 업무에 종사하는 경우
4. 「고등교육법」 제2조에 따른 학교(같은 법 제30조에 따른 대학원대학을 포함한다)에서 다음 각 목의 업무에 종사하는 경우
   가. 「고등교육법」 제14조에 따른 조교의 업무
   나. 「고등교육법시행령」 제7조에 따른 겸임교원, 명예교수, 시간강사, 초빙교원 등의 업무
5. 「통계법」 제22조에 따라 고시한 한국표준직업분류의 대분류 1과 대분류 2 직업에 종사하는 자의 「소득세법」 제20조제1항에 따른 근로소득(최근 2년간의 연평균 근로소득을 말한다)이 고용노동부장관이 최근 조사한 고용형태별 근로실태조사의

관련조문

한국표준직업분류 대분류 2 직업에 종사하는 자의 근로소득 상위 100분의 25퍼센트에 해당하는 경우

6. 「근로기준법」 제18조제3항에 따른 1주 동안의 소정근로시간이 뚜렷하게 짧은 단시간근로자를 사용하는 경우
7. 「국민체육진흥법」 제2조제4호에 따른 선수와 같은 조제6호에 따른 체육지도자 업무에 종사하는 경우
8. 다음 각 목의 연구기관에서 연구업무에 직접 종사하는 경우 또는 실험 · 조사 등을 수행하는 등 연구업무에 직접 관여하여 지원하는 업무에 종사하는 경우
   가. 국공립연구기관
   나. 「정부출연연구기관등의설립 · 운영및육성에관한법률」 또는 「과학기술분야정부출연연구기관등의설립 · 육성및운영에관한법률」에 따라 설립된 정부출연연구기관
   다. 「특정연구기관육성법」에 따른 특정연구기관
   라. 「지방자치단체출연연구원의설립및운영에관한법률」에 따라 설립된 연구기관
   마. 「공공기관의운영에관한법률」에 따른 공공기관의 부설 연구기관
   바. 기업 또는 대학의 부설 연구기관
   사. 「민법」 또는 다른 법률에 따라 설립된 법인인 연구기관

1 사업의 완료 또는 특정한 업무의 완성에 필요한 기간을 정한 경우

1. 예외규정의 취지

기간제법 제4조제1항단서제1호의 '사업의 완료 또는 특정한 업무의 완성에 필요한 기간을 정한 경우'란 기간제법의 입법목적에 비추어 사업 또는 업무 자체가 일정한 기간이 지나면 종료되는 것이어야 하고, 업무의 종료시점이 어느 정도 객관적으로 예측가능하여야 하는 것으로 엄격히 해석하여야 한다(광주지법 2010.9.10, 2010가합3225). 여기서 일정한 '사업 완료 또는 특정한 업무의 완성에 필요한 기간을 정한다'는 것은, 그 사업(또는 업무)의 객관적인 성격으로 인하여 일정 기간 후 종료될 것이 명백한 경우에 사업(또는 업무)이 끝날 것으로 예상되는 시점까지로 계약기간을 정하거나 따로 기간을 특정하지 않고 '사업 또는 특정한 업무가 끝날 때'까지로 계약기간을 정하는 것을 말한다. 이 경우 사업 또는 특정한

업무의 종료 시점이 계약체결 당시에 어느 정도 특정될 수 있고 또한 전혀 불확정인 것이 아닌 한 어느 정도 부정기적이더라도 무방하다. 아파트재건축정비사업조합이 아파트 관리업무수행을 위하여 용역 근로자들을 채용하면서 계약기간을 '입주자대표회의가 구성되어 위 대표회의 또는 여기서 선정한 관리주체에 관리업무를 인계하는 날까지' 로 명시하였는데, 그후 입주자대표회의가 선정한 위탁관리업체에 관리업무가 인수인계되자 근로자들에게 해고통고를 한 사안에서, 위 계약은 기간을 정한 근로계약이므로 위 해고통고는 근로기준법 제23조, 제26조에서 규정하고 있는 '해고' 에 해당하지 않는다(대구지법 2008.11.21, 2008고정744).

2. 사업의 완료 또는 특정한 업무의 완성에 필요한 기간의 의의

"사업의 완료"뿐만 아니라 "특정한 업무의 완성"에 필요한 기간을 정한 경우까지 2년을 초과한 기간제근로자를 사용할 수 있도록 하였는데, "사업의 완료"에 필요한 기간을 정한 경우는 구 근로기준법 제23조에서 1년 초과한 근로계약을 허용하고 있었던 것을 그대로 수용한 것이다. 그런데 "특정한 업무의 완성"에 필요한 기간을 정한 경우까지 확대하고 있다. 건설공사 등 유기사업, 특정 프로젝트 개발 또는 프로젝트 완수를 위한 사업 등과 같이 원칙적으로 한시적이거나 1회성 사업의 특성을 갖는 경우로 한정된다고 보아야 할 것이다. 즉, 일정한 시간이 걸리는 유기사업이라는 것이 객관적으로 명백하다면 비록 2년의 근로계약기간이 초과되더라도 그 사업이 종료되는 시점까지의 기간을 정하여 근로계약을 체결하였다 하더라도 무기계약으로 전환되는 것이 아니라 근로계약기간 만료에 따라 근로관계가 종료된다.

3. 구체적 사례

(1) 건설현장 근로자의 무기계약근로자 전환 여부

건설회사에서 현장단위로 근로계약을 체결하는 근로자(현장채용직, 프로젝트 전문직 등)의 기간제법상 정규직 전환시점에 관하여는 다음과 같이 판단할 수 있다. 만일 건설회사에서 특정 발주자 등과 도급계약 등을 체결하고 해당 건설공사가 이루어지는 기간을 전제로 근로계약을 체결한 경우라면, 각각의 발주자와 맺은 도급계약 기간은 기간제법 제4조제1항 단서 제1호에 따른 "특정한 업무의 완성에 필요한 기간을 정한 경우"로 볼 수 있을 것이다. 따라서 각각의 유기사업 또는 특정 프로젝트가 완성되는 기간까지 근로하는 것을 전제로 근로자를 고용한 때에는 동 근로자는 계속 근로계약기간이 2년을 넘는 경우에도 기간의 정함이 없는 근로계약을 체결한 것으로 간주되지 않을 것이다. 반면에, 건설회사에서 기간제근로자를 먼저 고용한 후 각각의 유기사업 및 특정프로젝트에 근무지시 등을 통해 순환 배치한 것에 불과한 경우라면 이때는 동 근로자가 사용기간 제한의 예외가 적용되는 사업 또는 특정 프로젝트 업무에 종사하더라도 계속 고용된 기간이 2년을 넘는 시점부터 기간의 정함이 없는 근로계약을 체결한 근로자로 간주될 수 있을 것으로 판단된다(2007.7.9, 비정규직대책팀-2742).

(2) 원료 잎담배 가공작업의 유기사업 여부

담배의 제조와 판매를 주업(主業)으로 하는 사업장에서 원료 잎담배 가공작업은 계절적인 요인으로 인하여 원료(잎담배)의 채취가 이루어지는 특정시기로 국한하여 공장을 가동하고, 나머지 기간은 휴업상태가 지속되는 형태가 매년 반복되는 경우라면 당해 근로자에 대한 각각의 사용기간을 합산한 기간이 2년을 초과한 때부터 기간의 정함이 없는 근로계약을 체결한 것으로 보아야 하고, 이 같이 기간의 정함이 없는 계약을 체결한 근로자로서 간주되고 보호받을 수 있는 기간은 해당 작업이 이루어지는 특정기간으로 한정하는 것이 타당하다(2007.3.5, 비정규직대책팀-701).

(3) 사용기간은 1회에 한정되는 것인지 여부

2년을 초과하여 기간제근로자를 사용할 수 있는 사유로서의 "사업의 완료 또는 특정한 업무의 완성에 필요한 경우"가 1회에 한정되는 것인지 여부가 법해석상 문제가 될 수 있다.

기간제법 규정상 사용횟수 제한이 없으므로 원칙적으로 1회에 한정되지 않고 계속 사용이 가능할 것으로 판단된다. "사업의 완료 또는 특정한 업무의 완성에 필요한 경우"가 객관적으로 공정한 사유로 인정되고 사업의 완료나 업무의 완성 후 근로관계종료 절차(사직서를 제출 또는 계약기간 종료 통보, 퇴직금 수령)를 거쳤는지가 계속근로 여부에 대한 중요한 판단기준이 될 것이다. 만약 객관적으로 "사업의 완료 또는 특정한 업무의 완성에 필요한 경우"가 인정되지 않는다면 2년 초과 사용을 이유로 근로를 제공한 근로자를 기간의 정함이 없는 근로계약을 체결한 근로자로 간주할 가능성이 높을 것으로 보여진다.

(4) 2개 공사현장에서 기간제근로계약을 체결한 경우의 취급

① 행정해석(2004.5.12, 근로기준과-2387)은 여러 곳의 건설현장별로 퇴직 및 신규채용절차를 거쳐 근로한 경우 계속근로 여부와 관련하여 복수의 건설현장에서 근로한 근로자가 각 건설현장별로 퇴직처리(사직서 제출, 퇴직금 수령)와 신규입사절차를 거친 경우에 계속근로는 인정되지 않고 각 건설현장별로 근로관계는 종료된다고 하였다. 즉 건설회사 A현장에서 기간제 계약직으로 2년간 근로한 근로자가 A현장 종료후 퇴직절차(사직서를 제출 또는 계약기간 종료통보, 퇴직금수령)를 밟은 후 B현장에 응시하여 면접 등을 거쳐 신규로 계약직 근로계약을 체결하여 2년동안 근로한 후 또 다시 현장 완료 후 동일한 절차를 거친 경우 각 현장별로 근로관계는 종료되며 계속근로가 인정되지 않는다고 보고 있다.

② 각각 건설공사현장의 노무관리 · 회계 등이 명확하게 구분되어 독립된 사업으로 볼 수 있는지 아니면 전체적으로 하나의 사업으로 보아야 하는지 여부에 대한 판단은 별론(설사, 하나의 사업으로 보더라도 각 현장단위별로 근로계약을 따로 체결하였다면 당사자간 별도 정함이 없는 한 근로관계가 계속된 것으로 보기는 어려울 것임)으로 하고, 일반적으로 건설공사현장은 동법 제4조제1항 단서 "제1호"에 따른 예외규정에 해당하는 사업으로 볼 수 있을 것이다(2007.2.21, 비정규직대책팀-558).

(5) 특정 프로젝트 업무 수행 기간제근로자의 무기계약근로자로의 전환 등

① **특정 프로젝트가 본사, 현장에서 함께 이루어지는 경우**: 기업에서 특정 프로젝트가 본사, 현장에서 함께 이루어지는 경우에 계약직 근로자가 특정 프로젝트 기간내에 본사팀과 함께 현장을 이동하며 근무를 하는 경우 사용기간 제한 예외사유 해당 여부이다.

특정 프로젝트가 본사와 현장에서 함께 작업이 이루어지고 본사와 현장을 하나의 사업(장)으로 볼 수 있을 경우라면 사업(장) 내 하나의 프로젝트로 볼 수도 있을 것이며, 이 때 동 프로젝트 완성에 필요한 기간 동안 기간제근로계약을 체결하였다면 기간제법 제4조제1항 단서 제1호의 기간제근로자 사용기간 제한의 예외로 볼 수도 있을 것이다(2007.7.26, 비정규직대책팀-3018). 이하 ②부터 ⑧까지 동일한 유권 해석내용이다.

② **기간제근로자가 2개의 프로젝트를 중복하여 수행하는 경우**: 기간제근로자가 2개의 프로젝트를 중복하여 수행하는 경우라도 그 프로젝트가 사업의 완료 또는 특정한 업무의 완성에 필요한 기간을 정하였고 기간제근로자가 당해 업무의 완성을 위하여 전속적으로 고용되어 있으며 근로기간은 해당 프로젝트의 완성시까지로 정한 경우라면 기간제법 제4조제1항제1호의 예외로 인정받을 수 있을 것이다. 또한 프로젝트 종료전 기간제근로자가 스스로 사직서를 제출하고 동사 일반계약직으로 재취업을 요청한 경우 무기계약근로자 전환시점은 기간제근로자가 일반계약직으로 재취업한 날로부터 2년을 초과한 시점부터 기간의 정함이 없는 근로계약을 체결한 근로자로 보아야 한다(2012.3.9, 고용차별개선과-495).

(6) 한시적으로 운영하는 '학교사회복지 시범사업'이 사용기간 제한 예외 사유에 해당하는지 여부

'학교사회복지 시범사업'이 관련 교육복지정책의 본격 시행에 앞서 사업모델 개발 및 효과성 평가 등을 목적으로 하여 한시적으로 운영하는 것이라면 이는 기간제법 제4조제1항 단서 제1호에 따른 사용기간 제한의 예외업무에 해당되는 것으로 판단된다(2007.3.26, 비정규직대책팀-931).

(7) 통계조사기간 동안 임시조사원을 간헐적으로 채용하여 사용하는 것이 반복되어 2년을 초과하는 경우 무기계약근로자로 전환되는지 여부

만일 특정 통계조사가 기간을 달리하여 이루어지는 경우라면 이때의 각각의 통계조사가 이루어지는 기간은 특정 목적 달성을 위한 유기사업에 해당한다고 볼 수 있을 것이므로 이는 기간제법 제4조제1항 단서 제1호에 따른 사용기간 제한의 예외업무에 해당되는 것으로 보아야 할 것이다. 이에 따라 각각의 특정 통계조사를 수행할 수 있는 요건을 충족한 임시 조사원을 당해 통계조사가 이루어지는 기간으로 한정하여 채용·사용하고, 이러한 통계조사가 매년 반복적으로 이루어짐에 따라 동일한 통계조사원을 사용한 총 기간이 2년을 초과하였다고 하여 무기계약근로자로 전환되는 것은 아니라고 할 것이다(2007.6.8, 비정규직대책팀-211).

(8) 특정 종묘의 재배작업을 지원하기 위해 일정 계절에만 근로자를 사용하는 경우의 사용기간 제한 여부

만일 종묘를 생산하는 업체의 재배농장에서 특정 종묘의 교배와 생육을 위한 작업이 이루어지는 기간(예컨대, 1년 중에 7~10개월)에만 한정하여 동일한 기간제근로자를 사용하는 사업이라고 할 수 없을 것이므로 기간제법 제4조제 1항 단서 제1호에 따른 예외적인 사업으로 보기는 어려울 것이다.

따라서 당해 근로자에 대하여 반복적으로 근로계약을 체결한 기간만을 합산(근로계약 체결이 없었던 동절기는 제외)하여 1년이 넘는 경우에는 당해 근로자가 퇴직한 때에는 그 기간에 상응하여 산정된 퇴직금을 지급하여야 할 것이고, 연차유급휴가는 1년간 계속근로를 제공한 것에 대한 휴식의 개념이므로 1년의 기간 중에 동절기에는 계속근로를 제공하지 아니한 공백기간에 해당되어 결과적으로 1년간 계속 근로하였다고 보기 어려울 것이므로 연차유급휴가는 발생되지 않는다고 판단된다(2007.7.18, 비정규직대책팀-2872).

(9) 하수종말처리업무 위탁계약이 사업의 완료 등에 필요한 기간을 정한 경우에 해당하는지 여부

당해 사업장이 발주사(특정 기관 · 사업장 등)와 도급 · 위탁계약을 체결하여 하수종말처리 및 관리업무를 수행하고 있는 경우라면 이때 각각의 발주자와 맺은 위탁관리(위탁계약)기간은 기간제법 제4조제1항 단서 제1호에 따른 "특정한 업무의 완성에 필요한 기간을 정한 경우"로 볼 수도 있을 것이므로 동 계약에서 정하는 사업이나 업무 수행을 목적으로 고용되는 기간제근로자의 근로계약기간은 당해 위탁계약 기간으로 정할 수 있을 것으로 판단된다.

다만, 이와 같이 사용기간 제한의 예외가 적용되는 사업 또는 특정 업무에 종사하는 기간제근로자의 근로계약기간은 특별한 사유가 없는 한 당해 사업 또는 특정 업무가 지속되는 기간까지 당해 근로계약이 유지되는 것으로 보아야 할 것으로 판단된다(2007.5.14, 비정규직대책팀-1768; 2007.7.15, 비정규직대책팀-1795).

(10) 사업의 완료 또는 특정한 업무의 완성에 필요한 기간내에서 기간제근로계약의 반복 갱신 가능 여부

기간제법은 기간제근로자의 사용기간을 2년으로 제한할 뿐, 개별 근로계약 기간의 한도 또는 연장 · 갱신 · 반복 횟수를 제한하는 것은 아니다.

따라서 사업의 완료 또는 특정한 업무의 완성에 필요한 기간을 정한 경우, 그 기간이 2년을 넘더라도 사용기간 제한의 예외로 인정될 수 있으며, 그 정한 기간 내에서 1년 단위 기간제근로계약을 반복 · 갱신할 수 없다고는 할 수 없으나, 법문의 취지상 사업의 완료 또는 특정한 업무의 완성에 필요한 기간 동안 계속 고용하여야 할 것이므로 1년 단위 계약을 반복 · 갱신하는 것의 실익이 없을 것으로 본다(2007.7.10, 비정규직대책팀-2786).

(11) 연구원의 본원과 지역연구센터에서 연이어 2년을 초과하여 근로계약을 체결할 경우 무기계약으로 간주되는지 여부

연구원의 본원은 천안에 소재하고 있고, 연구분야에 따라 인천, 안산, 광주, 부산 등에 지역연구센터가 있는 바, 본원(천안)에서 甲연구원을 A프로젝트에 2년(2008.1.1~2009.12.31) 활용 후, 연이어 인천연구센터에서 같은 연구원을 B프로젝트에 2년(2010.1.1~2011.12.31)을 활용할 경우 무기계약근로자로 간주되는지 여부이다. A, B 프로젝트가 각각 확연히 구분되는 별개의 것으로서, 동시에 상기한 "사업의 완료 또는 특정한 업무의 완성에 필요한 기간을 정한 경우"에 해당된다면 기간제법 제4조제1항의 사용기간 제한의 예외를 인정받을 수도 있을 것이다. 지역 연구센터의 장이 실제적인 의미에서 본원과 독립되어 기간제근로자를 채용하고, 해임 · 승진 · 배치전환 · 징계 · 보수 및 퇴직금 지급 등 노무관리에 대하여 전권을 행사하는 경우라면 각각의 센터장을 별개의 사용자로 보아야 하며, 이 때 각 기관에서 근무한 기간은 별개의 근로기간으로 산정하게 될 것이다(2008.3.10, 차별개선과-59).

(12) 「선원법」상 선원인 근로자를 2년 초과 사용시 무기계약근로자로 간주되는지 여부

「선원법」 또는 다른 법령에서 기간제근로자인 선원의 사용기간을 기간제법 제4

조제1항과 달리 정하거나 별도의 기간을 정하여 근로계약을 체결할 수 있도록 한 경우가 아니라면, 기간제근로자인 선원의 경우도 기간제법이 적용되어 그 사용기간은 2년으로 제한된다. 또한 선원과 근로계약을 체결하면서 해외 건설사업 프로젝트 완성에 필요한 기간을 정하여 동 기간동안만 물품 및 자재운송업무를 하는 것으로 유기계약을 체결하였다면, 기간제법 제4조제1항 단서 제1호의 "사업의 완료 또는 특정한 업무의 완성에 필요한 기간을 정한 경우"에 해당되어 동 프로젝트 사업 수행기간이 2년을 초과하고 이에 따라 동 근로자의 계속 근로계약기간이 2년을 넘는 경우에도 기간의 정함이 없는 근로계약을 체결한 것으로 보지 않는다 할 것이다. 위와 같은 기간제근로자 사용기간 제한의 예외사업에 해당하는 사유가 없거나 소멸되었음에도 불구하고 2년을 초과하여 기간제근로자를 사용하는 경우에는 기간제법 제4조제2항의 규정에 따라 그 기간제근로자는 동 2년을 초과한 시점부터 기간의 정함이 없는 근로계약을 체결한 것으로 보게 될 것이다 (2008.4.1, 차별개선과-231).

(13) 사립대학교 산학협력단에서 지자체로부터 '방문보건센터'를 위탁받아 기간제근로자를 사용하는 경우 사용기간 제한 예외에 해당되는지 여부

방문보건센터 사업이 지자체와 위탁계약을 체결하여 한시적으로 운영 중에 있는 경우라면 이때 지자체와 맺은 위탁계약기간은 기간제법 제4조제1항제1호의 '특정한 업무의 완성에 필요한 기간을 정한 경우'로 볼 수 있을 것으로 판단되며, 이 경우, 2년을 초과하여 기간제근로자를 사용하더라도 기간의 정함이 없는 근로계약을 체결한 것으로 보지 않을 것이다(수탁기관이 변경되거나 유지되는 것과 무관함) (2008.8.4, 차별개선과-1264,).

(14) '공원녹지업무'가 사업의 완료 또는 특정한 업무의 완성에 필요한 기간을 정한 경우에 해당되는지 여부 및 계속근로년수 산정방법

통상 "공원녹지업무"의 경우 쾌적한 도시환경을 조성하기 위해 공원녹지의 확충 및 관리 등을 위해 실시하는 사업으로서, 날씨 등의 사정으로 동·하절기별 업무량에 따른 기간제근로자 수의 적고 많음이 있을 뿐이고, 기간제근로자를 1년에 8~9개월만 사용한다고 하더라도 채용시기만을 달리하여 매년 1.1~12.31까지 사이 기간제근로자를 계속 사용하고 있는 점 등으로 보아 연중 상시적으로 이루어지는 사업으로 봄이 타당하여 동 사업(업무)의 경우 기간제법 제4조제1항제1호에 따른 “사업의 완료 또는 특정한 업무의 완성에 필요한 기간을 정한 경우”에 해당되지 않는다.

매년 일정기간의 단절을 거쳐 근로계약이 반복된 경우에 계속근로로 보아야 하는지 여부에 대하여는 그 근로계약이 이루어지게 된 동기 및 경위, 기간을 정한 목적과 당사자의 진정한 의사, 계절적 · 임시적 고용 여부, 근무기간의 장단 및 갱신회수, 기간제법의 제정 취지 등을 종합하여 판단하여야 할 것인 바 기간제근로자의 계약기간을 8~9개월로 정하면서, 일정기간 경과 후 다시 공개채용절차를 거친 결과 동일한 근로자가 다음연도에 다시 선발되어 근로계약이 수차례 반복적으로 이루어진 경우에는, 공개채용절차가 형식에 불과하여 당사자가 재계약 또는 계속근로를 당연히 기대하는 경우가 아니라면, 달리 볼 사정이 없는 한 매년 체결한 기간제근로계약(8~9개월)은 계약기간 만료로 종료되고 각각의 근로계약기간은 단절된 것으로 보아야 하며, 각각의 근로기간을 합산하여 계속근로한 것으로 보기 어렵다(2008.9.4, 차별개선과-1561).

(15) 사회복지법인에서 운영 중인 ‘구립어린이집 운영사업’이 사용기간 제한 예외사업에 해당되는지 여부

구립어린이집이 지자체가 사회복지법인이나 단체 등과 위탁계약을 체결하여 한시적으로 운영 중에 있는 경우라면 이때 지자체가 상기 단체 등과 맺은 위탁계약기간은 기간제법 제4조제1항제1호의 ‘특정한 업무의 완성에 필요한 기간을 정한 경우’로 볼 수 있을 것으로 판단되며, 2년을 초과하여 기간제근로자를 사용하더라도 기간의 정함이 없는 근로계약을 체결한 것으로 보기 어렵다(2008.9.17, 차별개선과-1676).

(16) “교육지원 5개년 계획”에 따라 5년간 한시적으로 “도서관운영 보조금”을 지원하는 사업이 사용기간 제한 예외사업에 해당되는지 여부

“교육지원 5개년 계획(2007.3월~2011.3월)”이 해당 시(市) 공교육 활성화를 위해 지방자치단체가 자체적으로 마련한 것으로서, 세부추진사업의 하나인 “학교도서관 운영사업”이 시(市) 보조금 지원을 통해 5년간 한시적으로 운영되는 사업이라면, 동 사업은 '사업의 완료 또는 특정한 업무의 완성에 필요한 기간을 정한 경우'에 해당되어 사용기간 제한 예외로 봄이 타당하다(2008.10.21, 차별개선과-1975).

(17) 자치단체에서 계절적 요인에 따라 일정한 기간 동안만 근로계약을 반복 갱신하는 경우 기간제근로자 사용기간 제한 예외 해당 여부

기간제법 제4조제1항 및 제2항의 규정에 의하면, 사용자가 2년을 초과(기간제근로계약의 반복 갱신 등의 경우에는 그 계속 근로한 총기간이 2년을 초과)하여 기간제근로자를 사용하는 경우 기간의 정함이 없는 근로계약을 체결한 것으로 보도록 하고 있으나, 기간제법 제4조제1항 단서 제1호는 "사업의 완료 또는 특정한 업무의 완성에 필요한 기간을 정한 경우"에는 2년을 초과하여 기간제근로자를 사용할 수 있도록 규정하고 있다. 매년 봄철 및 가을철 일정기간에 한정하여 기간제근로자를 반복 사용하는 경우라면, 이는 한시적이거나 1회성으로 이루어지는 사업이라 할 수 없을 것이므로 기간제법 제4조제1항 단서의 제1호에 따른 예외적인 사업으로 보기 어려울 것으로 보인다. 다만, 매년 기간제근로자를 채용하고자 채용공고를 내고, 서류전형, 면접 등 실질적인 공개모집절차를 거쳐 기간제근로자를 채용하는 경우라면 각각의 근로관계는 단절된 것으로 볼 여지가 있다.

한편, 계속근로연수 산정과 관련해서는, 해당 시 산하 3개구청은 지방자치단체가 아니라 시의 하위 행정기관에 불과하여 시가 법인격을 가진 사용자라고 할 것이므로 구청별 또는 사업별로 계속근로연수를 산정하는 것이 아니라, 해당 시 및 산하 3개 구청 전체를 포함하여 계속근로연수를 산정해야 할 것이다(2010.10.26, 고용평등정책과-871).

(18) 사업의 위수탁계약에 따라 사용자가 변경되는 경우 계속근로기간 산정

관공서에서 운영하던 시설 중 일부에 대하여 공단과 위수탁계약을 체결하여 운영을 공단에 맡기게 되었고, 이에 따라 관공서에서 근무하였던 기간제근로자들이 적법한 퇴사절차를 거쳐 새로운 운영주체인 공단과 새로이 근로계약서를 작성하였다면 동 기간제근로자들의 근무기간은 새로운 근로계약서 체결시점부터 새롭게 기산해야 될 것으로 판단된다. 다만, 관공서에서 공단과 위·수탁계약을 체결한 것이 사업의 양도 · 양수에 해당한다면, 양도 · 양수에 따른 법리를 적용받게 되는데, 이 경우에는 사업양도 당사자 사이에 반대의 특약이 없는 한 사업양도의 합의 속에는 원칙적으로 근로관계를 포괄적으로 승계하기로 하는 합의가 포함된 것으로 추정되고, 특약을 통해 승계를 배제하는 경우에는 이에 대한 합리적인 이유가 있어야 유효하다고 보는 것이 판례의 기본입장이다(대법 1991.8.9, 91다15225 ; 2009.9.22, 고용차별개선정책과-1381).

(19) 입학사정관이 기간제근로자 사용기간 제한 예외 사유에 해당하는지 여부

기간제법 제4조제1항 단서 제1호는“사업의 완료 또는 특정한 업무의 완성에 필요한 기간을 정한 경우”를 기간제근로자 사용기간 제한의 예외로 인정하고 있는바, 이는 사업의 시작과 끝이 분명하게 정해져 있는 경우를 말하는 것이다.「입학사정관제」는 “대학이 대입전형 전문가인 입학사정관을 육성 · 채용 · 활용함으로써 대학이나 모집단위별 특성에 따라 보다 자유로운 방법으로 학생을 선발하는 제도”로 2007년도부터 시행되어 일부 대학에서 운영되고 있으며, 입시제도의 정착을 목표로 지속적으로 추진되고 있어 사업의 완료에 필요한 기간을 정한 경우로 보기 어렵다(2012.5.1, 고용차별개선과-880).

또한, 대학의 입학사정관에 대하여 사용기간을 기간제법 제4조제1항과 달리 정하거나 별도의 기간을 정하여 근로계약을 체결할 수 있도록 다른 법령에서 정하고 있지 않으며, 2년을 초과하여 기간제근로자로 사용하는 경우에는 기간제법 제4조제2항에 근거하여 그 기간제근로자는 기간의 정함이 없는 근로계약을 체결한 근로자로 간주된다(2010.6.4, 고용평등정책과-958).

(20) 창업보육센터가 국고보조를 받는 경우 국고보조사업 기간을 사업의 완료에 필요한 기간을 정한 것으로 볼 수 있는지 여부

해당 대학 창업보육센터에서 매년 지원기관과 협약에 의하여 국고보조 지원 사업을 수행하면서 사실상 반복 갱신을 계속하고 있는 것이라면 한시적이거나 1회성 사업으로 보기는 어려우며, 사업의 객관적 특성이 종기(완성에 필요한 기간)가 예정된 경우로 볼 수 없어 ‘사업의 완료 또는 특정한 업무의 완성에 필요한 기간을 정한 경우’로 보기 어렵다.

따라서, 동 사업을 수행하는 기간제근로자가 2년을 초과하여 근무하게 될 경우 기간의 정함이 없는 근로계약을 체결한 근로자로 간주될 수 있을 것으로 보여진다. 한편, 일반적으로 계약기간 만료 통보, 자의에 의한 퇴직원 제출, 퇴직금 및 4대보험 정산 등을 거쳐 유효하게 근로관계가 단절된 후 실질적인 공개채용을 통해 새로운 기간제근로계약을 체결하고 근무하는 형태라면 각각 별도의 근로계약에 의한 근로기간으로 보아야 하는 것이 원칙이지만, 근로계약의 반복 갱신 사이에 근로관계의 단절이 있는 경우라도 그 근로계약이 이루어지게 된 동기 및 경위, 기간을 정한 목적과 당사자의 진정한 의사, 동일 사업(장)에서의 근무 여부, 기간제법의 제정 취지 등에 비추어 "계속근로"로 볼 수 있는지 여부를 판단하게 된다(2010.5.28, 고용평등정책과-917).

(21) 공기업 위수탁 협약을 반복 · 갱신하는 경우 사업의 완료에 필요한 기간을 정한 것으로 볼 수 있는지 여부

공기업이 2년마다 지자체와 협약에 의하여 동일한 사업을 수행하면서 사실상 반복 갱신을 계속하고 있는 것이라면 한시적이거나 일회성 사업으로 보기는 어려우며, 사업의 특성이 '완성에 필요한 기간을 예정된 경우' 로 볼 수 없어 '사업의 완료 또는 특정한 업무의 완성에 필요한 기간을 정한 경우' 로 보기 어렵다. 따라서, 동 사업을 수행하는 기간제근로자가 2년을 초과하여 근무하게 될 경우 기간의 정함이 없는 근로계약을 체결한 근로자로 볼 수 있을 것이며 단지 근로계약기간 종료를 이유로 계약을 해지 할 수 없을 것이다(2010.8.23, 고용평등정책과-336).

(22) 국고보조사업으로 매년 실적평가를 받아 미흡기관에 대해 퇴출하는 경우, 사업의 완료에 필요한 기간을 정한 것으로 볼 수 있는지 여부

기간제법 제4조제1항 단서 제1호 '사업의 완료 또는 특정한 업무의 완성에 필요한 기간을 정한 경우' 에 해당되는 사업은 원칙적으로 건설공사 등 유기사업, 특정 프로젝트 완수를 위한 사업 등 한시적이거나 1회성 사업을 말하는 것으로, 이러한 한시적 · 1회성 사업은 객관적 종기(완성에 필요한 기간)가 예정되어 있고, 공개입찰을 통해 계약을 체결하는 등 재계약 여부가 불확실한 경우를 의미한다.

해당 센터 지정 후 사업 수행에 필요한 보조금을 지원 하고 객관적 지표를 평가하여 실적이 부진한 경우 퇴출하는 것은 양질의 취업알선 서비스 등을 제공하기 위한 것으로 사업의 지속성이 예견될 수 있다고 사료되며, 실적평가 결과에 따라 사업의 계속 여부가 결정되는 것은 사업의 객관적 종기가 예정된 것이 아니라 갱신기간을 정한 것으로 볼 수 있을 것으로 판단된다(2010.11.12, 고용평등정책과-1058).

(23) 기간제근로자 사용기간 제한 예외 사유 대상 업무와 일반업무에 반복·채용되는 경우 계속근로기간 산정

기간제법 제4조제1항제5호 및 같은법 시행령 제3조제2항제1호에 따라 정부의 복지정책·실업대책 등에 의하여 일자리를 제공하는 경우로서 "「고용정책기본법」, 「고용보험법」등 다른 법령에 따라 국민의 직업능력개발, 취업촉진 및 사회적으로 필요한 서비스제공 등을 위하여 일자리를 제공하는 경우"에는 총 사용기간 2년을 초과하여 기간제근로자를 사용하더라도 기간의 정함이 없는 근로계약을 체결한 것으로 보지 않도록 사용기간 제한의 예외를 규정하고 있다. 따라서, 일반 기간제근로자가 2년의 근로계약 기간이 만료되어 기간제법 제4조제1항제5호에 의해 기간제 사용기간 제한의 예외로 인정된 사업(임산부·영유아 영양플러스사업, 지역사회중심재활사업, 맞춤형방문건강관리사업, 노인이나 장애인 구강보건사업)에 다시 채용된다면 기간제근로자 사용기간 제한의 예외에 해당되어 기간의 정함이 없는 근로계약을 체결한 것으로 보지 않아도 되고, 기간제법 제4조제1항 제5호에 의해 기간제근로자 사용기간 제한의 예외로 인정된 사업에 근무하던 기간제근로자가 일반 기간제근로자로 계속 근무하게 되면 일반 기간제 계약에 의한 근로기간이 2년이 넘지 않는 경우에 기간의 정함이 없는 근로계약을 체결한 것으로 보지 않아도 된다(2009.12.22, 고용차별개선정책과-2303).

(24) 보건복지부에서 실시하는 의료급여텔레케어 시범사업이 사업의 완료에 필요한 기간을 정한 것으로 볼 수 있는지 여부

의료급여텔레케어 시범사업은 2007.7.1~2009.12.30 기간 동안 13개 지역을 시범지역으로 선정하여 실시 중인 바, 이는 기존에 실시 중이던 의료급여사례관리사업이 소수 대상자에 국한하여 사례관리가 이루어지게 되는 한계가 있어 이를 보완하고자 실시한 사업으로서 전체 수급권자를 대상으로 전화 또는 방문의 방식으로 의료급여 이용 및 건강관리 상담, 보건과 복지자원 연계 등의 사례관리를 제공하기 위한 것으로 보인다. 따라서, 동 사업은 2007.7.1~2009.12.30을 시범기간으로 하여 한시적으로 운영한 것으로 보이며, 동 기간 동안의 시범사업의 결과에 따라 사업을 계속 유지할 것인지 여부를 결정할 수 있는 것으로 보이는 바, 근로계약기간을 시범사업 기간 동안으로 정하고, 나아가 당초의 시범기간이 만료됨과 동시에 동 사업이 폐지가 확정된다면 기간제법 제4조제1항제1호에 해당되어 2년을 초과하여 기간제근로자를 사용하더라도 기간의 정함이 없는 근로계약을 체결한 근로자로 간주되지 않지만, 시험 사업이 계속적인 사업으로 확대되어 근로계약이 반복 · 갱신 된다면 2년의 근로계약기간 제한 규정이 적용될 수도 있다(2009.9.25, 고용차별개선정책과-1427).

(25) 자회사 설립 등에 의해 반복적으로 위수탁 계약이 이루어지는 경우가 사업의 완료 등에 필요한 기간에 해당하는지 여부

해당 사업장이 개성공업지구 지원재단 관리위원회와 위 · 수탁계약 및 협약을 체결하여 개성에 폐수처리장 운영을 한시적으로 수행하고 있는 경우라면 이때 각각 맺은 위 · 수탁계약 및 협약기간은 기간제법 제4조제1항 단서 제1호에 따른 "특정한 업무의 완성에 필요한 기간을 정한 경우"로 볼 수도 있을 것이므로 동 계약에서 정하는 사업이나 업무 수행을 목적으로 고용되는 기간제근로자의 근로계약기간은 당해 위탁계약 또는 협약기간으로 정할 수 있을 것이다. 그러나 위 · 수탁계약의 명칭에도 불구하고 법령 등에 의해 특정 기관만이 그 업무를 수행할 수 밖에 없어 관련 법령이 폐지되지 않는 한 그 기관이 위탁업무를 반복 · 계속적으로 처리할 수 밖에 없거나 자회사 등을 설립하여 특정 사업분야를 위탁하게 하는 등 계약의 계속적 유지가 보장되어 있어 사실상 위 · 수탁계약이 형식에 불과하다고 볼 수 있다면, 이러한 경우에는 기간제법 제4조제1항제1호의 예외에 해당되지 않는다(2009.11.6, 고용차별개선정책과-1809).

(26) 요양보호사의 근로계약기간을 "입사일부터 케어대상자의 임종시까지"로 정할 수 있는지 여부

건설공사처럼 날씨 등의 요인에 크게 좌우되는 사업의 경우 공사완료일을 확정할 수 없으면서 공사의 진행과정을 볼 때 그 완료일을 어느 정도 추정할 수는 있으나 구체적인 최종일자를 예정하기 어려운 경우에 있어서는 "공사가 종료될 때까지의 기간을 고용한다"고 계약을 체결할 수 있을 것이나, 요양보호사의 "케어대상자의 임종시까지"의 계약은 그 존속기간의 시간적 측정이 객관적으로 명백하지 않고 고용기간의 만료가 케어대상자의 주관적 사정에 의존하게 되는 계약으로 존속기간의 약정이 있는 근로계약이라고 볼 수는 없을 것이다. 따라서 요양보호사의 근로계약기간을 "입사일부터 케어대상자의 임종시까지"로 근로계약을 체결하는 것은 계약기간의 만료시점을 예정하기 어려워 기간의 정함이 있는 근로계약으로 적절하지 않을 것으로 사료되며, 사업의 완료에 필요한 기간을 정한 경우로 볼 수도 없을 것이므로 같은 법 제4조제1항 제1호에 따른 "사업의 완료 또는 특정한 업무의 완성에 필요한 기간을 정한 경우"에도 해당되지 않을 것이다(2012.5.30, 고용차별개선과-1070).

(27) 건설부문 유지보수업무를 20년간 담당하기로 계약을 체결한 것이 사업의 완료에 필요한 기간을 정한 경우에 해당하는지 여부

기간제법 제4조제1항제1호에 따른 '사업의 완료 또는 특정한 업무의 완성에 필요한 기간을 정한 경우'에 이와 같은 예외규정을 적용할 수 있는 사업(장)은 건설공사 등 유기사업, 특정 프로그램 개발 또는 프로젝트 완수를 위한 사업 등과 같이 원칙적으로 한시적이거나 1회성 사업의 특성을 갖는 경우로 한정된다고 보아야 할 것이다(2009.5.25, 고용차별개선정책과-183).

(28) 시공 완료 후 품질보증기간이 사업의 완료에 필요한 기간에 해당하는지 여부

기간제법 제4조제1항 제1호 조항은 일반적으로 건설공사, 1회성 사업 또는 특정 프로젝트의 완성에 필요한 기간 등을 정한 경우를 의미하며, 이 경우 근로계약기간은 특별한 사유가 없는 한 당해 사업 또는 특정업무가 지속되는 기간까지 유지되는 것으로 보아야 할 것이다. 해당 크레인 공사의 경우 크레인 공사 시작부터 완료 후 인도일까지의 기간이 이에 해당하는 것으로 보이며, 인도 후 하자보수 등 품질보증기간은 일반적으로 하자담보책임에 관한 사항으로 공사의 완료에 필요한 기간을 정한 것으로 볼 수 없을 것으로 판단된다(2010.11.23, 고용평등정책과-1212).

(29) 3년간의 결원대체근무 이후 계속 기간제근로자로 근무하는 경우 무기계약근로자로 전환되는 시점

기간제법은 제정법이고, 기간제법 부칙 제2항에 따라 법 시행 후 근로계약이 체결·갱신되거나 기존의 근로계약기간을 연장하는 경우부터 적용한다. 기간제법 제4조제1항제2호의 규정에 따라 결원으로 대체근로한 기간은 제외된다. 따라서 기간제법에 의한 무기계약근로자로 간주되기 위해서는 법 시행일(2007.7.1) 이후 계약이 체결·갱신·연장된 시점부터 기산해서 2년이 지나야 하므로 기간제법에 의한 정규직 간주는 가장 빠르게는 2009.7.1이 될 것이다(2007.7.1 계약을 체결한 경우).

(30) B기업에서 특정 프로젝트 I에 乙을 2007.7.1부터 2010.6.30까지 3년간 기간제근로자로 사용하고, 3개월 후인 2010.10.1부터 프로젝트 II에 3년간 사용한 후 연이어 일반 기간제근로계약을 체결하여 2년을 사용하는 경우 乙의 무기계약근로자 전환 시점

특정 프로젝트 수행을 이유로 특례 기간제근로계약을 체결하여 근로자를 동 프로젝트 수행기간 동안 사용하는 것은 법에 의해 허용되며 기간제법 제4조제1항 단서 제1호 내지 제6호에 대해서는 기간제근로자의 계속근로기간 산정에서 제외되는 기간이므로 프로젝트 I와 II에 사용된 6년간의 기간은 계속근로한 총 기간 산정에서 제외된다. 따라서 乙의 일반 기간제근로계약의 기산점인 2013.10.1부터 2년이 초과하는 시점인 2015.10.1부터 무기계약근로자로 전환된다.

(31) C기업에서 2007.8.1 丙을 기간제근로자로 채용하여 1년 4개월간 사용하고, 연이어서 박사학위과정 입학을 이유로 특례 3년 계약을 체결하여 사용한 후, 연이어 일반 기간제근로계약을 체결하여 2년을 사용하는 경우 丙의 무기계약근로자 전환 시점

일반 기간제 계약을 체결하여 근로자를 계속 사용하다가 기간제근로자의 사용기간이 2년을 초과하기 이전에 학위과정 입학 등 특정한 사유가 발생한 경우 특례 기간제계약을 체결하여 2년 이상을 사용하는 것은 허용되므로 C기업은 丙을 2008.12.31까지 1년 4개월간의 일반 기간제근로자로 사용하고 2009.1.1부터 2011.12.31까지 3년간 특례 기간제근로자로 사용할 수 있다. 이는 근로자가 학업, 직업훈련 등을 통해 자주적으로 직업능력을 개발하고자 하는 경우에는 동 소요기간과 관련해서는 근로계약기간에 제한을 두지 않겠다는 것이며 학업 · 직업훈련과 직장의 양립을 도모하려는 것이다. 따라서 2012.1.1이후에 C기업이 丙을 일반 기간제근로자로 사용하는 경우 C기업은 기왕에 丙을 일반 기간제근로자로 1년 4개월 동안 사용하였으므로 기간제법 제4조제1항에 의하여 2012.9.1부터 기간의 정함이 없는 근로계약을 체결한 근로자로 간주된다.

기간제법 제4조제1항 단서 제3호에 따라 2년을 초과하는 기간제근로계약을 체결한 근로자가 학업(박사과정 등)을 수료하고, 해당 2년 초과 기간제근로계약이 만료된 이후에 동일 근로자를 계속해서 일반 기간제근로자로 사용하는 경우, 「최초 위촉 연구생으로의 계약기간」과 「기간제법 제4조제1항 단서 제3호에 따른 사용기간 이후 일반 기간제근로자로 사용한 기간」을 합산하여 동 기간이 2년을 초과하게 되면 기간의 정함이 없는 근로계약을 체결한 근로자로 본다(2007.4.10, 비정규직대책팀-1142).

(32) 특정 프로그램의 제작 및 방송을 위한 그 프로그램이 종료된 날

사용자와 해당 근로자들의 사이의 근로계약은 특정 프로그램의 제작 및 방송을 위한 근로계약이어서 그 프로그램이 종료된 날로 그 근로관계도 종료되는 것이다(대법 2014.4.10, 2011두19390).

2 휴직 · 파견 등으로 결원이 발생하여 당해 근로자가 복귀할 때까지 그 업무를 대신할 필요가 있는 경우

1. 예외규정의 취지

기간제법 제4조제1항제2호는 2년을 초과하여 기간제근로자를 사용할 수 있는 경우로서 "휴직 · 파견 등으로 결원이 발생하여 당해 근로자가 복귀할 때까지 그 업무를 대신할 필요가 있는 경우"를 규정하고 있다.

기간제법 제4조제2호의 취지는 예컨대 출산 · 질병 · 군입대 등으로 인한 기존 근로자가 휴직하거나, 장기 파견된 경우 당해 근로자를 대체하는 경우와 같이 사용기간 제한에서 벗어나 인력 운용의 원활화를 도모하기 위한 것이다.

2. 구체적 사례

(1) 공무원 미발령에 따른 결원을 대체하여 사용하는 행정대체인력이 2년을 초과 근무한 경우

국가기관에서 공무원 정원 결원으로 사용하는 행정대체인력은 "휴직 · 파견 등으로 결원이 발생하여 당해 근로자가 복귀할 때까지 그 업무를 대신할 필요가 있는"에 해당한다고 볼 수 없어 계속근로계약기간이 2년을 초과할 경우에는 무기계약을 체결한 근로자로 볼 수 있을 것이다(2009.12.22, 고용차별개선정책과-2299).

(2) 휴직 업무 대체와 일반 기간제근로를 반복할 경우 무기계약직으로 전환 시점

동일한 기간제근로자가 여러 휴직자의 업무대체인력으로 근무하다가 일반 기간제근로자로 근무하는 것을 반복했다면 휴직한 근로자의 업무대체인력으로 근무한 기간은 기간제근로자 사용기간 제한의 예외로 해당될 것이고, 일반 기간제근로자로 채용할 때 실질적인 공개채용의 절차를 거친 것이 아니라 일반 기간제근로자(국민연금상담원)로 계약을 반복 갱신한 경우라면 그 계속근로한 총 기간이 2년을 초과하는 시점에 무기계약근로자로 전환된다고 할 수 있을 것이다(2010.1.6, 고용차별개선정책과-38).

(3) 동일 사업장의 다른 사업(업무)에 채용되는 경우 계속근로기간 산정

기간제법 제4조제1항제2호에는 휴직 · 파견 등으로 결원이 발생하여 당해 근로자가 복귀할 때까지 그 업무를 대신할 필요가 있는 경우에는 기간제근로자 사용기간 제한 예외 사유를 규정하고 있다.

기간의 정함이 있는 근로계약은 그 기간의 만료 또는 근로자의 계약해지 의사표시로 고용관계가 종료되나, 근로계약이 만료됨과 동시에 근로계약을 갱신하거나 동일한 조건의 근로계약을 반복하여 체결한 경우에는 고용관계가 유지되어 갱신 · 반복한 계약기간을 모두 합산하여 계속근로기간을 산정해야 한다. 계속근로

여부는 근로계약이 이루어지게 된 동기 및 경위, 기간을 정한 목적과 당사자의 진정한 의사, 계절적 · 임시적 고용여부, 근무기간의 근로제공을 하였는지 여부, 재채용시 동일사업(장)에서의 근무여부 등을 종합적으로 고려하여야 할 것이다. 근로계약 만료 후 일정한 공백기간을 거쳐 다시 채용공고, 서류전형, 면접 실시 및 새로운 사번의 부여 등 실질적인 공개채용 과정을 거쳐 재채용 되었다면 각각의 근로계약을 별개로 보아 계속근로기간 산정시 합산하지 않을 수 있을 것이다. 2007.7.1. 이후 근로계약을 체결 · 갱신 · 연장된 이후 육아휴직 업무대체와 같은 기간제근로자 사용기간 제한 예외의 경우를 제외한 계속근로기간이 2년을 초과한 경우라면 기간의 정함이 없는 근로자로 간주될 수 있을 것이다(2011.1.27, 고용평등정책과-212).

(4) 대체인력으로 근무한 기간제근로자의 무기계약직 전환 시점

기간제근로자가 병가 직원 대체인력으로 2014.7.1부터 2014.9.30까지 근무한 후 일반계약직으로 2014.10.1.부터 계속근무할 경우 무기계약직 전환 시점은 언제인가의 문제이다. 기간제법 제4조제2항에 따르면 제1항 단서의 사유가 없거나 소멸되었음에도 불구하고 2년을 초과하여 기간제근로자로 사용하는 경우에는 그 기간제근로자는 기간의 정함이 없는 근로계약을 체결한 근로자로 보도록 하고 있으므로 기간제법 제4조제1항 단서의 사유가 소멸되고 이후 다시 제1항 본문에 따른 계약을 하였다면 임시근무기간을 제외하고 그 이후의 기간을 합산해야 할 것으로 판단된다(2015.11.19, 고용차별개선과-2268).

3 근로자가 학업, 직업훈련 등을 이수함에 따라 그 이수에 필요한 기간을 정한 경우

1. 예외규정의 취지

기간제법 제4조제1항제3호는 2년을 초과하여 기간제근로자를 사용할 수 있는 경우로서 "근로자가 학업 · 직업훈련 등을 이수함에 따라 그 이수에 필요한 기간을 정한 경우"를 규정하고 있다. 기간제법 제4조제1항제3호의 취지는 근로자가 학업 · 직업훈련 등을 통해 지속적으로 직업능력을 개발하려는 경우에는 동 학업 · 직업훈련의 이수에 소요되는기간과 관련해서는 근로계약기간에 제한을 두지 않고 학업 · 직업훈련과 직장의 양립을 도모하려는 것이다(2012.2.1, 고용차별개선과-210).

학업, 직업훈련 등의 이수를 위한 기간은 지나치게 장기간 기간제근로자를 사용하게 될 우려가 있으므로 신중하게 운용될 것이 요청된다.

2. 구체적 사례

(1) 채용예정자에 대한 훈련을 사용기간 제한 예외사유인 "직업훈련의 이수에 필요한 기간"으로 볼 수 있는지 여부

기간제법 제4조제1항 단서 제3호는 "직업훈련의 이수에 필요한 기간"을 기간제근로자의 계속근로기간의 예외로 인정하고 있다. 여기서 '직업훈련'은 일반적인 의미로 작업에 필요한 기능을 습득시키는 일이라 볼 수 있을 것이며, 동 훈련에 참여하는 채용예정자의 근로자성이(예:훈련기간 중 실제 근로를 제공하고 그 대가로 임금을 받는 경우) 인정된다면 기간제근로자의 근로기간에 포함된다 할 것이다. 따라서 채용예정자가 별도의 훈련약정을 체결하여 훈련요원 신분으로 교육에 참여하고 동 교육기간의 성적에 따라 이후 별도의 기간제근로계약을 체결하더라도 실질적으로 동 교육기간 중 근로를 제공하고 그 대가로 사용자가 임금을 지급하였다면 당해 교육기간은 기간제근로자의 근로기간으로 보아야 할 것이며 이를 포함한 총 기간제근로자의 근로기간이 2년을 넘는 시점부터 무기계약근로자로 전환된다 할 것이다. 기간제근로자의 경우 기간제법 시행(2007.7.1.)이후 근로계약이 체결 · 갱신 · 연장되는 시점으로부터 기간제근로자의 근로기간이 2년이 넘는 경우 무기계약근로자로 자동전환된다(사용주에게 고용의무가 발생하는 것이 아니다.)(2007.7.18, 비정규직대책팀-2912).

(2) 학위 이수에 필요한 기간을 정한 경우 기간제근로자 사용기간 제한 여부

① 학위 이수에 필요한 기간의 의미

기간제법 제4조제1항제3호는 '근로자가 학업, 직업훈련을 이수함에 따라 그 이수에 필요한 기간을 정한 경우'를 기간제근로자 사용기간 제한의 예외로 규정하고 있다. 원칙적으로 근로자가 학업, 직업훈련을 이수함에 따라 그 이수에 필요한 기간을 합리적으로 고려하여 당사자간 합의로 정하면 될 것이다. 다만, '이수'란 사전적으로 '해당학과를 순서대로 공부하여 마친다는 것'을 의미하고, '이수학점', '이수과목'이라는 말로 흔히 쓰이고 있음과, 수업 등 학업과 병행함으로 인해 업무에 대한 충실도가 낮을 수 있음을 고려하여 위 조항을 규정한 취지를 참작한다면 학위를 취득하기까지의 기간을 말하는 것이 아니라 수업을 듣는 기간 동안을 의미한다고 생각된다.

② 박사과정에 진학한 시점 및 입사한 시점을 기준으로 박사과정 종료 시점까지 필요한 기간을 계약서상 명시한다면 기간제법상 사용기간 제한의 예외에 해당되는지 및 기존 근무자의 2007.7.1 이후 학업에 대하여 사용기간 예외 사항으로 소급적용이 가능한지의 여부

'근로자가 학업, 직업훈련을 이수함에 따라 그 이수에 필요한 기간을 정한 경우'를 기간제한 예외로 인정하고 있는바, 사용자가 근로자와 전체 학위 과정 중에 이수에 필요한 기간을 정하면 되며, 그 기간을 정하는 시점을 근로계약 체결시점과는 별개로 정할 수 있다고 보이며, 반드시 박사과정에 진학한 시점 및 입사한 시점부터 예외기간으로 설정해야 하는 것은 아니다. 다만, 2년의 사용기간 제한의 예외 기간에 해당한다고 볼 수 있으려면 그 기간의 기산 전에 미리 취업규칙, 근로계약서 등으로 정해야 하며, 2년의 기간이 지난 시점에서 그 동안의 근무 기간을 학업을 이수하는 데 필요한 기간을 정한 것으로 소급하여 예외기간으로 해석할 수는 없다.

③ 박사 또는 석사 과정에 있는 자가 휴학할 경우, 또는 석사나 박사과정을 주간이 아닌 야간 또는 주말에 다닐 경우에도 기간제법 제4조제1항제3호에 의한 기간제근로자의 사용기간 제한사항에 해당하는지 여부

원칙적으로 당사자간에 학업을 이수함에 필요한 기간을 어떤 방식으로 설정하

느냐에 따라 휴학 기간의 포함 여부가 달라질 것이다. 예를 들어, 취업규칙 등에서 학업 이수에 필요한 전체 기간의 상한을 두고(예:3년) 그 기간동안 학업을 이수하도록 하는 경우라면 그 기간 중에 일정 학기의 휴학 여부는 문제되지 않는다고 생각되며, 반면에 사용자가 당사자 간에 일정 학기 단위(예:총 6학기)로 학업과 병행할 수 있도록 허용하였다면 휴학한 기간은 학업을 이수함에 필요한 기간에서 제외된다고 생각된다.

또, 주말이나 야간 과정이라고 하더라도 사용자의 동의를 필요로 한다면 당사자 간의 합의로 '학업의 이수에 필요한 기간'으로 정할 수 있다고 판단된다(2009.11.30, 고용차별개선정책과-1990).

(3) 기간제근로자의 박사학위 과정동안 학생연구원으로 사용하는 경우 기간제근로자 사용기간 제한 예외 적용 여부

기간제법 제4조제1항 단서 제3호에 따라 '근로자가 학업, 직업훈련 등을 이수함에 따라 그 이수에 필요한 기간을 정한 경우'에는 동 근로자의 계속근로계약기간이 2년을 넘는 경우에도 기간의 정함이 없는 근로계약을 체결한 근로자로 보지 않도록 사용기간 제한의 예외를 규정하고 있다.

해당 연구원 소속 기간제근로자가 대학원 박사학위 과정(주간)에 진학하게 되어, 동 근로자를 연구원 내부규정에 따라 학생연구원으로 다시 채용하면서 그 사용기간을 학위이수에 필요한 기간으로 정한 경우에는 기간제법 제4조제1항 단서 제3호에 해당하는 것으로 볼 수 있다고 판단되며, 이 경우 동 근로자가 학생연구원으로 계속근로한 기간이 2년을 초과해도 기간의 정함이 없는 근로계약으로 전환되지는 않는다고 할 것이다. 또한, 기간제법 제4조제1항 단서 제3호 및 같은 법 시행령 제3조제1항제1호에 따라, 해당 학생연구원이 '박사학위(외국에서 수여받은 박사학위를 포함)를 취득한 후 해당 분야에 종사하는 경우'에 해당한다면, 동 근로자의 계속근로계약기간이 2년을 넘는 경우에도 기간의 정함이 없는 근로계약을 체결한 것으로 보지 않게 된다(2008.2.18, 비정규직대책팀-334).

(4) 재직 중에 대학원에 진학한 경우가 '학업, 직업훈련 등을 이수함에 따라 그 이수에 필요한 기간을 정한 경우'에 해당하는지 여부

기간제법 제4조제1항제3호에 따라 '근로자가 학업, 직업훈련 등을 이수함에 따라 그 이수에 필요한 기간을 정한 경우' 에는 동 근로자의 계속 근로계약기간이 2년을 넘는 경우에도 기간의 정함이 없는 근로계약을 체결한 근로자로 보지 않도록 사용기간 제한의 예외를 규정하고 있다. 이 규정은 근로자가 학업 · 직업훈련 등을 통해 지속적으로 직업능력을 개발하고자 하는 경우에는 동 소요기간과 관련해서는 근로계약기간에 제한을 두지 않겠다는 것이며 학업 · 직업훈련과 직장의 양립을 도모하려는 것이다.

따라서, 연구원 소속 기간제근로자가 대학원 학위과정에 진학하게 된 경위가 연구원 내부규정 등에 따른 것이거나, 기존 근로계약 만료 후 동 근로자를 다시 채용하면서 사용자와 근로자간 합의하에 그 사용기간을 학업 이수에 필요한 기간으로 정한 경우에는 기간제법 제4조제1항 단서의 제3호에 따른 사용기간 제한의 예외에 해당된다. 그러나, 단지 기간제근로자가 재직 중에 회사의 학위과정 이수 허용 방침 등과는 별개로 대학원에 진학한 것이라면 이는 근로자로서 근무하는 것과는 전혀 별개로 개인적으로 대학원에 진학한 것이므로 기간제법 제4조제1항 제3호에 따른 사용기간제한의 예외에 해당된다고 보기는 어려울 것이다(2013.5.7, 고용차별개선과-851).

4 고령자고용촉진법 제2조제1호의 고령자와 근로계약을 체결하는 경우

1. 예외규정의 취지

기간제법 제4조제1항제4호는 2년을 초과하여 기간제근로자를 사용할 수 있는 경우로서 "고령자고용촉진법 제2조제1호의 고령자(55세 이상)와 근로계약을 체결하는 경우"를 규정하고 있다.

기간제법 제4조제1항제4호의 취지는 고령자의 고용촉진을 위하여 예외를 허용한 것이다. 고령자고용촉진법 제2조(정의)제1호에서 「"고령자"란 인구 · 취업자의 구성 등을 고려하여 대통령령이 정하는 연령 이상인 자를 말한다」고 규정하고 고령자고용촉진법 시행령 제2조(고령자 및 준고령자의 정의) 제1항에서 「법 제2조제1호의 규정에 의한 고령자는 55세 이상인 자로 한다」고 규정하고 있다.

연령 때문에 재취업이 어려운 조기 퇴직자의 고용촉진을 위해 고령자에 대한 예외를 허용한 것이다. 그러므로 55세 이상에 해당하는 근로자에 대하여는 얼마든지 2년을 초과하는 기간제근로자로 사용할 수 있도록 한 것이다.

2. 구체적 사례

(1) 만 55세 이상 기간제근로자로 2년 초과하여 근무한 경우 무기계약근로자로 간주되는지 여부

기간제법 제4조제1항의 규정에 의하면 사용자는 고령자고용촉진법 제2조제1호의 규정에 의한 고령자(만 55세 이상자)에 대해서는 2년의 기간을 초과하여 기간제근로자로 사용할 수 있으므로 2007.7.1 이후 사용자는 사용기간 제한 없이 만 55세 이상의 근로자를 기간제근로자로 사용할 수 있다(2007.2.22, 비정규직대책팀-589).

(2) 정년이 만 55세로 정해진 회사에서 정년퇴직자와 1년단위 근로계약을 반복 · 갱신하여 2년 초과사용시 기간의 정함이 없는 근로계약을 체결한 근로자로 간주되는지 여부

기간의 정함이 있는 근로계약을 체결하는 경우 당사자 사이의 근로관계는 정해진 기간이 끝남과 동시에 사용자의 해고 등 별도 조치없이 당연 종료되는 것이 원칙이다. 한편, 기간제법 제4조제1항제4호는 “고령자고용촉진법 제2조제1호의 규정에 의한 고령자(55세 이상인 자)와 근로계약을 체결하는 경우”에는 2년을 초과하여 기간제근로자를 사용하더라도 기간의 정함이 없는 근로계약을 체결한 근로자로 간주되지 않도록 예외규정을 두고 있다(2008.5.30, 차별개선과-728).

(3) 고령자에 대한 기간제근로자 사용기간 제한의 예외 해당 여부 판단 시점

기간제법 제4조제1항제4호는 “고령자고용촉진법 제2조제1호의 규정에 의한 고령자(55세 이상)와 근로계약을 체결하는 경우”에는 기간제근로자를 2년을 초과하여 사용하더라도 기간의 정함이 없는 근로계약을 체결한 것으로 간주하지 않도록 규정하고 있다.

이에 따라 사용자가 기간제 근로계약을 최초로 체결할 당시 근로자가 만55세 이상인 경우 또는 계속근로기간이 2년을 초과하지 아니한 때에 기간제근로계약을 갱신하면서 당시 근로자의 연령이 만55세 이상인 경우에 한하여 기간제법 제4조제1항제4호에 해당된다고 보아야 할 것으로 판단된다. 최근 대법원도 같은 취지의 판결을 내린 바 있다(대법 2013.5.23, 2012두18967). 따라서 최초 근로계약을 체결하거나 갱신하는 시점에서는 고령자에 해당하지 아니하였으나 근로계약기간 중에 비로소 만55세가 된 근로자의 경우, 계속근로한 기간이 2년을 초과하는 시점에서는 고령자에 해당된다 하더라도 사용기간 제한의 예외라고 볼 수는 없으며, 이에 따라 해당 근로자는 무기계약 근로자로 간주되어야 할 것이다(2013.7.25, 고용차별개선과-1482).

5 전문적 지식 · 기술의 활용이 필요한 경우 또는 정부의 복지정책 · 실업대책 등에 의하여 일자리를 제공하는 경우로서 대통령령이 정하는 경우

기간제법 제4조제1항제5호에서 2년을 초과하여 기간제근로자를 사용할 수 있는 경우를 대통령령으로 정하도록 규정하고 있다. 법률의 취지에 따라 기간제근로자의 사용기간 제한을 통하여 고용을 보호할 당위성이 약한 경우, 업무 또는 계약의 특성상 기간제한이 불합리한 경우 등에 대해서는 기간제 사용기간 제한의 특례가 가능하다고 보아 '전문적 지식 · 기술의 활용이 필요한 경우', '정부의 복지정책 · 실업대책 등에 의하여 일자리를 제공하는 경우', '그 밖에 합리적인 사유가 있는 경우'를 예외로 인정하고 있다.

기간제근로자 사용기간 제한의 예외로 규정되면 근로계약을 계속 반복 · 갱신할 수 있으므로, 업무의 특성상 사용기간 제한이 불합리한 경우 등을 구체적으로 규정하여 노동시장의 유연성도 제고할 수 있을 것이다. 또한 이는 전문성이 요구되는 업무와 정부예산으로 취약계층 생계지원을 위해 시행되는 일자리 사업, 그리고 업무 또는 계약특성상 사용기간 제한이 불합리한 경우 등에 대해서는 2년을 초과하여 근로자를 사용한다 하더라도 무기계약으로 전환된다고 보지 않겠다는 것으로서, 노동시장 경직성을 완화하는 수단이 될 수 있다.

1. 전문적 지식 · 기술의 활용이 필요한 경우

기간제법 제4조제1항제5호에서 "전문적 지식 · 기술의 활용이 필요한 경우로서 대통령령이 정하는 경우"란 다음의 어느 하나에 해당하는 경우를 말한다(동법시행령 제3조제1항).

「1. 박사학위(외국에서 수여받은 학위 포함)를 소지하고 해당 분야에 종사하는 경우

2. 국가기술자격법 제9조제1항제1호에 따른 기술사 등급의 국가기술자격을 소지하고 해당 분야에 종사하는 경우

3. 별표 2에서 정한 전문자격을 소지하고 해당 분야에 종사하는 경우」라고 규정하고 있다. 즉, 기간제근로자 사용기간 제한의 전문직 특례는 그 규정의 문언상 박사학위 · 국가기술자격 · 전문자격을 소지하고 있을 뿐 아니라, 박사학위 소지자의 경우 '해당 전문지식을 직무에 활용하는 경우', 국가기술자격 및 전문자격 소지자의 경우 '해당 직무분야에 종사하는 경우'라야만 적용될 수 있다.

(1) 박사학위(외국에서 수여받은 박사학위를 포함한다)를 소지하고 해당 분야에 종사하는 경우

1) 박사학위 취득자의 사용기간 예외의 취지

박사학위 소지자는 일반적으로 해당 분야의 전문적 지식과 기술을 갖춘 전문가로서 인식되고 있으므로 기간제근로자가 박사학위를 받은 분야에 종사하고 있는 경우라면 전문적 지식 · 기술의 활용이 필요한 경우에 해당하여 사용기간 제한의 예외에 포함시킨 것이다. 박사학위 소지자가 해당 분야에 종사하는지 여부는 한국표준직업분류의 업무내용을 바탕으로 한국고용정보원 및 한국직업능력개발원의 직업전문가의 자문 등을 통하여 판단될 수 있을 것이다.

2) 구체적 사례

① 일반기업체 박사학위 소지자의 경우 사용기간 제한 예외 인정 여부

그러나 기간제법 제4조제1항 단서 제5호에 따라 '전문적 지식 · 기술의 활용이 필요한 경우로서 대통령령이 정하는 경우'에는 당해 계약기간이 2년을 초과하고 이에 따라 동 근로자의 계속 근로계약기간이 2년을 넘는 경우에도 기간의 정함

이 없는 근로계약을 체결한 것으로 보지 않도록 예외규정을 두고 있다. '박사 학위(외국에서 수여받은 박사 학위를 포함한다)를 소지하고 해당 분야에 종사하는 경우'를 사용기간 제한의 특례로 정하고 있을 뿐, 기업체라고 하여 그 적용관계를 달리 정하고 있지 아니하므로 일반 기업체도 이러한 사용기간 제한의 특례가 적용된다 할 것이다. 따라서 일반 기업체에서 박사학위를 소지하고 해당 분야에 종사하는 경우라면 사용기간 제한의 특례가 인정될 것이다(2007.5.2, 비정규직대책팀-1406).

② 박사 및 석사학위 소지 시간강사의 사용기간 제한의 예외사유 해당 여부

(가) 대학교에서 박사학위를 소지한 시간강사: 이 경우 기간제법 시행령 제3조제1항제1호에 의한 '박사학위(외국에서 수여받은 박사학위를 포함한다)를 소지하고 해당 분야에 종사하는 경우'에는 계속 근로계약기간이 2년을 넘는 경우에도 기간의 정함이 없는 근로계약을 체결한 것으로 보지 않도록 하는 예외규정을 두고 있으며, 외국인근로자라 하여 이를 달리 적용하지 않고 있다.

(나) 대학에서 박사학위를 소지하지 아니한 시간강사: 이 경우 기간제법시행령 제3조제3항제4호나목에 의하여 시간강사로서의 업무에 종사하는 경우에는 계속 근로계약기간이 2년을 넘는 경우에도 기간의 정함이 없는 근로계약을 체결한 것으로 보지 않도록 예외규정을 두고 있다.

③ 교육학 박사학위 소지자인 입학사정관의 사용기간 제한 예외

사립대학에서 입학사정관의 업무를 수행할 직원으로 교육학 박사학위 소지자를 기간제근로자로 채용하였을 때 이 근로자를 기간제법 시행령 제3조제1항 제1호 "박사학위를 소지하고 해당 분야에 종사하는 경우"로 보아 사용기간제한 예외 규정을 적용할 수 있는지 여부이다.

입학사정관이란 "성적 위주의 획일적 선발 방식에서 벗어나 학생의 잠재력, 대학의 설립이념 및 모집단위 특성 등 다양한 요소를 고려하여 학생을 선발하는 제도인 입학사정관제를 수행하기 위한 전문가"로서 그 역할은 ① 고교 및 대학의 교육과정을 분석하여 관련 정보 자료를 축적 관리하고, ② 효과적 전형방법을 연구 · 개발하며, ③ 다양한 전형자료를 심사 · 평가하여 개별 지원자의 입학여부를 결정하고, ④ 입학생 및 재학생의 학업과 학교 적응을 지원하는 것으로, 교육학 박사학위 소지자가 해당 학위 분야의 전문적지식과 기술을 활용하여 입학사정관 업무에 종사하는 경우에는 기간제법 시행령 제3조제1항제1호에 해당할 수 있을 것으로 보이나, 해당 학위 분야의 전문적지식과 기술을 활용하지 않는 경우에는 동 예외 규정을 적용하기 어려울 것이다.

박사학위 소지자가 해당 분야에 종사하는지 여부는 한국표준직업분류의 업무내용을 바탕으로 한국고용정보원 및 한국직업능력개발원의 직업전문가의 자문 등을 통하여 판단될 수 있을 것이다(2012.4.27, 고용차별개선과-850).

(2) 국가기술자격법 제9조에 의한 기술사 등급의 국가기술자격을 소지하고 해당 분야에 종사하는 경우

1) 사용기간 제한 예외의 취지

기술사 소지자는 일반적으로 박사학위 소지자와 유사한 수준의 해당 분야의 전문적 지식과 기술을 갖춘 전문가로서 인식되고 있으므로 기간제근로자가 기술사 자격을 소지하고 해당 분야에 종사하고 있는 경우라면 전문적 지식 · 기술의 활용이 필요한 경우에 해당하여 사용기간 제한의 예외에 포함시킨 것이다.

기술사 자격 소지자가 해당 분야에 종사하는지 여부는 한국표준직업분류의 업무내용을 바탕으로 한국고용정보원 및 한국직업능력개발원의 직업전문가의 자문 등을 통하여 판단될 수 있을 것이다.

2) 구체적 사례

① 기술사 등급의 국가기술자격을 소지하고 있더라도 해당 분야에서 종사하는 경우가 아닌 경우

기술사 등급의 국가기술자격을 소지하고 있더라도 해당 분야에서 종사하는 경우가 아니라면 기간제근로자 사용기간 제한의 예외에 해당하지 아니한다. '해당 분야의 직무'와 기술사 등급의 국가기술자격과는 '무관한 직무'를 겸해 수행하고 있는 경우, '해당 분야의 직무'를 주된 직무로 하되 '무관한 직무'는 일시적 · 간헐적으로 수행하거나 업무비중이 일부에 그치는 데 불과한 경우라면 기간제근로자 사용기간 제한의 예외에 해당될 수 있다(2013.6.4, 고용차별개선과-1053). 예컨대 변호사 자격증을 소지한 자가 법과대학에서 교육을 담당하는 경우에는 기간제근로자 사용기간 제한의 예외의 해당되나(2011.12.1, 고용차별개선과-2139), 의사 자격을 소지하고 의학 전문기자로 종사하는 경우에는 예외에 해당하지 않는다(2014.2.11, 고용정책평등과-314).

② **전문적 지식 · 기능은 있으나 실제 자격을 보유하지 아니한 경우**

설령 근로자가 해당 학위나 자격에 준하는 지식과 기능을 갖추고 있더라도 실제 자격증을 보유하고 있지 않는 경우에는 사용기간 제한의 예외에 해당하지 않는다(2013.6.25, 고용차별개선과-1217).

③ **국가암관리사업에 종사하는 간호사, 사회복지사 등 기간제근로자의 사용기간 제한 예외 여부**

간호사, 사회복지사, 의무기록사, 치위생사, 치기공사, 물리치료사 등 해당 분야의 자격증을 소지하고 국가암관리사업에 종사하는 경우가 기간제법 제4조제1항제5호 및 동법 시행령 제3조제1항제2호의 적용 대상인지 여부에 관하여, 기간제법 제4조제1항제5호에서는 전문적 지식 · 기술의 활용이 필요한 경우로 동법 시행령 제3조제1항제2호의 국가기술자격법 제9조제1항제1호에 따른 기술사 등급의 국가기술자격을 소지하고 해당분야에 종사하는 경우를 규정하고 있다.

국가기술자격법 시행규칙 별표2의 "국가기술자격의 직무분야 및 국가기술자격의 종목"에서는 직무분야별, 기술 · 기능 · 서비스 분야별 기술자격의 종류를 정하고 있고, 26개 직무분야 중 기술사 등급은 84개로 제한되는 바, 간호사, 사회복지사, 의무기록사, 치위생사, 치기공사, 물리치료사는 이에 해당하지 아니한다. 사용기간 제한의 예외에 해당하지 않는 국가암관리사업 수행인력을 2년을 초과하여 계속고용하는 경우에는 기간제법 제4조제2항에 의거 기간의 정함이 없는 근로계약을 체결한 자로 간주되고, 임금 등 근로조건은 단체협약이나 취업규칙 또는 당사자간 근로계약이 정하는 바에 따라야 할 것이며, 당사자간 합의없이 기존의 근로조건을 저하시켜서는 아니 된다(2011.8.8, 고용차별개선과-1243).

④ **교육학 박사학위 소지자인 입학사정관의 사용기간 제한 예외**

교육학 박사학위 소지자가 해당 학위 분야의 전문적지식과 기술을 활용해 입학사정관 업무에 종사하는 경우에는 기간제법 시행령 제3조제1항제1호에 해당할 수 있을 것으로 보이나 해당 학위 분야의 전문적지식과 기술을 활용하지 않는 경우에는 동 예외 규정을 적용하기 어려울 것이다(2012.4.27, 고용차별개선과-850). 비록 국가기술자격을 소지했더라도 해당 분야에 종사하는 경우가 아니라면 기간제근로자 사용기간 제한의 예외에 해당하지 않으며, '해당 분야의 직무' 와 '무관한 직무' 를 겸해서 수행하고 있는 경우 주된 직무가 무엇인지에 따라 기간제근로자 사용기간

제한의 예외 해당 여부가 결정된다.

(3) 전문국가자격(기간제법시행령 별표 2)의 자격을 소지하고 해당 분야에 종사하는 경우

1) 사용기간제한 예외의 취지

기간제법시행령 제3조제1항제3호는 2년을 초과하여 기간제근로자를 사용할 수 있는 경우로서 변호사, 공인회계사, 의사 등 25개 전문국가자격을 소지하고 해당 분야에 종사하는 경우를 규정하고 있다. 이러한 국가자격은 엄격한 자격취득 요건을 충족해야만 진입이 가능하고 독점적으로 수행할 수 있는 업무 분야와 권한이 있다는 점, 별도의 고용시장을 형성하고 있는 경우가 많다는 점, 전직가능성 또는 개인 사업자로서의 전환가능성이 높다는 점 등에서 일반적인 근로자와 다른 특징이 있다. 또한 국가가 개별법에 의하여 자격을 관리하고 있으며, 높은 수준의 근로조건을 영위하고 있다. 특히, 동 자격을 취득한 자 중 상당수가 고소득 개인사업자로서 직업생활을 영위하므로 법률로서 고용을 보호해야 할 당위성이 약하여 사용기간 제한의 예외에 포함시킨 것이다.

2) 전문국가자격소지자의 판단기준

① **25개 전문국가자격 소지자가 해당 분야에 종사하는지 여부**: 한국표준직업분류의 업무내용을 바탕으로 한국고용정보원 및 한국직업능력개발원의 직업전문가의 자문 등을 통하여 판단될 수 있을 것이다. 예컨대 의사 · 변호사 · 공인노무사 등 전문성과 직업능력이 높은 전문직종 종사자들은 사용자를 상대로 충분한 교섭력을 갖고 있기 때문에 사용기간제한을 통해 보호할 필요성과 당위성이 상대적으로 낮기 때문이다. 또한 기간제근로자 사용의 남용이 우려되지 않는 점, 2년이 지난 시점에서도 기업에 그 전문성이 계속 필요한지 여부나 그 전문성을 근로자가 계속 유지할 수 있는지 여부의 판단이 쉽지 않을 수 있어 2년 후 무기근로계약으로 간주하기보다는 고용을 유지할 필요가 있기 때문에 사용기간 제한의 예외를 인정한 것이다. "전문적 지식 · 기술의 활용이 필요한 경우"는 얼마든지 있을 수 있기 때문이다. 과연 전문적 지식, 기술의 활용이 필요하다고 하여 기간제근로자의 사용을 무제한 허용할 수 없기 때문에 신중하게 그 요건을 규정하여야 할 것이다.

② **해당 분야의 범위**: '해당 분야'를 사용자의 '해당 사업 분야'로 해석한다면

그 범위가 폭넓게 인정될 것이다. 그러나 기간제법은 기간제 근로계약을 예외로 규정하여 제한하고 있는 점, 사용자는 동법 제17조제5호에 따라 기간제 근로계약 체결시 "취업의 장소와 종사하여야 할 업무에 관한 사항"을 서면으로 명시하여야 한다는 점 등을 고려하면, '해당 분야' 는 학위나 자격을 활용하는 '해당 업무 분야' 로 한정하여 해석하여야 할 것이다.

3) 전문자격의 종류

1.「건축사법」 제7조에 따른 건축사
2.「공인노무사법」 제3조에 따른 공인노무사
3.「공인회계사법」 제3조에 따른 공인회계사
4.「관세사법」 제4조에 따른 관세사
5.「변리사법」 제3조에 따른 변리사
6.「변호사법」 제4조에 따른 변호사
7.「보험업법」 제182조에 따른 보험계리사
8.「보험업법」 제186조에 따른 손해사정사
9.「부동산가격공시 및 감정평가에 관한 법률」 제23조에 따른 감정평가사
10.「수의사법」 제2조제1호에 따른 수의사11.「세무사법」 제3조에 따른 세무사
12.「약사법」 제3조에 따른 약사
13.「약사법」 제4조에 따른 한약사
14.「약사법」 제45조에 따른 한약업사
15. 대통령령 제14319호 약사법 시행령 일부개정령 부칙 제2조에 따른 한약조제사
16.「의료법」 제5조에 따른 의사
17.「의료법」 제5조에 따른 치과의사
18.「의료법」 제5조에 따른 한의사
19.「중소기업진흥 및 제품구매촉진에 관한 법률」 제46조에 따른 경영지도사
20.「중소기업진흥 및 제품구매촉진에 관한 법률」 제46조에 따른 기술지도사
21.「항공법」 제26조에 따른 사업용조종사
22.「항공법」 제26조에 따른 운송용조종사
23.「항공법」 제26조에 따른 항공교통관제사
24.「항공법」 제26조에 따른 항공기관사
25.「항공법」 제26조에 따른 항공사

2. 정부의 복지정책 · 실업대책 등에 의하여 일자리를 제공하는 경우

취로사업 · 자활사업 · 공공근로사업 등 정부시책사업은 참여자들의 생활 안정, 취업기회 제공 등이 주된 목적으로서 일반적인 근로관계와 차이가 있으며, 예산을 통해 시행되므로 사업의 성격상 사업기간에 맞추어 기간제근로자로 사용할 필요가 있기 때문이다. 정부의 재정을 통하여 일자리를 제공하는 것은 직업능력개발, 취업촉진 등을 위하여 한시적으로 추진하는 것이 일반적이므로 사용기간 제한의 예외에 포함시킨 것이다.

기간제법 제4조제1항제5호에서 "정부의 복지정책 · 실업대책 등에 의하여 일자리를 제공하는 경우로서 대통령령이 정하는 경우"란 다음의 어느 하나에 해당하는 경우를 말한다(동법시행령 제3조제2항).

(1) 「고용정책기본법」, 「고용보험법」 등 다른 법령에 따라 국민의 직업능력 개발, 취업촉진 및 사회적으로 필요한 서비스 제공 등을 위하여 일자리를 제공하는 경우

1) 예외규정의 취지

기간제법 제4조제1항 단서 제5호 및 같은 법 시행령 제3조제2항제1호에서 규정하고 있는 내용은 다음과 같다.

> 1. 「고용정책기본법」, 「고용보험법」 등 다른 법령에 따라 국민의 직업능력 개발, 취업 촉진 및 사회적으로 필요한 서비스 제공 등을 위하여 일자리를 제공하는 경우
> 2. 「제대군인지원에관한법률」 제3조에 따라 제대군인의 고용증진 및 생활안정을 위하여 일자리를 제공하는 경우
> 3. 「국가보훈기본법」 제19조제2항에 따라 국가보훈대상자에 대한 복지증진 및 생활안정을 위하여 보훈노우미 등 복지지원 인력을 운영하는 경우

국가나 지방자치단체가 국민 또는 주민에게 제공하는 공공서비스는 그 본질적 특성상 사회적으로 필요한 서비스의 성격을 가지고 있다. 따라서 국가나 지방자치단체가 그 공공서비스를 위하여 일자리를 제공하는 경우, 기간제법 제4조제1항 단서 제5호, 동법 시행령 제3조제2항제1호에 해당하는지는 해당 사업의 시행 배경, 목적과 성격, 사업의 한시성이나 지속가능성 등 여러 사정을 종합적으로 고려하여 판단하여야 한다(대법 2012.12.26, 2012두18585). 관련 규정의 취지는 정부의 재정을

통하여 일자리를 제공하는 것은 직업능력개발취업촉진 등을 위하여 한시적으로 추진하는 것이 일반적이므로 사용기간 제한의 예외에 포함시킨 것이다. 이에 해당하는 경우는 본래의 사업을 추진함에 따라 부수적으로 일부 일자리 제공의 효과가 발생하는 것이 아니라 법령에 근거하여 사업의 주된 목적이 취업취약계층에게 한시적으로 일자리를 제공하는 경우로서 정부의 재정지원을 통해 실시하는 일자리 사업을 의미하는 것으로 보아야 할 것이다(2010.12.30, 고용평등정책과-1644).

2) 구체적 사례

① 공공기관 청년인턴제도에 따른 인턴채용의 경우

청년실업대책의 일환인 공공기관 청년인턴제도에 따른 인턴채용은 상기 조항에 해당되어 기간제근로자 사용기간 제한의 예외에 해당된다. 한편, 공공기관 청년인턴제도에 따른 인턴사용기간이 종료되었다면, 기간제법 제4조제1항제5호에 따른 단서 사유가 소멸하였다고 볼 수 있으므로 소멸된 시점 이후에 새로운 채용공고에 따른 공개채용절차를 거쳐 동일한 근로자와 근로계약을 다시 체결하는 경우, 그때로부터 2년을 초과하여 기간제근로자로 사용하게 되면 기간의 정함이 없는 근로계약을 체결한 근로자로 간주될 것이다(2010.1.7, 고용차별개선정책과-49).

② 가정폭력 피해자 보호시설에서 근무하는 기간제근로자의 경우

「가정폭력방지및피해자보호등에관한법률」 제4조는 “국가와 지방자치단체는 가정폭력의 예방 · 방지와 피해자의 보호 · 지원을 위하여 다음 각 호의 조치를 취하여야 한다”고 국가 등의 책무가 규정되어 있으며, 동법 제7조와 제8조에는 국가나 지방자치단체 및 사회복지법인 등의 보호시설의 설치 · 운영 및 보호시설의 업무에 관해 규정되어 있으며 동 보호시설에는 보호시설의 장 1명과 상담원 등 종사자를 두도록 하고 있는 바, 이와 같이 국가 및 지방자치단체의 책임하에 의무적으로 가정폭력의 예방 · 방지와 피해자의 보호 · 지원을 수행하도록 하고 있는 근거법령의 입법태도 및 사업수행방식, 민간서비스 공급을 사실상 기대하기 어려운 점 등을 종합하여 볼 때, 가정폭력 피해자 보호시설에서 제공하는 서비스는 전형적인 공공행정서비스이고, 일시적 · 한시적으로 이루어지는 사업이 아니라 상시적으로 수행되어야 할 업무로 보이므로, 기간제법 제4조제1항제5호 및 같은법 시행령 제3조제2항제1호의 “「고용정책기본법」, 「고용보험법」등 다른 법령에 따라 국민의 직업능력 개발, 취업 촉진 및 사회적으로 필요한 서비스 제공 등을 위하여 일자리를 제공하는 경우"에 해당된다고 보기 어렵다(2010.5.7, 고용평등정책과-713).

③ '독거노인생활 지원을 위한 가정봉사원 파견사업' 및 '독거노인생활지도사 파견사업'의 사용기간 제한 예외 여부

「독거노인생활 지원을 위한 가정봉사원 파견사업」 및 「독거노인생활지도사 파견사업」은 노인복지법 제27조의2의 규정에 따라 국가 및 지방자치단체가 '홀로 사는 노인에 대해 방문요양서비스 등 서비스와 안전 확인 등의 보호조치를 취하는 것'의 일환으로 보인다. 따라서 해당 사업은 "정부의 복지정책 · 실업대책 등에 의하여 일자리를 제공하는 경우로서 다른 법령에 따라 국민의 직업능력 개발, 취업촉진 및 사회적으로 필요한 서비스제공 등을 위하여 일자리를 제공하는 경우"에 해당되어 기간제근로자의 사용기간 제한의 예외로 인정될 수 있을 것으로 판단된다(2008.1.8, 비정규직대책팀-66).

④ '맞춤형 방문건강관리사업' 인력의 기간제근로자의 사용기간 제한 예외 적용 여부

맞춤형 방문건강관리사업은 2007년도 사회적 일자리 제공사업 중 보건복지부 사업인 "방문보건사업활성화사업"의 일환으로 보여, 기간제법 제4조제1항제5호 및 같은 법 시행령 제3조제2항제1호에 따라 정부의 복지정책 · 실업대책 등에 의하여 일자리를 제공하는 경우로서 기간제근로자 사용기간 제한의 예외에 해당하는 것으로 판단된다(2008.2.26, 비정규직대책팀-415).

⑤ '노숙인 일자리 갖기 사업'이 정부의 복지정책 · 실업대책 등에 의해 일자리를 제공하는 경우에 해당되는지 여부

서울시에서 실시 중인 「노숙인 일자리 갖기 사업」에 대한 보건복지가족부의 검토의견에 따르면, 동 사업은 「사회복지사업법」 및 「부랑인 및 노숙인 보호시설 설치 · 운영규칙」에 따른 노숙인 보호를 위해 서울시에서 노숙인에게 산하 본부 및 사업소 등에 있는 적절한 일자리를 제공하고, 노숙인의 인건비 중 일정액을 시비로 지원하면서 노숙인들에게 안정된 수입을 제공하여 근로의욕을 고취하고 자립의 계기를 마련하고자 추진된 사업으로 보인다.

이상을 종합해 볼 때, 동 사업은 기간제법 시행령 제3조제2항제1호의 "「고용정책법」, 「고용보험법」 등 다른 법령에 따라 국민의 직업능력 개발, 취업촉진 및 사회적으로 필요한 서비스제공 등을 위하여 일자리를 제공하는 경우"에 해당되는 것으로 보는 것이 타당하다(2008.8.13, 차별개선과-1382).

⑥ '찾아가는 이동보훈복지 서비스(BOVIS)'를 수행하기 위해 채용된 업무보조 운전원이 사용기간 제한 예외에 해당되는지 여부

2005년부터 시작되는 '찾아가는 이동보훈복지 서비스(BOVIS)'는 65세 이상 고령의 보훈대상자 중 치매, 중풍 등 노인성 질환자나 독거노인 등으로 거동이 불편하고 가족으로부터 제대로 된 보호를 받지 못하는 자에게 보훈복지사와 보훈도우미가 정기적으로 찾아가 가사 · 간병 등 재가복지서비스를 제공하는 것으로서 「국가보훈법」 제19조제2항에 따라 국가보훈대상자에 대한 복지증진 및 생활안정을 도모하려는 취지로 보인다. 이러한 '찾아가는 이동보훈복지 서비스(BOVIS)'를 적시에 효율적으로 제공하기 위해서는 관할구역이 넓은 행정구역의 특성을 감안하여 기동성을 갖춘 현장이동이 긴요하다고 보이며, 이는 동 서비스 업무의 본질적 내용에 해당한다고 볼 수 있을 것으로 판단되는 바, 업무보조 운전원을 활용하여 보훈복지사와 보훈도우미의 현장이동을 지원하는 한편 노인 · 의료물품 전달과 같은 부수적인 복지서비스도 이루어진다면 이는 "국가보훈대상자에 대한 복지증진 및 생활안정을 위해 복지지원인력을 운용하는 경우"에 해당될 수 있다(2007.11.16, 차별개선과-4117).

⑦ 보건복지부의 위탁사업인 '아동복지교사 지원사업'이 정부의 복지정책 · 실업대책 등에 의해 일자리를 제공하는 경우에 해당되는지 여부

아동복지교사 지원사업은 보건복지부가 '실업극복국민재단함께일하는사회'(대표단체), '(사)부스러기사랑나눔회', '(사)전국지역아동센터협의회', '한국YMCA전국연맹'으로 구성된 컨소시엄과 2007.3.16 위탁계약을 체결하고, 아동복지교사 중앙지원센터와 전국 18개 시도지원센터를 통해 2007.6.1부터 실시하고 있는 사업으로, 2007.12.31에 위탁기간이 종료되었고 2008.1.1부터 2008.12.31까지 1년간 위탁기간이 연장되어 현재까지 운영되고 있는 것으로 보이며, 동 사업은 아동복지법 제4조에 따라 추진되고 있으며, 빈곤 아동에 대한 보호, 교육, 문화, 상담 등 질 높은 지역사회 아동복지 서비스를 제공하는 한편, 여성 등 취약계층,

저소득층, 청년구직자, 이주 외국인 등을 아동복지교사로 채용, 안정적인 일자리를 제공하고자 실시하는 사업(사회적 일자리 사업으로 지정)으로 빈곤아동의 건강·복지 증진 및 취약계층 일자리 제공이라는 사회적 목적을 추구하고 있으며, 빈곤아동에게 반드시 필요하나 수익성 등으로 인해 충분히 제공되고 있지 못한 보호(생활, 안전귀가, 급식·보건위생지도), 교육(기초학습, 영어·독서지도 등), 문화(예능·체육활동 지원), 상담(가족상담 등) 서비스를 아동복지교사 중앙지원센터 및 18개 시도지원센터, 2천2백여 지역아동센터에 아동복지교사를 파견, 전국 6만여명의 아동에게 제공하고 있는바, 동 사업은 기간제법 제4조제1항제5호 및 같은법 시행령 제3조제2항제1호의 "「고용정책기본법」, 「고용보험법」등 다른 법령에 따라 국민의 직업능력 개발, 취업 촉진 및 사회적으로 필요한 서비스 제공 등을 위하여 일자리를 제공하는 경우"에 해당된다고 보여지며, 이러한 경우 2년을 초과하여 기간제근로자를 사용하더라도 기간의 정함이 없는 근로계약을 체결한 것으로 보지 않는다. 또한, 해당 센터가 보건복지부와 한시적으로 위탁계약을 체결하여 운영하는 기간은 기간제법 제4조제1항제1호의 "사업의 완료 또는 특정한 업무의 완성에 필요한 기간을 정한 경우"로서 기간제근로자 사용기간 제한의 예외에 해당할 수도 있다(2008.9.17, 차별개선과-1675).

⑧ '정신보건센터운영사업'이 정부의 복지정책·실업대책 등에 의해 일자리를 제공하는 경우에 해당되는지 여부

해당 부처에서 시행하고 있는 "정신보건센터 운영 사업"이 기간제법상 기간제근로자 사용기간 제한의 예외에 해당하는지 여부를 살펴보면, 동 사업은 「정신보건법」 제4조 및 같은법 제13조에 따라 추진되고 있고, 지역사회를 중심으로 정신질환의 예방, 정신질환자의 발견·상담·진료, 사회복귀훈련 및 이에 관한 사례관리 등 정신보건 사업을 통해 지역주민의 정신건강을 증진한다는 사회적 목적을 추구하고 있으며, 지역 내에 소재하는 공공 및 민간 정신의료기관(진료, 재활), 정신요양시설(요양보호, 재활), 알코올상담센터(상담, 재활), 사회복귀시설(재활, 주거) 등을 아우르는 지역사회 중심의 통합적인 정신질환자 관리체계를 구축, 보다 나은 정신보건 서비스를 전달하고 연계체계를 강화하고자 운영되고 있으므로 기간제법 제4조제1항제5호 및 같은법 시행령 제3조제2항제1호의 "「고용정책기본법」, 「고용보험법」등 다른 법령에 따라 국민의 직업능력 개발, 취업 촉진 및 사회적으로 필요한 서비스 제공 등을 위하여 일자리를 제공하는 경우"에 해당된다고 보여지며, 이러한 경우 2년을 초과하여 기간제근로자를 사용하더라도 기간의 정함이 없는 근로계약을 체결한 것으로 보지 않음이 타당하다고 사료된다.

다만, 동 사업이 1998년도부터 현재까지 지속되고 있는 바, 기간제법 시행일(2007.7.1) 이전에 근로계약이 수차례 반복 갱신되어 기간의 정함이 의미가 없을 정도로 형식에 불과한 상태가 되었다면 그러한 근로자는 이미 기간의 정함이 없는 근로자로 전환(대법 2006.2.24, 2005두5673 참조)되었다고 볼 수도 있어 사용자가 단순히 계약기간 만료를 이유로 재계약을 거부하는 경우 부당해고의 가능성도 배제할 수 없다(2008.10.9, 차별개선과-1863).

⑨ 보건복지부가 전국 시군구에 건강가정지원센터를 설치하여 지역주민의 특성을 고려한 맞춤형 가족지원서비스를 제공하고 있는 바, 동 사업에서 기간제근로자가 수행하는 업무가 기간제법 제4조제1항제5호에 따른 기간제근로자 사용기간 제한의 예외가 적용되는지 여부

건강가정기본법상 이와 같이 국가 및 지방자치단체의 책임하에 의무적으로 건강가정지원사업을 수행토록 하고 있는 근거법령의 입법태도 및 사업수행방식, 전국민을 수혜대상으로 하고 있는 점, 민간서비스 공급을 사실상 기대하기 어려운 점 등을 종합하여 볼 때 건강가정지원센터에서 제공하는 맞춤형 가족지원서비스는 전형적인 공공행정서비스로 판단되므로, 기간제법 제4조제1항제5호 및 같은 법 시행령 제3조제2항제1호의 "「고용정책기본법」, 「고용보험법」등 다른 법령에 따라 국민의 직업능력 개발, 취업 촉진 및 사회적으로 필요한 서비스 제공 등을 위하여 일자리를 제공하는 경우"에 해당된다고 보기 어렵다.

다만, 「건강가정지원법」에서 허용하고 있듯이 지방자치단체에서 동 사업을 비영리법인 등과 위·수탁계약을 체결하여 운영하는 경우에는 기간제법 제4조제1항제1호의 "사업의 완료 또는 특정한 업무의 완성에 필요한 기간을 정한 경우"로서 기간제근로자 사용기간 제한의 예외에 해당할 수 있다(2008.11.21, 차별개선과-2206).

⑩ '장애인주민센터도우미지원사업'이 정부의 복지정책·실업대책 등에 의해 일자리를 제공하는 경우에 해당되는지 여부

"장애인주민센터도우미" 지원사업은 「장애인복지법」에 근거하여 사회 취약계층인 장애인의 복지증진 및 취업촉진 등을 위하여 장애인에게 필요한 일자리를 제공하는 사업으로서, 기간제법 제4조제1항제5호의 "정부의 복지정책 · 실업대책 등에 의하여 일자리를 제공하는 경우"로서 동법 제3조제2항제1호의 "법령에 따라 국민의 직업능력 개발, 취업 촉진 및 사회적으로 필요한 서비스 제공 등을 위하여 일자리를 제공하는 경우"에 해당된다고 보여지며, 이러한 경우 2년을 초과하여 기간제근로자를 사용하더라도 기간의 정함이 없는 근로계약을 체결한 것으로 보지 않는다고 할 것이다(2008.11.26, 차별개선과-3323).

⑪ 보건복지부에서 시행하고 있는 드림스타트 사업이 기간제법 시행령 제3조제2항에 해당하는지 여부

"드림스타트 사업"의 경우 「아동복지법」 제4조제1항의 규정에 근거하여 지방자치단체(시군구)가 드림스타트 센터를 설치하고 민간 전문인력을 시 · 군 · 구의 장이 직접 채용하여 빈곤아동을 대상으로 가정방문 및 집합교육 등을 통해 사례관리 및 보건 · 복지 · 보육서비스를 제공하는 사업으로서 빈곤아동의 건강 · 복지증진이라는 사회적 목적을 추구하고 있고, 아동에게 필요한 서비스이나 저소득 등의 이유로 민간에서 충분히 제공되지 못하는 서비스를 12세 이하 빈곤(기초생활수급 및 차상위 120% 소득 기준)아동으로 한정하여 제공하는 사업으로서 기간제법 제4조제1항 단서 제5호 및 같은법 시행령 제3조제2항제1호에서 규정하고 있는 "고용정책기본법, 고용보험법 등 다른 법령에 따라 사회적으로 필요한 서비스 제공 등을 위하여 일자리를 제공하는 경우"에 해당되어 2년을 초과하여 기간제근로자를 사용하더라도 기간의 정함이 없는 근로계약을 체결한 것으로 보지 않게 될 것으로 보여진다(2010.2.2, 고용차별개선정책과-291).

⑫ 희망근로, 공공근로, 행정인턴제에 의한 기간제근로자가 기간제법 시행령 제3조제2항의 사용기간 제한 예외에 해당하는지 여부

복지정책 · 실업대책의 일환인 희망근로, 공공근로, 행정인턴제도에 따른 기간제근로자 채용은 기간제법 제4조제1항제5호에 해당되어 기간제근로자 사용기간 제한의 예외를 적용받을 수 있다.

한편, 희망근로, 공공근로, 행정인턴제도에 따른 기간제근로자 사용기간이 종료되었다면, 기간제법 제4조제1항제5호에 따른 단서 사유가 소멸하였다고 볼 수 있으므로 소멸된 시점 이후에 새로운 채용공고에 따른 공개채용절차를 거쳐 동일한 근로자와 근로계약을 다시 체결하는 경우, 그때로부터 2년을 초과하여 기간제 근로자로 사용하게 되면 기간의 정함이 없는 근로계약을 체결한 근로자로 간주될 것이다(2010.1.7, 고용차별개선정책과-50).

⑬ 다문화가족지원센터 기간제근로자 사용기간 제한 예외 해당 여부

다문화가족지원센터사업은 "다문화가족의 안정적인 정착과 가족생활을 지원하기 위해 한국어교육, 가족교육 상담, 정보제공, 역량강화지원 등 종합적인 서비스를 제공하여 다문화가족의 한국사회 조기적응 및 사회 경제적자립을 지원"하는 것으로서, 그 수혜대상을 다문화가족으로 한정하고 제공하는 서비스내용도 사회적으로는 필요하나 민간시장에 의해 공급이 어려워 정부의 재정지원을 통해 제공되는 서비스로 볼 수 있을 것이므로 기간제법 제4조제1항제5호 및 같은 법 시행령 제3조제2항제1호의 "고용정책기본법, 고용보험법 등에 따라 국민의 직업능력개발, 취업촉진 및 사회적으로 필요한 서비스 제공 등을 위하여 일자리를 제공한 경우"에 해당하는 것으로 보아 기간제근로자 사용기간 제한 예외를 적용받을 수 있을 것이다.

다문화가족지원센터사업을 법인이나 단체에 위탁하여 수행하는 경우 기간제법 제4조제1항제1호에 따라 "사업의 완료 또는 특정한 업무의 완성에 필요한 기간을 정한 경우"에 해당하는지에 대하여는, 위 예외조항에 해당되는 사업은 원칙적으로 건설공사 등 유기사업, 특정 프로젝트 완수를 위한 사업 등 한시적이거나 1회성사업을 말하는 것으로, 이러한 한시적 1회성 사업은 객관적 종기(완성에 필요한 기간)가 예정되어 있고 공개입찰을 통해 체결하는 등 재계약여부가 불확실한 경우를 의미한다. 따라서 다문화가정지원센터사업이 위와 같이 위탁 수행되는 경우라면 기간제근로자 사용기간 제한 예외로 인정될 수 있을 것이다(2012.12.4, 고용차별개선과-2783).

⑭ 사회복지통합서비스전문요원의 사용기간 제한 예외 여부

보건복지부에서 주관하고 시군구에서 운영하는 사회복지통합서비스전문요원은 사회복지사업법 제4조에 근거하여 "복지수요의 신속한 발굴, 통합적 지원을 통한 복지사각지대 해소 및 수요자 중심의 찾아가는 복지서비스로 복지 체감도 제고"를 목적으로 민·관 협력적 복지전달체계 기반을 구축하고 사회적일자리 창출을 위하여 사회복지통합서비스전문요원을 운영하고 있다. 이는 기간제법 시행령 제3

조제2항에 따른 정부의 복지정책 · 실업대책 등에 의하여 일자리를 제공하는 경우로서 고용정책기본법, 고용보험법 등 다른 법령에 따라 국민의 직업능력개발, 취업촉진 및 사회적으로 필요한 서비스 제공 등을 위하여 일자리를 제공하는 경우에 해당된다고 볼 수 있다(2012.8.3, 고용차별개선과-1736).

⑮ 공공도서관 개관시간 연장사업에 따라 1년 단위의 기간제근로자를 채용한 경우 사용기간 제한 예외 사유에 해당하는지 여부

안산시가 문화관광부로부터 인건비와 운영비 50%를 국고보조금으로 지원받아 실시한 공공도서관 개관시간 연장사업에 따라 1년 단위로 기간제근로자를 채용하게 되었고, 해당 근로자와는 2009년 및 2010년 두 차례에 걸쳐 1년의 기간제근로계약을 체결하였으나 2011년에는 기간만료로 해당 근로자와의 근로계약을 해지한 사안이다. 안산시가 시행한 위 사업은 국고보조금 지원을 전제로 한 것으로 그 지원이 중단될 경우 지속될 수 없는 내재적 한계를 가진 점 등을 종합하면, 안산시가 해당 근로자를 기간제근로자로 채용한 것은 기간제법 제4조제1항 단시 제5호, 법 시행령 제3조제2항제1호로 정한 '복지정책 · 실업대책 등에 따라 사회적으로 필요한 서비스 제공을 위하여 일자리를 제공하는 경우' 에 해당한다고 봄이 타당하다는 이유로, 안산시가 해당 근로자를 기간제근로자로 사용하는 데에는 기간제근로자 사용기간 제한의 예외 사유가 존재한다고 보아, 해당 근로자의 부당해고구제 재심판정취소청구를 배척한 원심을 수긍한 사안이다(대법 2012.12.26, 2012두18585). 해당 판결은 기간제법상 기간제근로자 사용기간 제한의 예외 사유인 정부의 복지정책 · 실업대책 등에 따라 일자리를 제공하는 경우(제4조제1항 단서 제5호, 동법 시행령 제3조제2항제1호)에 해당하는지 여부의 판단기준을 제시했다는 점에 의의가 있다. "해당 사업의 시행배경, 목적과 성격, 사업의 한시성이나 지속가능성 등 여러 사정을 종합적으로 고려하여 판단하여야 한다"고 판시한것이다.

⑯ 지역사회 통합건강증진사업에 종사하는 기간제근로자의 사용기간 제한 예외

보건복지부에서 2013년부터 시행하는 '지역사회 통합건강증진사업' 은 각 시군구가 부여된 지출한도 내에서 자율적으로 기획하고 설계하는 사업으로 13개 사업분야(금연, 절주, 신체활동, 영양, 비만, 구강, 심뇌혈관질환예방, 한의약, 아토피천식예방, 모자보건, 치매, 재활, 방문건강관리) 범위 내에서 지자체의 지역특성을 반영하여 필요한 사업을 선정하거나 통합 연계하여 건강증진사업의 내용 및 방법을 설계하여 기획 추진하는 사업이다. 이는 국가 및 지방자치단체가 건강에 관한 국민의 관심을 높이고 국민건강을 증진하여야 할 책임에 따라 지역주민을 수혜대상으로 하여 13개 사업분야 범위내에서 포괄적인 건강증진사업을 추진하는 것으로서, 국가 및 지방자치단체가 국민의 건강수명을 연장하고 건강형평성을 제고하기 위해 지역주민을 수혜대상으로 하여 포괄적인 건강증진사업을 수행하는 것이므로 기간제법 제4조제1항 제5호 및 같은 법 시행령 제3조제2항제1호의 "정부의 복지정책 실업대책 등에 의하여 일자리를 제공하는 경우"로서 "고용정책기본법, 고용보험법 등 다른 법령에 따라 국민의 직업능력개발, 취업촉진 및 사회적으로 필요한 서비스 제공 등을 위하여 일자리를 제공하는 경우" 에 해당한다고 보기는 어렵다(2012.12.21, 고용차별개선과-2952).

⑰ 난임부부지원사업 및 예방접종사업의 사용기간 제한 예외 해당 여부

(가) 보건복지부에서 주관하는 '난임부부지원사업' 은 "체외수정시술 및 인공수정시술 등 특정치료를 요하는 일정 소득계층 이하(전국가구 월평균소득 150%이하)의 난임부부에게 시술비 일부를 지원하여 경제적 부담을 경감시킴으로써 임신 출산의 사회 의료적 장애를 제거하고 난임부부가 희망하는 자녀를 갖게 하여 행복한 가정을 영위케 하고 저출산 극복효과를 달성하기 위한 제도"로서 그 수혜대상이 중산층을 포함한 난임부부이며 정부에서 저출산 극복을 위해 보편적으로 추진하는 출산장려책이라고 볼 수 있으므로 이를 "정부의 복지정책 · 실업대책 등에 의하여 일자리를 제공하는 경우"의 "고용정책기본법, 고용보험법 등 다른 법령에 따라 국민의 직업능력개발, 취업촉진 및 사회적으로 필요한 서비스 제공 등을 위하여 일자리를 제공하는 경우"로 보기는 어렵다.

(나) '국가 예방접종사업' 은 「감염병의예방및관리에관한법률」에근거하여 감염병을 예방하는 가장 효과적인 방법인 예방접종을 적기에 실시하여 예방접종대상 감염병의 90~100% 감소를 목적으로 아동 대상 필수 예방접종, 성인 대상 감염병 예방접종, 예방접종 후 이상반응 관리 및 상담 등을 수행하는 사업"으로 이는 전형적인 공공행정서비스로 볼 수 있으므로, "정부의 복지정책 실업대책 등에 의하여 일자리를 제공하는 경우"의 "고용정책기본법, 고용보험법 등 다른 법령에 따라 국민의 직업능력개발, 취업촉진 및 사회적으로 필요한 서비스 제공 등을 위하여 일자리를 제공하는 경우"에 해당하지 않을 것이다(2012.12.4, 고용차별개선

과-2782).

⑱ **아이돌보미지원사업 업무담당자의 사용기간 제한 예외 여부**

아이돌보미지원 사업의 사업 전담인력 및 보조인력은 아이돌보미를 육성하고 돌봄 서비스가 필요한 가정을 연결하여 주는 방식으로 사업을 수행하고 있는 바, 아이돌보미지원 사업의 전담인력 및 보조인력이 수행하는 사업홍보, 아이돌보미 양성, 예산처리, 서비스연계, 모니터링 등은 건강가정기본법의 입법취지, 사업수행방식에 비추어 보면 정부가 지속적으로 추진하고 있는 일반적 공공행정서비스로 보이는 바, 기간제근로자 사용기간 제한 예외에 해당하지 않는다(2012.10.26. 고용평등정책과-874).

⑲ **여성새로일하기센터가 기간제근로자 사용기간 제한 예외에 해당 여부**

여성새로일하기센터의 사업추진 근거법령 및 사업의 주된 수혜계층, 제공하는 서비스 내용 등을 살펴보면, 여성새로일하기센터의 경우 가사 · 육아 부담으로 비경제활동 상태에 있는 경력 단절여성 및 일반구직여성의 적극적 취업 촉진을 위한 종합 여성취업지원을 목적으로 경력단절여성등의경제활동촉진법에 따라 지정 · 운영 중이며, 임신 · 출산 · 육아 등의 이유로 경제활동이 중단되거나 경제활동을 한 적이 없는 여성을 대상으로 하여 직업상담, 직업교육훈련, 동행면접 등 종합 취업지원서비스를 제공하고 있는 것으로서 이는 법령에 의한 국가 및 시자체의 책무인 경력단절여성 등의 경제활동촉진을 위한 지원을 하는 것으로 전형적인 공공행정서비스에 해당되는 것으로 판단되며, 정부의 한시적인 복지정책 · 실업대책으로 추진하는 성격의 사업은 아닌 것으로 보이므로 사용기간 제한 예외사유에 해당하지 않는다(2010.11.29. 고용평등정책과-1207).

⑳ **노인의치보철 사업 기간제근로자 사용기간 제한 예외 여부**

보건복지부 구강보건사업의 일환으로 시행되고 있는 노인의치보철 사업이 기간제근로자 사용기간 제한 예외에 해당하는지 여부이다. '구강보건사업안내서'를 살펴보면 동 사업은 구강보건법 제3조에 근거하여 만 65세 이상 국민기초생활보장수급 노인과 차상위 건강보험 전환자를 대상으로 의치보철을 보급하여 구강기능 회복에 기여하고 건강생활을 영위토록 하는 것을 목적으로 보건소에서 1차 검진 후 치과의원, 국 · 공립병원치과에 의치보철시술을 의뢰하여 시술을 하는 것으로 보인다. 동 사업은 취약계층을 대상으로 복지정책에 따른 일반적 공공행정서비스를 제공하는 것으로 보이며 일자리 제공을 목적으로 실시하는 사업은 아닌 것으로 생각되는 바, 동 사업은 기간제근로자 사용기간 제한 예외에 해당하지 않는다(2010.12.20, 고용평등정책과-1482).

㉑ 정보화마을프로그램관리자 육성사업 프로그램관리자의 사용기간 제한 예외 해당 여부

정보화마을 프로그램관리자 육성사업은 국가정보화기본법 제16조(정보격차의 해소와 관련된 기술개발 및 보급지원)에 근거하여 정보화마을별로 프로그램 관리자의 상주 배치로 마을정보센터 관리, 전자상거래, 체험콘텐츠 관리 및 지역 IT분야 청년층 일자리 창출을 목적으로 2007년부터 실시하고 있으며, 기초생활수급자 · 장애인 · 장기실업자 등 취업취약 계층에 대해 선발 우대 기준을 정하고 있다. 사업의 목적 및 내용상 동 사업은 법령에 근거하여 정부의 재정지원을 통하여 청년층 일자리 제공을 목적으로 하는 것으로 볼 수 있어 기간제근로자 사용기간 제한 예외사유에 해당할 수 있을 것이다(2010.12.20, 고용평등정책과-1481).

㉒ 문화재상시감시인력이 사용기간 제한 예외에 해당하는지 여부

중요목조문화재(보물, 국보 등)의 화재 등 재난의 예방을 위한 문화재상시감시인력이 기간제근로자 사용기간 제한 예외에 해당하는지 여부이다.

해당 기관의 문화재상시감시인력이 수혜계층을 한정하여 일자리 제공을 목적으로 한시적으로 시행하는 것이 아니고, 문화재보호법 제4조 및 제14조에따라 자치단체가 문화재 화재 및 재난방지 등을 하는 것이라면 이는 국가 및 자치단체가 지속적으로 문화재 보호 · 관리를 추진해야 하는 전형적인 공공행정서비스로 보아 기간제근로자 사용기간 제한 예외에 해당하지 않는다고 볼 수 있을 것이다(2010.12.22, 고용평등정책과-1553).

㉓ 산불감시, 산림병해충예찰 및 방제 등의 사업이 기간제근로자 사용기간 제한 예외에 해당하는지 여부

산림보호법 제3조는 국가와 자치단체에게 산림보호의 책무를 규정하고 있으며, 제17조에 따르면 자치단체장 및 지방산림청장은 산림의 훼손 · 오염방지 및 계도, 산림식물의 보호, 산림병해충 예찰, 산불예방활동 등을 위해 산림보호원을 고용할 수 있도록 정하고 있다. 산불감시, 산불진화, 산림병해충예찰 및 방제 등의 업무는 산림을 보호하여 국토를 보전하고 국민의 삶의 질 향상을 위해 지속적으로 추진하여할 전형적 공공행정서비스에 해당되므로, 해당 사업의 추진으로 일부 일자리 제공의 효과가 있는 것만으로 정부의 복지정책 · 실업대책 등에 따른 일자리 제공 사업으로 보기는 어려울 것이다(2010.12.30, 고용평등정책과-1646).

㉔ 지역특화건강행태개선사업의 사용기간 제한 예외에 해당하는지 여부

지역특화건강행태사업이 정부의 복지정책 · 실업대책 등에 따라 일자리를 제공하는 경우로서 기간제근로자 사용기간 제한 예외에 해당하는지 여부이다. 지역특화건강행태개선사업 운영계획을 살펴보면, 동 사업은 국민건강증진법에 근거하여 1998년 시범사업(18개소)을 시작으로 2010년 현재 전국 보건소에서 운영 중이며, 국민의 건강수준 향상을 위해 영양사, 운동지도사 등을 채용하여 영양섭취, 비만문제 등 지역주민의 건강행태 개선을 위한 사업을 실시 중인 것으로 이는 정부의 재정지원을 통해 취업취약계층에게 한시적으로 일자리를 제공하는 성격이라기보다 전형적인 공공행정서비스로서 기간제근로자 사용기간 제한 예외 사유에 해당하지 않는다. 기간제법의 사용기간 제한 취지는 상시적 · 지속적 성격의 업무에는 무기계약근로자를 사용하도록 하는 것이므로 상기 사업과 같이 국가 및 자치단체에서 일반 국민에 대한 공공행정서비스를 제공하는 경우에는 무기계약근로자로 채용하는 것이 바람직할 것이다(2010.12.30, 고용평등정책과-1671).

㉕ 건강증진사업 요원에 대한 사용기간 제한 예외에 해당하는지 여부

국민건강증진법 에 따라 추진되는 건강증진사업 요원이 기간제법 시행령 제3조 제2항제1호의 사회적으로 필요한 서비스 제공 등을 위하여 일자리를 제공하는 경우에 해당하는지 여부 및 국민건강증진법 시행령 또는 국민건강증진법 시행규칙에서 건강증진사업요원의 근로기간을 별도로 정할 수 있는지 여부이다.

건강증진사업은 국민건강기금으로 조성된 재원으로 보건교육 및 건강상담, 영양관리, 구강건강의 관리, 질병의 조기발견을 위한 검진 및 처방, 지역사회의 보건문제에 관한 조사 · 연구 기타 건강교실의 운영 등의 사업을 통하여 국민의 건강증진을 도모하고자 국민건강증진법 제19조에 근거하여 시행되고 있다. 건강증진사업의 수혜대상은 전국민으로서 불특정 다수이고, 건강증진사업의 본질적 목적은 건강에 대한 올바른 지식을 보급하여 국민건강 증진을 도모하는데 있다고 할 것이므로 해당 건강증진사업은 국민의 직업능력 개발, 취업촉진 및 사회적으로 필요한 서비스 제공 등을 위하여 일자리를 제공하는 경우에 해당하지 않는다. 기간제법 시행령 제3조제3항제1호의 규정과 같이 다른 법령에서 기간제근로자의 사용기간을 법 제4조제1항과 달리 정한 경우에는 사용기간제한의 예외 적용을 받을 수 있는데, 이때 국민건강증진사업 요원의 사용기간을 다른 법령에서 별도로 정하는 것은 국민의 권리의무에 직접적인 영향을 미치는 중요한 사항이며 법률 또는 대통령령으로 정하는 것이 타당할 것이다(2011.9.16, 고용차별개선과-1503).

㉖ 의료급여관리사의 사용기간 제한 예외 여부

의료급여사업은 의료급여법 제1조 및 제5조에 근거하여 의료수급권자에게 적정의료 정보 제공 및 건강상담 서비스 등을 제공하는 전형적인 공공행정서비스의 영역으로서 일자리 제공과는 직접적인 관련이 없는 것으로 보이며, 2003년 도입되어 2006년부터 전국 시군구로 확대 시행되고 있는 점에서 일시적 · 한시적으로 이루어지는 사업이 아니라 상시 · 지속적으로 추진하여야 할 업무로 보이는 바, 의료급여사업에 종사하는 의료급여관리사는 기간제법 제4조제1항제5호 및 동법 시행령 제3조제2항제1호 사용기간 제한의 예외에 해당하지 아니한다(2011.10.12, 고용차별개선과-1716).

㉗ 청소년문화의 집 기간제근로자의 기간제한 예외 여부

'청소년문화의 집' 에서 청소년여가활동 지원업무에 종사하는 청소년지도사가 기간제법 제4조제1항제5호 및 동법 시행령 제3조2항제1호에 해당하는지 여부이다.

'청소년문화의 집' 운영 사업이 기간제법 제4조제1항제5호 및 동법 시행령 제3조제2항제1호에 해당되는지 여부는 근거법령의 유무, 취업취약계층을 대상으로 제공되는 일자리인지 여부 또는 취약계층을 대상으로 사회적으로는 필요하나 수익성 등의 이유로 충분히 공급되지 못하여 정부의 재정 지원을 통하여 한시적으로 제공되는 서비스인지 여부 등을 종합적으로 고려하여 판단하여야 한다.

'청소년문화의 집' 은 청소년활동진흥법 제10조, 제11조에 근거하여 설치된 법정의무시설로서 계속사업으로 운영되고 있고, 관내 낙후지역 청소년을 포함하여 관내 모든 청소년을 수혜대상으로 하는 점을 고려할 때, 전형적인 공공행정서비스로 보이는 바, 기간제법 제4조제1항제5호 및 동법 시행령 제3조제2항제1호에 해당하지 않는다(2011.12.2, 고용차별개선과-2173).

㉘ 경로당 순회프로그램관리자의 사용기간 제한 예외

"경로당을 고령화사회에 단순한 쉼터기능에서 다기능공간으로 전환하기 위해 경로당 순회프로그램관리자 를 배치하여 다양한 프로그램을 제공"하고 있으며, 경로당 순회프로그램관리자를 기간제법 제4조제1항 제5호에 따른 기간제근로자 사용기간 제한 예외에 볼 수 있는지 여부이다.

노인보건복지사업 중에서 "경로당 운영혁신사업"을 위해 경로당 순회프로그램관리자 를 배치한 것은 경로당의 기능과 역할을 업그레이드하여 보편적 노인계층이 원하는 다기능 공간으로 경로당 기능혁신을 추진하면서 부수적으로 발생한 일자리로 보이는 바, 이는 정부의 복지정책 실업대책 등에 의해 일자리 제공을 주된 목적으로 한 일자리사업으로 보기는 어려우므로 기간제법 제4조제1항 제5호에 따른 기간제근로자 사용기간 제한 예외에 해당되지 아니한다(2012.3.9, 고용차별개선과-480).

㉙ 미취업 대졸생 인턴에 대한 기간제근로자 사용기간 제한 예외

교육과학기술부 주관 한국연구재단 대학(교)가 함께 수행한 "미취업 대졸생의 취업을 위한 경력 형성 및 취업능력 제고 목적으로 인턴조교 등 학교 내 채용을 지원하는 미취업 대졸생 인턴 채용 지원사업"에 종사한 기간제근로자가 기간제법 제4조제1항제5호에 해당되어 기간제근로자 사용기간 제한의 예외로 적용 받을 수 있는지 여부이다.

교육과학기술부 주관으로 수행한"미취업 대졸생 인턴 채용 지원사업"은 "미취업 대졸자들에게 한시적으로나마 인턴재용 등 다양한 일자리를 제공함으로써 경제적 어려움 해소에 기여하고, 학내 다양한 프로그램 및 취업정보 등을 활용하여 취업 경쟁력을 높임으로써 경기 회복 후 안정적인 일자리 취업을 유도하기 위한 사업"으로 대학 졸업자 중 미취업자(장애인, 기초생활수급자 우선 채용)을 인턴으로 채용하여 교육 및 연구보조, 행정보조업무를 수행하게 한 바, 이는 취업취약계층을 대상으로 한시적인 일자리 제공을 목적으로 한 사업으로 볼 수 있으므로 기간제법 시행령 제3조제2항 제1호에 해당되어 기간제근로자 사용기간 제한 예외를 적용받을 수 있을 것이다. 한편, "미취업 대졸생 인턴 채용 지원사업"이 종료된 후에는 기간제법 제4조제1항제5호에 따른 단서 사유가 소멸하였으므로 소멸된 시점 이후부터 2년을 초과하여 기간제근로자로 사용하게 되면 기간의 정함이 없는 근로계약을 체결한 근로자로 간주될 것이다(2012.3.9, 고용차별개선과-481).

㉚ '지역공동체 일자리 사업', '공공산림가꾸기 사업', '자체 일자리 창출 사업'의 기간제법상 사용기간 제한 예외의 해당 여부

(가) '지역공동체 일자리 사업'은 「고용정책기본법」 제6조(국가와 지방자치단체의 시책)에 근거를 두고 지역주도형 일자리 제공을 목적으로 추진되는 사업으로, 법령에 근거하여 정부의 재정지원을 통해 취업취약계층에게 일자리를 제공하는 것으로 볼 수 있어 기간제법 제4조제1항 단서 제5호 및 같은 법 시행령 제3조제2항제1호에 해당하는 것이다.

(나) '공공산림가꾸기 사업'은 「산림기본법」 제4조(국가 및 지방자치단체 등의 책무) 및 제16조(산림자원의 조성)에 근거하여 시행하는 사업으로, 상기 '지역공동체 일자리 사업'과 동일한 사유로 기간제법 제4조제1항 단서 제5호 및 같은 법 시행령 제3조제2항제1호에 해당하는 것이다.

(다) '자체일자리 창출 사업'은 법령에 근거를 두고 있지 않은 사업으로 기간제법 제4조제1항단서 제5호 및 같은 법 시행령 제3조제2항제1호에 해당하지 않을 것이다(2015.11.27, 고용차별개선과-2351).

㉛ 장애인일자리사업이 기간제법상 사용기간제한 예외의 해당 여부

'장애인 일자리 사업'은 「장애인복지법」 제21조(직업) 및 같은 법 시행령 제13조의2(장애인일자리사업 실시)에 근거를 두고 취업취약계층인 장애인에게 일자리 제공을 통한 사회참여 확대 및 소득보장 지원을 목적으로 추진되는 사업으로, 법령에 근거하여 정부의 재정지원을 통해 취업취약계층에게 일자리를 제공하는 것으로 볼 수 있어 기간제법 제4조제1항 단서 제5호 및 같은 법 시행령 제3조제2항제1호에 해당하는 것이다(2015.12.9, 고용차별개선과-2468).

㉜ 방과후학교 학부모 코디네이터의 기간제법상 사용기간 제한 예외 해당 여부

방과후학교 코디네이터 사업은 2009년 교육서비스 분야 일자리 창출 및 확대와 경제위기 심화 대비 실업극복 희망 만들기 대책 추진계획의 일환으로 '학부모 일자리 창출을 통한 경제위기 극복에 기여'를 하나의 목적으로 추진됐고, 당초 교육과학기술부가 특별교부금을 한시적으로 2년간 지급하고 그 이후부터는 각 시·도 교육청이 사업의 지속 추진 여부를 결정하도록 하게 하는 등 일자리 창출을 위한 일시적·한시적 성격의 사업이라는 측면이 있다(대법 2016.8.18, 2014다211053). 이 판례는 일선 학교에서 방과후학교 프로그램 업무를 보조하는 '방과후학교 학부모 코디네이터'는 2년을 초과해 근무해도 정규직 전환이 안 되는 기간제근로자라는 것이다.

(2)「제대군인 지원에 관한 법률」 제3조에 의해 제대군인의 고용증진 및 생활안정을 위하여 군에서 일자리를 제공하는 경우

① 일자리를 제공하는 경우의 의의

제대군인의 고용증진 및 생활안정을 위하여 일자리를 제공하는 경우란 국가 또는 지방자치단체가 제대군인에게 그들의 취업보호 등(제대군인의지원에관한법률 제14조)을 위하여 일자리를 제공하는 경우나 특수직종우선고용(동법 제15조)에 의하여 일자리를 제공하는 경우 등을 말한다.

중 · 장기복무 제대군인이「제대군인지원에관한법률」에 따른 취업보호 등을 받으려면 동법 제4조에 따라 국가보훈처장에게 신청하여 확인을 받아야 한다.

② 구체적 사례

해군 복지시설내 제대군인 취업 직위가 기간제근로자 사용기간 제한 예외 사유에 해당하는지 여부이다.「제대군인지원에관한법률」 제3조는 제대군인에 대한 국가와 지방자치단체의 노력의무를 규정하고 있으며 동법 제14조에서 구체적으로 장기복무(10년 이상) 제대군인 중 전역 후 3년이 지나지 아니하거나 생활정도 등을 고려하여 대통령령으로 정하는 사람에게 취업보호(일자리제공)를 실시한다고 규정하고 있다. 이에 따라 장기복무제대군인이 국가보훈처장에게 신청하여 취업보호 대상임을 확인받은 후 국가 또는 지방자치단체에서 장기복무 제대군인의 취업직위로 선정한 일자리 등에 채용되는 경우에는 제대군인의 고용안정 및 생활안정을 위하여 일자리를 제공하는 경우에 해당하여 계속 근로한 기간이 2년 초과한 후에도 기간의 정함이 없는 근로계약을 체결한 것으로 간주되지 않는다.

장기복무 제대군인의 취업보호를 위한 군내 · 외 취업 직위 발굴의 일환으로 해군기관에서 자체적으로 지정하여 운영 중인 '해군 복지시설내 제대군인 취업직위'에 '장기복무 제대군인'을 채용한 경우에는 동 근로자가 2년을 초과하여 계속 근무하여도 기간의 정함이 없는 근로계약을 체결한 것으로 간주되지 않는다(2010.1.27, 고용차별개선정책과-252).

(3) 국가보훈기본법 제19조제2항에 의거 국가보훈대상자에 대한 복지증진 및 생활안정을 위하여 보훈도우미 등 복지지원 인력을 운영하는 경우

① 복지지원 인력을 운영하는 경우의 사용기간 제한 예외의 의의

기간제법 시행령 제3조제2항제3호는 2년을 초과하여 기간제근로자를 사용할 수 있는 경우로서 "「국가보훈기본법」 제19조제2항에 따라 국가보훈대상자에 대한 복지증진 및 생활안정을 위하여 보훈도우미 등 복지지원 인력을 운영하는 경우"를 규정하고 있다. 국가보훈기본법 제19조제2항은 국가와 지방자치단체는 국가보훈대상자에 대한 생활안정과 복지향상 등 예우 및 지원을 위하여 필요한 시책을 강구하여야 한다고 규정하고 있다. 이것은 생활이 어려운 보훈가족을 보훈도우미로 활용하고 사회적 일자리를 제공하는 것이므로 사용기간 제한의 예외에 포함시킨 것이다.

② 구체적 사례

기간제법 제4조제1항 단서의 제5호 및 같은 법 시행령 제3조제2항제3호에서는 정부의 복지정책 · 실업대책 등에 따라 일자리를 제공하는 경우로 국가보훈기본법 제19조제2항에 따라 국가보훈대상자에 대한 복지증진 및 생활안정을 위하여 보훈도우미 등 복지지원 인력을 운영하는 경우에는 2년을 초과하여 기간제근로자를 사용하더라도 기간의 정함이 없는 근로계약을 체결한 것으로 보지 아니하는 사용기간 제한의 예외 규정을 두고 있다. 국가보훈대상자에 대한 '취업지원 사업'은 국가보훈대상자의 취업을 촉진하여 생활안정 및 자활기반 조성을 도모하고자 시행되므로 국가보훈법 제19조제2항에 부합하는 사업이라 할 수 있어 이에 필요한 인력을 운영하는 경우, 즉 취업지원사업에서 필요한 운영인력을 기간제근로자로 사용하는 경우에는 사용기간 제한의 예외에 해당한다.

국가보훈대상자 등이 '의무채용, 보훈특별고용, 가점취업 등'의 취업지원을 받아 국가 또는 민간기업 등에 기간제근로자로 취업한 경우, 그 기간제근로자까지 사용기간 제한의 예외에 해당한다고 볼 수는 없다(2013.3.21, 고용차별개선과-483).

6 그 밖에 제1호 내지 제5호에 준하는 합리적인 이유가 있는 경우로서 대통령령이 정하는 경우

기간제법 제4조제1항 제1호 내지 제5호에 많은 근로자의 근로가 여기에 해당할 수 있는 것인데 이에 더하여 이에 "준하는 합리적인 사유"가 있다면 대통령령으로 정할 수 있도록 함으로써 사실상 시행령을 통하여 얼마든지 확대할 수 있으므로 그 경우를 명확하게 규정해야 할 것이다. 고용환경 변화에 따라 시행령에서 탄력적으로 규정할 수 있도록 하되 위 각 호에 준하는 정도의 합리적인 이유가 있는 경우에만 가능하도록 규정해야 할 것이다. 기간제법 제4조제1항제6호에서 "그 밖에 제1호 내지 제5호에 준하는 합리적인 사유가 있는 경우로서 대통령령이 정하는 경우"란 다음 각 호의 어느 하나에 해당하는 경우를 말한다(동법시행령 제3조제3항).

1. 다른 법령에서 사용기간을 법 제4조제1항과 달리 정하거나 별도의 기간을 정하여 근로계약을 체결할 수 있도록 한 경우

기간제법 제4조제1항은 기간제근로자의 사용과 관련하여 일반법적 지위에 있다고 할 것이므로, 다른 법령에서 기간제근로자의 사용기간을 법 제4조제1항과 달리 정하거나 별도의 기간을 정하여 근로계약을 체결할 수 있도록 한 경우라면, 동 '다른 법령'의 규정이 기간제법령에 대한 특별법적 지위에 있으므로 동 '다른 법령'의 규정이 우선 적용될 수 있다는 것을 명확히 한 것이다. 구체적 사례는 다음과 같다.

① 계약직공무원의 사용기간 제한 예외규정 적용 여부

예를 들어 계약직공무원규정(대통령령) 제6조제1항은 "계약직공무원의 채용기간은 5년의 범위 안에서 당해 사업의 수행에 필요한 기간으로 한다."라고 규정하고 있으므로 기간제법시행령 제3조제3항제1호에 따라 계약직공무원은 「국가공무원법」에 의한 국가공무원에 해당되어 특별법인 「국가공무원법」이 우선 적용되므로 사용기간 제한에 관한 기간제법의 적용이 배제된다.

※ 계약직공무원이란 국가와 채용계약에 의하여 일정한 기간 동안 전문지식 · 기술이 요구되거나 임용에 있어서 신축성 등이 요구되는 업무에 종사하는 공무원을 말한다.

② 법원 계약직 속기사(공무원)의 사용기간 제한 예외규정 적용 여부

법원 계약직공무원도 원칙적으로 기간제법의 적용대상이나, 법원계약직 공무원은 기간제법에 우선하여 국가공무원법 및 법원계약직공무원규칙 등의 적용을 받게 되며, 법령에서 정하지 않은 사항이나 명시적인 배제규정이 없는 사항에 대해서는 그 성질에 반하지 아니하는 한 기간제법 등 노동관계법이 적용된다. 따라서 국가공무원법 제2조제4항 및 법원계약직공무원규칙 제6조제1항에서 법원계약직 공무원의 채용기간은 5년의 범위 안에서 당해 사업의 수행에 필요한 기간으로 하도록 규정하고 있으므로, 법원의 계약직 속기사(공무원)는 기간제법 제4조의 적용이 배제되어야 할 것으로 판단된다(2007.2. 13, 비정규직대책팀-295).

③ '비전임교원' 의 사용기간 제한 예외규정 적용 여부

「교육공무원임용령」 제13조제3항, 「사립학교법」 제54조의4제3항에서는 "기간제교원의 임용기간은 1년 이내로 하되, 필요한 경우 3년의 범위내에서 그 기간을 연장할 수 있다"고 규정하고 있으므로, 기간제법상 기간제근로자 사용기간 제한의 예외에 해당된다.

④ 산학법 제34조제2항의 규정이 다른 법령에서 기간제근로자의 사용기간을 달리 정하거나 별도의 기간을 정하여 근로계약을 체결할 수 있도록 한 경우로 볼 수 있는지 여부

산학법 제34조제2항이 '다른 법령에서 기간제근로자의 사용기간을 달리 정하거나 별도의 기간을 정하여 근로계약을 체결할 수 있도록 한 경우' 인지 살펴보면 상기규정은 연구원과 직원 채용시 "근무기간, 급여, 근무조건 등"의 계약조건을 정하도록 규정하고 있을 뿐, 구체적으로 기간제법 제4조제1항과 다른 근무기간을 특정하거나 그 상한을 제한하지 않고 있으며, 동 규정과 다른 근무기간을 정하도록 규정하고 있지 않는바 기간제법 및 동법 시행령의 예외사유에 해당하지 않는다(2008.9.4, 차별개선과-1560).

⑤ 「사립학교법」 제54조의4의 규정이 기간제근로자의 사용기간을 달리 정한 경우로 볼 수 있는지 여부

「사립학교법」 제54조의4(기간제교원)의 규정을 살펴 보면, 각급학교 교원의 임면권자는 교원의 휴직 · 파견 · 연수 · 정직 · 직위해제 등으로 후임자의 보충이 불가피한 때 기간제교원을 임용할 수 있도록 규정하고 있고, 기간제교원의 임용기간은 1년 이내로 하되, 필요한 경우 3년의 범위 내에서 그 기간을 연장할 수 있도록 하면서 임용기간이 만료되면 당연히 퇴직된다고 규정하고 있다. 이는 기간제법 제4조제1항과 기간제근로자의 사용기간을 달리 정하거나 별도의 기간을 정하여 근로계약을 체결할 수 있도록 한 경우로 볼 수 있다(2008.10.21, 차별개선과-1974).

⑥ 기간제교원이 4년을 초과하여 근로하고 있다면, 기간의 정함이 없는 근로계약을 체결한 근로자로 보아야 하는지 여부

사립학교법 제54조의4제3항 및 교육공무원임용령 제13조제3항에 따르면, 기간제교원의 임용기간은 1년 이내로 하되, 필요한 경우 3년의 범위에서 연장할 수 있도록 규정하고 있다.

(가) 사립학교법 및 교육공무원법에 따른 기간제교원으로 4년의 기간 동안 근무하다가 임용기간이 만료된 후에 신규채용 절차를 거쳐 다시 기간제교원으로 근무하는 사람을 기간제법 제4조제2항에 따라 기간의 정함이 없는 근로계약을 체결한 근로자로 보아야 하는가의 문제이다.

사립학교법 제54조의4제3항은 동일한 학교에서 기간제교원으로 한 번 채용되면 그에 따라 기간제교원으로 계속 근무할 수 있는 임용기간이 4년을 넘어서는 안 된다는 의미로 보아야 할 것이다. 기간제교원으로 임용되어 임용기간이 만료된 경우 다른 기간제교원 지원자들과 동등한 조건에서 해당 학교의 인사규정에 따른 신규채용절차를 거쳐 다시 기간제교원으로 임용되는 것까지 금지하는 것으로 볼 수는 없으며, 이 경우 종전의 기간제교원의 지위를 그대로 유지하는 것이라고는 할 수 없으므로(법제처 2009.5.29, 안건번호 09-0108), 다시 임용된 기간제교원의 임용기간은 다시 임용된 때에 새롭게 시작된다고 보아야 할 것이다(법제처 2011.2.10, 안건번호 10-0490).

이상과 같은 점을 종합해 볼 때, 사립학교법 및 교육공무원법에 따른 기간제교원으로 4년의 기간 동안 근무하다가 임용기간이 만료된 후에 신규채용절차를 거쳐 다시 기간제교원으로 근무하는 사람을 기간제법 제4조제2항에 따라 기간의 정함이 없는 근로계약을 체결한 근로자로 볼 수는 없다고 할 것이다(2015.6.2, 법제처 15-0333).

(나) 사립학교법 및 교육공무원법에 따른 기간제교원으로 4년의 기간 동안 근무하다가 임용기간이 만료된 후에 신규채용 절차를 거치지 않고 계약을 연장하는 방식으로 재임용되어 기간제교원으로 계속 근무하는 사람을 기간제법 제4조제2항에 따라 기간의 정함이 없는 근로계약을 체결한 근로자로 볼 수 있는가의 문제이다.

기간제교원의 임용에 대해서는 특별한 사정이 없는 한 기간제법은 적용될 여지가 없고 사립학교법과 교육공무원법의 관련 규정이 직접 적용된다고 할 것인바, 교육공무원임용령 제13조제3항이나 사립학교법 제54조의4제3항에서는 동일한 학교에서 기간제교원으로 한번 채용되면 그에 따라 기간제교원으로 계속 근무할 수 있는 임용기간은 4년을 넘을 수 없도록 규정하고 있고, 교육공무원법 제32조제3항 및 사립학교법 제54조의4제2항에서는 기간제교원은 "임용기간이 만료되면 당연히 퇴직한다"고 규정하고 있으므로, 4년의 임용기간이 만료되어 당연히 퇴직한 기간제교원을 신규임용 절차를 거치지 않고 재임용하는 것은 교육공무원법령이나 사립학교법에 위배되어 허용되지 않는다고 할 것이다.

또한, 한시성을 기본으로 하는 기간제교원 임용의 성격상 기간의 정함이 없는 근로계약을 체결한 기간제교원을 인정하기도 어렵다고 할 것이다.

이상과 같은 점을 종합해 볼 때, 사립학교법 및 교육공무원법에 따른 기간제교원으로 4년의 기간 동안 근무하다가 임용기간이 만료된 후에 신규채용 절차를 거치지 않고 계약을 연장하는 방식으로 재임용되어 기간제교원으로 계속 근무하는 사람을 기간제법 제4조제2항에 따라 기간의 정함이 없는 근로계약을 체결한 근로자로 볼 수는 없다고 할 것이다(2015.6.2, 법제처 15-0333).

⑦ 병역법에 의한 전문연구요원을 3년간 사용 후 기간제근로자로 2년을 사용할 경우 무기계약근로자로 간주되는지 여부

병역법 제39조(전문연구요원 및 산업기능요원의 복무)에 규정된 전문연구요원(병역특례자)의 의무복무기간 3년을 계약기간으로 하여 근로계약을 체결한 경우에는 기간제법 제4조1항제6호 및 같은법 시행령 제3조제3항제1호에 의한 '다른 법령에서 기간제근로자의 사용기간을 법 제4조제1항과 달리 정하거나 별도의 기간을 정하여 근로계약을 체결할 수 있도록 한 경우'에 해당되어 동 의무복무기간동안(3년)은 사용기간 제한의 예외에 해당한다고 할 것이다(2008.3.10, 차별개선과-59).

⑧ 초중등교육법 소정의 영어전문강사가 아닌 경우의 사용기간 제한 예외규정 적용 여부

학교법인은 해당 근로자를 1년을 계약기간으로 하는 영어회화 강사로 채용해, 2번의 계약갱신을 통해 3년 동안 사용했다. 3년이 지나자 학교법인은 근로자에 대한 더 이상의 계약갱신을 거절했고, 근로자는 자신이 기간제법 제4조에 의해 기간의 정함이 없는 근로계약을 체결한 근로자 "무기계약근로자"가 됐다고 주장했고, 학교법인은 근로자는 단순한 기간제근로자가 아니고 초중등교육법 제42조제5항 소정의 영어전문강사인데 이러한 영어전문강사는 기간제법 제4조제1항제6호, 기간제법 시행령 제3조제3항에 따라 2년 이상을 사용해도 무기계약근로자로 의제되지 않는다고 주장했다.

초중등교육법 제42조【산학겸임 교사 등】⑤ 제1항에 따른 영어회화 전문강사를 기간을 정해 임용할 때 그 기간은 1년 이내로 하되, 필요한 경우 계속 근무한 기간이 4년을 초과하지 아니하는 범위에서 그 기간을 연장할 수 있다.

이러한 주장에 대해 법원은 이 사건 근로자는 학교법인에 채용돼 영어회화 등을 가르쳤지만 초중등교육법 소정의 영어전문강사는 아니므로, 기간제법 제4조제1항 단서가 적용되지 않아 동조 제2항에 의해 무기계약근로자로 의제되었다고 판단했다(서울행법 2014.5.15, 2013구합29551).

⑨ 유치원 기간제 교사의 무기계약근로자 전환 여부

기간제법 시행령 제3조제3항제1호는 "그 밖에 제1호 내지 제5호에 준하는 합리적인 사유가 있는 경우"를 "다른 법령에서 기간제근로자의 사용기간을 법 제4조제1항과 달리 정하거나 별도의 기간을 정하여 근로계약을 체결할 수 있도록 한 경우"로 정하고 있다. 기간제 교사가 기간제법의 적용을 받아 무기계약직으로 전환이 가능한지 여부에 관한 것으로 기간제 교사의 경우는 「교육공무원법」·「사립학교법」·「사립학교교직원연금법」등의 법령에서 사용기간을 기간제법 제4조제1항과 달리 정하고 있으므로 기간제법에 따른 사용기간 제한 규정과 관련하여 다른 법령의 규정이 우선 적용된다고 할 것이다(2007.7.13, 비정규직대책팀-2838).

⑩ 외국인 기간제근로자의 사용기간 제한 예외 해당 여부

외국인은 출입국관리법 제18조의 규정에 따라 국내에 체류할 수 있는 체류자격을 부여받아야 하며, 체류기간도 같은 법 제10조제2항 및 같은 법 시행규칙 제18조의2에 따라 체류자격별로 달리 정해져 있다. 외국인근로자의 취업은 국내 체류를 전제로 하며 출입국관리법 시행규칙 제18조의2에서 체류자격별로 체류기간을 정하고 있어 동 체류기간 내에서 취업을 할 수 있으므로 이는"다른 법령에서 기간제근로자의 사용기간을 법 제4조제1항과 달리 정한 경우"로 보아 기간제법에 의한 사용기간 제한의 예외에 해당된다.

체류자격이 F-5(영주)인 경우는 출입국관리법 제18조의2에 따라 체류기간의 제한(1회에 부여하는 체류기간의 상한이 없음)이 없으므로"다른 법령에서 기간제근로자의 사용기간을 법 제4조제1항과 달리 정한 경우"로 볼 수는 없을 것이며, 해당 근로자의 F-4(재외동포) 체류자격이 연장 가능하여 계속 거주할 수 있다고는 하나 출입국관리법 시행규칙 제18조의2에 따라 연장시마다 체류기간이 3년으로 제한되어 있으므로 "다른 법령에서 기간제근로자의 사용기간을 법 제4조제1항과 달리 정한 경우"로 보아 기간제근로자 사용기간 제한 예외에 해당되어 2년을 초과하여 기간제근로자로 사용할 수 있다. 그러나 이는 법에서 정한 최소한의 근로조건이므로 당사자간의 합의가 있다면 체류기간 제한에 관계없이 기간의 정함이 없는 근로자로 전환할 수 있다(2012.3.6, 고용차별개선과-446).

⑪ 원어민 강사의 사용기간 제한 예외 해당 여부

기간제법 제4조제1항제6호 및 같은 법 에 따라 "다른 법령에서 기간제근로자의 사용기간을 법 제4조제1항과 달리 정하거나 별도의 기간을 정하여 근로계약을 체결할 수 있도록 한 경우"에 해당하면 2년을 초과하여 기간제근로자로 사용할 수 있을 것이다. 공문, 지침 등은 대외적 규범력을 가진 "법령"에 해당하지 않으며, 해당 공문 내용도 사업의 추진 기간을 제시하였을 뿐 기간제근로자의 사용기간을 정한 것은 아니므로 기간제법 시행령 제3조제3항제1호에 해당한다고 보기는 어렵다.

한편, 출입국관리법 제10조제1항에서는 우리나라에 입국하려는 외국인은 대통령령으로 정하는 체류자격을 가져야 한다고 정하고, 같은 조 제2항에서는 1회에 부여할 수 있는 체류자격별 체류기간의 상한을 정하고 있다.

따라서 회화지도(E-2) 또는 결혼이민(현F-6, 구 F-2) 체류자격의 외국인은 그 체류기간 내에서 취업활동이 가능하여 출입국관리법 에 따른 체류기간이 고용기간의 상한으로 작용하므로 이는 다른 법령에서 기간제근로자의 사용기간을 달리 정하거나 별도의 기간을 정하여 근로계약을 체결할 수 있도록 한 경우에 해당하는 것으로 보아 2년을 초과하여 기간제근로자로 사용하는 것도 가능하다(2013.12.23, 고용차별개선과-2586).

⑫ 게임물등급위원회의 전문위원이 기간제근로자 사용기간 제한 예외 해당 여부

게임물등급위원회의 전문위원이 동 기관의 정원에 포함되는 것은 사용기간 제한의 예외를 판단하는데 상관이 없다 할 것이며, '다른 법령에서 기간제근로자의 사용기간을 달리 정하거나 별도의 기간을 정하여 근로계약을 체결할 수 있도록 한 경우'란 법률, 시행령, 시행규칙 등에서 사용기간이 정해진 경우나 다른 규정 등에 위임을 하더라도 사용기간에 대하여 구체적 위임을 한 경우를 의미하며, 질의내용과 같이 게임산업진흥에관한법률 제18조제3항에서 '운영에 관하여 필요한 사항은 등급위원회규정으로 정한다'고 위임한 것만으로는 법령에서 근로자의 사용기간을 위임했다고 볼 수 없어 사용기간 제한의 예외로 보기는 어렵다(2010.3.12, 고용평등정책과-132).

⑬ 송무제도개선위원회 조사위원 등의 기간제근로자 사용기간 제한 예외 여부

기간제법 시행령 제3조제3항제1호에서의 "다른 법령"은 기간제법에서 정한 사용기간(2년)의 예외를 정하는 것으로 국민의 권리 · 의무에 직접적인 영향을 미치는 중요한 사항이므로, 국회 · 국무회의 의결 절차를 거치는 '법률' 또는 '내통령령'에 상당하는 경우로 한정함이 타당할 것이다. 한편, "기간제근로자의 사용기간을 기간제법 제4조제1항과 달리 정하거나 별도의 기간을 정한 경우"로 볼 수 있으려면 합리적인 범위 내에서 예측 가능하도록 그 사용기간이 특정(예시: 3년, 5년 등) 되어야 할 것이다.

"송무제도개선위원회의 조사위원 등"에 대해 사법정책 및 제도개선 등에 관한 위원회규칙 제7조의2 제3항에서 "조사위원의 재임기간 또는 채용기간은 1년으로 하되 연임하거나 채용기간을 연장할 수 있다"고 규정하고 있으나, 동 규정의 입법형식과 규율의 성질, 기간제근로자 사용기간의 특정 여부 등을 종합적으로 고려할 때 해당 "조사위원"은 기간제법 시행령 제3조제3항제1호에 따른 사용기간 제한의 예외 사유에 해당되지 않는다(2013.9.4, 고용차별개선과-1735).

2. 국방부장관이 인정하는 군사적 전문적 지식 · 기술을 가지고 관련 직업에 종사하거나 「고등교육법」 제2조제1호에 따른 대학에서 안보 및 군사학 과목을 강의하는 경우

(1) 사용기간 제한 예외의 취지

사용기간 예외의 취지는 군 관련 민간인력 직위는 전투력을 창출하는 고도의 전문직위이므로 군경력 및 군사적 지식 보유가 필수적이므로 군 전임교수(육군대학, 고급지휘관/참모과정 이수자), BCTP교관(전투지휘훈련 자격증 소지자), 일반 및 전문대학 안보학/부사관학과 교수, 학군단 교관(전투병과 중대장을 필한 자)/행정관 등에 대해서는 기간 제한의 예외에 포함시킨 것이다. 구체적 사례는 다음과 같다.

(2) 구체적 사례

① 국방부장관이 인정하는 군사적 전문적 지식 · 기술을 가지고 관련 직업에 종사하는 경우에 해당되는지 여부

기간제법 제4조제1항제6호에 따라 같은법 시행령 제3조제3항제2호는 2년을 초과하여 기간제근로자를 사용할 수 있는 경우로서 "국방부장관이 인정하는 군사적 전문적 지식 · 기술을 가지고 관련 직업에 종사하거나 「고등교육법」 제2조제1호에 따른 대학에서 안보 및 군사학 과목을 강의하는 경우"를 규정하고 있다. 여기에서 '국방부장관이 인정하는 군사적 전문적 지식 · 기술을 가지고 관련 직업에 종사하는 경우'란, 군 관련 민간인력 직위는 전투력을 창출하는 고도의 전문직위로서 군경력 및 군사적 지식 보유가 필수적이므로 군 전임교수, BCTP(전투지휘훈련) 교관, 일반 및 전문대학의 안보학 및 부사관학과 교수, 학군단 교관 및 행정관 등을 말한다. 따라서 학생군사훈련단의 군사학 교관은 기간제근로자 사용기간 제한 예외사유에 해당된다(2010.10.14, 고용평등정책과-771). 또한 해군력발전연구위원, 해군 군사학술용역연구관, 항공력발전연구위원, 공군훈련통제장교요원, 국방부 및 관련기관(한국국방연구원, 방위사업청 등), 외교통상부 및 관련기관(외교안보연구원 등), 통일부 및 관련기관(남북회담본부 등)에서의 특수 경력 종사자가 이에 해당될 수 있다(2011.1.7, 고용평등정책과-66). 그러나 국방과학연구소 홍보담당 전문계약직 근로자는 사용기간 제한 예외에 해당되지 아니한다(2011.4.6, 고용차별개선과-337).

② "직장예비군중대장"의 경우

「향토예비군설치법」 제14조의2(예비군부대 지휘관의 임무 및 결격사유), 같은법 시행령 제8조(위임), 같은법 시행규칙 제10조(지휘관의 임명등) 등에 따라 예비군부대 지휘관"으로 임명되는 "직장예비군중대장"의 경우, 지휘계통에 따라 동원 또는 소집된 대원을 지휘 · 통솔하고, 예비군대원 및 장비의 관리 등 국방부령이 정하는 임무를 수행하는 자로서, 동법 시행규칙 제10조제1항제4호의 규정에 의한 해당 병과 출신의 예비역 소령이나 대위 또는 퇴역한 자로서 그 계급이 소령이나 대위이었던 자 중에서 임명되는 등 일정한 군경력 및 군사적 지식을 보유한 자를 대상으로 하므로, "직장예비군중대장"의 경우 '국방부장관이 인정하는 군사적 전문적 지식 · 기술을 가지고 관련 직업에 종사하는 경우'에 해당된다(2008.6.26, 차별개선과-925).

③ 직장예비군지휘관의 기간제근로계약 갱신 거절

판례(대법 2013.2.14, 2011두24361)는 「1년 단위의 근로계약을 체결하기는 하였으나 근로계약서도 매년 작성하지 않았을 뿐 아니라, 그 계약서 내용도 매우 간명하여 근로관계 전반을 정하고 있다고 하기 어렵고 이 또한 5회에 걸쳐 계속적으로 갱신하였던 점, 예비군지휘관으로서의 업무는 그 성격이 한시적이지 않고 법령에 의하여 반드시 있어야 하는 상시적, 지속적 업무에 해당하는 점, 국방부 훈령의 성격 및 그 내용과 추천제로 임명된 대학교 직장예비군지휘관에 대하여 연령정년만을 적용하던 국방부의 관행 등을 종합하면, 이 사건 근로계약은 예비군지휘관으로서의 지위를 유지하는 것을 전제로 하는 기간의 정함이 없는 근로계약으로 5년 기한의 제한을 받지 아니하므로 갱신 거절은 사실상 해고에 해당하고, 고용관계를 계속할 수 없을 정도로 책임 있는 사유가 있다고 할 수 없으므로 이 사건 갱신 거절은 부당하다」고 한다.

④ 군 경력 10년 이상의 예비역 장교 등을 학생군사훈련단의 군사학 교관으로 채용하는 경우 기간제근로자 사용기간 제한 예외 해당 여부

기간제법 제4조제1항제6호 및 시행령 제3조제3항제2호에 따르면 '국방부장관이 인정하는 군사적 전문적 지식 · 기술을 가지고 관련 직업에 종사하거나 「고등교육법」 제2조제1호에 따른 대학에서 안보 및 군사학 과목을 강의하는 경우'에는 2년을 초과하여 기간제근로자를 사용할 수 있다. 여기에서 '국방부장관이 인정하는 군사적 전문적 지식 · 기술을 가지고 관련 직업에 종사하는 경우'란, 군 관련

민간인력 직위는 전투력을 창출하는 고도의 전문직위로서 군경력 및 군사적 지식 보유가 필수적이므로 군 전임교수, BCTP(전투지휘훈련) 교관, 일반 및 전문대학의 안보학 및 부사관학과 교수, 학군단 교관 및 행정관 등을 말한다. 학생군사훈련단의 군사학 교관은 기간제근로자 사용기간 제한 예외 사유에 해당하며, 부수적 업무의 구체적 내용은 노사 당사자간 자율적 합의에 따라 정할 수 있다(2010.10.14, 고용평등정책과-771).

⑤ **국방과학연구소 홍보담당 전문계약직 근로자가 사용기간제한 예외 해당 여부**

기간제법 제4조제1항제6호 및 동법 시행령 제3조제3항제3호에서는 "특수한 경력을 갖추고 국가안전보장, 국방 · 외교 또는 통일과 관련된 업무에 종사하는 경우"를 사용기간제한의 예외로 두고 있다. 여기서 "특수한 경력을 갖추고 국가안전보장, 국방 · 외교 또는 통일과 관련된 업무에 종사하는 경우"를 사용기간 제한의 예외로 둔 취지는 전문적 지식 · 기술 및 경력을 갖춘 자가 국가안전보장 등 고도의 기밀을 요하는 업무에 종사하는 경우에 한정된다고 볼 것이다. 홍보업무는 '국방 · 외교 또는 통일과 관련된 업무'로서 고도의 기밀을 요하는 업무로 보기 어려우므로 기간제법 시행령 제3조제3항제3호에 해당하지 않을 것이다(2011.4.6, 고용차별개선과-337).

3. 특수한 경력을 갖추고 국가안전보장, 국방 · 외교 또는 통일과 관련된 업무에 종사하는 경우

(1) 사용기간 제한의 예외 여부

이는 전문적 지식 · 기술 및 경력을 갖춘 자가 국가안전보장 등 고도의 기밀을 요하는 업무에 종사하는 경우로서 기간제한의 예외에 포함시킨 것이다.

기간제법 제4조제1항제5호의 "전문적 지식 · 기술의 활용이 필요한 경우"에 준하여 합리적인 이유가 있는 경우의 하나로 기간제법 제4조제1항제6호 및 같은 법 시행령 제3조제3항제3호에서 "특수한 경력을 갖추고 국가안전보장, 국방 · 외교 또는 통일과 관련된 업무에 종사하는 경우"에는 2년을 초과하여 기간제근로자로 사용할 수 있도록 규정하고 있다.

"특수한 경력" 및 "국가안전보장, 국방 · 외교 또는 통일과 관련된 업무"에 해당하는지 여부는 기간제법의 입법 취지와 함께 업무의 전문성 및 특수성 등을 종합적으로 고려하여 판단하여야 할 것이다.

(2) 구체적 사례

① 북한공개정보센터 근무 기간제근로자의 사용기간 제한 여부

해당 기간제근로자는 해외 주요 유관국가(미국, 중국, 일본, 러시아 등)의 정부, 언론사, 전문가 등이 북한과 관련하여 보도 · 분석 · 발표한 정보를 검색 · 수집하고 이를 번역하고 자료화(DB구축)하는 작업을 주된 업무로 수행하고, 이렇게 수집 · 보고된 정보는 북한정세분석 및 통일정책 수립, 정부 유관기관과의 정보교류 및 업무협조 등에 활용되고 있으며 해당 기간제근로자는 업무를 수행하는 과정에서 북한 관련 자료를 전문적 · 지속적으로 취급하는 한편, 정부의 정책적 판단과 관련되는 대외비공개 문건 등도 다수 취급하고 있다. 그 과정에서 북한의 동향과 관련된 유의미한 정보를 가려낼 수 있는 능력과 이를 번역하여 자료화(DB 구축)하는데 필요한 경험이 축적되었다고 볼 수 있을 것이다.

따라서 위와 같은 특수한 이력(전문성 · 경험 등)을 채용 또는 재계약의 전제 조건으로 하고, 북한정세분석 및 통일정책 수립 등에 활용될 참고자료의 작성 및 자료화 능의 업무를 수행하는 경우라면 이는 기간제법 시행령 제3조제3항제3호의 "특수한 경력을 갖추고 국가안전보장, 국방 · 외교 또는 통일과 관련된 업무에 종사하는 경우"에 해당될 것이다.

다만, 이러한 업무를 담당하는 부서에서 근무를 하더라도 보고서 워딩 · 편집, 사무지원 등 단순 행정보조적인 업무를 수행하는데 그친다면 이러한 경우까지 사용기간 제한의 예외에 해당한다고 보기는 어려울 것이다(2013.11.12, 고용차별개선과-2174).

② 한국국제협력단 해외봉사단관리요원이 기간제법 시행령 제3조제3항제3호의 적용 대상인지 여부

기간제법 시행령 제3조제3항제3호에서는 기간제법 제4조제1항제6호의 예외 사유의 하나로 "특수한 경력을 갖추고 국가안전보장, 국방외교 또는 통일과 관련된 업무에 종사하는 경우"를 규정하고 있는 바, "특수한 경력을 갖추고 국가안전보장, 국방 외교 또는 통일과 관련된 업무에 종사하는 경우"는 기간제법 제4조제1항제5호의 "전문적 지식 기술의 활용이 필요한 경우"에 "준하는 합리적 사유가 있는 경우"의 하나로 시행령에 규정한 것이다.

한국국제협력단 해외봉사단관리요원의 임무는 해외봉사단 활동지원 및 관리, 해외봉사단 신규 수요 발굴, 기타 KOIKA 국제협력사업 관련 사항으로 되어 있다. 이러한 해외봉사단 지원업무 등은 일반적인 행정업무로 볼 수 있으므로 기간제법 제4조제1항제5호의 "전문적인 지식 기술의 활용이 필요한 경우"에 준하는 경우로 "특수한 경력을 갖추고 국가안전보장, 국방외교 또는 통일과 관련된 업무에 종사하는 경우"에 해당되기는 어렵다. 따라서, 한국국제협력단의 해외봉사단관리요원을 2년을 초과하여 사용하는 경우에는 기간의 정함이 없는 근로자로 간주된다(2012.4.4, 고용차별개선과-681).

③ **학군단 예비역 행정관이 사용기간 제한 예외 해당 여부**

기간제법 시행령 제3조제3항제2호의 "국방부장관이 인정하는 군사적 전문적 지식 기술을 가지고 관련 직업에 종사하거나 고등교육법 제2조제1호에 따른 대학에서 안보 및 군사학 과목을 강의하는 경우"에 해당하는지에 대하여는, 학군단 예비역 행정관이 군 경력 10년 이상 복무한 대위(준사관 포함), 부사관을 국방부장관이 추천하여 대학총장이 임용하며, 업무는 학군단의 훈련업무 등을 수행하는 경우라면 이는 일정한 군 경력 및 군사적 지식을 보유한 자가 학군단의 군수행정과 훈련업무를 수행하는 것으로 보아야 할 것이므로 기간제법 시행령 제3조제3항 제2호의 "국방부장관이 인정하는 군사적 전문적 지식 기술을 가지고 관련 직업에 종사하는 경우"에 해당되는 것이다(2012.11.28, 고용차별개선과-2688).

4. 「고등교육법」 제2조의 학교(같은 법 제30조의 대학원대학을 포함한다)에서 업무에 종사하는 경우

가. 「고등교육법」 제14조에 따른 조교의 업무에 종사하는 경우
나. 「고등교육법 시행령」 제7조에 따른 겸임교원, 명예교수, 시간강사, 초빙교원 등이 업무에 종사하는 경우

(1) 조 교

① 조교는 「고등교육법」 제14조에 따른 교직원에 속한다. 대학교 조교를 기간

제한의 예외에 포함시킨 이유는 조교업무 종사자들이 일반적으로 학업과 조교업무를 병행하는 경우가 많고 학술 · 연구조교의 경우 2년을 초과하여 근무하는 경우가 적지 않은 점도 함께 고려한 것이다. 이 같은 특성에도 불구하고 대학교 조교를 2년 초과시 무기계약 전환대상으로 할 경우, 대학은 2년 단위로 조교를 교체사용할 가능성이 크며 그에 따라 일정 기간 이상의 조교업무 수행이 긴요한 때에도 2년마다 사람을 새로 써야만 하는 결과가 예상되고 조교 입장에서도 2년이 지나면 새로운 자리를 알아봐야 하는 문제가 있을 수 있다. 따라서 기본적으로 학업과 업무를 병행하는 조교의 특성을 고려할 때, 이들에게 사용기간 제한의 특례를 적용하는 것이 보다 합리적이다.

② 「고등교육법」제14조에 따른 조교의 업무에 종사하는 경우에도 '기간제근로자 사용기간 제한의 예외' 에 해당될 수 있겠으나 대학에서는 연구조교, 교육조교, 행정조교(실습조교) 등 종사하고 있는 업무내용 등에 따라 조교의 호칭을 다양하게 사용하고 있는 바, 단순히 '조교' 명칭을 쓰고 있다는 사실만으로는 해당 조교가 「고등교육법」 제14조에 따른 조교에 해당하는지 일률적인 판단이 불가할 것이다(2010.3.4, 고용평등정책과-58).

③ '조교' 라는 명칭으로 근무하였다고 하더라도 홍보, 기획 업무만을 담당하였고 연구 내지 연구보조업무를 수행한 적이 없다면 기간제법이 정한 조교에 해당하지 않는다고 판단한 사안이다. 판례(광주지법 2014.11.13, 2014가합54221)는 ① 해당 근로자는 홍보담당관으로 입사하여 근무하다가 '조교' 로 임용된 후에도 홍보 · 기획 업무만 담당하고 학업을 이수하거나 병행하지는 않은 점, ② 고등교육법 제15조제4항은 '조교는 교육 · 연구 및 학사에 관한 사무를 보조한다' 고 규정하고 있고, 같은 법 시행령 제5조, 대학교원 자격기준 등에 관한 규정 제2조제1호 [별표] 교원 및 조교의 자격기준은 '조교' 의 자격기준을 '근무하려는 학교와 동등 이상의 학교를 졸업한 학력이 있는 사람' 이라고 규정하고 있을 뿐 '조교' 에 관한 정의규정 내지 해석규정을 두고 있지는 않으나, 통상적으로 조교란 대학교수 밑에서 연구와 사무를 돕는 사람으로 이해되고 있는 점, ③ 기간제법은 기간제근로자 및 단시간근로자에 대한 불합리한 차별을 시정하고 기간제근로자 및 단시간근로자의 근로조건 보호를 강화함으로써 노동시장의 건전한 발전에 이바지함을 목적으로 제정된 법률로서(기간제법 제1조), 이러한 기간제법의 입법 목적에 따라 기간제법 제4조제2항은 기간제 근로계약의 남용을 방지하기 위하여 2년을 초

과하여 기간제근로자로 사용하는 경우 기간의 정함이 없는 고용의제를 규정하였고 다만 단서에서 2년을 초과하여 기간제근로자를 사용함이 상당한 부득이한 경우 등을 예외적으로 열거하고 있는 점, ④ 따라서 기간제법 제4조를 해석함에 있어서는 예외 사유를 확대하기보다는 기간제법의 본래 입법 목적에 따라 기간제근로자의 지위를 강화하는 방향으로 해석함이 그 입법 취지에 부합한다고 할 것인 점, ⑤ 기간제법 제4조제1항 단서 제6호는 "그 밖에 제1호 내지 제5호에 준하는 합리적인 사유가 있는 경우로서 대통령령이 정하는 경우"라고 규정하고 있는바, '조교'의 경우 같은 항 단서 제3호의 "근로자가 학업, 직업훈련을 이수함에 따라 그 이수에 필요한 기간을 정한 경우" 내지 제5호의 "전문적 지식 · 기술의 활용이 필요한 경우"에 준하는 경우로 보아 위 제6호, 같은 법 시행령 제3조제3항제4호 가목에서 '조교'를 기간제근로자 사용기간 제한의 예외로 규정한 것으로 보이는 점, ⑥ 고용노동부도 2010년 3월 4일경 '고등교육법 제14조에 따른 조교를 기간제법 제4조제1항 단서 각호에서 정하고 있는 기간제근로자 사용기간 제한의 예외에 준하는 합리적인 사유가 있는 경우로 보고 같은 법 시행령 제3조제3항 제4호 가목에서 기간제근로자 사용기간 제한의 예외로 규정한 취지는 조교 업무 종사자들이 일정기간 학업 과정을 이수하고 있는 경우가 많고, 학술 · 연구조교의 경우 2년을 초과하여 근무하는 경우가 적지 않은 점을 고려한 것으로 고등교육법 제14조에 따른 조교에 해당하는지 여부는 기본적으로는 학업과 업무를 병행하는 조교를 의미한다'고 회신한 점 등에 비추어 보면, 기간제법 제4조제1항 단서 제6호, 기간제법 시행령 제3조제3항제4호 가목에서 정한 '고등교육법 제14조에 따른 조교'는 단순히 '조교'라는 명칭을 사용하는지 여부가 아니라 실질적으로 학업을 이수하면서 사무를 병행하는 사람 내지 전문적인 지식 · 기술을 활용하여 연구 내지 연구보조 업무를 수행하는 사람을 의미한다고 한다.

④ 참고로 「고등교육법」은 제14조제4항에서 "각종 학교에는 제1항 내지 제3항의 규정에 준하여 필요한 교원, 직원 및 조교(이하 "교직원"이라 한다)를 둔다"고 규정하여 직원과 조교를 구분하고 있으며, 그 업무에 있어서도 제15조제3항에서 "행정직원 등 직원은 행정사무와 기타의 사무를 담당한다"로 규정하고 있고 제15조제4항에서 "조교는 교육 · 연구 및 학사에 관한 사무를 보조한다"고 구분하고 있는 바, 조교가 「고등교육법」제14조에 따른 조교에 해당하는지 여부는 위 기

준에 따르면 될 것으로 판단된다(2007.7.10, 비정규직대책팀-2769). 대학의 '행정조교, 실습조교, 연구조교, 교육조교 등'이 「고등교육법」제14조의 조교에 포함되는 경우, 계약기간이 2년을 넘는 경우에도 기간의 정함이 없는 근로계약을 체결한 것으로 보지 않게 된다(2007.7.31, 비정규직대책팀-3086).

(2) 대학 시간강사 · 겸임교원 · 명예교수 · 초빙교원 등의 사용기간 제한의 예외

대학의 시간강사 등은 업무의 특성상 사용기간 제한을 통한 정규직 전환효과는 없는 반면, 대다수가 실직되는 등 고용불안 현상을 초래하고 있다. 대학 시간강사 등의 경우 대학강의 및 연구과제의 수행기간이 2년을 초과하는 때에도 사용기간이 2년이 되면 정규직으로 전환되기보다는 대다수가 실직되므로, 고용안정과 대학강의 및 연구과제의 안정적 수행을 위하여 이들의 업무를 기간제근로자 사용기간 2년 제한의 예외 사유에 포함시키고 있다.

대학에서 정규직 임용(전임강사 이상)은 시간강사로서의 근로계약기간보다는 별도의 평가기준(학위, 논문, 연구실적)을 통해 이루어지고 있는 현실을 반영하여 시간강사에 대한 사용기간 제한을 완화할 필요가 있으므로 기간제법 시행령 제3조제3항제4호나목에서 「고등교육법」 시행령 제7조에 따른 겸임교원 · 명예교수 · 시간강사 · 초빙교원 등이 교육업무에 종사하는 경우 사용기간 제한의 예외에 포함시키도록 하였다.

(3) '강사'가 기간제근로자 사용기간 제한의 예외' 해당 여부

고등교육법 개정으로 2018.1.1부터 기존의 '시간강사' 제도는 폐지되고 '강사'가 신설 · 시행되는 바, 개정 고등교육법 제14조제2항 및 제14조의2에 따른 '강사'가 기간제근로자 사용기간 제한의 예외에 해당하는지 여부이다.

① 기간제법 시행령 제3조제3항제4호나목에 따라 고등교육법 시행령 제7조에 따른 겸임교원, 명예교수, 시간강사, 초빙교원 등의 업무에 종사하는 경우에는 2년을 초과하여 기간제근로자로 사용하더라도 그 기간제근로자는 기간의 정함이 없는 근로계약을 체결한 근로자로 보지 아니하는 예외 규정을 두고 있다. 2018.1.1부터 시행 예정인 개정 고등교육법 에서는 제14조제2항 및 제14조의2에 따른 '강사'를 '교원'으로 구분하고, 임용기간은 1년 이상으로 하며, 임용 ·

신분보장 등에 관하여 교육공무원법 , 사립학교법 및 국가공무원법 의 일부 규정을 준용함으로써 종전 '시간강사' 에 비하여 그 지위향상을 도모한 것으로 보인다. 그러나 '강사' 의 경우에도 여전히 기간의 정함이 있는 근로계약을 체결하고, 근무(계약)기간의 만료로 당연 퇴직되며, 재임용 여부는 대학의 자율(학칙 또는 정관 등)에 맡겨져 있는 등의 사정에 비추어 볼 때 '시간강사' 와 마찬가지로 고용불안정 문제는 해소되지 않을 것이다.

② 한편, 기간제법 시행령 제3조제3항제4호나목에서는 "고등교육법 시행령 제7조에 따른 겸임교원, 명예교수, 시간강사, 초빙교원 등"으로 규정하고 있는데, '강사' 는 열거된 직종에 준하는 직종으로 이해되고, '시간강사' 에서 '강사' 로 명칭을 달리하는 등 지위 향상을 꾀한 제도변화에도 불구하고 업무(직무)내용 등 그 본질적 특성에 큰 차이가 없음을 고려할 때 "고등교육법 제14조제2항에 따른 강사의 업무에 종사하는 경우"는 "고등교육법 시행령 제7조에 따른 겸임교원, 명예교수, 시간강사, 초빙교원 등의 업무에 종사하는 경우"로 볼 수 있어 기간제근로자 사용기간 제한의 예외에 해당한다(2013.6.25, 고용차별개선과-1216).

5. 「통계법」 제22조에 따라 고시한 한국표준직업분류의 대분류 1과 대분류 2 직업에 종사하는 자의 「소득세법」 제20조제1항에 따른 근로소득(최근 2년간의 연평균근로소득을 말한다)이 고용노동부장관이 최근 조사한 고용형태별근로실태조사의 한국표준직업분류 대분류 2 직업에 종사하는 자의 근로소득 상위 100분의 25에 해당하는 경우

(1) 예외규정의 취지

이는 고액 연봉의 전문업무 종사자의 경우 법을 통한 고용보호 필요성이 높지 않기 때문에 전문업무 종사자 중 특정 소득 수준 이상인 경우를 사용기간 제한의 예외에 포함시킨 것이다.

종전에는 한국표준직업분류의 대분류 0과 대분류 1 직업에 종사하는 자 중 소득을 기준으로 사용기간 제한의 예외를 정하였으나 2007.7월 한국표준직업분류가 개정(대분류 11개→10개)되면서 대분류 0(의회의원, 고위임직원 및 관리자)이 대분류 1(관리자)로, 대분류 1(전문가)이 대분류2(전문가 및 관련 종사자)로 변경됨에 따라 관련 내용을 정비할 필요가 있고 '임금구조기본통계조사'가 '고용형태별근로실태조사'로 명칭이 변경됨에 따라 이를 수정할 필요가 있으므로 기간제법시행령을 개정하여 한국표준직업분류의 개정에 맞춰 대분류 0과 대분류 1을 각각 대분류 1과 대분류 2로 변경하고 임금구조기본통계를 고용형태별근로실태조사로 변경한 것이다.

> [참고] 고용노동부 공고 제2016-165호(2016.5.23)
>
> 2016년도 고용행태별 근로실태조사의 한국표준직업분류 대분류 2 직업 종사자(전문가 및 관련 종사자)의 근로소득 상위 100분의 25에 해당하는 금액 : 57,313,000원
>
> · 위 금액은 다음 공고일 전일까지 적용한다.

(2) 구체적 사례

① 간호사, 영양사, 물리치료사의 사용기간 제한 예외규정 적용 여부

간호사, 영양사, 물리치료사의 경우 근로소득 수준(상위 25%) 이상에 해당된다면 기간제법의 사용기간 제한 예외규정의 적용을 받는다 할 것이다(2007.7.13, 비정규직대책팀-2848).

② 근로소득 상위 25%에 해당하여 기간제근로자 사용기간 제한 예외가 적용되는 시점

기간제법 시행일인 2007.7.1 이후 근로계약을 체결 · 갱신 · 연장한 시점이 아니라 그때부터 기산하여 근속기간이 2년을 초과하는 시점에서 소득세법 제20조 제1항에 따라 산정한 최근 2년간의 연평균근로소득이 상기의 공고금액보다 높은 경우 기간제법상 사용기간 제한 예외에 해당된다.

(예시) 1차 근로계약: 2007.7.1~2008.6.30 2차 근로계약 2008.7.1~2009.6.30, 최근 2년간의 연평균근로소득: 6천만원, 최근 공고일: 2009.6.3

최근 2년간의 연평균근로소득(6천만원)이 기간제법 시행령에 따른 공고금액보다 높으므로 기간제법상 사용기간 제한의 예외에 해당하여 2년을 초과하여 사용하더라도 무기계약근로자로 간주되지 않는다(2009.6.2, 고용차별정책과-309).

③ 증권회사 지점 영업직원이 한국표준직업분류 대분류 1, 2에 해당하는지 여부

증권회사 지점 영업직원이 증권의 구매나 판매와 관련된 사무업무를 수행하고,

해당 금융기관의 금융상품을 판매하고 관리하는 업무 등을 주로 수행하는 경우라면 한국표준직업분류상 금융관련 사무원(3203)에 해당될 여지가 높다고 보이며, 대분류 2 직업에 종사하는 것으로 보기는 어려워 사용기간 제한의 예외에 해당되지 않을 것이다(2011.4.28, 고용차별개선과-521).

④ 통역사가 한국표준직업분류 1, 2에 해당하는지 여부

한국표준직업분류를 살펴보면 대분류 2 직업의 통역가(28130)는 사용하는 언어가 서로 다른 사람들 사이에서 순조로운 의사소통을 가능하도록 대화내용을 상대방 언어로 전환 · 표현하여 전달해주는 자를 의미하므로 통역사가 담당하는 업무내용이 통역가(28130)에 해당하는 경우에는 한국표준직업분류 대분류 2 직업에 종사하는 것으로 볼 수 있다(2012.2.13, 고용차별개선과-296).

⑤ 준법감시인의 한국표준직업분류 대분류 2의 직업종사자 해당 여부

원고(준법감시인)와 회사 사이의 3년의 근로계약기간이 단지 형식에 불과한 것으로는 볼 수 없고, 준법감시인은 한국표준직업분류상 대분류 3의 '사무종사자' 에 속하는 감사사무원으로서 관리자 및 전문가를 보조하는 업무를 수행하는 자가 아니라 대분류 2의 '전문가 및 관련 종사자' 에 속하는 자로 보는 것이 타당한 데다, 준법감시인의 최근 2년간 연평균 근로소득이 고용노동부가 공고하는 한국표준직업분류 대분류 2 직업종사자의 근로소득 상위 100분의 25(50,844,000원 이상)에 해당하므로, 준법감시인은 기간제법 제4조제1항 단서 및 같은 법 시행령 제3조제3항제5호에서 정한 기간제근로자 사용기간 제한의 예외에 해당되는 기간의 정함이 있는 근로자라 할 것이다. 회사는 이사회 결의를 통하여 3년의 임기로 해당 근로자를 준법감시인으로 선임하였고, 임기만료에 따른 해임 시에도 이사회의 의결을 거쳤던 점, 고용 및 연봉계약서에는 '계약기간 만료시 재계약에 대하여 상호 협의한다' 라고만 기재되어 있는 점, 고용계약서를 작성한 이후 3회에 걸쳐 고용 및 연봉계약서를 작성하였으나 실질적으로 당사자 사이에 매번 연봉을 정한 것에 불과한 점, 준법감시인 자신도 곧 임기가 만료된다는 사실을 잘 알고 있었던 것으로 보이는 점 등을 종합하면, 준법감시인과 회사 사이에 일정한 요건이 충족되면 근로계약이 갱신된다는 신뢰관계가 형성되었다고 볼 수 없으므로, 근로계약이 갱신될 수 있으리라는 정당한 기대권이 인정된다고 보기 어렵다고 한 것이다(서울행법 2012.6.29, 2012구합5558).

6. 「근로기준법」 제18조제3항에 따른 4주 동안을 평균하여 1주 동안의 소정근로시간이 15시간 미만인 단시간근로자를 사용하는 경우

(1) 예외규정의 내용 및 취지

① 기간제법 시행령 제3조제3항제6호는 2년을 초과하여 기간제근로자를 사용할 수 있는 경우로서 "근로기준법 제18조제3항에 따른 1주 동안의 소정근로시간이 뚜렷하게 짧은 단시간근로자를 사용하는 경우"를 규정하고 있으며, 이때 1주 동안의 소정근로시간이 뚜렷하게 짧은 단시간근로자란 4주간(4주간미만으로 근로하는 경우에는 그 주간)을 평균하여 1주간의 소정근로시간이 15시간 미만인 근로자를 말한다(근로기준법 제18조제3항).

단시간근로자는 근로기준법상 1주 동안의 소정근로시간이 당해 사업장에서 같은 종류의 업무에 종사하는 통상근로자의 1주 동안의 소정근로시간에 비하여 짧은 근로자를 말한다(기간제법 제2조제2호 및 근로기준법 제2조제1항제8호).

단시간근로자는 아르바이트 · 파트타임 · 시간제사원 등의 명칭을 문제 삼지 않으며, 소정근로시간의 짧은 정도는 무관하므로, 소정근로시간이 '15시간 미만인 단시간근로자' 도 이에 해당된다. 소정근로시간이란 법정근로시간의 범위 내에서 근로자와 사용자 사이에 정한 근로시간을 말한다(근로기준법 제2조제1항제7호).

② 4주 동안(4주 미만으로 근로한 경우에는 그 기간)을 평균하여 1주 동안의 소정근로시간이 15시간 미만인 근로자인 이러한 초단시간근로자에 대해서는 근로기준법상의 유급휴일 및 연차유급휴가(근로기준법 제18조제3항)와 근로자퇴직급여보장법상의 퇴직급여제도(근로자퇴직급여보장법 제4조제1항 단서)가 적용되지 않을 뿐이며, 사용자의 차별적 처우에 대해 통상근로자와 동일하게 시정신청자격을 가진다.

(2) 구체적 사례

시간강사의 경우 강의시간이 1주당 8시간 내지 1주당 10시간이더라도 업무의 성격상 강의를 준비하기 위한 연구와 자료수집, 수강생의 평가 및 그와 관련한 학사행정업무의 처리 등에 상당한 시간이 소요되므로 1주간의 소정근로시간 15시간 미만인 근로자에 해당한다고 보기는 어려우므로 이 사건 시간강사에 대하여는 퇴직금 지급의무가 있다(의정부지법 2013.5.16, 2012나14426). 행정해석(2013.4.2,

고용차별개선과-568)은 강의를 위한 준비시간이 근로시간에 포함되는지 여부는 구체적 사실관계에 따라 판단하여야 한다는 것이다.

7.「국민체육진흥법」 제2조제4호에 따른 선수와 같은 조 제6호에 따른 체육지도자 업무에 종사하는 경우

(1) 선수 및 체육지도자의 범위

국민체육진흥법에 따른 "선수"란 경기단체("경기단체"란 특정 경기종목에 관한 활동과 사업을 목적으로 설립되고 대한체육회에 가맹된 법인 또는 단체를 말한다)에 선수로 등록된 자이고 "체육지도자"란 학교 · 직장 · 지역사회 또는 체육단체 등에서 체육을 지도하는 자로서 학교체육교사, 생활체육지도자, 경기지도자 등을 말한다.

(2) 구체적 사례

① 청소년수련관내 스포츠시설 업무 담당자 또는 수영강사가 사용기간제한 예외에 해당되는지 여부

기간제법 제4조제1항 단서 제6호에서는 "그 밖에 제1호 내지 제5호에 준하는 합리적 사유가 있는 경우로서 대통령령이 정하는 경우"를 기간제근로자의 사용기간 제한의 예외로 인정하고 있으며, 이에 따라 동법 시행령 제3조제3항제7호에서는 "「국민체육진흥법」 제2조제4호에 따른 선수와 제6호에 따른 체육지도자 업무에 종사하는 경우"를 규정하고 있다.

청소년수련관내 수영장에서 근무하는 수영강사가「국민체육진흥법」 제2조제6호의 체육지도자 또는 국민체육진흥법 제2조 및 동법시행령 제9조의 경기지도자 또는 제10조의 생활체육지도자 자격을 갖추고 생활지도를 하는 경우라면 기간제법상 사용기간 제한 예외사유에 해당되어 해당 근로자의 계속 근로계약기간이 2년을 넘는 경우에도 기간의 정함이 없는 근로계약을 체결한 것으로 보지 않는다(2010.1012, 고용평등정책과-736;2007.11.5, 차별개선과-3996).

② 공기업 스포츠센터 업무 담당자가 사용기간 제한 예외 해당 여부

국민체육진흥법 제2조제6호에 따르면, 학교 · 직장 · 지역사회 또는 체육단체 등에서 체육을 지도하는 자로서 학교 체육 교사, 생활체육 지도자, 경기 지도자 등을 체육지도자로 규정하고 있으며, 국민체육진흥법 시행령 제9조 및 제10조에 따르면 경기 지도자 · 생활체육 지도자는 문화체육관광부령으로 정하는 연수 과정을 수료하고 검정에 합격한 자를 말한다. "국민체육진흥법 제2조 및 국민체육진흥법 시행령 제9조의 경기지도자 또는 제10조의 생활체육지도자 자격을 갖추고 체육지도를 하는 경우"라면 체육지도자로 보아 기간제근로자로 2년을 초과하여 계속근무하더라도 무기계약근로자로 간주되지 않을 수 있다(2011.1.13, 고용평등정책과-108).

③ 인명구제원이 체육지도자에 해당하는지 여부

국민체육진흥법 제2조제4호에 따르면 '체육지도자'란 학교 · 직장 · 지역사회 또는 체육단체 등에서 체육을 지도하는 자로서 학교체육교사, 생활체육지도자, 경기지도자를 말하고, 생활체육지도자 및 경기지도자는 국민체육진흥법 시행령 제9조 및 제10조에서 정하는 자격기준을 보유하여 체육지도자 연수 및 자격검정에 관한 규칙에서 정하는 연수과정을 수료하고 자격증을 취득한 자로 한정하고 있다. 해당 근로자가 소지한 인명구조원 자격증이 사설기관에서 발급한 것으로 문화체육부장관으로부터 발급받은 생활체육지도자 자격증에 해당하지 않는다면 기간제법 시행령 제3조제3항제7호에서 정한 '체육지도자'로 보기 어려우므로 2년을 조과하지 않는 범위 안에서 기간세근로사로 사용할 수 있을 것이다(2011.4.15, 고용차별개선과-425).

④ 학교운동부지도자가 사용기간 제한 예외 해당 여부

"학교운동부지도자"가 중등교원 자격증을 가지고 학교에서 체육을 지도하고 있는 경우라 하더라도 그 내용만으로 기간제 사용기간 제한의 예외에 해당한다고 볼 수는 없으며, 국민체육진흥법에 따라 체육지도자의 자격을 부여받은 경우에 한하여 기간제법 시행령 제3조제3항제7호에 해당된다고 보아야 할 것이다. 한편, 국민체육진흥법 에 따른 "경기 지도자" 자격을 부여 받은 사람이 "학교운동부지도자"로 임용된 경우에는 기간제법 시행령 제3조제3항제7호에 따른 사용기간 제한의 예외에 해당되므로 계속근로한 총기간이 2년을 초과하더라도 기간제근로자로 사용하는 것이 가능하다 할 것이다(2013.12.10, 고용차별개선과-2507).

8. 연구기관에서 연구업무에 직접 종사하는 경우 또는 실험 · 조사 등을 수행하는 등 연구업무에 직접 관여하여 지원하는 업무에 종사하는 경우

(1) 연구기관의 의의 및 사용기간 제한 예외의 취지

① 연구기관의 의의

"연구기관"이란 "전문적인 연구업무를 주된 목적으로 독립된 연구시설이나 조직체계를 갖춰 설립된 기관"을 의미한다. 이는 해당 기관의 설치 목적, 사업 내용 등을 전체적으로 살펴보아 전문적인 연구업무가 주된 목적인지 여부, 독립된 연구시설이나 조직체계를 갖추어 설립된 기관인지 여부를 파악하여 판단하게 되므로, 일부 다른 업무를 병행할 수는 있겠으나 주된 업무가 전문적인 연구업무이면서 독립된 연구시설이나 조직체계를 갖추어 설립된 기관에 해당하는 경우라면 기간제법상의 "연구기관"으로 볼 수 있을 것이다(2013.2.14, 고용차별개선과-291).

② 사용기간 제한 예외의 취지

연구기관의 연구원의 경우 연구과제에 따라 업무가 이루어지며, 연구과제의 수요가 불규칙적이고, 연구기관은 별도의 평가기준(학위, 논문, 연구실적 등)에 따라 정규직 전환을 실시하고 있어 사용기간 제한을 통한 정규직 전환효과는 매우 낮은 반면, 실직 가능성은 높아 고용불안을 초래하고 있다. 대다수가 2년의 사용기간 제한으로 인해 경력과 전문적인 지식을 쌓기 어렵고 고용불안을 느끼는 것으로 나타났으며 연구기관도 2년마다 연구원이 바뀜에 따라 동 연구원이 수행했던 연구 프로젝트를 원활하게 진행하지 못하는 어려움이 발생하고 있으므로 기간제법 시행령 제3조제3항제8호에서「연구 목적으로 설립된 연구기관에서 연구업무에 종사하는 경우」를 사용기간 제한의 예외사유에 포함한 것이다. 이는 연구원이 연구과제를 안정적으로 수행하도록 하기 위하는데 그 취지가 있다.

(2) 연구기관의 범위

여기서 말하는 연구기관은 기간제법시행령 제3조제3항제8호의 다음 각목에 해당되는 연구기관만을 말한다.

가. 국공립연구기관

나.「정부출연연구기관등의설립 · 운영및육성에관한법률」 또는「과학기술분야

정부출연연구기관등의설립 · 육성및운영에관한법률」에 따라 설립된 정부출연연구기관

다. 「특정연구기관육성법」에 따른 특정연구기관

라. 「지방자치단체출연연구원의설립및운영에관한법률」에 따라 설립된 연구기관

마. 「공공기관의운영에관한법률」에 따른 공공기관의 부설 연구기관

바. 기업 또는 대학의 부설 연구기관

사. 「민법」 또는 다른 법률에 따라 설립된 법인인 연구기관

(3) 구체적 사례

1) 국공립연구기관에 해당하는지 여부

① 공립박물관의 경우

기간제법 시행령 제3조제3항제8호가목 소정의 국공립연구기관은 특정 분야의 연구를 수행할 목적으로 국가 또는 지방자치단체가 설립 · 운영하는 기관을 의미하는바, 「박물관및미술관진흥법」 제3조의 공립박물관은 지방자치단체가 설립 · 운영하는 박물관으로 규정되어 있고, 해당 박물관이 동법 제2조의 역사 고고(考古) 인류 민속 예술 동물 식물 광물 과학기술 산업 등에 관한 자료를 수집 관리 보존 조사 연구 등의 기능을 수행하는 경우에는 기간제법 시행령 제3조제3항제8호가목 소정의 국공립연구기관으로 볼 수 있을 것이나, 기간제법 시행령 제3조제3항제8호의 예외 적용을 받기 위해서는 연구업무에 직접 종사하거나 실험 조사 등을 수행하는 등 연구업무에 직접 관여하여 지원하는 업무에 종사하여야 할 것이다(2012.2.7, 고용차별개선과-259).

② 국립국어원의 경우

「문화관광부와그소속기관직제」 제2조에 따르면 문화체육관광부장관의 관장사무를 지원하기 위하여 문화체육관광부장관 소속하에 국립국어원을 둔다고 규정하고 있고, 같은 법 제36조에서는 국립국어원은 국어의 발전과 국민의 언어생활 향상을 위한 사업의 추진과 연구활동을 관장한다고 규정하고 있다. 1984년 '국어연구소' 로 설립되어 1991년 '국립국어연구원' 으로 승격되고, 2004년 어문 정책 종합 기관인 '국립국어원' 에 이른 해당 기관의 연혁 등을 고려할 때 비록 연구 외에 다른 사업을 추진한다 하더라도 연구가 주된 목적의 하나이므로 국공립연구기

관으로 봄이 타당하다.

국립국어원의 학예보조원 또는 교육보조원이 기간제법 시행령 제3조제3항제8호의 사용기간 제한의 예외에 해당하는지에 대하여는 학예 또는 교육 보조원이 수행하는 업무가 해당 연구분야에 대한 전문적 지식을 가지고 연구업무에 직접 관련되어 연구업무의 기초가 되는 실험 · 조사 등의 업무를 수행하는 경우라면 "연구업무에 직접 관여하여 지원하는 업무에 종사하는 경우"에 해당된다고 볼 수 있을 것이다. 기간제근로자가 수행하는 업무가 반드시 해당 연구분야에 대한 연구인력이 아니더라도 수행할 수 있는 행정, 전산, 사무지원 등과 같이 비교적 단순업무만을 담당하는 경우라면 연구업무에 직접 관여하고 있다고 보기는 어려울 것이다. "개방형 사전 전문용어 자료 정비", "표현, 표기 전담 감수", "한국어 기초 사전 등의 내용 및 자료 정비", "분야별 전문용어 자료 정비" 등은 연구분야에 대한 전문적 지식을 바탕으로 연구의 기초가 되는 조사 등 업무에 해당될 여지가 있다.

한편, "해외통신원 관리, 온라인소식지 편집", "새국어생활 편집", "개방형 시스템 등록 대상 자료 통합, 정비 · 등록", "감수단 모집 운영", "언어정보나눔터 운영 및 경진대회 지원", "국어원 발간물 가공 및 웹 등록", "대량메일 발송" 등의 업무는 연구와 무관한 사업 추진에 관련되거나 행정, 전산, 사무지원 등의 업무에 가깝다고 보이고, 이러한 업무가 전문지식의 활용 없이 연구인력이 아니더라도 수행할 수 있는 정도의 업무라면 연구업무에 직접 관여하여 지원하는 업무에 종사한다고 보기는 어렵다.

아울러, 국립국어원의 경우 특정인이 여러 업무를 복합적으로 수행하고 있으므로 구체적인 사실관계를 토대로 해당 기간제근로자의 주된 업무가 연구업무와 관련된 참고자료의 번역 및 통역, 연구자료의 수집 · 정리 등과 같이 적어도 해당 연구분야에 대한 전문적 지식을 가지고 연구업무의 기초가 되는 조사 등 업무를 수행한다고 볼 수 있는지를 개별적으로 판단하여야 할 것이다(2013.10.8, 고용차별개선과-1947).

③ 국립암센터 또는 지역암센터의 연구기관인지 여부

국립암센터 또는 지역암센터가 기간제법시행령 제3조제3항제8호마목 및 바목에 해당하는지 여부에 관하여, 국립암센터가 공공기관의 운영에 관한 법률 에 따른 공공기관이면서 관련 법률 또는 정관 등에서 전문적인 연구업무 수행을 위한 연구시설 및 조직 체계를 갖춘 부설연구기관의 설치근거를 두어 운영하고 있는 경우에는 기간제법 시행령 제3조제3항제8호마목의 연구기관으로 볼 수 있을 것이며 지역암센터로 지정된 대학병원이 기간제법시행령 제3조제3항제8호바목의 대학의 부설연구기관인지 여부는 지역암센터로 지정된 각 대학 학칙 등에서 대학병원을 전문적인 연구업무 수행을 위한 연구시설 및 조직체계를 갖춘 부설연구기관으로 정하고 있는지 여부에 따라 판단하여야 한다(2011.8.8, 고용차별개선과-1243).

④ **강원도 수산자원연구원 연구관련 기간제근로자의 사용기간 제한 예외**

기간제법상 사용기간 제한 예외사유의 하나로 같은 법 제4조제1항 제6호에서는 "대통령령이 정하는 경우"를 규정하고 있고, 이에 근거하여 같은 법 시행령 제3조제3항 제8호에서는 "국공립연구기관에서 연구업무에 직접 종사하는 경우 또는 실험 조사 등을 수행하는 등 연구업무에 직접 관여하여 지원하는 업무에 종사하는 경우"를 들고 있다. 강원도 수산자원연구원이 상기법령 조항 단서 국공립연구기관에 해당하는지에 대하여는, 강원도 행정기구설치조례 에 따르면 강원도 수산자원연구원은 "동해 연안의 수산자원을 증식 보호하고 새품종의 시험개발과 양식기술 보급"을 목적으로 설치되었으며, 소관사무는 "1. 어류 패류 갑각류 등의 치어 치패 양식 및 방류, 2. 지역특산품종의 시험양식 및 기술개발, 3. 신품종 및 토속어종 연구개발, 4. 양식품종의 질병연구 및 수질관리, 5. 연구개발 품종 수산기술지도 및 보급 등"의 업무를 수행하는 것으로서 기간제법 시행령 제3조제3항제8호의 국공립연구기관에 해당되는 것으로 동 연구기관에서 연구업무에 직접 종사하는 경우 또는 실험 조사 등을 수행하는 등 연구업무에 직접 관여하여 지원하는 업무에 종사하는 경우에는 2년을 초과하여 기간제근로자로 사용할 수 있을 것이다.

또한 사용기간 제한 예외에 해당되는 기간제근로자가 공무직(무기계약직)전환을 주장할 경우 예외규정을 근거로 당연히 공무직으로 전환되지 않음을 항변할 수 있는지에 대하여는, 기간제법에서 기간제근로자의 사용기간을 2년으로 제한하는 목적은 사용자가 상시적인 업무에 기간제 근로계약을 반복 갱신하는 것을 금지하여 기간제근로자의 고용불안을 해소하고자 하는 것이며, 업무 또는 계약의 특성상 기간제한이 불합리한 경우이거나 법률에 의한 사용기간 제한을 통하여 고용을 보호해야 할 당위성이 약한 경우 등에 대하여만 인력운영의 경직성을 완화하기 위해 기간제한의 예외를 인정하는 것이므로, 기간제법 상 사용기간 제한 예외를 적용받는 기간제근로자라 하여 무기계약직 전환을 제외한다는 취지는 아니므로 근로자의 고용안정을 위하여 기관의 사정에 따라 무기계약직으로 전환하는 것은 무방할 것이다(2013.1.11, 고용차별개선과-80).

⑤ 농업기술센터의 실험(연구)실의 연구기관 해당 여부

용인시 농업기술센터의 현장문제기술개발지원사업, 과학영농시설 운영, 유용미생물제생산운영에 필요한 실험(연구)실이 기간제법 시행령 제3조제3항제8호의 연구기관에 해당하는지에 여부이다. 기간제법 시행령 제3조제3항제8호의 각 목에서 규정한 '연구기관'이란 "전문적인 연구업무를 주된 목적으로 독립된 연구시설이나 조직체계를 갖춰 설립된 기관"을 의미한다. 용인시 농업기술센터에서 농업기술 관련 사업을 추진하면서 실험(연구)실에서 실험 분석업무를 수행한다는 사실만으로는 위 연구기관에 해당하는지 여부를 판단할 수는 없으며, 농업기술센터의 설치 목적, 사업 내용 등을 전체적으로 검토하여 전문적인 연구업무가 주된 목적이면서 독립된 연구시설이나 조직체계를 갖추어 설립된 기관인지를 파악하여 연구기관에 해당하는지 여부를 판단할 수 있을 것이다(2012.12.4, 고용차별개선과-2782).

2) 정부 출연 연구기관 연구원의 사용기간 제한 예외 여부

① 정부출연연구원에서 근무하는 연구원의 사용기간을 4년으로 제한할 수 있는지 여부

기간제법 시행령 제3조제3항제8호의 각 목 연구기관에서 연구업무에 직접 종사하는 경우는 기간제근로자 사용기간 제한의 예외로 2년을 초과하여 고용해도 무기계약직으로의 전환이 강제되지 않으므로 기간만료에 의한 고용종료도 가능할 것이며, 해당 사업장에서 자율적으로 사용기간을 제한하는 것이 법에 위반되는 것은 아니다.

② 보고서 워딩, 편집, 행정지원 등을 수행하는 연구보조원이 연구업무에 직접 관여하여 지원하는 업무에 해당하는지 여부

연구업무에 직접 관여하여 지원하는 업무에 종사하는 경우란 해당 연구분야에서 연구업무에 직접 관련되어 실험 · 조사 등을 수행하는 방법 등으로 이를 지원하는 경우를 말하는 것이다. 보고서 워딩 · 편집 · 행정지원 등을 주로 수행하는 연구보조원은 비교적 단순작업으로 반드시 해당 연구분야에 대한 연구인력이 아니더라도 그 업무를 수행할 수 있으므로 연구업무에 직접 관여하여 지원하는 업무에 종사한다고 보기는 어려울 것이다. 반면에 연구부서에서 참고자료의 번역 및 통역, 연구자료의 수집 · 정리업무에 종사하는 경우라면 적어도 해당 연구분야에 대한 전문적 지식을 가지고 연구업무의 기초가 되는 조사업무를 수행하는 것으로 볼 여지가 있다고 보여지며, 전산업무 지원, 도서실 사서업무 등을 수행하는 경우는 구체적 사실관계에 따라 다르게 판단될 수 있으나 일반적으로는 연구업무에 직접 관여하고 있다고 보기는 어렵다.

③ 연구업무에만 계속 근무하는 경우에만 2년을 초과하여 기간제근로자로 사용할 수 있는지 여부

기간제법 시행령 제3조제3항제8호에서는 "각 목의 연구기관(국공립연구기관 등)에서 연구업무에 직접 종사하는 경우 또는 실험 · 조사 등을 수행하는 등 연구업무에 직접 관여하여 지원하는 업무에 종사하는 경우"를 사용기간 제한의 예외로 인정하고 있으며, 이는 연구원이 연구과제를 안정적으로 수행하도록 하기 위하는 데 그 취지가 있다. 따라서 연구업무에 계속하여 근무하는 경우에 2년을 초과하여 기간제근로자로 사용할 수 있다. 다만, 연구부서에서 행정부서로 이동하거나 반대로 행정부서에서 연구부서로 이동하더라도, 행정부서에서 근무한 기간이 2년을 초과할 경우에는 무기계약자로 전환된다(2010.4.6, 고용평등정책과-425).

3) 대학 의료원 임상시험센터 소속 기간제근로자가 사용기간 제한 예외 해당 여부

기간제법 시행령 제3조제3항 제8호 바목에서 정하고 있는 "대학의 부설 연구기관"이란 분야별로 전문적으로 연구를 수행하기 위하여 독립된 연구시설이나 조직체계를 갖추고 설립된 기관을 의미한다.

해당 대학교 학칙 제89조에는"대학교 부설 연구원 및 대학간 연구소"에 해당하는 기관들이 열거되어 있고, 제90조에는 "대학부설연구소"에 해당하는 기관들이 열거되어 있으나, 의료원 임상시험센터는 위 기관들에 포함되어 있지 않고, 의료원 직무분장규정 별표 9에는 의료원의 부서 중 임상연구관리실이 있으며 임상시험센터가 임상연구관리실의 하위 부서로 되어 있는 점을 보면, 특정 연구목적을 수행하기 위하여 독립적인 연구시설이나 조직체계를 갖추고 있는 대학의 부설

연구기관으로 인정하기에는 다소 부족하며, 따라서, 의료원 임상시험센터에 소속된 기간제근로자는 사용기간 제한의 예외에 해당되지 않을 여지가 있다고 보인다(2010.7.23, 고용평등정책과-121).

4) 대학 부설기관인 입학사정전형연구소 연구원의 사용기간 제한 예외 해당 여부

입학사정전형연구소가 학교의 정관, 교칙 등에 의거 설립된 학교부설기관이고, 대입전형 연구개발 및 관련논문 발표, 고교 및 대학 교육과정 분석, 여러 대학의 전형자료 심사평가, 서류 및 면접 평가척도 연구개발 업무를 수행하는 등 연구업무를 주목적으로 하는 기관이라면 기간제법 시행령 제3조제3항제8호 바목의 "대학의 부설연구기관"에 해당한다고 볼 수 있고, 해당 연구소에서 근무하게 될 계약직 연구원이 연구업무에 직접 종사하거나 실험 · 조사 등을 수행하는 등 연구업무에 직접 관여하여 지원하는 업무를 담당하는 경우에는 기간제근로자 사용기간 제한의 예외에 해당한다. 다만, 연구원이라 하더라도 직접 연구업무에 종사하거나 연구업무에 직접 관여하여 연구지원 업무에 종사하지 않고, 단순 보고서 편집 등 행정지원 업무에 종사하는 경우에는 2년을 초과하여 사용할 시, 기간의 정함이 없는 근로자로 보아야 할 것이다(2011.2.23, 고용평등정책과-437).

5) 건설회사소속 기술연구원이 기업의 부설 연구기관에 해당하는지 여부

○○건설 기술연구원이 건설전반에 관한 신기술과 응용기술을 연구하고 기술 및 연구성과를 축적하여 이를 바탕으로 설계 시공에 관한 기술을 사내 및 사외협력단체에 보급 지원하기 위함을 목적으로 별도의 소재지에 독립된 연구시설을 두고 별도의 조직체계를 갖추어 운영되는 경우라면 같은 법 시행령 제3조제3항제8호 바목의 "기업의 부설 연구기관"에 해당되는 것으로 판단된다. 재단법인의 정관 제1조(목적)에 따르면 민법 제32조 및 「공익법인의설립 · 운영에관한법률」 및 같은 법 시행령에 따라 설립되고 기상법 제32조의 적용을 받는 비영리법인이라고 기관의 성격 및 설립근거를 밝히고 있으며, 첨단 계산과학기술과 최신 대기과학 연구 성과를 수치예보분야에 접목하고, 우리나라 여건에 적합한 수치예보기술과 응용기술을 개발 · 보급하여 우리나라에 적합한 현업용 수치예보모델을 개발하는 것을 목적으로 규정하고 있다.

한편, 정관 제4조(사업)에서는 '한국형수치예보모델 개발, 평가, 보급', '한국형수치예보모델의 현업운영을 위한 제반 기술의 개발과 보급', '국제공동연구 등 한국형수치예보모델 관련 제반 연구개발', '서적 · 정기간행물 · 보고서 · 연구논문 등의 발간 및 보급' 등을 사업내용으로 제시하고 있어, 해당 기관은 정관 및 사업 수행내용 등을 고려할 때 연구업무를 주된 목적으로 설립된 재단법인에 해당되고, 이에 따라 시설과 조직을 갖추고 기상청으로부터 관련 연구개발사업을 위탁받아 수행하고 있는 경우라면 기간제법 시행령 제3조제3항제8호사목에 따른 연구기관에 해당된다. 아울러, 해당 기관에서 연구업무에 직접 종사하는 연구원 또는 전문적 지식을 가지고 참고자료의 번역 및 통역, 연구자료의 수집 · 정리 등 연구업무의 기초가 되는 조사업무를 수행하는 연구업무보조원의 경우라면 기간제 근로자 사용기간 제한의 예외에 해당된다(2013.4.1, 고용차별개선과-554).

6) 재단법인 테크노파크의 연구기관 해당 여부

민법 및 산업기술단지지원에관한특례법에 따라 설립된 재단법인인 테크노파크가 기간제법 시행령 제3조제3항제8호에 해당되는지 여부이다. 사용기간 제한 예외사유의 하나로 기간제법 제4조제1항제6호에서는 "대통령령이 정하는 경우"를 규정하고 있고 이에 근거하여 같은 법 시행령 제3조제3항제8호에서는 "민법 또는 다른 법률에 따라 설립된 법인인 연구기관에서 연구업무에 직접 종사하는 경우 또는 실험 조사 등을 수행하는 등 연구업무에 직접 관여하여 지원하는 업무에 종사하는 경우"를 규정하고 있다. 해당 재단의 등기부상 설립목적이 "해당 지역 산 · 학 · 연 · 관의 유기적인 협력체계를 구축하여 지역혁신거점기관으로서 지역전략산업의 기술고도화와 기술집약적 기업의 창업을 촉진하고 지역경제활성화와 국제경제발전에 기여"함을 목적으로 하고 있으며, 법인의 목적 달성을 위해 수행하는 사업 중에 산 · 학 · 연 연계를 통한 공동기술개발, 연구개발시설 및 장비 공동이용사업 등이 포함되어 있다.

기간제법상 민법 또는 다른 법률에 의해 설립된 법인인 연구기관이란 "전문적인 연구업무를 주된 목적으로 독립된 연구시설이나 조직체계를 갖춰 설립된 기관"을 의미하는 바, 해당 재단법인에서 수행하는 다양한 사업 중 연구업무가 일부 포함되어 있다 하더라도 법인의 주된 목적이 전문적인 연구업무가 아닌 경우라면 같은 법 시행령 제3조제3항제8호의 "민법 또는 다른 법률에 의해 설립된 연구기관"이라고 보기는 어렵다(2012.8.16, 고용차별개선과-1850).

5장 기간제근로자의 근로조건의 서면명시

관련조문

기간제법 제17조 【근로조건의 서면명시】 사용자는 기간제근로자 또는 단시간근로자와 근로계약을 체결하는 때에는 다음 각 호의 모든 사항을 서면으로 명시하여야 한다. 제6호는 단시간근로자에 한한다.

1. 근로계약기간에 관한 사항
2. 근로시간 · 휴게에 관한 사항
3. 임금의 구성항목 · 계산방법 및 지급방법에 관한 사항
4. 휴일 · 휴가에 관한 사항
5. 취업의 장소와 종사하여야 할 업무에 관한 사항
6. 근로일 및 근로일별 근로시간

제24조 【과태료】 ① 생략 ② 다음 각 호의 어느 하나에 해당하는 자는 500만원 이하의 과태료에 처한다.

1. 제15조제1항(제15조의2제4항 따라 준용되는 경우를 포함한다)의 규정에 위반하여 정당한 이유없이 고용노동부장관의 이행상황 제출요구에 불응한 자
2. 제17조의 규정을 위반하여 근로조건을 서면으로 명시하지 아니한 자

③ 제1항 및 제2항의 규정에 따른 과태료는 대통령령이 정하는 바에 따라 고용노동부장관이 부과 · 징수한다.

기간제법 시행령 제6조 【과태료의 부과】 법 제24조제1항 및 제2항에 따른 과태료의 부과기준은 별표3과 같다.

위 반 행 위	해당 법조문	과태료 금액(만원)		
		1차	2차	3차 이상
다. 법 제17조를 위반하여 근로조건을 서면으로 명시하지 않은 경우 1) 법 제17조제1호, 제3호 또는 제6호를 명시하지 않은 경우 2) 법 제17조제2호, 제4호 또는 제5호를 명시하지 않은 경우	제24조 제2항 제2호	50 (서면명시 사항 1개 호 당) 30 (서면명시 사항 1개 호 당)	100 (서면명시 사항 1개 호 당) 60 (서면명시 사항 1개 호 당)	200 (서면명시 사항 1개 호 당) 120 (서면명시 사항 1개 호 당)

1 서면명시의 취지

기간제근로자 또는 단시간근로자의 근로조건을 명확히 하고 법적 안정성을 도모하기 위하여 근로계약을 서면으로 체결하여야 한다. 즉, 사용자로 하여금 기간제 및 단시간근로자와의 근로계약 체결 시에 근로계약기간, 근로시간 및 휴게, 임금에 관한 사항, 휴일 · 휴가, 취업장소 및 종사업무 등을 서면으로 명시하도록 한 것이다.

근로기준법 제17조(근로조건의 명시)는 「① 사용자는 근로계약을 체결할 때에 근로자에게 다음 각 호의 사항을 명시하여야 한다. 근로계약 체결 후 다음 각 호의 사항을 변경하는 경우에도 또한 같다.

1. 임금 2. 소정근로시간 3. 제55조에 따른 휴일 4. 제60조에 따른 연차유급휴가 5. 그 밖에 대통령령으로 정하는 근로조건

② 사용자는 제1항제1호와 관련한 임금의 구성항목 · 계산방법 · 지급방법 및 제2호부터 제4호까지의 사항이 명시된 서면을 근로자에게 교부하여야 한다. 다만, 본문에 따른 사항이 단체협약 또는 취업규칙의 변경 등 대통령령으로 정하는 사유로 인하여 변경되는 경우에는 근로자의 요구가 있으면 그 근로자에게 교부하여야 한다(2012.1.1 시행)」고 규정하고 있다.

임금 외에 소정근로시간, 휴일 및 연차유급휴가에 관한 사항에 대하여도 서면으로 명시하도록 하고 근로자에게 교부하도록 한 것이다. 근로조건의 서면명시 항목을 추가함으로써 근로조건에 관련된 분쟁을 예방할 수 있고 발생된 분쟁도 손쉽게 해결할 수 있으므로 근로자의 근로조건 보호에 기여할 것으로 기대된다. 특히 기간제 및 단시간근로자의 경우 근로자의 이동이 잦아 분쟁이 발생할 가능성이 매우 크므로 근로자의 근로조건을 보호하고 분쟁의 예방 및 조속한 해결을 도모하기 위하여 근로조건의 서면명시 규정을 둔 것이다. 사회통념상 모든 계약은 당사자가 계약서에 서명 날인 한 뒤 1부씩 나누어 갖는 것이 도리이지만 2010년 5월 개정근로기준법은 근로자가 요구 여부에 불구하고 「임금의 구성항목 · 계산방법 · 지급방법, 소정근로시간, 제55조에 따른 휴일, 제60조에 따른 연차유급휴가」에 관한 사항은 교부의무를 두고 있다. 다만 단체협약 또는 취업규칙의 변경 등 대통령령으로 정하는 사유로 인하여 근로계약이 변경된 경우에는 근로자의

요구가 있으면 그 근로자에게 교부한다(2012년 1월 1일부터 시행). 그리고 임금 외에 근로시간, 근로계약기간 등 다른 중요 근로조건도 서면으로 명시하는 것이 근로자 보호와 분쟁 예방을 위해 바람직한 것이며, 서면으로 명시하지 않을 경우에는 권리침해 사실에 대한 입증이 어려워 권리구제에 여러 문제점이 발생한다. 근로조건의 서면 명시는 전체 근로자에게 적용하고 있으나 정규직의 경우 취업규칙을 통해 규율되므로 기간제 · 단시간근로자 등 비정규직에게는 중요한 의의가 있는 것이다. 다만 영세업체의 부담을 고려하여 근로시간 · 휴가에 관하여는 상시근로자가 5명 이상인 사업장의 경우에만 적용된다.

2 서면으로 명시하여야 할 사항

1. 서면명시 사항

사용자는 기간제 또는 단시간근로자와 근로계약을 체결할 때 다음 각 호의 사항에 대하여는 서면으로 명시하여야 한다(기간제법 제17조제1항)고 규정하고 있다. 동 조항에는 교부하여야 한다는 문언은 없다. 근로기준법 제17조는 「이 경우 임금의 구성항목 · 계산방법 · 지급방법, 소정근로시간, 제55조에 따른 휴일 및 제60조에 따른 연차유급휴가에 관한 사항에 대하여는 서면으로 명시하고 근로자의 요구가 있으면 이를 그 근로자에게 교부하여야 한다」고 규정하고 있다. 근로기준법 제17조의 근로자는 정규직근로자 뿐만 아니라 기간제근로자, 단시간근로자, 파견근로자를 포함하는 개념이므로 사용자는 기간제 또는 단시간근로자의 근로계약을 체결을 할 때 서면명시 사항에 대하여 그 근로자의 요구가 없더라도 그 근로자에 교부하여야 한다. 독일은 1995년에 「근로조건증명법」을 제정하여 교부까지를 포함하여 적용하고 있다. 동법에는 "노동법상의 규정을 유럽공동체법에 적합하게 하기 위한 법률 제1조"라는 부제가 들어있다. 동법 제1조는 "이 법률은 모든 근로자에게 적용된다. 다만 최고 1개월의 기간으로 고용된 일시적인 보조인력인 경우에는 그러하지 아니하다."고 하였고 동법 제2조는 "사용자는 늦어도 근로관계의 합의된 개시 시점 이후 1개월 이내에 중요 근로조건을 서면으로 기록하여 문서에

서명하고 이를 근로자에게 교부하여야 한다. 문서에는 최소한(다음 각 호의 사항이) 기재되어야 한다."고 규정하고 있다.

기간제법 제17조제1항에 의하여 서면으로 명시하여야 할 사항은 다음과 같다.

① 근로계약기간에 관한 사항
② 근로시간 · 휴게에 관한 사항
③ 임금의 구성항목 · 계산방법 및 지급방법에 관한 사항
④ 휴일 · 휴가에 관한 사항
⑤ 취업의 장소와 종사하여야 할 업무에 관한 사항
⑥ 근로일 및 근로일별 근로시간

2. 휴일과 휴가에 관한 사항의 범위

기간제법상 서면으로 명시할 '휴일과 휴가'는 근로기준법상 서면으로 명시할 '유급주휴일과 연차휴가'를 의미하는지, 그 밖의 휴일과 휴가도 널리 포함하는 것인지가 문제된다. 기간제법상 법정휴일과 법정휴가에 국한된다는 규정이 없으므로 단체협약 · 취업규칙 등에 규정된 약정휴일과 약정휴가도 포함되어야 할 것이다.

3. 서면 교부 의무 여부

근로기준법상 세 가지 근로조건에 대한 서면 '교부' 규정은 기간제근로자에 대해서도 적용되는지가 문제된다. 기간제법이 기간제근로자에게 적용되는 특별법이라는 점을 강조한다면 이를 부정하게 될 것이고, 기간제법이 기간제근로자를 더 두텁게 보호하려는 것이고 근로기준법에 따른 두터운 보호를 배제하려는 취지는 아니라고 볼 때에는 이를 긍정하게 될 것이다. 단시간근로자에 대해서는 근로기준법 시행령 「별표 2」제1호가목에서 서면교부를 의무화하고 있다.

3 서면명시의 방법

서면명시의 방법은 ① 근로계약서에 명시하거나 ② 주요 근로조건이 취업규칙에 명시되어 있을 경우 근로계약서는 개별 근로자에 해당하는 것만 기재하고 그 외 사항은 취업규칙의 내용을 주지시키는 방법 등이 있다. 그 중에서 근로계약서를 작성하는 것이 바람직 할 것이다. 그러나 반드시 근로계약서에 법에서 정하고 있는 근로조건을 모두 명시해야 하는 것은 아니다.

기간제 및 단시간근로자에 대한 근로조건이 취업규칙 등에 명시되어 있는 경우에는 개별 근로자에 해당하는 사항만 근로계약서 등에 명시하고, 그 외의 사항은 취업규칙에 명시되어 있는 내용을 근로자에게 주지해도 될 것이다.

근로기준법 제17조 또는 기간제법 제17조는 사용자의 근로계약 서면명시의무를 규정하고 있으나 설명의무까지 규정하고 있지 않다(2007.7.26, 비정규직대책팀-3018).

4 서면명시 위반 시의 벌칙

기간제법 제17조의 규정에 위반한 자는 500만원 이하의 과태료에 처한다(동법 제24조제2항제2호). 기간제근로자 또는 단시간근로자의 근로조건의 서면명시는 기간제근로계약 또는 단시간근로계약이 비전형적인 근로형태의 대부분을 차지할 뿐만 아니라 그 근로조건도 이러한 근로자에게 불리하게 약정될 경우가 많기 때문에 그 의의가 있다. 즉, 근로계약기간을 포함한 주요 근로조건을 필요적 기재사항으로 하여 그에 관한 법적 분쟁을 방지할 수 있 도록 과태료로서 이를 강제하고 있는 것이다. 기간제법 시행되는 2007.7.1 이후에 기간제근로계약을 체결하면서 사업주가 근로조건을 서면으로 명시하지 않을 때에 과태료가 부과된다.

근로조건의 서면명시 흠결시 근로조건 1개 호당 50만원 또는 30만원을 부과한다.

근로계약기간에 관한 사항, 임금의 구성항목 · 계산방법 및 지불방법에 관한 사항, 근로일 및 근로일별 근로시간을 명시하지 아니한 경우 서면명시사항 1개 호 당 50만원의 과태료가 부과된다. 한편, 근로시간 · 휴게에 관한 사항, 휴일 · 휴가에 관한 사항, 취업의 장소와 종사하여야 할 업무에 관한 사항을 명시하지 아니한 경우 서면명시사항 1개 호 당 30만원의 과태료가 부과된다.

6장 차별적 처우 금지 및 불리한 처우의 금지를 둘러싼 법률문제

관련조문

기간제법 제2조 【정 의】 3. "차별적 처우"라 함은 다음 각 목의 사항에 있어서 합리적인 이유 없이 불리하게 처우하는 것을 말한다.
가. 「근로기준법」 제2조제1항제5호에 따른 임금
나. 정기상여금, 명절상여금 등 정기적으로 지급되는 상여금
다. 경영성과에 따른 성과금
라. 그 밖에 근로조건 및 복리후생 등에 관한 사항
제8조 【차별적 처우의 금지】 ① 사용자는 기간제근로자임을 이유로 당해 사업 또는 사업장에서 동종 또는 유사한 업무에 종사하는 기간의 정함이 없는 근로계약을 체결한 근로자에 비하여 차별적 처우를 하여서는 아니 된다.
② 사용자는 단시간근로자임을 이유로 당해 사업 또는 사업장의 동종 또는 유사한 업무에 종사하는 통상근로자에 비하여 차별적 처우를 하여서는 아니 된다.

1 차별시정제도의 도입

1. 차별시정제도의 의의 및 도입배경

(1) 차별시정제도의 의의

① 차별시정제도는 「기간제법」과 「근로자파견법」에서 새로이 도입된 제도이다.

차별시정제도는 사용자가 비정규직근로자(기간제 · 단시간 · 파견근로자)를 비교대상근로자(무기계약근로자 · 통상근로자 · 직접고용근로자)에 비하여 "가. 「근로기준법」 제2조제1항 제5호에 따른 임금, 나. 정기상여금, 명절상여금 등 정기적으로 지급되는 상여금, 다. 경영성과에 따른 성과금, 라. 그 밖에 근로조건 및 복리후생 등에 관한 사항"에 있어서 합리적인 이유 없이 불리하게 처우하는 것을 금지하는 제도이며, 차별적 처우에 대해서는 노동위원회를 통한 시정 절차를 마련하고 있다.

② 비정규직근로자에 대한 차별금지제도는 비정규직근로자의 모든 근로조건이나 복리후생사항을 정규직근로자의 근로조건이나 복리후생사항과 동일하게 대우하라는 것은 아니며, 합리적 이유없이 불리하게 처우하는 것을 금지하는 것이다. 즉, 생산성 · 숙련도 차이 등 합리적 이유가 있는 경우에는 비정규직근로자에 대하여 차등 대우하더라도 차별적 처우가 아니다.

(2) 차별시정제도의 도입배경

① 1997년 말 외환위기 이후 비정규직의 규모가 지속적으로 증가하여 2015년 8월 현재 전체 임금근로자의 1/3에 해당하는 627만명(2015.8)이며, 비정규직의 월평균임금은 정규직의 55.4%(2015.8)에 불과하여 상당한 격차가 있어 비정규직이라는 이유로 불합리하게 차별하는 일이 없도록 제도적 보호방안을 마련할 필요가 있었다.

② 비정규직 사용의 주된 이유가 인건비 절감에 있으나, 차별처우를 규제할 제도적 수단이 미비하여 비정규직의 무분별한 고용과 그 증가를 막을 수 없다. 노동시장의 건전한 발전과 양극화 해소를 통한 사회통합을 위해서는 차별해소 방안이 마련될 필요가 있다.

③ 비정규직에 대한 실효성 있는 차별해소는 직접적으로는 근로조건이나 복리후생의 향상에, 간접적으로는 비정규직의 남용억제에, 사회적으로는 사회양극화 문제 해결에 기여할 것으로 기대된다.

(3) 차별금지 및 시정제도의 특징

기간제법상 차별금지 및 시정제도는 다음과 같은 특징이 있다.

① **독립적인 특별법**: 비정규근로형태에 따른 차별 금지를 독립한 특별법에 규정

하였다는 점이다. 「근로기준법」의 균등처우 규정에 고용형태에 따른 차별 금지를 첨가하는 입법논의도 있었지만, 별도의 구제절차 설정을 감안하여 특별법에 독립적인 규정을 두었다.

② **차별 금지 영역의 확대**: 차별 금지 영역을 임금뿐만 아니라 정기상여금, 명절상여금 등 정기적으로 지급되는 상여금, 경영성과에 따른 성과금, '그 밖에 근로조건 및 복리후생등에 관한 사항'으로 규정함으로써 복리후생에 대한 차별도 금지대상에 포함하도록 하였다. 우리나라의 경우 근로자에게 지급되는 임금 이외에도 기업 차원에서 제공하는 복리후생적인 급여(이는 임금적 성격을 갖지 않는 것으로 파악한다)가 차지하는 비중이 다른 나라에 비해 상대적으로 높다. 그렇기 때문에 시행과정에서는 복리후생이 차별 금지 영역에 해당하는가의 여부를 둘러싸고 논란이 있었으나 개정법에서 이를 명확하게 규정하였다. 그러나 모집과 채용 분야는 차별 금지 대상이 아니다.

③ **인과관계**: 기간제법은 비정규직근로자임을 '이유로' 차별적 처우를 하지 못하도록 규정함으로써 인과관계를 요건으로 설정하고 있다. 그러나 이때의 인과관계는 차별에 관한 입증책임을 함께 고려할 경우 사용자가 불리한 처우에 대한 합리적인 이유를 증명하여야 하므로 결과적으로는 사용자의 주관적인 의도가 아닌 나타난 객관적인 결과에 따라 판단하는 객관적 인과관계에 기초하고 있음을 알 수 있다.

④ **구제신청권자**: 구제신청권자는 기간제 및 단시간근로자에게만 한정되며, 신청대상이 되는 차별도 기간제 · 단시간근로자라는 이유로 하는 불이익한 처우에 국한된다. 그러므로 비정규직근로자가 아닌 정규직근로자는 이 법을 원용하여 차별구제신청을 할 수 없다. 기간제 및 단시간근로자가 차별적 처우를 받은 경우에는 차별적 처우가 있은 날(계속되는 차별적 처우는 그 종료일)로부터 6월 이내에 노동위원회에 그 시정을 신청할 수 있다.

⑤ **고용노동부장관의 차별시정 요구권**: 고용노동부장관은 사용자가 기간제 및 단시간근로자에 대해 차별적 처우를 한 경우에는 그 시정을 요구할 수 있으며, 사용자가 이에 응하지 않을 경우에는 노동위원회에 통보하여 노동위원회가 차별적 처우가 있는지 여부를 심리하여 차별적 처우의 시정을 명할 수 있도록 하고 이를 위반한 경우 1억원 이하의 과태료를 부과할 수 있다(기간제법 제15조의2 및 제24조).

⑥ **독자적인 차별판단기관과 절차의 마련**: 고용형태에 따른 차별에 대해서는 다른 실정 법률에서 정하고 있는 구제기관 및 구제절차와 구분하여 별도의 독자적인 차별판단기관과 절차를 마련하고 있다. 이에 따라 비정규직근로자에 대한 차별구제는 「국가인권위원회법」에 의한 구제와 병존될 수 있으나 기간제법에 의한 구제절차와 시정명령이 법적인 측면에서 우선적 지위를 갖게 된다. 차별 금지규정이 강행규정으로 설정되어 있기 때문에 차별받은 비정규직근로자가 법원에 민사소송을 제기하는 것과 별도로 노동위원회를 통한 구제절차를 예정하고 있다. 그 이유는 신속 · 간편하게 근로자의 권리를 구제해 주려는 목적에서이다.

⑦ **차별심판 절차에 있어서 직권 조정회부**: 비정규직근로자에 대한 차별심판 절차는 다른 심판의 경우와 동일한 절차로 운영된다. 그리고 기간제법은 관계 당사자의 신청뿐만 아니라 차별시정위원회의 직권에 의한 조정회부도 가능하도록 규정하고 있다.

⑧ **노동위원회의 시정명령**: 노동위원회의 시정명령으로는 차별행위의 중지, 임금 등 근로조건의 개선 및 적절한 금전배상 등과 같은 다양한 구제형태를 규정하고 있다. 문제가 된 사안에 어떤 구제명령을 내릴 것인지에 대해서는 그 사안의 특성과 차별행위의 성질을 감안하여 노동위원회가 재량으로 택할 수 있을 것이다.

2. 차별시정제도의 주요내용

(1) 차별적 처우의 정의

차별적 처우란 다음 각 목의 사항에 있어서 합리적인 이유없이 불리하게 처우하는 것을 말한다(기간제법 제2조제3호, 근로자파견법 제2조제7호).

가. 근로기준법 제2조제1항제5호에 따른 임금

나. 정기상여금, 명절상여금 등 정기적으로 지급되는 상여금

다. 경영성과에 따른 성과금

라. 그 밖에 근로조건 및 복리후생 등에 관한 사항

종전에는 임금 그 밖에 근로조건 등이라고 규정되어 있었으나 불리한 처우를 할 수 없는 영역을 구체화 · 세분화하여 법률에 명시한 것이다.

(2) 비정규직근로자에 대한 차별적 처우 금지

① **기간제근로자의 경우**: 사용자는 기간제근로자임을 이유로 당해 사업 또는 사업장에서 동종 또는 유사한 업무에 종사하는 기간의 정함이 없는 근로계약을 체결한 근로자에 비하여 차별적 처우를 하여서는 아니된다(기간제법 제8조제1항).

② **단시간근로자의 경우**: 사용자는 단시간근로자임을 이유로 당해 사업 또는 사업장의 동종 또는 유사한 업무에 종사하는 통상근로자에 비하여 차별적 처우를 하여서는 아니된다(동법 제8조제2항).

③ **파견근로자의 경우**: 파견사업주와 사용사업주는 파견근로자임을 이유로 사용사업주의 사업내의 동종 또는 유사한 업무를 수행하는 근로자에 비하여 파견근로자에게 차별적 처우를 하여서는 아니된다(근로자파견법 제21조제1항).

(3) 차별적 처우에 대한 시정절차

기간제근로자, 단시간근로자 및 파견근로자가 차별적 처우를 받은 경우에는 농 차별적 처우가 있은 날(계속되는 차별적 처우는 그 종료일)부터 6개월 이내에 노동위원회에 그 시정을 신청할 수 있다(기간제법 제9조제1항, 근로자파견법 제21조제2항).

2 차별적 처우 금지

1. 차별적 처우의 의의

차별적 처우란 「가. 근로기준법 제2조제5호에 따른 임금, 나. 정기상여금, 명절상여금 등 정기적으로 지급되는 상여금, 다. 경영성과에 따른 성과금, 라. 그 밖에 근로조건 및 복리후생 등에 관한 사항」에 있어서 합리적인 이유없이 불리하게 처우하는 것을 말한다(기간제법 제2조제3호). 기간제법에서 금지하고 있는 것은 불리하게 처우하는 것에 국한되기 때문에 동등하게 또는 유리하게 처우하는 것은 시정신청의 대상이 될 수 없다. 임금 등 근로조건에 있어서 '불합리한 차별' 을 금지하도록 추상적으로 규정되어 있어 차별에 관한 판단기준이 자의적으로 해석, 운용될 수 있는 소지가 있다. 기간제근로자가 임금 그 밖에 근로조건 등에 있어서 불리하게 처우를 받고 있다고 하더라도 그 불리한 처우에 합리적인 이유가 있는 경우에는 차별적 처우에 해당하지 않는다고 할 것이다.

2. 차별적 처우 금지

기간제법이 금지하는 것은 합리적 이유가 없는 차별이므로 '합리적 이유'에 대한 판단기준이 문제된다. 불리한 처우의 이유가 합리적인 이유에 해당하는지 여부는 기간제근로자의 근속기간, 단기고용이라는 특성, 채용조건 · 기준 · 방법 · 절차, 업무의 범위 · 권한 · 책임, 노동시장의 수급상황 및 시장가치, 사용목적(수습 · 시용 · 직업훈련 · 인턴 등), 임금 및 근로조건의 결정요소(직무, 능력, 기능, 기술, 자격, 경력, 학력, 근속연수, 책임, 업적, 실적 등) 등을 고려하여 개별 사안별로 판단하여야 할 것이다. 기간제법은 합리적 이유없이 고용형태만을 이유로 기간제 · 단시간근로자를 불리하게 처우하는 것을 금지하는 것이므로 근로조건의 처우에 차이가 있다 하여, 모든 차이를 차별로 볼 수 없음은 당연하다. 실제 산업현장에서 발생할 수 있는 차별의 양태는 워낙 다양하여 세부적인 판단기준을 법으로 구체적으로 정하기는 대단히 어렵다. 합리적 이유에 대한 판단기준을 제시하는 것은 사실상 곤란하므로 '합리적 이유'도 근로기준법 제23조에 따른 해고의 '정당한 이유'와 마찬가지로 노동위원회의 판정과 법원의 판결에 의하여 구체화되는 일반조항으로서의 의의가 있다. '합리적 이유'에 대한 절대적 판단기준이란 있을 수 없고 구체적 사례에서 종합적으로 판단되어야 하는 것이다. 차별적 처우의 심사기준에는 엄격한 심사기준과 완화된 심사기준이 있을 수 있다. 엄격한 심사기준(비례성의 원칙)은 차별취급의 목적과 수단간의 엄격한 비례관계를 요구한다. 완화된 심사기준(자의금지의 원칙)은 본질적으로 같은 것을 자의적으로 다르게, 본질적으로 다른 것을 자의적으로 같게 취급하는 것을 금지하는 것으로 객관적이고 합리적인 이유의 존재를 요구한다.

3. 차별적 처우 금지 내용

(1) 차별적 처우 금지 원칙의 명문화

기간제 및 단시간근로자에 대하여 기간제법 제8조에서 금지하는 차별적 처우는 해당 사업장에서 동종 또는 유사한 업무에 종사하는 기간의 정함이 없는 근로자 또는 통상근로자(정규직)에 비하여 임금 그 밖에 근로조건 등에서 합리적인 이유 없이 차별적 처우를 하지 못하도록 한 것이다. 기간제법 제8조의 법적성격은 강해규정으로서 금지법규에 해당되어 동조항에 위반하는 모든 행위는 사법상 무효이고, 이때 무효가 되는 부분은 차별적 처우가 행해진 사항에만 한정된다. 여기서 '합리적 이유'란 그 불리한 처우가 사용자의 자의에 기초한 것이 아니라 사용자의 사업경영상의 목적과 객관적으로 합리적인 관련을 가지고 있는 것 또는 노동 강도의 차이, 노동의 질 차이, 근무형태의 차이, 권한과 책임의 차이, 실적의 차이, 근로자 개인의 업무능력의 차이 등에 근거하여 해석하고 있다. 그리고 합리적 이유에 대한 판단은 사용자가 지급하는 급부의 목적과 내용에 근거하여 판단하여야 할 것이다(2008.1.14, 중앙노동위원회. 2007차별1외).이것은 기간제 · 단시간근로자에 대한 불합리한 차별처우 금지 원칙을 명문화한 것이다.

(2) 차별적 처우가 금지되는 영역

차별적 처우가 금지되는 영역은 '임금', 정기상여금, 명절상여금 등 정기적으로 지급되는 상여금, 경영성과에 따른 성과금, 그 밖에 근로조건 및 복리후생 등에 관한 사항이다. "임금"이란 사용자가 근로의 대가로 근로자에게 임금, 봉급, 그 밖에 어떠한 명칭으로든지 지급하는 일체의 금품을 말한다(근로기준법 제2조제1항제5호).

'그 밖에 근로조건 및 복리후생 등에 관한 사항'은 채용 이후 근로관계에서 발생하는 근로시간, 휴일, 휴가, 교육훈련, 배치전환, 안전과 보건, 재해보상, 해고 기타 복리후생 등으로서 (가) 근로기준법이 규율하는 근로조건과 복리후생사항, (나) 단체협약 · 취업규칙 또는 근로계약 등에 의한 근로조건과 복리후생사항이 포함될 수 있다.

한편, 비법정 급부 · 상여금 · 복지제도 등의 경우에는 단체협약, 취업규칙 또는 근로계약 등에 근로조건 및 복리후생사항으로서 규정되어 있는 경우 차별시정을 신청할 수 있는 영역에 포함된다. 예컨대 판례는 한국철도공사가 경영평가 성과금을 지급함에 있어서 기간제근로자를 지급대상에서 배제한 것은 차별적 처우에 해당된다고 판단하였는 바 이 판례는 비정규직근로자에 대한 차별시정 제도를 도입한 후 처음 내려진 판결이다(대법 2011.12.22, 2010두3237).

4. 인과관계

기간제법의 차별금지 조항은 기간제근로자임을 '이유로' 차별적 처우를 하지 못하도록 규정하여, '비정규직' 고용형태와 '차별적 처우' 사이에 인과관계가 있을 것을 요구한다. 이 경우 인과관계는 객관적 인과관계를 의미한다. 즉 사용자의 주관적인 차별의사 존재 여부와 관계없이 객관적으로 보아 '차별'이 있고, 그 차별이 '비정규직'이란 점에서 기인한 것으로 볼 수 있다면 객관적인 인과관계가 있는 것으로 인정될 수 있을 것이다. 기간제법이 차별관련 입증책임을 사용자가 부담하도록 입증책임의 전환을 규정(동법 제9조제4항)하고 있으므로, 사용자의 주관적인 차별의사를 문제삼지 않고 실제로 나타난 '차별'을 대상으로 하여 합리적인 차별인지를 판단하려는 것이라고 볼 수 있다. 실제로는 별도의 인과관계 검토 없이 합리적 이유의 입증문제로 포섭될 것이다.

비정규관련법 모두 비정규근로자임을 이유로 차별적 처우를 하지 못하도록 규정함으로서 사실상 인과관계를 요건으로 규정하고 있다.

이때의 인과관계의 의미는 두 가지로 해석할 수 있다.

(1) 인과관계에 있어서의 차별의 개념

차별이라는 개념 그 자체는 관계개념이며, 비교의 관점이 필요하다는 측면에서 차별적 처우의 근거요소를 비정규근로라는 고용형태에 있는 근로자로 삼는다는 의미이다. 즉 성 차별에서 남성과 여성, 국적을 이유로 한 차별에 있어서는 내국인과 다른 국적을 가진 자 등과 같이 차별적 처우의 준거의 틀 혹은 차별적 처우의 요소를 의미하는 것이다. 차별은 동일한 행위주체가 자의적으로 서로 다르게 취급할 때 비로소 발생하는 것으로 둘 이상의 주체와 객체간의 비교에 의하여 결정되는 개념이다. 그러나 차별의 양태가 워낙 다양하여 세부적인 판단기준을 법으로 정하기는 대단히 어렵다. 영국 · 독일 등 유럽의 차별금지 법률도 차별금지 원칙만 법으로 규정하고 개별 사건마다 법원의 판례를 통해 차별의 기준을 축적하고 있다.

노동위원회의 판정이나 법원의 판결 등이 축적되면 어느 정도 판단기준이 형성될 것이다. 예를 들면, 부당해고의 경우에도 법에는 "정당한 이유없는 해고금지"만 규정되어 있지만 그간 판례에서 기준이 확립되어 왔다.

(2) 객관적 인과관계

여기서의 인과관계는 객관적 인과관계를 의미한다. 즉 사용자의 주관적인 차별의사 내지 의도가 존재했는지의 여부와 관계없이 객관적으로 보아 차별이 있고 그러한 차별이 비정규직이라는 점에서 기인한 것이라면 충분한 것으로 볼 수 있다.

따라서 현행법은 사용자의 주관적 차별의사를 문제삼지 않으며 나타난 불리한 처우라는 결과에서 합리적인 이유의 인정 여부로만 차별을 판단하려는 것으로 볼 수 있다.

5. 차별격차의 확대와 대응

외환위기와 글로벌 금융위기 이후 기간제·단시간근로자 등 비정규직이 급증하면서 정규직과의 차별도 심화되었으며, 이러한 비정규직 차별의 심화는 노사갈등 및 노동시장의 무질서·격차심화를 초래하고, 사회통합을 저해하는 요인으로 작용하고 있다. 또한 이는 장기적으로도 숙련도·생산성 저하로 기업 경쟁력을 약화시키고, 인력활용의 비효율을 초래하고 있다. 그러므로 업무내용·경력·자격·생산성 등 합리적인 이유가 있는 경우에 발생하는 격차가 아니라 단지 기간제 또는 단시간근로자라는 이유로 발생하는 차별에 대해서는 규제할 필요가 있다. 기간제법 제8조제2항에서는 이를 명문화하고 있는 것이다.

6. 차별적 처우 금지와 향후 과제

영국, 독일 등 유럽의 차별관리 법률도 차별금지 원칙만 법으로 규정하고 세부적인 판단기준은 개별 사건마다 법원의 판례를 통해 축적하고 있다. 우리의 경우도 노동위원회의 판정이나 법원의 판결 등이 축적되면 우리 실정에 맞는 판단기준이 형성될 것이다.

기간제법상 차별관련 규정은 외국의 입법례에 비추어 큰 차이가 없다. 앞으로 노동위원회를 통한 차별시정절차는 비용이 거의 들지 않고 신속한 처리가 가능하여 근로자들의 권리구제에 큰 도움이 될 것이다.

또한 차별로 판정되었는데도 사업주가 이를 이행하지 않을 경우 최대 1억원까지 과태료를 부과하도록 되어있어 법의 실효성을 제고할 수 있을 것이다.

기간제 및 단시간근로자에 대한 불합리한 차별을 해소함으로써 노사갈등 완화, 사회통합 유도, 노동시장의 고용질서를 확립할 필요가 있다. 특히 인건비 절감을 목적으로 비정규직을 활용하는 유인을 감소시켜 비정규직의 무분별한 확산을 방지하고, 장기적으로 생산성 향상, 숙련도 · 애사심 향상 등을 통해 기업 경쟁력을 제고할 필요가 있다.

7. 차별 판단 구조

기간제법상 차별 판단을 어떤 구조로 하는지를 요약하면 다음과 같다.

첫째, 차별적 처우가 금지되는 대상 영역:차별적 처우가 금지되는 대상 영역은 '임금 그 밖의 근로조건' 이다.

둘째, 비교대상 근로자의 존재:비정규직근로자에 대한 불리한 처우가 있었는지를 알기 위해, 불리한 처우의 비교대상으로서 '비교대상 근로자' 가 존재해야 한다. 이 비교대상 근로자가 무엇인지에 관하여, 기간제법은 '해당 사업 또는 사업장에서 동종 또는 유사한 업무에 종사하는 기간의 정함이 없는 근로계약을 체결한 근로자(기간제근로자의 경우)', '통상근로자(단시간근로자의 경우)' 라고 규정하고 있다.

셋째, 불리한 처우의 존재: 비정규직근로자에게 비교대상이 되는 근로자에 비하여 '불리한 처우' 가 있어야 한다. 이는 합리성 심사 이전의 단계에서 비교대상이 되는 근로자와 비교를 통하여 불리한 처우 여부를 확정하는 것으로 '차별적 처우' 와는 구별된다. 즉 불리한 처우를 정당화시키는 합리성이 있는지 여부에 따라 차별적 처우가 확정되는바, 합리성 심사 이전의 단계에서 객관적으로 나타난 불리한 결과를 확정하는 것이다.

넷째, 합리적 이유의 존재: 불리한 처우에 '합리적 이유' 가 없어야 한다. 사용자가 비정규직근로자를 불리하게 처우하는 것에 합리적인 이유가 있다면 이는 차별이 아니다. 다시 말하면 비정규직근로자에 대한 불리한 처우를 하는 것에 비정규직근로자라는 이유를 제외한 또 다른 합리적 이유가 존재하여야만 불리한 처우가 정당화될 수 있다. 이런 면에서 '합리적 이유' 는 차별 판단 구조의 최종 단계이다(노동법실무연구회, 「근로기준법 주해 I」, p.379).

3 차별금지 영역-임금 그 밖에 근로조건 및 복리후생 등에 관한 사항

(1) 차별적 처우 금지영역

기간제법 제2조제3호에 의하면 차별적 처우가 금지되는 대상은 「가. 근로기준법 제2조제1항제5호에 따른 임금, 나. 정기상여금, 명절상여금 등 정기적으로 지급되는 상여금, 다. 경영성과에 따른 성과금, 라. 그 밖에 근로조건 및 복리후생 등에 관한 사항」이다. 근로조건의 범위를 어떻게 해석하는가에 따라 차별금지영역의 범위가 달라지며 임금 · 상여금 · 비임금적 급여 · 교육훈련 · 복지제도 등에서 해당 급부에 대한 차별 심사 대상 여부가 결정된다. 구체적 근로조건의 내용은 근로자와 사용자의 합의에 의하여 결정된다. 따라서 무엇이 근로조건에 해당되느냐의 여부는 개별 근로계약, 취업규칙, 단체협약에 의하여 판단해야 한다. 차별적 처우의 대상으로서의 근로조건은 근로제공의 대가로서의 임금 등 반대급부와 직접적으로 관련된 것에 국한되지 아니하고 근로관계에서 임금 · 근로시간 · 복지 · 해고 기타 대우에 관하여 정한 조건을 모두 포함한다(대법 1992.6.23, 91다19210). 그러므로 교육훈련, 배치전환, 안전보건, 재해보상, 복리후생 등도 취업관계와 연관성을 갖는 것이면 근로조건 및 복리후생의 범위에 포함될 것이다.

① 임 금

임금이란 근로기준법 제2조제1항제5호에 따른 임금을 의미한다.

즉, 사용자가 근로의 대가로 근로자에게 임금, 봉급, 그 밖에 어떠한 명칭으로든지 지급하는 일체의 금품을 말한다. 그러나 사용자의 재량에 의하여 일시적 · 은혜적으로 지급되는 금품은 근로의 대가성을 갖는다고 보기 어렵다.

(가) 판례 및 고용노동부 행정해석은 관행에 의한 지급 또는 조건 등이 일정한 요건을 갖추는 경우 근로조건화 되거나 근로계약의 내용을 이루고 있다고 본다. 따라서 관행에 의해 제도화된 '임금 그 밖에 근로조건'도 차별처우가 금지되는 영역에 포함된다고 볼 수 있다. 다만, 관행이 근로조건이 되었는지 여부는 노동위원회 또는 법원이 개별사건마다 구체적 사실관계를 기초로 심사하여 근로조건으로 인정하는가 여부에 달려 있다. 기업내부에 존재하는 특정의 관행이 근로계약의 내용을 이루고 있다고 하기 위하여는 그러한 관행이 기업 사회에서 일반적으

로 근로관계를 규율하는 규범적인 사실로서 명확히 승인되거나 기업의 구성원에 의하여 일반적으로 아무도 이의를 제기 하지 아니한 채 당연한 것으로 받아들여져서 기업 내에서 사실상의 제도로서 확립되어 있다고 할 수 있을 정도의 규범의식에 의해 지지되고 있어야 한다(대법 2002.4.23, 2000다50701).

(나) 근로의 대가성이 있는 금품이 관행적으로 지급되어 오던 것이 근로조건화된다는 것은 사용자가 그 지급의무가 있다는 것이고, 이는 사용자가 그 지급 여부를 임의로 결정할 수 없다는 것을 의미하는 것이며, 그 지급의무의 발생근거는 단체협약이나 취업규칙, 급여규정, 근로계약에 의한 것이든 그 금품의 지급이 사용자의 방침이나 관행에 따라 계속적으로 이루어져 노사간에 그 지급이 당연한 것으로 여겨질 정도의 관례가 형성된 경우처럼 노동관행에 의한 것이든 무방하다할 것이다(서울행법 2004.4.7, 99구 22911; 2005.3.8, 근로기준과-1350).

② 정기상여금, 명절상여금 등 정기적으로 지급되는 상여금

취업규칙, 단체협약에 규정되지 않고 정기상여금, 명절상여금 등 정기적으로 지급되는 상여금이 차별적 처우의 금지 영역인 임금 및 그 밖에 근로조건및 복리후생에 관한 사항에 포함된다(기간제법 제2조제3호나목).

일반적으로 취업규칙 등에 지급조건 등이 규정되어 있지 않더라도 전 근로자에게 정기적으로 지급하여 사회 통념상 근로자가 당연히 지급받을 수 있다는 기대를 갖게 되는 경우 즉, 지급관행이 성립된 때에도 차별적 처우 금지에 해당된 것으로 보고 있다. 정기적으로 지급되는 상여금이 기간제법상의 차별적 처우 금지영역에 포함되는지 여부는 관련 금품의 성격 및 지급조건 및 실태, 그간의 지급횟수 등 구체적인 사실관계 등을 종합적으로 고려하여 판단하여야 할 것이다(2007.6.26, 비정규직대책팀-2417).

③ 경영성과에 따른 성과금

매 반기별로 내부품의 방식에 의한 절차를 통해 경영성과 분석 즉, 매출 · 수주 · 이익실적 등을 종합적으로 고려하여 성과급 지급 여부 및 지급률 등을 검토 · 결정하는 지급방식이더라도 경영성과에 따른 성과금이라면 차별적 처우 금지 대상에 해당될 것이다. 일반적으로 경영성과에 따른 성과금이 성립되기 위해서는 전 근로자에게 정기적으로 지급하여 사회통념상 근로자가 당연히 지급받을 수 있다는 기대를 가질 정도의 제도로서 확립되어야 하는 것이며, 이러한 경영성과에 따른 성과금은 차별적 처우의 금지대상이 될 것이다. 그러므로 처음부터 사용자에게 그 지급의무가 부과되어 있지 않은 금품의 지급은 차별적 처우 금지 대상에 해당되지 않는다고 할 것이다. 따라서 성과금의 지급사유가 사용자의 재량이나 호의에 의한 것은 처음부터 사용자에게 그 지급의무가 없는 것이므로 차별적 처우의 금지대상이 될 수 없다.

④ 그 밖에 근로조건 및 복리후생 등에 관한 사항

(가) 근로조건이란 근로관계에서 발생하는 임금을 비롯하여 근로시간 · 휴일 · 휴가 · 안전 · 보건 및 재해보상 등 근로자의 대우에 관하여 정한 조건으로 근로관계를 직접 규율하는 것을 의미한다.

근로조건이란 사용자와 근로자 사이의 근로관계에서 임금 · 근로시간 · 후생 · 해고 기타 근로자의 대우에 관하여 정한 조건을 말하는 것인 바, 정원표는 근로관계를 직접 규율하는 내용이 아니라 근로자들의 적정한 운용과 배치를 기준으로 삼기 위하여 각 부서별 직급별로 배치할 정원의 기준을 일단 정해둔 것에 불과하여 이를 근로조건에 해당한다고 할 수 없다(대법 1992.6. 23, 91다1920). 근로기준법 제17조 및 시행령 제8조 등에서 소정근로시간, 휴일, 연차유급휴가, 취업규칙을 작성할 때 포함하여야 하는 사항, 취업장소 · 담당업무, 기숙사규칙에 관한 사항을 근로조건으로 규정하고 있다.

(나) 회사시설의 이용제한(통근차량이나 작업 후 샤워시설의 이용금지 등)이나 자녀학자금의 지원 배제는 전형적인 복리후생 등에 관한 사항으로서 자별석 처우 금지 영역에 포함될 수 있다. 서울시립대학교 청소직 기간제근로자에게 비교대상 근로자인 서울특별시공무직에게 지급하는 선택적복지포인트를 지급하지 않는 것은 선택적복지포인트가 근로자의 사기진작 및 복리후생의 취지에서 지급하는 것으로서, 기간제법 제2조제3호 소정의 '그 밖에 근로조건 및 복리후생 등에 관한 사항'에 해당하여 합리적 이유 없는 차별적 처우에 해당한다고 할 것이다(중노위 2015.12.23, 중앙 2015차별16).

(2) '차별적 처우'에 해당하지 않는 사항

① 차별대상 사항의 해당 법률 위반시의 처리

근로기준법 및 사회보험 관련법 등에서 사용자에게 이행의무를 부과한 영역은

'그 밖에 근로조건 및 복리후생 등'에 포함되지 않는다. 예컨대 사회보험(국민연금 · 건강보험 · 고용보험 · 산재보험)에의 가입, 연장 · 야간 · 휴일근로에 대한 법정가산수당의 지급, 법정연차휴가 부여 등의 의무를 이행하지 않는 것은 차별문제 이전에 해당 법률 위반으로 처리될 사안이다.

② 명절선물, 자녀학자금, 경조사비 등의 차별 대상 포함 여부

차별금지 영역인 "그 밖에 근로조건 및 복리후생 등에 관한 사항"은 (가) 근로기준법상 규율하고 있는 근로조건과 복리후생사항, (나) 단체협약, 취업규칙 및 근로계약 등에 의한 근로조건 및 복리후생사항과 관행적인 근로조건 및 복리후생사항을 포함하는 것으로 본다.

따라서 명절선물, 자녀학자금, 경조사비 등이 (가) 취업규칙 등에 규정되어 있고, (나) 이 부문 정규직-비정규직간 차별이 존재한다면 차별시정의 대상이 될 것이고, (다) 또한 비정규직에만 적용되는 별도의 취업규칙에 의하여 이 부문 차별이 존재한다면 이 또한 차별시정의 대상이 될 것이므로 사업주는 동 차별에 합리적 이유가 있음을 증명해야 할 것이다. 그러나 명절선물 등이 취업규칙 등에 규정되어 있지 않은 경우에는 이를 '그 밖에 근로조건 및 복리후생 등에 관한 사항'으로 볼 수 없다. 한편, 명절선물, 자녀학자금, 경조사비 등이 단체협약에 규정되어 있고, 당해 노동조합규약이 정규직만을 조직대상으로 하고 있어 비조합원인 비정규직에 대해 명절선물 등을 지급하지 않았다면 이를 차별로 볼 수 없다(2007.7.11, 비정규직대책팀-2809). 그러나 "건강진단비, 중고생 학자금 지원 등"과 같은 복지제도는 회사의 단체협약으로 규정되어 있으므로 차별처우 등 금지영역인 복리후생사항으로 볼 수 있다(2007.7.23, 비정규직대책팀-2966).

③ 사업장 내 복지제도

사업장 내 복지제도라고 할지라도 사업주가 전적으로 결정 · 운영하는 것이 아니라 법령 또는 단체협약 등에 의해 노사가 공동으로 결정 · 운영하거나 별도 법인으로 운영하고 있는 것은 기간제법 및 근로자파견법의 차별적 처우 금지 영역에 해당된다고 볼 수 없다. 예컨대 근로복지기본법에 의한 우리사주제도나 사내근로복지기금을 예시할 수 있다. 사내복지기금의 사업주는 사용자가 아니라 기금(법인)이기 때문이다.

4 차별금지와 비교대상 근로자

1. 기간제근로자 차별금지에 있어서 비교대상 근로자

비정규직근로자에 대하여 차별이 이루어졌는지 판단하기 위해서는 이들과 비교할 수 있는 다른 대상이 존재하여야 한다. 사용자는 기간제근로자임을 이유로 당해 사업 또는 사업장에서 동종 또는 유사한 업무에 종사하는 기간의 정함이 없는 근로계약을 체결한 근로자에 비하여 차별적 처우를 하여서는 아니된다(동법 제8조 제1항).

기간제근로자에 대하여 차별적 처우가 있었는지를 판단하기 위한 비교 대상 근로자로 '당해 사업 또는 사업장에서 동종 또는 유사한 업무에 종사하는 기간의 정함이 없는 근로계약을 체결한 근로자'를 들고 있다. 비교 대상 근로자로 선정된 근로자의 업무가 기간제근로자의 업무와 동종 또는 유사한 업무에 해당하는지 여부는 취업규칙이나 근로계약 등에 명시된 업무 내용이 아니라 근로자가 실제 수행하여 온 업무를 기준으로 판단하되, 이들이 수행하는 업무가 서로 완전히 일치하지 않고 업무의 범위 또는 책임과 권한 등에서 다소 차이가 있다고 하더라도 주된 업무의 내용에 본질적인 차이가 없다면, 달리 특별한 사정이 없는 이상 이들은 동종 또는 유사한 업무에 종사한다고 보아야 한다(대법 2012.11.15, 2011두11792; 대법 2012.10.25, 2011두7045).

(1) 비교대상 근로자의 의의

기간제 · 단시간근로자에 대한 차별적 처우판단을 위해서는 이들 주체와 비교할 수 있는 다른 대상근로자가 존재하여야 한다. 비교대상 근로자는 불리한 처우가 있었는지 여부를 판단하는 비교기준으로서의 역할뿐만 아니라 시정명령의 내용을 결정하는 근거 및 기준으로서의 역할도 수행하게 된다. 따라서 차별심사에서 비교대상 근로자의 존재 여부 또는 비교대상 선정의 타당성에 대한 판단은 차별심사의 가장 기초적인 단계가 된다. 비교대상 근로자의 기술, 책임, 근속년수, 직급 등 근로의 질과 관련된 사항은 "합리적 사유 여부" 판단 시 고려할 사항이며 비교대상자 존재 여부 판단 시 고려할 사항은 아니다.

(2) 비교대상 근로자의 확인 방법

① 기간제근로자의 비교대상 근로자는 (가) 당해 사업 또는 사업장에서, (나) 동종 또는 유사한 업무에 종사하는, (다) 기간의 정함이 없는 근로계약을 체결한 근로자(동법 제8조제1항)가 된다.

〈비교주체〉		〈비교대상 근로자〉
기간제근로자	⟷	무기계약근로자

② 단시간근로자의 비교대상 근로자는 (가) 당해 사업 또는 사업장의, (나) 동종 또는 유사한 업무에 종사하는, (다) 통상근로자(동법 제8조제2항)가 된다.

〈비교주체〉		〈비교대상 근로자〉
단기간근로자	⟷	통상근로자(전일제근로자)

(3) 비교대상 근로자의 선정범위: 당해 사업(장)에서 종사하는 자

① 기간제법에서 명문으로 "당해 사업 또는 사업장에서… 종사하는" 근로자일 것을 요건으로 하고 있어 비교대상 근로자는 기간제 · 단시간근로자와 동일한 사용자에게 고용되어 동일한 사업(장)에서 근로해야 한다. 따라서 비교대상 근로자 선정범위를 타 사업(장) 또는 산업단위로 확대하는 것은 동법 제8조에 어긋나는 것으로서 허용될 수 없다.

② 당해 사업 또는 사업장이란 일정한 장소에서 유기적인 조직하에 계속적으로 행해지는 업을 의미한다. 기업이 장소적으로 분산되어 있으면서 인사 · 노무 · 재정 및 회계 등이 명확하게 독립적으로 운영되고 서로 다른 단체협약, 취업규칙이 적용되는 등 독립적으로 영위되고 있는 경우를 제외하고는 기업 전체를 적용단위 사업 또는 사업장으로 판단한다. 파견근로자의 경우에는 사용사업주의 사업 또는 사업장을 기준으로 판단한다.

비교대상은 기간제근로자의 경우에는 무기계약근로자, 단시간근로자의 경우에는 통상근로자, 파견근로자의 경우에는 사용사업주 사업장의 직접고용근로자를 말한다. 차별심사의 단계라는 관점에서 본다면 기간제 및 단시간근로자에 대한 불합리한 처우인지를 먼저 심사하고 만약 불리한 처우에 해당한다면 다음으로 합리적 이유가 있는가를 심사해야 할 것이다. 불리한 처우의 여부는 비정규직근로자를, 합리적 이유의 존부는 사용자를 중심으로 판단해야 한다. 불리한 처우의 판단은 기간제근로자의 주관적 의사를 기준으로 하는 것이 아니라 기간제근로자가 처한 근로조건에서 비롯되는 특성을 객관적으로 판단해야 할 것이다. 정규직과 정규직 간에 차별적 처우가 발생된 경우, 정규직(예컨대 무기계약자)은 기간제법 등 비정규직법 상의 차별시정 규정의 적용대상이 아니므로 기간제법 등에 의한 차별시정 신청을 행할 수 없다. 다만, 회사의 취업규칙 등에서 남녀 또는 사회적 신분을 이유로 근로조건에 관한 차별적 처우가 이루어지는 경우에는 근로기준법 제6조(균등한 처우) 또는 남녀고용평등법 등에 반하는 것으로 해석될 수 있을 것이다(2007.6.26, 비정규직대책팀-2420).

1) 동일 사업 또는 사업장 근로자

장소적으로 비교대상 근로자는 기간제근로자와 동일한 사업 또는 사업장에서 근무하고 있어야 한다. 이 때 동일한 사용자가 복수의 사업 또는 사업장을 두고 있는 경우에 장소적 범위의 확정이 문제될 수 있다. 우선 비교대상 근로자가 동일한 사업장에 존재한다면 그를 비교대상 근로자로 확정할 수 있을 것이다. 다만 기간제근로자와 동일한 사업장에 비교대상 근로자가 없는 경우에는 같은 사용자가 운영하는 동일 사업의 다른 사업장 소속의 근로자를 비교대상 근로자로 삼을 수 있을 것이다(김형배, 「노동법」, 24판, p.1277).

2) 무기계약근로자 · 통상근로자 · 직접사용근로자

차별은 둘 이상의 객체들 사이에서 비교의 관점 내지 관계의 관점에서 파악되어지므로 보호대상인 비정규근로자와 비교할 대상자(비교대상자)가 사업(장)에서 동종 또는 유사한 업무에 종사하는 무기계약근로자, 통상근로자 및 직접고용근로자가 된다는 것이다. 비교대상자의 선정 요건으로 '동종 또는 유사한 업무' 에 있어 동종, 유사 혹은 업무가 무엇인지에 대해 차별금지라는 입법목적을 고려한 목적론적인 해석이 필요하며, 한편으로는 고용관계에서 여타 차별금지법체계의 통일성 원리 하에서 체계적 해석이 요구된다.

3) 비교대상 근로자 선정의 원칙

정규직근로자와 기간제근로자가 수행하는 업무가 서로 완전히 일치하지는 않더라도, 만약 그 핵심요소(주된 업무의 내용, 작업조건 등)에 있어서 양 근로자 사이에 본질적 차이가 없다면, 정규직근로자는 해당 업무와 직접 관련된 자격을 소지하는 반면 비정규직근로자는 그러한 자격을 소지하지 아니하는 경우와 같이 양 근로자 사이에 업무의 현저한 질적 차이를 인정할 만한 다른 특별한 사정이 없는 한, 설령 채용절차나 부수적 업무의 내용 등에 있어서 양 근로자 사이에 차이가 있다 하더라도 이들은 동종 또는 유사한 업무에 종사한다고 해석하여야 한다. 이 경우, 양 근로자의 업무 사이에 존재하는 '현저하지 아니한 질적 차이'는 이들이 동종 또는 유사한 업무에 종사한다는 해석을 방해하는 사정이 아니라, 사용자가 이들을 각기 달리 처우하는 것에 기간제법 제2조제3호에 따른 '합리적인 이유'가 있음을 뒷받침하는 사정이 될 수 있을 뿐이다(서울행법 2008.10.24, 2008구합6622; 중노위 2009.5.20, 2009차별3,4).

(4) 당해 사업장에 비교할 대상이 없는 경우

① **비교대상 근로자가 없는 경우**: 이때 당해 사업장에 기간제근로자와 비교할 대상이 없는 경우에는 동법의 차별적 처우 금지규정을 적용하는 것이 어렵다. 따라서 선행적으로 판단되어야 하는 것은 실제로 당해 사업장에 기간제근로자와 비교할 대상이 존재하느냐의 여부이다. 그러나 사용자가 기간제근로자군을 기간제라는 고용형태를 이유로 정규직근로자와 획일적으로 분리해 놓고 불리한 처우를 하는 경우에는 동종 또는 유사 업무에 대한 판단이 문제되는 것이 아니라 그 자체로서 차별 여부를 판단해야 할 것이다. 비교대상 정규직근로자를 어떻게 확정할 것인가에 따라 근로조건이나 복리후생사항에 대한 불리한 처우가 있었는가 달라질 수 있다. 누구를 기준으로 비교 평가를 할 것인가의 문제인 비교대상자를 선정하는 문제는 한편으로 불리한 처우 인지 여부를 확정하는데 준거가 될 뿐만 아니라 또 한편으로는 차별의 시정내용에 있어 어떤 비교대상자를 기준으로 구제내용을 결정할 것인가의 문제와 직결되는 문제이기도 한 것이다.

② **비교대상근로자가 없는 경우 차별적 처우 인정 여부 등**: 기간제근로자와 동종 또는 유사한 업무를 수행하는 정규직근로자가 없는 경우, 차별 여부의 판단 자체가 쉽지 않다. 그러나 '동종 또는 유사 업무'에 종사하는 정규직근로자는 하나의 부서 또는 직군이 아니라 해당 사업 또는 사업장 전체를 고려하여 파악해야 할 것

이다. 예컨대 학군단 예비역 행정관과 일반 교직원의 경우 대학에서 학군단 예비역 행정관과 동종 · 유사한 업무를 수행하는 기간의 정함이 없는 근로계약을 체결한 근로자(일반 교직원)가 있는 경우라면 합리적인 이유없이 차별적 처우가 있었는지를 비교할 수 있을 것이나 만약 동종 · 유상한 업무를 수행하는 기간의 정함이 없는 근로계약을 체결한 근로자가 없는 경우라면 처우개선에 대하여 노사간 협의하여 정해야 할 사항이다(2012.11.28, 고용차별개선과-2688).

(5) 비교대상 근로자로 들고 있는 기간제근로자는 사법상 근로계약을 체결한 근로자로 한정되는지 여부

기간제법 제8조제1항이 비교대상 근로자로 들고 있는 '기간의 정함이 없는 근로계약을 체결한 근로자'가 '사법상 근로계약'을 체결한 근로자로 한정되는지 여부이다. 해당 근로자는 민간조리원으로 군부대 식당에서 기능직군무원과 유사하게 조리업무를 수행했던 자이다.

① 공무원은 인사와 복무, 보수 등에서 국가공무원법 및 공무원보수규정 등 관련 법령의 적용을 받기는 하나 기본적으로 임금을 목적으로 근로를 제공하는 근로자에 해당한다. ② 그리고 기간제법 제3조제3항은 국가 또는 지방자치단체의 기관에 대하여도 이 법이 적용됨을 명시적으로 규정하여 공공부문에서 근무하는 비공무원인 기간제근로자와 공무원 사이의 비교 가능성을 열어 두고 있다. ③ 이러한 사정들과 함께 기간제근로자에 대한 불합리한 차별을 시정하고 기간제근로자의 근로조건 보호를 강화함으로써 노동시장의 건전한 발전에 이바지함을 목적으로 하는 기간제법의 입법 취지를 종합하여 보면, 기간제법 제8조제1항이 비교대상 근로자로 들고 있는 '기간제근로자'를 '사법상 근로계약'을 체결한 근로자로 한정하여 해석할 것은 아니다(대법 2014.11.27, 2011두5391). 이 판례의 핵심은 군무원도 임금을 목적으로 근로를 제공한 근로자에 해당한다는 것을 명확히 한 점이다.

(6) 동종 또는 유사한 업무

① 동종 또는 유사한 업무의 의의

'동종 또는 유사한 업무'란 직종, 직무 및 작업내용이 동일성 · 유사성을 가진 업무를 말한다. 즉, 업무성격의 유사성, 업무에 있어서 각 근로자 집단의 상호대체 가능성 등을 종합 고려하여 판단하여야 할 것이다. 동종 또는 유사업무 여부는 취업규칙, 근로계약 등에 명시된 업무내용을 기준으로 판단하는 것이 아니라 근로자가 실제 수행하는 업무내용을 기준으로 판단하여야 한다.

동종 또는 유사한 업무란 직종 내지 직무의 동일 · 유사성을 갖는 업무로 보아야 할 것이나 여기에서 업무(work)를 포괄적 개념으로 넓게 해석할 것인지 협의의 직무(job)로 좁게 해석할 것인지는 개별 기업의 임금 · 인사관리 시스템 등 구체적 실정에 따라 합리적으로 해석하는 것이 바람직하다.

여기서 '동종 업무' 여부는 「(가) 당해 업무의 수행방법, (나) 작업의 조건, (다) 업무의 난이도 등을 종합적으로 고려하여 판단해야 하며, 특히 업무의 이질성으로 인해 근로조건이 현저하게 구별되어 규정되는지 여부가 중요하다. 예를 들면, 제조업의 경우 생산직/사무직, 판매업의 경우 관리직/영업직, 운수업의 경우 관리직/운전직, 학교의 경우 교원/행정직 등으로 동종업무를 구분해 볼 수 있을 것이다」(2002.3.26, 근기 68207-1248).

다만, 차별적 처우의 판단기준이 동종 또는 유사 업무를 기준으로 하고 있으므로 기간제근로자가 정규직근로자와 "동종 또는 유사업무"를 수행하고 있는 경우에는 정규직근로자와 기간제근로자간 동일 사업장 내에서 단순히 장소적으로 격리되어 있거나 근무시간이 상이하더라도 차별적 처우에 해당될 가능성이 높을 것이다.

② 동종 또는 유사업무 판단 시 고려사항

차별적 처우의 판단기준으로 "동종 또는 유사 업무"를 제시하고 있으므로 "동종 또는 유사 업무"의 수행정도가 중요한 요소로 작용할 것이며 다음 세가지 기준을 고려할 수 있다.

첫째, 각 근로자집단의 상호대체 가능성: 동일하거나 유사한 근무상황에서 동종 또는 유사한 업무를 수행하며 그 업무에 있어 상호 교체 되더라도 그 업무의 수행이 가능한 경우이다.

둘째, 업무성격의 유사성: 정규직근로자와 기간제근로자가 수행한 업무가 성격적으로 동일한 경우이거나 유사한 경우로서, 수행한 업무와 근로조건의 차이가 존재하더라도 그것이 불규칙적이거나 중요하지 않은 경우이다.

셋째, 업무가치의 유사성: 정규직근로자에 비하여 기간제근로자가 수행한 업무의 가치가 더 크거나 동일한 경우, 직무급 임금체계의 경우에는 중요한 고려대상이 될 것이나 연공급 임금체계의 경우에는 큰 고려사항은 아니다.

③ 판례에 따른 동종 또는 유사 업무의 판단기준

동종 또는 유사한 업무의 판단은 업무수행에 있어서의 상호대체 가능성의 유무, 업무성격의 동질성 · 유사성의 정도, 업무가치의 동일성 유무 등을 종합적으로 고려하여 판단한다. 비교대상 근로자 판단의 핵심 지표는 기간제법 제8조에서 규정하고 있는 바와 같이 동종 또는 유사한 업무에 종사하는지 여부이다. 비교 대상 근로자의 업무가 기간제근로자의 업무와 동종 또는 유사한 업무에 해당하는지는 취업규칙이나 근로계약 등에 명시된 업무 내용이 아니라 근로자가 실제 수행하여 온 업무를 기준으로 판단하되, 이들이 수행하는 업무가 서로 완전히 일치하지 않고 업무의 범위 또는 책임과 권한 등에서 다소 차이가 있다고 하더라도 주된 업무의 내용에 본질적인 차이가 없다면, 특별한 사정이 없는 이상 이들은 동종 또는 유사한 업무에 종사한다고 보아야 한다(대법 2014.11.22, 2011두5391; 대법 2013.3.14, 2010다10107; 대법 2012.10.25, 2011두7045). 2014년도 판결은 해당 근로자(민간조리원)와 조리직렬 기능군무원들이 동종 또는 유사한 업무에 종사한다고 판단한 것이다. 2013년도 판결은 은행의 내부통제점검자와 영업마케딩 내부통제점검원의 각 업무가 동종 · 유사업무에 해당하는지 여부가 문제된 사건으로 위 양 근로자집단의 업무가 동종 · 유사업무에 해당한다고 판단하였다.

(가) 시간강사 · 전임강사 · 강의초빙교수의 경우: 시간강사와 전임강사, 그리고 강의초빙교수가 수행하는 각 업무의 내용을 서로 비교 · 검토하여 보면, 강의 업무만을 수행하는 시간강사들은 강의 업무 이외에 연구 업무를 주된 업무로 수행하는 1년차 전임강사와는 동종 또는 유사한 업무에 종사한다고 할 수 없고, 강의 업무만을 수행하는 강의초빙교수와만 동종 또는 유사한 업무에 종사한다고 할 것이므로 강의초빙교수만이 시간강사들에 대한 비교대상 근로자에 해당한다(서울행판 2009.2.6, 2008.12.12).

(나) 중형버스운전원과 대형버스운전원의 경우: 회사의 중형버스 운전원과 대형버스 운전원은 그 주된 업무가 '버스를 운행'하는 것이라는 점에서 본질적인 차이가 없고, 다만 구체적인 업무내용 · 운행노선 등 근로조건에서 차이가 있으나 이

는 차별적 처우에 있어 합리적인 이유가 있는지 여부를 판단하는 기준으로 삼음으로서 족하므로, 결국 중형버스 운행과 대형버스 운행은 동종 또는 유사 업무라 할 것이다(서울행법 2010.1.22, 2009구합28155).

(다) 영업마케팅 · 내부통제 점검직원과 내부통제 점검직원의 경우: ㉠ 회사는 임금피크제 직원 중 영업마케팅 업무와 내부통제점검 업무를 겸임하는 직원(이하 '영업마케팅 · 내부통제점검자' 라고 한다)에게 명목상으로는 영업마케팅 업무를 주된 업무로, 내부통제점검 업무를 부수적 업무로 부여하였으나, 영업마케팅 업무에 관하여 아무런 관리 · 감독을 하지 아니하였고 영업마케팅 실적을 업무성과 평가의 중요한 요소로 고려하지도 아니하였으며 실제로 그 실적도 미미한 것으로 보이는데 반하여 내부통제점검 업무에 관하여는 매일 그 업무수행결과를 기록하도록 하였던 점, ㉡ 회사는 임금피크제 직원이나 일반 직원 중에서 자점검사전담자를 임명하여 기간제근로자인 내부통제점검자가 맡았던 내부통제 점검 업무를 그대로 넘겨받아 이를 수행하도록 한 점, ㉢ 임금피크제 직원 중에서 자점검사전담자로 임명된 직원들과 기간제근로자로서 내부통제점검자인 해당 근로자들이 같은 시기에 동일한 업무를 수행한 기간이 단기간에 불과하다고 하더라도 기간제라는 고용형태 외에는 양자를 구별할 표지가 없는 이상, 양자 간에 차별적 처우와 고용형태 사이의 인과관계를 부정할 수 는 없는 점 등의 사정을 종합하면, 영업마케팅 · 내부통제점검자인 해당 근로자들과 동종 또는 유사한 업무를 수행한 것으로 인정할 수 있으므로 기간제법 제8조제1항이 정한 비교 대상 근로자에 해당한다(대법 2012.11.15, 2011두11792; 대법 2012.3.29, 2011두2132).

(라) 지방고용노동청 단시간근로 직업상담원과 민원담당공무원의 경우: 지방고용노동청의 단시간근로 직업상담원의 취업규칙상 업무분야와 민원업무수당 지급대상 공무원의 업무분야는 대략적으로 일치하고, 이들의 주된 업무 방식 또한 민원상담 등과 같이 민원인과 직접 접촉하여 업무를 수행한다는 점에서 동일하며 한편 단시간근로 직업상담원과 이 사건 민원담당 공무원들이 실제 수행하여 온 업무가 주된 내용에 있어 본질적인 차이가 있다는 점에 관하여는 달리 이를 인정할 증거가 없으므로, 이 사건 민원담당 공무원들은 단시간근로 직업상담원들에 대한 비교대상 근로자에 해당한다(서울행법 2013.4.5, 2012가합90080).

(마) 전산행정업무 근무원과 무기계약직 근무원의 경우: 기간제법 제8조제1항은 비

교 대상 근로자의 요건으로 업무의 동종성과 유사성을 제시하고 있는데, 그 업무의 동종성과 유사성은 현재 수행하고 있는 업무의 내용을 기준으로 해야 하지, 그 업무를 수행할 자격이나 능력을 기준으로 삼아서는 아니 된다고 할 것이고, 해당 근로자가 부수적으로 수행하고 있는 행정보조업무가 본부의 무기계약직 근무원(비교 대상자는 기간의 정함이 없는 근로자여야 한다)의 업무와 다소 유사한 측면이 있다 하더라도, 해당 근로자의 주된 업무는 전산시스템 및 장비 관리로, 이는 본부의 무기계약직 근무원이 담당하는 업무와 상이하므로 이들 근무원을 해당 근로자의 비교 대상 근로자로 삼을 수 없다(서울행법 2013.7.12, 2013합3498).

(바) **정부출연연구기관 소속 정규직근로자와 기간제근로자의 경우:** 정부출연연구소에서 ① 팀별로 연구과제를 수행할 때, 팀원별 업무분장은 정규직근로자가 기간제근로자에게 지시하는 방식이 아니라 공동회의를 통하여 각자의 전문분야에 맞게 결정하는 방식으로 이루어진다고 보이는 점, ② 해당 연구소는 기간제근로자들과 정규직근로자들의 개인업무평가를 함에 있어서 정규직인지 여부에 따라서가 아니라 논문실적 등에 따라서 평가를 하고 있는 점, ③ 일부 팀에서는 정규직근로자의 업무로 기재되어 있는 업무가 다른 팀에서는 기간제근로자의 업무로 기재되어 있는 점 등을 보면, 기간제근로자들과 정규직근로자들 사이의 업무내용 · 범위, 책임, 채용조건 등에 있어서 서로 차이가 없다고 보이므로, 기간제근로자들과 정규직근로자들은 기간제법 제8조제1항이 규정하는 동종 또는 유사한 업무에 종사하는 자들에 해당한다(대전지법 2015.5.7, 2014구합101520). 이 판결은 기간제근로자와 비교 대상 근로자의 주된 업무내용에 차이가 없다면 특별한 사정이 없는 이상 동종 또는 유사한 업무에 종사하는 자들에 해당한다는 기존 판례 법리를 확인하고, 이러한 판례 법리를 정부출연연구기관에 소속된 비정규직 연구원에게 적용한 최초의 판결이란 점에 그 의의가 있다.

(사) **대학예비군대대 중대장과 대학예비군대대 대대장의 경우:** 대학예비군대대 중대장이 기간제근로자라면 비교대상 근로자는 당해 사업(장)에서 대학예비군대대 중대장과 동종 · 유사한 업무에 종사하는 기간의 정함이 없는 근로자가 될 것이나, 대학예비군대대 대대장은 통상 실제로 수행하는 주된 업무의 난이도, 책임성 등에서 대학예비군 중대장과 본질적인 차이가 존재하므로 비교대상근로자로 보기 어려울 것이다(2011.9.29, 고용차별개선과-1599).

(7) 비교대상 근로자의 존재 및 선정시점

차별판단을 위한 비교대상 근로자는 원칙적으로 차별시정 신청 당시가 아니라 사용자에 의한 차별적 처우가 있었던 시기에 존재해야 한다. 차별적 처우가 있었던 당시에 비교대상 근로자가 존재하였으나 차별시정 신청시 비교대상 근로자가 없다하여도(퇴직, 조직개편, 인사이동, 고용종료 등) 차별시정 신청이 가능하다. 따라서 사용자가 차별적 처우를 할 당시 기간제 · 단시간 또는 파견근로자였으나 퇴직, 고용형태의 전환 등으로 더 이상 기간제 · 단시간 또는 파견근로자가 아닌 자도 차별시정 신청일 이전 6개월동안 있었던 차별적 처우에 대해서는 차별시정 신청이 가능하다. 기간제법은 '동종 또는 유사한 업무에 종사하는… 근로자' 로 규정하여 불리한 처우 여부를 판단해야 할 시점에 비교대상 근로자가 존재해야 함을 명시하고 있다.

(8) 정규직, 상용일용직, 계약직근로자가 있을 경우 기간제법상 차별시정의 비교대상 근로자

기간제법 제2조제1항은 "기간제근로자란 기간의 정함이 있는 근로계약을 체결한 근로자를 말한다"고 규정하고 있는 바, 기간을 정한 사유 · 기간의 장단 · 명칭 등에 관계없이 근로계약에 기간을 정하여 고용된 근로자를 말하므로 이 경우 상용일용직(1년 단위 계약)과 일시사역(1년 미만 단위 계약)은 그 명칭만 다를 뿐 모두 기간제근로자로 간주된다고 볼 수 있다.

한편, 기간제법 제8조제1항은 "사용자는 기간제근로자임을 이유로 당해 사업 또는 사업장에서 동종 또는 유사한 업무에 종사하는 기간의 정함이 없는 근로계약을 체결한 근로자에 비하여 차별적 처우를 하여서는 아니 된다"고 규정하고 있는 바, 상용일용직과 일시사역의 비교대상 근로자는 동종 또는 유사한 업무에 종사하는 정규직근로자로 보는 것이 타당하다고 판단된다. 또한 기간제법 제8조제2항은 "사용자는 단시간근로자임을 이유로 당해 사업 또는 사업장의 동종 또는 유사한 업무에 종사하는 통상근로자에 비하여 차별적 처우를 하여서는 아니된다" 고 규정하고 있는 바, 법의 취지를 고려할 때 단시간근로자(단시간 일시사역)의 비교대상 근로자는 동종 또는 유사한 업무에 종사하는 기간제근로자(상용일용직 또는 일시사역)라기 보다는 동종 또는 유사한 업무에 종사하는 정규직근로자로 보는 것이 타당하다고 할 것이다(2007.6.29, 비정규직대책팀-2553).

(9) 기간제 · 단시간근로자를 별도의 직군으로 분리한 경우(직군분리)

기간제 · 단시간근로자를 무기계약근로자 또는 통상근로자와는 별도의 직군으로 분리한 결과, 동일 직군 내에는 비교대상 근로자가 없으나 당해 사업(장)의 다른 직군 내에는 동종 또는 유사 업무에 종사하는 무기계약근로자 또는 통상근로자가 있는 경우에 다른 직군 내에서 비교대상 근로자의 선정도 가능할 것이다.

기간의 정함이 없는 근로계약을 체결한 근로자(무기계약근로자)에 비하여 기간제근로자의 비교대상인 정규직근로자는 무기계약근로자이다.

차별적 처우를 하여서는 아니된다는 것이므로 금지되는 "차별적 처우"란 임금 그 밖에 근로조건 및 복리후생 등에 관한 사항에 있어서 합리적인 이유없이 불리하게 처우하는 것을 말한다(동법 제2조제3호).

(10) 공무원이 비교대상근로자가 될 수 있는지 여부

공무원법을 우선적으로 적용받는 공무원도 임금을 목적으로 근로를 제공하므로 근로자성이 인정되어 비교대상근로자가 될 수 있다.

(11) 한 부서 전체를 기간제근로자 또는 단시간근로자로 사용하는 경우 차별적 처우 금지 규정이 적용되는지 여부

① 한 부서 전체를 기간제근로자 또는 단시간근로자로 사용하는 경우에 차별적 처우 금지 규정이 적용되는지 여부이다. 사용자는 기간제근로자 또는 단시간근로자인을 이유로 당해 사업 또는 사업장에서 동종 또는 유사한 업무에 종사하는 정규직근로자에 비하여 차별적 처우를 할 수 없다(기간제법 제8조).

따라서 기간제 및 단시간근로자에 대한 차별 여부의 판단에 있어 비교대상이 되는 자는 당해 사업 또는 사업장에서 동종 또는 유사한 업무에 종사하는 정규직근로자(기간의 정함이 없는 근로계약을 체결한 근로자 또는 통상근로자)이다.

이와 같이 차별은 비교에 의해 결정되는 상대적 개념이므로 이러한 비교대상이 되는 정규직근로자가 없는 경우에는 차별 여부의 판단 자체가 무의미해진다.

'동종 또는 유사한 업무'에 종사하는 정규직근로자는 하나의 부서 또는 직군이 아니라 당해 사업 또는 사업장 전체를 고려하여 파악하여야 하고, 또한 동종업무

뿐만 아니라 유사업무에 종사하는 정규직근로자까지 비교대상으로 삼고 있으므로 향후 "유사업무"에 대한 노동위원회 및 법원의 판정(례)이 축적됨에 따라 비교대상 정규직근로자의 범위도 정립될 것으로 보인다.

② 사용자가 기간제 · 단시간근로자를 비교대상 근로자에 비하여 불리하게 처우함에 합리적 이유가 존재한다면 정규직근로자와 기간제근로자의 처우에 차이가 있다 해도 정당한 것으로 인정된다. 직무, 능력, 기능, 경력, 학력, 근속연수, 업무의 경중, 책임의 정도, 실적 등 합리적 이유를 구성하는 모든 판단요소들이 기준으로 작용하는 것은 아니며, 어떤 요소들이 임금, 정기상여금, 성과금이나 그 밖에 근로조건 및 복리후생 등에 관한 사항을 결정하는 판단근거가 되었느냐를 기준으로 차별 여부를 판단하게 된다.

또한 합리적 이유를 판단함에 있어서는 당해 사업장의 경영사정이나 기간제근로자 고용과 운용실태가 고려되어야 할 것이다. 그러나 사용자가 기간제근로자를 차별처우하는 기준들이 일차적으로 고용형태에 기인한 것이 아니며 합리적 이유가 일견 객관적으로 인정될 수 있다 해도 사용자가 차별적 처우 금지규정을 회피하기 위하여 인위적으로 합리적 차별기준을 강화하여 설정한 경우에는 합리성의 기준이 사용자의 자의에 의한 것으로 판단될 가능성이 있다.

예를 들어 사용자가 임금이나 승진을 위한 평가기준을 업무의 경중, 책임의 정도, 생산성, 직무, 기능 등에 두기 보다 근속연수, 학력, 연령 등에만 둔다면 이러한 기준들은 사용자의 경영상의 목적과 객관적인 관련성을 갖 고 있다고 보기 어렵다.

(12) 55세 이상 고령자도 차별금지 규정이 적용되는지 여부 및 정년 이후 촉탁직으로 재고용 할 경우 차별금지 적용 여부

기간제법은 기간제 및 단시간근로자에 대한 차별금지 및 시정절차를 도입하고 있으며 동 차별금지 및 시정절차와 관련하여 기간제 및 단시간근로자의 연령에 따른 차등 적용에 대한 언급이 없으므로 55세 이상인 근로자도 촉탁직 · 임시직 등 명칭에 관계없이 기간제 및 단시간근로자에 해당하는 경우에는 차별금지 규정이 적용된다. 다만 「고령자고용촉진법」 제2조제1호의 규정에 의한 고령자(만 55세 이상)와 근로계약을 체결하는 경우에는 2년을 초과하여 기간제근로자로 사용할 수 있고, 또한, 「고령자고용촉진법」 제21조제2항에 의하면 사업주는 고령자인 정년퇴직자를 재고용하는 경우 당사자간의 합의에 의하여 근로자퇴직급여보장법상의 퇴직금과 근로기준법상의 연차유급휴가일수 계산을 위한 계속근로기간 산정시 종전의 근로기간을 제외할 수 있으며 임금의 결정을 종전과 달리할 수 있으므로 그 범위 내에서 차별금지규정의 적용을 배제함이 타당하다고 본다(2007.3.26. 비정규직대책팀-932).

2. 단시간근로자 차별금지에 있어서의 비교대상 근로자

사용자는 ① 단시간근로자임을 이유로 ② 당해 사업 또는 사업장의 ③ 동종 또는 유사한 업무에 종사하는 ④ 통상근로자에 비하여 ⑤ 차별적 처우를 하여서는 아니된다(동법 제8조제2항).

동법 제8조제1항의 기간제근로자에 대한 차별금지규정과 동일한 방식으로 통상근로자에 비해 단시간근로자에 대한 차별금지를 규정하고 있다.

'통상근로자' 는 「소정근로시간 뿐만 아니라 당해 사업장의 고용형태(계약기간), 임금체계 등을 종합적으로 고려해 볼 때 통상적으로 근로할 것이 예정되어 있는 정규직근로자를 말하는 바, 취업규칙 등에 의해 채용 및 계약기간(정년 등) · 임금 · 호봉 · 승진 등 중요한 근로조건 대부분이 직접 규율되고 있는 근로자」로 볼 수 있을 것이다.

동종업무에 통상근로자가 없는 경우에는 그 업무에 종사하는 가장 일반적인 형태의 근로자를 삼정직으로 통상근로자로 볼 수 있을 것이다(2002.3.26. 근기 68207-1248).

3. 파견근로자 차별금지에 있어서의 비교대상 근로자

「근로자파견법」은 파견근로자에 대해서도 차별적 처우를 금지하고 있다(동법 제21조제1항).

파견사업주와 사용사업주는 ① 파견근로자임을 이유로 ② 사용사업주 사업내의 ③ 동종 또는 유사한 업무를 수행하는 근로자에 비하여 ④ 파견근로자에게 차별적처우를 하여서는 아니된다.

파견근로자의 비교대상은 사용사업주 사업내의 동종 또는 유사한 업무를 수행하는 근로자이다.

5 불리한 처우

> **관련조문**
>
> **제16조【불리한 처우의 금지】** 사용자는 기간제근로자 또는 단시간근로자가 다음 각 호의 어느 하나에 해당하는 행위를 한 것을 이유로 해고 그 밖의 불리한 처우를 하지 못한다.
> 1. 제6조제2항의 규정에 따른 사용자의 부당한 초과근로 요구의 거부
> 2. 제9조의 규정에 따른 차별적 처우에 대한 시정신청, 노동위원회의 참석 및 진술, 제14조의 규정에 따른 재심신청 또는 행정소송의 제기
> 3. 제15조제2항의 규정에 따른 시정명령 불이행의 신고
> 4. 제18조의 규정에 따른 통고

1. 불리한 처우 금지의 의의와 그 취지

(1) 불리한 처우의 의의와 합리적인 이유가 없는 경우

① 불리한 처우의 의의: 불리한 처우란 기간제 · 단시간 근로자가 비교대상 근로자에 비하여 임금 그 밖의 근로조건 등에 있어서 낮은 대우를 받는 것을 의미한다. 기간제법 제2조제3호에서 불리한 처우란 사용자가 임금 그 밖의 근로조건 등에서 기간제근로자와 비교 대상 근로자를 다르게 처우함으로써 기간제근로자에게 발생하는 불이익 전반을 의미한다. 불리한 처우 해당 여부를 따지기 위해서는 기간제근로자가 비교대상 근로자인 「정규직근로자」와 비교할 때 불리한 처우를 받았는지 여부를 기준으로 판단하여야 한다(대법 2014.9.24, 2012두2207).

② 합리적인 이유가 없는 경우: 합리적인 이유가 없는 경우란 기간제근로자를 달리 처우할 필요성이 인정되지 않거나 달리 처우할 필요성이 인정되는 경우에도 그 방법 · 정도 등이 적정하지 않은 경우를 의미한다(대법 2014.9.24, 2012두2207).

③ 합리적인 이유가 있는지의 판단기준: 그리고 합리적인 이유가 있는지 여부는 개별 사안에서 문제된 불리한 처우의 내용과 사용자가 불리한 처우의 사유로 삼은 사정을 기준으로 기간제근로자의 고용형태, 업무의 내용과 범위 · 권한 · 책임, 임금 그 밖의 근로조건 등의 결정요소 등을 종합적으로 고려하여 판단하여야 한다(대법 2014.9.24, 2012두2207; 대법 2012.1.15, 2011두11792; 대법 2012.10.25, 2011두7045; 대법 2012.3.29, 2011두2132). 불리한 처우 여부를 확인하는 것은 합리

적 이유 심사의 이전 단계로 비교대상 근로자와의 비교를 통해 객관적으로 나타난 불리한 처우를 확인하는 과정이다. 그 후 이를 정당화할 수 있는 합리성의 유무에 따라 차별적 처우 여부가 판정되므로 불리한 처우와 차별적 처우는 구별된다. 즉 차별적 처우란 불리한 처우를 함에 있어 합리적인 이유가 없는 경우를 말한다.

(2) 불리한 처우 금지의 취지

사용자는 기간제 또는 단시간근로자가 기간제동법 소정의 금지사유에 해당하는 행위를 한 것을 이유로 기간제 또는 단시간근로자에 대하여 해고 그 밖의 불리한 처우를 하지 못한다(동법 제16조). 이를 위반한 자는 2년 이하의 징역 또는 1,000만원 이하의 벌금에 처한다(동법 제22조). 불리한 처우 여부는 불리한 처우를 받았음을 주장하는 기간제 · 단시간 또는 파견근로자의 입장에서 판단하되, 근로자의 주관적 의사를 기준으로 하는 것이 아니라 근로조건 등에서 발생하는 객관적인 사실을 토대로 판단하여야 한다.

차별적 처우란 임금 그 밖에 근로조건 및 복리후생사항 등에 있어서 합리적인 이유 없이 불리하게 처우하는 것을 말한다(동법 제2조제3호). 기간제근로자에 대하여 합리적인 이유 없이 「동종 또는 유사한 업무에 종사하는 기간의 정함이 없는 근로자」에 비하여 차별적인 처우를 해서는 안 된다. 그러므로 기간제근로자에 대하여 단시간근로자에게 적용되는 근로기준법 제18조를 유추하여 기간비례적 근로조건결정원칙이 적용되어야 할 것으로 판단된다. 즉, 기간비례적 근로조건결정원칙에 의거 기간제근로자라는 이유로 임금이나 근로시간 · 휴가와 같은 근로조건이나 복리후생사항을 차별적으로 처우하여서는 아니 되며, 근로조건이나 복리후생사항을 기간에 비례하여 분할적 보호가 가능한 것과 그렇지 아니한 것으로 구분하여 전자는 그 근로계약기간의 범위에 상응하는 정도로, 후자는 그 전체로서 보장되어야 할 것이다. 이 때 약정된 근로계약기간은 근로관계의 기간에 따라 보장되는 모든 근로조건이나 사회보험상의 급여산정에서 해당 기간제근로자에게 불리하게 적용되어서는 안된다(김형배, 「노동법」, 24판, p.1279).

2. 불리한 처우의 금지 사유

사용자의 부당한 초과근로 요구에 대한 거부, 차별적 처우에 대한 시정신청 등 권리행사, 동법 위반에 대하여 고용노동부장관, 근로감독관에 신고한 것을 이유로 근로자에게 해고 기타 불리한 처우를 하는 것은 금지된다.

즉, 근로자가 사용자의 법 위반에 대하여 노동위원회 시정신청, 근로감독관 신고 등의 권리를 행사할 경우에 사용자가 근로자의 약한 지위를 이용하여 해고 기타 불리한 처우를 하게 되면 근로자의 권리행사가 제대로 이루어지지 않을 가능성이 크다. 따라서 근로자의 권리행사를 사용자가 부당하게 방해하지 못하게 할 필요가 있으므로 이를 명문화한 것이다.

기간제법 제16조는 다음과 같이 네 가지 금지사유를 규정하고 있다.

① 사용자의 부당한 초과근로 요구를 거부하는 경우: 기간제법 제6조제1항은 「사용자는 단시간근로자에 대하여 소정근로시간을 초과하여 근로시키려는 경우에는 당해 근로자의 동의를 얻어야 한다. 다만, 1주간에 12시간을 초과하여 근로시킬 수 없다」고 규정하며, 동조제2항에서 「단시간근로자는 사용자가 제1항의 규정에 따른 동의를 얻지 않고 초과근로를 시키는 경우에는 이를 거부할 수 있다」라고 규정하였다.

② 차별적 처우에 대한 시정신청, 노동위원회에의 참석 및 진술, 재심신청 또는 행정소송을 제기하는 경우

③ 시정명령 불이행을 신고하는 경우

④ 근로자가 동법 또는 동법에 따른 명령에 위반한 사실이 있는 경우에는 그 사실을 고용노동부장관 또는 근로감독관에게 통고하는 경우

3. 불리한 처우에 대한 합리적 이유의 입증책임

기간제법 제9조제4항은 차별 관련 분쟁에 있어서 입증책임은 사용자가 부담한다고 규정하고 있다. 다만, 같은 법 제9조제2항은 노동위원회에 차별시정을 구하는 "기간제근로자 또는 단시간근로자가 제1항의 규정에 따른 시정신청을 하는 때에는 차별적 처우의 내용을 구체적으로 명시하여야 한다"고 규정하여 "차별적 처우의 내용"에 대한 구체적 명시는 기간제 · 단시간근로자가 하도록 하고 있다.

4. 불리한 처우 여부를 확인하는 방법

불리한 처우 확인은 시정신청을 한 근로자가 주장한 불리한 처우의 내용을 종합적으로 고려하여 판단한다. 근로자가 특정 근로조건에 대한 불리한 처우를 주장할 경우 우선 그 근로조건별로 비교를 하되, 다른 근로조건 등도 종합적으로 비교하여 판단한다. 사용자의 비정규직근로자에 대한 처우의 내용이 임금 등 객관적 수치로 나타나는 경우에는 불리한 처우 해당 여부 판단이 비교적 용이하다. 반면 객관적으로 수치화하기 어려운 비경제적 · 비물질적 가치를 지닌 근로조건 및 복리후생사항 영역에서는 불리한 처우 해당 여부 판단이 쉽지 않다. 어떠한 처우가 불리한지 여부는 근로관계에서 발생하는 제반 사항을 종합적으로 고려하여 객관적으로 판단해야 한다.

불리한 처우의 판단 방법으로는 세부 지급 항목별 비교 방법과 특정 범주별 비교 방법, 총액 비교 방법, 종합 비교 방법 등이 있다. 세부 지급 항목별 비교 방법이 원칙적인 방법이고, 나머지는 특별한 경우, 즉 세부 지급 항목별 비교 판단이 불가능할 때 사용된다(노동법실무연구회, 「근로기준법 주해 I」, p.382).

(1) 세부지급 항목별 비교방법

불리한 처우의 여부를 판단함에 있어서 기간제 · 단시간근로자에게 지급되는 임금 그 밖에 근로조건 및 복리후생사항의 세부지급 항목이 존재하는 경우 이에 상응하는 비교대상 근로자의 세부지급 항목과 비교하여 불리한 처우 여부를 판단하는 것이 원칙이다. 사용자는 각 세부지급 항목별로 낮게 지급하거나 배제한 것에 대한 합리적 이유의 존재를 입증하여야 한다.

사례1 기간제근로자가 기본급과 상여금을 비교대상자보다 낮게 받아 차별이라고 시정신청을 하는 경우, 기본급은 기본급끼리, 상여금은 상여금끼리 비교하여 불리한 처우 여부를 판단한다.

〈무기계약근로자〉		〈기간제근로자〉
기본급	↔	기본급
상여금 (기본급의 600%)	↔	상여금 (기본급의 400%)
식대 등	↔	식대 등

사례2 기간제근로자가 가족수당을 받지 못해 시정신청을 하는 경우 비교대상자는 가족수당을 받는지 여부를 판단한다.

〈무기계약근로자〉		〈기간제근로자〉
가족수당	↔	X

(2) 특정 범주별 비교 방법

① 임금 · 근로조건이나 복리후생사항을 세부 지급 항목별로 비교하기 불가능하거나 곤란한 경우, 비교 가능한 임금 · 근로조건이나 복리후생사항을 하나의 범주로 정하여 비교하는 방법이다. 세부지급 항목별 비교가 현실적으로 첫째 임금 및 근로조건에 있어서 특정 부분은 비교대상 근로자보다 높은 반면 다른 특정 부분은 낮은 경우, 둘째 기간제 · 단시간근로자가 특정 임금 및 근로조건에 대해 비교대상 근로자에 비하여 불리한 처우를 받았다고 주장하는 반면, 사용자는 그 특정 임금 및 근로조건을 대신하여 다른 명목의 임금 및 근로조건을 제공하였음을 주장하여 다투는 경우에는, 세부지급 항목별 비교가 불가능하거나 곤란한 경우에 비교 가능한 임금 및 근로조건을 하나의 범주로 묶어 비교 · 판단할 수 있을 것이다. 이 경우 실제로 제공된 근로에 따라 지급되는 급부(연장 · 야간 · 휴일 근로수당 등)는 비교범주에서 제외된다.

사례3 기간제근로자가 기본급에서는 낮은 처우를 받았다고 주장하는 반면, 사용자는 그 대신 상여금을 유리하게 지급하므로 불리한 처우가 아니라고 주장할 경우, 불리한 처우 여부는 각 근로자의 기본급과 상여금을 합한 금액을 기준으로 비교 · 판단한다.

〈무기계약근로자〉		〈기간제근로자〉
기본급 (100만원)	↔	기본급 (80만원)
상여금 (기본급의 400%)	↔	상여금 (기본급의 600%)

② 기간제근로자가 기본급, 가족수당 및 직책수당에 불리한 처우를 받았다고 차별시정을 하고, 이에 사용자는 기간제근로자의 기본급이 낮은 대신 상여율을 높이 책정하였기 때문에 불리한 처우가 아니며 직책수당은 기간제근로자가 직책이 없기 때문에 해당되지 않아 지급에서 배제되었으며, 가족수당의 미지급에 대해서는 별다른 합리적 이유를 제시하지 않은 경우 세부지급항목별로 비교하면 기본급과 가족수당에서 차별이라고 판단하여 시정하는 문제점이 발생할 수 있다.

따라서 이러한 경우 분쟁해결의 입증책임을 부담하는 사용자가 주장하는 사유 즉 기본급을 낮게 책정하는 합리적 이유가 있다는 주장을 근거로 기본급과 상여금을 하나의 범주로 하여 비교 판단할 필요가 있으며(사용자의 급부 목적과 수단 범위 내), 나머지 항목에 대해서는 세부지급별 비교방법을 통하여 비교 판단한다.

(3) 총액 비교 방법

월간 내지 연간 임금총액을 기준으로 비교대상 근로자와 비정규직근로자를 비교하는 방법이다. 세부 지급 항목별 내지 특정 범주별 비교 방법이 불가능하거나 곤란한 경우에 활용이 가능하고, 위 두 개의 비교 방법에 대해 보조적 수단으로 활용할 수 있다.

(4) 종합적 비교 방법

임금 · 근로조건이나 복리후생사항 등을 종합하여 비교하는 방법으로 비정규직 근로자와 비교대상 근로자의 임금뿐만 아니라 근로조건이나 복리후생사항 전체를 비교하여 종합적으로 볼 때 불리하지 않은 경우에는 일부 불리한 처우에 대해서도 합리성이 있다고 보는 방법이다(노동법실무연구회, 「근로기준법 주해 I」, p.383). 포괄산정임금제 또는 연봉제로 산정하여 세부지급 항목별 또는 범주화에 의한 비교가 곤란하거나 불가능한 경우에는 비교대상 근로자의 임금 및 근로조건을 전체적으로 비교 · 판단할 수 있을 것이다. 이 경우도 실제로 제공된 근로에 따라 지급되는 급부(연장 · 야간 · 휴일 근로수당 등)는 비교범주에서 제외된다. 비정규직근로자가 근로조건의 세부항목이 아닌 특정 근로조건 자체에서의 차별적 처우를 주장하거나 포괄정산임금제 등으로 인해 임금 등의 근로조건을 구성하는 세부항목(기본급, 수당 등)을 정확히 구분하여 비교하기가 곤란한 경우, 비교대상자의 근로조건 자체를 비교하여 불리한 처우 여부를 판단한다.

사례4 포괄역산임금제에 따라 임금이 기본급 및 제수당 등이 포함된 월고정급 형태로 지급되거나 사전에 연봉을 정하고 임금대장 등에 기재되어 있는 임금지급 항목들은 사실상 연봉을 역산하여 기재된 명목상의 임금항목에 불과한 경우에는 월간 내지 연간 임금 총액을 기준으로 불리한 처우 여부를 판단한다.

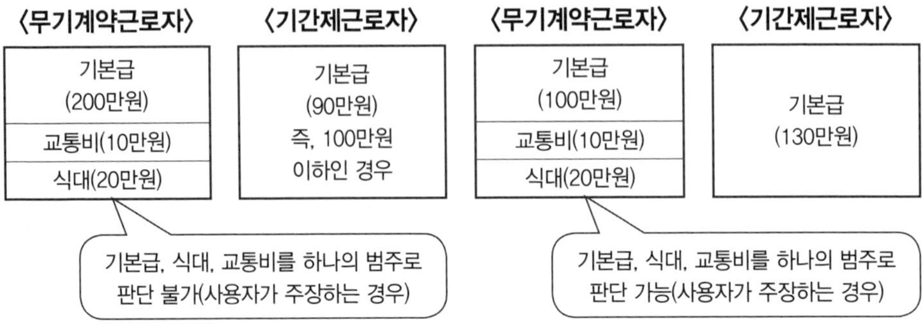

(5) 단시간근로자

단시간근로자는 시간급 임금으로 정해지기 때문에 불리한 처우가 있는지를 확인하기 위해서는 통상근로자의 임금을 시간급 임금으로 환산하여야 한다. 이 경우 소정근로시간에 대하여 통상적으로 지급하는 임금을 기준으로 산정된 시간급을 원칙으로 한다.

그런데 단시간근로자들과 비교대상 근로자간에 임금을 구성하는 세부항목이 상이하거나 세부항목에 따라 유 · 불 리가 나뉘는 경우에는, 임금의 세부항목별로 불리한지 여부를 따져서는 안 되고, 소정 근로를 제공한 것 자체만으로 지급요건이 충족되는 임금항목과 그 밖에 특정한 조건에 해당해야만 지급요건이 충족되는 임금항목으로 구분하여, 전자의 경우에는 그에 포함된 모든 항목의 금액을 합산하여 총액을 기준으로 판단하여야 하고, 후자의 경우에는 항목별로 따져 유 · 불리를 판단하여야 한다(서울행법 2013.4.5, 2012구합30080).

단시간근로 직업상담원의 경우에는 기본급여와 상여금이, 이 사건 민원담당 공무원들의 경우에는 기본급, 정근수당, 정액급식비, 직급보조비, 명절휴가비가 소정 근로에 대하여 지급되는 점에서 임금에 해당함은 명백하고, 민원업무수당은 민원업무를 담당하는 공무원들에게만 지급된다는 점에서 특정한 조건을 충족하는 경우 지급되는 수당이기는 하지만, 이는 지급대상이 되는 업무의 범위를 한정한 것에 불과하지, 공무원으로 하여금 소정 근로의 제공 외에 추가적인 근로를 해야 한다거나(초과근로수당) 부양가족이 있어야 하는(가족수당) 등 특별한 조건을 더 요구하는 것이 아니므로, 기본급, 정근수당 등에 포함시켜 전체적으로 유 · 불리를 판단해야 할 것이다.

5. 불리한 처우 판단기준

(1) 차별적 처우

금지되는 차별적 처우라고 하기 위해서는 비정규직근로자에게 비교대상자에 비하여 불리한 처우가 있어야 한다. 불리한 처우란 비정규직근로자가 비교대상자에 비하여 임금 그 밖의 근로조건, 복리후생 등에 있어서 다르게 처우함으로써 기간제근로자 등 비정규직근로자에게 발생하는 불이익 전반을 의미한다(대법 2014.9.24, 2012두2207). 임금 그 밖에 근로조건 및 복리후생에 있어서 비교대상자에 비하여 구별(distinction), 배제(exclusion)를 통하여 불리한 결과를 야기케 한 것을 의미한다. 이는 합리성 심사 이전의 단계에서 비교대상자와의 비교를 통하여 불리한 처우 여부를 확정하는 것으로 차별적 처우와는 구별된다. 기간제근로자임을 이유로 차별적 처우를 받은 것이므로 기간제근로자가 현재 처한 차별적 지위를 개선하기 위한 입법목적을 고려한다면 주관적 인과관계가 아닌 객관적 인과관계로 봄이 타당하다.

(2) 불리한 처우 판단기준

'불리한 처우' 해당 여부를 따지기 위해서는 '기간제근로자'가 비교대상 근로자인 '정규직근로자'와 비교할 때 불리한 처우를 받았는지 여부를 기준으로 판단하여야 한다. 해당 근로자들이 기간제법상 불리한 처우를 받았는지 여부를 판단하기 위해서는 해당 근로자들이 정규직으로 전환된 후의 상황을 고려해서는 안 되고, 비교대상 근로자들 역시 그들의 과거 기간제 근무경력을 고려 대상으로 삼아서는 안 되며, 단지 해당 근로자들의 '기간제 근무기간'과 해당 비교대상 근로자들의 '정규직 근무기간'만을 비교대상으로 삼아 그 둘 사이에 차별이 있는지 여부를 검토하여야 한다(대법 2014.9.24, 2012두2207).

이때 불리한 처우의 여부는 불리한 처우를 받았음을 주장하는 비정규직근로자를 기준으로 비정규근로자가 처한 근무여건에서 비롯되는 특성을 객관적으로 판단함을 의미한다. 나아가 불리한 처우 여부를 판단함에 있어서 급부별로 지급하는 세부항목이 존재한다면 이에 상응하는 비교대상에는 비교 가능한 임금 및 근로조건이나 복리후생사항을 하나의 범주로 보아 비교판단하거나 그 전체로서 비교판단하는 방법 등을 활용하여야 한다.

① **시간강사와 초빙교수의 경우**: 시간강사가 강의초빙교수와는 유사한 업무에 종사한다 해도 자격 요건이 서로 다르므로 다른 기준에 의한 임금 등의 결정에 있어 이를 합리적 이유 없이 차별적 처우를 받고 있다고 볼 수 없다(서울행판 2009.2.6, 2008구합22747).

② **대형버스 운전원과 중형버스 운전원의 경우**: (가) 노동 강도의 차이에 따라 중형버스 운전원은 하루 종일 근무하되 격일제로 근무하는 반면 대형버스 운전원은 하루 2교대로 근무하는 등 근무형태를 달리하고 있는 점 등 제반 사정을 종합하여 볼 때, 원고회사가 참가인 등 중형버스 운전원과 대형버스 운전원 간에 통상시급은 물론 상여금, 무사고수당 등에 있어 차이를 둔 것은 합리적인 차별이라 할 것이다.

(나) 근속수당의 경우, 대형버스 운전원에 대하여는 매월 일정금액의 근속수당을 지급한 것과 달리 해당 근로자 등 기간제근로자에 대하여는 이를 전혀 지급하지 않았는바, 근속수당이 1년 이상 근속한 근로자에 대하여 지급되는 것이기는 하나, 해당 근로자 등 기간제근로자의 경우 특별한 사정이 없는 한 계속하여 근로계약을 갱신해 온 사정에 비추어 볼 때, 서로 간의 근로조건의 차이를 감안하여 그 액수를 달리하는 것은 몰라도 근속수당을 전혀 지급하지 않은 것은 기간제근로자라는 이유만으로 차별 처우하는 것으로 밖에 볼 수 없고, 달리 합리적인 이유가 있다고 보기 어렵다(서울행법 2010.1.22, 2009구합28155).

③ **정규직 영양사와 기간제 영양사의 경우**: 상여금이 계속적 · 정기적으로 지급되고 그 지급액이 확정되어 있다면 이는 근로의 대가로 지급되는 임금의 성질을 갖는다고 할 것이나 그 지급사유의 발생이 불확정이고 일시적으로 지급되는 것은 임금이라고 볼 수 없을 것인바, 회사 성과상여금은 단 1회 지급되었을 뿐이고 앞

으로 계속 지급될지의 여부가 불확실한 상태였으므로 그것이 계속적 · 정기적으로 지급되었다고 할 수 없어, 이는 근로의 대가인 임금으로 지급된 것으로 볼 수 없고, 또한 일회적으로 지급되었으므로, 회사가 위 성과상여금을 지급한 것을 근로자들에 대한 “계속되는” 차별적 처우라고 할 수 없다(대법 2011.12.22, 2010두3237).

④ **통근비와 중식대 차등 지급의 경우**: 통근비와 중식대는 실비변상 내지 복리후생적인 목적에 따라 지급되는 것으로서 업무의 범위, 업무의 난이도, 업무량 등에 따라 차등지급될 성질의 것이 아니고 부수적으로 위 급부에 복리후생적인 목적이 있다고 하더라도 이를 장기 근속의 유도와 직접 연관시키기는 어렵다는 이유로 위와 같이 해당 근로자들에게 중식비와 통근비를 적은 금액으로 책정하여 지급한 것은 불리한 처우에 해당하고 차별하여 지급한 데에 합리적인 것으로 볼 수 없다(대법 2012.11.15, 2011두11792).

⑤ **정규직 도서관 사서와 기간제 도서관 사서의 경우**: 장기 휴직한 공무원(도서관 사서)의 업무공백을 메우기 위해 뽑은 대체 기간제근로자는 공무원과 동일한 업무를 수행하고도 공무원이 아니라는 이유로 성과상여금, 명절휴가비, 급식비, 사서수당을 지급하지 않는 것은 합리적인 이유 없이 해당 근로자를 차별적 처우한 것이다(서울행법 2016.7.15, 2016구합51450).

6. 불리한 처우를 인정할 수 있는 경우와 없는 경우

(1) 불리한 처우를 인정할 수 있는 경우

① 성과상여금이 기간의 정함이 없는 근로자들에게는 일정한 기준에 따라 지급되었지만 기간제근로자들에게는 지급대상에서 제외하고 있는 경우 불리한 처우를 인정할 수 있다(대법 2012.1.27, 2009두13627).

② 정기상여금을 기간제근로자에 비하여 비교대상자에게는 기본급 대비 더 많은 비율의 액을 지급하고 있는 경우 불리한 처우를 인정할 수 있다(중앙노동위원회 2009.5.20, 2009차별3,4 병합).

③ 기간제근로자들에게 통근비와 중식대를 비교대상 근로자들보다 적게 지급하고 또한 비교대상 근로자들에게는 변동성과급, 자녀학자금, 개인연금 신탁지원금을 지급하면서 기간제근로자들에게는 지급하지 않은 경우 불리한 처우가 인정된

다(중앙노동위원회 2009.9.23, 2009차별8).

④ 비교대상 근로자에게는 비정규직근로자에 비하여 더 많은 정액 시간외근로 수당을 지급하고 있는 경우, 예컨대 비교대상 근로자들에게는 매월 110,000원을 시간외근무수당으로 지급하고, 비정규직근로자에게는 매월 60,000원으로 차등하여 시간외근무수당을 지급한 경우에는 불리한 처우가 인정된다(서울지방노동위원회 2009.7.17, 2009차별12).

⑤ 비교대상자와 비정규직근로자가 상이한 비율의 상여금을 지급받는 경우, 예컨대 비교대상자들은 상여금을 임금지급 총액의 800%를 지급받고 있으나 비정규직근로자들은 통상임금의 500%를 지급받고, 비교대상자들은 안전수당, 공정지원금, 가족수당, 근속수당, 체력단련비, 교통비, 2008년도 성과배분 및 생산장려금을 지급받고 회사창립일 유급휴가 및 정기승호를 적용받으나, 비정규직근로자들은 위 사항을 지급 또는 적용받지 못한 경우에는 불리한 처우가 인정된다(중앙노동위원회 2009.4.27, 2009차별2).

(2) 불리한 처우를 인정할 수 없는 경우

① 계약직 딜러에게는 정규직 딜러에게 주는 호텔 봉사료 등을 주지 않아 계약직 딜러의 임금이 상대적으로 적었더라도 기간제법이 금지하는 불리한 처우에 해당하지 않는다(서울고법 2016.7.8, 2015누62561).

② 소정근로시간을 기준으로 한 시간급 환산법에 따른 비교 결과 불이익이 없는 경우 불리한 처우가 인정되지 않는다(중앙노동위원회 2008.4.14, 2008차별7).

③ 세부항목별 비교 시 비교대상자와 해당 근로자 사이에 지급방식이 다르고 비교대상자에게 적용되는 방식으로 계산한 금액을 해당 근로자에게 지급된 정액과 비교한 결과 불이익이 없는 경우 불리한 처우가 인정되지 않는다(중앙노동위원회 2009.7.15, 2009차별6).

④ 정규직근로자에게는 출장수당을 지급하고 비정규직근로자에게는 출장수당을 지급하지 않은 경우 업무의 성격상 출장을 하지 않는 기간제근로자는 출장수당의 지급 대상으로 보기 어려운 경우에는 불리한 처우가 인정되지 않는다(중앙노동위원회 2009.7.15, 2009차별6).

⑤ 변동성과급을 개인별로 다르게 지급하여 각 개인이 얼마를 받는지 확실하지 않은 경우 불리한 처우가 인정되지 않는다(서울지방노동위원회 2009.12.18, 2009차별22).

6 차별적 처우 금지와 합리적 이유

기간제근로자가 비교대상근로자에 비하여 불리하게 처우를 받은 경우라면 그러한 처우에 합리적인 이유가 있는지에 따라 “차별적 처우”인지 여부를 판단하게 된다. 기간제법 제2조제3호는 “차별적 처우”란 임금, 정기상여금, 경영성과금과 그밖의 근로조건 및 복리후생사항 등에 있어서 합리적인 이유 없이 불리하게 처우하는 것을 말한다고 규정하고 있다. 기간제근로자가 임금 그 밖의 근로조건 등에 있어서 불리하게 처우를 받고 있다고 하더라도 그 불리한 처우에 합리적인 이유가 있는 경우에는 차별적 처우에 해당하지 않는다고 할 것이다. 여기서 “합리적인 이유”가 없다는 것은 기간제근로자를 달리 처우할 필요성이 인정되지 않거나, 달리 처우할 필요성이 인정되더라도 그 방법 · 정도 등이 적정하지 않은 것을 말한다(대법 2014.9.24, 2012두2207). 불리한 처우의 이유가 합리적인 이유에 해당하는지 여부는 개별 사안에서 문제가 된 불리한 처우의 내용 및 사용자가 불리한 처우의 사유로 삼은 사정을 기준으로 기간제근로자의 고용형태, 업무의 내용과 범위 · 권한 · 책임, 임금 그 밖의 근로조건 등의 결정요소 등을 종합적으로 고려하여 판단하여야 한다(대법 2014.11.22, 2011두5391; 대법 2014.9.24, 2012두2207; 대법 2012.11.15, 2011두11792).

1. 합리적 이유의 의의

사용자가 기간제 · 단시간근로자를 비교대상 근로자에 비하여 불리하게 처우함에 합리적 이유가 있다면 당해 불리한 처우는 정당화되고 차별처우에 해당하지 않게 된다. 비록 불리한 처우가 있더라도 그 처우에 관한 합리적인 사유가 존재하는 경우에는 그 불리한 처우는 정당화되므로 차별 시정명령의 대상이 아니다. 단시간근로자가 기간을 정하여 고용되는 때에는 기간제근로자로서의 성격을 동시에 가지므로 불리한 처우에서의 합리적인 이유는 기간제근로자에 대한 합리적인 이유와 동일하게 판단 · 적용된다. 따라서 ‘기간제근로자’에는 기간을 정하여 고용된 단시간근로자도 포함한다.

2. 합리적 이유 판단

① '합리적 이유'가 있는지는 여러 사정을 종합 고려하여 판단하여야 할 것이나, 통상적으로 업무의 범위, 업무의 권한과 책임, 노동 생산성(객관적으로 명확히 입증 가능한 경우에 한함), 그 밖에 근로제공에 관련된 요소(직무, 능력, 기능, 기술, 자격, 경력, 학력, 근속년수, 업적 · 실적, 업무환경 및 업무강도, 위험의 정도 등)의 차이로 인한 임금 등에서의 불리한 처우는 '합리적 이유'가 될 수 있을 것이다(2013.10.28, 고용차별개선과-2070). 전체적으로 볼 때 차별 시정절차에서의 판단은 편의상 각 단계별로 구분하였지만 실제로는 전체적으로 판단할 가능성이 크다. 예컨대 적정한 비교대상자인지의 여부를 구분하여 독립적으로 판단하기보다는 합리적 이유의 존부와 함께 판단할 가능성이 크다.

② 자본주의 시장경제질서 체제를 전제로 하는 한 경제활동 영역에 차별금지에 대한 판단은 완화된 심사기준에 의해 이루어짐이 타당하다.

③ 합리성의 판단은 사용자가 근로자에게 제공하는 급부의 목적에 기초하여 판단하게 되며, 그 목적성은 형식적인 명칭과는 관계없이 실제적인 내용에 따라 판단한다.

④ 취업규칙(기간제근로자) 및 근로시간(단시간근로자)을 감안한 임금 및 근로조건의 합리적인 차이(기간비례 및 시간비례 적용)

⑤ 단기고용이라는 고용형태의 속성에 의한 합리적 이유 인정(교육훈련, 장기근속 유도 수당의 배제 등)

⑥ 합리적인 이유없이 차별적 내용을 규정하고 있는 단체협약이나 취업규칙에 근거하여 지급하는 급부도 차별에 해당한다.

⑦ 채용조건 · 기준, 채용방법 · 절차 등을 달리함을 이유로 차별적 처우를 하는 경우, ㉠ 채용조건 · 기준(경력 및 자격증 등)이 해당 사업의 임금결정요소이거나 업무수행과 관련성을 갖거나 ㉡ 이를 기초로 근로조건을 달리한 경우 등에는 합리적인 이유 존재를 인정한다. 그러나, 근로자 간 업무에 현저한 차이가 없다면 채용 방법 및 절차(공개/비공개, 필기/면접 등)가 실질적으로 다르다는 사정만으로는 불리한 처우를 정당화하는 합리적인 이유가 될 수는 없을 것이다(서울고법 2009.7.9, 2008누33923;2013.10.28, 고용차별개선과-2070).

⑧ 비교대상 근로자에 비하여 업무의 범위를 달리하거나 권한 및 책임의 정도를

달리하는 경우 이를 기초로 차이를 두는 경우에는 합리적 이유를 인정한다.

⑨ 노동생산성을 토대로 지급체계가 정해진 급부의 경우 이를 토대로 차등 지급하는 경우에는 합리성을 인정한다.

⑩ 임금의 경우 근로제공과 관련된 여러 요소(직무, 능력, 기능, 기술, 자격, 경력, 학력, 근속년수, 책임, 업적, 실적 등)들 중에서 어떠한 요소에 따라 결정되는지를 확인하고 그 요소의 차이로 인하여 불리한 임금을 받는 경우라면 합리적인 이유가 있다.

⑪ 급부의 목적 및 대상에 비추어 볼 때 특별한 지급요건 없이 사업장 전체 근로자(혹은 특정 그룹의 근로자) 모두에게 지급되거나 혹은 일정한 지급요건을 갖춘 근로자에게 모두 지급되는 급부임에도 불구하고 기간제 · 단시간근로자에게 지급하지 않음으로써 불리한 처우가 발생한 경우, 다른 합리적인 이유가 없다면 차별에 해당한다.

3. 합리적 이유의 구체적 검토

다음과 같은 경우에는 합리적 이유가 있는 것으로 판단될 것이다.

(1) 급부의 명칭과 내용이 다르거나 모호한 경우

사용자가 지급하는 급부가 형식적인 명칭과 목적(내용)에 차이가 있는 경우는 당해 급부와 관련한 여러 요소를 종합적으로 고려하여 판단한다. 이 경우 해당 급부의 명칭이 명목에 불과하고 급부목적과 다르다는 점에 대해서는 사용자가 증명하여야 한다.

독일 연방노동법원은 불리한 처우의 합리적 이유를 조사할 때에는 근본적으로 "급부의 목적"을 기준으로 한다. 근로시간의 길이와는 상관없이 정해진 요건을 충족하는 경우에 특정급부를 지급한다면, 이러한 급부를 기간제근로자에게 전혀 지급하지 않는 것뿐만 아니라, 근로시간에 비례해서 지급하는 것도 기간제근로자에 대한 차별금지를 위반한 것으로 인정하지만, 급부의 목적이 수행한 근로에 대한 추가적인 임금 지급이라면 근로시간의 길이에 비례한 금액을 지급하는 것이 정당한다고 한다. 기간제근로관계에 있어서도 급부의 목적이 근로기간과 관련이 있다면 기간제근로자의 근로기간에 비례하는 급부를 제공하여야 한다.

(2) 근속기간을 고려한 경우

사용자가 기간제근로자에 대하여 근속기간에 따라 임금 정기상여금, 경영성과급 및 복리후생사항 등그 밖에 근로조건을 비례적으로 적용한 결과, 비교대상 근로자에 비해 불리한 처우가 발생하는 경우 합리적 이유가 인정될 수 있을 것이다. 다만, 근속기간을 감안하는 것은 모든 근로조건이나 복리후생의 영역에서 적용되는 것은 아니며, 근속기간에 비례한 분할적 보호가 합리적인 경우에만 적용될 것이다.

(3) 단시간근로자와 시간비례 보호의 원칙을 적용한 경우

단시간근로자의 근로조건은 그 사업(장)의 동종 또는 유사한 업무에 종사하는 통상근로자의 근로시간을 기준으로 산정한 비율에 따라 결정되는, 이른바 시간비례의 원칙이 적용된다(근로기준법 제18조제1항). 따라서 임금 및 분할 가능한 근로조건을 시간 비례에 따라 적용하는 경우 합리적인 이유가 인정될 것이다.

(4) 단기고용의 특성에 따른 불리한 처우를 하는 경우

기간제근로라는 고용형태, 즉 단기고용이라는 특성에 따른 임금 및 근로조건 등에서의 차이는 합리적 이유가 있는 것으로 본다. 또한 장기고용 및 계속근로를 전제로 지급하는 임금 및 근로조건에서 기간제근로자를 배제하는 경우에는 합리적 이유가 있는 것으로 본다. 예컨대 장기근속수당, 장기근속 퇴직자에 대한 공로보상적 특별 지급 금품 등에서 기간제근로자를 배제하는 것이나 훈련 효과가 먼 장래에 발생할 것으로 예상되는 교육 훈련에서 계약기간이 얼마 남지 않은 기간제근로자를 교육훈련 대상에서 제외하는 것은 합리적 이유가 있는 것으로 볼 수 있을 것이다.

(5) 근로계약 · 단체협약 · 취업규칙 등에 따른 불리한 처우

① 차별적 처우금지 규정은 강행규정이므로 근로계약이나 취업규칙, 단체협약 등에 기간제 · 단시간 또는 파견근로자에 대한 불리한 처우의 내용을 포함 되어 있더라도 사용자는 이러한 단체협약 등의 규정을 차별적 처우의 합리적 이유로 제시할 수 없다.

② 다만, 독일은 파견근로자의 근로조건을 단체협약에서 별도로 규정할 수 있으며 그 단체협약상의 근로조건을 적용한 결과 사용사업주의 근로자와 근로조건에서의 차이가 발생하더라도 이를 차별시정 대상으로 보지 않고 있는 바, 실제 거의 모든 파견근로자와 파견사업주가 파견업종 단체협약을 적용받고 있어 파견근로자의 차별시정 문제는 거의 발생하지 않고 있다.

(6) 단체협약 적용 배제에 따른 불리한 처우

① 비정규직근로자가 단체협약을 적용받지 못해 발생하는 불리한 처우는 합리적 이유가 있는 것으로 인정될 수 있다(2013.6.19, 고용차별개선과-1172). 단체협약을 적용받지 못하는 경우란 기간제근로자 등이 조합원 자격이 없는 경우, 기간제근로자 등이 조합원 자격은 있으나 조합원이 아니고 해당 단체협약이 노조법 제35조의 일반적 구속력을 가지지 못한 경우를 말한다.

한편, 「노조법」 제35조에 따르면 하나의 사업 또는 사업장에 상시 사용되는 동종의 근로자 반수 이상이 하나의 단체협약의 적용을 받게 된 때에는 당해 사업 또는 사업장에 사용되는 다른 동종의 근로자에 대하여도 당해 단체협약이 적용된다는 규정이 있다. 이를 "일반적 구속력"이라 한다. 일반적 구속력이 적용되는 사업장의 경우에는 해당 단체협약 등 규정을 확장 적용하면서 조합원 자격이 없는 정규직 근로자에게는 단체협약을 임의로 적용하고, 조합원 자격이 없는 비정규직(기간제 또는 단시간 근로자)에게는 단체협약의 규정을 적용하지 아니한 결과 발생하는 불리한 처우는 합리적 이유로 인정될 수 없다(2013.6.19, 고용차별개선과-1172).

② 다만, 정규직근로자와 비정규직근로자가 동일하게 단체협약의 적용을 받지 못함에도 불구하고 정규직근로자에게는 단체협약에 따른 근로조건을 적용해주고 비정규직근로자에게는 적용하지 않는 경우, 사용자가 당해 정규직근로자와 비정규직근로자를 달리 취급하는 데에 대한 합리적인 이유를 제시하여야 한다.

③ 단체협약 적용 배제 관련 사례를 보면 조합원이 아닌 비정규직근로자에 대해서는 단체협약에 의한 상여금 규정이 적용되지 아니하므로 사용자는 비정규직근로자에게 단체협약에 의한 상여금을 지급할 의무가 없다(서울지법 2000.10.20, 2000가합8606).

(7) 채용 조건 · 기준 · 방법 · 절차에 불리한 처우의 근거를 두는 경우

① **채용 조건 · 기준에 불리한 처우의 근거를 두는 경우**: 사용자가 불리한 처우를 정당화하는 합리적 이유로서 채용 조건 · 기준(경력 및 자격증 등의 요건)이 다름을 주장하는 경우, 채용 조건 · 기준이 당해 사업장의 임금결정 요소라면 이 범위 내에서 불리한 처우는 정당화될 수 있을 것이다. 즉 차별시정이 신청된 경우, 사용자는 합리적 이유(채용 조건 · 기준이 당해 사업장의 임금결정요소임)가 있음을 입증하여야 한다. 또한 채용 조건 · 기준이 업무수행과 관련이 있고 이에 근거해 근로조건을 달리 한 경우에도 합리적인 이유로 인정될 수 있을 것이다.

② **채용 방법 · 절차에 불리한 처우의 근거를 두는 경우**: 채용 방법 · 절차는 다르더라도(공개채용/비공개채용, 필기시험/면접 등), 기간제 · 단시간근로자가 비교대상 근로자와 동일한 조건 및 내용의 근로를 제공하는 경우 채용 방법 · 절차가 다르다는 사정만으로는 불리한 처우를 정당화하는 합리적 이유가 될 수 없다. 다만 사용자가 상이한 업무수행 능력을 반영하기 위해 채용 방법 · 절차를 달리 한 것이라면 이는 업무수행 능력 차이를 뒷받침하는 간접적인 증거로 활용될 수 있을 것이다.

(8) 업무의 범위 · 권한 · 책임 등이 다른 경우

① 업무의 범위가 다른 경우: 업무범위는 근로의 양 · 질과 직결되고 임금결정의 중요한 요소가 되므로 업무범위의 차이를 엄격하게 고려하여 비교대상 근로자를 선정하여야 하며, 업무범위의 차이로 인한 임금 및 근로조건 등에서 불리한 처우는 합리적인 이유가 있는 것으로 볼 수 있다.

② 업무의 권한 · 책임 등이 다른 경우 권한 · 책임의 정도에 따라 임금에 차이를 두는 것도 합리적 이유로 인정될 수 있다. 권한 · 책임의 정도를 임금결정에는 반영하지 않더라도 그에 상응하는 대가를 별도의 수당 명목(직책수당, 직급수당 등)으로 지급하는 경우, 만약 기간제 · 단시간근로자가 이러한 권한과 책임을 갖고 있지 않다면 당해 기간제 · 단시간근로자를 수당 지급대상에서 제외하여도 합리적 이유가 인정될 수 있을 것이다. 예컨대 무기계약근로자 을이 기간제근로자 갑보다 상위의 책임을 수행하고 있을 때, 을이 갑보다 더 많은 임금을 받는 것은 합리적 이유가 있다. 예컨대 정규직근로자인 7급 이상 직원과 비정규직근로자인 8급

이하 직원간 권한 · 책임의 정도가 다르거나 노동생산성에 차이가 있는 경우라면 그 정도에 따라 처우를 달리하는 것은 합리적 이유가 있다고 할 것이다. 다만, 임금결정 요소로 권한 · 책임의 정도를 전혀 고려하지 않는 경우에는 비정규직근로자에 대해 '임금 그 밖에 근로조건 등'을 차별해서는 안 될 것이며, 비정규직근로자의 노동생산성이 비교대상 정규직근로자보다 낮다는 것은 동 사실이 객관적으로 입증되는 경우에만 합리적 이유로 인정될 수 있을 것이다(2007.7.11, 비정규직대책팀-2809).

(9) 노동생산성이 낮은 경우

기간제 · 단시간근로자의 노동생산성이 낮다는 것이 직접적인 근로의 결과에서 확인된 것이 아니라 선험적 평가 및 편견에 의한 것이라면 이는 합리적인 이유로 인정될 수 없다. 그렇지만 임금을 생산량, 영업실적 등에 따라 지급하는 경우에 실제 업무수행 결과인 기간제근로자의 노동생산성이 비교대상 근로자에 비해 낮음을 이유로 임금체계에 따라 차등을 두었다면 이는 합리적 이유로서 인정될 수 있을 것이다. 즉, 기간제 · 단시간근로자의 노동생산성이 비교대상 근로자보다 낮다는 것이 객관적으로 입증되는 경우에는 합리적 이유가 인정될 것이다.

(10) 변동성과급을 지급하지 않는 경우

① 회사는 근로자들의 전년도 실질성과를 다음 연도에 반영하여 성과주의 인사문화를 정착시킴으로써 근로자들로 하여금 장기간에 걸쳐 지속적으로 업무수행능력을 향상시키도록 유도하기 위하여 변동성과급제도를 도입한 것으로 보이는 점, ② 변동성과급의 특성상 일정 기간의 성과가 전제되어야 하는데 단기간의 근무가 예정되어 있는 기간제근로자에게까지 일률적으로 변동성과급을 지급하여야 한다고 보기는 어려운 점, ③ 영업마케팅 · 내부통제점검자는 연 보수의 80%를 기본연봉 등으로 지급받고, 나머지는 업무성과에 대한 평가등급에 따라 '변동성과급'으로 지급받는데 그 평가등급에 따라 그 지급비율이 S등급은 연 보수의 30%, A등급은 25%, B등급은 20%, C등급은 15%, D등급은 10%로 되어 있어 그 중 C등급을 받게 되면 연 보수의 15%, D등급을 받게 되면 연 보수의 10% 상당의 변동성과급만을 지급받게 됨으로써 연 보수가 삭감되는 결과가 초래되므로 반드시 변

동성과급이 유리하다고만 할 수는 없는 점 등을 종합하면, 회사가 2009.2.10 해당근로자들의 비교 대상 근로자인 영업마케팅 · 내부통제점검자에게 지급한 변동성과급을 해당 근로자들에게 지급하지 아니한 것은 합리적인 이유가 있다(대법 2012.11.15, 2011두11792).

(11) 임금 및 근로조건의 결정요소에 따른 불리한 처우

임금을 결정함에 있어 근로제공에 관련된 요소들(직무, 능력, 기능, 기술, 자격, 경력, 학력, 근속년수, 책임, 업적, 실적 등) 중 어떠한 요소에 따라 결정되는지를 확인하고 그 요소의 차이로 인하여 불리한 임금을 받는 경우는 합리적 이유가 있다고 볼 수 있다.

(12) 법정수당의 경우

법정수당은 법에 의해 지급할 의무가 있는 수당으로 연장 · 야간 · 휴일근로 가산수당(근로기준법 제56조), 연차유급휴가수당(근로기준법 제60조제5항) 등이 있으며, 법정수당 산정과 운영에 대한 합리적 이유의 판단기준은 다음과 같다.

(가) 법정수당은 합리적인 이유가 없는 한 동일한 기준에 따라 지급되어야 한다.

(나) 법정수당 산정의 기초가 되는 통상임금 혹은 평균임금의 산정방식을 정규직근로자와 비정규직근로자 사이에 다르게 적용하는 경우 불리한 처우에 해당하며, 사용자는 이에 대한 별도의 합리적인 이유를 제시하여야 한다.

(13) 비(非)법정 급부의 경우

(가) 비법정 급부(비법정수당 및 금품)는 법에 의한 지급의무가 있는 것이 아니라 단체협약 · 취업규칙 또는 근로계약 등에 의한 근로조건에 따라 사용자가 지급의무를 부담하는 각종 수당 및 금품을 의미한다. 다만, 사업주가 임의적 · 은혜적으로 지급하는 급부는 제외된다.

(나) 비법정 급부에 대한 차별은 사용자가 지급하는 급부의 내용과 목적을 확인한 후, 급부의 목적을 실현하기 위한 객관적 기준에 따라 급부가 이루어졌는지 여부로 판단할 수 있을 것이다.

(14) 평 가

일반적인 합리적인 이유들로서는 직무, 능력, 기능, 기술, 자격, 경력, 학력, 근속년수, 책임, 업적, 실적 등을 나열할 수 있는 것이나 합리적인 이유의 존부를 판단함에 있어서 이러한 요소를 모두 고려하여 사회적 내지 시장임금으로 보았을 때 상당성이 있느냐의 여부를 판단하는 것이 아니다. 이러한 요소들 중에 어떠한 요소가 임금 및 근로조건을 결정 내지 반영하는 요소들인지를 확인하고 이로 인하여 차이가 발생하였다면 합리적인 이유가 있는 것으로 볼 것이나 임금 및 근로조건을 결정하는 요소와 전혀 무관한 요소로 기간제근로자에 대해 불리한 처우가 이루어졌다면 이는 합리적인 이유가 없는 것으로 볼 수 있다.

7 합리적 이유에 대한 개별적 검토

현재 개선이 시급하다고 보여지는 취업규칙, 단체협약 등에 차별적 내용이 규정된 경우 등 명백한 차별의 경우에는 기간제법 시행 후 조기에 시정될 수 있을 것으로 본다. 즉, 다음 세 가시의 예를 들어볼 수 있다.

1. 임금차별

취업규칙에 의해 동일한 자격 · 학력을 가지고 동일 직무를 수행토록 되어 있음에도 비정규직에게 낮은 임금을 지급하는 경우

(1) 임금체계별 차이

① 연공급 임금체계의 경우

(가) 단순연공급 임금체계의 경우: 임금책정의 중요기준이 직무특성이 아니라 동일한 학력, 근속년수, 경력 등 속인적 요소가 될 것이므로 동종 내지 유사한 업무를 동일 조건에서 동일한 연공(속인적 요소의 동일성)을 가지고 있는지 여부가 주요 판단기준이 될 것이다. 동일한 연공을 가지고 있음에도 정규직근로자와 기간제근로자간에 서로 다른 임금을 지급하여 불리한 결과를 초래한다면 차별로 추정할

수 있을 것이다.

임금체계	합리적인 이유의 기준
연공급 임금체계	차별은 직무특성이 아니라 연공(학력, 경력, 근속년수, 연령 등)과 관련된 요소들에 의해 비교, 판단됨 동일한 연공요소(속인적인 요소의 동일성)를 가지고 있음에도 비정규근로자에게 적은 임금을 지급하는 경우 불리한 처우에 해당
직무급체계	근로자가 수행하는 직무가치를 기준으로 임금을 결정하는 체계이므로 동일한 직무를 수행하는 정규근로자와 비정규근로자에게 다른 임금을 지불하면 불리한 처우에 해당 직무평가의 객관성과 공정성이 담보되어야 함
성과급 임금체계	임금의 전부 또는 일부가 근로자 개인 또는 근로자 집단의 성과 · 업적 내지 작업능률 등에 따라 지급되는 임금결정체계를 의미 업적 · 성과평가 기준의 공정함과 객관화가 중요하며, 공정하고 객관적인 성과기준의 적용 결과 차이나는 것은 차별처우가 아님

(나) 직급과 호봉으로 운영되는 연공급체계의 경우: 임금책정에 있어서 호봉은 속인적 요소에 의하여 판단되며, 직급은 직위와 책임의 정도에 따라 판단기준이 결정될 것이다.

② 직무급 임금체계의 경우

임금책정에 있어서 근로자가 수행하는 직무가치를 기준으로 임금이 결정되는 체계이므로 근로자의 속인적 요소와 무관하게 직무평가를 통한 직무가치의 동일성 여부가 주요 판단기준이 될 것이며, 직무평가의 객관성과 공정성이 담보되어야 한다. 동법 시행과 더불어 기업들이 직무가치에 대한 정확한 평가를 토대로 직무급을 정착시킨다면 '직무'를 기준으로 판단할 수 있을 것이다. 단기적으로 이를 기대하기는 어려우므로 초기에는 개별적 · 구체적 실정에 따라 종합적 판단을 내려야 할 것으로 생각된다. 임금체계의 변경은 근로조건 변경절차와 관련되며 법률 및 노사관계의 테두리 내에서 이루어지기 때문이다. 예컨대 동일한 직무를 수행하는 정규직근로자에 비하여 기간제근로자간에게 적은 임금을 지급하면 임금차별에 해당될 것이다.

③ 성과급 임금체계의 경우

임금의 전부 또는 일부가 근로자 개인 또는 근로자 집단의 성과 · 업적 내지 작업능률 등에 따라 임금이 지급되는 임금결정체계를 의미한다. 업적 · 성과평가 기준의 객관성과 공정성 여부가 중요한 판단기준이 될 것이다. 예컨대 객관성과 공정성이 담보된 성과기준이 다함께 적용한 결과 차이가 나는 것은 차별적 처우가 아니다.

자격증수당 및 경영평가성과급이 근로조건에 해당되고, 사용자가 동 금품을 별도의 합리적 이유 없이 단지 기간제근로자(또는 단시간근로자)라는 것을 이유로 해당 근로자에 대해 지급을 거부하였다면, 향후 기간제법의 규정에 의한 차별적 처우로 판단될 수도 있다(2007.2.22, 비정규직대책팀-582).

(2) 임금지급의 형태와 방식, 임금인상의 주기, 방법 및 인상률

① 임금의 지급형태 · 방식을 달리하는 것 자체는 불리한 처우가 아니나 이를 통하여 결과적으로 임금에 있어서 불리한 처우가 발생하였다면 불리한 처우에 해당할 것이며 사용자는 이에 대한 합리적 이유를 제시하여야 할 것이다.

② 임금의 인상과 관련하여, 임금체계 내에서 근속기간 · 인사평가에 따른 호봉의 상승(승급)이나 성과 등의 평가에 따라 임금을 상승시키는 경우 임금체계별 특성에 따라 판단하면 될 것이다. 이에 반해 특정 시기마다 일정한 임금액을 인상하거나 인상율을 적용하여 상승하는 경우로써 만약 임금인상액, 인상률, 인상의 기초 · 근거 등을 달리함으로써 임금격차를 발생하였다면 불리한 처우에 해당할 것이며 사용자는 이에 대한 합리적인 이유를 제시하여야 할 것이다.

(3) 법정수당의 산정 및 운영

법정수당(예컨대 야간근로에 대한 할증임금)도 합리적인 이유없는 한 동일한 조건으로 지급되어야 할 것이다. 그리고 통상임금과 평균임금을 산정하는 방식을 정함에 있어서도 정규직근로자에게 적용되는 기준과 다른 기준을 기간제근로자에게 적용하는 경우 그에 대한 합리성이 입증되지 않는 한 차별로 될 것이다.

(4) 제수당 및 금품

사용자가 지급하는 급부의 내용과 목적을 먼저 확정하여야 한다. 확정된 급부의 내용과 목적이 사업경영상의 목적과 객관적으로 합리적 관련을 가지고 있을 경우 합리적인 이유가 있다.

① **직무 및 업무에 관련된 급부**

기간제근로자가 해당 직무 및 업무를 실제로 수행하고 있는지 여부에 따라 합리적인 이유를 판단한다. 기간제근로자가 동일한 직무, 업무를 수행하였음에도 불구하고 급부(예컨대 직무수당, 업무수당, 승무수당, 자격수당 등)를 지급하지 않는 경우에는 불리한 처우에 해당할 것이며 사용자는 이에 대한 합리적인 이유를 제시하여야 한다.

② **근로의 결과에 관련된 급부**

근로의 결과인 실적, 영업, 판매 등에 따라 지급하는 급부로 개별근로자의 업적 또는 근무실적에 따라 차등지급하는 경우 합리성이 인정된다. 기간제근로자에게 급부를 지급하지 않거나 지급기준 및 수준을 달리하는 경우에는 불리한 처우에 해당하며, 사용자는 이 경우 별도의 합리적 이유를 제시하여야 한다.

③ **연공 및 근무성적에 관련된 급부**

일정한 연공 및 근무성적 조건을 갖춘 근로자에게 지급되는 급부로 기간제근로자가 이러한 연공 및 근무성적 조건을 갖추고 있는지 여부에 따라 합리적 이유를 판단한다. 연공조건이나 근무조건을 갖추고 있는 기간제근로자에 대하여 급부를 배제하거나 지급수준을 달리하는 경우(예컨대 근속수당, 정근수당, 개근수당, 만근수당 등) 불리한 처우에 해당할 것이며 사용자는 이에 대한 합리적인 이유를 제시하여야 한다.

④ **기타의 급부**

급부의 명칭과 지급하는 목적에 따라 판단하여야 한다.

2. 상여금

상여금의 명칭과 종류는 매우 다양하며 이를 지급목적에 따라 개괄적으로 살펴보면 합리적인 이유의 판단기준은 다음과 같다.

① **임금후불적 의미의 상여금**

근로계약 · 취업규칙 및 단체협약 등에 근거를 두고 지급의무가 발생하는 상여금으로 임금의 성질을 가질 뿐만 아니라 기본임금화(기본급화)되는 경향이 있다.

상여금을 지급함에 있어서 경영성과급이나 상여금이 단체협약, 취업규칙 등에 지급조건 등이 규정되어 있지 않더라도 전 근로자에게 관례적으로 지급하여 사회통념상 근로자가 당연히 지급받을 수 있다는 기대를 갖게 된 경우 차별금지영역에 해당하는 것으로 볼 수 있다(2007.6.26, 비정규직대책팀-2417). 비교대상자에 비하여 기간제근로자에게 지급되는 상여금의 지급률 및 지급기준이 되는 기본급(기준급)의 범위를 달리 적용하거나 혹은 일부를 배제함으로 인하여 기간제근로자에게 불리한 결과를 초래한 때에는 불리한 처우에 해당하며 사용자가 이에 대한 합리적인 이유를 제시하여야 한다.

② 임의적 급부로서의 상여금

지급의 근거규정 없이 연말 등 특별한 시기 혹은 특정한 사정에 따라 사용자가 근로자 전체에게 임의적으로 정액 및 정률로 지급하는 상여금을 말한다. 차별 여부는 사용자가 설정하는 지급목적을 고려하여 판단해야 할 것이다. 즉 과거에 대한 공로보상적인 것인지 향후 기업공헌도를 높이기 위한 격려금인 것인지에 따라 차등 취급이 가능할 수도 있다.

3. 경영성과에 따른 성과금 등

성과배분제도의 일환으로 특정 기업 단위 또는 부서 단위의 경영성과 또는 생산비용 절감이라는 성과목표를 달성하는 경우 목표를 상회하는 경우 경영성과의 일정 부분을 사후적으로 근로자에게 보상하는 상여금을 의미한다. 성과배분형 성과상여금을 지급함에 있어 사용자가 기간제근로자를 애초부터 지급대상에서 배제하거나 지급기준 및 지급액을 비교대상근로자와 달리 설정하는 것은 불리한 처우에 해당하며 사용자는 이 경우 별도의 합리적 이유를 제시하여야 한다.

판례(서울행법 2010.8.19, 2010구합17861)는 변동성과급에 관하여 「회사는 근로자들의 전년도 실질성과를 다음 연도에 반영하여 성과주의 인사문화를 정착시킴으로써 근로자들로 하여금 장기간에 걸쳐 지속적으로 업무수행능력을 향상시키도록 유도하기 위하여 변동성과급제도를 도입한 것으로 보이는 점, 변동성과급의 특성상 일정 기간의 성과가 전제되어야 하는데 단기간의 근무가 예정되어 있는 기간제근로자에게까지 일률적으로 변동성과급을 지급하여야 한다고 보기는 어려운 점, 이 사건 1 비교근로자는 연보수 중 20%를 변동성과급으로 지급받게 되는데

C등급을 받게 되면 연 보수의 15%, D등급을 받게 되면 연 보수의 10% 상당의 변동성과급만을 지급받게 되어 연보수가 삭감되는 결과가 초래되므로 반드시 변동성과급이 유리하다고만 할 수는 없는 점 등을 종합하여 보면, 해당 기간제근로자가 비교근로자에게만 변동성과급을 지급하고, 해당 기간제근로자 등에게 변동성과급을 지급하지 아니한 것에는 합리적 이유가 있다고 할 것이다」라고 한다.

4. 그 밖에 근로조건 및 복리후생 등에 관한 사항

(1) 교육훈련 · 배치

① 직무수행능력 향상훈련 등 교육훈련을 실시함에 있어 사용자가 향후 교육훈련의 기여도를 고려하여 단기로 고용되는 기간제 · 단시간근로자를 배제하는 경우에는 합리적 이유를 인정할 수 있다.

② 배치에 있어서 교대제 근무하에서 기간제 · 단시간근로자에게만 야간근무시간대에 배치하는 경우에는 합리적인 이유가 없다면 차별에 해당한다. 다만 처음부터 이를 목적으로 근로계약을 체결하고 근무를 수행하는 때에는 합리적인 이유를 인정할 수 있을 것이다. 그러나 위험 · 유해한 요소가 많은 업무, 부담이 많이 가는 업무 및 기피업무(소위3D 업무) 등에 기간제 · 단시간근로자만을 배치하는 경우도 사전의 별도 합의가 없는 한 불리한 처우에 해당하며, 사용자는 이에 대한 별도의 합리적인 이유를 제시하여야 한다.

(2) 퇴직금제도

근로자퇴직급여보장법 제4조제2항 규정의 취지와 같은 의미로 판단하되, 차별퇴직금제도가 존재하는 경우에는 합리적 이유를 판단할 필요없이 근로자퇴직급여보장법의 강행규정 위반으로 인하여 곧 바로 무효로 될 것이다. 왜냐하면 차등금지규정은 합리적 이유를 고려함이 없이 하나의 사업 내 차등퇴직금제도 자체를 금지하기 때문이다.

(3) 근로시간 등 차별

비정규직에 대해서만 연장 · 휴일근로를 하도록 규정되어 있는 경우, 유급휴일을 비정규직근로자만 무급휴일로 적용하는 경우에는 불리한 처우에 해당한다.

(4) 복리후생사항

일반적으로 복리후생에 관련된 급부가 취업규칙 등에 그 지급조건 등이 규정되어 있는 경우에는 차별적 처우가 금지되는 복리후생 등에 관한 사항의 범위에 포함되는 것으로 보아야 할 것이다. 중식대와 통근비는 실비변상 내지 복리후생적인 목적에 따라 지급되는 것으로서 업무의 범위, 업무의 난이도, 업무량 등에 따라 차등해 지급될 성질의 것이 아니고, 부수적으로 위 급부에 복리후생적인 목적이 있다고 하더라도 이를 장기근속의 유도와 직접 연관시키기는 어려우므로 중식대와 통근비를 비교 대상 근로자에 비해 적은 금액으로 책정해 지급한 것은 불리한 처우에 해당하고, 중식대와 통근비를 차별해 지급한 데에 합리적인 이유가 있는 것으로 볼 수 없다(대법 2012.11.15. 2011두11792). 따라서 자녀학자금, 카페테리아 등 복리후생제도가 취업규칙 등에 명시되어 있고, 그 지급조건을 모두 충족하는 동종 유사업무를 수행하는 비교 대상 근로자간에 비정규직근로자에게만 지급하지 않는 경우라면 이는 고용형태를 이유로 차별적 처우를 행한 것으로 판난될 수도 있다(2007.6.26. 비정규직대책팀-2417). 근로자의 직무수행능력 또는 근로의 질. 양과는 관련 없이 생활보조적 차원에서 지급하는 급부이므로 기간제근로자를 적용대상에서 배제하거나 차등지급 하는 경우 불리한 처우에 해당할 것이며 사용자는 이에 대한 합리적 사유를 제시하여야 한다(예컨대 가족수당, 교통비, 중식대, 심장수당, 기계보조비 등).

근속포상금 그 밖에 복리후생비를 지급하면서 비정규직임을 이유로 내상에서 제외하는 경우, 구내식당 · 통근버스 이용을 합리적인 이유없이 제한하는 경우 근로자 개인별 경력, 생산성 등에 따른 차별 여부는 판단이 쉽지 않을 것이다. 그러나 유사한 업무를 하면서도 과다한(예: 40~50%) 임금 격차가 있는 경우에는 차별로 판정될 가능성이 크다.

5. 합리적 이유를 인정할 수 있는 경우와 없는 경우

(1) 합리적 이유를 인정할 수 있는 경우

① 기간제 근무기간을 장기근속수당 산정을 위한 근속기간에 포함시키지 아니한 경우

장기근속수당은 장기근속에 대한 대가로 지급되는 외에 장기근속을 장려하기 위한 목적에서 지급되는 것으로 볼 수 있는 점, 해당 근로자들의 기간제 근로 형태와 비교대상 근로자들의 정규직 근로 형태가 채용목적, 근로 범위나 권한 등의 측면에서 차이가 있는 것을 부정할 수 없는 점 등을 종합하여 볼 때, 사용자가 해당 근로자들의 기간제 근무기간을 장기근속수당 산정을 위한 근속기간에 포함시키지 아니한 것에는 합리적인 이유가 있다고 할 것이다(대법 2014.9.24, 2012두2207).

② 기본급에서의 차이가 비교대상자들의 장기근속에 따른 연공임금에 기인하는지 여부

기본급의 차이는 근속연수의 차이에서 비롯된 경우에는 합리적 이유가 있다(중앙노동위원회 2009.9.23, 2009차별7,8 병합).

③ 임금수준의 차이가 비교대상자의 신분 및 업무의 특수성, 의무적인 교육이수, 추가적 업무수행, 상이한 임금체계 등에 근거하고 있는지 여부

강원랜드는 정규직 딜러를 채용하기 전 계약직 딜러로 일정 기간 근무한 뒤 정규직으로 전환하는 방식을 취하고 있는데, 정규직 딜러는 9주간 교육을 받는 반면 계약직 딜러는 1~4주간 교육을 받는다. 또 정규직 딜러는 바카라와 룰렛 등 8개 종목을 진행하고 계약직 딜러는 블랙잭과 바카라 2개 종목만 진행해 정규직 직원만 수행할 수 있는 특수한 업무가 존재하고, 이는 강원랜드가 딜러의 임금을 정할 때 고려할 수 있는 사항이다. 또 기간제 딜러들(2990여만원)과 비교대상 근로자인 1호봉 정규직 딜러(5500여만원)의 경우 근속연수에 있어 약 2년 정도 차이가 있을 뿐 아니라 장기 고용을 전제로 연공의 축적이 근로상승으로 이어질 것을 전제한 연공급 임금체계(근속연수에 따라 임금수준을 결정하는 임금형태)의 취지를 고려하면 두 집단 사이 동일한 임금체계를 적용하지 않은 것 자체에는 상당한 이유가 있다(서울고법 2016.7.8, 2015누62561).

④ 수당액의 차등지급이 동종 · 유사업무를 수행하지 않았던 기간의 업무수행에 대한 평가결과에 따른 것인지 여부

비교대상자가 근로자들과 동종 또는 유사한 업무를 수행하였던 것이 아니므로 비교대상 근로자들에게는 변동성과급을 지급하면서 비정규직근로자들에게 이를 지급하지 않은 것은 합리적 이유가 있다(중앙노동위원회 2009.7.15, 2009차별6).

⑤ 금품 지급 목적이 노후생활 안정 등 장기근속을 유도하기 위한 것인지 여부

수당의 성격과 목적이 노후생활안정 등 직원의 장기근속을 유도하기 위한 복리 · 후생적 금품에 해당하는 경우에는 기간제근로자에게 지급하지 않은 것에 합리적 이유가 있다(중앙노동위원회 2009.7.16, 2009차별6).

⑥ 금품 지급 차등이 특별한 자격요건을 갖춘 자에게만 지급되는지 여부

비정규직근로자가 그러한 자격요건을 갖추지 못한 경우에는 합리적 이유가 있다(서울행법 2009.2.6, 2008구합22747).

⑦ 통상시급의 차등이 비교대상자와 비정규직근로자 사이의 노동강도 및 노동의 질, 부담감, 근무형태 등의 차이에 근거한 것으로 볼 수 있는지 여부

이 경우에는 업무의 성격에 따른 합리적 이유가 인정된다(서울행법 2010.1.22, 2009구합28155).

⑧ 채용조건 · 기준 · 방법 · 절차가 정규직 및 비정규직 사이에 상이한지 여부

(가) 채용조건 · 기준 · 방법 · 절차에 따른 차별인 경우 채용조건 · 기준이 당해 사업장의 임금결정 요소라면 이 범위 내에서 불리한 처우는 합리적인 이유가 있다고 볼 수 있다.

(나) 채용조건 · 기준이 업무수행과 관련이 있고 이에 근거해 근로조건을 달리한 경우에도 합리적인 이유로 인정할 수 있다.

(다) 그러나 채용절차 · 방법은 상이하지만 기간제근로자 등이 비교대상자와 동일한 조건 및 내용의 근로를 제공하는 경우에는 채용 방법 · 절차가 다르다는 사유만으로는 불리한 처우를 정당화하는 합리적 이유가 될 수 없다.

⑨ 업무의 범위 · 업무환경에 따른 노동강도 등이 다른지 여부

업무범위나 업무를 수행하는 물리적 환경은 근로의 양 · 질과 직결되고 임금결정의 중요한 요소이므로 업무범위나 업무환경에 따른 노동강도의 차이로 인한 임금 및 근로조건에서의 불리한 처우는 합리적인 이유가 있는 것으로 볼 수 있다.

⑩ 권한 · 책임의 정도에 따라 임금에서 차이가 발생하는지 여부

권한 · 책임의 정도에 따라 임금에서 차이를 두는 것은 합리적인 이유가 있다.

⑪ 임금 등의 차이가 노동생산성에 기한 것인지 여부

노동생산성이 낮은 경우에는 실제 업무수행 결과(생산량 · 영업실적) 등을 토대로 다음 연봉지급에 차등을 두었다면 합리적인 이유가 있는 것으로 볼 수 있다.

(2) 합리적 이유를 인정할 수 없는 경우

① 민간조리원과 조리직렬 기능근무원 간 차별이 합리적 이유가 있는지 여부

민간조리원들에게만 조리직렬 기능근무원과는 달리 가족수당, 정액급식비, 교통보조비를 지급하지 않는 것은 불리한 처우이고, 가족수당, 정액급식비, 교통보조비는 업무와 관계없이 부양가족 존재사정만으로 지급되거나 실비변상차원에서 지급되므로 민간조리원들에게만 이들 수당을 지급하지 않는 것은 합리적 이유가 없다(대법 2014.11.27, 2011두5391).

② 성과상여금의 지급차등이 개인의 담당업무나 실적이 아닌 부서 또는 팀의 실적을 기초로 지급되었는지 여부

성과상여금을 정규직근로자에게는 지급하고 비정규직근로자에게는 지급하지 않은 경우, 정규직근로자에게 지급된 성과상여금이 비교대상자의 개개인의 담당업무나 실적이 아닌 부서 또는 팀의 실적을 기초로 지급된 경우에는 합리적인 이유의 근거가 될 수 없다(중앙노동위원회 2008.1.25, 2007차별1).

③ 비정규직근로자에 대한 수당 미지급의 근거로 주장된 수당의 목적이 상황 변화로 실제 실현될 수 없거나 그 실현을 기대하기 곤란한지 여부

정규직근로자에게는 장기 근속수당을 지급하지만 비정규직에게는 지급하지 않았으나, 정규직·비정규직근로자가 모두 장기근속을 하고 있어 장기근속 장려의 의미가 실질적으로 없는 경우에는 장기근속장려는 합리적 이유가 될 수 없다(서울행법 2010.1.22, 2009구합28155).

④ 정규직근로자과 비정규직근로자에 대한 수당 차등지급의 근거로 내세우는 사유와 실제 지급의 주된 목적이 다른지 여부

합리성 판단에 있어서는 급부의 지급 목적이 중요하며, 그 목적에 부합하지 않는 주장은 합리적 이유로 인정받기 어렵다(중앙노동위원회 2009.6.4, 2009차별1).

⑤ 수당 차등지급의 근거로 업무내용·업무량의 차이를 내세우고 있으나 실제로는 업무내용 등과 무관하게 일률적으로 지급되었는지 여부

통근비, 중식대 등의 금품 지급의 실제 목적·성격이 업무내용이나 업무량과 무관한 것이라면 업무내용 등의 차이는 합리적 이유로 인정하기 어렵다. 은행이 해당 근로자들에게 정규직인 비교대상 근로자보다 불리하게 통근비, 중식대를 차별지급한 사실을 인정한 다음, (가) 통근비와 중식대는 실비변상적인 것으로서 업무

의 범위나 난이도, 업무량 등에 따라 차등지급할 성질의 것이 아닌 점, (나) 정규직직원들에 대한 장기근속 유도 목적은 은행이 마련하고 있는 각종 제도로 충분히 달성할 수 있을 것으로 보이는 점 등을 종합하여 볼 때, 통근비 및 중식대 지급과 관련한 차별적 처우에 합리적인 이유가 있다고 볼 수 없다고 판단한 원심판결을 확정하였다(대법 2012.3.29, 2011두2132).

⑥ 비교대상자의 추가적인 업무 수행을 이유로 임금을 차등지급한다고 주장하는 경우, 해당 추가 업무의 비중이 극히 적은지 여부

업무범위와 책임, 업무의 빈도 · 난이도 등에 비추어 볼 때 임금 차등지급이 근거라고 주장되는 해당 추가 업무의 비중이 소정의 임금차등을 정당화할 수 없을 정도로 낮은 경우에는 합리적 이유를 인정하기 어렵다(중앙노동위원회 2008.11.3, 차별23,25).

⑦ 노동강도 내지 노동의 질에서의 차이에 따라 상여금 차등지급이 이루어진 경우라고 그 지급액의 차이가 과도한지 여부

근로의 강도 내지 질에 기한 임금차등지급의 사유가 있다고 하더라도 그 임금차이의 정도가 지나치게 많아서는 안된다(중앙노동위원회 2009.6.4, 2009차별1).

⑧ 채용방법의 차이에 기한 상여금 차등지급이 이루어진 경우, 그러한 차이가 업무수행과 객관적 관련성이 있다고 볼 수 있는지 여부

채용방법의 차이가 업무수행과 객관적 관련성이 없는 경우에는 합리적 이유가 인정되지 않는다(중앙노동위원회 2009.5.20, 2009차별3,4 병합).

⑨ 각종 수당의 지급차등에 대해 구체적인 지급기준이 있는지 여부

각종 수당 지급의 구체적인 기준이 없는 경우에는 합리적 이유를 설명하기가 어려울 가능성이 많다(중앙노동위원회 2009.4.27, 2009차별2).

⑩ 가정의 달 행사비 또는 가족수당을 가족 수에 상관없이 지급하면서 비정규직에게는 정규직보다 적게 지급하고 있는지 여부

다른 특별한 사정이 없는 한 합리적인 이유가 없다(서울지방노동위원회 2009.12.18, 2009차별22).

⑪ 피복비를 정규직근로자에게는 근무처, 직급에 관계없이 일률적으로 지급하지만 비정규직근로자에게는 차등지급하는지 여부

다른 특별한 사정이 없는 한 합리적 이유가 없다.

⑫ 기간제교원에 대하여 방학기간 중 급여를 지급하지 않는 것이 차별적 처우인지 여부

교사로 재직하다가 퇴직한 후 초등학교에서 기간제 교원으로 근무하던 甲이 '교장이 자신을 2011년도 1학기 담임교사로 임용하면서 정규직 담임교사와 달리 방학기간을 계약기간에서 제외하고 방학기간 중 급여를 지급하지 않은 것' 등이 차별적 처우에 해당한다면서 관할 지방노동위원회 및 중앙노동위원회에 시정신청을 하였으나 기각된 사안에서, 甲이 2011학년도 1학기뿐만 아니라 2학기에도 학급담임을 맡았고 여름방학기간에 학급담임으로서 학생 및 학부모에 대한 생활지도 업무를 수행한 점, 해당 초등학교가 2011학년도 여름방학 기간 중 교사(校舍) 공사로 방학 중 교육활동 프로그램의 대부분을 운영하지 않았으나, 정규교원의 경우에도 기간제 교원과 마찬가지로 여름방학 기간에 특별한 업무수행의 필요성이 없었던 점, 학급담임교사의 경우 방학기간에도 학생들의 생활안전지도와 다음 학기를 위한 교재 연구, 학생 지도 준비 등의 업무를 수행할 필요성이 있고, 이는 기간제 교원이라고 하여 다르지 않은 점 등을 종합해 볼 때, 위 처우는 합리적인 이유가 없는 차별적 처우에 해당한다(서울행법 2012.11.13, 2012구합16220).

8 차별금지와 관련된 문제점

1. 기간제근로자 및 단시간근로자의 근로조건과 시간비례적 근로조건 결정의 원칙

(1) 시간비례적 근로조건결정의 원칙

사용자는 기간제 및 단시간근로자임을 이유로 당해 사업 또는 사업장의 동종 또는 유사한 업무에 종사하는 기간의 정함이 없는 근로자 또는 통상근로자에 비하여 차별적 처우를 하여서는 아니 된다(기간제법 제8조).

근로기준법 제18조는 「단시간근로자의 근로조건의 결정방법」을 규정하고 있다. 근로기준법 제18조제1항은 「단시간근로자의 근로조건은 그 사업장의 같은 종류의 업무에 종사하는 통상근로자의 근로시간을 기준으로 산정한 비율에 따라 결

정되어야 한다.」라고 하여 시간비례적 근로조건 결정의 원칙을 명문으로 규정하고 있다. 또한 근로조건을 결정할 때에 기준이 되는 사항이나 그 밖에 필요한 사항은 대통령령으로 정하도록 하고 있다(동법 제18조제2항 및 시행령 별표 2).

(2) 15시간 미만 단시간근로자에 대한 퇴직금 · 휴일 · 휴가규정의 적용배제와 차별

근로기준법은 단시간근로자의 근로조건에 대해서는 비례적 결정 원칙에 의하여 근로기준법이 적용되어야 함을 명백히 하면서도 다른 한편으로는 근로기준법 일부 규정의 적용이 배제되는 이른바 초단시간근로자인 단시간근로자의 범위를 정함으로써 사용자 측의 과도한 부담을 경감시키고 있는 것이다.

기간제법 제8조제2항에서 "사용자는 단시간근로자임을 이유로 당해 사업 또는 사업장의 동종 또는 유사한 업무에 종사하는 통상근로자에 비하여 차별적 처우를 하여서는 아니된다"고 규정하고 있으며 단시간근로자 중에서 근로시간의 장단에 대한 별도의 차등을 두고 있지 않다. 다만, 근로기준법 제18조제3항에서 4주 동안(4주 미만으로 근로하는 경우에는 그 기간)을 평균하여 1주 동안의 소정근로시간이 15시간 미만인 근로자에 대하여는 휴일(제55조) 및 연차유급휴가(제60조)를 적용하지 아니하며(근로기준법 제18조제3항) 근로자퇴직급여보장법 제4조제1항에서 퇴직금도 적용 제외되어 있다. 1주 동안의 소정근로시간이 15시간 미만인 단시간근로자에 대해서는 휴일 · 연차유급휴가 및 퇴직금규정을 적용하지 않더라도 차별적 처우로 보기 어려울 것이다.

2. '차별적 처우'에 근로자 복지에 관한 사항 포함 여부

"차별적 처우"란 임금 그 밖에 근로조건 및 복리후생 등에 관한 사항에 있어서 합리적 이유없이 불리하게 처우하는 것을 말한다(기간제법 제2조제3호).

근로자 복지에 관한 사항도 차별적 처우에 해당하는 것이라면 차별금지 대상이 될 것이다. 근로기준법 제93조의 취업규칙 기재사항, 노동조합및노동관계조정법 제2조제5호의 노동쟁의의 정의 등을 볼 때 복지에 관한 사항도 근로조건이 될 수 있다. 다만, 일회적인 사항까지 근로조건에 해당하는 것으로 보기는 어려움이 있다. 기간제법은 차별적 처우의 대상을 "임금 그 밖에 근로조건 및 복리후생 등에 관한 사항"으로 규정하고 있어 복리후생사항이 차별적 처우의 내용임을 명확히 하고 있다.

(1) 복지제도의 운영

① 사내근로복지기금에서 운영되는 경우에 사내근로복지기금의 적용대상을 정함에 있어 기간제 · 단시간근로자를 배제하는 규정을 정관에 두고 있는 경우 차별에 해당하는 것으로 볼 수 있다. 그러나 복지급부를 취업기간에 비례하여 적용하는 기간비례원칙이 적용될 수 있는 경우이거나, 복지혜택의 배제에 기간제근로라는 특성에 따른 합리적 이유가 있는 경우(대부사업에서 대부조건 및 상환에 대한 보증조건의 미충족)도 있다.

② 사내근로복지기금이 설치되지 않은 기업내 복지제도가 있는 경우에는 일정한 요건을 부과하여 그 요건을 충족하지 못하는 정규직근로자와 기간제근로자 모두에게 그 지급대상에서 제외하는 것은 합리적인 이유가 있는 것으로 볼 수 있다. 예컨대 자녀학자금 지원대상을 근속기간 3년 이상자로 설정하는 경우에 기간제 · 단시간근로자는 이를 충족하지 못하여 지급대상에서 제외된 것은 합리적 이유가 있다. 반면 애초부터 기간제근로자만을 배제하는 것은 합리적인 이유가 없는 한 차별에 해당할 것이다. 근로자 본인에 대한 교육비 지원 기준을 장차 기업에의 공헌의 가능성에 따라 기간제 · 단시간근로자에 대해 지급하지 않는 경우에는 합리성을 인정할 수 있을 것이다.

(2) 재해보상시 회사의 법정외보상의 차별 여부

업무상 재해에 대해 법정보상외 기업내의 별도의 보상제도에 있어서, 사용자는 기간제근로자에 대하여 불리한 처우를 하지 않을 의무가 있으므로 기업내 보상제도로부터의 배제는 특별한 합리적인 이유가 없는 한 차별적 처우에 해당할 수 있다. 이러한 기업내 보상을 지급받기 위하여 충족해야 할 근속기간을 정하고 있고 이를 충족할 가능성이 존재하지 않음으로 인해 기간제근로자가 배제되었다는 주장을 사용자는 할 수 없는 것으로 보아야 한다. 기업내의 보상제도는 법정보상 등으로 인하여 전보되지 못한 손해에 대한 추가적인 보상인 동시에 사용자의 안전배려의무를 충실히 행하지 못함으로서 발생한 근로자의 건강침해에 대한 자기책임을 임의적으로 설정한 것일 뿐만 아니라 근로자의 복지향상을 도모함에 그 목적이 있기 때문에 사용자가 설정한 보상의 목적에 반하기 때문이다. 이는 업무외 재해 즉, 개인적인 질병 또는 사고에도 동일하게 적용된다.

3. 정리해고에 있어서의 합리적인 이유의 기준

(1) 기간제근로자의 경우

정리해고시 해고대상자의 공정하고 합리적인 선정기준에 따라 정규직과 기간제근로자가 동일한 기준을 적용받은 결과 기간제근로자가 해고대상자로 선정되었다면 합리적인 이유가 있다. 반면 해고대상자 선정기준에서 기간제근로자를 우선 해고대상으로 하는 경우에는 사용자는 별도의 합리적인 이유를 제시하여야 한다. 예컨대 정규직근로자 위주로 인력을 구성하려는 구조조정의 계획에 따라 기간제근로자를 우선 해고대상자로 선정하는 경우에는 합리성이 인정될 수 있다.

(2) 단시간근로자의 경우

단시간근로자를 우선 해고대상자로 선정할 경우 그 기준이 합리적이고 공정한지에 대한 적법성을 따져 차별적 해고인지 여부를 판단하여야 한다. 해고회피노력으로서 배치전환이 곤란하거나, 남는 일자리가 특별히 통상근로자에게만 적합하다거나 혹은 인력을 전일제로 운영하려는 경영상의 결정이 있다면 단시간근로자를 우선적인 해고대상자로 선정한 데에는 합리성을 인정할 수 있다.

4. 불합리한 차별 금지

기간제 · 단시간 · 파견근로자에 대한 차별금지 원칙이 적용되므로 이에 따른 기업의 추가임금 비용이 발생할 것이다. 파견근로자는 근로자파견법에 의해 규율되나 기간제 · 단시간근로자의 경우에 준하여 차별 금지 · 시정을 적용토록 개정되었다. 다만 이는 정규직과 동일한 임금을 지급토록 하는 것이 아니라 "불합리한 차별"만을 금지하는 것이다.

그러므로 이를 시정할 경우에 소요되는 추가임금 비용을 분석할 필요가 있다. 비정규직 통계자료를 활용하여 다양한 임금결정변수를 가지고 임금함수를 추정한 다음, 여타 임금결정변수에 따른 임금격차 부분을 제외한 고용형태에 따른 임금

격차를 차별적 임금으로 볼 수 있을 것이며, 이에 따라 차별적 임금의 크기와 이를 시정하기 위해 소요되는 임금비용도 추정할 수 있다.

이와 같은 추가임금 비용은 정규직근로자에 대한 임금인상 자제를 통한 해소가 가능할 것이다(연간 임금상승률 범위 내). 또한 정규직근로자와의 업무 구분 명확화, 임금체계의 개선(성과와 직무의 연계), 임금피크제 활용 등을 통해 완화가 가능할 것이다. 그러나 업종별 · 규모별로 비용부담의 차이가 나며, 기간제근로자를 많이 사용하는 기업의 경우에는 부담이 커질 수밖에 없는 것이 사실이다.

기간제근로자에 대한 불합리한 차별금지를 통해 우리 사회가 지향해야 할 중요한 가치인 사회통합, 노사갈등 완화, 노동시장 격차 완화 등을 달성할 수 있을 것으로 판단된다. 또한 이를 통하여 노동시장의 고용질서를 확립하고 차별해소로 인한 노무관리의 합리화, 임금체계 개선, 생산성 향상 등 장기적으로 기업의 경쟁력 강화에도 기여할 것으로 보인다.

5. 차별적 처우의 시정

기간제법은 차별적 처우를 금지하고(동법 제8조), 노동위원회에 차별시정위원회의 설치 및 이를 통한 시정절차를 상세히 규정함으로써 차별금지 규정의 실효성을 확보하고 있다(동법 제9조 내지 제15조).

〈차별 판단 흐름도〉

① 법 적용대상 사업(장)인지 여부
상시 5인 미만 근로자를 사용하는 사업(장)은 차별금지제도 적용 제외

Yes ↓

② 차별처우로부터 보호받는 근로자	↔	차별처우가 금지되는 사용자
기간제근로자, 단시간근로자	↔	사용자
파견근로자	↔	파견사업주 또는 사용사업주

정규직 근로자는 기간제법 · 근로자파견법상 규정을 근거로 차별시정 신청을 할 수 없다.

Yes ↓

③ '구제신청 기한 내' 인지 여부
차별적 처우가 있은 날(계속되는 차별적 처우는 그 종료일)로부터 6개월이 경과하지 않은 차별적 처우
④ '비교대상근로자' 존재 여부 검토
차별은 둘 이상의 주체와 객체간의 비교에 의해 결정되는 개념이다.
'동종 또는 유사 업무에 종사하는'

기간제근로자, 단시간근로자	↔	무기계약근로자
단시간근로자	↔	통상근로자
파견근로자	↔	직접고용근로자

신청시점이 아니라 사용자에 의한 차별적 처우가 있었던 때를 기준으로 한다.

Yes ↓

⑤ '차별처우 금지영역' 에 해당되는지 여부

차별처우 금지영역: "임금, 정기상여금 · 성과급 그 밖에 근로조건 · 복리후생사항

- '임금' : 사용자가 근로의 대가로 근로자에게 임금, 봉급, 그 밖에 어떠한 명칭으로든지 지급하는 일체의 금품(근로기준법 제2조제5호)
- '그 밖에 근로조건 · 복리후생사항: 채용이후 근로관계에서 발생하는 근로시간, 휴일, 휴가, 안전과 보건, 재해보상 등으로서 근로기준법이 규율하는 근로조건과 단체협약 · 취업규칙 또는 근로계약 등에 의한 근로조건이 포함될 수 있다.
- 판단방법: 수당의 명칭이 아니라 수당의 지급 실태에 따라 구체적으로 판단한다.

Yes ↓

⑥ 비교 결과 '불리한 처우의 유무' 검토

Yes ↓

⑦ '합리적 이유의 유무' 검토

사용자가 입증해야 한다.

- 판단원칙: 기간제 · 단시간 · 파견근로자라는 이유 외에 차별을 객관적으로 정당화시킬 수 있는 다른 합리적 이유가 있었는지 여부
- 기간제법 · 근로자파견법의 차별금지 조항은 '기간제 · 단시간 · 파견근로자임을 이유로' 차별적 처우를 하지 못하도록 규정하여, '기간제 · 단시간 · 파견' 고용형태와 '차별적 처우' 사이에 인과관계가 있을 것을 요구한다.
- 이 경우 인과관계는 객관적 인과관계를 의미하는 것으로서, 사용자의 주관적인 차별의사 존재 여부와 관계없이 객관적으로 보아 차별이 있고, 그 차별이 '비정규직' 이라는 점에서 기인한 것으로 볼 수 있다면 객관적 인과관계가 있는 것으로 인정될 수 있다.

Yes ↓

합리적인 이유가 없는 경우 차별처우에 해당

⇒ 시정명령(노동위원회) 또는 시정지도(지방고용노동관서)

- 시정명령 및 시정지도의 내용: 차별행위의 중지, 임금 등 근로조건의 개선 및 적절한 금전보상 등
- 근로감독관의 시정지도 불이행시: 관할 지방노동위원회 통보→노동위원회는 차별 여부를 조사하여 차별이 존재할 경우 시정명령을 한다.
- 노동위원회의 시정명령 불이행시: 사용자가 노동위원회의 확정된 시정명령을 정당한 이유 없이 이행하지 않을 경우 고용노동부장관이 사용자에게 1억원 이하의 과태료를 부과한다.
- 이행상황 제출 요구: 고용노동부장관은 확정된 시정명령에 대하여 사용자에게 이행상황을 제출할 것을 요구할 수 있으며, 정당한 이유 없이 이행상황 제출요구에 불응하는 경우 500만원 이하의 과태료를 부과한다.

7장 노동위원회를 통한 차별시정을 둘러싼 법률문제

1 노동위원회를 통한 차별 시정의 입법취지

기간제법은 기간제 및 단시간근로자에 대하여 임금 등 근로조건에 있어서 합리적인 이유 없는 차별적 처우를 금지하고 노동위원회를 통한 시정절차를 마련하였다. 현행 법률상으로는 고용형태의 차이를 이유로 한 차별처우를 받더라도 근로자는 법률상 이를 다툴 수 없었으나, 차별금지 규정의 신설을 통해 이것이 가능해졌다.

시정명령은 차별적 행위의 중지, 근로조건 개선명령, 적절한 금전배상 등으로 다양화 하였고, 확정된 시정명령을 이행하지 아니할 경우 최고 1억원 이하의 과태료를 부과할 수 있도록 하였다.

2 차별적 처우의 시정신청

1. 차별적 처우의 시정 신청절차와 시정내용

관련조문

기간제법 제9조【차별적 처우의 시정신청】 ① 기간제근로자 또는 단시간근로자는 차별적 처우를 받은 경우 「노동위원회법」 제1조의 규정에 따른 노동위원회(이하 "노동위원회"라 한다)에 그 시정을 신청할 수 있다. 다만, 차별적 처우가 있은 날(계속되는 차별적 처우는 그 종료일)부터 6월이 경과한 때에는 그러하지 아니하다.

관련조문

② 기간제근로자 또는 단시간근로자가 제1항의 규정에 따른 시정신청을 하는 때에는 차별적 처우의 내용을 구체적으로 명시하여야 한다.
③ 제1항 및 제2항의 규정에 따른 시정신청의 절차 · 방법 등에 관하여 필요한 사항은 중앙노동위원회가 따로 정한다.
④ 제8조 및 제1항 내지 제3항과 관련한 분쟁에 있어서 입증책임은 사용자가 부담한다.

(1) 노동위원회 차별시정절차의 도입 및 관할

1) 차별시정절차의 도입

노동문제에 전문성이 있는 노동위원회에 차별시정위원회를 설치하여 차별시정의 판단 · 명령을 하도록 한 것이다. 동법에서 차별금지원칙이 명문화됨에 따라 근로자가 직접 법원에 차별시정을 구하는 소송을 제기할 수도 있을 것이나 소송기간 및 비용 부담 등을 고려할 때, 신속 · 저렴한 행정절차(준사법절차)를 마련할 필요가 있으므로 이를 규정한 것이다.

2) 차별시정절차의 관할

차별시정절차의 관할은 초심절차와 재심절차에 따라 다르다.

초심절차는 차별적 처우가 발생한 사업장의 소재지를 관할하는 지방노동위원회가 초심의 관할권을 가지며, 둘 이상의 관할구역에 걸친 사건은 주된 사업장의 소재지를 관할하는 지방노동위원회가 관할권을 가진다.

재심절차는 초심 지방노동위원회의 시정명령 또는 기각결정에 대하여 관계 당사자가 불복한 때, 이에 대한 재심은 중앙노동위원회가 관장한다.

(2) 차별시정 신청기간

1) 신청기간 및 그 성격

① 기간제 또는 단시간근로자는 차별적 처우를 받는 경우 차별을 받은 날로부터 6개월 이내에 사업장 소재지를 관할하는 지방노동위원회에 그 시정을 신청할 수 있다. 여기서 권리구제 신청기간 6개월은 제척기간이라 할 것이므로 그 기간이 경과한 경우 당해 권리구제를 신청할 권리가 소멸된다고 할 것이다. 따라서 차별적 처우가 있은 날부터 6개월이 경과한 경우 당해 차별시정 신청은 각하된다.

② 기간제 또는 단시간근로자가 시정신청을 할 때에는 차별적 처우의 내용을 구

체적으로 명시하여야 한다(기간제법 제9조제1항, 제2항). 차별시정 신청기간을 6개월로 규정한 입법이유는 행위 후 장기간을 경과하면 증거수집 · 실정파악이 곤란해진다는 것, 노사관계가 형성되어 안정된다는 것, 구제실익도 빈약해진다는 것 등을 들고 있다.

③ 다만 차별적 처우가 있은 날(계속되는 행위는 그 종료일)부터 6개월이 경과한 경우에는 신청할 수 없다(동법 제9조제1항 단서)고 규정하여, 노동위원회에 대한 차별시정신청기간은 제척기간이라고 할 것이므로 그 기간이 경과하면 그로써 기간제법에 따른 시정을 신청할 권리는 소멸된다(대법 2012.11.15, 2011두11792;2011.12.22, 2010두3237). 이것은 법률관계의 조속한 안정과 효율적인 사건처리를 위한 것이다. 그러나 비록 제척기간이 경과하더라도 법원에 소송제기(민사재판)는 가능할 것이다. 신청기간의 기산일의 산정에 있어서 "차별적 처우가 있는 날"이 아니라 "차별적 처우가 있었음을 안 날"을 기산일로 하는 것이 타당하다는 견해가 있으나 해석론으로는 수용하기 어렵다.

2) 계속되는 행위

차별시정 신청일부터 6개월 이내의 차별적 임금에 대해서만 권리구제를 받을 수 있을 것이다.

임금(교통비와 중식대)을 정규직근로자에 비하여 차별하여 지급한 차별적 처우가 기간제법 제9조제1항단서에 규정된 '계속되는 차별적 처우'에 해당하는지 여부이다. 계속되는 차별적 처우의 경우 그 종료일부터 6월 이내에 시정을 신청하였다면 그 계속되는 차별적 처우 전체에 대하여 제척기간을 준수한 것이 된다. 한편 사용자가 계속되는 근로 제공에 대하여 기간제근로자 또는 단시간근로자에게 차별적인 규정 등을 적용하여 차별적으로 임금을 지급하여 왔다면 특별한 사정이 없는 이상 그와 같은 임금의 차별적 지급은 기간제법 제9조제1항 단서가 정한 '계속되는 차별적 처우'에 해당한다고 봄이 상당하다(대법 2012.11.15, 2011두11792; 대법 2012.3.29, 2011두2132; 대법 2011.12.22, 2010두3237). 임금은 사용자가 근로의 대가로 근로자에게 지급하는 일체의 금품으로서 근로관계가 유지되는 이상 매일 계속적으로 발생하는 것이고, 임금지급일에 비로소 발생하는 것은 아니다. 임금지급일은 사용자와 근로자가 위와 같이 계속적으로 발생하는 임금을 정기적으로 정산하는 날이기 때문이다.

'계속되는 차별적 처우'의 예로는 복지시설 이용배제, 불리한 근로시간대 배치, 작업복의 지급 등이 있다.

3) 법 시행일 이전에 발생한 차별에 대한 구제 신청의 가능 여부

① 법 시행일 이전에 발생하고 종료된 차별의 경우:차별적 처우의 시정신청은, 법 시행일 이후 새로 발생하거나 법 시행일 이전에 발생하여 법 시행일 이후 현존하는 차별을 대상으로 하며, 기간제법 제9조의 규정에 의거 시정신청이 가능한 기간(차별적 처우가 있은 날부터 6개월 이내. 계속되는 차별적 처우는 그 종료일로부터 6개월 이내)내에 있어야 한다. 따라서 법 시행일 이전에 발생하고 종료된 차별은 시정신청의 대상으로 볼 수 없고 또한 법 시행일 이전에 발생하고 법 시행 이후 현존하는 차별의 경우라도 법 시행일 이후 발생한 차별 부분에 대해서만 시정이 가능한 것이다.

② 법 시행 후에 이루어진 차별적 급부의 근거가 되는 사실관계 내지 법률관계가 위 법 시행 전에 발생한 경우 위 법의 적용 여부:기간제근로자에 대하여 합리적 이유 없는 불리한 내용의 임금 지급 또는 근로조건 집행 등과 같은 구체적인 차별행위가 기간제법의 차별금지규정이 시행된 이후 행하여진 경우에는, 그와 같은 구체적인 차별행위의 근거가 되는 취업규칙 작성, 단체협약 내지 근로계약체결 또는 근로 제공 등이 차별금지 규정 시행 전에 이루어졌다고 하더라도 원칙적으로 차별금지 규정이 적용된다. 다만 기간제법의 차별금지규정이 시행되기 이전에 이미 형성된 법률관계에 대한 사용자의 정당하고 중대한 신뢰 때문에 법률관계에 따른 결과가 위 규정 시행 후 차별적 처우로 나타나더라도 사용자가 이를 철회 · 변경하거나 달리 회피할 것을 기대할 수 없는 예외적 경우에 한하여, 신뢰보호와 법적 안정성 관점에서 적용이 제한될 여지가 있을 뿐이다(대법 2012.1.27, 2009두13627). 이 판결은 구체적인 차별행위는 차별금지 규정 시행일 이후에 행하여졌으나, 동 차별행위의 근거가 된 취업규칙 등이 위 규정의 시행일 이전 마련된 경우에도 기간제법 소정의 차별금지 규정이 적용될 수 있는지를 명확히 한 것이다.

③ 한국철도공사가 기간제법상 차별금지 규정 시행일(2007.7.1) 이후인 2007.7.31. 2006년도 경영실적 평가에 따른 성과상여금을 지급하면서 기간제근로자 甲 등을 지급대상에서 제외한 사안: 비록 성과상여금이 2006년도 경영실적 평가에 따른 것이라고 하더라도 2007.7.20 내부 평가를 확정하고 같은 달 23일 '2007년도 경영평가 성과급 지급기준'을 마련하는 등 성과상여금의 지급 여

부 및 지급 범위 등 구체적인 내용은 2007.7.1.이후에 확정되었다고 볼 수 있고, 甲 등이 경영실적 평가 기간인 2006년에 평가대상이 되는 근로를 제공하여 그들에 대한 성과상여금의 지급이 가능하였던 이상, 甲 등을 성과상여금 지급대상에서 배제한다는 점에 관한 정당한 신뢰가 형성되었다거나 그 때문에 차별금지 규정 시행에도 불구하고 甲 등을 성과상여금 지급대상에서 제외할 수밖에 없는 불가피한 사유가 있었다고 볼 만한 사정이 없는데도 甲 등을 성과상여금 지급대상에서 배제한 한국철도공사의 처우는 기간제법상 차별금지 규정의 적용대상이 되고, 이와 달리 본 원심판결에는 기간제법 적용대상에 관한 법리오해의 위법이 있다고 한 사례이다(대법 2012.1.27, 2009두13627).

4) 차별적 처우를 이유로 구제신청을 한 경우의 신청기간 산정시점

차별적 처우가 계속되는 행위는 그 종료일부터 6개월 이내에 시정신청할 수 있으므로 전체적으로 볼 것인가 아니면 개별적, 구체적으로 볼 것인가에 따라 신청기간 산정시점이 달라질 수 있는 문제이다. 임금차별이 주장되는 경우, 지난 3년간 임금차별이 있었다고 할 때 이를 전체적으로 하나로 보게 되면, 그 기간 전부에 대해 신청기간에 문제가 없다고 보겠지만, 임금조정이 이루어진 매년마다 별개로 차별적 처우가 있었다고 할 경우 기산점을 개별 연단위 기준으로 기산해야 하는지의 문제이다. 시정신청의 대상이 된 차별적 처우는 원칙적으로 개별적으로 접근 · 수용하되 근로조건간의 관련성을 고려하여 관련된 근로조건은 하나로 보아 최종적으로 '차별적 처우'가 있었던 날을 기산점으로 하는 것이 타당할 것이다.

(3) 차별시정 신청권자

1) 차별시정 신청권자의 의의

차별시정 신청권자는 사용자로부터 차별적 처우를 받았다고 주장하는 기간제근로자 또는 단시간근로자이다.

사용자의 차별처우로부터 보호를 받을 수 있는 차별시정신청권자는 근로기준법상의 근로자이어야 하며, 근로자 중에서도 기간제근로자 및 단시간근로자이어야 한다. 신청권자는 근로자성과 비정규성을 모두 갖추어야 한다. 근로자성이나 비정규성에 의문이 있는 사람이 차별시정을 신청한 경우 노동위원회는 신청권자가 기간제근로자 또는 단시간근로자에 해당하는지 여부를 심리한 후 당사자적격이 없다고 판단하면 신청을 각하한다(노동위원회 규칙 제109조제1항, 제60조제1항제3호).

① 기간제근로자

"기간제근로자"란 기간의 정함이 있는 근로계약(이하 "기간제근로계약"이라 함)을 체결한 근로자를 말한다(기간제법 제2조제1호). 기간제근로자인지는 "기간을 정한 근로계약"을 체결했는지 여부에 따라 판단하여야 하며 근로계약기간을 정한 사유 · 기간의 장단 · 명칭(계약직, 촉탁직, 일용공, 임시공, 계절근로자, 계약사원, 아르바이트, 촉탁사원, 파트타임사원 등) 등에 관계없이 기간을 정한 근로계약을 체결하여 고용된 근로자를 말한다. 다만, 근로계약기간이 정해져 있더라도 그 기간의 만료가 근로계약 종료의 의미가 아니라 동일한 임금조건이 유지되는 기간(연봉갱신기간 등) 등의 의미로 해석되는 경우에는 기간제근로자로 볼 수 없다.

② 단시간근로자

단시간근로자란 근로기준법상 1주 동안의 소정근로시간이 그 사업장에서 같은 종류의 업무에 종사하는 통상근로자의 1주 동안의 소정근로시간에 비하여 짧은 근로자를 말한다(기간제법 제2조제2호 및 근로기준법 제2조제1항제8호).

단시간근로자에는 근로기준법 제18조제3항의 "1주 동안의 소정근로시간이 15시간 미만인 단시간근로자"(초단시간근로자)도 포함된다. 동종 업무에 종사하는 통상근로자가 없는 경우에는 단시간근로자로 보지 아니한다. 단시간근로자는 아르바이트 · 파트타임 · 시간제사원 등의 명칭을 문제삼지 않으며 소정근로시간의 짧은 정도는 무관하다.

초단시간근로자란 4주 동안(4주 미만으로 근로하는 경우에는 그 주간)을 평균하여 1주 동안의 소정근로시간이 15시간 미만인 근로자를 말한다. 예컨대 백화점에서 하루 3시간씩, 1주에 4일간 근무하기로 근로계약을 체결한 근로자 등이 해당된다.

③ 노동조합의 신청자격

차별시정 신청은 차별적 처우를 받은 기간제근로자 또는 단시간근로자인 당사자가 제기할 수 있으며, 노동조합 등이 비정규직근로자를 대신하여 신청할 수 없다. 개인의 권리를 보호하는 것이 동법의 입법취지이므로 노동조합은 신청자격이 없고 불리한 처우를 당한 기간제 및 단시간근로자만이 시정요구를 할 수 있다.

2) 차별시정 신청권자의 요건

차별시정 신청권자는 근로기준법상 근로자여야 하고(근로자성의 존재), 동법에 의한 근로자 중에서도 비정규직근로자(기간제근로자, 단시간근로자, 파견근로자)이어야 한다(비정규직성의 존재). 외형상 파견근로자와 유사한 외형을 가지는 노무도급업체의 정규직근로자는 시정신청자격이 없다. 기간제법상 기간제 · 단시간근로자에 대한 차별판단을 위해서는 당해 사업(장)에서 동종 또는 유사한 업무에 종사하는 무기계약근로자 · 통상근로자가 존재하여야 하고 근로자파견법상 파견근로자에 대하여는 사용사업주의 직접고용근로자가 존재하여야 한다.

이에 따라 비교대상 근로자가 존재하지 않는 경우에는 당해 근로자가 노동위원회에 차별시정을 신청하더라도 차별시정 신청에 대한 이유가 없다면 노동위원회는 기각할 것이며, 신청의 요건을 충족하지 못한 경우(흠결)에는 이를 각하하게 될 것이다(2007.6.26, 비정규직대책팀-2411).

① 근로자의 개념

"근로자"란 직업의 종류와 관계없이 임금을 목적으로 사업이나 사업장에 근로를 제공하는 자를 말한다(근로기준법 제2조제1항제1호). 여기서 '근로를 제공하는 자'란 사용종속관계가 전제되어야 하므로 사용종속관계가 없는 경우 근로기준법상 근로자로 볼 수 없다. 이 경우 노동위원회에 차별시정을 신청하더라도 신청자격이 없음을 이유로 각하 결정을 하게 될 것이다.

② 기간제 · 단시간근로자 지위의 존재시점

기간제 · 단시간근로자 인정 여부에 대한 판단은 차별시정 신청 당시가 아니라 사용자에 의한 차별처우가 있었던 때를 기준으로 한다. 즉 사용자가 차별행위를 했을 당시 기간제 · 단시간근로자였으나 퇴사 및 고용형태의 전환 등으로 더이상 차별시정 신청시에 기간제 · 단시간근로자가 아닌 경우(예: 실업자 등)에도 차별시정 신청일 이전 6개월 동안에 있었던 차별적 처우에 대해서는 차별시정 신청권자가 될 수 있다.

3) 신청인적격 관련 쟁점 검토

① 계약직 공무원

공무원도 임금을 목적으로 근로를 제공한다는 점에서 근로기준법 제2조제1항제1호의 근로자이므로 기간의 정함이 있는 근로계약을 체결하는 등 비정규성을 충족한다면 차별시정 신청이 가능하다. 그러나 공무원의 경우 근로기준법 등 노동관계

법령보다 국가공무원법, 지방공무원법, 교육공무원법, 공무원연금법, 공무원 보수규정 및 공무원복무규정 등이 우선 적용됨으로 계약직 공무원의 임금 및 근로조건 등이 이러한 법령 등에 따른 경우에는 합리적 이유가 있는 것으로 볼 수 있다.

② 기간제 교사

공무원이 아닌 기간제 교사도 근로기준법상 근로자이므로 비정규성을 충족한다면 차별시정 신청이 가능하다. 그러나 사립학교법, 사립학교교직원연금법 등에서 이들의 근로조건을 특별히 규정하고 있다면 이에 따른 근로조건은 합리적 이유가 있는 것으로 볼 수 있다.

(4) 차별시정 신청과 명시사항

기간제근로자 또는 단시간근로자가 차별적 처우의 시정 신청을 하는 때에는 차별적 처우의 내용을 구체적으로 명시하도록 규정하고 있지만 어느 정도 명시하여야 하는가에 대해서는 동조항 내용과 동법의 목적에 따라 판단할 수 있다. 신청권자는 기간제근로자 또는 단시간근로자라는 사실, 잠정적 비교대상자, 임금 그 밖에 근로조건에서의 차별적 처우를 일응 입증할 수 있는 정도의 사실 주장 등을 명시하는 것으로 충분하다. 신청단계에서 정확한 비교대상자, 차별적 처우의 구체적 사항 등을 명시하게 하는 것은 기대할 수 없기 때문에 이러한 점 등은 차별심사단계에서 교정될 수 있도록 하는 것이 타당하다. 그리고 명시되어야 할 내용들이 명시되지 않거나 명시된 내용이 사실과 다른 경우에는 차별시정위원회로서는 즉시 각하하기 보다는 보완을 명하고 지정된 기일까지 보완되지 않는 경우에 한하여 각하하는 것이 바람직할 것이다.

(5) 차별처우 금지주체로서의 사용자

기간제법은 "사용자는 기간제근로자임을 이유로… 차별적 처우를 하여서는 아니된다" 또는 "사용자는 단시간근로자임을 이유로… 차별적 처우를 하여서는 아니된다"(동법 제8조제1항및제2항)고 규정하고 있으므로 차별적 처우가 금지되는 의무자는 근로기준법상의 사용자이다. 법령상 '사용자'로 동일하게 규정되었다 하더라도 ① 차별적 처우를 하지 말아야 하는 사용자와, ② 차별시정 피신청인 내지 시정명령 이행의무자로서의 사용자는 구별된다.

1) 차별처우 금지주체

차별적 처우가 금지되는 사용자는 근로기준법상의 사용자, 즉 사업주 또는 사업의 경영담당자, 그 밖에 근로자에 관한 사항에 대하여 사업주를 위하여 행위하는 자를 말한다(근로기준법 제2조제1항제2호). 이는 기간제 · 단시간근로자를 고용한 사업주(계약체결당사자)뿐만 아니라, 사업주의 이익을 위하여 사업주로부터 인사 · 급여 · 인사관리 등의 근로조건을 결정하거나, 업무 관련 지휘 · 명령 및 감독을 할 수 있는 책임과 권한을 부여받은 자가 해당된다. 일반적으로 영업소장 · 지점장 · 공장장 · 인사담당자 등이 이에 해당된다고 볼 수 있다.

2) 차별시정 피신청인 및 시정명령 이행의무자

① 차별시정 피신청인(상대방) 및 시정명령 이행의무자(수규자)로서의 사용자는 시정명령을 받는 자 내지는 시정명령 불이행시 부과되는 과태료 납부의 책임이 있는 자를 말한다. 법인에는 법인, 등기는 하지 않았지만 정관 · 대표자 등 법인으로서의 실질을 갖추고 있는 단체(이른바 권리능력 없는 사단 또는 재단)도 포함한다(민사소송법 제52조). 판례가 인정하는 권리능력 없는 사단에는 아파트입주자대표회의, 종친회, 학회, 동창회, 노동조합, 직장 · 지역 주택조합, 불교 신도회, 문중, 종중, 천주교 이외의 일반교회, 상가번영회, 설립 중의 회사 등이고 판례가 인정하는 법인이 아닌 재단에는 사회사업을 위해 모금한 기부재산, 육영회, 대학교장학회 등이 있다. 따라서 차별시정의 피신청인이 되는 자는 근로계약 체결당사자인 사업주에 한정된다(사업주: 개인 기업인 경우에는 개인, 법인인 경우에는 법인 그 자체).

② 현실적으로 차별적 처우를 행한 이익대표자(근로자에 관한 사항에 대하여 사업주를 위하여 행위하는 자)와 같이 내부 기관에 불과한 경우나 전문경영인 등은 사업주의 의사를 실현하는 행위자이므로 이들에 의한 차별처우에 대해서도 사업주를 피신청인으로 한다.

③ 근로계약서에 명시된 사용자가 법인의 대표이사가 아니라 법인의 조직부문의 장 또는 지점장 등으로 되어 있는 경우 차별시정 신청의 상대방인 사용자는 원칙적으로 기간제근로자를 고용한 당사자로서 근로계약서에 명시된 자가 된다. 이 때, 근로계약서에 명시된 자가 법인의 대표이사가 아니라 부서장 또는 조직부문의 장인 경우라도, 사업주의 위임에 의하여 근로계약을 체결한 행위자로 볼 수 있다면 이 경우도 사업주가 차별시정 피신청인 및 시정명령 이행의무자이다.

부당해고나 부당노동행위에 대하여 지방노동위원회 또는 특별노동위원회의 구제명령이 발하여진 경우 그 명령에 따라 이를 시정할 주체는 사업주인 사용자가 되어야 한다. 그러므로 그 구제명령이 사업주인 사용자의 일부조직이나 업무집행기관 또는 업무담당자에 대하여 행하여진 경우에는 사업주인 사용자에 대하여 행하여진 것으로 보아야 한다. 따라서 이에 대한 중앙노동위원회의 재심신청이나 그 재심판정 취소소송 역시 당사자능력이 있는 당해 사업주만이 원고적격자로서 소송을 제기할 수 있다(대법 2006.2.24, 2005두5673).

(6) 국가기관과 지방자치단체 등의 차별처우 금지주체

① **국가기관인 경우**: 국립대학교, 행정기관 등 국가 소속기관의 경우 피신청인과 시정명령의 정의를 "국가(대한민국)"로 하고, 하단에 소속기관을 명시(대법 2006.2.24, 2005두5673; 대법 2008.9.11, 2006다40935; 대법 2008.9.11, 2008두11495)한다. 다만, 국가 소속기관이라도 별도의 법인으로 설립된 경우에는 법인이 피신청인이 된다. 국가는 사법상의 권리주체로서 사법상의 법인과 같은 사인으로 취급되고, 사인으로서의 국가는 공권력과 공법의 규율을 받을 수도 있으므로 사인의 지위에 있는 국가에 대하여 차별시정지도 · 명령이 가능하다.

② **지방자치단체 등**: 지방자치단체는 지방자치법 제3조제1항에 따라 법인으로서 사업주에 해당한다. 공립학교, 공립학교 병설유치원, 도립국악원, 읍사무소 등은 지방자치단체 하부기관 또는 시설에 불과하므로 피신청인 적격이 없으나 지방자치단체 하부기관이라도 별도의 법인으로 설립된 경우에는 법인이 피신청인이 될 수 있다. 공립학교의 경우 사업주는 해당(광역)지방자치단체이나 「지방교육자치에관한법률」 제18조에 따라 대표자는 교육감으로 한다(주소도 시 · 도교육청 주소를 기재).

「지방교육자치에관한법률」, 「지방자치법」 등에 의하면 지방자치단체관내에서 이루어지는 교육 그 밖의 학예에 관한 사무와 관련된 권리 · 의무는 궁극적으로 법인격을 보유하는 지방자치단체에 귀속된다. 비록 「초 · 중등교육법 시행령」에서 개별 학교장이 영어회화전문강사를 임용하도록 규정하고 있고, 이에 따라 학교장이 근로계약을 체결하고 갱신 여부를 결정하고 있다고 하나 이는 임용 업무 수행의 주체를 정하고 있는 것에 지나지 아니하므로 각급 학교에서 채용한 근로자에 대한 사업주는 개별 학교(장)가 아닌, 학교를 설치 · 운영하는 지방자치단체라 할 것이다. 대법원 판례도 사용자 여부를 판단함에 있어 누가 채용했는지에 관계없이 포괄적 · 종국적 사업운영의 주체(법인)를 사용자로 판단하고 있다(대법 1992.4.14, 91다45653, 대법 2006.12.8, 06다48229, 대법 2007.3.29, 05두13018 등) 따라서 공립학교에서 근무하는 영어회화전문강사의 사용자는 법인격을 가진 '지방자치단체' 로 보아야 할 것이다(2013.8.16, 고용차별개선과-1623).

(7) 차별처우에 대한 시정내용

노동위원회에서 차별처우라고 판정할 경우 사용자에게 시정명령을 내리며 시정명령의 내용에는 차별적 행위의 중지뿐만 아니라 임금 등 근로조건의 개선(취업규칙, 단체협약 등의 제도개선 명령을 포함한다) 및 적절한 금전배상 등이 포함된다(기간제법 제13조제1항).

사용자가 그 의무를 이행하지 않는다면 근로자는 법원에 차별적 처우의 확인 및 청구의 소를 제기하여 만족을 얻게 된다. 그렇지만 그와 같은 절차가 결과적으로 차별시정의 실효성을 저해할 우려가 있으므로 기간제법 제13조에서 개별 사안에 따라 적절한 방법으로 시정명령을 내릴 수 있도록 하여 차별시정의 실효성을 높이고 있다.

1) 차별적 행위의 중지

첫째 시정신청에서 명시한 차별적 처우에 한정할 것인가 아니면 신청된 내용을 계기로 기재사항 뿐만 아니라 관련된 제반 차별적 처우에 대해서도 심사할 것인가는 견해의 대립이 있으나 차별시정의 효과는 신청근로자에게만 미친다고 보아야 한다. 일부견해는 실체적 진실규명이라는 입장에서 가능하다는 견해가 있으나 전자의 견해가 타당하다고 생각된다.

둘째 시정명령의 내용에는 사용자의 차별적 처우의 결과뿐만 아니라 그 근거가 되는 취업규칙이나 단체협약 등에 대해서도 시정명령을 행할 수 있는가의 문제이다. 노동위원회는 다투고 있는 자의 권리의무에 관련성을 가지는 단체협약이나 취업규칙에 대한 제도개선명령을 할 수 있다.

2) 임금 등 근로조건의 개선

노동위원회에서 차별처우라고 판정할 경우 사용자에게 임금 등 근로조건의 개선(취업규칙, 단체협약 등의 제도개선 명령을 포함한다)에 관한 시정명령을 할 수 있다. 다만 그 시정명령의 내용에 차별적 행위의 중지와 임금 등 근로조건 개선이 포함되어 있으므로 그 차별적 행위의 원인에 대해서도 적절한 시정명령이 가능하다고 보아야 한다. 그러나 기간제법상 아직 실현되지 않거나 구체적 차별행위에 대한 개별적 신청이 없는 상태에서 취업규칙의 차별조항의 시정만을 요구하는 차별시정절차를 인정하고 있다고 볼 수는 없다.

3) 적절한 배상

첫째 비금전적인 또는 금액으로 정하기 어려운 차별적 처우에 대해서도 배상명령이 가능한가의 문제로서 유추 내지 확대해석은 신중해야 할 것이다.

둘째 배상은 과거의 결과에 대한 전보적인 것만 가능한가 아니면 사용자측의 사정을 감안하여 일부에 대한 배상명령도 가능한가의 문제로서 적절한 배상이라는 포괄적인 내용이므로 일부에 대한 배상명령도 가능할 것이다.

셋째 차별적 처우의 합리성 등을 고려하여 예컨내 전부가 합리적이지는 않지만 일부는 합리적인 경우 비교대상자 임금 등의 일정수준(80~90%)에 상응하는 배상명령이 가능한가의 문제로 가능하다고 보는 것이 적절한 배상이라는 법문의 내용에 맞는 해석이다. '적절한 배상' 이란 차별로 인한 미지급임금의 소급적 지급 등 보수나 금품의 지급이 그 산정의 곤란 등으로 확정되기 어려운 경우 평균적이고 합리적 범위 내에서 미지급된 금품지급을 대체할 수 있는 수준의 배상명령으로서 이를 통해 별도의 금품청산의무가 발생하지 않도록 하는 데 그 실익이 있을 수 있다고 생각된다.

4) 징벌적 손해배상 명령

적절한 배상액은 차별적 처우로 인하여 기간제근로자 또는 단시간근로자에게 발생한 손해액을 기준으로 정한다. 다만 노동위원회는 사용자의 차별적 처우에 명백한 고의가 인정되거나 차별적 처우가 반복되는 경우에는 손해액을 기준으로 3배를 넘지 아니하는 범위에서 배상을 명령할 수 있다(기간제법 제13조제2항).

종전 차별시정 제도의 경우 임금 및 근로조건의 보상 또는 원상회복 수준에 머물고 있어 사용자의 고의적이고 반복적인 차별행위에 대한 사전적 예방 효과가 미미했다. 이러한 사용자의 고의적 또는 반복적 차별 행위에 대해서는 노동위원회가 기간제 및 단시간근로자에게 발생한 손해액의 3배 내에서 징벌적인 성격의 배상명령을 함으로써 차별을 근본적으로 차단하도록 할 것이다(동법 제13조제2항 신설).

(8) 차별시정 신청절차

① 신청절차

차별시정의 신청은 차별적 처우가 있은 날(계속되는 차별적 처우는 그 종료일)부터 6개월 이내에 하여야 한다(기간제법 제9조제1항단서). 이 기간은 이른바 제척기간으로서 이 기간을 지나 제기된 차별시정신청은 부적법하여 각하의 대상이다.

② 차별적 처우가 계속 이루어지는 경우

차별적 처우가 계속될 경우 그 차별적 처우가 종료되는 날을 기산점으로 한다(기간제법 제9조제1항단서). 대표적인 예로는 복리후생시설 이용, 작업복 지급, 불리한 근로시간대 배치 등을 들 수 있으며, 임금과 근로조건들이 상호 관련성을 맺고 있어 차별적 처우를 판단할 때 이들을 연계하여 고려해야 하는 경우(임금과 근로조건의 전체에서 일정 기준은 비교대상 근로자보다 높은 반면 다른 기준은 낮은 경우, 포괄정산 임금제의 연봉제 등)에는 상호 관련성 있는 임금과 근로조건을 하나로 보아 최종적인 차별적 처우가 있었던 날로부터 6개월을 기산한다. 그런데 기간제법 제9조제1항단서는 '계속되는 차별적 처우는 그 종료일'이라고 하여 제척기간 6개월의 기산점만을 정하고 있기 때문에 6개월 전의 차별적 처우도 시정 대상이 되는지가 문제될 수 있다. 기간제법이 규율하려는 '계속되는 차별적 처우'는 하나의 차별 행위로 이루어지므로 차별시정신청 6개월 전의 차별 행위나 차별 상태에 대해서도 시정신청을 허용하는 것이 타당하다. 이러한 점에서 6개월 전에 시작된 계속적인 차별적 처우는 그 전체가 차별시정의 대상이 된다고 해석해야 한다(대법 2011.12.22, 2010두3237).

(9) 차별시정 신청 방법

차별시정의 신청은 신청서를 관할 노동위원회에 제출함으로써 개시되며, 신청인의 성명·주소, 피신청인의 성명·주소, 차별적 처우의 내용, 신청일 등을 신청서(노동위원회규칙 별지 제35호 서식)에 기재하여 신청하여야 하고 이 때 신청인은 비교대상 근로자에 비하여 임금 그 밖에 근로조건 등에서 받은 차별적 처우의 내용을 구체적으로 명시하여야 한다.

(10) 사용자의 입증책임 부담

기간제법은 차별시정 절차의 실효성을 높이기 위해 차별금지와 관련한 분쟁에 있어서 입증책임을 사용자가 부담하도록 규정하고 있다(동법 제9조제4항).

차별 관련 분쟁에서 증명 자료나 증거의 대부분은 차별을 행한 사용자측에 있기 때문에 차별의 피해자가 차별을 증명하는 것은 쉽지 않고, 따라서 차별의 피해자가 차별을 추정하게 하는 사실을 제시하면 상대방이 차별이 아니라는 점에 대한 증명책임을 부담하도록 제도화할 필요성에 따른 것이다(노동법실무연구회, 「근로기준법 주해 I」, p.424).

차별처우와 관련한 분쟁에 있어서 입증책임은 사용자가 부담하므로(기간제법 제9조제4항) 사용자는 신청인이 비정규직근로자가 아니어서 신청인이 되지 못한다는 사실, 비교대상 근로자가 없다거나 선정이 잘못되었다는 사실, 불리한 처우가 아니라는 사실, 불리한 처우에 합리적인 이유가 있다는 사실 등을 입증하여야 한다. 비정규직근로자는 위와 같은 사용자의 입증사실에 대하여 반대의 주장과 증거를 제시할 수 있다.

근로자보다 사용자가 차별적 처우 여부 판단에 관련된 정보를 많이 보유하고 있어 근로자가 입증하는 데에 어려움이 많을 것이라는 점을 고려하여 입증책임을 사용자에게 전환한 것이다. 다만, 입증책임이 사용자에게 있다고 하더라도 근로자는 차별 시정신청시 차별적 처우의 내용을 구체적으로 명시하여야 하며(동법 제9조제2항), 쟁송 과정에서 자신의 주장을 입증할 만한 증거자료를 충실히 제시하여 사용자의 주장 · 증거를 배척시키도록 노력해야 할 것이다.

차별시정 신청인은 신청취지(청구할 시정내용), 차별적 처우의 구체적 내용, 잠정적 비교대상 근로자를 시정신청서에 기재하여야 한다(노동위원회규칙 제100조).

(11) 기간제근로자가 차별처우에 대한 시정신청을 한 뒤에 근로관계가 종료된 경우의 구제신청의 효력

기간제법 제13조제1항은 노동위원회가 사용자에게 할 수 있는 차별적 처우에 대한 시정명령으로 차별적 행위의 중지, 임금 등 근로조건 개선 이외에도 '적절한 배상'을 함께 규정하고 있다.

차별적 행위의 중지 및 임금 등 근로조건의 개선을 구할 이익은 없지만 적어도 구제절차를 유지함으로써 차별적 처우로 인한 손해에 대해 적절한 금전배상을 구할 이익은 여전히 존재한다(서울행법 2015.6.23, 2014구합21042). 이 판례는 "차별적 처우에 대한 적절한 금전 배상은 민사소송절차를 통한 구제와는 별도로 독자적인 존재의의를 갖기 때문에 민사소송을 통해 손해배상을 청구할 수 있다는 사정만으로 금전배상에 대한 구제이익이 소멸한다고 볼 수 없다"고 한다.

(12) 사법적 권리구제의 가능성

기간제법 제8조는 강행규정으로 금지법규에 해당하므로 당연히 이 규정에 위반한 해당 근로조건의 약정 등 법률행위는 무효가 된다. 따라서 해당 근로자는 차별처우에 대한 무효 '확인의 소' 를 제기할 수 있다. 또한 무효가 된 부분에 대해서는 비교대상 근로자의 근로조건에 따라 임금 등 근로조건이 적용되어야 하므로 해당 근로자는 차별이 없는 조건으로의 임금지급청구권을 가지는 것은 당연하며 임금차액지급 '청구의 소' 제기도 가능하다.

"기간제근로자가 민사소송을 통하여 차별적 처우를 받았다는 이유로 사용자에게 불법행위에 기한 손해배상 청구를 하기 위해서는 차별적 처우가 있었다는 것에 더해 사용자의 고의와 과실을 추가로 입증해야 하지만, 차별적 처우를 이유로 한 노동위원회의 금전배상 명령은 고의나 과실을 별도로 요구하지 않아 요건이 서로 다르다"(서울행법 2015.6.23, 2014구합21042).

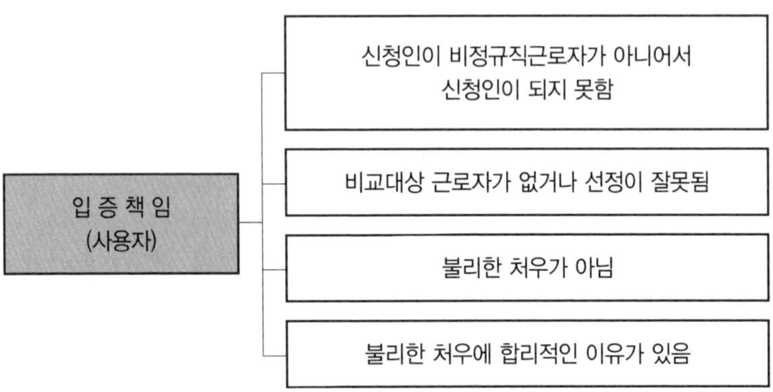

[표3] 표로 본 기간제 · 단시간근로자 차별시정제도

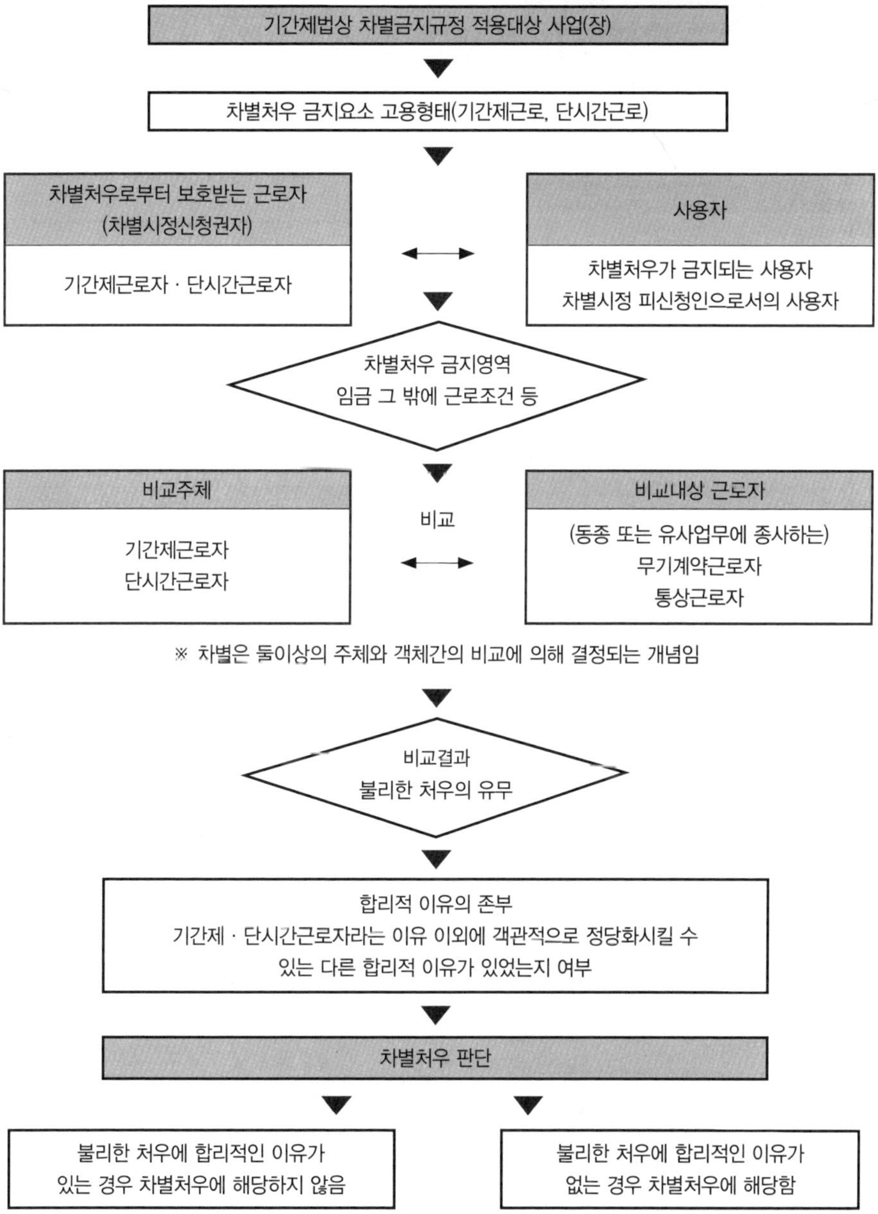

[표4] 표로 본 노동위원회를 통한 차별시정 신청처리절차

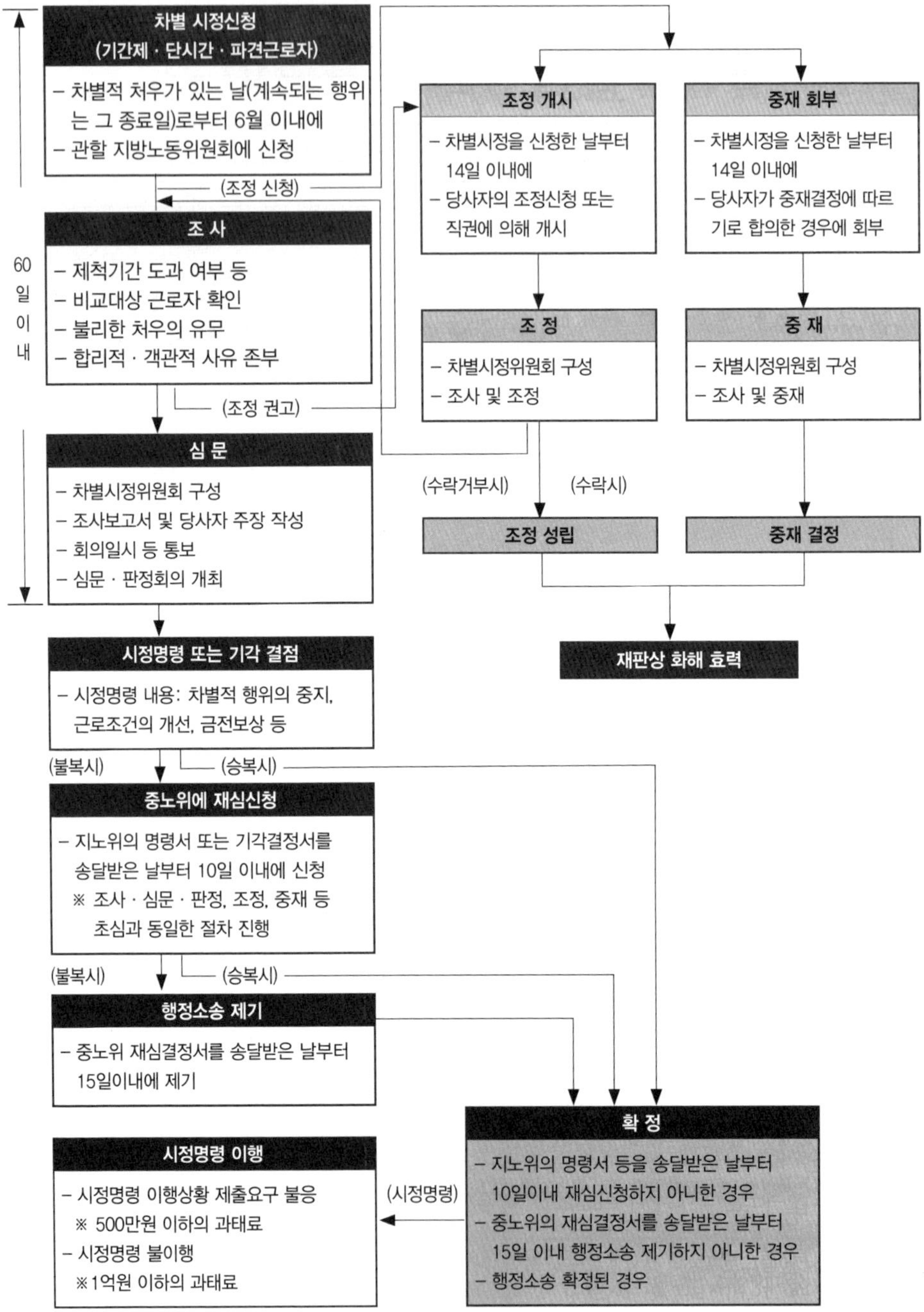

3 차별판단 체크리스트

차별시정제도는 사용자가 비정규직근로자(기간제 · 단시간 · 파견근로자)를 정규직 근로자와 비교하여 "임금 및 그 밖에 근로조건 등"에 있어서 합리적 이유없이 불리하게 처우하는 것을 금지하고, 그 차별을 시정하는 제도이다.

【대상 사업장】

사업체명		대표자		업종	
소재지		담당자(연락처)			

1. 차별시정신청이 가능한 근로자인지

차별시정신청이 가능한 근로자는 기간제 · 단시간 · 파견근로자이다.

▶ 다음 설문들 중 하나에 '그렇다' 고 체크되었다면 다음 설눈으로 진행

(1) 기간제근로자

설 문 문 항	그렇다	아니다
구두 또는 서면으로 기간을 징하어 근로계약을 체결하여 사용하는 근로지기 있다.		

(2) 단시간근로자

설 문 문 항	그렇다	아니다
1주 동안의 소정근로시간이 사업장에서 같은 종류의 업무에 종사하는 근로자보다 짧은 근로자가 있다.		

(3) 파견근로자

설 문 문 항	그렇다	아니다
1. 파견업체와 파견계약을 체결하고 사용하는 파견근로자가 있다.		
2. 형식적으로는 도급계약을 체결하고 사용하는 근로자이지만, 실질적으로는 불법파견에 해당되는 근로자가 있다.		

2. 비교대상 근로자가 존재하는가

▶ 다음 설문들 중 하나에 '그렇다' 고 체크되었다면 다음 설문으로 진행

(1) 비교대상 근로자의 선정

차별을 판단하려면 비정규직근로자와 비교할 대상이 되는 근로자가 존재하여야 한다.

설 문 문 항	그렇다	아니다
1. 기간제근로자인 경우 당해 사업 또는 사업장에 기간의 정함이 없는 근로계약을 체결한 근로자가 존재한다.		
2. 단시간근로자인 경우 당해 사업 또는 사업장에 통상근로자(전일제)가 존재한다.		
3. 파견근로자인 경우 사용사업주의 사업 내에 직접고용된 근로자가 존재한다.		

(2) '동종 또는 유사한 업무'의 판단

비교대상 근로자는 비정규직근로자와 '동종 또는 유사한 업무' 에 종사하여야 한다.

여기서 비정규직근로자란 기간제, 단시간, 파견근로자를 말한다.

▶ 다음 설문 1,2 중에 '그렇다' 고 체크되었다면 다음 설문으로 진행한다.

설 문 문 항	그렇다	아니다
1. 비정규직근로자와 비교대상 근로자가 수행하는 업무가 일치한다.		
2. 비정규직근로자와 비교대상 근로자가 수행하는 업무가 서로 완전히 일치하지는 않더라도, 그 핵심요소(주된 업무의 내용, 업무수행방법, 작업조건 등)에 있어 본질적 차이가 없다.		

(예시 1) 주된 업무 내지 중심적인 업무가 동종이거나 유사하다.
(예시 2) 취업규칙이나 근로계약에 명시된 업무내용은 다르더라도 근로자가 실제 수행하는 업무가 동종이거나 유사하다.
(예시 3) 비정규직근로자와 비교하여 비교대상 근로자가 추가적으로 수행하는 업무가 일시적 · 우발적 · 간헐적인 업무이거나, 그 비중이 적다.
(예시 4) 비정규직근로자와 정규직근로자가 같은 작업조로 편성되거나 교대제 근로를 하거나, 휴가 · 교육훈련이 있을 때 상호 업무대체를 하는 관계에 있다.

3. 차이가 있는 '임금 그 밖에 근로조건 및 복리후생 등에 관한 사항'이 무엇인지

노동위원회와 법원의 판정, 판결례에서 임금 그 밖에 근로조건 및 복리후생 등에 관한 사항으로 인정된 사례: 기본급, 통상임금, 정기상여금, 근속수당, 정근수당, 유급휴일 · 휴가, 직무급, 위험수당, 직급보조비, 통근비, 중식대, 퇴직금, 가족수당, 가계지원비, 명절휴가비, 경조금 등

4. 차별시정 대상영역에 해당하는지

사용자에게 지급의무가 없고, 호의적 · 임의적 · 은혜적 급부의 경우 해당안됨
다음 설문에 '그렇다' 라고 체크되었다면 다음 설문으로 진행한다.

설문문항	그렇다	아니다
차이가 있는 "임금 그 밖에 근로조건 등"이 법령, 단체협약, 취업규칙, 근로계약, 관행 등에 의해 사용장게 지급의무 및 준수의무가 있는 경우에 해당한다.		

단체협약, 취업규칙에서 정규직과 비정규직에 대한 처우를 달리 규정하고 있는 경우
근로계약의 내용에 있어 비정규직에게 불리한 처우를 규정하고 있는 셩우
비정규직에게 불리한 처우를 하는 관행이 반복되어 근로조건화된 경우 등

5. 불리한 처우가 존재하는지

▶ 다음 설문들 중 하나에 '그렇다' 고 체크되었다면 다음 설문으로 진행한다.

설문문항	그렇다	아니다
1. 비정규직근로자에게 지급되는 임금 및 근로조건의 세부지급항목이 비교대상 근로자에 비해 불리하다.		
2. 임금 및 근로조건 등에 있어서 특정 부분은 비교대상 근로자보다 높은 반면 다른 특정 부분은 낮은 경우, 전체적으로 비교하여 불리하다.		
3. 단시간근로자의 경우 시간급 임금이 통상근로자의 시간급 임금보다 낮다.		

6. 합리적 이유가 있는지

합리적 이유가 있는 경우에는 차별에 해당되지 않는다.

설 문 문 항	해당여부
1. 불리한 처우를 합리화할 정당한 목적과 근거가 있다.	

(예시1) 임금 및 근로조건의 차이가 노동생산성의 차이에서 비롯된 것이다.
(예시2) 업무의 범위 · 업무환경에 따라 노동강도의 차이가 있는 경우이다.
(예시3) 직급에 따라 권한 · 책임의 정도가 달라 직책수당, 직급수당 등에서 차이가 있는 경우이다.
(예시4) 임금 및 근로조건이 장기근속을 유도하거나 장기근속한 직원들의 공로를 보상하기 위하여 정해진 것이다.
(예시5) 단시간근로자의 경우 임금 및 근로조건의 차이가 근로시간에 따라 비례적으로 발생한 것이다.
(예시6) 기본급에서의 차이가 비교대상 근로자들의 근속년수에 따른 연공임금에 기인한 것이다.
(예시7) 임금 및 근로조건의 차이가 동종 · 유사업무를 수행하기 전의 경력, 실적의 차이에 기인한 것이다.
(예시8) 임금 및 근로조건의 차이가 비교대상 근로자의 자격요건, 업무의 특수성, 의무적인 교육이수 등에 근거하고 있다.

설 문 문 항	해당여부
2. 불리한 처우를 합리화할 정당한 목적과 근거가 없다.	

(예시1) 채용절차 · 방법의 차이를 근거로 임금이 차등지급되었으나, 실제로는 동일한 근로를 제공하고 있다.
(예시2) 차등지급의 근거로 업무내용, 업무량의 차이를 내세우고 있으나 실제로는 업무내용과 무관하게 지급되었다.
(예시3) 통근비, 중식대 등은 실비변상 및 복리후생적인 목적의 금품으로 업무내용, 업무량에 따라 차등지급될 성질의 것이 아닌데도 실제로는 차등지급되었다.
(예시4) 노동강도 내지 노동의 질에서의 차이에 따라 임금, 상여금 등이 차등지급되었더라도 그 지급액의 차이가 과도하다.
(예시5) 성과상여금 등이 개인의 담당업무나 실적이 아닌 부서 또는 팀의 실적을 기초로 지급되었음에도 비정규직근로자에게 지급되지 않았다.
(예시6) 각종 수당 등이 임금에 모두 포함되어 있다고 하면서 별도로 지급하지 않았으나, 근로계약서 등에는 이에 대한 구체적인 지급기준이나 환산기준이 없다.

4 노동위원회의 조사 · 심문, 조정 · 중재

1. 노동위원회의 조사 · 심문

> **관련조문**
>
> **기간제법 제10조【조사 · 심문 등】** ① 노동위원회는 제9조의 규정에 따른 시정신청을 받은 때에는 지체없이 필요한 조사와 관계 당사자에 대한 심문을 하여야 한다.
> ② 노동위원회는 제1항의 규정에 따른 심문을 하는 때에는 관계 당사자의 신청에 의하거나 직권으로 증인을 출석하게 하여 필요한 사항을 질문할 수 있다.
> ③ 노동위원회는 제1항 및 제2항의 규정에 따른 심문을 함에 있어서는 관계 당사자에게 증거의 제출과 증인에 대한 반대심문을 할 수 있는 충분한 기회를 주어야 한다.
> ④ 제1항 내지 제3항의 규정에 따른 조사 · 심문의 방법 및 절차 등에 관하여 필요한 사항은 중앙노동위원회가 따로 정한다.
> ⑤ 노동위원회는 차별시정사무에 관한 전문적인 조사 · 연구업무를 수행하기 위하여 전문위원을 둘 수 있다. 이 경우 전문위원의 수 · 자격 및 보수 등에 관하여 필요한 사항은 대통령령으로 정한다.

(1) 노동위원회의 조사 · 심문내용

노동위원회는 차별적 처우에 대하여 시정신청을 받은 때에는 지체없이 필요한 조사와 관계 당사자에 대한 심문을 하여야 한다(동법 제10조). 차별시정신청을 접수한 노동위원회위원장은 담당 조사관을 지정하여 사건 조사를 시작하고 이와 병행하여 사건 처리를 담당할 차별시정위원회를 구성한다. 차별시정위원회는 노동위원회위원장이 지명하는 차별시정 담당 공익위원 3인으로 구성되며 기간제법 및 근로자파견법에 따른 차별시정, 조정 · 중재업무를 수행한다. 조사는 양 당사자의 주장과 입증방법을 명확하게 하여 쟁점을 정리하는 것이며 심문을 위한 준비절차라고 할 수 있다. 근로자가 노동위원회에 참석 및 진술한 것을 이유로 사용자가 해고 그 밖의 불리한 처우를 하지 못하며(동법 제16조제2호), 불이익 처우를 한 사용자는 2년 이하의 징역형 또는 1천만원 이하의 벌금형에 처해진다(동법 제21조).

(2) 심문 · 조사방법

노동위원회는 심문을 하는 때에는 관계당사자의 신청에 의하거나 그 직권으로 증인을 출석하게 하여 필요한 사항을 질문할 수 있으며, 심문을 함에 있어서는 관계당사자에게 증거의 제출과 증인에 대한 반대심문을 할 수 있는 충분한 기회를 주어야 한다. 차별적 처우와 관련한 분쟁에 있어서 입증책임은 사용자가 부담(기간제법 제9조제4항)한다. 따라서 사용자는 불리한 처우가 없었다는 사실, 불리한 처우에 합리적 이유가 있다는 사실 등을 입증하여야 할 것이며 기간제 · 단시간 또는 파견근로자는 사용자의 입증 사실에 대해 반대주장 및 증거 제시가 가능하다. 노동위원회의 조사와 심문의 방법 · 절차 등에 관하여 필요한 사항은 중앙노동위원회가 따로 정하며, 또한 노동위원회는 차별시정 사무에 관한 전문적인 조사 · 연구업무를 수행하기 위하여 전문위원을 둘 수 있다(동법 제10조).

노동위원회는 차별시정신청서 접수일로부터 60일 이내에 심문회의를 개최하여야 한다(노동위원회규칙 제107조). 다만, 당사자가 합의로 연기를 신청하거나 다수인 사건으로 조사에 상당기간이 필요한 경우에는 노동위원회위원장의 승인을 얻어 기간을 연장할 수 있다. 기간제법 제11조의 차별시정 조정 절차를 거친 때에는 그 기간을 제외한다.

(3) 조사 · 심문의 종결

① **시정명령**: 조사 · 심문을 종료하고 차별적 처우에 해당된다고 판정한 때에는 사용자에게 시정명령을 발하게 된다(기간제법 제12조제1항 전단).

② **기각결정**: 차별적 처우에 해당하지 아니한다고 판정한 때에는 그 시정신청을 기각하는 결정을 하게 된다(동법 제12조제1항 후단).

③ **시정명령 및 기각결정의 방식**: 시정명령 또는 기각결정은 서면으로 하되 그 이유를 구체적으로 명시하여 관계당사자에게 각각 교부하여야 하며, 시정명령을 발하는 경우에는 시정명령의 내용 및 이행기한 등을 구체적으로 기재하게 된다(동법 제12조제2항).

2. 노동위원회의 조정 · 중재

> **관련조문**
>
> **기간제법 제11조【조정 · 중재】** ① 노동위원회는 제10조의 규정에 따른 심문의 과정에서 관계 당사자의 신청 또는 직권에 의하여 조정(調停)절차를 개시할 수 있으며, 관계 당사자가 미리 노동위원회의 중재결정에 따르기로 합의하여 중재(仲裁)를 신청한 경우에 중재를 할 수 있다.
> ② 제1항의 규정에 따라 조정 또는 중재를 신청하는 경우에는 제9조의 규정에 따른 차별적 처우의 시정신청을 날부터 14일 이내에 하여야 한다. 다만, 노동위원회의 승낙이 있는 경우에는 14일 이후에도 신청할 수 있다.
> ③ 노동위원회는 조정 또는 중재를 함에 있어서 관계 당사자의 의견을 충분히 들어야 한다.
> ④ 노동위원회는 특별한 사유가 없는 한 조정절차를 개시하거나 중재신청을 받은 때부터 60일 이내에 조정안을 제시하거나 중재결정을 하여야 한다.
> ⑤ 노동위원회는 관계 당사자 쌍방이 조정안을 수락한 경우에는 조정조서를 작성하고 중재결정을 한 경우에는 중재결정서를 작성하여야 한다.
> ⑥ 조정조서에는 관계 당사자와 조정에 관하여 위원전원이 서명 · 날인하여야 하고, 중재결정서에는 관여한 위원전원이 서명 · 날인하여야 한다.
> ⑦ 제5항 및 제6항의 규정에 따른 조정조서 또는 중재결정은 「민사소송법」의 규정에 따른 재판상 화해와 동일한 효력을 갖는다.
> ⑧ 제1항 내지 제7항의 규정에 따른 조정 · 중재의 방법, 조정조서 · 중재결정서의 작성 등에 관한 사항은 중앙노동위원회가 따로 정한다.

(1) 노동위원회의 조정 · 중재의 취지

비정규직근로자에 대한 차별의 경우 차별 여부를 판정하기 쉽지 않은 경우가 많을 것이며, 이 경우 법적 판단을 거치는 것이 항상 합리적이지 않을 수 있다.

비정규직근로자에 대한 처우가 합리적 이유에 의한 것인가의 판단은 결국 개별 사용자와 개별 근로자간의 권리의무관계를 기준으로 행하는 법적 판단임에도 불구하고 차별시정 절차는 조정방식과 심판방식을 병행하게 되어 있으며 직권으로 조정절차에 회부가 가능하도록 되어 있다.

예를 들면, 특정 업무에 종사하는 비정규직근로자의 임금이 비교대상 정규직의 어느 수준인 경우 차별적 처우에 해당하는지 판단하기 쉽지 않고, 나아가 차별로 판정하더라도 차별시정을 위해서는 어느 수준으로 조정되는 것이 적절한 지를 법적으로 판단하는 것 보다 당사자간에 조정하는 것이 더 효과적일 수 있다. 조정을 통하여 분쟁시간 · 비용부담을 감소할 수 있고 결과 이행 촉진 등 분쟁에 따른 갈등을 감소시킬 수 있다. 이는 개별적 · 구체적 사례에서 노동위원회에 의한 재량의 여지가 폭넓게 형성되어 있다는 것을 의미하며, 차별시정위원회에 의하여 축적되는 차별시정 기준의 확립은 비정규직근로자의 근로조건과 고용은 물론 정규직근로자의 근로조건, 기업의 인사관리 시스템 변화 등 노동시장 및 노사관계에 중요한 변수로 작용할 것이다.

따라서 차별시정의 실효성을 높이기 위해서는 차별 여부의 법적 판단에만 의존할 것이 아니라 조사 · 심문 과정에서 조정 · 중재절차를 활용하는 등 당사자간의 자율적 해결이 촉진될 필요가 있다.

(2) 조정 · 중재절차의 개시요건

조정절차의 개시요건은 차별시정위원회는 심문과정에서 ① 관계 당사자 쌍방 또는 일방의 신청 또는, ② 직권에 의하여 조정(調停)절차를 개시할 수 있다(동법 제11조제1항 전단).

중재절차의 개시요건은 관계 당사자가 미리 차별시정위원회의 중재(仲裁)결정에 따르기로 합의하여 중재를 신청한 경우에 한하여 중재를 할 수 있다(동법 제11조제1항 후단).

(3) 조정 · 중재 신청기간

조정 또는 중재의 신청은 시정신청을 한 날부터 14일 이내에 해야 한다. 다만, 차별시정위원회의 승낙이 있는 경우에는 14일 이후에도 신청할 수 있다(동법 제11조제2항). 차별시정위원회는 조정을 통한 사건해결이 바람직하다고 판단되는 경우 조정을 권고하거나 위원회의 결정으로 조정을 개시할 수 있다.

(4) 조정 · 중재기간

차별시정위원회는 조정안을 작성하거나 중재를 함에 있어서 관계당사자의 의견을 충분히 들어야 한다. 또한 차별시정위원회는 조정을 함에 있어서 특별한 사유가 없는 한 조정절차를 개시하거나 중재신청을 받은 때부터 60일 이내에 조정안을 제시하거나 중재결정을 하여야 한다(동법 제11조제4항). 다만, 당사자 쌍방 또는 일방이 조정중지를 요청하거나 사실상 조정절차를 계속할 의사가 없음이 명백한 경우에는 조정절차를 중지할 수 있다. 차별시정위원회는 조정절차가 중지되거나 조정이 불성립된 때에는 당해 사건에 대한 조사 · 심문 및 판정절차를 재개하여야 한다.

(5) 조정조서 · 중재결정서 작성 및 효력

① 조정조서: 관계당사자 쌍방이 차별시정위원회에서 제시한 조정안을 수락한 경우에는 조정조서를 작성하고, 조정조서에는 관계 당사자와 조정에 관여한 위원 전원이 서명 · 날인하여야 한다(동법 제11조제5항및제6항).

② 중재결정서: 차별시정위원회가 중재결정을 한 경우에는 중재결정서를 작성하고, 중재결정서에는 관여한 위원전원이 서명 · 날인하여야한다(동법 제11조제5항및제6항).

③ 차별시정위원회의 조정조서 또는 중재결정서는 민사소송법의 규정에 따른 재판상 화해와 동일한 효력을 갖는다. 당사자 쌍방이 조정안을 수락하여 조정이 성립하거나, 차별시정위원회의 중재결정이 내려진 경우 그 이행의 실효성을 담보하기 위하여 조정 및 중재결정에 재판상 화해와 동일한 효력을 부여한 것이다(기간제법 제11조제7항). 재판상 화해(제소전 화해 · 소송상 화해)는 법원의 관여하에 성립하는 화해로 확정판결과 동일한 효력을 가지므로(민사소송법 제220조) 향후 소송에서 이에 저촉되는 내용으로 다툴 수 없고(기판력), 관할 법원에서 집행문을 부여받아 부동산 압류, 동산인도 등 강제집행이 가능(집행력)한 것이다.

(6) 조정 · 중재의 방법

차별시정위원회는 공정하고 합리적 판단기준을 준비하고 확립함으로써 기업이 객관적 지표를 만들 수 있도록 선도적 역할을 해야 하며, 이를 위하여 비정규직법의 입법취지인 근로자보호 원칙에 충실하되 비정규직 운용실태와 경제현실을 도외시하지 않는 균형적 입장을 견지해야 한다.

차별시정위원회의 조정 · 중재의 방법, 조정조서 · 중재결정서의 작성 등에 관한 사항은 중앙노동위원회가 따로 정한다(동법 제11조제8항).

(7) 불이익 처우 금지

사용자는 근로자에 대하여 차별시정 신청을 이유로 해고 그 밖의 불리한 처우를 하지 못하며(동법 제16조제2호) 불이익 처우를 한 사용자는 2년 이하의 징역형 또는 1천만원 이하의 벌금형에 처해진다(동법 제21조).

5 노동위원회의 시정명령

관련조문

기간제법 제12조【시정명령 등】 ① 노동위원회는 제10조의 규정에 의한 조사 · 심문을 종료하고 차별적 처우에 해당된다고 판정한 때에는 사용자에게 시정명령을 발하여야 하며, 차별적 처우에 해당하지 아니한다고 판정한 때에는 그 시정신청을 기각하는 결정을 하여야 한다.

② 제1항의 규정에 의한 판정 · 시정명령 및 기각결정을 서면으로 하되 그 이유를 구체적으로 명시하여 관계 당사자에게 각각 교부하여야 한다. 다만, 제1항의 규정에 의한 시정명령을 발하는 경우에는 시정명령의 내용 및 이행기간 등을 구체적으로 기재하여야 한다.

제13조【조정 · 중재 또는 시정명령의 내용】 ① 제11조의 규정에 따른 조정 · 중재 또는 제12조의 규정에 따른 시정명령의 내용에는 차별적 행위의 중지, 임금 등 근로조건의 개선(취업규칙, 단체협약 등의 제도개선 명령을 포함한다) 또는 적절한 배상 등이 포함될 수 있다.

② 제1항에 따른 배상액은 차별적 처우로 인하여 기간제근로자 또는 단시간근로자에게 발생한 손해액을 기준으로 정한다. 다만, 노동위원회는 사용자의 차별적 처우에 명백한 고의가 인정되거나 차별적 처우가 반복되는 경우에는 손해액을 기준으로 3배를 넘지 아니하는 범위에서 배상을 명령할 수 있다.

제14조【시정명령 등의 확정】 ① 지방노동위원회의 시정명령 또는 기각결정에 대하여 불복이 있는 관계 당사자는 그 시정 명령서 또는 기각결정서의 송달을 받은 날부터 10일 이내에 중앙노동위원회에 재심을 신청할 수 있다.

② 제1항의 규정에 의한 중앙노동위원회의 재심결정에 대하여 불복이 있는 관계 당사자는 그 재심결정서의 송달을 받은 날부터 15일 이내에 행정소송을 제기할 수 있다.

③ 제1항에 규정된 기간 내에 재심을 신청하지 아니하거나 제2항에 규정된 기간 이내에 행정소송을 제기하지 아니한 때에는 그 시정명령 · 기각결정 또는 재심결정은 확정된다.

제15조【시정명령 이행상황의 제출요구 등】 ① 고용노동부장관은 확정된 시정명령에 대하여 사용자에게 이행상황을 제출할 것을 요구할 수 있다.

② 시정신청을 한 근로자는 사용자가 확정된 시정명령을 이행하지 아니하는 경우 이를 고용노동부장관에게 신고할 수 있다.

관련조문

제15조의2【고용노동부장관의 시정지도 등】 ① 고용노동부장관은 사용자가 제8조에 위반하여 차별적 처우를 한 경우에는 그 시정을 요구할 수 있다.
② 고용노동부장관은 사용자가 제1항에 따른 시정요구에 응하지 않을 경우에는 차별적 처우의 내용을 구체적으로 명시하여 노동위원회에 통보하여야 한다. 이 경우 고용노동부장관은 해당 사용자 및 근로자에게 그 사실을 통지하여야 한다.
③ 노동위원회는 제2항에 따라 고용노동부장관의 통보를 받은 경우에는 지체없이 차별적 처우가 있는지 여부를 심리하여야 한다. 이 경우 노동위원회는 해당 사용자 및 근로자에게 의견을 진술할 수 있는 기회를 부여하여야 한다.
④ 제3항에 따른 노동위원회의 심리 및 그 밖에 시정절차 등에 관하여는 제9조제4항 및 제11조 내지 제15조를 준용한다. 이 경우 "시정신청을 한 날"은 "통지를 받은 날"로 "기각결정"은 "차별적 처우가 없다는 결정"으로 "관계당사자"는 "해당 사용자 또는 근로자"로 본다.
⑤ 제3항 및 제4항에 따른 노동위원회의 심리 등에 관한 사항은 중앙노동위원회가 정한다.
제15조의3【확정된 시정명령의 효력 확대】 ① 고용노동부장관은 제14조(제15조의2제4항에 따라 준용되는 경우를 포함한다)에 따라 확정된 시정명령을 이행할 의무가 있는 사용자의 사업 또는 사업장에서 해당 시성녕령의 효력이 미치는 근로자 이외의 기간제근로자 또는 단시간근로자에 대하여 차별적 처우가 있는지를 조사하여 차별적 처우가 있는 경우에는 그 시정을 요구할 수 있다.
② 사용자가 제1항에 따른 시정요구에 응하지 아니하는 경우에는 제15조의2제2항부터 제5항까지의 규정을 준용한다.

1. 노동위원회의 시정명령제도의 취지

① 기간제 · 단시간근로자에 대하여 차별적 처우로 판정될 경우에는 노동위원회에서 시정명령을 발하도록 하고 있다. 노동위원회는 조사 · 심문을 종료하고 차별적 처우에 해당된다고 판정한 때에는 사용자에게 시정명령을 발하고 차별적 처우에 해당하지 아니한다고 판정한 때에는 그 시정신청을 기각하는 결정을 하여야 하며(동법 제12조제1항), 노동위원회는 시정명령의 내용 및 이행기간 등을 구체적으로 기재하여야 한다(동법 제2조제2항).

외국의 경우 차별적 처우에 대한 시정이나 구제가 법원(노동법원 포함)을 통하여 이루어지고 있으나, 우리나라의 경우 법원에만 맡길 경우 근로자의 소송비용 부담과 입증의 어려움, 소송절차의 경직성 등으로 근로자 보호가 미흡해질 우려가 크다. 그러므로 현재 부당해고나 부당노동행위에 대한 노동위원회 구제절차가 있으므로 차별 시정에 대하여도 이러한 준사법적 행정절차를 마련하여 신속하고 간편하게 시정받을 수 있도록 할 필요가 있다.

② 법원을 통한 소송절차까지 고려하면 사실상 5심제인 노동위원회의 시정절차는 오히려 사건처리만 지연되는 것 아닌가하는 문제가 있다.

차별금지조항이 신설되어 근로자가 원한다면 노동위원회를 거치지 않고 바로 법원에 소송을 제기할 수도 있다.

그러나 절차의 편의성, 노동위원회를 통한 사건해결률, 소송비용 등을 고려할 때 노동위원회를 통한 구제절차가 근로자에게 큰 도움이 될 수 있을 것이다. 노동위원회는 비용이 거의 들지 않고, 신속한 처리가 가능하다. 또한 노동위원회는 부당해고사건 · 부당노동행위사건 외에도 노동관계법상 각종 심판 · 조정 · 중재 사건을 처리하고 있다. 예컨대 단체협약 · 중재재정서의 해석, 위법한 단체협약 시정명령 의결, 휴업수당 감액 승인, 재해보상의 심사와 중재, 근참법상 의결사항의 해석 · 이행 방법에 대한 중재 등을 행하고 있다. 또한 입증책임이 사업주에게 있더라도 변론주의에 입각한 법원에 비하여 직권조사주의(출석 · 보고 및 서류제출 요구권, 사업장의 업무상황 · 서류 기타 물건에 대한 조사권(노동위원회법 제23조, 위반시 500만원 이하 벌금))를 채택하고 있는 노동위원회의 심문 · 조사 절차가 근로자 보호에 훨씬 유리하다.

특히, 기업이 시정명령에 불복하여 행정소송을 제기할 경우 소송당사자(피고)는 해당 근로자가 아닌 중앙노동위원회가 되므로 근로자의 소송부담이 거의 없으며 또한 향후 민사소송을 제기하더라도 노동위원회의 조사 · 심문과정에서 획득한 자료를 증거자료로 활용할 수 있을 것이다.

2. 조사 · 심문의 종결

(1) 시정명령

차별시정위원회는 조사 · 심문을 종료하고 차별적 처우에 해당한다고 판정한 때에는 사용자에게 시정명령을 발하여야 하며, 차별적 처우에 해당하지 아니한다고 판정한 때에는 그 시정신청을 기각하는 결정을 하여야 한다(기간제법제12조제1항후단). 결정(판정)은 당사자에 대한 조사 · 심문 결과(확정된 사실관계)를 토대로 법률적인 판단을 내리는 것으로 판정결과에 따라 당사자는 차별시정위원회의 시정명령 또는 기각결정에 따라야 하는 공법상의 의무를 부담하게 되므로 판정은 공정하게 행해져야 한다. 심판사건의 결정은 심판위원회의 의결에 의하는 바, 심판위원회는 심판담당공익위원 3인으로 구성되며, 구성위원 전원참석과 과반수 찬성으로 의결한다(노동위원회법 제17조).

(2) 시정명령 및 기각결정의 방식

이때 차별시정위원회의 판정 · 시정명령 및 기각결정은 서면으로 하되, 그 이유를 구체적으로 명시하여 관계당사자에게 각각 교부하여야 한다. 다만, 차별시정위원회가 시정명령을 발하는 경우에는 시정명령의 내용 및 이행기한 등을 구체적으로 기재하여야 한다(기간제법 제12조제2항).

3. 노동위원회의 조정 · 중재 또는 시정명령 내용

관련조문

기간제법 제13조【조정 · 중재 또는 시정명령의 내용】 ① 제11조의 규정에 따른 조정 · 중재 또는 제12조의 규정에 따른 시정명령의 내용에는 차별적 행위의 중지, 임금 등 근로조건의 개선(취업규칙, 단체협약 등의 제도개선 명령을 포함한다) 및 적절한 금전배상 등이 포함될 수 있다.

② 제1항에 따른 배상액은 차별적 처우로 인하여 기간제근로자 또는 단시간근로자에게 발생한 손해액을 기준으로 한다. 다만 노동위원회는 사용자의 차별적 처우에 명백한 고의가 인정되거나 차별적 처우가 반복되는 경우에는 손해액을 기준으로 3배를 넘지 아니하는 배상을 명령할 수 있다.

(1) 조정 · 중재 또는 시정명령제도의 취지

조정 · 중재 또는 차별시정명령의 경우 차별의 유형 및 개별사안별로 적절한 방법으로 시정명령을 내릴 수 있도록 하여 차별시정의 실효성을 높이고자 한 것이다.

(2) 시정명령의 내용

① 기간제 · 단시간근로자에 대한 차별행위가 다양한 형태로 이루어질 수 있음을 감안하여 노동위원회가 조정 · 중재 또는 시정명령을 발하는 경우에 조정 · 중재 또는 시정명령의 내용에는 시정명령의 내용도 차별적 행위의 중지, 임금 기타 근로조건 등의 개선(취업규칙, 단체협약 등의 제도개선명령을 포함한다), 적절한 금전배상 등으로 다양화하여 시정명령의 적정성과 실효성을 제고하고 있다(동법 제13조).

따라서 차별시정위원회는 차별시정에 적합하다고 판단되는 적절한 조치를 재량으로 결정할 것이다.

② 시정명령의 내용인 "차별적 처우로서의 임금"은 '임금채권' 인가의 문제이다. 임금에 대한 차별적 처우가 있었다고 판정된 경우, 해당 차별임금 부분은 근로기준법상 임금지급 위반이 아닌 기간제법 위반으로 처리하는 것이 타당하다. 유사 사례로 남녀고용평등법 위반으로 시정 지시한 차등임금은 "근로계약상 약정한 임금이 아니므로" 근로기준법 제43조(임금지급) 위반이 아닌 남녀고용평등법 위반으로 처리하는 것이 타당하다(2001.3.7, 여정 68247-105)는 행정해석이 있다.

③ 조정 · 중재 또는 시정명령의 내용에는 당해 근로자에 대한 차별적 행위의 중지, 임금 등 근로조건의 개선 및 적절한 금전 배상 등이 포함될 수 있으며 단체협약, 취업규칙 자체의 제도개선 명령을 포함할 수 있다. 독일의 경우 노동법원이 차별적 처우를 포함하여 무효인 단체협약 규정의 개정 · 시정을 요청하지는 않는다. 이는 헌법에 보장된 자율적인 노동기본권을 침해할 위험이 있기 때문이다. 차별금지 위반의 단체협약 규정이 존재하는 동안은 이로 인하여 불이익을 받는 개별 근로자가 노동법원에 차별적 처우에 대한 시정을 청구할 수 있다.

4. 시정명령 등의 불복 및 확정

관련조문

기간제법 제14조【시정명령 등의 확정】 ① 지방노동위원회의 시정명령 또는 기각결정에 대하여 불복이 있는 관계 당사자는 명령서 또는 기각결정서의 송달을 받은 날부터 10일 이내에 중앙노동위원회에 재심을 신청할 수 있다.
② 제1항의 규정에 따른 중앙노동위원회의 재심결정에 대하여 불복이 있는 관계 당사자는 그 재심결정서의 송달을 받은 날부터 15일 이내에 행정소송을 제기할 수 있다.
③ 제1항에 규정된 기간 이내에 재심을 신청하지 아니하거나 제2항에 규정된 기간 이내에 행정소송을 제기하지 아니한 때에는 그 시정명령 · 기각결정 또는 재심 결정은 확정된다.
제15조【시정명령 이행상황의 제출요구 등】 ① 고용노동부장관은 확정된 시정명령에 대하여 사용자에게 그 이행상황을 제출할 것으로 요구할 수 있다.
② 시정신청을 한 근로자는 사용자가 확정된 시정명령을 이행하지 아니하는 경우 이를 고용노동부장관에게 신고할 수 있다.

관련조문

제24조 【과태료】 ① 제14조의 규정에 따라 확정된 시정명령을 정당한 이유 없이 이행하지 아니한 자는 1억원 이하의 과태료에 처한다.
② 다음 각 호의 어느 하나에 해당하는 자는 500만원 이하의 과태료에 처한다.
1. 제15조제1항의 규정을 위반하여 정당한 이유 없이 고용노동부장관의 이행상황 제출요구에 불응한 자
2. 제17조의 규정을 위반하여 근로조건을 서면으로 명시하지 아니한 자

(1) 시정명령 등의 확정제도의 취지

차별시정명령 및 기각결정에 대하여 불복하는 관계 당사자가 중앙노동위원회 재심신청, 행정소송 등을 통해 이의를 제기할 수 있도록 절차를 마련하고 구제명령이 확정되는 시기를 정하고 있다. 또한 이의 제기 등에 관하여는 현행 부당노동행위 및 부당해고 구제신청의 불복절차에 준하여 규정하였다.

(2) 조정 · 중재 또는 시정명령의 효력

조정 · 중재 또는 시정명령은 시정신청의 관계당사자(신청인과 피신청인)만을 구속하므로, 신청인과 동일한 사업장에서 차별적 처우를 받은 다른 비정규직근로자에 대해서는 효력이 미치지 않는다.

다만, 차별적 처우로 판정된 경우 동일한 대상과 내용에 대한 차별시정신청이 다른 비정규식근로자에 의해 제기될 것이 예상되고 따라서 조정 · 중재 또는 시정명령은 사용자에게 차별적 처우에 대한 개선을 유도하는 효과가 있을 것이다.

(3) 불복방법

차별 여부에 대하여 노사 당사자간 의견이 다른 경우가 많으므로 불복절차를 마련하였다. 지방노동위원회의 시정명령 또는 기각결정에 대하여 불복이 이 있는 관계 당사자는 그 명령서 또는 기각결정서의 송달을 받은 날부터 10일 이내에 중앙노동위원회에 그 재심을 신청할 수 있다(동법 제14조제1항).중앙노동위원회의 재심결정에 대하여 불복이 있는 관계 당사자는 그 재심결정서의 송달을 받은 날부터 15일 이내에 행정소송을 제기할 수 있다(동법 제14조제2항). 동 기간 초과 시에는 해당 시정명령 · 기각결정 또는 재심결정은 확정된다. 이는 노사당사자 간에 헌법상 재판을 받을 권리(헌법 제27조)를 보장 하되 법률관계의 조속한 안정을 위

한 것이다. 그러므로 노동위원회의 다른 사건과 마찬가지로 중앙노동위원회 재심은 10일, 행정소송 제기는 15일로 규정되었다. 다만 민사소송법상 불복기간은 일반적으로 2주일이다. 기간제법 제14조는 다음과 같이 규정하고 있다.

① 지방노동위원회의 시정명령 또는 기각결정에 대하여 불복이 있는 관계당사자는 시정 명령서 또는 결정서의 송달을 받은 날로부터 10일 이내에 중앙노동위원회에 그 재심을 청구할 수 있다.

② 제1항의 규정에 따른 중앙노동위원회의 재심에 대하여 불복이 있는 관계당사자는 재심결정서의 송달을 받은 날로부터 15일 이내에 행정소송을 제기할 수 있다.

③ 제1항에 규정된 기간 이내에 재심을 신청하지 아니하거나 제2항에 규정된 기간 이내에 행정소송을 제기하지 아니한 때에는 그 시정명령 · 기각결정 또는 재심결정은 확정된다.

6 고용노동부장관의 차별적 처우 시정지도 · 요구권

1. 시정요구권의 의의 및 취지

현행 차별시정제도는 차별적 처우를 받은 기간제 · 단시간근로자의 신청과 노동위원회의 시정명령을 통해 사후적으로 차별이 해소되는 구조이며, 당사자가 불이익을 우려하여 차별시정을 신청하지 않는 경우가 있다. 이에 따라 정부가 사전적 · 적극적으로 차별을 해소할 수 있도록 고용노동부장관은 사용자가 기간제 · 단시간근로자에 대해 차별적 처우를 한 경우에는 그 시정을 요구할 수 있으며, 사용자가 이에 응하지 않을 경우에는 노동위원회에 통보하여 노동위원회가 차별적 처우가 있는지 여부를 심리하여 차별적 처우의 시정을 명할 수 있도록 하였다. 사용자가 이를 위반한 경우 1억원 이하의 과태료를 부과할 수 있다(기간제법 제15조의2 · 제46조제1항).

고용노동부장관의 차별적 처우의 시정명령 제도는 근로감독관이 사업장 지도 · 점검시 비정규직 차별 요인을 적극적으로 발굴 · 확인 · 지도하여 신속하게 차별을 시정함으로써 차별시정의 예방적 기능을 강화하기 위하여 2012년 2월 1일 개정기간제법 및 개정근로자파견법에서 새로 마련한 것이다.

2. 개별근로자의 차별시정신청제도와 고용노동부장관의 차별시정지도 · 시정요구권과의 차이

고용노동부장관의 차별시정지도 · 시정요구절차와 개별근로자의 차별시정절차가 구별되는 것은 후자가 개별근로자의 신청에 의하여 그 근로자에게 현실적으로 발생한 차별적 처우를 구제하는 데 그 취지가 있다면, 전자는 개별 근로자가 신청인으로 등장하지 아니한 상태에서 단지 해당 사용자의 처우가 차별이라고 볼 수 있는 경우에 고용노동부장관의 통보에 의하여 차별시정절차가 개시된다는 특징이 있다(김형배, 「노동법」, 24판, p.1285).

3. 시정요구권자

차별적 처우 시정 요구권자는 고용노동부장관이다. 고용노동부장관은 사용자가 기간제 · 단시간근로자임을 이유로 사용사업주의 사업 내의 동종 또는 유사한 업무를 수행하는 근로사에 비하여 기간제 · 단시간근로자에게 차별적 처우를 한 경우에는 그 시정을 요구할 수 있다(동법 제15조의2제1항). 근로감독관이 신고사건 처리 또는 사업장 점검시 자별을 인지할 경우 사업주에게 차별시정 요구 및 이행 여부를 확인하여 시정을 요구하게 될 것이다.

4. 시정 요구에 불응할 경우의 통보 및 통지

고용노동부장관은 사용자가 기간제법 제15조의2제1항에 따른 시정요구에 응하지 않을 경우에는 차별적 처우의 내용을 구체적으로 명시하여 노동위원회에 통보하여야 한다. 이 경우 고용노동부장관은 해당 사용자 및 근로자에게 그 사실을 통지하여야 한다(동법 제15조의2제2항).

5. 차별 여부 조사

(1) 조사대상 선정

비정규직근로자 다수고용사업장 등 비정규직근로자에 대한 차별 우려가 있는 사업장 등을 감독대상으로 선정하거나, 차별적 처우를 받고 있는 근로자 등이 차별적 처우의 내용 등을 구체적으로 기재하여 사업장 관할 지방고용노동관서에 제출한 경우 차별 여부를 조사할 수 있다.

(2) 조사 내용

① 차별시정제도 적용 근로자의 존재 여부

해당 사업(장)에서 차별시정제도가 적용되는 기간제 · 단시간 · 파견근로자가 존재하는지 여부를 확인한다.

② 비교대상 근로자 유무 확인

해당 사업(장)에서 기간제 · 단시간 · 파견근로자와 동종 또는 유사한 업무를 하는 비교대상근로자가 존재하는지 여부를 확인한다.

③ '임금 그 밖에 근로조건 및 복리후생 등에 관한 사항' (차별금지대상) **조사**

단체협약, 취업규칙, 관행 등에 따라 근로자에게 지급되는 '임금 그 밖에 근로조건 및 복리후생 등에 관한 사항' 에 대하여 기간제 · 단시간 · 파견근로자의 처우를 구체적으로 조사한다.

④ 불리한 처우 존재 여부 조사

임금 그 밖에 근로조건 및 복리후생 등에 관한 사항에서 기간제 · 단시간 · 파견근로자가 동종 또는 유사한 업무를 담당하는 비교대상근로자에 비해 낮은 처우를 받고 있는지 여부를 조사한다.

⑤ 합리적인 이유 존재 여부 확인

불리한 처우가 있을 경우 불리한 처우를 함에 있어서 합리적인 이유가 있는지 여부에 대해 확인한다.

6. 사건의 종결

감독(조사)결과 차별적 처우가 있다고 판단되는 경우에는 해당 사용자에 대해 차별을 시정하도록 위반사항, 시정기한을 게재한 시정지시서를 송부한다.

7. 노동위원회 통보(사업주가 시정지도에 불응할 경우)

① 사용자가 시정기한까지 이행을 하지 아니한 경우, 불리한 처우가 있었던 당시의 '근로자의 근무지' 관할 지방노동위원회에 차별시정 지도 불이행 사건을 통보한다. 지방고용노동관서에서 노동위원회에 차별시정 미이행 사건을 통보할 경우 해당 사용자 및 근로자에게 통보사실을 통지한다.

② 차별시정 통보를 받은 노동위원회는 원칙적으로 근로자의 차별시정 신청사건 처리절차와 동일한 절차를 거쳐 사건을 처리하게 된다.

조사→심문회의 기최→(필요시) 조정 및 중재→판정회의 개최→시정명령 또는 기각 결정→근로자 또는 사용자 불복시 중앙노동위원회에 재심신청→중앙노동위원회 판정에 불복시 행정소송을 제기할 수 있다.

③ 정해진 기간 내에 재심이나 행정소송을 제기하지 않으면 시정명령이 확정되고 '확정된 시정명령'을 정당한 이유 없이 이행하지 않을 경우 1억원 이하의 과태료가 부과된다.

8. 기간제법상 노동위원회 심리 및 그 밖에 시정절차 등 준용

고용노동부장관의 통보에 의한 노동위원회의 시정명령 절차는 기존의 시정명령 절차를 준용하되, 해당 사용자 및 근로자에게 의견진술 기회를 부여하고 있다. 지방노동위원회의 결정에 불복하는 경우 다른 노동위원회의 사건과 동일하게 근로자 또는 사용자가 당사자가 되어 중앙노동위원회에 재심을 신청할 수 있도록 하였다.

고용노동부장관의 통보에 의한 절차와 근로자의 신청에 의한 절차 간에 일관성을 유지하기 위하여 입증책임, 조정 · 중재 등 신청에 의한 차별시정의 관련 규정을 준용한다.

기간제법 제15조의2제3항에 따른 노동위원회의 심리 및 그 밖에 시정절차 등에 관하여는 기간제법 제9조제4항 및 제11조 내지 제15조를 준용한다. 이 경우 "시정신청을 한 날"은 "통지를 받은 날"로 "기각결정"은 "차별적 처우가 없다는 결정"으로 "관계당사자"는 "해당 사용자 및 근로자"로 본다(동법 제26조의2제4항).

[표5] 표로 본 고용노동부장관의 차별시정 · 요구에 따른 차별시정제도

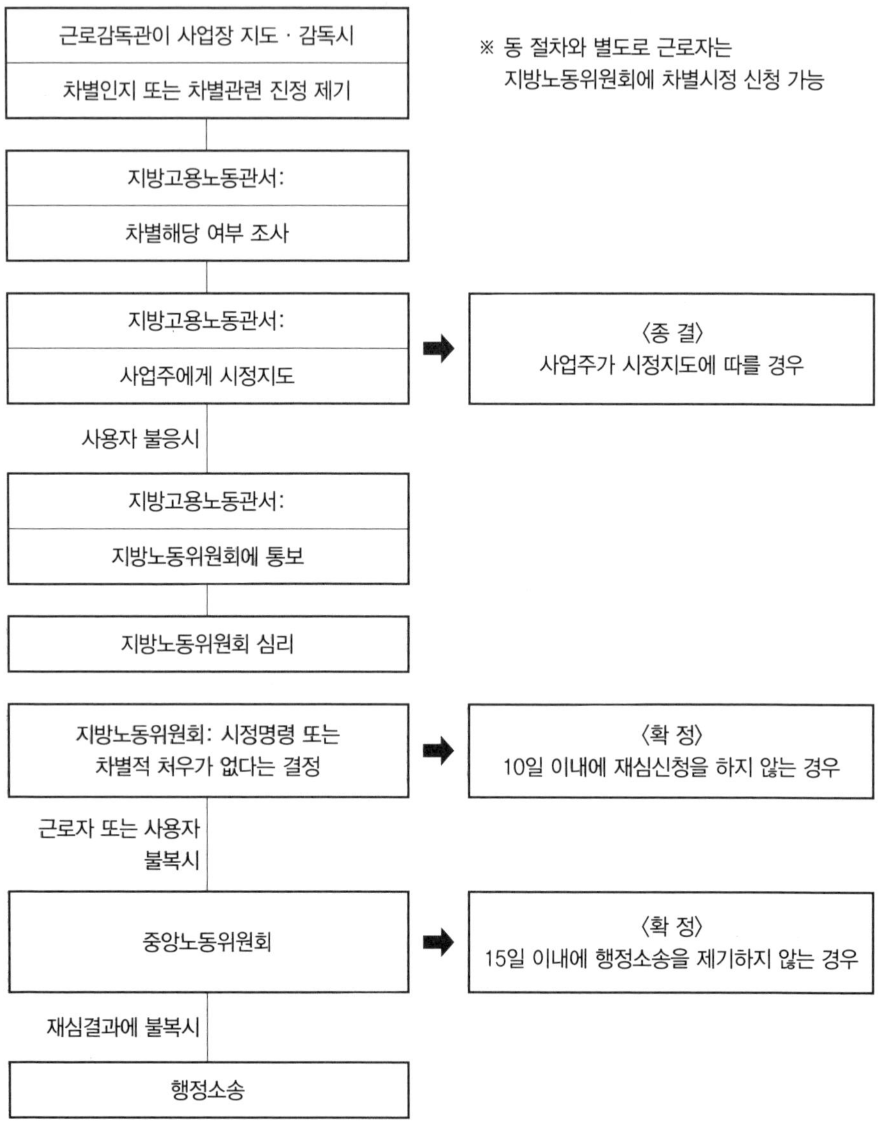

7 시정명령 이행상황의 제출요구

> 관련조문
>
> **기간제법 제15조【시정명령 이행상황의 제출요구 등】** ① 고용노동부장관은 확정된 시정명령에 대하여 사용자에게 이행상황을 제출할 것을 요구할 수 있다.
> ② 시정신청을 한 근로자는 사용자가 확정된 시정명령을 이행하지 아니하는 경우 이를 고용노동부장관에게 신고할 수 있다.
>
> **제16조【불리한 처우의 금지】** 사용자는 기간제근로자 또는 단시간근로자가 다음 각 호의 어느 하나에 해당하는 행위를 한 것을 이유로 기간제근로자 또는 단시간근로자에 대하여 해고 그 밖의 불리한 처우를 하지 못한다.
> 1. 제6조제2항의 규정에 따른 사용자의 부당한 초과근로 요구의 거부
> 2. 제9조의 규정에 따른 시정신청, 제10조의 규정에 따른 노동위원회에의 참석 및 진술, 제14조의 규정에 따른 재심신청 또는 행정소송의 제기
> 3. 제15조제2항의 규정에 따른 시정명령 불이행의 신고
> 4. 제18조의 규정에 따른 통고
>
> **제21조【벌 칙】** 제16조의 규정을 위반하여 근로자에게 불리한 처우를 한 자는 2년 이하의 징역 또는 1천만원 이하의 벌금에 처한다.
>
> **제24조【과태료】** ① 제14조의 규정에 따라 확정된 시정명령을 정당한 이유없이 이행하지 아니한 자는 1억원 이하의 과태료에 처한다.
> ② 다음 각 호의 어느 하나에 해당하는 자는 500만원 이하의 과태료에 처한다.
> 1. 제15조제1항의 규정을 위반하여 정당한 이유없이 이행상황 제출요구에 불응한 자
> 2. 제17조의 규정에 위반하여 근로조건을 서면으로 명시하지 아니한 자
>
> ③ 제1항 및 제2항의 규정에 의한 과태료는 대통령령이 정하는 바에 의하여 고용노동부장관이 부과 · 징수한다.
> ④ 제3항의 규정에 따른 과태료처분에 불복이 있는 자는 그 처분의 고지를 받은 날부터 30일 이내에 고용노동부장관에 이의를 제기할 수 있다.
> ⑤ 제3항의 규정에 따른 과태료의 처분을 받은 자가 제4항의 규정에 따라 이의를 제기한 때에는 고용노동부장관은 지체없이 관할법원에 그 사실을 통보하여야 하며, 그 통보를 받은 관할법원은 비송사건절차법에 의한 과태료의 재판을 한다.
> ⑥ 제4항의 규정에 따른 기간내에 이의를 제기하지 아니하고 과태료를 납부하지 아니한 때에는 국세체납처분의 예에 의하여 이를 징수한다.

1. 시정명령의 이행

(1) 시정명령의 이행 확보

노동위원회의 시정명령에 대해 이행지도 및 과태료 부과 등 이행의 실효성 확보를 위하여 절차를 규정할 필요가 있다.

차별적 처우로 판정된 경우 노동위원회에서 시정명령을 발하도록 하였으며 최종적으로 확정된 시정명령을 정당한 이유 없이 불이행한 경우에는 최고 1억원의 과태료를 부과할 수 있도록 하였다.

(2) 확정된 시정명령의 의의

이때 확정된 시정명령이란 노동위원회의 시정명령에 대해 불복을 제기하지 않거나 최종적으로 법원에 의하여 노동위원회의 시정명령이 확정되어 더 이상 법률적으로 다툴 수 없게 된 경우를 말한다.

확정된 시정명령이란 다음과 같다.

① 지방노동위원회의 시정명령에 대하여 중앙노동위원회에 재심을 신청할 수 있는 기간인 10일 이내에 재심을 신청하지 않은 경우

② 중앙노동위원회의 재심결정에 대하여 행정소송을 제기할 수 있는 기간인 15일 이내에 행정소송을 제기하지 않은 경우

③ 행정소송을 제기한 경우에 있어서 중앙노동위원회의 시정명령의 전부 또는 일부를 인정하는 법원의 판결이 확정된 경우 등을 말한다.

2. 시정명령 이행상황의 제출 요구

시정명령의 이행 여부 파악을 위하여 고용노동부장관은 확정된 시정명령에 대해 사용자에게 이행상황의 제출을 요구할 수 있으며, 시정신청을 한 근로자는 확정된 시정명령 불이행에 대해 고용노동부장관에게 신고할 수 있도록 하였다. 고용노동부장관은 확정된 시정명령에 대하여 사용자에게 이행상황을 제출할 것을 요구할 수 있다(동법 제15조제1항).

이것은 '확정된 시정명령'에 대한 것이므로 지방노동위원회의 시정명령 또는 중앙노동위원회의 재심결정에 대하여 관계 당사자가 불복하여 재심신청 또는 행정소송을 제기한 시정명령에 대해서는 적용하지 아니한다. 노동위원회는 차별심사 후 판정결과를 관할 지방고용노동관서에 송부하고 시정명령 확정 여부의 확인은 노동위원회의 절차에 따른다.

3. 과태료의 부과

정당한 이유없이 고용노동부장관의 이행상황 제출요구에 불응한 자에 대하여 500만원 이하의 과태료가 부과되며(동법 제24조제2항제1호) 사용자가 확정된 시정명령을 정당한 이유없이 불이행한 것으로 확인될 경우 1억원 이하의 과태료가 부과된다(동법 제24조제1항). 과태료는 확정된 시정명령을 불이행하는 경우에 부과하는 것으로 지방노동위원회의 시정명령 또는 중앙노동위원회의 재심결정에 대하여 관계당사자가 불복하여 재심신청 또는 행정소송을 제기한 경우에는 적용하지 아니한다.

4. 과태료의 부과처분에도 불구하고 시정명령을 계속 이행하지 않은 경우의 대응방법

사업주가 고용노동부장관의 과태료 부과처분에도 불구하고 시정명령을 계속 이행하지 않으면 어떻게 대응할 것인가의 문제이다. 이 경우에 피해 근로자는 시정명령의 구체적인 내용에 따라 가처분신청, 확인소송, 손해배상소송 등 민사소송절차를 통해 시정을 구할 수 있을 것이다.

5. 시정명령 불이행의 신고

시정을 신청한 근로자는 사용자가 확정된 시정명령을 이행하지 아니하는 경우 이를 고용노동부장관에게 신고할 수 있다(동법 제15조제2항).

시정명령 불이행을 신고한 근로자에 대하여 사용자는 해고 그 밖의 불리한 처우를 하지 못한다(제16조제3호).

불이익 처우를 한 사용자에 대해서는 2년 이하의 징역형 또는 1천만원 이하의 벌금형에 처해질 수 있다(동법 제21조).

기간제법 제15조를 위반하여 정당한 이유없이 고용노동부장관의 이행상황 제출요구에 불응한 경우(동법 제24조제2항제1호)에는 200만원의 과태료가 부과된다.

6. 차별금지 규정 위반시 차별적 처우로서의 임금에 대한 민사적 권리 발생 여부

기간제법 제8조(차별적 처우의 금지)를 위반하는 경우 노동위원회 또는 법원은 해당 근로자의 차별시정신청을 받아 사실관계를 바탕으로 조사한 후 차별적 처우가 인정된다면 사업주가 이를 시정(차별적 처우의 금지, 근로조건의 개선, 적절한 금전 보상 등)하도록 명령할 수 있으며, 확정된 시정명령을 사업주가 정당한 이유 없이 이행하지 않는 경우 최대 1억원의 과태료가 부과된다. 이와 관련, 노동위원회 또는 법원의 시정명령에도 불구하고 정규직과 비정규직간 발생한 임금차액분을 사업주가 지급하지 않을 경우, 해당 근로자의 민사소송 제기 권리는 부인되지 않을 것이다(2007.7.26, 비정규직대책팀-3017).

7. 확정된 시정명령의 효력 확대

고용노동부장관은 기간제법 제14조(제15조의2제4항에 따라 준용되는 경우를 포함)에 따라 확정된 시정명령을 이행할 의무가 있는 사용자의 사업 또는 사업장에서 해당 시정명령의 효력이 미치는 근로자 이외의 기간제근로자 또는 단시간근로자에 대하여 차별적 처우가 있는지를 조사하여 차별적 처우가 있는 경우에는 그 시정을 요구할 수 있다(제15조의3제1항). 종전 차별시정제도는 차별시정 신청을 한 근로자에 대해서만 시정명령을 하도록 되어 있어, 차별시정명령을 받은 사업주의 사업장에서 동일 또는 유사한 차별행위가 존재해도 차별시정신청을 하지 않으면 차별시정명령의 대상이 될 수가 없었다. 이에 동일한 사용자의 사업 또는 사업장에서 한 명의 기간제 또는 단시간근로자가 차별 인정을 받았을 때 동일 조건에 있는 근로자 모두의 차별적 처우가 개선될 수 있도록 확정된 시정명령의 효력을 확대하도록 한 것이다.

8 고용형태에 따른 차별개선 가이드라인

고용형태에 따른 불합리한 차별을 방지하기 위해 기간제법 및 근로자파견법상 차별시정제도를 도입해 시행 중에 있다. 법률상 차별시정제도는 동일사업장 내 동일 또는 유사한 업무에 종사하고 있는 근로자가 있어야만 차별인지 아닌지 비교할 수 있다는 점에서 적용상의 한계가 있다. 따라서 비정규직에 대한 차별문제의 근본적인 해결을 위해서 제도 개선과 병행해 노사의 자율적이고 적극적인 노력이 중요하다. 이러한 인식을 바탕으로 사용자와 근로자대표 등이 양보와 협력을 토대로 준수하거나 노력해야 할 사항을 규정할 필요가 있다. 고용형태에 따른 차별개선가이드라인(고용노동부 2011.11.28)은 법적 차별금지사항과 차별개선을 위한 노력사항으로 대변하여 한계를 명확히 했다. 비교할 수 있는 근로자가 있건 없건 동일 사업장에서 일하는 근로자에게 최소한 제공되어야 하는 복지수준을 정했다는 점에서 의미가 있다.

고용형태에 따른 차별개선 가이드라인(고용노동부 2011.11.28)

제1장 목 적

현행 기간제법 및 근로자파견법에 따르면 사용자는 기간제 · 단시간(시간제) · 파견근로자에 대해 당해 사업 또는 사업장에서 동종 · 유사한 업무에 종사하는 근로자에 비해 임금 그 밖에 근로조건 등에 있어서 합리적인 이유 없이 차별적 처우를 하여서는 아니 된다.
그러나, 고용형태에 따른 차별을 근본적으로 해소하기 위해서는 제도상 차별시정과 병행하여 노사가 사회적 책임을 토대로 자율적으로 차별 개선을 위해 노력하는 것이 중요하다. 특히, 사용자는 업무의 내용 · 난이도 등과 관계없이 지급되는 기본적인 복리후생 등은 당해 사업 또는 사업장의 근로자간에 차별이 없도록 배려할 필요가 있다.
이 가이드라인은 이러한 점을 감안하여 하나의 사업 또는 사업장 내에서 고용형태에 따른 차별을 해소하기 위해 사용자와 근로자대표 등이 양보와 협력을 토대로 준수하거나 노력해야 할 사항을 규정함으로써 근로자 복지 증진과 공생발전을 도모하는 데 그 목적이 있다.

제2장 법적 차별 금지사항

사용자는 '기간제 · 단시간 · 파견근로자' 임을 이유로 '당해 사업 또는 사업장에서 동종 · 유사한 업무에 종사하는 근로자' 에 비하여 '임금 그 밖에 근로조건 등' 에 있어서 '합리적인 이유 없이' 차별적 처우를 하여서는 아니 된다.

1. '당해 사업 또는 사업장에서 동종 · 유사한 업무에 종사하는 근로자' 라 함은 기간제근로자의 경우 '기간의 정함이 없는 근로계약을 체결한 근로자', 단시간근로자의 경우 '통상근로자', 파견근로자의 경우 '사용사업주가 직접고용한 근로자' 를 말한다.

2. '임금 그 밖에 근로조건 등' 이라 함은 임금(임금성 상여금 포함), 근로시간, 휴일 · 휴가, 안전보건 및 재해보상 등 단체협약 · 취업규칙 · 근로계약에 의해 사용자에게 지급 의무가 있거나 준수해야 할 의무가 있는 사항을 말한다.
3. 차별적 처우를 함에 있어서 합리적 이유가 없어야 하며, '업무의 범위 · 권한, 업무의 곤란도 · 책임도, 직무능력 및 실적, 근속년수' 에 의한 차별은 합리적인 이유가 있는 것으로 본다.

제3장 차별 개선을 위한 노력사항

1. 사용자와 근로자대표 등은 동일한 사업 또는 사업장에서 고용형태에 따른 차별을 해소하고 근로자의 복지 증진을 위하여 사회적 책임을 토대로 상호 양보와 협력을 통해 아래와 같이 노력한다.

① (복리후생적 현물) 사용자는 근무복, 명절선물 등 기본적인 복리후생적 현물급여를 지급함에 있어서 고용형태를 이유로 불합리하게 차별하지 않도록 노력한다.

② (복리후생적 금품) 사용자는 식대, 피복비, 경조사비, 건강검진비 등 최소한의 복리후생적 금품의 지급에 있어서 고용형태를 이유로 불합리하게 차별하지 않도록 노력한다. 다만, 파견근로자의 경우 파견사업주와 사용사업주는 상호 협의하여 파견근로자가 배려될 수 있도록 노력한다.

③ (편의시설의 이용) 사용자는 다음 각 호의 편의시설을 제공함에 있어서 고용형태를 이유로 불합리하게 차별하지 않도록 노력한다.

가. 구내식당　나. 통근버스　다. 보육시설
라. 주차장　마. 기숙사　바. 체력단련 시설
사. 기타 이에 준하는 편의시설

④ (휴가) 사용자는 명절휴가 등 법정 휴가 이외의 휴가 제도를 운영함에 있어서 고용형태를 이유로 불합리하게 차별하지 않도록 노력한다.

⑤ (상여금) 사용자는 상여금(성과 연동적 상여금은 제외)의 지급에 있어서 고용형태를 이유로 불합리하게 차별하지 않도록 노력한다. 다만, 파견근로자의 경우 파견사업주는 사용사업주와 상호 협의하여 파견근로자가 배려될 수 있도록 노력한다.

2. (고충처리) 사용자 및 근로자대표 등은 근로자가 차별 관련 고충을 제기할 수 있는 적절한 방안을 마련하여 고충을 신속하게 처리하도록 노력한다.
3. (직업능력개발) 사용자는 근로자의 직업능력개발 프로그램의 운영에 있어서 고용형태를 이유로 불합리하게 차별하지 않도록 노력한다.
4. (채용 기회 제공) 사용자는 당해 사업 또는 사업장의 기간제 · 시간제 · 파견근로자가 정규직근로자로 채용될 수 있는 기회를 보장하기 위하여 채용 관련 정보를 충분히 제공하고, 채용시 우선적으로 채용할 수 있도록 노력한다.

5. (차별 개선을 위한 협의) 사용자와 근로자대표 등은 단체교섭 · 노사협의회 등에서 근로자간 차별 해소 및 근로조건 격차 완화 방안을 지속적으로 협의 · 강구한다. 이 경우 기간제 · 시간제 · 파견근로자 등이 의견을 개진할 수 있는 기회를 보장하기 위해 노력한다.
6. (불리한 처우 금지) 사용자는 근로자가 차별과 관련하여 고충 또는 이의 등을 제기한 것을 이유로 당해 근로자에게 불리한 처우를 하지 않도록 한다.

8장 과태료 · 감독기관에 대한 통고권 및 취업촉진 노력

1 과태료 부과 · 징수 등

관련조문

기간제법 제19조【권한의 위임】 이 법의 규정에 따른 고용노동부장관의 권한은 그 일부를 대통령령이 정하는 바에 따라 지방고용노동관서의 장에게 위임할 수 있다.

제24조【과태료】 ① 제14조(제15조의2제4항 및 제15조의3제2항에 따라 준용되는 경우를 포함한다)의 규정에 따라 확정된 시정명령을 정당한 이유 없이 이행하지 아니한 자는 1억원 이하의 과태료에 처한다.

② 다음 각 호의 어느 하나에 해당하는 자는 500만원 이하의 과태료에 처한다.

1. 제15조제1항(제15조의2제4항 및 제15조의3제2항에따라 준용되는 경우를 포함한다) 위반하여 정당한 이유 없이 고용노동부장관의 이행상황 제출요구에 불응한 자
2. 제17조의 규정을 위반하여 근로조건을 서면으로 명시하지 아니한 자

③ 제1항 및 제2항의 규정에 따른 과태료는 대통령령이 정하는 바에 따라 고용노동부장관이 부과 · 징수한다.

④ 제3항의 규정에 따른 과태료 처분에 불복이 있는 자는 그 처분의 고지를 받은 날부터 30일 이내에 고용노동부장관에게 이의를 제기할 수 있다.

⑤ 제3항의 규정에 따른 과태료 처분을 받은 자가 제4항의 규정에 따라 이의를 제기한 때에는 고용노동부장관은 지체 없이 관할 법원에 그 사실을 통보하여야 하며, 그 통보를 받은 관할법원은 「비송사건절차법」에 의한 과태료의 재판을 한다.

⑥ 제4항의 규정에 따른 기간 이내에 이의를 제기하지 아니하고 과태료를 납부하지 아니한 때에는 국세체납처분의 예에 의하여 이를 징수한다.

기간제법 시행령제5조【권한의 위임】 고용노동부장관은 법 제19조에 따라 다음 각 호의 사항에 관한 권한을 지방고용노동관서의 장에게 위임한다.

1. 법 제15조제1항에 따른 확정된 시정명령에 대한 이행상황의 제출 요구
2. 법 제15조제2항에 따른 확정된 시정명령 불이행에 대한 신고의 접수
3. 법 제24조에 따른 과태료의 부과 · 징수

관련조문	**시행령 제6조 【과태료의 부과】** 법 제24조제1항및제2항에 따른 과태료의 부과기준은 별표3과같다. **시행규칙 제2조 【과태료의 징수절차】**「기간제및단시간근로자보호등에관한법률시행령」 제6조제4항에 따른 과태료의 징수절차에 관하여는 「국고금관리법시행규칙」을 준용한다. 이 경우 납입고지서에는 이의제기의 방법 및 기간 등을 함께 기재하여야 한다.

1. 과태료의 의의

과태료는 행정질서 유지를 위하여 행정법규 위반이라는 객관적 사실에 대하여 과하는 제재이므로 반드시 현실적인 행위자가 아니라도 법령상 책임자로 규정된 자에게 부과되고 또한 특별한 규정이 없는 한 원칙적으로 위반 자의 고의 · 과실을 요하지 아니한다(대법 1994.8.26, 94누6949). 행정법상의 질서벌인 과태료의 부과처분과 형사처벌은 그 성질이나 목적을 달리하는 별개의 것이므로 행정법상의 질서벌인 과태료를 납부한 후에 형사처벌을 한다고 하여 이를 일사부재리의 원칙에 반하는 것이라고 할 수는 없다(대법 1996.4.12, 96도 158).

기간제법 제24조에서 정하는 과태료 처분은 동법 규정 위반자에 대하여 처벌하는 것이므로 동법이 정하고 있는 처분대상인 위반행위를 함부로 유추해석하거나 확대하여서는 아니된다(대법 2007.3.30, 2004두7665)

2. 과태료의 부과 및 부과기준

(1) 과태료의 부과내용

① 고용노동부장관은 법 제24조제1항 및 제2항에 따라 과태료를 부과할 때에는 동법시행령 제6조 및 [별표3]과태료의 부과기준에 의한다(동법 시행령 제6조).

② 과태료를 부과하는 경우

기간제법 제24조(과태료)에는 사용자가 (가) 제14조(제15조의2제4항에 따라 준용되는 경우를 포함한다)(시정명령 등의 확정), (나) 제15조제1항(제15조의2제4항에 따라 준용되는 경우를 포함한다)(시정명령 이행상황의 제출요구 등), (다) 제17조(근로조건의 서면명시)의 규정을 위반한 것에 대하여 과태료를 부과할 수 있도록 규정하고 있다.

③ 고용노동부장관은 동법 제19조 및 시행령 제5조(권한의 위임)제3호에 따라 과태료의 부과 · 징수업무를 지방고용노동관서의 장에게 위임하고 있다.

(2) 과태료의 부과기준(제6조 관련) [별표 3]

① **일반기준**

(가) 위반행위의 횟수에 따른 과태료 부과기준은 최근 2년간 같은 위반행위로 과태료를 부과받은 경우에 적용한다. 이 경우 위반행위에 대하여 과태료 부과처분을 한 날과 다시 같은 위반행위를 적발한 날을 각각 기준으로 하여 위반횟수를 계산한다.

(나) 고용노동부장관은 다음의 어느 하나에 해당하는 경우에는 제2호에 따른 과태료 금액의 2분의 1의 범위에서 그 금액을 감경할 수 있다. 다만, 과태료를 체납하고 있는 위반행위자의 경우에는 그러하지 아니하다.

1) 위반행위자가 「질서위반행위규제법 시행령」 제2조의2제1항 각 호의 어느 하나에 해당하는 경우
2) 위반행위자가 자연재해 · 화재 등으로 재산에 현저한 손실이 발생하거나 사업여건의 악화로 사업이 중대한 위기에 처하는 등의 사정이 있는 경우
3) 위반행위가 사소한 부주의나 오류 등 과실로 인한 것으로 인정되는 경우
4) 위반행위자가 위법행위로 인한 결과를 시정하거나 해소한 경우
5) 그 밖에 위반행위의 정도, 위반행위의 동기와 그 결과 등을 고려하여 감경할 필요가 있다고 인정되는 경우

② **개별기준**

위반행위	근거 법조문	과태료 금액(만원)		
		1차	2차	3차 이상
가. 법 제14조에 따라 확정된 시정명령을 정당한 이유 없이 이행하지 않은 경우	법 제24조 제1항			
1) 금전보상을 내용으로 하는 시정명령을 이행하지 않은 경우		해당 금전 보상 명령액	해당 금전 보상 명령액	해당 금전 보상 명령액
2) 근로시간, 휴일 · 휴가 등 근로조건의 차별에 대한 시정명령을 이행하지 않은 경우		500	1000	2000
3) 시설 등 이용의 차별에 대한 시정명령을 이행하지 않은 경우		500	1000	2000
나. 법 제15조제1항을 위반하여 정당한 이유 없이 고용노동부장관의 이행상황 제출요구에 불응한 경우	법 제24조 제2항제1호	200	400	500
다. 법 제17조를 위반하여 근로조건을 서면으로 명시하지 않은 경우	법 제24조 제2항제2호			

위반행위	근거 법조문	과태료 금액(만원)		
		1차	2차	3차 이상
1) 법 제17조제1호, 제3호 또는 제6호를 명시하지 않은 경우		50 (서면명시 사항 1개 호 당)	100 (서면명시 사항 1개 호 당)	200 (서면명시 사항 1개 호 당)
2) 법 제17조제2호, 제4호 또는 제5호를 명시하지 않은 경우		30 (서면명시 사항 1개 호 당)	60 (서면명시 사항 1개 호 당)	120 (서면명시 사항 1개 호 당)

3. 과태료의 징수절차

기간제법시행령 제8조의 규정에 따른 과태료의 징수절차에 관하여는「국고금관리법시행규칙」을 준용한다. 이 경우 납입고지서에는 이의제기의 방법 및 기간 등을 함께 기재하여야 한다(동법시행규칙 제2조).

4. 과태료 부과에 대한 이의제기가 있는 경우 이에 대한 처리절차

과태료 처분에 불복이 있는 자는 그 처분의 고지를 받은 날부터 30일 이내에 부과권자(지방고용노동관서의 장)에게 이의제기를 할 수 있다. 과태료 부과 · 징수에 대해 이의를 제기한 때에는 지방고용노동관서의 장은 지체 없이 처분대상자의 관할법원에 그 사실을 통보하여야 한다. 이의제기 사실을 관할법원에 통보하면 과태료 부과 · 징수는 법원이 비송사건절차법에 따라 처리하게 된다. 이의를 제기하지 않고, 과태료를 납부하지 아니한 경우 국세체납처분의 예에 의해 이를 징수한다(기간제법제24조제4항 내지 제6항).

2 근로자의 감독기관에 대한 통고권

관련조문

기간제법 제18조【감독기관에 대한 통고】 사업 또는 사업장에서 이 법 또는 이 법에 의한 명령을 위반한 사실이 있는 경우에는 근로자는 그 사실을 고용노동부장관 또는 근로감독관에게 통고할 수 있다.

1. 감독기관에 대한 통고제도의 취지

근로기준법은 근로자가 사용자의 동법 또는 동법 시행령을 위반한 사실 이 있으면 고용노동부장관이나 근로감독관에게 통보할 수 있도록 하고 통보를 이유로 한 근로자에게 해고 그 밖에 불리한 처우를 금지하고 있다(근로기준법 제104조).

기간제법에서도 근로기준법 제107조에 준하여 사용자의 법위반 사실을 감독기관에 통고할 수 있도록 명문화함으로써 사용자의 법 준수 노력을 촉진하고자 한 것이다.

2. 구체적 내용

기간제법의 적용대상은 그 수에 있어서 대단히 광범위하며, 또한 각 사업장마다 본법상의 기준을 준수하여야 할 사항도 광범위하다. 따라서 본법 위반의 사실을 근로감독관이 직접적으로 적발한다는 것은 매우 어려운 일이다.

그러므로 동법 제18조에서는 위반 사실의 여부를 가장 잘 알 수 있는 입장에 있는 근로자에 대하여 위반 사실을 신고할 수 있도록 함으로써 감독기관의 권한의 발동을 촉구시키려는 것이다. 이러한 통고가 있어야만 감독기관이 그 위반행위에 대한 제재를 하는 것은 아니다. 기간제법 또는 이 법에 의한 명령에 위반한 사실이 있는 경우 근로자는 그 사실을 고용노동부장관 또는 근로감독관에게 통고할 수 있다(동법 제18조).

근로감독관에 통고한 것을 이유로 사용자는 해고 그 밖의 불리한 처우를 하지 못하며(동법 제16조제4호), 불이익 처우를 한 사용자는 2년 이하의 징역형 또는 1천만원 이하의 벌금형에 처해진다(동법 제21조).

통고받은 경우 차별처우의 시정에 관한 사항은 노동위원회로 시정신청을 하도록 안내하고, 그 외 법 위반 사항에 대해서는 신고사건 처리절차에 준하여 처리한다.

또한 동법 제18조의 통고는 형사소송법 제223조의 고소 및 동법 제234조의 고발과 같이 당해 위반행위의 소추를 구하는 의사표시를 필요로 하지는 않지만, 범죄의 소추를 구하는 의사로써 한 통고는 형사소송법상의 고소 또는 고발로 볼 수 있으므로 이 경우에는 근로감독관은 사법경찰관으로서 형사소송법 제237조 이하의 규정에 의한 조치를 취하지 않으면 안된다.

3 취업촉진을 위한 국가 등의 노력

관련조문 **기간제법 제20조【취업촉진을 위한 국가 등의 노력】** 국가 및 지방자치단체는 고용정보의 제공, 직업지도, 취업알선, 직업능력 개발 등 기간제근로자 및 단시간근로자의 취업촉진을 위하여 필요한 조치를 우선적으로 취하도록 노력하여야 한다.

비정규직근로자에 대한 차별시정, 남용규제 등 법률적 정비와 병행하여 국가 및 지방자치단체가 이들에 대한 직업능력개발, 취업알선 등 적극적 노동시장정책을 개발 · 시행함으로써 실질적 근로조건 개선을 도모할 필요가 있다. 기간제법 제20조는 국가 및 지방자치단체가 "고용정보의 제공, 직업지도, 취업알선, 직업능력개발 등 기간제근로자 및 단시간근로자의 취업촉진을 위하여 필요한 조치를 우선적으로 취하도록 노력하여야 한다"고 규정하고 있다. 헌법 제32조제1항은 국가의 고용촉진노력을 규정하고 있으므로 이를 법률의 차원에서 확인하고 있으며, "노력하어야 한다"는 것이어서 이 규정을 근거로 청구권이 발생하는 것은 아니지만 취업촉진을 위한 국가 등의 노력을 강조하는 것으로 법적으로 의미있는 규정이라고 볼 수 있다.

제3편

단시간근로자의 고용과 법률문제

1장 단시간근로자의 의의와 구별 개념

1 단시간근로자의 의의

1. 단시간근로자의 정의

단시간근로자란 1주 동안의 소정근로시간이 당해 사업장에서 같은 종류의 업무에 종사하는 통상근로자의 1주 동안의 소정근로시간에 비하여 짧은 근로자를 말한다(근로기준법 제2조제1항제8호및기간제법 제2조제2호). 통상근로자의 근로시간이 1주 40시간 기준이라면 40시간 미만인 근로자를 의미한다. 단시간근로자는 아르바이트 · 파트타임 · 시간제사원 등의 명칭을 문제삼지 않으며, 소정근로시간의 짧은 정도는 무관하므로 소정근로시간이 뚜렷하게 짧은 단시간근로자도 이에 해당된다. 단시간근로자의 소정근로시간이 통상근로자의 소정근로시간보다 1시간 짧다고 하여 반드시 동법 동조의 단시간근로자인 것은 아니며, 그 사업장의 '같은 종류 업무'에 종사하는 '통상근로자'에 비하여 1주 동안의 소정근로시간이 짧은 자라야 할 것이다(2004.7.23, 근로기준과-3789). 다만, 4주간을 평균하여 1주 소정근로시간이 15시간 미만인 단시간근로자는 근로자퇴직급여보장법의 퇴직금제도(동법 제8조), 주휴일(근로기준법 제55조), 연차유급휴가(근로기준법 제60조) 3개 조항은 적용되지 않는다(근로기준법 제18조제3항, 시행령 제9조).

한편, 소정근로시간만 단시간근로자로 해놓고 실제로는 통상근로자와 동일하게 사용하는 소위 “명목상 단시간근로자”는 단시간근로자로 볼 수 없다. 1주간에 12시간을 초과하여 근로시킬 수 없도록 하였다(기간제법 제6조제1항단서). 이는 해석을 통해서도 규율이 가능하나 입법적으로 명확히 규율하는 것이 바람직하므로 이를 명문화 한 것이다. 관련 행정해석에 의하면, 1주간의 소정근로시간이 15시간 미만인 단시간근로자 여부에 대하여 소정근로시간은 원칙적으로 근로계약서에 의해 판단해야 하지만, 근로계약서상에 일정하게 초과근로를 하도록 하거나 관행적으로 초과근로를 함으로써 사실상 당사자가 소정근로시간을 15시간 이상으로 정한 것으로 인정되는 경우에는 위 조항들이(주휴일, 연월차휴가, 퇴직금) 적용될 것이다(2001.5.30, 근기 68207-1756).

참고로 1994년 6월 24일 ILO총회에서는 「단시간근로에 관한 협약 및 권고」를 채택하였으며, ILO협약의 단시간근로자에 대한 정의는 다음과 같다. “단시간근로자는 필적되는 통상근로자가 행하는 정상적인 근로시간보다 적게 일하는 고용근로자를 말한다. 정상근로시간이란 주당 또는 주어진 근로계약기간의 평균으로 계산된다.” ILO의 개념정의는 전일제근로(full-time employment)와는 상반되는 것을 말하고 비정형근로로서 단속적 · 계절적 · 임시적 및 일시적인 고용형태를 포함하는 광범위한 개념이다.

2. 단시간근로자 보호의 법제화 배경

서비스 산업의 확대, 기업의 인건비삭감의 요청, 근로자 의식변화 등을 배경으로 단시간근로자의 급속한 증가와 함께 근속연수의 증가, 취업분야의 확대현상도 나타나고 있어 단시간근로자는 우리나라 경제 사회에 있어 중요한 역할을 담당하고 있다. 반면에 단시간근로자의 취업을 둘러싸고 다양한 취업의식이나 취업실태를 바탕으로 한 적절한 관리가 행해지지 않는 등 여러 가지의 문제점이 지적되고 있으며, 단시간근로자는 여러 가지의 직업생활상의 불안을 겪고 있다.

따라서 1997년 근로기준법 개정시에 단시간근로자의 정의와 근로조건의 보호원칙을 신설하게 되었고 2006년에 기간제법의 제정(2006.12.21, 법률 제8074호)으로 단시간근로자에 대한 불합리한 차별을 시정하고 근로조건 보호를 강화함으로써 노동시장의 건전한 발전에 이바지함을 목적으로 하고 있다(기간제법 제1조).

2 단시간근로자와 유사형태 근로자 개념의 비교

1. 상용근로자

상용근로자 중에는 전일제 상용근로자와 단시간 상용근로자가 있고, 임시근로자나 계절근로자 속에도 전일제 임시(계절)근로자와 단시간 임시(계절)근로자가 있다고 할 것이다. 여기서 임시직, 일용직 등은 모두 기간의 정함이 있는 근로계약에 의하여 근로하고 있다. 계약직 중 그 기간이 짧은 자를 보통 정규직에 대한 상대 개념으로서 '임시직'이라고 부르며, 특히 매일매일 근로계약이 이루어지는 경우 이를 '일용직'이라 부른다. 따라서 이들은 계약직과 단시간근로자와는 개념이 다르다. 단시간근로자는 통상근로자에 비하여 근로시간이 짧은 근로자를 일컫는 개념일 뿐이며 이들이 기간의 정함이 있는 근로계약에 의하여 근로하느냐 여부는 별개의 문제인 것이다. 그러나 현실적으로 많은 경우 단시간근로자는 일정한 기간을 정하여 고용되고 있으므로 노동시장에서는 이들 개념이 동일한 것으로 취급되고 있다.

① 일정 기간 동안 또는 기간의 정함 없이 고용이 보장되는 근로형태이다.

② 당사자 간에 소정근로일, 소정근로시간을 정하게 되며, 당해 근로일과 그 시간에 대해 근로제공 의무와 임금지급 의무가 발생하고, 소정근로일 결근시 징계 대상이 된다.

③ 소정근로시간이 길고 짧음에 따라 통상근로자와 단시간근로자로 구분된다.

④ 근로기준법은 상용근로자 중 통상근로자를 염두에 두고 제정되었다고 볼 수 있다.

2. 통상근로자

단시간근로자에 대비되는 「통상근로자」는 당해 사업장에 있어서 사회통념에 비추어 「통상」이라고 판단되는 근로자를 말한다. 「통상근로자」의 판단에 있어서는 업무의 종류에 따라 하는 것이 적당하다. 그러므로 「통상근로자」는 당해 업무에 종사하는 자 중에서 이른바 정규형의 근로자인 경우에는 당해 정규형의 근로자이며 정규형의 근로자가 아닌 경우에는 당해 업무에 중핵적으로 종사하는 풀타임근로자라면 그러한 자를 「통상근로자」로 볼 수 있다.

통상근로자와 단시간근로자의 차별적 처우 금지는 취업실태에 따라 구체적으로 판단해야 하지만 그 취업실태가 같은 경우에는 균등한 대우를 해야 할 것을 의미한다. 이것을 법률로 정하기 위해 기간제법 제8조제2항은 차별적처우의 금지를 규정하고 있다. 이것은 취업실태에 따라 직무성과, 의욕, 능력, 경험 등에 있어서 그 평가를 할 경우에는 개인에 따라 차이가 생길 수 있으므로 이것을 제외하고 통상근로자와의 동일성의 판단요소에는「직무내용」,「책임 정도」,「직무내용 및 배치의 변경 범위」,「근로계약기간의 정함의 유무」가 통상근로자와 같은 것이 그 요건이 되고 있다.

(1) 통상근로자와 단시간근로자의 구별 기준

근로기준법 제2조제1항제8호에서 단시간근로자를 "통상근로자의 1주 동안의 소정근로시간에 비하여 짧은 근로자"라고 전제하고, 같은 법 제18조에서 단시간근로자의 근로조건을 통상근로자의 근로시간에 비례하여 정하도록 규정한 점에 비추어 볼 때, 통상근로자와 단시간근로자의 중요한 구별 기준은 "소정근로시간"이다.

(2) 사업장에 1주 40시간으로 소정근로시간을 정한 근로자가 있는 경우

근로기준법은 1일 8시간, 1주 40시간(법정근로시간) 근로를 하는 전일제 근로자를 기본으로 규정하고 있다.

근로기준법 시행령[별표 2](단시간근로자의 근로조건 결정기준 등에 관한 사항)은 단시간근로자의 연차유급휴가를 통상근로자의 연차휴가일수에 통상근로자의 소정근로시간에 비례하여 산정하도록 규정하고 있으며 통상근로자의 연차휴가일수에 대하여 별도의 규정이 없으므로 근로기준법 제60조에 따른 연차유급휴가 일수를 전제로 한 것으로 볼 수 있으며 이는 1주 40시간을 전제로 규정한 것이다. 위와 같은 1주 40시간의 근로를 제공하는 근로자가 해당 사업장에 있는 경우 그를 통상근로자로 보고 그와 동종 업무에 종사하는 1주 동안의 소정근로시간이 그보다 짧은 근로자를 단시간근로자로 판단한다.

(3) 사업장에 1주 40시간으로 소정근로시간을 정한 근로자가 없는 경우

해당 사업장에서 같은 종류의 업무에 종사하는 근로자 중 1주 동안의 소정근로시간이 가장 긴 근로자를 통상근로자로 보고 그 근로자보다 1주 동안의 소정근로시간이 짧은 근로자를 단시간근로자로 판단한다.

(4) 구체적 사례

① **사례**: 통상근로자와 근로조건이 동일하며 정규직이지만 소정근로시간이 1주 40시간 미만인 근로자를 단시간근로자로 볼 수 있는지 여부

특정 기업에서는 주당 소정근로시간이 40시간인 풀타임근로자와 주40시간 미만이면서 유동적으로 근무하는 파트타임근로자가 있다.

취업규칙에서 주 소정근로시간의 장단을 제외하고는 임금, 휴가, 승진, 휴직 그 밖에 복리후생 등 모든 근로조건이 동일한 것으로 규정되어 있고, 모두 기한의 정함이 없는 근로계약을 체결한 정규직 신분인 것도 동일하다.

사업장에 소정근로시간이 1주 40시간인 풀타임금로자가 있는 경우에는 동 근로자를 통상근로자로 보고 그와 같은 업무에 종사하는 소정근로시간이 1주 40시간 미만인 근로자를 단시간근로자로 보아야 한다.

② **사례**: 편의점에서 사업주를 제외하고 5명의 아르바이트 근로자가 모두 판매업무를 수행, 소정근로시간이 1주 40시간인 아르바이트 근로자를 통상근로자로 볼 수 있는지 여부

구분	근무일수	근무시간	소정근로시간	비고
A	주 5일	23~08	주 40시간	기간제
B	주 5일	18~23	주 25시간	〃
C	주 2일(주말)	23~08	주 16시간	〃
D	주 2일(주말)	12~18	주 12시간	〃
E	주 2일(주말)	18~23	주 10시간	〃

A가 1주 소정근로시간이 주40시간이므로 다른 근로조건의 비교 없이 소정근로시간이 1주 40시간인 A를 통상근로자로 보고 B, C, D, E는 단시간근로자로 보아야 한다.

③ **사례**: 편의점에서 사업주를 제외하고 5명의 아르바이트 근로자가 모두 판매업무를 수행, 아르바이트 근로자를 통상근로자로 볼 수 있는지 여부

구분	근무일수	근무시간	소정근로시간	비고
A	주 5일	23~08	주 35시간	기간제

구분	근무일수	근무시간	소정근로시간	비고
B	주 5일	18~23	주 25시간	〃
C	주 2일(주말)	23~08	주 16시간	〃
D	주 2일(주말)	12~18	주 12시간	〃
E	주 2일(주말)	18~23	주 10시간	〃

A의 소정근로시간이 35시간으로 같은 사업장의 근로자 중 소정근로시간이 가장 긴 근로자이므로 A가 통상근로자에 해당한다.

(5) 비교대상근로자인 통상근로자가 반드시 있어야 하는지 여부

현행 근로기준법은 단시간근로자를 1주간 소정근로시간이 동종 업무에 종사하는 통상근로자보다 짧은 근로자로 정의하고 있어 단시간근로자 개념은 해당 사업장에 비교대상 근로자인 통상근로자의 존재를 전제로 한다. 따라서 근로자들의 소정근로시간이 모두 동일한 사업장의 경우 등 통상근로자가 없는 경우에는 1주 동안의 소정근로시간이 법정근로시간(1주 40시간)보다 짧더라도 단시간근로자가 없는 것이다.

(사례)소정근로시간과 근무조건이 동일하여 통상근로자가 없는 경우

구분	근무일수	소정근로시간
A	주 5일	주 20시간
B	주 5일	주 20시간
C	주 4일	주 20시간
D	주 4일	주 20시간

사업주를 제외하고 5명의 아르바이트 근로자가 모두 판매 업무를 수행하고 소정근로시간이 동일한 경우 비교대상 근로자가 없어 A, B, C, D, E 근로자 모두 단시간근로자로 볼 수 없다.

(6) 같은 종류의 업무에 종사하는 통상근로자

① 같은 종류의 업무에 종사하는 통상근로자가 없는 경우

근로기준법은 해당 근로자의 1주 동안의 소정근로시간이 통상근로자보다 짧은 경우에도 해당 통상근로자와 같은 종류의 업무에 종사하는 경우에 한하여 단시간근로자로 본다. 따라서, 현행 근로기준법의 해석상 "같은 종류의 업무"에 종사하

는 통상근로자가 없는 경우에는 1주 동안의 소정근로시간이 통상근로자보다 짧은 경우에도 단시간근로자가 될 수 없다.

② 같은 종류의 업무의 범위

"동종 업무" 여부는 업무의 수행방법, 작업의 조건, 업무의 난이도 등을 종합적으로 고려하여 판단하되, 같은 직군 또는 직종에 종사하는 경우에는 같은 종류의 업무에 종사하는 근로자로 판단함이 합리적이다. 이 경우 "동종 업무" 여부는 실제 업무 내용을 따져 판단하되 해당 사업장의 취업규칙이나 단체협약의 규정, 사회보험 관련한 취급 실태 등도 함께 살펴보아야 한다. 통상근로자에 대한 행정해석은 근로기준법상 단시간근로자 정의의 "동종업무" 여부는 당해 업무의 수행방법, 작업의 조건, 업무의 난이도 등을 종합적으로 고려하여 판단하여야 하며 특히 업무의 이질성으로 인해 근로조건이 현저하게 구별되어 규정하는지 여부가 중요하다고 한다(2002.3.26, 근기 68207-1248).

[통상근로자와의 동일성의 판단요소]

구분	항목	내용
1. 직무 내용	업무내용	업무의 종류(고용노동부 편 「한국직업분류」)
	중핵적 업무	① 부여되어 있는 직무에 본질적 또는 불가결한 요소인 업무 ② 그 성과가 사업에 있어서 큰 영향을 끼친 업무 ③ 근로자 본인의 직무가 직무 전체에 차지하는 시간적 비중 · 빈도가 큰 업무
	업무상 필요한 능력	해당 업무를 처리하는 데 필요한 지식 · 기술능력 · 경험 등
2. 책임 정도		① 수권되는 권한의 범위(단독으로 계약체결이 가능한 금액의 범위, 관리하는 부하 직원의 수, 결정권한의 범위 등) ② 업무 성과에 있어서 요구되는 역할 ③ 트러블 발생 시나 임시 · 긴급시에 요구되는 대응 정도 ④ 성과에의 기대 정도
3. 직무 내용 및 배치의 변경 범위		① 직무가 포괄고용인가 한정고용인가, 전국적전근자인가 지역한정자인가 ② 채용에 있어서의 능력 · 지식 · 자격 등의 요건 ③ 인재활용의 범위(캐리어 형성, 기업그룹인사 대상, 종합활동(고도전문활용), 경영간부요원 예정 등)상의 차이 ④ 인재운용과 관리의 범위, 승진 · 승격, 배치전환, 전근, 전출, 전적 ⑤ 인사고과, 역할제도, 직위직능제도와 그 활용대상
4. 근로계약 기간		① 기간의 정함이 없다 ② 기간의 정함이 있어도 장기에 걸쳐 반복 갱신 ③ 기간의 정함이 있어도 차기계속기대정도에 따른 갱신 ④ 기간의 정함이 엄격히 적용

3. 일용근로자

① 일용근로자란 명시적 또는 묵시적으로 근로계약을 1일 단위로 체결하고 그 날의 근로가 종료됨으로써 근로계약도 종료하며 계속 근로관계가 유지되지 않는 자를 말한다(중앙노동위원회 2011.11.2, 2011부해751). 주로 건설현장근로자 등이 이러한 근로형태를 취한다.

② 1일 단위의 계약이 반복적으로 체결되어 지속됨으로써 사회통념상 또는 객관적으로 볼 때 계속 근로가 예정되어 있거나 강요되는 경우는 상용근로자로 본다. 어느 정도의 기간 동안 반복적으로 계약을 갱신할 경우 상용근로자로 볼 것인지에 대하여는 정립된 바가 없으나 근로기준법 제35조의 취지를 볼 때 3개월을 그 기준으로 하는 것이 타당할 것이다.

③ 일용근로자에게도 근로기준법이 적용된다는 데 대해서는 판례, 행정해석 등이 의견을 같이 한다. 그러나 고용형태가 다르므로 구체적 적용에 있어서는 상용근로자와 다르다.

④ 최근 건설회사 등의 기업퇴출 등으로 실업상태에 있는 건설일용근로자가 증가하는 추세에 있고, 건설일용근로자의 근로조건이 제조업이나 서비스업에 비해서 취약하다는 지적에 따라 이들 건설일용근로자에게 통일적으로 적용될 「건설일용근로자보호지침」(2007.11.29 근로기준팀-8048)을 마련한 것이다.

⑤고용보험법에서는 일용근로자의 정의를 「일용근로자란 1개월 미만 기간 동안 고용되는 자를 말한다」라고 규정하고 있다(동법 제2조제6호).

4. 아르바이트 근로자

「아르바이트」란 학생을 중심으로 한 학업이나 전문적 연구 또는 취미(등산, 여행, 연극, 음악 등) 등과 업무가 조화를 이룬 유기고용자를 말하며, 갱신을 예정하지 아니하거나 학교 졸업까지라고 미리 종기가 정해져 있는 자를 말하는 것이 우리나라 기업사회에서의 통상적인 아르바이트의 정의라고 생각된다. 이 아르바이트의 근무시간은 학생으로 여름 · 겨울방학 등 휴가 중의 고용자인 경우에는 정규직근로자와 같은 1일 7시간 내지 8시간의 근로시간인 경우가 많고, 평일의 계속적인 아르바이트 취업자인 경우에 비교적 단기간의 학업이나 연구, 스포츠나 음악, 기타의 연습, 프로를 목적으로 하는 훈련 등 다른 본격적인 생활과 조화를 이룬 짧은 근무시간이나 취업일을 설정하고 있는 케이스가 많다. 또 보통 2개월인 근로계약기간으로 하는 것에 따라 「단기 아르바이트」, 「장기 아르바이트」라고 구별하고 있는 경우도 있다.

① 개념의 특정이 어려우며 포괄적인 바, 자신의 여가시간을 활용키 위해 취업하는 자로서 일반적으로 대학생 등이 학비 마련을 위하여 갖는 부업으로 이해되고 있고 시간제근로, 일용근로, 임시직 근로의 개념과 혼동되고 있다.

② 계약형태에 따라 일용근로자, 임시직근로자, 상용근로자(통상근로자, 시간제근로자)가 될 수 있으며 그에 따라 근로조건의 적용이 달라진다.

5. 시간급근로자

단시간근로자와 '시간급근로자'의 구분이다. 근로자를 임금계산 단위에 따라 시간급 · 일급 · 주급 · 월급 근로자 등으로 구분할 수 있다. 시간급근로자는 근로의 대가로 일한 시간을 기준으로 계산하여 지급받는 근로자를 말한다. 단시간근로자라 하여 반드시 임금계산단위를 시간급으로 해야 하는 것은 아니므로 구분되어야 한다. 다만, 많은 경우 단시간근로의 특성상 임금계산을 시간단위로 하고 있고, 또한 근로기준법시행령 「별표 2」 제2호가목에서도 이를 권고하고 있다.

6. 촉탁근로자

「촉탁」이란 여러 가지 고용형태를 포함하는 넓은 개념으로서, 다양한 고용형태를 포함하는 것이 우리나라 기업실태이다. 이에 관하여는 이미 기간제근로자 유사개념 구별에서 기술하였다.

7. 기간제근로자

"기간제근로자"란 기간의 정함이 있는 근로계약(이하 "기간제근로계약"이라 한다.)을 체결한 근로자를 말한다(기간제법 제2조제1호).

기간제법 제4조제2항의 규정에 의하면 사용자가 2년을 초과하여 기간제근로자를 사용하는 경우, 동 2년을 초과한 시점부터 기간의 정함이 없는 근로계약을 체결한 것으로 보도록 하고 있으며 이러한 규정은 2007.7.1 이후 근로계약이 체결·갱신되거나 기존의 근로계약을 연장하는 경우에 한하여 적용된다. 여기서 기간제근로자란 기간의 정함이 있는 근로계약을 체결한 근로자를 말하는 바, 단시간근로자도 기간의 정함이 있는 근로계약을 체결한 경우에는 기간제근로자의 범위에 당연히 포함되어 사용기간이 2년을 초과한 시점부터 기간의 정함이 없는 근로계약(단시간 근로계약)을 체결한 것으로 간주된다(2007.4.25, 비정규직대책팀-1370). 단시간근로자의 사용기간이 2년을 초과하여 무기계약자로 전환된다는 의미는 매번 반복·갱신 체결하던 단시간 근로계약을 반복하지 않더라도 앞으로는 단시간근로자로서 기간의 정함이 없는 근로계약을 체결한 것으로 보기 때문에 고용안정의 보호를 받을 수 있게 되는 것이다.

3 단시간근로자의 노동법상의 지위

1. 노조법상의 지위

노조법상 노동조합활동의 법적 주체로서 근로자의 정의에 관하여 「근로자란 직업의 종류를 불문하고 임금·급료 기타 이에 준하는 수입에 의하여 생활하는 자를 말한다」(동법 제2조제1호)고 정의하고 있다. 단시간근로자도 근로자이므로 타인에게 고용되어 급료 등 임금을 지급받고 있는 이상 노동조합활동 주체인 근로자로서의 자격을 법적으로 인정받고 있다.

단시간근로자는 노동 3권 행사의 주체인 근로자로서의 법적인 보장을 받고 있다. 노조법상 근로자 개념을 확정하는 의의는 노동3권의 주체로서 집단적노사관계법의 제반보호를 향유할 수 있는 자의 범위를 정하기 위한 것이다.

동법 제2조제1호의 근로자의 정의 규정에서 「임금, 급료」는 근로계약에 의하여 근로자가 노무의 대가로 받은 것이며, 「이에 준하는 수입에 의하여 생활하는 자」는 근로계약관계에 있는 자와 마찬가지로 단체교섭·단체협약에 의한 보호의 필요성이 인정되는 동종의 노무공급계약 관계에 있는 자를 포함한다고 해석된다.

2. 근로기준법, 산업안전보건법상의 지위

근로기준법은 「근로자란 직업의 종류와 관계없이 임금을 목적으로 사업 또는 사업장에 근로를 제공하는 자를 말한다」(동법 제2조제1항제1호)고 규정하고 산업안전보건법 제2조제2호는 「근로자란 근로기준법 제2조제1항제1호의 규정에 따른 근로자를 말한다」고 규정하고 있다.

단시간근로자도 사용자의 지휘 · 명령에 따라 노무에 종사하고 임금을 지급받고 있는 이상 근로기준법이나 산업안전보건법상의 근로자로서 동법상의 보호대상으로서 지위를 가진다. 근로기준법에서 말하는 근로자란 근로관계를 전제하고 있는 것이므로 현실적으로 타인에 의하여 결정되는 근로를 제공하는 자가 아니라면 근로자라 할 수 없다.

다만, 고용형태상의 차이로부터 구체적인 사항에 관하여 당해 사업의 내용에 따라 일정한 적용 제외를 받고 있다. 비정규직근로자도 노무수행 과정에서 사용종속관계가 인정되는 한도 내에서 근로기준법상의 근로자이지만 일용근로자, 계절적근로자 등의 경우에는 근로기준법 제35조에 의한 해고예고의 적용 예외를 두고 있다.

3. 사회보험법상의 지위

사회보험법상에 있어서도 사회보험의 피보험자 또는 수급권자인 고용 근로자로서의 지위를 가지고 있는가의 문제이다. 단시간근로자는 일반근로자와 달리 유기적인 고용관계에서 사용되는 경우가 많으므로 전면적으로 적용되는 경우(산업재해보상보험법)와 예외적으로 적용되는 경우(고용보험법)가 있다.

고용보험법상 적용제외 근로자로서 「소정근로시간이 대통령령이 정하는 시간 미만인 자」(동법 제10조제2호)를 두고 있는 바 이는 「1개월간 소정근로시간이 60시간 미만인 자」(1주간의 소정근로시간이 15시간 미만인 자)를 말한다. 다만 생업을 목적으로 근로를 제공하는 자와 법 제2조제6호에 따른 일용근로자(이하 "일용근로자"라 한다)는 제외한다(동법시행령 제3조제1항).

2장 고용형태의 다양화와 단시간근로자가 활용되는 이유 및 관리방법

1 고용형태 변화의 배경 및 단시간근로의 장래 전망

1. 고용형태의 변화

① **고용형태의 변화 추세**: 최근 기업에서 단시간근로자가 증가하여 핵심적 · 항시적인 노동력으로서 취업이 증가해 온 배경으로는 서비스 경제화의 진전에 따라 단시간근로자에 대한 수요가 높아졌고, 취업의식의 변화로 인해 단시간근로자로서 취업하기를 희망하는 자가 증가하였다는 수급 양면에 그 요인이 있다. 노동시장의 유연화 추세 및 고용형태의 다양화 추세는 여러 가지 형태의 취업자 집단을 증가시키고 있으며 노무제공의 양태 및 근로계약 방식은 노동시장에서 수요측과 공급측의 필요에 따라 여러 가지 유형으로 나타나고 있으며 근로관계의 내용 및 실태도 다양한 것이 오늘날의 실정이다.

② **단시간근로자 현황**: 단시간근로자는 매년 증가하고 있으며 2002년에는 전 근로자 중에 차지하는 단시간근로자의 비율은 5.7%(807,000명)이었으나 2015년에는 11.6%(2,236,000명)이며 2014년 대비 204,000명(9.8%)증가하였다. 2015년 남자는 688,000명, 여성은 1,548,000명으로 여성 비율은 69.2.3%이며 60세 이상의 경우 34.0%로 665,000명에 이르고 있다. 또한 단시간근로자를 고용하는 이유는 「인건비 절감」, 「노무코스트의 효율화」, 「1일의 바쁜 시간대에 대처하기

위하거나」, 「간단한 직무내용」 때문이다.

(1) 수요측의 요인

서비스 산업은 노동 집약적으로 시간대와 요일 등에 따라 바쁠 때와 한가할 때의 격차가 크다. 또한, 고객의 요구에 대응하기 위하여 영업시간이 장시간화 하고 근로시간 단축의 움직임과 함께 영업시간과 근로시간과의 괴리가 크다. 이 때문에 통상근로에 단시간근로자를 취업시키려는 요구가 강하고 우리나라 산업구조에서 차지하는 제3차 산업의 비중이 높아짐으로써 단시간근로자에 대한 수요가 크게 증대하였다.

최근까지의 경기확대로 인한 각 산업에서의 노동력 확보 요청이 높아지고 일반 정규직근로자의 확보가 곤란해졌다. 이 때문에 모집하기 쉽고 비용면에서 저렴하다는 이유로 단시간근로자에 대한 수요가 증대하였다. 이와 같은 서비스 경제화, 근로시간 단축, 정규직근로자 확보의 곤란성 때문에 단시간근로자에 대한 수요의 증대는 동시에 종래 단순 보조적인 분야의 수요는 물론 핵심적 · 항시적인 분야에도 수요의 증대를 초래하게 되었다.

(2) 공급측의 요인

한편, 단시간근로자의 다수를 차지하고 있는 여성 측의 요인으로는 여성 취업에 대한 사회 전체의 의식변화와 함께 여성 자신의 직업의식의 변화를 들 수 있다. 바람직한 취업형태로서 취업 후 결혼과 출산을 계기로 가정으로 돌아간다는 「가정 회귀형」의 유형을 희망하는 자가 감소하고, 취업 후 결혼과 출산을 계기로 일시 가정으로 돌아갔다가 다시 취직한다는 「재취직형」을 희망하는 자가 증가하고 있으며, 대부분이 가정생활과의 양립을 고려하여 단시간근로자로서 노동시장에 참여하고 있다. 또한, 젊은층 사이에도 취업의식의 다양화가 진행되어 사생활과 직업생활이 조화되는 생활방식을 희망하는 자가 증가하고 있다.

고령자에게도 취업욕구의 다양화에 따라 체력에 적합한 취업, 적절한 퇴직, 연금과 고용간의 조정, 보람 있는 업무라는 관점에서의 단시간근로자로 취업을 희망하는 자의 비율이 증가하고 있으며 고령자층의 증가와 함께 단시간근로에 대한 요구가 증대하고 있다.

2. 단시간근로의 장래 전망

이와 같은 단시간근로자의 증가와 취업형태의 변화는 노동력수급 양측의 요구가 합치하는 형태로 추진되어 왔으나 장래에도 이들 요인의 추세에는 큰 변화가 없을 것으로 전망되고, 단시간근로자는 장기적 경향으로 볼 때 계속 증가하여 핵심적, 항시적인 노동력으로서의 비중이 높아질 것으로 전망된다.

장래 우리나라 15세 이상 인구는 젊은층(15~29세) 및 중년층(30~54세)의 감소로 인해 증가율이 크게 둔화되어 15~16세의 생산연령인구는 1990년대 후반에는 최초로 감소한 것으로 나타나고 있다. 노동력 비율이 장기적 추세로 저하해 갈 것으로 예측되는 가운데 노동력 수급은 전체적으로 안정기초로 추이하여 2000년 이후에는 노동력 부족이 한층 더 높아질 것으로 예상된다. 또한, 고령화 사회를 맞이하여 경제사회의 활력을 유지하기 위해 고령자의 취업의 장을 확보하는 것이 더욱 중요할 것이다. 이와 같은 상황에서 단시간근로는 우리나라 경제사회에서도 한층 중요한 취업형태(2015년 8월 2,236,000명[11.6%])가 되고 있다. 글로벌 금융위기 후의 어려운 경제사정이 앞으로도 지속될 것으로 예상되는 가운데 다음과 같은 이유에서 단시간근로자는 계속하여 증가할 것으로 생각된다.

첫째, 서비스 경제화의 진전 등에 따라 단시간근로자에 대한 수요가 증대할 것으로 예상되며, 기업의 채용 의욕도 높아질 것으로 전망된다.

둘째, 여성의 취업의욕이 고조되고 있는 가운데 특히 단시간근로자로 취업을 희망하는 사람이 크게 증가하고 있다.

셋째, 고령화의 진전에 따른 노후 생활비 보전의 필요성, 보람된 삶에 대한 욕구, 그리고 건강과 체력의 제약 등으로 인하여 고령자가 단시간근로자로 취업하기를 희망할 것으로 예상된다.

넷째, 영국 · 덴마크 등 구미 각국의 경우 단시간근로자의 비율을 보면 한국의 수준보다 높고, 단시간근로자의 고용을 장려하는 정책이 추진되고 있다. 기업 중에는 이와 같은 추세에 따라 단시간근로자에게도 인사평가 · 승격제도를 적용하여 능력개발을 한다든가 정규직근로자로의 등용을 꾀하는 등 정규직근로자와의 균형을 고려하여 고용개선을 꾀하는 움직임도 있다.

2 단시간근로자의 질적 변화와 관리 방법

① 단시간근로자의 수적 변화는 질적 변화와 밀접한 관계가 있다. 1950~197 년대에 일을 하러 직장에 나간 중년여성은 대부분이 전쟁미망인이나 불행한 가정 환경으로 모자(母子)가정의 모(母)가 된 사람 등 일가의 생계를 지탱해 나가는 주부가 대부분을 차지하고 있었다. 즉, 경제적으로 어려운 상태에서 가계를 책임져야 한다는 목적의식을 가진 여성이 대부분 차지했다.

② 1970~1990년대 이후에 와서는 점차 변화가 생기기 시작하여 세대주의 수입이 적기 때문에 이것을 보충하려고 하는 가계 보조적인 색채를 띤 목적으로 근무하는 주부가 많아지기 시작하여 본래 의미로서의 단시간근로자가 많아지기 시작했고, 부부가 함께 돈을 번다는 것이 당연한 것이라는 풍조가 젊은 부부들 간에도 생기게 되었다.

③ 1990~2000년대에 들어서면서 주부가 회사에 나가는 목적이 크게 변화 하여 가계보조라기보다는 그 이상으로 사회접촉 활동, 레저 비용의 염출이라는 요인이 점점 커지고 있다. 이와 같은 40대의 목적의식이 낮은 단시간근로자를 관리 · 흡수하기 위한 여러 가지 방법이 생기게 되었다.

④ 최근에는 특히 서비스산업 등을 중심으로 요일과 시간대에 따른 업무밀도의 차이가 크고 마트 등 장시간영업이 증가하면서 그에 따른 탄력적인 근로시간관리의 필요성이 커지고 있다. 또한 가정주부를 중심으로 여성인력의 노동력화가 확대되면서 가사 및 육아와 노동의 병존이 가능하도록 근로시간을 조절할 수 있는 단시간근로의 장점이 크게 부각될 뿐만 아니라 학생아르바이트의 증가도 주목할 만한 현상이 되고 있다. 이와 같이 단시간근로는 경력이 단절된 여성과 고령자의 노동시장 진입을 촉진하여 고령화시대에 적합하고 일 · 가정 양립에 기여할 수 있는 일자리로 기대되고 있다. 그 결과 단시간근로의 적극적 기능이 노사 쌍방에 의하여 인정되고 있으며, 이에 따라 단시간근로의 육성과 활용을 위한 조건을 정비해 가는 것이 현안의 정책방향이 되는바, 이를 위해서는 무엇보다도 단시간근로자의 근로조건이 합리적으로 개선되어야 한다(김형배, 「노동법」, 24판, p.1229).

1. 세트고용 방식에 의한 흡수

세트고용이란 섞어서 세트로 채용해서 취업하는 방법을 말한다.

주부 중에는 시간적 사정이 각각 다른 경우가 많다. 예를 들면, 어린아이들이 유치원이나 학교에 가기 때문에 오전 중에는 근무가 가능하지만 오후에는 어렵다거나, 어느 특정한 요일에는 근무가 가능하지만 다른 요일은 불가능하다거나 1일 7시간씩 월요일부터 토요일까지 근무하기는 어려우나 월 · 화요일에만 근무가 가능하다는 등의 주부가 이외로 많다. 이러한 주부들을 잠재적 파트타이머 예비군이라고 말한다. 이러한 주부들의 잠재적 노동력을 활동하는 방법을 연구해 볼 필요가 있다.

(1) 오전 오후의 2인 세트방식

오전 9시부터 12시까지 근무가 가능한 파트타이머와 오후 1시부터 4시까지 근무를 희망하는 2인을 세트로 묶어서 채용한다. 채용은 공공 직업안내소를 통하거나 광고 · 전단 등을 활용해서 세트로 근무할 수 있는 상대방을 찾아보아야 할 것이다. 이 방법은 직업안내소에서도 적극적으로 장려하고 있으며 이미 도입해서 성공하고 있는 기업도 있다. 이 방법에 의해서 세트고용을 여러 조로 만들면 일정한 인원수를 항상 확보할 수 있게 되며, 동시에 무리가 없는 근무시간이기 때문에 비교적 정착률이 높을 것이다.

(2) 요일 세트방식

이것은 주부가 월 · 수 · 금요일에 근무할 수 있는 사람과 반대로 화 · 목 · 토요일이라면 근무할 수 있는 사람을 2인 세트로 묶어서 채용하는 방법이다.

① 「월 · 수 · 금」과 「화 · 목 · 토」의 2인 세트

② 「월 · 화 · 수」와 「목 · 금 · 토」의 2인 세트

③ 「월 · 화」, 「수 · 목」, 「금 · 토」의 3인 세트

등의 방식이 있으며, 극단적인 경우에는 6인 세트 또는 변칙 4인 세트 등도 생길 수 있다.

(3) 3인 세트방식

이것은 2인 세트방식을 더 확대한 방식으로 오전 9시~12시, 12시 45분~ 3시 45분, 3시 45분~6시 30분으로 하여 3시간씩 근무하면 더 근무하기 쉬운 조건이 생긴다. 물론 3시간씩 규칙적으로 구분할 필요는 없다.

(가) 어느 세트는 2H, 3H, 2H

(나) 어느 세트는 3H, 2H, 1H

(다) 어느 세트는 3H, 4H, 1H

(라) 어느 세트는 2H, 5H, 2H

로 해도 좋을 것이다.

이 방법은 어느 1인이 결근한 경우에는 확정적인 인원수가 되기 어렵기 때문에 작업계획에 어려움이 있다. 따라서 3인 세트방식은 서로 친분이 있는 사람들끼리 1인의 주부가 2인의 친한 사람을 데리고 와서 소개 입직시키는 것이 출근율과 정착률이 높다. 즉, 어느 정도 의리가 있다거나 인정에 묶이는 인간심리를 이용할 수밖에 없다.

2. 프리타이머 방식에 의한 흡수

파트타이머 또는 하프타이머(1/2) 그리고 쿼터타이머(1/4)라고 말하는 방식이지만 이것은 어느 정도의 시간제약(시간 수와 출근 · 퇴근시각 등)을 받는다. 따라서 시간과 시각의 제약을 제거해 버린 것이 프리타이머이다.

프리타이머에 대한 구체적인 조건을 들자면, 자기가 좋은 시각에 출근해서 자기가 좋은 시간 수만 일하고 자기가 좋은 시각에 퇴근하고 자기가 좋은 일 또는 요일에만 출근한다는 방식이다. 그러나 완전 자유가 아니고 전일에 익일의 출근시각과 근로시간수를 신고하게 한다. 임금의 지급방법은 1시간 단위의 계산, 30분 단위의 계산, 10분 단위의 계산, 5분 단위의 계산이 있다. 이 중에서 프리타이머이기 때문에 최소단위 즉, 5분 단위의 임금계산이 가장 합리적인 계산방법이다.

기업의 입장에서는 되도록 장기간 그리고 매일 출근해 주는 것이 바람직하기 때문에 여기에는 당연히 프리미엄 시스템을 임금계산에 도입하게 된다. 즉, 1일에 대해서 장시간 일을 해준 경우일수록 단위당 기초임금이 고액이 되며 출근일수가 많을수록 많은 장려수당이 지급되는 제도로 운영하는 것이 좋다. 이 방식은 금융기관이나 생명보험업계에서 활용되고 있으며 중소기업에서도 여성 근로자의 비율이 높은 섬유산업이나 전자조립업종 또는 식품공업에서 실시할 수 있다고 생각한다.

3. 컴백 파트타이머

자사에서 근무한 경험이 있는 여성 근로자가 결혼하여 육아문제로 퇴직한 경우 아기가 자라서 모친의 손이 어느 정도 비어 있는 시기에 근무하던 직장으로 다시 컴백하는 방식이다. 다시 말하자면 여성 퇴직자를 파트타이머로 재채용하는 것이다.

이 방법의 이점은 실무 경험자이기 때문에 일반 파트타이머와는 달리 교육훈련이 필요치 않으며 사내 사정에 밝아 즉시 전력이 될 수 있다는 점이다. 더구나 일반 파트타이머가 하기 어려운 고도의 기술을 요하는 작업도 가능하다. 이 방법은 금융기관이나 생명보험업계에서 활용되고 있으며, 섬유산업 · 전자조립업 · 백화점 · 식품공업 · 제약업 등 광범위한 분야에서 활용할 수 있을 것이다.

3 단시간근로자 관리의 체크포인트

우선 단시간근로자에 대해서 일반 근로자와 신분적인 구분을 해서는 안 된다. 단시간근로자는 단지 단시간근로를 희망하여 그 계약내용에 따라 규칙적으로 근로하는 자이므로 근로시간 이외의 모든 것은 일반 근로자와 같다고 생각해야 한다.

1. 단시간근로자 고용관리상의 유의점

(1) 근로계약을 명확히 하기 위하여 서면계약을 할 필요가 있다.

단시간근로자라고 해서 안이한 기분으로 구두로 약속할 것이 아니라 일정한 서식에 의해서 근로계약서를 작성해 두어야 한다. 특히, 임금에 대하여는 그 구성항목 · 계산방법 · 지급방법 · 지급시기, 소정근로시간, 휴일, 연차유급휴가 등을 명확히 해두어야 할 것이다.

(2) 취업규칙을 제정해 두어야 한다.

단시간근로자를 포함해서 상시 10명 이상의 근로자를 사용하는 사업장에서는 반드시 취업규칙을 작성하여 행정관청에 신고해야 한다. 단시간근로자는 일반 근로자에 비해서 근로시간이 짧고 임금형태가 다른 경우가 많기 때문에 되도록 단시간근로자 전용의 취업규칙을 만들어 두어야 할 것이다.

(3) 근무하기 쉬운 근로시간을 설정하여야 한다.

가정주부의 경우 가정의 일과 양립하기 때문에 일하기 쉬운 시간대를 설정하고 근로자가 그 시간을 선택할 수 있도록 배려하여야 할 것이다.

(4) 적정한 임금을 지급하여야 한다.

최저임금수준의 임금을 가지고서는 좋은 인재를 모집할 수 없다. 동지역의 동업타사 또는 동직동작업(同職同作業), 동경험 등을 비교해서 적정한 임금액 · 임금체계를 설정하여 일반 근로자와의 균형이 이루어지도록 하여야 한다.

(5) 휴게 · 휴가도 적정해야 한다.

특히, 육아시간 등 모성보호에 관한 규정은 준수해야 하며 충분한 이해와 배려가 있어야 한다.

(6) 적정배치, 인간관계 관리에 유의해야 한다.

능력에 상응한 적정배치, 능력개발, 인간관계 관리는 일반 근로자 이상으로 배려하여야 할 것이다.

2. 단시간근로자 관리의 체크포인트

(1) 근로기준법 관계

① 근로계약은 명확히 문서로 작성하고 있는가

② 근로계약기간을 명확히 정하고 있는가

③ 근로자명부, 임금대장은 비치되어 있는가

④ 주부근로자의 경우 근로시간 설정에 있어서 가정의 책임과 양립한다는 것을 배려하고 있는가

⑤ 1일 8시간, 1주 40시간 미만 초과근로를 하더라도 소정근로시간을 초과하여 근로를 시키는 경우 연장근로 수당을 지급하고 있는가

⑥ 휴일이나 휴가는 고용노동부장관의 지침에 의해서 잘 시행되고 있는가

⑦ 출산전후휴가의 배려를 하고 있는가

⑧ 태아검진시간을 청구하는 경우 허용하고 있는가

⑨ 임금지급의 5대 원칙은 지켜지고 있는가

⑩ 최저임금 수준 이상의 임금이 지급되고 있는가

⑪ 해고제한의 위반은 없는가

⑫ 단시간근로자 전용 취업규칙이 제정되어 있는가, 규칙에는 일반근로자와 다르게 되어 있는 부분을 명확히 하고 있는가

⑬ 안전과 보건, 작업환경 개선에 노력하고 있는가

(2) 남녀고용평등과 일 · 가정양립지원에관한법률 관계

① 동법의 취지와 목적을 이해하고 있는가

② 여성 근로자는 경제 및 사회발전에 기여하며 다음 세대의 출산 · 양육에 중요한 역할을 담당하고 있다는 것을 인식하고 있는가

③ 주부 근로자에 대하여 성별, 혼인 또는 가족상의 지위 등을 이유로 합리적인 이유없이 채용 또는 근로조건을 달리할 수 없다는 것을 알고 있는가

④ 여성 근로자는 직업인으로서의 자각을 가지고 스스로 능력개발과 향상을 기하도록 조력하고 있는가

⑤ 생후 8세 이하 또는 초등학교 2학년 이하의 자녀를 가진 여성 근로자가 그 자녀의 양육을 위하여 육아휴직 신청을 하는 경우 허용하고 있는가

⑥ 생후 8세 이하 또는 초등학교 2학년 이하의 자녀를 가진 여성 근로자가 자녀의 양육을 위하여 「육아기 근로시간 단축」을 신청하는 경우 허용하고 있는가

⑦ 근로자가 가족돌봄휴직을 신청하는 경우 허용하고 있는가

⑧ 주부 단시간근로자를 지원하기 위하여 수유 · 탁아 등 육아에 필요한 시간을 제공하고 있는가

⑨ 고객 등에 의한 성희롱 방지를 위하여 노력하고 있는가

⑩ 사업주는 근로자가 배우자의 출산을 이유로 휴가를 청구하는 경우에 5일의 배우자 출산휴가를 주고 있는가

(3) 산업재해보상보험법 관계

신분이나 고용형태와 관계없이 산재보험에 가입하고 있는가

(4) 노조법 관계

① 단시간근로자도 단결권 · 단체교섭권 · 단체행동권이 보장되고 있는가

② 노동조합의 규약에 단시간근로자가 노동조합 조직대상으로 되어 있는 지 확인해 보았는가

③ 단체협약에 단시간근로자가 조합원의 범위에 포함되어 있는지 확인해 보았는가

3장 단시간근로자의 근로조건 보장

1 단시간근로자의 근로조건 보장의 취지 및 비례보호 원칙

관련조문

근로기준법 제18조【단시간근로자의 근로조건】 ① 단시간근로자의 근로조건은 그 사업장의 동종 업무에 종사하는 통상근로자의 근로시간을 기준으로 산정한 비율에 따라 결정되어야 한다.
② 제1항에 따라 근로조건을 결정할 때에 기준이 되는 사항이나 그 밖의 필요한 사항은 대통령령으로 정한다.
③ 4주 동안(4주 미만으로 근로하는 경우에는 그 기간)을 평균하여 1주 동안의 소정근로시간이 15시간 미만인 근로자에 대하여는 제55조와 제60조를 적용하지 아니한다.

1. 단시간근로자의 근로조건 보장의 취지

근로기준법상의 단시간근로자의 근로조건 보장 취지는 다음과 같다.

(1) 단시간근로에 대한 법 적용 근거 마련

최근 단시간근로가 확산되고 있으나 관련 법규의 적용 근거가 명확치 않아 단시간근로자의 근로조건과 고용안정의 보장이 미흡한 실정이며, 단시간근로자의 근로조건이나 근로형태가 정규직근로자에 비해 상대적으로 열악한 위치에 있다.

단시간근로에 대한 법적 근거의 마련은 노동시장의 변화에 따라 단시간근로자의 근로조건을 개선하고, 한편 단시간근로자 등의 탄력적인 근로시간제도를 인정하는 것에 의해 노동시장의 규제완화와 탄력화를 높이려고 하는 것이다.

(2) 유사 단시간근로자의 보호

단시간근로자의 근로시간은 장시간의 연장근로가 상태화되어 실근로시간이 통상근로자와 동일함에도 불구하고 그 근로조건 및 대우에 있어 정규직근로자와 현저한 차이를 보이고 있어 오히려 단시간근로 활용의 저해 요인이 되고 있다.

그러므로 단시간근로자의 범위를 명확히 할 뿐만 아니라 단시간근로자의 근로조건 결정기준 등을 법령으로 규정함으로써 단시간근로자의 고용과 근로조건보호를 두텁게 하기 위하여 관련 규정을 명문화한 것이다.

2. 비례보호원칙

(1) 내 용

근로기준법 제18조제1항에서 「단시간근로자의 근로조건은 그 사업장의 같은 종류의 업무에 종사하는 통상근로자의 근로시간을 기준으로 산정된 비율에 따라 결정되어야 한다」고 규정하여, 소정근로시간에 따라 비례적으로 근로기준법상의 제 규정에 의하여 보호를 받을 수 있다. 이러한 원칙을 비례보호의 원칙 또는 시간비율적 근로조건 결정원칙(pro-rata-temporis-Prinzip)이라고 부른다.

노동법은 근로자의 개념을 정의함에 있어 근로기준법 제2조제1항제1호에서 "근로자란 직업의 종류와 관계없이 임금을 목적으로 사업이나 사업장에 근로를 제공하는 자"라고 규정하고 있다. 단시간근로자는 근로시간의 길이를 기준으로 통상근로자와 구별될 뿐 근로기준법을 비롯하여 노조법 및 기타 노동관계법규가 적용되는 것이 당연하다. 따라서 근로조건 및 기타 대우에 있어서 '근로시간이 짧다'라는 것을 이유로 하는 합리적이고 객관적인 정당한 차별을 제외하고는 통상근로자와 동일하게 취급되어야 한다.

통상근로자 여부는 소정근로시간뿐만 아니라 당해 사업장의 고용형태(계약기간), 임금체계 등을 종합적으로 고려해 볼 때 통상적으로 근로할 것이 예정되어 있는 정규직근로자를 말하는 바, 취업규칙 등에 의해 채용 및 계약기간(정년 등) · 임금 · 호봉 · 승진 등 중요한 근로조건 대부분이 직접 규율되고 있는 근로자로 볼 수 있을 것이다. 동종 업무에 통상근로자가 없는 경우에는 그 업무에 종사하는 가장 일반적인 형태의 근로자를 잠정적으로 통상근로자로 볼 수 있을 것이다(2002.3.26, 근기 68207-1248).

예컨대, 학원의 강사 업무가 다른 업무와 구분되는 업무이고 그 업무에 종사하는 통상근로자가 없는 경우라면 전임강사를 잠정적으로 통상근로자로 볼 수 있다(단시간근로자로 볼 수 없다).

(2) 균등대우

근로기준법 제6조는 '국적, 신앙, 사회적 신분, 성별'을 이유로 하는 근로조건의 차별을 금지하는 균등대우원칙을 규정하고 있다. 근로기준법 제6조의 균등대우원칙에 의하여 차별이 금지되는 사회적 신분은 봉건적 · 특권적 신분과 같은 생래적 지위를 의미하므로 단시간근로자에 대한 임금차별은 이에 해당되지 않는다. 근로시간에 비례하여 단시간근로자를 보호할 경우 정규직근로자와 단시간근로자의 차별은 근로시간의 장단에 따른 합리적 차별이므로 헌법상 평등의 원칙 및 근로기준법 제6조의 균등대우의 원칙에도 부합된다.

단시간근로자의 근로조건은 당해 사업장의 동종 업무에 종사하는 통상근로자의 근로조건을 기준으로 산정한 비율에 따라 결정하도록 해야 하므로 통상근로자의 소정근로시간을 산정기준으로 하여 근로시간 수에 대응하는 비율로 계산하는 것이 합리적일 것이다.

(3) 같은 종류의 업무 및 통상근로자 판단기준

① 단시간근로자의 업무가 통상근로자의 업무와 동종 업무에 해당하는지 여부를 판단함에 있어서는 당해 업무의 수행 방법, 작업의 조건, 업무의 난이도 등이 종합적으로 고려되어야 하므로 실제 단시간근로자와 통상근로자의 업무를 구체적으로 판단하여 같은 종류의 업무에 해당하는지 여부를 판단하여야 할 것이다.

같은 종류의 업무 여부는 그 업무의 수행방법, 작업의 조건, 업무의 난이도 등을 종합적으로 고려하여 판단해야 하며, 특히 업무의 이질성으로 인해 근로조건이 현저하게 구별되어 규정되는지 여부가 중요하다. 예를 들면, 제조업의 경우 생산직 · 사무직, 판매업의 경우 관리직 · 영업직, 운수업의 경우 관리직 · 운전직, 학교의 경우 교원직 · 행정직 등으로 동종 업무를 구분해 볼 수 있다.

② ‘통상근로자 여부’는 「소정근로시간뿐만 아니라 당해 사업장의 고용 형태(계약기간), 임금체계 등을 종합적으로 고려해 볼 때 통상적으로 근로할 것이 예정되어 있는 정규직근로자를 말하는 바, 취업규칙 등에 의해 채용 및 계약기간(정년 등) · 임금 · 호봉 · 승진 등 중요한 근로조건 대부분이 직접 규율되고 있는 근로자」로 볼 수 있을 것이다. 동종업무에 통상근로자가 없는 경우에는 그 업무에 종사하는 가장 일반적인 형태의 근로자를 잠정적으로 통상근로자로 볼 수 있을 것이다(2002.3.26, 근기 68207-1248).

(4) 근로조건 결정기준

1) 근로조건의 근로시간 비례 결정

“단시간근로자의 근로조건은 그 사업장의 같은 종류의 업무에 종사하는 통상근로자의 근로시간을 기준으로 산정한 비율에 따라 결정되어야 한다”는 규정(근로기준법 제18조제1항)은 단시간근로자의 시간급 자체를 통상근로자의 근로시간에 비례하여 책정하라는 의미는 아니므로 단시간근로자의 임금(제수당 포함)은 동종 업무에 종사하는 통상근로자와 업무수행능력, 근속기간, 경력, 업무의 난이도 등을 비교하여 결정함이 바람직하다(1997.4.24, 근기 68207- 535). 그리고 취업규칙 등에 다른 규정이 없는 한 통근수당 · 가족수당 등도 통상근로자의 소정근로시간을 기준으로 하여 기본적으로 근로시간 수에 대응하는 비율로 계산해야 할 것이다.

ILO 제175호 조약(단시간근로자 근로협약), 제182호 권고(단시간근로자 근로권고)를 비롯하여 대부분의 국가의 입법례가 단시간근로자에 대하여 비례적 보호를 규정하고 있다.

2) 단시간근로자의 근무시간 비례 복지제도에 대한 차별적 처우 인정 여부

차별적 처우가 금지되는 영역으로서 “임금, 정기상여금, 경영성과에 따른 성과금, 그 밖에 근로조건 및 복리후생 등에 관한 사항”은 근로기준법상 규율하고 있는 근로조건과 단체협약, 취업규칙 및 근로계약 등에 의한 정기상여금, 경영성과금 및 복리후생사항을 포함하고 있다. 예컨대 “직장인 단체보험, 건강진단비, 중고생 학자금 지원 등”과 같은 복지제도는 회사의 단체협약에 규정되어 있으므로 차별처우 금지 영역인 복리후생사항으로 볼 수 있다.

비정규직(기간제근로자, 기간을 정하여 고용된 단시간근로자)이 조합원 자격이 있는 경우, 단체협약에서 정규직과 비정규직간 처우를 달리하고 있다면 이는 차별적 처우에 해당되며 합리적 이유가 없는 한 비정규직근로자는 차별시정을 신청할 수 있다. 다만, 1주간 소정근로시간이 36시간인 단시간근로자에 대한 근로조건은 통상근로자의 근로시간을 기준으로 산정한 비율에 따라 결정되는 "시간비례원칙(근로기준법 제18조제1항)"이 적용되므로 복지제도의 경우 분할 가능한 근로조건을 시간비례에 따라 적용하는 것에 대해 합리적 이유를 인정할 수 있을 것으로 본다. 한편, 차별처우가 금지되는 영역인 "임금, 정기상여금, 경영성과에 따른 성과금, 그 밖에 근로조건 및 복리후생 등에 관한 사항"에 있어서 정규직과 유사 또는 동종의 업무를 수행하는 비정규직에 대한 차별적 처우가 있는 경우 이에 대한 "합리적 이유"의 유무는 향후 노동위원회 및 법원의 판정이 축적됨에 따라 보다 구체적인 판단기준이 형성될 수 있을 것이다(2007.7.23, 비정규직대책팀-2966).

(5) 합리적이고 정당한 차별의 평가기준

단시간근로자의 노동이 정규 · 상용근로자와 동일 가치의 노동임에도 불구하고 임금의 차별이 있는 경우에 그것이 합리적이고 정당한 것인가의 문제가 발생한다.

만일 단시간 고용형태에 의하여 취업하는 근로자에 의한 임금차별이 단순히 고용형태에 의한 차별이라면 허용될 수 없을 것이다. 그러므로 고용형태만 단시간 고용일 뿐 실제로는 일반근로자와 동일한 내용의 노무제공을 하는 경우 사업장에서의 단시간근로자의 실제 근로관계 내용과 동일가치노동을 평가할 수 있는 객관적 기준에 의하여 판단되어야 한다.

또한, 단시간근로자의 임금과 관련하여 문제가 되는 것은 단기간의 계약을 반복 · 체결하여 장기계약 상태에 있는 경우에 근속연수에 비례한 임금, 상여금, 퇴직금, 수당 등에 있어 일반근로자와 차별을 받는 것이다.

이러한 경우 종전 근로기준법상 단시간근로자를 특별히 보호하는 규정이 존재하지 않으므로 입법적 · 제도적 장치에 의한 보호가 있어야 할 것이 요청되어 왔으므로 1997년 개정 근로기준법에서 명문의 규정을 신설한 것이다. 이와 같이 현행 근로기준법은 단시간근로자의 근로조건에 대해서는 비율적 결정원칙에 의하여 근로기준법이 적용되어야 함을 명백히 하면서도, 다른 한편으로는 근로기준법의 일부 규정의 적용이 배제되는 단시간근로자의 범위를 정함으로써 사용자측의 과도한 부담을 경감하고 있다(김형배, 「노동법」, 24판, p.1289).

(6) 초단시간 근로자에 대한 적용제외

1) 적용제외 대상자 및 적용제외 규정

근로기준법 제18조제3항에서 "4주 동안(4주 미만으로 근무하는 경우에는 그 기간)을 평균하여 1주 동안의 소정근로시간이 15시간 미만인 근로자에 대하여는 법 제55조 및 제60조를 적용하지 아니한다"고 규정하고 있다.

근로자퇴직급여보장법 제4조제1항은 「사용자는 퇴직하는 근로자에게 급여를 지급하기 위하여 퇴직급여제도 중 하나 이상의 제도를 설정하여야 한다. 다만 계속근로기간이 1년 미만인 근로자, 4주간을 평균하여 1주간의 소정근로시간이 15시간 미만인 근로자에 대하여는 그러하지 아니하다」고 규정하여 퇴직급여를 지급하지 아니하도록 했다.

2) 적용제외의 취지

4주간을 평균하여 1주간의 소정근로시간이 15시간 미만인 단시간근로자에 대하여는 퇴직금제도, 주휴일, 연차유급휴가 등 근로자퇴직급여보장법 및 근로기준법의 일부 규정을 적용 · 제외시킴으로써 기업의 부담을 경감시킨 것이다.

3) 적용제외의 판단기준

소정근로시간이 현저히 짧은 단시간근로자에 해당하는지 여부는 그 산정사유가 발생한 날 이전 4주간(4주간 미만으로 근로한 경우는 그 주간)을 평균하여 1주간의 소정근로시간이 15시간 미만인지의 여부에 따라 결정된다. 따라서 단시간근로자의 고용관계가 지속되는 한 각 주 근로시간이 어떻게 배분되는지와 관계없이 산정사유(주휴, 연차, 퇴직금 등)가 발생한 날을 기준으로 위 원칙에 따라 판단하면 될 것이다(1997.4.24, 근기 68207-535). 따라서 월별로 단시간근로자의 근로시간의 격차가 심하여 월에 따라 1주간의 소정근로시간이 15시간 미만이 되기도 하고, 그 이상이 되기도 하는 근로자가 퇴직금제도 등의 적용대상이 되는지 여부도 위 기준에 따라 판단되어야 할 것이다.

단시간근로자에게 주휴일 및 연차유급휴가시간에 해당하는 임금을 지급하기 위해서 소정근로시간(근로기준법시행령 별표 2 제2호나목 및 제3호나목의 규정에 의한 소정근로시간)을 산정할 경우 그 산정대상기간은 4주간(4주간 미만으로 근로하는 경우에는 그 주간)이며, 이 때의 4주간은 그 해당 임금을 지급하여야 할 사유가 발생한 날 이전 4주간을 말한다(1997.5.1, 근기 68207-567).

4) 초단시간 근로자의 사용자

학교단위로 채용한 중학교 스포츠강사가 2~3개의 학교에 걸쳐 근무하는 경우 1개 학교 계약단위로 보면 초단시간(15시간 미만) 근로자이나 각 학교 단위로 계약한 내용을 합산하면 4주 평균 1주 소정근로시간이 15시간이 될 때 주휴수당을 지급하는지 여부이다.

지방자치단체가 설립한 각급 공립학교의 학교장이 학교회계직원과 사법상 근로계약을 체결하였다고 하더라도 그 근로계약관계에 있어서 사업주로서 단체교섭의 당사자의 지위에 있는 사용자는 각급 공립학교의 학교장이 아니라 각급 공립학교를 설치 · 운영하는 지방자치단체라고 보는 것이 타당하다(서울행법 2013.1.15, 2012구합28346). 따라서 학생들의 체육수업 보조를 위해 2~3개의 학교장과 근로계약을 체결한 스포츠강사의 사용자는 해당 지방자치단체 즉 교육감이므로 근로기준법제18조제3항 적용 여부를 판단하기 위해서는 각 학교별 근로시간을 합산하여 4주 평균 1주 소정근로시간이 15시간 이상인지 여부를 확인하여야 할 것으로 판단된다(2016.5.30, 근로기준정책과-3430).

2 차별금지 및 불리한 처우의 금지

관련조문

기간제법 제8조 【차별적 처우의 금지】 ① 사용자는 기간제근로자임을 이유로 당해 사업 또는 사업장에서 동종 또는 유사한 업무에 종사하는 기간의 정함이 없는 근로계약을 체결한 근로자에 비하여 차별적 처우를 하여서는 아니된다.
② 사용자는 단시간근로자임을 이유로 당해 사업 또는 사업장의 동종 또는 유사한 업무에 종사하는 통상근로자에 비하여 차별적 처우를 하여서는 아니된다.
제9조 【차별적 처우의 시정신청】 ① 기간제근로자 또는 단시간근로자는 차별적 처우를 받은 경우「노동위원회법」제1조의 규정에 따른 노동위원회(이하 "노동위원회"라 한다)에 그 시정을 신청할 수 있다. 다만, 차별적 처우가 있은 날(계속되는 차별적 처우는 그 종료일)부터 6월이 경과한 때에는 그러하지 아니하다.
② 기간제근로자 또는 단시간근로자가 제1항의 규정에 따른 시정신청을 하는 때에는 차별적 처우의 내용을 구체적으로 명시하여야 한다.

관련조문

③ 제1항 및 제2항의 규정에 따른 시정신청의 절차 · 방법 등에 관하여 필요한 사항은 「노동위원회법」제2조제1항의 규정에 따른 중앙노동위원회(이하 "중앙노동위원회"라 한다)가 따로 정한다.

④ 제8조 및 제1항 내지 제3항과 관련한 분쟁에 있어서 입증책임은 사용자가 부담한다.

제16조 【불리한 처우의 금지】 사용자는 기간제근로자 또는 단시간근로자가 다음 각 호의 어느 하나에 해당하는 행위를 한 것을 이유로 해고 그 밖의 불리한 처우를 하지 못한다.

1. 제6조제2항의 규정에 따른 사용자의 부당한 초과근로 요구의 거부
2. 제9조의 규정에 따른 차별적 처우에 대한 시정신청, 제10조의 규정에 따른 노동위원회에의 참석 및 진술, 제14조의 규정에 따른 재심신청 또는 행정소송의 제기
3. 제15조제2항의 규정에 따른 시정명령 불이행의 신고
4. 제18조의 규정에 따른 통고

차별금지 및 불리한 처우의 금지에 관하여는 제2편 제6장 및 제7장의 기간제근로자에 대한 차별처우금지 및 불리한 처우의 금지를 둘러싼 법률문제 및 차별시정을 둘러싼 법률문제를 참조하기 바라며 단시간근로자에 대한 별도의 설명은 생략한다.

3 단시간근로자의 근로조건 결정기준 등에 관한 사항

단시간근로자의 근로조건은 그 사업장에서 같은 종류의 업무에 종사하는 통상근로자의 근로시간 기준으로 산정한 비율에 따라 결정되어야 하는 바, 단시간근로자의 근로조건을 결정함에 있어 기준이 되는 사항은 다음과 같다(근로기준법시행령 제9조제1항 관련 [별표 2]).

[별표 2] 단시간근로자의 근로조건 결정기준 등에 관한 사항(제9조제1항 관련)

1. 근로계약의 체결
   가. 사용자가 단시간근로자를 고용할 경우에는 임금 · 근로시간 그 밖에 근로조건을 명확히 적은 근로계약서를 작성하여 근로자에게 내주어야 한다.
   나. 단시간근로자의 근로계약서에는 계약기간, 근로일, 근로시간의 시작과 종료시각, 시간급임금 및 그 밖에 고용노동부장관이 정하는 사항이 명시되어야 한다.
2. 임금의 계산
   가. 단시간근로자의 임금산정 단위는 시간급을 원칙으로 하며, 시간급 임금을 일급통상임금으로 산정할 경우에는 나목에 따른 1일 소정근로시간 수에 시간급임금을 곱하여 산정한다.
   나. 단시간근로자의 1일 소정근로시간 수는 4주 동안의 소정근로시간을 그 기간의 통상근로자의 총 소정근로일 수로 나눈 시간 수로 한다.
3. 초과근로
   가. 사용자는 단시간근로자에 대하여 소정 근로일이 아닌 날에 근로시키거나 소정근로시간을 초과하여 근로시키고자 할 경우에는 근로계약서 · 취업규칙 등에 그 내용 및 정도를 명시하여야 하며, 초과근로에 대하여 가산임금을 지급하기로 한 경우에는 그 지급률을 명시하여야 한다.
   나. 사용자는 근로자와의 합의한 경우에만 초과근로를 시킬 수 있다.
4. 휴일 · 휴가의 적용
   가. 사용자는 단시간근로자에게 법 제55조에 따른 유급휴일을 주어야 한다.
   나. 사용자는 단시간근로자에게 법 제60조에 따른 연차유급휴가를 주어야 한다. 이 경우, 유급휴가는 다음의 방식으로 계산한 시간단위로 하며, 1시간 미만은 1시간으로 본다.

$$\text{통상근로자의 연차휴가일수} \times \frac{\text{단시간근로자의 소정근로시간}}{\text{통상근로자의 소정근로시간}} \times 8\text{시간}$$

   다. 사용자는 여성인 단시간근로자에 대하여 법 제73조에 따른 생리휴가 및 법 제74조에 따른 보호휴가를 주어야 한다.
   라. 가목 및 다목의 경우에 사용자가 지급하여야 하는 임금은 제2호가목에 따른 일급통상임금을 기준으로 한다.
   마. 나목의 경우에 사용자가 지급하여야 하는 임금은 시간급을 기준으로 한다.
5. 취업규칙의 작성 및 변경
   가. 사용자는 단시간근로자에게 적용되는 취업규칙을 통상근로자에게 적용되는 취업규칙과 별도로 작성할 수 있다.
   나. 가목에 따라 취업규칙을 작성하거나 이를 변경하고자 할 경우에는 적용대상이 되는 단시간근로자 과반수의 의견을 들어야 한다. 다만, 취업규칙을 단시간근로자에게 불리하게 변경하는 경우에는 그 동의를 받아야 한다.
   다. 단시간근로자에게 적용될 별도의 취업규칙이 작성되지 아니한 경우에는 통상근로자에게 적용되는 취업규칙이 적용된다. 다만, 취업규칙에서 단시간근로자에게 적용이 배제되는 규정을 두거나 다르게 적용한다는 규정을 둔 경우에는 이에 따른다.
   라. 가목 및 다목에 따라 단시간근로자에게 적용되는 취업규칙을 작성 또는 변경하는 경우에는 법 제18조제1항의 취지에 어긋나는 내용이 포함되어서는 아니 된다.

4장 단시간근로자 채용시의 법률상의 유의사항

1 모집에 있어서의 법적 유의사항

1. 연고자에 의한 소개모집과 소개근로자에 대한 사례의 금지를 둘러싼 법률문제

단시간근로자의 채용경로에 있어서 가장 많은 것은 근로자 가족·친척·친지나, 인근 사업장이나 공단 등에 근무하고 있는 사람의 권유, 그 소개에 의한 연고모집의 방법이다. 어떤 회사에서는 이러한 연고모집을 장려하여 단시간근로자로 근로하려는 사람을 소개하는 근로자에 대하여 협력금, 사례금, 특별장려금 등의 금품을 지급한다든지 화장품 등의 물품을 제공하거나 연극이나 음악회 등 공연관람권을 제공하는 사례가 있다.

사용자가 회사에서 일할 단시간근로자를 연고로서 소개하는 데 노력한 근로자에 대하여 그대로 방치하는 것보다는 이러한 소개자에 대하여 금품이나 이익을 제공하는 것은 「근로자를 모집하려는 자와 그 모집업무에 종사하는 자는 어떠한 명목으로든 응모자로부터 그 모집과 관련하여 금품을 받거나 그 밖의 이익을 취하여서는 아니 된다」는 직업안정법 제32조 본문의 규정에 위반하는지 여부가 문제된다.

예컨대, 음악이나 연극공연시 관람권 1매를 고마움의 표시로 전달하는 정도라면 사회적 의례의 범위에 속하여 직업안정법 제32조에서 위법하게 금지되어 있는 「금품을 받거나 그 밖의 이익」에 해당되지 아니한다. 연고로서 단시간근로자를 취업하도록 노력한 근로자에게 감사의 뜻으로 제공하는 것도 직업안정법상의 「금품 또는 이익」에 해당되지 아니한다. 일반적으로 다음과 같은 경우이다.

(1) 실비의 지급(교통비 · 일당 등)

실비의 지급은 재물 또는 이익의 제공이지만 실비로서 상당하다고 인정 되거나 일당이라고 부르거나 부당하게 많지 아니하는 한 법 위반의 문제는 없다.

(2) 금품 또는 이익에 해당되지 아니할 정도의 의례적 물품

회사 명의의 소액의 증여 용품, 소액의 화장품, 식품류, 볼펜 등 정도의 사회 통념상 의례적인 물품의 범위에 포함되는 것은 금품 또는 이익의 제공에 관한 문제는 발생하지 아니한다.

(3) 상여의 사정기준 중 회사에 대한 협력의 정도, 공헌도 등을 평가시 가산하는 경우

근로자가 회사에 소개한 단시간근로자의 인원 수에 따라 1명 얼마의 금액을 지급한 경우와 같이 대가관계가 명백한 경우는 문제될 수 있다. 예컨대 1명 소개에 대하여 상여금 100,000원을 가산하는 등 대가관계를 명시한 경우가 있다. 회사를 위하여 단시간근로자를 소개한 근로자의 노력에 대하여 상여금으로서 회사에 대한 공헌도에 따라 지급하는 것은 상여고과시 공헌도 중에 가산하는 것은 대가관계가 성립되지 아니하므로 문제될 것은 없다.

최근에는 단시간근로자의 확보에서 소개의 경우와는 달리 소개에서 지도까지 단시간근로자가 향후 1년간 근무하는 경우에는 일정액의 금액을 지급하는 것은 소개와 지도를 정착시킬 목적으로 하는 보상금제도를 설정하는 회사도 있는바 이것은 대가관계에 서기 때문에 직업안정법에 저촉되는 문제가 있다.

2. 전단, 광고 등의 문서모집

근로자를 고용하려는 자는 광고, 문서 또는 정보통신망 등 다양한 매체를 활용하여 자유롭게 근로자를 모집할 수 있다(직업안정법 제28조제1항).

광고, 문서 또는 정보통신망 등 다양한 매체를 활용하여 단시간근로자를 모집하는 광고를 게재하거나 전단을 배포하거나 단시간근로자를 모집하는 것은 원칙으로 자유로 행할 수 있다. 최근에는 구인이나 직업정보 제공사업의 확대와 그 활성화로 인해 분쟁이 발생할 수 있으므로 정부는 행정지도를 강화하고 있다.

직업안정법 제23조제1항에 의하면 「직업정보제공사업을 하려는 자(제18조에 따라 무료직업소개사업을 하는 자와 제19조에 따라 유료직업소개사업을 하는 자는 제외한다)는 고용노동부장관에게 신고하여야 한다. 신고사항을 변경하는 경우에도 또한 같다」고 규정하고 있다.

3. 직접 모집하는 경우

근로자를 고용하려는 자는 광고, 문서 또는 정보통신망 등 다양한 매체를 활용하여 자유롭게 근로자를 모집할 수 있다(직업안정법 제28조). 직업안정기관의 장은 구인신청이나 구직신청의 수리를 거부하여서는 아니 된다. 직업안정기관의 장은 구직자에게는 그 능력에 알맞은 직업을 소개하고, 구인자에게는 구인조건에 적합한 구직자를 소개하도록 노력하여야 하며 구직자가 가능하면 통근할 수 있는 지역에서 직업을 소개하도록 노력하여야 한다(직업안정법 제11조).

직업안정기관의 장은 통근할 수 있는 지역에서 구직자에게 그 희망과 능력에 알맞은 직업을 소개할 수 없을 경우 또는 구인자가 희망하는 구직자나 구인 인원을 채울 수 없을 경우에는 광범위한 지역에 걸쳐 직업소개를 할 수 있다(동법 제12조).

4. 제3자에 의뢰하여 모집하는 경우

단시간근로자를 고용하려는 자는 그 피용자 이외의 제3자에게 근로자의 모집을 위탁하려는 경우에 관하여 구 직업안정법에서는 고용노동부장관의 허가를 받도록 하였으나 개정 직업안정법에서는 규제개혁의 차원에서 위탁모집과 그에 관한 허가 그 밖의 규제사항을 모두 폐지하였다. 그러므로 단시간근로자를 직접 모집하거나 제3자에 의뢰하여 자유롭게 모집할 수 있다.

2 고용에 있어서의 법적 유의사항

1. 채용시 명시하여야 할 근로조건

(1) 근로기준법에 의한 근로조건

단시간근로자나 정규직근로자의 근로조건은 채용시에 가장 중요한 문제이다. 근로기준법은 제17조에서 고용형태를 불문하고 「① 사용자는 근로계약을 체결할 때 근로자에게 다음 각 호의 사항을 명시하여야 한다. 근로계약 체결 후 다음 각 호의 사항을 변경하는 경우에도 또한 같다.

1. 임금
2. 소정근로시간
3. 제55조에 따른 휴일
4. 제60조에 따른 연차유급휴가
5. 그 밖에 대통령령으로 정하는 근로조건

② 제1항제1호와 관련한 임금의 구성항목 · 계산방법 · 지급방법, 제2호부터 제4호까지의 사항이 명시된 서면을 근로자에게 교부하여야 한다. 다만 본문에 따른 사항이 단체협약 또는 취업규칙의 변경 등 대통령령으로 정하는 사유로 인하여 근로계약이 변경된 경우에는 근로자의 요구가 있으면 그 근로자에게 교부하여야 한다(2012년 1월 1일부터 시행)」고 규정하고 있다.

근로기준법시행령 제8조는 명시하여야 할 「그 밖에 대통령령으로 정하는 근로조건」을 다음과 같이 규정하고 있다.

「1. 취업의 장소와 종사하여야 할 업무에 관한 사항
2. 법 제93조제1호부터 제12호까지의 규정에서 정한 사항
3. 사업장의 부속 기숙사에 근로자를 기숙하게 하는 경우에는 기숙사규칙에서 정한 사항」

근로기준법시행령 제8조의 2는 「법 제17조제2항 단서에서 "단채협약 또는 취업규칙의 변경 등 대통령령으로 정하는 사유로 인하여 변경되는 경우"란 다음 각 호의 경우를 말한다.

1. 법 제51조제2항, 제52조, 제57조, 제58조제2항 · 제3항, 제59조 또는 제62

조에 따라 근로자대표와의 서면합의에 의하여 변경되는 경우

2. 법 제93조에 따른 취업규칙에 의하여 변경되는 경우

3. 노동조합및노동관계조정법 제31조제1항에 따른 단체협약에 의하여 변경되는 경우

4. 법령에 의하여 변경되는 경우」라고 규정하고 있다.

단시간근로자에 대하여 근로기준법시행령 제8조 및 별표 2 제1호 「근로계약의 체결」에서 다음과 같이 규정한다.

「가. 사용자가 단시간근로자를 고용할 경우에는 임금 · 근로시간 그 밖에 근로조건을 명확히 적은 근로계약서를 작성하여 근로자에게 내주어야 한다.

나. 단시간근로자의 근로계약서에는 계약기간, 근로일, 근로시간의 시작과 종료시각, 시간급임금 및 그 밖에 고용노동부장관이 정하는 사항이 명시되어야 한다.」

단시간근로자에 대하여는 채용시 이러한 근로조건을 명확히 하여 근로계약시 명시하여야 한다.

(2) 기간제법에 의한 단시간근로자의 근로조건

기간제법 제17조에서는 「사용자는 기간제근로자 또는 단시간근로자와 근로계약을 체결하는 때에는 다음 각 호의 사항을 서면으로 명시하여야 한다. 다만, 제6호는 단시간근로자에 한한다.

1. 근로계약기간에 관한 사항
2. 근로시간 · 휴게에 관한 사항
3. 임금의 구성항목 · 계산방법 및 지불방법에 관한 사항
4. 휴일 · 휴가에 관한 사항
5. 취업의 장소와 종사하여야 할 업무에 관한 사항
6. 근로일 및 근로일 별 근로시간」을 규정하여 서면명시를 사용자의 의무사항으로 규정하고 근로조건을 서면으로 명시하지 아니한 사용자에게는 500만원 이하의 과태료에 처한다(동법 제24조제2항제2호).

근로기준법 제17조의 입법취지는 근로계약시 근로시간, 임금, 휴가 등 근로조건을 서면으로 명시하여 근로자로 하여금 자신의 근로조건을 명확히 알 수 있도록 하며 근로조건과 관련된 분쟁을 예방할 수 있고, 발생한 분쟁도 손쉽게 해결할

수 있다. 특히, 기간제 및 단시간근로자의 경우 통상근로자에 비하여 근로조건이 취업규칙 등으로 집단적으로 규율되는 경우가 적고, 근로자의 잦은 이동은 분쟁이 발생할 가능성이 매우 크다. 따라서 근로자의 근로조건을 보호하고 분쟁의 예방 및 조속한 해결을 도모하기 위하여 근로조건의 서면명시 규정을 둔 것이다(기간제법 제17조).

근로기준법 시행령 [별표 2] 제1호가목에는 단시간근로자의 근로조건을 포함한 근로계약서의 작성과 교부의무를 적극적으로 규정하고 있다는 점에 그 의의가 있다.

2. 채용내정취소 문제가 있는가

단시간근로자의 경우에는 채용(근로계약의 체결)과 현실의 취업시기가 같거나 가까운 시기인 것이 통상이지만 경우에 따라서는 시간적 차이(시차)가 있어서 신규학교 졸업자의 경우와는 다르게 채용내정 취소 문제가 발생한 경우는 거의 없다. 그러나 근로자나 제3자가 개재하여 문제가 야기된 경우가 있을 수 있다. 채용 여부의 결정도 직종, 업무내용 등에 따라 즉답하되 회사 측에서 검토의 여지가 있어 채용 여부의 통지일을 정하고 면접을 종료하는 것을 배려할 필요가 있다.

3. 채용시 건강진단은 필요한가

사업주는 근로자의 건강보호 · 유지를 위하여 근로자에 대하여 건강진단을 실시하여야 한다(산업안전보건법 제43조제1항). 근로자를 신규로 채용할 때 실시하는 건강진단(채용시건강진단)은 질병이 있는 자의 고용기회를 제한하는 수단으로 오용되고 있어 이를 방지하기 위하여 2006년부터는 이를 폐지하였다.

4. 채용시 안전보건교육 실시의무

산업안전보건법 제31조제2항은 「사업주는 근로자를 채용(건설 일용근로자를 채용하는 경우는 제외한다)할 때와 작업 내용을 변경할 때에는 그 근로자에 대하여 고용노동부령으로 정하는 바에 따라 해당 업무와 관계되는 안전 또는 보건에 관한 교육을 하여야 한다」고 규정하고 구체적인 교육 내용에 대하여는 산업안전보건법시행규칙 제33조에서 규정하고 있다.

5. 채용시 근로조건 명시방법

기간제법 제17조에 의하면 근로계약 체결시의 근로조건의 서면명시를 의무화하고 있으며 이를 위반한 자는 500만원 이하의 과태료에 처한다고 규정(동법 제24조제1항)하고 있다. 동법 제17조의 규정 내용은 다음과 같다.

> **제17조 【근로조건의 서면명시】** 사용자는 기간제근로자 또는 단시간근로자와 근로계약을 체결하는 때에는 다음 각 호의 모든 사항을 서면으로 명시하여야 한다. 다만 제6호는 단시간근로자에 한한다.
> 1. 근로계약기간에 관한 사항
> 2. 근로시간 · 휴게에 관한 사항
> 3. 임금의 구성항목, 계산방법 및 지불방법에 관한 사항
> 4. 휴일 · 휴가에 관한 사항
> 5. 취업의 장소와 종사하여야 할 업무에 관한 사항
> 6. 근로일 및 근로일별 근로시간

단시간근로자를 고용하는 경우에 명시해야 할 근로조건 사항은 임금, 근로시간 기타 근로조건이며 명시방법은 근로계약서를 서면으로 작성하여 교부하여야 한다. 사용자는 근로계약 체결시에 고용형태를 불문하고 임금의 구성항목, 계산방법 및 지급방법에 관한 사항은 문서로써 하여야 하며 이를 위반할 경우에는 벌칙의 적용을 받는다.

그러나 단시간근로자에 대하여는 근로기준법시행령 「별표 2」제1호 근로계약의 체결에서 「가. 사용자가 단시간근로자를 고용할 경우에는 임금 · 근로시간 기타의 근로조건을 명확히 적은 근로계약서를 작성하여 근로자에게 내주어야 한다. 나. 단시간근로자의 근로계약서에는 계약기간, 근로일, 근로시간의 시작과 종료시각, 시간급임금 및 그 밖에 고용노동부장관이 정하는 사항이 명시되어야 한다」고 규정한다. 이를 위반할 경우에는 근로계약 체결의 효력에는 영향이 없으나 벌칙의 적용을 받으므로 단속적 효력을 가지고 있다.

단시간근로자의 근로조건의 명확화를 위해 반드시 근로계약서라는 문서를 작성하여 교부하여야 한다. 이러한 사항은 미리 취업규칙에 포함시켜 이를 주지시키는 방법이 있을 수 있으나 바람직한 방법이 아니며 임금, 근로시간, 기타 근로조건에 관한 사항은 근로계약서에 서면으로 명시하여야 한다.

단시간근로자를 포함하여 고용 형태를 불문하고 사용자는 근로계약의 체결 및 변경시에 「임금의 구성항목 · 계산방법 · 지급방법, 소정근로시간, 제55조에 따른

휴일 및 제60조에 따른 연차유급휴가」에 관한 사항에 대하여는 서면으로 명시하고 명시된 서면을 그 근로자에게 교부하여야 한다. 다만 서면 명시내용이 단체협약 또는 취업규칙 변경 등 대통령령으로 정하는 사유로 인하여 변경되는 경우에는 근로자의 요구가 있으면 그 근로자에게 교부하여야 한다(근로기준법 제17조). 이를 위반할 경우에는 500만원 이하의 벌금에 처한다(근로기준법 제114조제1호).

단시간근로자에 대한 근로기준법 적용방법(2007.12.10, 비정규직대책팀-4349; 2004.8.30, 근로기준과-4532)에 의하여 근로계약 체결에 있어서 유의사항을 구체적으로 제시하고 있다.

6. 채용시 회사 제출서류

회사는 근로자를 채용할 때 필요한 서류의 제출을 요구할 수 있다. 단시간근로자도 근로자이므로 회사는 근로자에게 필요한 서류의 제출을 요구할 수 있으며 각종 법령상의 절차에 있어서도 단시간근로자 고용에 관한 서류의 제출이 필요하다. 그러나 정규직근로자와는 달리 채용서류 제출의 필요성이라는 점에서는 통상 정규직근로자의 제출서류보다는 다소 적을 것이다.

제9조 【제출서류】 ① 단시간근로자 또는 일용근로자로 채용된 자는 지체없이 회사가 정한 서식에 따라 다음 각 호의 서류를 회사에 제출하여야 한다.
1. 이력서
2. 가족사항에 관한 증명서
3. 서약서
4. 기타 회사가 제출을 요구한 서류
② 제1항 각 호의 서류는 회사의 지시에 따라 그 일부를 생략할 수 있다.
③ 제1항의 기재사항의 변경이 있을 때에는 지체없이 변경사항을 제출하여야 한다.

단기간 채용의 단시간근로자는 가족사항에 관한 증명서 등은 고용 절차의 간편성 때문에 요구하지 않는 경우가 많다.

근로기준법 제66조의 연소자에 대하여는 그 연령을 증명하는 가족관계 기록사항에 관한 증명서, 근로기준법 제41조 및 동법시행령 제20조에 의한 근로자명부의 기재사항에는 본적지의 기재는 필요하지 않다.

가족관계 기록사항에 관한 증명서 등은 채용 후에 본인의 업무상의 사망사고나 기타 필요에 따라 보험급여 청구시 법률상의 요건인 경우에는 필요한 시점에서 요구하면 될 것이다.

7. 업무경험자의 채용과 직업병 발생문제

단시간근로자에 있어서도 최근 직업병 문제가 발생할 수 있다는 점을 배려하여야 한다. 최근 문제가 되고 있는 근골격계 부담 작업 종사자, 금전등록사무 종사자, 시스템 · OA기기 근골격계질환, 경견완증후군 장해나 VDT 장해 등은 동일한 업무에 장기간 종사하여 노동피로의 축적에 의하여 발생한다.

직업병의 발생이 문제되는 것은 이러한 업무 경험자가 있는 경우에 이러한 업무에 다시 단시간근로자로 종사시키는 것은 직업병 발병의 가능성 내지 위험이 있을 수 있다. 경험자 대환영이라고 하여 직업병 발생이나 유해요인이 있는 직업에 있어서 경험자를 채용하여 다시 동일한 유해요인이 있는 업무에 종사시키는 것은 직업병 관리에 특히 유의하여야 할 것이다.

주부 단시간근로자의 경우에는 직력(職歷)이 있는 사례가 많이 있을 것이다. 예컨대 금전등록사무종사의 경력이 있어 어떤 백화점에서 8년간 근무해 온 경우 본인을 채용하여 다시 상점이나 슈퍼마켓 등의 단시간근로자로서 업무를 하게 하는 것은 근골격계질환 등의 발병 위험이 높을 수 있으므로 근무시간이나 휴게시간 등의 건강상의 배려가 필요하다.

다른 회사의 경험자의 경우는 그 작업경력 및 과거병력 등의 조사 등도 채용시 유의하지 않으면 안 된다. 산업안전보건법 제43조 동법시행규칙 제100조에서는 채용시 건강진단을 실시하여야 할 검사항목에 과거병력 및 작업경력의 조사, 자각증상 및 타각증상의 유무의 검사 등 일정한 사항에 대한 검진을 사업주의 의무로 하고 있었으나 채용시 건강진단은 2006년 1월 1일부터 폐지되었다.

8. 채용시 신원보증서 제출 요구

단시간근로자의 경우에도 근로계약을 체결하여 채용하는 이상 당해 회사의 근로자로서 지위를 취득하여 임금청구권 등의 권리를 취득하고 성실복종의무 등의 근로자로서의 의무를 부담한다. 신원보증서에 있어서도 단시간근로자에게도 신원보증계약서 제출을 요구하지 않을 이유는 없지만 간편한 면접을 거쳐 채용하는 것이 일반적이므로 그 종사업무에 있어서도 정규직근로자와는 달리 책임이 비교적 가벼운 경우가 많으므로 정규직근로자와는 달리 신원보증서의 제출을 요구하지 않는 경우가 많을 것이다.

신원보증계약이란 「피용자가 업무를 수행하는 과정에서 그의 책임 있는 사유로 사용자에게 손해를 입힌 경우에 그 손해를 배상할 채무를 부담할 것을 약정하는 계약을 말한다」(신원보증법 제2조) 예컨대 단시간근로자도 회사의 상품을 취급하거나, 금전을 접수하거나 장부, 전표 등을 취급하는 경우 등에 있어서는 이러한 금전사고가 발생할 우려가 있으므로 신원보증을 요구할 필요성이 사용자 측에 인정되고 단시간근로자 측에 있어서도 이를 거부할 이유는 없다. 이러한 경우에도 정규직근로자와는 고용형태와 신분보장상의 지위가 다르므로 신원보증서의 제출을 요구하지 아니한 경우가 많을 것이다.

9. 여성 단시간근로자 고용시 유의사항

사업주는 근로여성의 혼인 · 임신 · 출산 등을 퇴직사유로 예정하는 근로계약을 체결할 수 없다(남녀고용평등법 제11조제2항). 즉, 여성의 임신해고제는 성별에 의한 차별이며 헌법 제10조의 「모든 국민은 법 앞에 평등하다」는 원칙에 반하며, 민법 제103조의 사회질서에도 반할 뿐만 아니라, 근로기준법 제6조의 균등처우의 원칙에도 반하여 무효라고 본다.

여성인 단시간근로자도 근로여성이기 때문에 상술한 모든 법의 적용을 받는다. 특히 근로기준법 제23조제2항에서는 「산전 · 산후의 여성이 이 법에 따라 휴업한 기간과 그 후 30일 동안은 해고하지 못한다」고 하는 제한규정을 두고 있다. 이 규정의 예외로서는 사용자가 제84조에 따라 일시보상을 하였을 경우 또는 사업을 계속할 수 없게 된 경우뿐이다.

임신해고제는 여성의 결혼퇴직제 및 조기정년제 등의 경우와 같이 근로기준법에서는 직접 금지하는 규정을 두지 않아 남녀고용평등법 제11조에 의해서 직접 금지조항을 둔 것이다. 여성근로자에게만 임신 · 결혼 등을 퇴직사유로 정한 것은 성별을 이유로 하는 차별이라고 보며, 결혼의 자유를 침해하는 것이 되기 때문에 민법 제103조의 사회질서에 반한다고 한 국내외의 판례가 많이 나와 있다.

근로기준법 제2장 근로계약에서 성별에 의한 근로조건의 차별 금지를 구체적으로 규정하지 않은 이유는 근로기준법 제5장에서 여성에 대해서 유해 · 위험한 사업에서의 사용금지(제65조), 야간근로 및 휴일 근로제한(제70조), 산후 1년이 지나지 아니한 여성에 대한 시간외근로의 제한(제71조)규정을 두고 있기 때문이다. 특히 근로기준법 제74조에서 임신 중의 여성 근로자의 요구가 있는 경우에는 쉬운 종류의 근로에 전환시켜야 하며, 시간외근로를 금지하고 있고, 제75조에서는 육아시간에 관한 규정을 두고 임신 중, 출산 후의 여성 근로자를 보호하고 있다. 이것은 다음 세대의 사회를 건전하게 계승해 나가기 위해 임신 · 출산은 여성의 중요한 역할로서 사회적으로 보호되어야 하기 때문이다.

5장 단시간근로자의 근로계약을 둘러싼 법률문제

1 근로계약을 둘러싼 문제

관련조문

※ **근로계약의 체결**(근로기준법시행령 별표 2 제1호)

가. 사용자가 단시간근로자를 고용할 경우에는 임금 · 근로시간 그 밖에 근로조건을 명확히 적은 근로계약서를 작성하여 근로자에게 내주어야 한다.

나. 단시간근로자의 근로계약서에는 계약기간, 근로일, 근로시간의 시작과 종료시각, 시간급임금 및 그 밖에 고용노동부장관이 정하는 사항이 명시되어야 한다.

1. 근로계약은 언제 성립하는가, 구두채용도 가능한가

(1) 근로계약의 체결방법

단시간근로자를 채용함에 있어서는 단시간근로자와 회사 등 채용하는자 간에 법률적으로는 단시간근로자 본인과 회사 등 법인 또는 개인사업주 간에 근로계약을 체결하여야 한다. 근로계약이란 근로자가 사용자에게 근로를 제공하고 사용자는 이에 대하여 임금을 지급하는 것을 목적으로 체결하는 계약을 말한다(근로기준법 제2조제1항제4호).

근로계약이라는 용어와 고용계약이라는 용어가 있으나 양자는 동일한 의미로 사용되지는 않고 근로기준법상의 적용대상인 근로자 측에서는 고용계약을 근로계약이라 하고 기타 대등한 시민간의 계약으로서의 민법상의 고용계약이라는 용어의 사용에 있어서는 구별되나 엄밀하게 구별하고는 있지 않다.

근로계약이란 단시간근로자로 고용되려는 본인 측의 의사표시와 회사 측의 근로시키고 싶다는 의사표시의 합치로서 성립한다. 근로계약은 누구에게 제출하거나 등록하지 않아도 되는 불요식의 계약으로서 서면에 의한 근로계약서 작성은 성립요건은 아니며 구두로도 성립하는 낙성계약이다.

단시간근로자에 대한 근로계약을 체결하는 경우 근로계약서는 반드시 서면으로 작성하여야 하며 근로조건을 명확히 기재한 근로계약서를 작성하여 본인에게 교부하여야 한다. 단시간근로자는 통상근로자에 비해서 다소 특이한 근로 형태라는 점을 감안 할 때 당사자간의 분쟁을 사전에 예방할 수 있게 하기 위해서는 서면으로 계약을 체결하여야 할 것이며, 행정지침(2007.12.10. 비정규직대책팀-4349「단시간근로자에대한근로기준법적용방법」)에 의하여 「단시간근로자용 표준근로계약서」(371페이지 참조)를 활용하도록 행정관청에서 지도하고 있다.

물론 근로조건을 규율하는 규범은 근로계약보다 상위 규범인 취업규칙이나 단체협약 등이 있기 때문에 근로계약에 명시하지 않았다 해도 상위 규범인 제 규정에 의하여 개별적인 근로조건이 적용될 수 있는 것이다. 다시 말해서 근로계약에 정하지 않은 근로조건에 대해서는 취업규칙이나 단체협약의 규정을 적용 받게 된다. 취업규칙이나 단체협약에 규정된 일부 근로조건에 대하여 적용하지 않는다고 근로계약서에 명시한다 하더라도 근로기준법 제96조와 제97조의 규정에 따라서 그 효력은 부정될 수 있다.

근로계약서의 서식은 각 사마다 사정이 다르기 때문에 일정한 서식으로 작성하라고 말할 수는 없으나, 고용노동부가 표준근로계약서(단시간근로자 · 1년 미만 단기계약근로자 · 건설일용근로자용)를 만들어 예시하거나 외국인근로자에게는 법정서식에 의한 표준근로계약서(외국인근로자보호등에관한법률 제9조제1항 및 동법시행규칙 제8조)가 있으므로 이것을 참고해서 작성하는 것이 좋을 것이다.

(2) 근로계약의 효력발생시기

물론 그 근로계약의 효력발생시기는 단시간근로자로서 근로하고 싶다는 근로자의 근로계약 체결의 청약과 사용자 측에서 단시간근로자로 채용한다는 승낙의 의

사표시를 통지함으로써 성립한다(민법 제531조).

의사표시의 효력발생시기는 일반적으로 도달주의가 원칙이지만 계약에 있어서 발신주의에 입각한다. 승낙의 통지가 있게 되면 당해 회사의 근로자인 단시간근로자가 된다. 이 근로계약의 성립은 특별한 양식은 필요 없으나 근로기준법시행령 별표 2 제1호에서 사용자는 근로계약서를 작성해서 단시간근로자에게 교부하도록 하고 이를 위반한 경우에는 벌칙의 적용을 받는다. 그러나 근로계약서의 작성교부가 성립요건이거나 효력발생요건은 아니며 구두계약이라도 유효하다.

2. 근로계약의 내용

단시간근로자의 채용에 있어서 명시하여야 할 근로조건은 이미 채용시 명시하여야 할 근로조건에서 기술한 바 있다. 근로기준법 제17조, 제93조와 동법시행령 제8조 및 기간제법 제17조는 이미 언급한 바 있다.

3. 근로계약과 취업규칙

보통 계약을 할 경우에는 계약내용, 예를 들어 지불기한이라든가 매매조건 등은 당사자간에 구체적으로 협의하여 결정하기 마련인데, 근로계약을 체결할 경우에는 일일이 구체적인 계약조건까지 그 자리에서 개별적으로 교섭하여 결정하지 아니함이 통례이다.

극단적인 경우에는 임금은 얼마 가량이며, 근로시간은 몇 시간가량(그것마저도 결정하지 아니할 때도 있지만)이라는 정도로, 「일하겠습니다」, 「좋습니다. 일해 주십시오」라는 대화 몇 마디로 채용이 결정된다.

이와 같이 근로조건을 구체적으로 정하지 아니한 경우에는 어떻게 되는가. 취업규칙은 당해 사업장 내에서의 사회적 규범임에 그치지 아니하고, 법적 규범으로서의 성질을 가지고 있으므로 당해 사업장의 근로자는 취업규칙의 존재 및 내용을 현실적으로 알고 있느냐, 모르고 있느냐에 구애되지 아니하고, 또 이에 대하여 개별적으로 동의를 하였는지에 대하여도 불문하고, 당연히 그 적용을 받는다. 근로자는 취업규칙에서 규정하는 근로조건을 내용으로 한 계약을 맺는 셈이 된다. 통상 근로계약서 내용은 근로계약 체결에 의하여 결정되는 것이지만 기업 내의 집단적 통일적 근로조건 결정의 규범인 취업규칙에 기재하는 방법으로도 정한다.

근로계약은 낙성계약으로 청약에 따른 승낙으로 성립하므로 그 계약의 내용은 사용자와 근로자가 개별적인 교섭에 의하여 확정하는 것이 원칙이지만, 오늘날 다수의 근로자를 고용하고 있는 기업의 근로자들과 일일이 계약 내용을 약정하기보다는 근로계약의 내용이 되는 근로조건 등을 단체협약, 취업규칙에 정하여 근로관계를 정형화하고 집단적으로 규율하는 것이 보통이다. 그러므로 근로계약 체결시 계약의 내용을 취업규칙의 내용과 달리 약정하는 등 특별한 사정이 없는 한 근로계약을 체결한 근로자와 사용자 사이에는 취업규칙에 정하는 바에 따라 근로관계가 성립한다(대법 1999.1.26, 97다53496).

이와 같은 사항은 채용된 근로자가 그 회사에 취업규칙이 있다는 것을 모르거나, 또 그 내용을 잘 알지 못하고 있다 하더라도 마찬가지이며, 취업규칙이 작성되어 신고 되어 있기만 하면(신고는 효력요건이 아니다) 그 취업규칙이 회사의 서류함 밑바닥이나 담당자의 책상 서랍 속에서 삼사고 있다 하더라도 그 회사에 「존재하는」 그 취업규칙에 따라서 근로계약을 체결한 셈이 된다.

마치 생명보험에 가입할 경우에 보험에 「들겠습니다」라고 말하면서 보험료를 지불하면 「생명보험약관」이라는 것이 있다는 사실을 모르거나, 보기는 하였으나 내용을 읽지 아니하였나 하더라도, 그 생명보험약관에 따라서 생명보험계약을 체결한 것과 마찬가지로(이와 같은 계약을 부합계약이라고 한다) 취업규칙은 근로계약의 내용이 된다.

실제는 단시간근로자에게 적용되는 취업규칙이 있다면 일일이 구체적으로 개개인의 단시간근로자와 그 근로조건의 내용을 상세히 결정하지 아니하더라도 취업규칙의 내용에 따른 근로계약을 체결하는 것이 보통이다.

4. 근로계약서는 반드시 작성 교부하여야 하는가

(1) 근로계약서의 작성 · 교부의무

단시간근로자의 고용에 있어서는 노사간의 근로계약에 따라야 하는 바 근로계약은 구두로도 성립할 수 있으나 특히 단시간근로자에 관한 근로계약에 있어서는 서면에 의한 근로계약서를 작성 · 교부하도록 규정(근로기준법시행령 별표2제1호

가목)하고 있으나 서면계약의 형식 내용은 자유이다. 특히 단시간근로자의 경우에는 통상근로자와 근로조건이나 근무형태가 개별 사정에 따라 다양하게 설정되는 경우가 많고 무엇보다도 근로계약기간의 정함이 있으므로 이를 명확히 할 필요가 있다. 이 때문에 사용자로 하여금 단시간근로자의 근로조건을 명확히 하도록 단시간근로자를 채용한 때에는 신속히 임금, 근로시간 그 밖에 근로조건에 관한 사항을 분명히 한 '문서'를 교부하도록 명시하고 있다. 이와 같이 근로조건을 문서의 교부로 명시하도록 함으로써 사후에 불필요한 근로조건 관련 분쟁을 방지할 필요가 있을 것이다.

(2) 서명방식주의 규정의미

단시간근로자와의 계약의 체결시의 사용자에게 구체적인 근로조건이 명시된 근로계약서의 작성 · 교부의무의 법적 성격에 대하여 견해의 대립이 있을 수 있다. 첫째 견해는 단시간근로계약의 체결에 대하여 서면방식주의를 규정한 것으로 본다면 근로계약의 유효요건이 되므로 이를 준수하지 않는다면 해당 근로계약은 무효가 된다는 입장이다.

둘째 견해는 단시간근로계약서 작성 및 교부의무는 서면방식주의를 채택한 것은 아니므로 설령 구두로 체결하여도 유효하다는 입장이다.

근로기준법시행령「별표 2」제1호가목의 법적 성격은 강행규정이 아니라 단속규정의 성격이 있다. 이를 위반하더라도 무효는 아니다. 오히려 근로조건의 명확화와 근로관계의 내용에 관한 입증가능성을 확대하고 이를 통해서 법적 안정성을 제고하기 위하여 근로자에게 중요한 근로조건이 명시된 근로계약서의 적성 및 교부청구권을 부여하는 것으로 보는 견해가 타당하다(김형배, 「노동법」, 24판, p.1291).

5. 명시된 근로조건이 사실과 다를 경우의 구제방법

서면방식주의는 단시간근로자의 보호를 위한 특별규정으로 볼 수 있다. 한편 명시된 근로조건이 사실과 다를 경우에는 단시간근로자도 통상근로자와 마찬가지로 근로조건위반을 이유로 법원이나 노동위원회에 손해배상을 청구하거나 근로계약을 즉시 해지할 수 있으며 또한 취업을 목적으로 거주를 변경하는 경우에는 필요한 거주이전비용을 청구할 수 있다(근로기준법 제19조).

6. 단시간근로자의 근로조건의 서면명시 · 교부

단시간근로자의 처우 및 근로조건 등에 있어서 고용시에 근로조건이 불명확한 경우도 있고 단시간근로자의 취업실태를 배려할 필요가 있으므로 분쟁방지의 관점에서 다음과 같이 규정하고 있다. 「가. 사용자가 단시간근로자를 고용할 경우에 임금 · 근로시간 그 밖에 근로조건을 명확히 적은 근로계약서를 작성하여 내주어 한다. 나. 단시간근로자의 근로계약서에는 계약기간, 근로일, 근로시간의 시작과 종료 시각, 시간급 임금 및 그 밖에 고용노동부장관이 정하는 사항이 명시되어야 한다」(근로기준법시행령 별표 2, 제1호 근로계약의 체결)고 규정하여 근로계약서 교부제도를 마련하고 있다. 근로계약서는 사용자가 일방적으로 작성 교부하는 것이 아니라 양 당사자간의 합의서면인 근로계약서이므로 양 당사자의 서명 또는 기명날인이 있는 서면계약이어야 한다. 이를 명확히 하기 위하여 그 취지를 단시간근로자 취업규칙 등에 기재하는 것이 바람식하다.

예컨대, 실제의 취업규칙은 다음과 같이 규정하고 있다.

제○조 【채 용】 ① 회사는 단시간근로자로서 취업을 희망하는 자를 전형선발 하여 적당하다고 인정하는 자를 단시간근로자로 고용한다. ② 제1항의 고용에 있어서는 별지 「단시간근로자근로계약서」를 작성하여 쌍방 서명(또는 기명날인을 포함한다)하되, 회사의 서명자는 영업소장 또는 각 소속장으로 한다. ③ 단시간근로자는 지정 출근일에 출근하는 날로부터 당사 단시간근로자로서 이 규칙의 적용을 받는다. **제○조 【단시간근로자의 정의】** 이 규칙에서 딘시간근로자는 제○조에서 정하는 바에 따라 「단시간근로자근로계약서」를 체결하여 고용되는 자를 말한다.

위와 같은 실례는 근로계약서를 체결하여 채용하는 경우에 단시간근로자로서 근무를 개시하는 데 있어 현실의 지정 출근일의 도래를 취업규칙의 적용을 받는 당해 회사의 근로자가 된다고 정하여 언제부터 취업규칙의 적용을 받는 「단시간근로자로서의 지위」를 취득하는지 그 적용시기를 분명히 한 점에 그 특징이 있다.

사용자가 기간제 및 단시간근로자와의 근로계약 체결시에 근로계약기간, 근로시간 · 휴게, 임금의 구성항목 · 계산방법 및 지급방법에 관한 사항, 휴일 · 휴가, 취업장소 및 종사업무, 근로일 및 근로일별 근로시간 등을 서면으로 명시하여야 한다(기간제법 제17조).

근로기준법 제17조는 서면명시 사항으로 임금(현행)외에 근로기준법상의 소정근로시간, 휴일, 연차유급휴가를 추가하고 근로자의 요구가 있는 때에는 이를 그 근로자에게 교부하여야 한다고 규정하여 근로조건의 서면명시 및 교부를 사용자의 의무로 하고 있다. 기간제법은 단시간근로자에 대해 서면으로 명시해야 하는 근로조건의 범위를 확대하고 근로계약서의 작성과 교부의무를 정한 것이다. 단시간근로자는 근로조건상의 불안정성이 클 수 있기 때문에 사전에 이를 방지함으로써 사후의 불필요한 분쟁의 소지를 줄이기 위한 것으로서 단시간근로자 보호를 위해 진일보한 특별 규정으로 볼 수 있다(노동법실무연구회, 「근로기준법 주해 I」, p.38). 기간제법은 근로기준법의 특별법이므로 근로조건의 서면명시를 규정하고 있는 기간제법 제17조는 근로기준법 제17조의 특칙이라고 할 수 있으므로 단시간근로자에 대해서는 근로기준법제17조의 적용은 배제된다. 근로기준법시행령 별표 2 제1호 가목은 임금등 근로조건을 포함한 근로계약서의 작성과 교부 의무를 적극적으로 규정하고 있다는 점이다.

7. 단시간근로자 근로계약서를 둘러싼 문제

(1) 근로계약의 체결은 원칙적으로 서면과 같은 특별한 방식을 요건으로 하지 않는다. 그런데 「단시간근로자의 근로조건 결정기준」(근로기준법시행령 별표 2)에서 단시간 근로계약의 체결시에 사용자에게 구체적인 근로조건이 명시된 근로계약서의 작성 · 교부의무를 부과한 것을 어떻게 이해해야 할 것인가? 만약 이를 단시간 근로계약의 체결에 대하여 서면방식주의를 규정한 것으로 본다면 근로계약의 유효요건이 되므로 이를 준수하지 않는다면 해당 근로계약은 무효가 될 것이다. 그러나 위의 근로계약서 작성 및 교부의무는 이와 같은 의미의 서면방식주의를 규정한 것으로 보기는 어렵다. 오히려 근로조건의 명확화와 근로관계의 내용에 관한 입증가능성을 확대하고 이를 통해서 법적 안정성을 제고하기 위하여 근로자에게 중요한 근로조건이 명시된 근로계약서의 작성 및 교부청구권을 부여한 것으로 보는 것이 타당하다고 판단된다(김형배, 「노동법」, 24판, p.1291).

(2) 단시간근로자의 고용에 있어서는 서면에 의한 근로계약서의 작성 · 교부

근로기준법 제97조에 의하면 「취업규칙에서 정한 기준에 미달하는 근로조건을 정한 근로계약은 그 부분에 관하여는 무효로 한다. 이 경우 무효로 된 부분은 취업규칙에 정한 기준에 따른다」고 규정하여 근로계약에서 정하거나 당해 근로자가

비록 합의하였다 하더라도 거기서 정한 근로조건이 단시간근로자 취업규칙에서 정하는 기준보다 미달하는 경우이거나 취업규칙에서 결정하는 수당이나 조건 외의 적용을 배제하는 특약을 하였다 하더라도 강행법규인 근로기준법 제97조의 규정에 위반한 것이므로 그 근로계약은 무효이다.

취업규칙을 작성하지 않고 단시간근로자 근로계약서만으로 끝낼 경우의 문제이다. 정규직근로자의 취업규칙이 있는데도 불구하고 단시간근로자에게 적용하는 취업규칙을 작성하지 않고 근로계약서만으로 끝낸다는 것은, 정규직근로자의 근로조건을 단시간근로자에게 적용하지 않는 취지를 취업규칙으로 정한 경우라 하더라도, 주요 조건에 대해서는 적용 외로 하면서, 적용되는 규정이 없다고 할 때에는 근로기준법 제93조에 위반된다. 다만, 이 경우에는 단시간근로자에 대한 취업규칙 작성의무 위반과 근로계약 효력의 유효성은 별도로 생각할 수 있으므로, 비로 정규지근로자의 취업규칙이 고용형태가 다른 단시간근로자에게 적용이나 준용이 되는 일은 없다.

그러나 기초가 되는 취업규칙은 본래 있어야 하므로, 상시 근로자가 10명 미만의 취업규칙 작성 의무가 없는 소기업인 경우를 제외하고, 단시간근로자에 취업규칙이 없다는 것은 근로계약 내용에 대한 문제가 야기될 수 있다.

2 근로계약기간의 규정, 시용기간, 정규직근로자 고용을 둘러싼 문제

1. 계약기간의 제한을 둘러싼 문제

단시간근로자는 일반근로자인 경우와 달리 근로계약기간을 정해 고용하는 경우가 많다. 기간제법 제4조제1항 본문은 「사용자는 2년을 초과하지 아니하는 범위 내에서(기간제근로계약의 반복 갱신 등의 경우에는 그 계속근로한 총기간이 2년을 초과하지 아니하는 범위 내에서) 기간제근로자로 사용할 수 있다」고 한다. 이에 따라 단시간근로자의 사용기간(반복 갱신 등의 경우에는 계속근로한 총 사용기간)을 2년으로 제한함을 원칙으로 하되 사용자가 2년을 초과하여 단시간근로자를 사용할 때에는 기간의 정함이 없는 근로계약(무기계약)을 체결한 근로자로 간주된다(동법 제4조제2항).

단시간근로자를 2년 초과 사용시 사용자가 종전에 체결한 근로계약기간의 만료를 이유로 고용을 종료하면 '해고'에 해당되므로 근로기준법 제23조의 '정당한 이유'가 있어야 한다.

사용기간 2년 초과 자체에 대한 벌칙 등 제재는 없으나, 2년 초과사용시 정당한 이유가 없는 고용종료는 부당해고에 해당된다.

그리고 정년 후의 촉탁고용의 경우, 55세부터 5년 동안 기간을 정해도 퇴직 이 보장되어 있다면 위법은 아니다. 또 단시간근로자 중에서도 공사현장 등에서 일할 때 일정한 사업의 완료에 필요한 기간을 정할 경우, 예컨대 그 공사가 완성될 때까지로 약속하고 일할 경우 그 공사 완성까지의 기간이 1년 이상일 때라도 상관없다.

또 일정한 업무의 완료까지라는 계약도 단시간근로자의 경우에는 '有期 고용'으로 해석된다. 예컨대 여름철 해수욕장에서의 취업이나 스키장의 임시코치나 추석 및 연말 연시 때 배달이라든지 어느 일정한 양이나 기간이 정해진 업무에만 한정적으로 채용한 경우에는, 처음부터 기간이 정해져 있음을 알기 때문에 당해 업무완료와 동시에 근로계약은 종료하게 된다.

2. 단시간근로자에게도 시용기간의 적용이 있는가

(1) 시용기간의 의의

시용기간이란 일반적으로 그 기간에 당해 회사 근로자로서 적격성 여부를 판단하는 기간으로 그 기간은 원칙적으로 당해 회사 근로자로서 부적격하다고 인정한 때에는 근로계약을 해약할 수 있는 취지의 해고권한이 유보되는 기간이라고 해석된다.

(2) 단시간근로자의 시용기간

그러면 단시간근로자에게도 시용기간이 필요한지, 또한 적용이 되는지가 문제가 된다. 예를 들면 2개월 간의 근로계약기간을 정해 고용한 경우, 2개월간 정확히 고용이 종료되어 그만둔 경우는 근로계약기간의 만료이기 때문에 「해고」라는 문제는 없다.

따라서 이런 단기고용의 경우에는 시용기간은 필요치 않고 당연히 적용할 수도 없다고 생각하겠지만 가령, 2개월이란 단기간이라도 노무의 제공은 개인의 지(知) · 정(情) · 의(義)와 기술 · 능력 · 성격을 일체화한 것이다.

따라서 이들에 대해서는, 업무상 부적격이거나 잘 적응하지 못할 경우도 있는데(단시간근로자는 2개월 간 고용한 것이므로) 그 기간 동안 고용을 계속해야 한다는 것은 노사 쌍방에게 있어서 불행한 일이다. 따라서 단기계약이라도 시용기간의 필요성이 없다고는 말할 수 없으며 시용기간의 규정도 모순이라고 말할 수 없는 것이다.

그러나 일반적으로 일정기간을 정한 근로계약의 경우, 그것이 2개월간이라는 단기간일 때에는 시용기간의 규정이 없는 경우가 많고 일반적으로 시용기간 중의 해고는 문제가 되지 않는다. 직장생활에 부적격할 때에는 최초의 근로계약기간 만료시에 고용을 종료시키거나 갱신하지 않음으로써 대응하기 때문에 그 기간을 초과하여 계속근무가 예정되어 있는 자에 대해서만 시용기간 문제가 되는 경우가 많다.

3. 시용기간과 해고예고기간의 문제

단시간근로사의 시용기간을 둘러싸고 문제가 되는 것은 근로기준법 제35조의 해고예고 적용 제외를 받는 단기 계약과의 관계이다.

근로기준법 제35조는 「해고예고」의 적용 제외되는 근로자를 예정하고 있다.

① 일용근로자로서 3개월을 계속 근무하지 아니한 자

② 2개월 이내의 기간을 정하여 사용된 자

③ 월급근로자로서 6개월이 되지 아니한 자, 헌법재판소는 근로기준법 제35조 제3호에 의한 「월급근로자로서 6개월이 되지 아니한 자」에 대해서는 헌법 위반으로 무효결정을 하였다(헌재[전원재판부] 2015.12.23, 2014헌바3)

④ 계절적 업무에 6개월 이내의 기간을 정하여 사용된 자

⑤ 수습사용 중인 근로자 – 수습사용한 날로부터 3월 이내인 자를 말한다(동법 시행령 제16조)로 정하고 있으며, 수습사용기간 중인 자라도 「3월을 초과하여 계속하여 사용되는 경우에는」 해고예고가 필요하다.

그러나 「2월 이내의 기간을 정하여 사용된 자」는, 그 기간 도중에 그만두게 할 경우라도, 해고예고의 적용은 없으므로 예고수당 등은 필요치 않다. 따라서 2개

월이란 기간을 정한 단시간근로자를 1개월째 그만두게 할 경우라도 해고의 예고 적용은 없으므로 즉시해고가 가능하다.

3 단시간근로자의 통상근로자로의 전환

> **관련조문**
>
> **기간제법 제7조【통상근로자로의 전환 등】** ① 사용자는 통상근로자를 채용하고자 하는 경우에는 당해 사업 또는 사업장의 동종 또는 유사한 업무에 종사하는 단시간근로자를 우선적으로 고용하도록 노력하여야 한다.
>
> ② 사용자는 가사, 학업 그 밖의 이유로 근로자가 단시간근로를 신청하는 때에는 당해 근로자를 단시간근로자로 전환시키도록 노력하여야 한다.

1. 통상근로자로의 전환 노력을 규정한 이유

기간제법 제7조는 단시간근로자와 통상근로자간 전환을 촉진하기 위해 첫째, 단시간근로자의 통상근로자로의 전환뿐만 아니라 고용창출 등을 위해 둘째, 통상근로자의 자발적인 단시간근로 전환도 유도하고자 한 것이다.

사용자는 통상근로자를 채용하려는 경우에 당해 사업 또는 사업장의 동종 또는 유사한 업무에 종사하는 단시간근로자를 우선적으로 고용하도록 노력하여야 한다(동조 제1항). 사용자는 가사, 학업 그 밖의 이유로 근로자가 단시간근로자로의 전환을 신청하는 때에는 당해 근로자를 단시간근로자로 전환하도록 노력하여야 한다(동조 제2항).

2. 기간제법 제7조의 법적 성격 및 노무관리적 의의

① **기간제법 제7조의 법적성격**: 기간제법 제7조는 단시간근로자에 대한 우선적 고용 노력을 규정한 훈시규정으로서 강행규정은 아니다. 동조항은 선언적 규정으로 권리의무의 변동을 초래하지 아니한다. 그러나 이 문제는 법률적 차원에서가 아니라 노무관리적 측면에서 접근할 필요가 있다.

② **노무관리적 의의**: 단시간근로자 중에는 통상근로자로서 근로하기를 희망하

더라도 고용기회가 없으므로 부득이 단시간근로자로서 근로하는 자 외에도 현실적으로는 한번 단시간근로자가 되면 통상근로자로서의 취업을 전환하는 것은 곤란한 상황이다. 이러한 상황은 근로자 개인의 근로의욕의 유지, 경력형성의 관점에서 문제가 있는 것만이 아니라 사회의 활력 · 공정의 관점에서도 문제가 있으므로 통상근로자로의 전환을 추진할 필요가 있다. 단시간근로자의 직업의식은 사람마다 다르다. 전체적으로 볼 때 통상근로자에 비해서 수입은 적지만 단시간근로자가 더 마음이 편하다고 생각하고 있으며, 일의 내용도 간단한 것이 많고 책임도 가볍고, 근무시간이 짧아서 좋다는 사람도 많은 반면, 가능하다면 통상근로자가 되어서 제대로 일을 하고 싶다든지 단시간근로자의 신분이 불안정하므로 신분이 안정된 통상근로자가 되고 싶다고 희망하는 사람도 적지 않다.

단시간근로자 중에는 통상근로자보다 우수한 능력과 의욕을 가진 사람도 있으므로 우수한 능력 · 의욕이 있는 인재를 활용하는 것은 기업의 성장 발전에 절대로 필요한 조건이다.

통상근로자 전환제도란 이러한 능력과 의욕이 있고 또 통상근로자를 희망하는 단시간근로자에 부응하는 제도이다. 통상근로자로 전환되기를 바라는 단시간근로자를 직접 통상근로자로 등용하기도 하고 통상근로자를 모집 · 채용할 때 다른 응모자보다 유리하게 취급하여 등용케 한다.

3. 통상근로자 전환시의 일정한 조건

기간제법 제7조에 의한 요건은 아니나 노무관리 측면에서 다음과 같이 일정한 조건하에 운용하는 것이 바람직하다.

① 근속년수가 일정한 연수 이상이어야 하며, 일이 숙달되어 있을 것(즉, 정규직 근로자로 즉시 제일선에서 뛸 수 있을 것)

② 앞으로 오래 근속할 의사를 가지고 있을 것

③ 인사고과 결과 일정한 수준 이상이어야 할 것

④ 심신이 건강할 것 등이다.

인력이 부족한 시대에는 단시간근로자의 활성화를 추진할 필요가 있다.

4. 통상근로자 전환시의 사용자의 조치사항

① 통상근로자를 모집할 때에 그 모집에 관계되는 사업장에 게시하는 등에 따라 그 자가 종사해야 할 업무내용, 임금, 근로시간 그 밖에 그 모집에 관계되는 사항을 그 사업장에서 고용하는 단시간근로자에 주지시켜야 한다.

② 통상근로자의 배치를 새롭게 할 때에 그 배치희망을 신청할 기회를 그 배치에 관계되는 사업장에서 고용하는 단시간근로자에게도 한다.

③ 일정한 자격을 가진 단시간근로자를 대상으로 통상근로자로의 전환을 위한 시험제도의 설정 그 밖의 통상근로자로의 전환을 추진하도록 노력하여야 한다.

④ ①~③ 외에도 통상근로자로서의 필요한 능력을 취득하기 위한 교육훈련을 받을 기회를 확보하기 위해 필요한 지원을 하는 등 통상근로자로의 전환을 추진하도록 노력하여야 한다.

5. 통상근로자전환제도의 장점

① 통상근로자가 되고 싶은 희망을 가진 단시간근로자에 부응할 수 있다.

② 목표를 부여함으로써 단시간근로자의 의욕을 향상시킬 수 있다.

③ 업무의 내용, 사내사정에 정통한 단시간근로자를 통상근로자로 등용 함으로써 고용의 안정을 도모할 수 있다.

④ 단시간근로자가 통상근로자가 되는 길을 열어 줌으로써 통상근로자와 단시간근로자간의 일체감을 조성할 수 있다.

⑤ 구인정보지나 신문의 구인광고에 의한 통상근로자 모집에 비해서 모집 비용이 적게 든다.

6. 응모기회의 우선적 부여

기업사회에서는 「일반근로자로의 응모기회 부여」로서 사업주는 일반근로자를 모집하려고 할 때에는, 현재 고용하는 동종의 업무에 종사하는 단시간근로자로서 통상근로자로 고용되는 것을 희망하는 사람에게 우선적으로 응모기회를 주도록 노력하는 것이 바람직한 것이다.

이는 단시간근로자 중에는 취업기간의 장기화 등으로 통상근로자로 고용되는 것을 희망하는 자가 있음을 감안하고 단시간근로자의 고용안정, 능력활용, 사기향상 등을 도모하는 관점에서, 사용자는 통상근로자를 모집하려고 할 경우, 모집하려고 하는 업무와 동종의 업무에 대하여 응모요건을 충족시킬 단시간근로자가 기업 내에 있을 때 사업주는 기업 외에서의 모집에 앞서 그 단시간근로자에게 응모기회를 우선적으로 부여하도록 노력하는 것이 필요할 것이다. 사용자의 통상근로자의 고용노력 의무는 엄격한 의미의 법적 의무라고 판단되지 않는다. 단시간근로자의 우선적 고용 노력의무에 관한 기간제법 제7조의 취지는 사용자가 통상근로자 신규채용의 기회가 생기기만하면 반드시 단시간근로자를 우선 고용하여야 한다는 법적인 의무를 부가한 것이 아니라, 사용자가 통상근로자로서 신규 채용하려는 직책에 맞는 단시간근로자가 있으면 그를 우선적으로 고용하도록 노력하라는 취지에 불과하다고 할 것이므로, 단시간근로자가 사용자가 통상근로자로서 신규채용하려는 직책에 맞는 사람이라고 볼 만한 사정이 인정되지 아니한다면 사용자가 그의 합리적인 경영판단에 의하여 다른 근로자를 채용하더라도 동법이 정한 위 우선고용 노력의무를 위반하였다고 평가할 수는 없다(대법 2006. 1.26, 2003다69393).

7. 통상근로자로의 전환 거부

신규채용이 아니라 통상근로자 전환제도라는 인사이동 형태를 취할 경우에는, 통상근로자로의 전환을 희망하는 단시간근로자에게 그 통상근로자로의 전환을 거부당했을 때에 문제가 생긴다. 즉 통상근로자로의 전환 거부가 자의적(恣意的)이며 부당한 거부가 아니라는 점이다.

순수한 채용인 경우에는 채용해야 한다는 법적 구속은 없고 채용할 것인지 안할 것인지는 기업의 자유이다. 그러나 일단 단시간근로자로(고용해서 특별히 통상근로자로의 전환제도를 전제로 채용해) 당해 회사 근로자로서의 지위를 취득한 자는, 통상근로자로의 전환조건을 충족할 경우에는 이유없이 전환을 거부하는 것은 불가능하며 부당거부라는 문제가 생긴다. 판례(서울행정법원 2006.7.18, 2005구합41143)도 비정규직 직원들에 대한 정규직 전환채용시험에 응하지 않아 스스로 전환 채용의 기회를 포기했다면 근로계약관계는 기간만료로 종료된다고 한다.

8. 통상근로자 전환제도의 명확화

전환제도를 규정하고 있을 경우에는 그 제도를 정확히 해둘 필요가 있다. 가능하면 시험을 보든지, 다시 통상근로자로의 채용원서를 받아 회사의 선발기준에 의하여 선발하든지(시험 · 면접 · 건강) 확실하게 통상근로자로의 이행 및 채용 절차를 취하지 않으면 도리어 문제가 생기고 또한 통상근로자와의 구별이 없어져 혼란을 야기하므로 주의해야 한다.

4 계약 갱신을 둘러싼 문제

1. 근로계약을 갱신하면 어떻게 되는가

단시간근로자와 계약기간의 규정이 있는 근로계약을 체결하여 그 계약을 갱신한 경우에는 다음 두 가지의 의의가 있다.

첫째, 그 갱신을 반복해서 계속되면 될수록 사실상 기간의 규정이 없는 계약과 유사한 효과가 생기게 된다(고용형태는 단시간근로자 상태이며, 자동적으로 정규직근로자로 이행하는 것은 아니다).

갱신이 거듭되면 거듭될수록 갱신에 대한 기대가 늘어나게 되어 법적 평가의 무게는 늘어나게 된다. 기간의 만료와 동시에 당연히 갱신되어 그 갱신이 반복됨에 따라 점차 그 유기적인 성격을 상실해 사용자가 단시간근로자에게 고용중지라는 의사표시가 이루어진 당시에는 이미 사실상 존속기간의 규정이 없는 근로계약으로 존속했다고 해석해야 한다는 갱신계약의 특징을 보여주고 있다고 말할 수 있다.

둘째, 계약 갱신의 법적 의의는 근로기준법 제26조에서 해고예고에 관하여 규정하고, 동법 제35조는 해고예고제도의 적용이 없는 근로자를 명시하고 있다.

① 일용근로자로서 3개월을 계속 근무하지 아니한 자,

② 2개월 이내의 기간을 정하여 사용된 자,

③ 월급근로자로서 6개월이 되지 못한 자,

④ 계절적 업무에 6개월 이내의 기간을 정하여 사용된 자,

⑤ 수습 사용 중인 자

그러면 단시간근로자에 대하여 2개월간의 근로계약기간을 정했어도 계속 갱신해서 2개월을 초과해 사용할 경우에는, 그 횟수의 갱신만으로 기간만료에 의해 고용관계가 종료되며, 자동적으로 퇴직된다는 것을 미리 합의할 경우가 아닌 한, 근로기준법 제35조제2호의 2개월을 초과해서「계속해서 사용될 경우」에 해당하는 것이므로, 해고예고제도의 적용을 받게 된다. 이는 1회라도 갱신하면 그 갱신한 횟수 한도로 종료한다는 취지의 특별한 합의가 없는 한 2개월을 초과해 계속해서 사용되는 경우에 해당되어(최종갱신이라는 취지의 합의로 퇴직하는 경우는 별도) 해고예고적용을 받는다고 해석할 수 있다.

2. 근로계약 갱신과 근로조건의 변경

(1) 본인의 동의가 있는 경우

근로계약 갱신 때 근로조건을 변경하는 일은 유리한 변경 및 불리한 변경이라도 그것이 법령, 단체협약, 취업규칙에 위반되지 않으며 또 본인의 동의가 있다면, 갱신의 계약내용으로 근로조건을 변경하는 것은 적법하며 문제는 없다.

(2) 불리한 변경을 이유로 동의를 거부한 경우

사용자는 근무평정 등을 통하여 평가한 근로자의 업무실적을 기간제근로자와 재계약할 때 임금액 결정의 기초로 삼아 근로자에게 제시할 수 있다. 이 때 근로자가 사용자의 제안을 수락(명시 또는 묵시적으로)하는 경우에는 근로계약으로서의 효력이 인정될 수 있을 것이며, 거부하는 경우에는 유효한 근로계약이 체결된 것으로 보기 어려울 것이다(2005.11.4, 근로기준팀-973). 또한 위와 같은 방식으로 결정된 임금 등 근로조건에 대하여 근로자가 합리적인 이유없이 근로계약 체결을 거부하는 경우 사용자가 근로자의 그러한 의사를 반드시 수용해야 할 의무는 없고, 종전의 근로계약의 유효기간이 만료된 이후에는 기간의 정함이 있는 근로계약관계는 자동종료된다(2006.3.22, 근로기준팀-1290; 2005.11.11, 근로기준팀-1115).

단시간근로자 표준근로계약서

_____________(이하 "사업주"라 함)과(와)_____________(이하 "근로자"라 함)은 다음과 같이 근로계약을 체결한다.

1. 근로개시일: ____년____월____일부터

※ 근로계약기간을 정하는 경우에는 " ○○년 ○○월 ○○일부터 ○○년 ○○월 ○○일까지" 등으로 기재

2. 근무장소:
3. 업무의 내용:
4. 근로일 및 근로일별 근로시간

	( )요일	( )요일	( )요일	( )요일	( )요일	( )요일
근로시간	0시간	0시간	0시간	0시간	0시간	0시간
시업	00시 00분	00시 00분	00시 00분	00시 00분	00시 00분	00시 00분
종업	00시 00분	00시 00분	00시 00분	00시 00분	00시 00분	00시 00분
휴게 시간	00시 00분 ~ 00시 00분	00시 00분 ~ 00시 00분	00시 00분 ~ 00시 00분	00시 00분 ~ 00시 00분	00시 00분 ~ 00시 00분	00시 00분 ~ 00시 00분

○ 주휴일: 매주____요일

5. 임 금
   - 시간(일, 월)급: _____________원(해당사항에 ○표)
   - 상여금: 있음 ( ) _____________원, 없음 ( )
   - 기타급여(제수당 등): 있음: _____________원(내역별 기재), 없음 ( ),
   - 초과근로에 대한 가산임금률: _____________%

     ※ 단시간근로자와 사용자 사이에 근로하기로 정한 시간을 초과하여 근로하면 법정 근로시간 내라도 통상임금의 100분의 50%이상의 가산임금 지급(2014.9.19. 시행)
   - 임금지급일: 매월(매주 또는 매일) _____________일(휴일의 경우는 전일 지급)
   - 지급방법: 근로자에게 직접지급( ), 근로자 명의 예금통장에 입금( )
6. 연차유급휴가: 통상근로자의 근로시간에 비례하여 연차유급휴가 부여
7. 사회보험 적용여부(해당란에 체크)

   □ 고용보험 □ 산재보험 □ 국민연금 □ 건강보험
8. 근로계약서 교부
   - "사업주"는 근로계약을 체결함과 동시에 본 계약서를 사본하여 "근로자"의 교부요구와 관계없이 "근로자"에게 교부한다(근로기준법 제17조 이행).
9. 기 타
   - 이 계약에 정함이 없는 사항은 근로기준법령에 의한다.

년 월 일

(사업주) 사업체명: (전화 :)
주 소:
대 표 자: (서명)
(근로자) 주 소:
연 락 처:
성 명: (서명)

◁◁ 단시간근로자의 경우 "근로일 및 근로일별 근로시간"을 반드시 기재하여야 한다. 다양한 사례가 있을 수 있어, 몇 가지 유형을 예시하니 참고하시기 바람. ▷▷

○ (예시①) 주5일, 일 6시간(근로일별 근로시간 같음)
- 근로일: 주 5일, 근로시간: 매일 6시간
- 시업 시각: 09시 00분, 종업 시각: 16시 00분
- 휴게 시간: 12시 00분부터 13시 00분까지
- 주휴일: 일요일

○ (예시②) 주 2일, 일 4시간(근로일별 근로시간 같음)
- 근로일: 주 2일(토, 일요일), 근로시간: 매일 4시간
- 시업 시각: 20시 00분, 종업 시각: 24시 00분
- 휴게 시간: 별도 없음
- 주휴일: 해당 없음

○ (예시③) 주 5일, 근로일별 근로시간이 다름

	월요일	화요일	수요일	목요일	금요일
근로시간	6시간	3시간	6시간	3시간	6시간
시업	09시 00분	09시 00분	09시 00분	09시 00분	09시 00분
종업	16시 00분	12시 00분	16시 00분	12시 00분	16시 00분
휴게 시간	12시 00분 ~ 13시 00분	-	12시 00분 ~ 13시 00분	-	12시 00분 ~ 13시 00분

- 주휴일: 일요일

○ (예시④) 주 3일, 근로일별 근로시간이 다름

	월요일	화요일	수요일	목요일	금요일
근로시간	4시간	-	6시간	-	5시간
시업	14시 00분	-	10시 00분	-	14시 00분
종업	18시 00분	-	17시 00분	-	20시 00분
휴게 시간	-	-	13시 00분 ~ 14시 00분	-	18시 00분 ~ 19시 00분

- 주휴일: 일요일

※ 기간제 · 단시간근로자 주요 근로조건 서면 명시 의무 위반 적발 시 과태료(인당 500만원 이하) 즉시 부과에 유의하여야 한다(2014.8.1.부터).

6장 단시간근로자의 취업규칙을 둘러싼 법률문제

1 취업규칙의 작성 · 신고의무를 둘러싼 문제

관련조문

※ **취업규칙의 작성 및 변경**(근로기준법시행령 별표 2 제5호)

가. 사용자는 단시간근로자에게 적용되는 취업규칙을 통상근로자에게 적용되는 취업규칙과 별도로 작성할 수 있다.

나. 가목에 따라 취업규칙을 작성하거나 변경하고자 할 경우에는 적용대상이 되는 단시간근로자 과반수의 의견을 들어야 한다. 다만, 취업규칙을 단시간근로자에게 불이익하게 변경하는 경우에는 그 동의를 받아야 한다.

다. 단시간근로자에게 적용될 별도의 취업규칙이 작성되지 아니한 경우에는 통상근로자에게 적용되는 취업규칙이 적용된다. 다만, 취업규칙에서 단시간근로자에게 적용이 배제되는 규정을 두거나 달리 적용한다는 규정을 둔 경우에는 이에 따른다.

라. 가목 및 다목에 따라 단시간근로자에게 적용되는 취업규칙을 작성 또는 변경하는 경우에는 법 제18조제1항 취지에 어긋나는 내용이 포함되어서는 아니 된다.

1. 취업규칙은 반드시 작성하는가

(1) 근로기준법 제93조에 의한 취업규칙 작성 · 신고의무

근로기준법 제93조는 「상시 10명 이상의 근로자를 사용하는 사용자는 다음 각 호의 사항에 관한 취업규칙을 작성하여 고용노동부장관에게 신고하여야 한다. 이를 변경하는 경우에도 또한 같다」로 규정하여 취업규칙의 작성과 고용노동부장관

(동법시행령 제59조제10호에 의하여 지방고용노동관서의 장에게 위임)에게 신고의무를 부여하고 있으며 이를 게을리 하면 과태료(동법 제116조)가 부과된다.

그리고 이 취업규칙의 작성의무와 관련해서, '단시간근로자는 임시근로자이므로 취업규칙은 작성하지 않아도 된다' 는 말을 자주 듣지만 이는 잘못된 것이다.

즉, 위 조문은 「상시 10명 이상의 근로자를 사용하는 사용자」에게 취업규칙의 작성의무가 있음을 규정하고 있으므로, 「상시 10명 이상의 근로자를 사용하는 사용자」는 「상시 사용하는 근로자」에게만 취업규칙을 작성하여야 한다는 취지를 정한 것은 아니다. 상시 사용하는 근로자가 10명 이상 있는 사업장에서는 사용자는 상용이든 임시근로자이든 전체 근로자에 대하여 취업규칙을 작성하여야 한다. 근로자 중 일부에게만 취업규칙을 작성하지 않는다는 것은, 결과적으로 근로자 중에 취업규칙이 없는 근로자가 있다는 뜻이 되므로, 사업장으로서 보면 취업규칙을 완전히 작성하지 않았다는 것이 되므로 근로기준법 제93조에 위반된다.

(2) 취업규칙의 의의

취업규칙이란 기업질서의 유지와 효율적인 업무수행, 사업장 내 근로조건의 통일적 적용을 위하여, 사용자가 사업장에서의 근로자의 복무규율 및 근로조건에 관하여 정한 준칙을 말한다. 취업규칙은 근로관계의 주된 내용을 정하는 것임에도 사용자에 의하여 일방적으로 작성된다는 점에서 근로자의 권리가 침해될 수 있다. 따라서 근로기준법은 취업규칙 작성 · 변경절차와 내용에 대하여 법적 규제를 가하고 있으며 사용자의 신고의무, 근로감독관의 심사, 고용노동부장관의 취업규칙 변경명령권을 인정하고 있다.

최근 노동조합 조직률의 지속적인 저하, 고용관계의 다양화, 근로자들의 권리의식의 증대 등으로 인하여 집단적 노사관계의 역할이 약화되면서 취업규칙의 중요성이 더욱 부각되고 있다. 한편, 글로벌 경쟁 심화, 기술발전과 생산방식의 합리화 · 자동화, 경영환경의 불확실성 증대 등으로 인하여 노동시장 유연화 및 고용형태 다양화 요구가 커지고 있다. 이에 따라 기업이 대내외 여건 변화에 신속하게 대응하여 근로조건 및 복무규율 등을 탄력적으로 운영할 수 있도록 함으로써 기업의 경쟁력을 제고하고 고용을 유지 · 확대할 수 있도록 취업규칙 제도를 해석 · 운용할 필요가 있다. 판례도 이미 위와 같은 취지에서 취업규칙 변경제도를 유연하게 해석하고 있으며, 일본도 최근 취업규칙의 유연한 변경 등을 주요 내용으로 하는 노동계약법을 제정하였다(2007.11.28, 제정, 2008.8.31 시행).

(3) 단시간근로자에 대한 취업규칙

「단시간근로자에 대한 근로기준법 적용방법(2007.12.10, 비정규직대책팀-4349)」에서도, 취업규칙에서 「사용자는 단시간근로자에게 적용되는 취업규칙을 별도 작성할 수 있다」하였다. 또한 「단시간근로자를 대상으로 하는 별도의 취업규칙이 없을 경우에는 그 성질이 허용하는 한 통상근로자에게 적용되는 취업규칙이 적용되는 것으로 본다. 다만, 취업규칙에서 명시적으로 단시간근로자에 대하여 적용이 배제된다는 규정을 두거나 달리 적용한다는 규정을 둔 경우에는 이에 따른다」고 정하고 있다.

따라서 상시 10명 이상의 근로자를 사용하는 사업장에서는 단시간근로자도 포함하여 취업규칙이 적용되는 것이며 만일 한 사람이라도 적용되는 취업규칙이 없는 상태가 생기는 것은 엄밀히 말하면 동법 위반이 되므로 이들 사업장에서는 단시간근로자든 기타 임시 근로자이든 반드시 적용되는 취업규칙이 없어서는 안 된다.

그러나 이는 단시간근로자에게도 일반근로자에게 적용되는 같은 취업규칙을 그대로 적용해야 한다는 것을 의미하는 것은 아니다. 단시간근로자와 일반근로자는 근로형태가 다르며 또한 그 근로조건 등이 다를 수 있으므로 당연히 적용되는 취업규칙은 달리해도 된다. 즉 그 내용은 달라도 적용될 취업규칙이 없는 근로자가 있어서는 안 된다는 점이다.

2. 취업규칙을 작성하지 않으면 어떤 문제가 발생하는가

단시간근로자에게 적용되는 취업규칙이 없는 경우의 가장 큰 문제는 일반근로자와 다른 근로조건의 규정에 대한 취급이다. 예컨대 정규직근로자와 다른 근로조건을 정해 놓고 단시간근로자 자신이 이를 승낙했어도 그 근로계약이 무효가 될 소지가 생긴다는 점이다.

즉, 일반근로자와 단시간근로자는 고용형태가 다르기 때문에 근로조건도 다른 것이 일반적이지만, 일반근로자의 「취업규칙에서 정한 기준에 미달하는 근로조건을 정한 근로계약은 그 부분에 관하여는 무효로 한다. 이 경우 무효로 된 부분은 취업규칙에 정한 기준에 따른다」(근로기준법 제97조)는 강행규정에 의하여 단시간근로자와의 근로계약으로 정하는 근로조건은 무효가 되고, 취업규칙으로 정하는 일반근로자와 같은 근로조건이 적용되는 것이므로 분쟁의 요인이 될 소지가 있다.

3. 취업규칙상의 규정이 없어도 본인이 승낙해 계약했다면 문제는 없는가

통상근로자의 취업규칙은 있지만, 단시간근로자에게 적용될 취업규칙이 없는 상태에서, 단시간근로자에게 통상근로자와는 다른 근로조건을 정한 경우에는 그 유효성이 문제될 수가 있다.

근로기준법 제97조는 취업규칙에서 정한 기준에 미달하는 근로계약을 무효로 하고 있기 때문에 취업규칙이 있으면서 그것보다 미달되는 근로계약을 단시간근로자와 체결하여도 단시간근로자 본인이 그러한 근로조건의 약정에 만족한다고 말해 단시간근로자가 근로계약서에 서명 및 날인하여 채용되었고, 「본인 자신이 이 조건으로 만족하기 때문에 상관없는 것 아닙니까」라고 말한다면, 취업규칙에 미달되는 것은 무효가 될 소지가 있다. 단지 무효가 될 뿐만 아니라, 무효가 된 부분은 취업규칙으로 정한 기준에 의하여 계약되었다고 주장할 소지가 있다.

예컨대 취업규칙의 임금규정에는 정 · 개근수당 50,000원이라는 규정이 있다고 할 경우, 단시간근로자에게는 그것을 적용하지 않는 취업규칙상의 규정이 없는데도 정 · 개근수당 제도는 적용하지 않는다고 본인에게 말해 본인이 괜찮다고 하고 계약한 경우라도, 위 근로기준법 제97조의 형식적인 적용설에 의하면 이것은 무효가 되며, 그 임금계산시간의 전체 근로일수를 모두 근로한 단시간근로자에게는, 정 · 개근수당을 지급하지 않으면 임금미지급이라는 근로기준법 제43조 위반이 성립한다는 것으로 곡해될 여지가 있다. 따라서 단시간근로자에게 적용되는 취업규칙이 없다면 결국 정규직근로자 취업규칙이 준용되는 것은 아닌가라는 의문이 생겨 분쟁을 일으킬 여지가 있다.

근로기준법 제97조는 본래의 취업규칙 적용대상자로 되어있는 근로자에게 그 취업규칙의 기준 이하로 근로조건을 약정한 근로계약을 한 경우에 적용되는 것으로, 그 취업규칙이 적용대상으로 하지 않는 근로자에게까지 그 확장 적용을 정하는 것이 아니라, 고용형태가 다른 일반근로자의 취업규칙 확장적용이 불가능한 자에게는 본래 별도의 취업규칙을 작성하여 적용해야 하는데 취업규칙이 작성되지 않은 사실에 대하여 이 점을 위반으로 적시하고 있음을 의미한다. 그러나 어떻든 단시간근로자에게 적용되는 취업규칙 이 없다는 것은 노무관리상 바람직하지 않은 결과를 초래한다.

4. 단시간근로자만의 '별도규칙'으로 작성해야 하는가

단시간근로자에 대하여 취업규칙의 작성의무가 있는 경우에도, 이는 단시간근로자만에 대하여 별도로 취업규칙을 작성하지 않으면 안 된다는 '별도규칙'으로 작성을 의무화하는 것이 아니라, 일반근로자의 취업규칙 중에서 규정해도 지장은 없다. 결국 상시 10명 이상의 근로자를 사용하는 사업장에서는, 단시간근로자를 포함해 당해 사업장에서 근무하는 사람에게 적용되는 취업규칙이 필요하며, 그 취업규칙은 사업장 전체에서 하나로 해도 되고, 「정규직근로자 취업규칙」과 「단시간근로자 취업규칙」처럼 적용대상 근로자별로 구분하여 취업규칙을 작성해도 좋다. 다만, 단시간근로자와 정규직근로자에게 적용되는 취업규칙 등이 둘 이상 있어도, 이 둘 이상의 취업규칙을 합친 것이 당해 사업장의 취업규칙이 되므로, '합해서 하나'로 하게 된다. 행정해석에서도, 「근로자 취업규칙」과 「특수노무자 취업규칙」이 있는 경우에는 별개의 누 가지 취업규칙을 합한 것이 근로기준법 제93조에 규정하는 취업규칙이 되는 것이지 각각 단독으로는 동법 제93조의 취업규칙이 되는 것이 아니다. 하나의 사업 내에 정규직근로자와 비정규직근로자에게 각각 별도로 적용되는 취업규칙이 있다 하더라도 그 전체를 합한 것을 1개 취업규칙으로 볼 수 있으므로, 그 중 정규직근로자에게만 적용되는 취업규칙을 변경할 경우라도 전체 근로자 과반수 이상(또는 전체 근로자 과반수 이상으로 조직된 노조)의 의견을 청취(불이익변경시에는 동의)하여야 한다(2003.10.27, 근기 68207-1276).

5. 단시간근로자 전용 취업규칙의 의미와 효력

상시 10명 이상 근로자를 사용하는 사용자는 단시간근로자에게만 적용하는 전용 취업규칙을 별도로 작성하여 운영할 수 있다. 회사의 일반 취업규칙에 단시간근로자에 대해서는 어느 조항을 적용하지 아니한다거나 달리 적용한다는 규정이 없다면 단시간근로자에게도 일반근로자에게 적용되는 취업규칙이 적용된다. 근로계약서에서 「단시간근로자(파트타이머)에게는 단체협약이나 취업규칙 등을 적용하지 아니한다」고 포괄적으로 명시한 상태 하에서는 단시간근로자에게 적용하는 단체협약이나 취업규칙을 별도로 작성하여야 한다. 만약 단시간근로자에 대한 취업규칙을 별도로 작성하지 않은 경우에는 본 취업규칙에 단시간근로자에 대한 특례를 반드시 명시하여야 한다.

예를 들면, 상여금은 단시간근로자에게는 지급하지 아니한다거나 가족수당은 이를 지급하지 아니한다는 등의 규정이 없다면 다른 일반근로자와 똑같이 지급되어야 한다. 사용자가 단시간근로자와 근로계약을 체결한 때에는 당해 근로자에 대하여 단시간근로자에게 적용되는 취업규칙을 주지시켜야 한다.

근로기준법에서는 취업규칙에 대해서 사용자에게 작성신고의무, 의견청취의무, 주지의무 등을 부여하고 있으나 이 중에서 가장 중요한 의무는 법 제14조의 주지의무이다. 단시간근로자에게 적용될 별도의 취업규칙을 작성 또는 변경할 때에는 그 적용대상이 되는 단시간근로자 과반수의 의견을 들어야 하고 만약 불이익하게 변경하는 경우에는 그 동의를 얻어야 한다.

동의를 얻어야 한다고 해서 일일이 근로자와 합의해서 취업규칙을 작성하라는 것은 아니다. 취업규칙은 사용자가 작성하는 것이 원칙이므로 단체협약의 조문같이 일일이 조항마다 합의해서 작성할 필요는 없는 것이다. 취업규칙의 전체 내용에 대하여 동의를 받아야 한다.

2 취업규칙의 작성 · 신고 업무 관련

1. 사용자의 취업규칙 작성 · 신고의무

상시 10명 이상의 근로자를 사용하는 사용자는 근로기준법 제93조 각 호의 사항에 관한 취업규칙을 작성하여 근로기준법 시행규칙 별지 제15호 서식에 따라 고용노동부장관에게 신고하여야 하고, 이를 이행하지 아니할 경우 500만 원 이하의 과태료가 부과된다(법 제93조, 제116조제1항제2호).

취업규칙은 반드시 사업장의 모든 근로자에 대하여 일제히 적용되도록 작성되어야 하는 것은 아니고 당해 사업장에서 근로자 직종의 특수성에 따라 근로자 일부에 적용되는 별도의 취업규칙을 정할 수 있으며, 이 경우 서로 다른 2개의 취업규칙을 합한 것으 근로기준법 제93조 소정의 1개의 취업규칙으로 보아야 한다(대법 1992.2.28, 91다30828).

2. 취업규칙의 기재사항

근로기준법 제93조는 다음과 같이 취업규칙의 기재사항을 열거하고 있다.

1. 업무의 시작과 종료 시각, 휴게시간, 휴일 및 휴가 및 교대근로에 관한 사항
2. 임금의 결정 · 계산 · 지급방법, 임금의 산정기간 · 지급시기 및 승급에 관한 사항
3. 가족수당의 계산 · 지급방법에 관한 사항
4. 퇴직에 관한 사항
5. 근로자퇴지급여보장법 제4조에 따라 설정된 퇴직급여, 상여 및 최저임금에 관한 사항
6. 근로자의 식비, 작업용품 등의 부담에 관한 사항
7. 근로자를 위한 교육시설에 관한 사항
8. 출산전후휴가 · 육아휴직 등 근로자의 모성보호 및 일 · 가정 양립 지원에 관한 사항
9. 안전과 보건에 관한 사항

9의2. 근로자의 성별 · 연령 또는 신체적 조건 등의 특성에 따른 사업장 환경의 개선에 관한 사항

10. 업무상과 업무 외의 재해부조에 관한 사항
11. 표창과 제재에 관한 사항
12. 그 밖에 해당 사업 또는 사업장의 근로자 전체에 적용될 사항

근로기준법 제93조는 위 각 호의 사항들 모두가 취업규칙에 반드시 기재되어야 하는 것처럼 규정하고 있으나("다음 각 호의 사항에 관한 취업규칙을 작성하여 신고하여야 한다"), 위 각 호에는 근로자 보호를 위하여 반드시 정해지고 시행되어야 할 법정 근로조건에 관한 사항뿐만 아니라 사용자의 경영판단이나 사업장의 특성, 또는 노사합의에 의하여 시행 여부가 결정되는 임의적 근로조건에 관한 사항도 다수 포함되어 있다. 그러나 임의적 근로조건에 관한 사항이 근로기준법 제93조의 취업규칙 기재사항으로 규정되어 있다고 하여 사용자에게 그 시행을 강제할 수 없고, 시행되고 있지 않은 임의적 근로조건에 대하여 형식적으로 취업규칙에 기재할 것을 요구하는 것도 타당하지 않으므로(예: "가족수당은 지급하지 않는다"), 법 제93조 각 호 중 임의적 근로조건에 관한 사항은 해당 사업장에서 이를 시행하고 있

을 경우에만 취업규칙의 필요적 기재사항으로 볼 수 있다. 예컨대 교대근로에 관한 사항(제1호), 승급에 관한 사항(제2호), 가족수당에 관한 사항(제3호), 근로자의 식비 · 작업 용품에 관한 사항(제6호), 상여금에 관한 사항(제5호), 근로자의 교육시설에 관한 사항(제7호), 근로자의 성별 · 연령 또는 신체적 조건 등의 특성에 따른 작업장 환경 개선에 관한 사항(제9호의2), 업무 외의 재해부조에 관한 사항(제10호), 표창에 관한 사항(제11호) 등이다.

따라서 근로감독관은 취업규칙 심사시 사용자가 근로기준법 제93조 각 호의 사항 중 당해 사업장에서 시행되지 않고 있는 임의적 근로조건에 관한 사항을 취업규칙에 기재하지 않았다고 하여 사용자의 취업규칙 작성 · 신고가 미이행되었다고 보지 않는다.

근로기준법 제93조 각 호 중 임금, 근로시간, 휴게시간, 휴일 등 법정 근로조건에 관한 사항은 취업규칙에 반드시 기재하여야 하지만(절대적 · 필요적 기재사항), 교대근로, 가족수당, 식비 등 임의적 근로조건은 해당 사업(장)에서 이를 시행하는 경우에만 기재할 필요가 있다고(상대적 · 필요적 기재사항) 보고 있다.

3. 취업규칙 기재사항 미비의 경우

취업규칙에 반드시 기재되어야 할 사항 중 일부가 기재되어 있지 않거나 흠결이 있는 경우에는 사용자에 대한 과태료 부과는 별론으로 하고(법 제116조제1항제2호), 당해 취업규칙의 효력은 인정되며, 기재되지 않은 부분에 대해서는 근로기준법령, 단체협약, 근로계약 등에 정한 조건에 따라야 할 것이다. 행정해석(1991.6.21, 근기01254-8835)은 「외근노동조합원의 징수업무처리에 관하여 필요한 사항을 규정한 징수업무처리규정이 근로조건에 관한 사항을 규정하고 있다면 근로기준법 제93조에 정한 기재사항 중 일부가 기재되어 있지 아니하더라도 취업규칙으로서의 효력이 있다고 보아야 할 것이며, 기재되지 않은 부분에 대해서는 근로기준법, 단체협약, 근로계약 등의 정함에 따라야 할 것이다」라고 한다.

4. 취업규칙 신고의무 위반의 경우

취업규칙 신고의무규정은 취업규칙에 대한 감독 행정상 필요에 의한 단속규정이므로 당해 취업규칙이 실제로 근로자들의 근로조건을 규율하여 왔다면, 사용자에 대한 과태료 부과(법 제116조제1항제2호)는 별론으로 하고, 법령, 단체협약에 위배되지 않는 범위에서 위 취업규칙의 효력은 인정된다. 근로기준법의 신고의무 규정은 일반적으로 취업규칙에 대한 감독 행정상 필요에 의한 것이며 효력요건이 아닌 것으로 해석하고 있으므로 동 징수업무처리규정의 내용이 법령 또는 단체협약에 위반되지 않는 경우에는 비록 신고절차를 이행치 아니하였더라도 형사상의 책임은 별론으로 하고 취업규칙으로서의 효력을 부인하여서는 아니될 것이다(1991.6.21, 근기 01254-8835).

3 취업규칙의 작성방법 · 작성절차를 둘러싼 문제

1. 취업규칙의 작성방법

단시간근로자의 취업규칙 작성방법에는 다음과 같은 두 가지 방법이 있다.

(1) 일반근로자의 취업규칙 중에서 정하는 방법

이 방법은 현재 당해 사업장에 작성되어 있는 일반근로자 취업규칙을 단시간근로자에게 적용하는 방법이다.

이 경우에는 일반근로자와 모두가 같은 내용을 그대로 적용할 수 있는 것은 아니므로 일반근로자의 취업규칙 규정 중에서 단시간근로자에게 적용하는 것을 불합리 또는 부적당한 부분에 대해서는 그 규정의 적용을 제외하며, 그 부분에 대하여 단시간근로자에게만 별도의 기준을 정하는 방법이다.

이 경우에는 ① 일반근로자의 취업규칙을 전혀 적용하지 않는 것, ② 일반근로자의 취업규칙을 그대로 적용한 것, ③ 일반근로자의 취업규칙과 동일하지만 기준을 달리 적용 하는 것, ④ 일반근로자의 취업규칙에는 없고 단시간근로자에만 적용하는 것으로 구별을 해두어야 한다.

[개정조문 참고 예]

제○조【적용제외】 이 규칙 제○조, 제○조 … 및 제○조의 규정은 단시간근로자에게는 적용하지 아니한다.

위와 같이 규정하고 이어 그 보완으로서 다음과 같이 규정할 수 있다.

제○조【대체적용】 이 규칙 제○조, 제○조 … 및 제○조의 규정은 단시간근로자에 관해서는 다음과 같이 대체해서 적용한다.

정규직근로자의 기준과 다른 기준으로 하는 것을 정하고, 이어 부칙으로 다음과 같이 규정할 수 있다.

제○조【부가적용】 단시간근로자에 대해서는 다음 각 항을 부가한다.

위와 같이 그 취지를 정하고, 이어 단시간근로자 독자적으로 적용되는 조문을 정하는 방법이 될 것이다. 예를 들어 위의 대체 사례에 대하여 말한다면, 단시간근로자에 대해서 「산재보상의 특별보상제도에 대해서는 정규직근로자의 각 2분의 1로 대체해서 적용한다」고 적어 두면 단시간근로자에 대해서는 정규직근로자의 반액을 별도로 지급하는 것이 취업규칙에서 확실해진다.

또 단시간근로자에 대해서 적용을 제외하는 사항도 「단시간근로자에 대해서는 제○○조의 적용을 제외한다」고 정하면 된다. 이들 취급과 적용에 대해서는, 각각의 규정(조문)별로 정해도 되지만 취업규칙의 마지막인 「부칙」으로 정하거나 「단시간근로자에 대한 특별적용」이라는 장을 마련해 정해 두는 것도 한 방법이다. 이 일반근로자 취업규칙 중에 단시간근로자의 적용 규정을 정하는 방법에 의하면, 형식적 · 실질적으로도 취업규칙이 하나밖에 없게 되고 그 중에 단시간근로자에 관한 사항도 포함되어 있으므로, 사업장 전체의 취업규칙이란 점에서 깔끔하고 그 후의 절차에도 실수가 생기지 않는다. 그러나 한편으로 단시간근로자는 어떻게 되어 있는지 한눈으로 알 수 없는 결점이 있다.

(2) 단시간근로자에 대하여 별도로 독립된 취업규칙을 작성하는 방법

이 방법은, 현재 있는 일반근로자의 취업규칙과는 별도로 단시간근로자에게만 적용되는 별개 독립의 「단시간근로자 취업규칙」을 작성하는 방법이다. 이 방법에 의할 때에는 일반근로자의 취업규칙과의 관계에 대하여, 정확하게 일반근로자 취업규칙은 단시간근로자로 정의되는 근로자에게는 적용하지 않고, 단시간근로자에게는 별도로 정하는 단시간근로자의 취업규칙을 적용한다는 것을 명확하게 취업규칙 자체 안에 규정해 둘 필요가 있다.

동일 사업장에서, 근로기준법 제6조 및 근로자퇴직급여보장법 제4조제2항에 위반하지 않는 한, 일부 근로자에 대해서만 적용되는 별개의 취업규칙을 작성하는 일은 상관없지만 취업규칙에 있는 본칙에서 별개의 취업규칙 적용대상이 되는 근로자와 관련된 적용제외규정 및 위임규정을 마련하는 것이 필요하며, 일부 근로자에 대해서는 '적용제외'로 하는 규정과, 그 근로자에 대해서는 '별도로 정하는 단시간근로자 취업규칙에 의한다'는 취지의 규정을 두어야 한다. 따라서 일반근로자의 취업규칙에서는 다음과 같이 정하는 것이 필요하다.

[개정조문 참고 예]

제○조 【적용제외】 이 취업규칙은 다음 각 호의 1에 해당하는 자에게는 적용하지 않는다. 1. 단시간근로자(1일 소정근로시간이 7시간 이하인 자나 또 일주일의 소정근로일이 5일 이하인 자로 단시간근로자 근로계약서에 의해 계약을 체결한 자를 말한다). 제○조 전조에 규정하는 단시간근로자에대해서는 별도로 정하는 「단시간근로자 취업규칙」을 적용한다.

위와 같이 규정하는 것도 한 방법이다.

이 방법에 의하면 별도로 단시간근로자에게만 적용되는 취업규칙을 작성하지 않으면 안 되며 단시간근로자에게만 적용되는 근로조건이나 근로형태가 일목요연하게 되어 알기 쉽게 하는 특징을 가지고 있다.

그 반면에 이 같은 별도의 취업규칙, 예컨대 「단시간근로자 취업규칙」을 정한 경우라도 기존의 일반근로자 취업규칙과 합하여 이 두 개의 취업규칙이 그 사업장의 취업규칙이 되는 것으로, 하나의 사업장에 두 개의 취업규칙이 존재하지 않고 양자 모두 그 회사의 하나의 취업규칙이 되므로 그 작성변경 절차에 대하여 별도로 취업규칙을 정한 경우에는 해당 2 이상의 취업규칙을 합한 것이 근로기준법 제93조의 취업규칙이 되며, 각각 독자적으로 동조에 규정하는 취업규칙이 되는 것은 아니다(대법 1992.2.28, 91다30828).

따라서 양자를 일체된 것으로 해서 취급하지 않으면 안되는 결과가 된다. 또한 정규직근로자의 취업규칙만 있어 새로 단시간근로자의 취업규칙을 작성하는 경우에도 당해 사업장 전체에서 보면 취업규칙의 추가적인 변경이 되므로, 지방고용노동관서의 장에게 신고하는 것은 취업규칙의 「작성신고」가 아니라 법률적으로 말하면 취업규칙의 「변경신고」가 된다. 신고서도 「별첨과 같이 정규직근로자의 취업규칙 외에 단시간근로자의 취업규칙을 작성했으므로 이에 신고합니다」로 하면 되는 것이며 표제는 「취업규칙변경신고」로 하는 것이 정당하지만 실무상 「작성신고」로 하는 경우가 많다.

이는 의견청취 절차에서도, 양자 모두 당해 사업장의 과반수 근로자가 가입하는 노동조합이 있는 경우에는 그 노동조합, 근로자의 과반수로 조직된 노동조합이 없는 경우에는 사업장 전체의 근로자대표자의 의견을 청취하지 않으면 안 된다는 것을 나타내고 있다. 별도의 취업규칙으로 한 경우 단시간근로자의 취업규칙은 적용대상이 되는 단시간근로자만의 의견을 들으면 된다. 정규직근로자의 취업규칙은 정규직근로자뿐만 아니라 모든 근로자의 의견을 들어야 한다.

2. 단시간근로자에게만 적용되는 별도의 취업규칙을 만드는 것은 근로기준법 위반이 아닌가

근로기준법시행령 별표 2 제5호가목에서 「사용자는 단시간근로자에게 적용되는 취업규칙을 통상근로자에게 적용되는 취업규칙과 별도로 작성할 수 있다」고 규정하고 있다. 그리고 별도규정으로 할 수 있는 사항은 「단시간근로자에게 적용되는 취업규칙」으로 되어 있다. 그러면 단시간근로자에게만 별도의 취업규칙을 작성하는 일은, 위의 근로기준법시행령 별표 2 제5호가목 이외의 사항을 별도 규칙으로 하기 때문에 위 규정에 위반되지 아니한다.

그러나 단시간근로자와 같이 해당 사업장의 일부 근로자에 대한 근로조건이 다른 근로자의 그것과 뚜렷하게 다를 경우, 일부 근로자에 대해서 근로기준법 제93조의 모든 사항을 망라하는 취업규칙을 별도로 작성하는 일은 그들 근로자의 근로조건이 일목요연해지므로 도리어 바람직하다고 말할 수 있다.

취업규칙은 같은 사업장에 소속된 모든 근로자에 대하여 일률적으로 적용되어야 하는 것이 아니며, 사용자는 근로자의 근로조건, 근로형태, 직종 등의 특수성에 따라 근로자 일부에 적용되는 별도의 취업규칙을 작성할 수 있다(대법 2000.2.25, 98다11628).

그러므로 위와 같은 불편 불이익이 없게 적용되는 사항을 모두 망라한 취업규칙 자체를 별도로 정하는 것은 위 목적에 위반되는 것은 아니다. 그리고 하나의 사업장 내의 일부에 대하여 별도의 취업규칙을 작성하는 것은 근로기준법 제6조와 근로자퇴직급여보장법 제4조에 저촉하지 않는 한, 근로자의 사업장에서의 지위 · 신분, 종사하는 업무 등에 따라 각각 다른 근로조건을 정해 근로자에게만 적용되는 근로자 취업규칙 및 일용근로자 또는 임시근로자에게만 적용되는 특수근로자 취업규칙을 작성하는 일은 허용된다(대법 1992.2.28, 91다30328). 그러므로 동일 사업장에서 근로기준법 제6조와 근로자퇴직급여보장법 제4조에 위반되지 않는 한 일부의 근로자에 대해서만 적용되는 별개의 취업규칙을 작성하는 일은 상관없다. 따라서 일반근로자와는 고용형태나 근무내용이 다른 단시간근로자에게 별도의 취업규칙을 정하는 일은 위법이 아니다.

3. 취업규칙의 작성절차는 어떻게 되는가

먼저 취업규칙은 누가 작성하느냐 하면, 근로기준법 제93조는 「사용자는 다음 각 호의 사항에 관한 취업규칙을 작성하여」로 규정하여 사용자에게 작성의무가 있음을 규정하고 있다. 이는 대법원 판례에 의하면 「취업규칙은 사용자가 경영권에 기하여 사업상에서의 복무규율이나 근로조건의 기준을 획일적 · 통일적으로 정립하기 위하여 작성하는 것」(대법 1977.12.27, 77다1378)이라고 되어 있듯이, 취업규칙의 제정 권한이 사용자에게 있다는 것은 명백하다.

이 점에 대하여 근로기준법은 다음과 같이 정하고 있다.

> **근로기준법 제94조 【규칙의 작성, 변경의 절차】** ① 사용자는 취업규칙의 작성 또는 변경에 관하여, 해당 사업 또는 사업장에 근로자의 과반수로 조직된 노동조합이 있는 경우에는 그 노동조합, 근로자의 과반수로 조직하는 노동조합이 없는 경우에는 근로자의 과반수의 의견을 들어야 한다. 다만, 취업규칙을 근로자에게 불리하게 변경하는 경우에는 그 동의를 받아야 한다.
> ② 사용자는 제93조에 따라 취업규칙을 신고할 때에는 제1항의 의견을 적은 서면을 첨부하여야 한다.

노동조합 또는 근로자과반수의 의견은 「서면으로 기록한 것」이어야 하며, 신고할 때에는 ① 취업규칙(변경신고하는 경우에는 변경 전과 변경 후의 내용을 비교한 서류), ② 근로자의 과반수를 대표하는 노동조합 또는 근로자 과반수의 의견을 들었다는 것을 증명하는 자료, ③ 근로자의 과반수를 대표하는 노동조합 또는 근로자 과반수의 동의를 받았음을 증명하는 자료(근로자에게 불리하게 변경되는 경우에만 첨부한다)」(동법시행규칙 제15조)로 되어 있다. 그러므로 사내 전산망을 통하여 취업규칙의 내용을 게시하고 의견을 들을 경우에도 근로자 과반수 이상의 의견을 청취하였음을 입증할 수 있도록 서면으로 출력하여 취업규칙 신고시 첨부하면 가능할 것이다(2003.9.25, 근기 68207-1213). 또 이 의견의 내용에 대해서는 취업규칙에 첨부한 의견서의 내용이 당해 규칙에 전면적으로 반대되는 것이라면 특정 부분에 대한 것이라는 것을 묻지 않고, 또 그 반대 사유의 여하를 묻지 않고 그 효력 발생에 대하여 다른 요건을 구비하는 한 취업규칙의 효력에는 영향이 없다.

따라서 찬성이든 반대이든 즉, 근로자대표의 의견서가 첨부되면 관할 지방고용노동관서의 장은 수리하고, 또 의견에 반대해도 취업규칙 자체의 효력에는 영향을 주지 않는다.

마지막 단계로, 관할 지방고용노동관서의 장에게 신고해 이것이 수리되면(통상은 2통 제출하고, 수리되면 1통에 수리인(受理印) 날인을 해 반환을 받는다) 그 취업규칙의 내용을 근로자에게 주지하지 않으면 안 된다. 즉, 근로기준법 제14조는 이 주지에 대하여 다음과 같이 규정하고 있다.

근로기준법 제14조 【법령요지 등의 게시】 사용자는 취업규칙을 근로자가 자유롭게 열람할 수 있는 장소에 항시 게시하거나 갖추어두어 근로자에게 널리 알려야 한다.

종전 근로기준법 제14조는 취업규칙을 상시 각 사업장에 게시 또는 비치하여 근로자에게 주지시키도록 하고는 있으나, 그 게시 또는 비치 장소가 특정되어 있지 않아 현실적으로 근로자들이 취업규칙을 인식할 수 있는 여건이 제대로 이루어지지 않고 있는 실정이므로 취업규칙의 게시 또는 비치 장소를 근로자가 자유롭게 열람할 수 있는 장소로 명시하려는 것이다. 동조항은 근로기준법개정(2006.12.21, 법률 제8075호)으로 그 내용을 명확히 하였다.

사무실에 비치된 컴퓨터를 통해 회사의 취업규칙을 쉽게 접근할 수 있을 정도였다면 근로자의 취업규칙 열람신청에 대하여 별도의 조치를 취하지 아니 하였다 하더라도 사용자의 취업규칙 게시 · 비치 의무에 위반된 것이라고 단정하기 어렵다(대법 2001.4.10, 2000두10151).

4. 단시간근로자의 취업규칙은 단시간근로자의 의견만 들어도 되는가

(1) 전체 근로자 과반수의 의견

단시간근로자에 대해서는, 일반근로자와는 달리 독자적으로 「단시간근로자 취업규칙」을 마련할 경우나 이를 변경할 경우 등 그 작성변경에 대해서는 단시간근로자 과반수만의 의견을 듣는 것만으로 하는 작성 · 변경절차에서 근로자 과반수의 의견을 청취한 것으로 볼 것인가의 문제가 있다. 즉, 취업규칙의 작성 · 변경에 대해서는 전술한 것처럼 관할 지방고용노동관서의 장에서 신고해야 하지만, 그 신고시 해당 사업 또는 사업장에 근로자의 과반수로 조직된 노동조합이 있는 경우에는 그 노동조합, 그것이 없는 경우에는 그 사업장의 근로자의 과반수의 의견을 들어 그 의견서를 첨부해 신고하지 않으면 안된다(근로기준법 제94조)고 되어 있다.

그런데 이 의견청취는 단시간근로자의 취업규칙이기 때문에 정규직근로자는 관계가 없으므로 단시간근로자 과반수만의 의견을 들으면 된다.

(2) 단시간근로자만의 과반수의 의견

그러나 단시간근로자에 대하여 특별히 동법시행규칙 별표 2 제5호 나목에서 「가목에 따라 취업규칙을 작성하거나 변경하고자 할 경우에는 적용대상이 되는 단시간근로자 과반수의 의견을 들어야 한다. 다만 취업규칙을 단시간근로자에게 불이익하게 변경하는 경우에는 그 동의를 받아야 한다」고 규정하고 있다.

그 이유로 취업규칙의 작성이나 변경시는 근로기준법 제94조에서 사용자는 당해 사업 또는 사업장의 근로자 과반수로 조직하는 노동조합 등의 의견을 듣지 않으면 안 되는 것으로 되어 있다. 단시간근로자에게 적용되는 취업규칙에 대해서도 그 절차를 취해야 함은 물론이고, 단시간근로자에게 적용되는 취업규칙의 작성이나 변경시에는 이에 덧붙여 취업규칙의 적용을 받는 단시간근로자의 의견이 반영되는 것이 바람직하기 때문에, 사업주는 단시간근로자와 관련된 사항에 대하여 취업규칙을 작성하거나 또는 변경하려고 할 때에는 당해 사업장에서 고용하는 단시간근로자 과반수의 의견을 들어야 하는 것이다.

5. 의견청취절차 및 주지절차를 하지 않는 취업규칙도 유효한가

(1) 의견청취절차

단시간근로자 취업규칙에 대해서도 본래, 과반수조합이나 근로자의 과반수의 의견청취절차를 거치지 않으면 안 되지만, 그 절차를 취하지 않는 경우도 많다. 이 같은 절차를 이행하지 않는 단시간근로자의 취업규칙은 유효한가의 문제가 있다.

노동조합 등의 의견을 듣지 않아도 원래 취업규칙은 사용자가 일방적으로 작성해 변경할 권한을 가지고 있기 때문에, 가령 이 의견청취절차를 취하고 있지 않는 취업규칙에서도 근로자에게 어떤 방법으로 취업규칙이 주지되며 취업규칙으로 적용되는 이상은 그것이 근로기준법의 의견청취절차 위반이 된다는 것은 별도로 하더라도 취업규칙으로서의 효력이 부정되는 일은 없다.

(2) 주지절차

취업규칙은 사용자가 정하는 기업 내의 규범이기 때문에 사용자가 취업규칙을 신설 또는 변경하기 위한 조항을 정하였다고 하여도 그로 인하여 바로 효력이 생기는 것이라고는 할 수 없고 신설 또는 변경된 취업규칙의 효력이 생기기 위하여는 반드시 근로기준법 제14조제1항에서 정한 방법에 의할 필요는 없지만 적어도 법령의 공포에 준하는 절차로서 그것이 새로운 기업 내 규범인 것을 널리 근로자 일반으로 하여금 알게 하는 절차, 즉 어떠한 방법이든지 적당한 방법에 의한 주지가 필요하다고 한다(대법 2004.2.12, 2001다53599).

7장 단시간근로자의 임금을 둘러싼 법률문제

1 임금을 둘러싼 법률문제

※ **임금의 계산**(근로기준법 시행령 별표 2 제2호)

가. 단시간근로자의 임금산정단위는 시간급을 원칙으로 하며, 시간급임금을 일급통상임금으로 산정할 경우에는 나목에 따른 1일 소정근로시간 수에 시간급임금을 곱하여 산정한다.

나. 단시간근로자의 1일 소정근로시간 수는 4주 동안의 소정근로시간을 그 기간의 통상근로자의 총소정근로일수로 나눈 시간 수로 한다.

1. 단시간근로자의 임금 · 상여금 처리

단시간근로자라 하더라도 임금을 적게 주어도 되는 것은 아니다. 단시간근로자의 임금산정단위는 시간급을 원칙으로 하여야 하며, 사용자는 단시간근로자의 임금이 근로시간이나 업무의 양(量)이나 질(質)을 감안해서 통상근로자에 비해서 불이익하지 않도록 노력하여야 할 것이다.

단시간근로자의 임금수준은 당사자간에 합의하여 결정하는 것이 원칙이나 최소한 최저임금 이상이어야 하며, 근로시간을 감안하여 같은 업무를 수행하는 통상근로자에 비해서 불이익함이 없도록 하여야 한다. 단시간근로자의 상여금이나 법정외수당은 단체협약이나 근로계약 등에 따라야 하되 단시간근로자에게는 지급하지 아니한다는 별도의 규정이 없는 경우에는 그 총수령액이 통상근로자에 비해 불이익이 없도록 배려하여야 한다.

2. 시급제 단시간근로자와 소정근로시간 초과의 임금취급

단시간근로자의 임금결정방법 내지 산정방법은 통상적으로 시간급이 원칙적이다. 시간급의 경우에는 「1시간 10,000원」이라고 정하고 있는 바, 이 경우 계약된 소정근로시간 1시간에 있어서 임금 10,000원인 것은 명백하지만 계약 외의 근로시간 예컨대 1일 6시간을 계약한 단시간근로자가 1일 6시간을 초과하여 8시간까지 근로를 한 경우의 2시간에 대한 임금이 문제된다.

근로기준법은 1주 40시간 1일 8시간을 초과하지 아니하는 한 계약시간이 몇 시간이라도 계약된 임금을 지급하면 된다. 가산임금은 발생하지 않고 그러므로 1일 6시간을 계약하더라도 1일 8시간을 초과하지 않는 한도 내에서 시간급의 임금을 지급하면 된다. 그러나 기간제법 제6조제3항에 의하면 「사용자는 제1항에 따른 초과근로에 대하여 통상임금의 100분의 50 이상을 가산하여 지급하여야 한다」고 규정하고 있다. 단시간근로자에 대해서는 동 조항에 따라 소정근로시간을 초과하는 근로에 대해서는 반드시 통상임금의 100분의 50 이상의 가산임금을 지급하여야 한다.

3. 일급제 단시간근로자와 소정근로시간을 둘러싼 문제

일급제 단시간근로자인 경우도, 역시 일급의 기초가 되는 계약근로시간(소정근로시간)이 문제가 된다. 예컨대 「일급 40,000원」이라 정한 경우 "일급이니까 몇 시간을 일해도 1일 40,000원이다"고 말할 수 없다. 노무제공은 특약이 없다면 근로시간으로 그 내용을 결정하기 때문에 그 기준이 되는 근로시간이 없으면 안 되며, 소정(계약)근로시간이 없는 일급제는 위법이 된다.

따라서 근로기준법 제17조(동법시행령 제8조)및 제93조에 따라 업무 시작시각은 몇 시, 업무 종료시각은 몇 시, 소정근로시간은 몇 시간이라 정해야 한다. 그리고 이들을 명시한 후에 결정한 일급은, 업무 시작시각부터 업무 종료시각(휴식시간은 제외한다)까지의 근로대가의 임금임을 의미한다. 이를 위해 이 시간을 초과해서 근로를 시킨 경우에는, 일급의 대상이 되어 있지 않는 근로시간에 대하여 근로시킨 것이 되기 때문에 이 소정(계약)근로시간(시각은 아니다)을 초과한 부분에 대해서는 예컨대 1일 6시간 근로한다는 약속으로 2시간 초과해서 8시간 근로한 경우에는 이 초과 2시간분은 커버되지 않기 때문에 이 2시간 분에 해당하는 시간급임금과 소정근로시간을 초과한 2시간의 초과근로에 대해서는 가산임금을 지급하여야 한다(기간제법 제6조제3항).

4. 지각 · 조퇴 등 임금상의 취급은 시급과 일급에 차이가 있는지

단시간근로자의 임금이 시급인지 일급인지의 차이를 둘러싸고 지각이나 조퇴의 경우에 있어서 임금 취급에 문제가 있다.

「시급제」의 경우에는 「1시간에 얼마」라는 임금결정이므로, 지각이나 조퇴를 해서 근무하지 못한 시간이 있다면 그 노무를 제공하지 않았던 시간에 대해 "임금을 지급하라"고 사용자에게 요구할 수 있는 「임금청구권」은 발생하지 아니한다. 즉 일하지 않으면 임금은 없다는 원칙이 관철되고 있으며 지각 · 조퇴 등으로 임금삭감을 한다는 규정을 정하지 않아도 시급제의 성질상 쌍무계약에서 한쪽의 채무자인 단시간근로자가 노무의 제공을 하지 않은 일에 해당하는 부분의 임금을 지급하라는 일방적인 채권은 행사할 수 없다.

그러나 일급제의 경우 바찬가지로 1시간 지각했기 때문에 당연히 1시간분의 임금을 삭감할 수 있는가 하면 그것은 불가능하다. 왜냐하면 임금의 지급대상이 시간이 아니라 일급이기 때문에 그 날의 소정근로시간 전부의 근무가 아니라 해도 「그 날」의 근무를 하고 있기 때문에 법률적으로는 "불완전이행"이 되지만 불완전해도 수령을 거절하지 않고 수령한 점에서 "노무의 제공이 있었다"는 사실도 된다.

일반적으로 일급제는, 임금은 「1일」 단위로 정하고 있지만, 1일 중 「비취업시간」이 있는 경우 그 시간분의 임금을 공제할 수 있는지는 논의 및 확립된 관행이 없는 실정이다.

월급제인 경우, 임금은 「월 단위」로 정해져 있지만 1개월 중 일부에 「비취업일(결근일)」이 있는 경우, 그 날의 임금을 공제할 수 있는가는 우리나라에는 기존부터 "완전월급제"로 되어 있어 결근을 공제한다는 취지를 명시하지 않는 월급제는, 결근은 공제하지 않는 것이 기업의 관행으로 생각되기 때문에 일급제도 이에 따른다.

비취업 시간공제의 명시나 관행이 없다면 아무튼 그 날에 취로만 한다면 일급 청구권이 있다고(본래는 비합리적이지만 월급제와의 대비에서) 생각할 수 있는 것은 아닌지라는 문제가 있다(단, 비취로시간분의 임금삭감이 불가능한 취지는 아니다).

따라서 이 점에 대해서는 ① 지각, 조퇴, 개인외출 등 비취업시간이 있다면 그 시간분의 임금을 공제한다(임금이 발생하지 않는다)고 정하든지 아니면 ② 지각, 조퇴, 개인외출 등 비취업시간이 있다면 그 시간에 해당하는 시간만큼 자동적으로 당일 소정근로시간이 뒤로 연장된다는 자동연장제도로 하고 일급에 대응하는 근로시간의 근로의무가 생겨 발생하는 것으로 해두면 그 취급이 명백하므로 문제는 발생하지 않는다.

5. 임금산정단위

단시간근로자의 임금산정단위는 시간급을 원칙으로 한다.

① 단시간근로자의 임금산정단위는 근로시간 수에 따라 정확히 계산될 수 있도록 시간급을 원칙으로 한다.

② 임금수준은 당사자가 결정하는 것이 원칙이나 최저임금액 이상이어야 하며 근로시간을 감안하여 같은 업무를 하는 통상근로자에 비해 불이익하지 않도록 결정하여야 할 것이다.

③ 단시간근로자의 상여금, 법정외수당은 단체협약 · 취업규칙 · 근로계약 등에 따르되 지급하지 않는다고 별도로 정하지 아니한 경우에는 그 수령액이 근로시간을 감안하여 통상근로자에 비해 불이익하지 아니하도록 하여야 할 것이다.

6. 시간급임금을 일급통상임금으로 산정할 경우

일급통상임금은 1일 소정근로시간 수에 시간급임금을 곱하여 산정한다. 단시간근로자의 1일 소정근로시간 수는 4주간의 소정근로시간을 그 기간의 통상근로자의 총 소정근로일수로 나눈 시간 수로 한다. 예를 들면 1주간의 소정근로시간이 20시간인 경우인 1일 소정근로시간 수는 다음과 같다.

80시간(20시간×4주간) ÷ 20일(4주간×5일) = 4시간

소정근로시간이 당해 사업장의 동종 업무에 종사하는 통상근로자보다 짧은 단시간으로 근로계약을 체결한 근로자라면 규칙적으로 매일 2시간의 연장근로를 하였다 하더라도 주휴수당 및 연차유급수당 계산에 관하여는 단시간근로자로 보아 계산하여야 하므로 단시간근로자의 주휴의 경우 연장근로를 제외한 소정근로시간으로 주휴 및 연차휴가를 계산해야 한다.

즉, "일급통상임금=1일 소정근로시간 수×시간당 임금"인 바, 1일 소정근로시간 수인 "4시간×10,000원"으로 계산하여 지급한다.

주휴수당산정례
일급 통상임금=시간급×1일 소정근로시간 수
10,000원×4시간=40,000원

2 임금지급을 둘러싼 법률문제

1. 임금지급 5원칙과 예외

임금은 근로자에게 없어서는 안 될 기본적인 근로조건이며, 또 근로한 후에 지급되는 것이기 때문에, 이것이 확실하게 근로자에게 지급되지 않으면 중대한 생활상의 지장이 생기게 된다.

그리고 근로기준법은 임금지급에 대하여, 「임금은 통화(通貨)로, 직접 근로자에게 그 전액을 지급하지 않으면 안 된다」(제43조제1항), 「임금은 매월 1회 이상, 일정한 날짜를 정하여 지급하여야 한다.」(동조제2항)고 정하고, ① 통화지급, ② 직접지급, ③ 전액지급, ④ 매월 1회 이상 지급, ⑤ 일정기일 지급이라는 5가지 원칙을 정하고 있다.

단시간근로자도 근로기준법상의 근로자이기 때문에 이 임금지급 5원칙의 적용을 받고 있기 때문에 근로기준법상의 임금지급 원칙과 그 예외에 관한 규정을 같이 적용 받는다.

2. 도급제 임금에 의한 보장급

근로기준법 제47조는 도급제에 의한 임금을 정할 경우, 일정액의 보장급을 정한다는 취지를 규정하고 「사용자는 도급이나 그 밖에 이에 준하는 제도로 사용하는 근로자에게는 근로시간에 따라 일정액의 임금을 보장하여야 한다」고 하고 있다. 이는 임금을 전액 도급제 임금으로 하고, 노무의 제공이 있었는데도 도급제 또는 성과가 없었다는 점에서 임금을 제로로 해서는 안 된다.

그러나 근로시간에 따라 정해야 할 「보장급」은, 이는 얼마로 해야 하는가 라는 점에 대해서는 법률상 명확한 기준이 없다. 그래서 일반적으로 이 정도의 타당한 금액이라면 어떻게 결정할 것인가가 문제된다. 본조는 근로자의 책임이라 말할 수 없는 사유로 인해, 실제로 받는 임금이 저하되는 것을 방지하는 취지이기 때문에 근로자에게 항상 통상의 실제 받는 임금과 별로 차이가 나지 않을 정도의 수입이 보장되도록 보장급 금액을 정하는 것이 바람직하다. 또 본조의 취지는 전액 도급급에 대한 보장급만이 아니라 일부 도급급에 대해서도 기본급을 별도로 하고, 그 도급급에 대해서 보장해야 하는데 임금구성으로 보아 얼마이어야 할 것인가는 구체적으로 단체협약 · 취업규칙 또는 근로계약에서 결정하여야 한다.

그리고 단시간근로자의 경우도 도급제 임금제일 때에는 근로계약서 등에서 일정액을 취업한 시간 등에 따라 보장하는 것이 타당하다. 이 같은 이유로 단시간근로자에게도 완전한 도급제 임금급이라는 형태는 취하지 않고, 고정급과 도급제 임금급, 또는 보장급이라는 형태로 하지 않으며 특히 밖에서 일하는 단시간근로자 등의 경우에 법 위반이 될 소지가 크다.

3 승급 · 상여 · 퇴직금을 둘러싼 문제

1. 단시간근로자와 매년 승급 적용 여부

매년 단시간근로자에게도 승급을 실시해야 하는지는 근로계약의 기본이 되는 취업규칙이나 노동관행에 따르게 된다. 또 근로계약기간이 1년 미만인 단시간근로자 등에 대해서도 아래와 같은 문제가 있다.

이는 단시간근로자 근로계약이나 임금규칙에서, 「회사는 매년 4월에 몇 %의 승급을 한다」라든가 「1년간 계속기간이 도래할 때마다 승급시킨다」라고 말한 것처럼, ① 매년 승급시키는 일, ② 얼마나 승급시킬 것인지라는 점에 대하여 금액을 구체적으로 산정 가능한 방식을 정해 실시한 경우이다. 이와 같은 경우 단시간근로자의 승급청구권은 구체적인 청구권으로 확정하기 때문에 사용자는 이에 따를 의무가 있다. 그러나 단시간근로자의 경우에는 대부분 이 제도는 실시되지 않는다.

2. 기간고용의 단시간근로자 승급제도의 문제

근로계약기간을 1년 이하로 정한 단시간근로자 등의 기간고용의 단시간근로자에게 승급제도를 정하는 것은, 기간고용의 성격과 상호 용인되지 않는 것은 아닌지, 정기승급제도 등을 정하는 일과 갱신을 예정하고 있는 장기계약자로 간주되어 상용화하는 것은 아닌가라는 문제가 있다.

기간고용이면서 근로계약기간을 초과하는 시기의 정기승급 등을 정하는 일은 모순으로(예로 7월 1일부터 12월말까지 반년간의 기간근로계약에 대하여, 4월에 정기 승급시킨다는 취지의 계약조항 기재나 취업규칙의 규정), 이를 의식적으로 정한 경우에는 당해 근로계약기간을 초과해 연장하거나 갱신한다는 전제로 추측된다.

따라서 승급제도를 정할 경우에는 근로계약기간과의 관계 및 기간 중에 승급시킬 이유 등에 대하여 명확한 근거가 있어야 한다. 예컨대 1년간의 계약기간을 성한 경우, 본인의 기능이나 능률의 상황에 따라 3개월 정도 지나자 일을 잘해 한몫 하는 단시간근로자가 되었다면 3개월째에 승급시키는 일 등은 합리적이다.

3. 단시간근로자와 상여의 지급

단시간근로자의 상여에 대해서는, 일반근로자의 상여지급일에 재직하고 있는 자에게는 어떻게든 상여금을 지급하는 회사가 많지만 그 내용은 일반근로자와는 다른 소액지급으로 하는 것이 현실이며, 그 명칭도 「위로금」, 「금일봉」 등의 형태로 지급하는 사업장도 있다. 그러나 단시간근로자에게는 반드시 상여를 지급해야 한다면 그 지급 여부 및 지급금액에 대해서는 취업규칙 등의 결정방법 순서가 문제가 된다.

① 반드시 일정금액의 상여를 지급해야 한다는 것은, 일정한 상여지급기준이 있고, 이 기준에서 얼마만큼의 상여를 지급할 것인가가 자동적으로 산정되는 결정방법인 경우와 「연 2회, 기본급의 100시간 분을 지급한다」라든지 「하절기는 2개월, 동절기는 3개월을 지급한다」고 금액산정이 가능한 형태로 계약되는 경우이다.

② 상여지급의무는 있지만 금액은 자유재량에 맡기는 경우란, 앞에서 말한 승급과 마찬가지로 단순히 「7월과 12월에 상여를 지급한다」로 결정되어 있는 것뿐인 구체적인 내용에 대한 정함이 없는 경우이다.

③ 상여를 지급할 것인지 안할 것인지 회사자유일 경우에는 단순히 「업적 및 본인의 근무성적 등에 의해 상여를 지급하는 경우가 있다」는 규정에서 상여지급이 자유임의적으로 된 경우이다.

위의 ①의 경우에는, 이 같은 계약으로 한 이상 거기에 약속한 기준에 의해 산정된 상여금액은 적어도 지급해야 하며, 이 금액을 지급하지 않으면 근로기준법 제43조 위반으로 임금 미지급이 된다.

위의 ②의 경우에는, 상여를 지급한다고 정해져 있기 때문에 예컨대 매년 동절기와 하절기 지급시에 지급해야 하는데 그 내용은 영업실적, 근무실적 등을 고과한 후에 지급하는 것으로, 이 경우에는 지급해야 하지만 내용이 계약되어 있지 않으므로 요컨대 상여를 지급만 하면 금액은 묻지 않는다.

위의 ③의 경우에는, 상여를 지급 「할 수 있다」에 머무르기 때문에, 지급할지 안할지는 회사자유이며, 이 점에 대하여 법적인 구속은 받지 않는다. 또 어떻든 상여에 대해서는 단시간근로자에 관해 일반근로자 및 상여로 하지 않으면 안 된다는 취지의 법적 구속은 없기 때문에 별도로 취급해도 상관없다. 이 점을 명백히 해서 취업규칙 등에 규정해 두는 것이 바람직하다.

8장 단시간근로자의 근로시간 · 휴게 · 휴일 · 가산임금을 둘러싼 법률문제

1 근로기준법상의 근로시간을 둘러싼 문제

1. 근로시간이란 무엇인가

관련조문

※ **초과근로**(근로기준법시행령 별표 2 제3호)

가. 사용자는 단시간근로자에게 소정근로일이 아닌 날에 근로시키거나 소정근로시간을 초과하여 근로시키고자 할 경우에는 근로계약서 · 취업규칙 등에 그 내용 및 정도를 명시하여야 하며, 초과근로를 한 경우 가산임금을 지급하기로 한 때에는 그 지급률을 명시하여야 한다.

나. 사용자는 단시간근로자와 합의한 경우에만 초과근로를 시킬 수 있다.

기간제법 제6조【단시간근로자의 초과근로 제한】 ① 사용자는 단시간근로자에 대하여 소정근로시간을 초과하여 근로시키려는 경우에는 당해 근로자의 동의를 얻어야 한다. 다만, 1주간에 12시간을 초과하여 근로시킬 수 없다.

② 단시간근로자는 사용자가 제1항의 규정에 의한 동의를 얻지 아니하고 초과근로를 시키는 경우에는 이를 거부할 수 있다.

③ 사용자는 제1항에 따른 초과근로에 대하여 통상임금의 100분의 50 이상을 가산하여 지급하여야 한다.

제22조【벌칙】 제6조제1항의 규정을 위반하여 단시간근로자에게 초과근로를 하게 한 자는 1천만원 이하의 벌금에 처한다.

근로시간이란 「근로자가 사용자의 지휘 · 감독 아래 근로계약상의 근로를 제공하고 있는 시간」을 말한다(대법 2006.11.23, 2006다41990). 그러므로 회사에 출근하여 타임레코드에 타각한 후라도 자유로운 시간으로 노무를 제공하지 아니한 시간은 근로시간은 아니다.

작업체제에 들어가서 노무제공을 목적으로 사용자의 지휘 · 명령 하에 현실로 있다면 실제로 작업을 하지 아니하는 대기시간이라도 근로시간이다. 근로기준법 제50조제3항은「제1항 및 제2항에 따른 근로시간을 산정함에 있어 작업을 위하여 근로자가 사용자의 지휘 · 감독아래에 있는 대기시간 등은 근로시간으로 본다」고 규정하고 있다. 그렇지만 사용자의 구속하에 있는 시간일지라도 노무제공을 위한 지휘 · 명령하에 있지 않고 근로로부터 해방되어 있는 휴게시간은 근로시간이 아니다.

2. 단시간근로자의 근로기준법상의 근로시간의 원칙과 예외

근로기준법상 근로시간은 동법 제50조제1항에 의해「1주간의 근로시간은 휴게시간을 제외하고 40시간을 초과할 수 없다」고 규정하고 제2항에 의해「1일의 근로시간은 휴게시간을 제외하고 8시간을 초과할 수 없다」고 규정 하여 이른바「1주 40시간 · 1일 8시간 근로제」의 원칙을 정하고 있다.

근로기준법상의 근로시간이란 휴게시간이나 사용외출시간을 제외한 실근로시간으로서 이와 같은 시간이 1주 40시간, 1일 8시간을 초과하여서는 아니 된다고 규정하고 있는 것이다. 단시간근로자에 대하여도 근로기준법의 근로시간제가 그대로 적용된다. 이 시간보다 장시간의 근로가 금지된다. 당연히 1주 40시간, 1일 8시간을 초과할 수 없으므로 이보다 짧은 근로시간을 계약으로 약정할 수 있다. 근로기준법 제2조제1항제8호에서「단시간근로자란 1주 동안의 소정근로시간이 그 사업장에서 같은 종류의 업무에 종사하는 통상근로자의 1주 동안의 소정근로시간에 비하여 짧은 근로자를 말한다」고 규정하고 있다.

3. 여성 단시간근로자와 근로기준법상의 근로시간의 특별규제와의 관계

근로기준법은 특별한 보호를 필요로 하는 여성과 18세 미만의 연소자에 관하여서는 일정한 제한을 두고 있다. 다시, 근로기준법은 장시간근로의 금지 이외에 심야의 근로에 관하여서도 임산부와 18세 미만의 연소자 근로를 심신 보호의 필요로 금지하거나 제한하고 있다.

근로기준법상 근로시간에 대하여는 일반적 규제 외에 임산부인 단시간근로자나 18세 미만의 자에 대하여는 특별한 규제를 한다. 근로기준법상 이러한 근로자에 대하여 특별히 금지하는 것은 시간외근로 · 휴일근로 · 야간근로이다.

2 근로계약과 근로시간을 둘러싼 문제

1. 법정근로시간과 소정근로시간의 차이

(1) 법정근로시간과 소정근로시간의 의의

단시간근로자는 원칙적으로 1주 동안의 소정근로시간이 통상근로자의 1주 동안의 소정근로시간보다 짧은 자를 의미하므로 1주 동안의 근로시간이 통상근로자의 1주 동안의 근로시간보다 짧은 자이다. 특히 소정근로시간의 의미와 법정근로시간의 의미를 구별할 필요가 있다.

법정근로시간이란 법률로 규정되어 있는 근로시간으로서 1주 40시간, 1일 8시간을 원칙으로 한 것을 말하며, 이에 반해 소정근로시간이란 근로기준법 제50조, 제69조 본문 또는 산업안전보건법 제46조의 규정에 의한 근로시간의 범위 내에서 근로자와 사용자 간에 근로하기로 정한 근로시간을 말한다(근로기준법 제2조제1항제7호).

소정근로시간은 일반적으로 기업의 취업규칙이나 근로계약 등에서 규정하고 있는 그 기업의 업무시작 시간부터 종료시각까지의 근로시간을 말한다. 휴게시간으로 정해져 있는 시간은 제외한다. 단시간근로자의 경우에는 개별의 근로계약에서 정하므로 개별근로자마다 각 일에 있어서의 근무의무를 부담하는 시간이다.

(2) 소정근로시간의 규정 방법

소정근로시간은 원칙적으로 취업규칙 기타로 규정하여야 하며, 이것이 규정되어 있지 아니하면 근로자는 몇 시에 출근하여 몇 시에 퇴근하여야 할지 모르기 때문에 노무를 제공할 수 없다. 그리고 법정근로시간이 1일 8시간이더라도 채용된

회사의 취업규칙 등에서 1일 7시간근로제를 정하면 그 회사의 소정근로시간은 1일 7시간이 되므로 역시 단시간근로자는 그 기준인 7시간 이하의 계약기간(예컨대, 6시간)을 근로계약상 노무를 제공하여야 할 의무가 있는 근로시간이며 이 시간이 소정근로시간으로서 이것과 관련하여 법률상 여러 가지의 효과가 발생한다.

다만, 단시간근로자의 소정근로시간은 사람마다 다르므로 표준시간으로 단시간근로자 취업규칙 등에 규정하는 경우에는 그 시간을 근로기준법상의 소정근로시간을 정한 것으로 볼 수 있다.

(3) 소정근로시간과 가산임금과의 관계

소정근로시간은 시간외근로에 대한 가산임금의 산정에 있어서는 법률상 일 · 주 · 월 등에 의한 임금을 그 기간의 「소정근로시간」 또는 「통상임금산정기준시간수」로 나눈 임금을 가지고 계산하기로(근로기준법시행령 제6조) 되어 있으므로 이 시간의 장단은 임금의 시간단가에 영향을 미치게 된다. 근로계약상 특약이 없는 한 소정근로시간은 임금의 대상인 시간을 의미한다.

단시간근로자의 경우는 취업규칙에서 일률적으로 규정하기가 곤란하므로 개별근로자마다 근로계약서에 근로의무를 부담하기로 한 시간을 말한다. 그러므로 소정근로시간, 예를 들어 하루 7시간을 초과하여 근로하였다 하더라도 법정근로시간(하루 8시간)을 초과하지 아니하면 근로기준법상의 시간외근로가 되지 아니하며, 따라서 가산임금을 지급할 필요는 없지만 기간제법 제6조제3항에 따라 본래의 임금은 소정근로시간에 대응하는 7시간에 대해서는 지급하여야 하며 하루 8시간 근로하였을 경우에는 1시간은 소정의 임금과 함께 소정근로시간을 초과근로한 1시간에 대해서는 통상임금의 100분의 50을 가산하여 지급하여야 한다. 만일 1시간분의 초과근로에 대하여 소정의 임금과 가산임금을 지급하지 아니하면 근로자는 1시간 「무보수근로제공」을 한 셈이 된다.

2. 근로기준법상의 근로시간의 산정과 취업규칙상의 산정은 다른가

(1) 근로기준법상의 근로시간의 산정

근로기준법의 근로시간의 규제는 「실근로시간」(현실적으로 사용자의 지휘 · 명령하에서 근무하였던 실제의 근무시간을 말한다)을 대상으로 하고 있다. 근로시간의 산정에 있어서는 근로자의 지각, 조퇴, 사용 외출, 조합활동, 쟁의행위의 시간 등 현실적으로 사용자의 지배 하에서 이탈하여 복무하지 아니하였던 시간이 있을 경우에는 이들을 제외하여 통산하되, 하루 8시간 이내라면 위반이 되지 아니한다. 즉, 근로기준법은 계약 외에 근로를 시켰다(하루 7시간 30분의 근로를 약속한 바 실제로는 8시간 근로시켰음)고 하는 「의무없는 근로」를 시키는 것을 벌칙으로 적용하지 아니하고 「실근로시간이 하루 8시간을 초과」하는 경우에 벌칙을 적용하여 금지하고 있는 것이다.

(2) 취업규칙상의 근로시간의 산정

한편, 각 기업에서는 반드시 이와 같은 실근로시간에 의하지 아니하고, 시간외 근로를 업무시작 시간 · 종료시각을 기준으로 하여 산정하는 시업 · 종업시각주의(형식주의)에 의함을 취업규칙으로 규정하거나 관행으로 실시하고 있는 경우가 많다.

이와 같은 산정방법에 의한 취급은 법률상의 것이 아니라 법률을 상회하는 그 기업 독자의 규정인 것이다. 근로기준법이 적용되는 사업 또는 사업장에서 특정 근로자의 1주간의 소정근로시간이 39시간이라 하여 반드시 동법 동조의 단시간 근로자인 것은 아니며, 당해 사업장의 '같은 종류의 업무'에 종사하는 '통상근로자'에 비하여 1주간의 소정근로시간이 짧은 자라 할 것이다.

다만, 단시간근로자인지 여부에 관계없이 특정 근로자에 대한 1주간의 소정근로시간을 35시간으로 정하면서 매주 월~금요일은 각 7시간으로 근무시간을 편성하는 것은 무방할 것이며, 이 경우에도 주 35시간을 초과하는 근로시간은 기간제법 제6조제3항의 초과근로에 해당하며 통상임금의 100분의 50 이상의 가산임금을 지급하여야 한다.

(3) 단시간근로자의 근로시간의 산정

단시간근로자에 있어서도 그 근로시간의 산정방법은 기업의 자유이므로 취업규칙 등에서 정하고 있으나 대부분의 경우는 임금산정에 있어도 시간급이 대부분이므로 단시간근로자는 근로기준법에 의한 실근로시간에 의하여 취급하는 것이 대부분 회사의 실정이며 또한 바람직한 것이다.

3. 법정근로시간과 소정근로시간의 관계

(1) 단시간근로자의 소정근로시간과 법정근로시간의 관계

단시간근로자의 소정근로시간과 법정근로시간의 관계를 다음과 같이 표시할 수 있다.

〈단시간근로자의 소정근로시간과 법정근로시간(1일의 시간의 예)〉

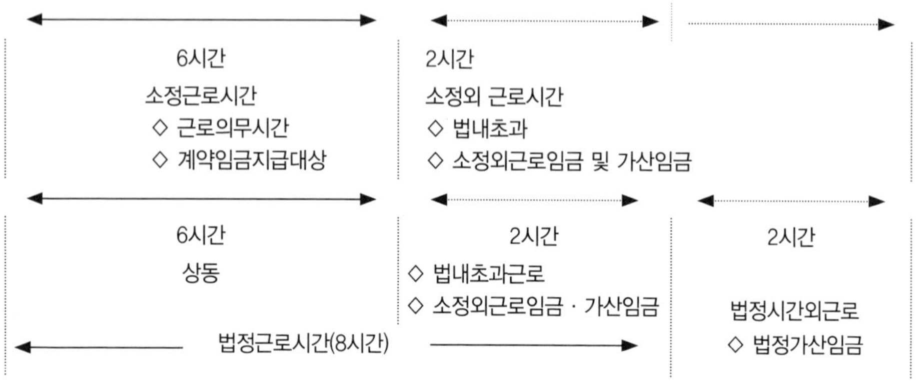

위 표(1)에서 6시간으로 표시되어 있는 검은 선은 소정근로시간이다. 소정근로시간은 업무 시작시각에서 종료시각까지의 소정근로시간을 말한다. 소정근로시간은 근로계약상 근무의무가 있는 시간으로서 그 계약에 따라 제공하는 노무의 대가로 임금지급의 대상시간을 말한다.

또한 이 시간은 소정근로시간으로서 이 시간의 근무를 게을리 하면 채무불이행이 되며 지각 · 조퇴로서 직장질서 위반으로 제재의 대상이 되는 시간을 말한다.

양 당사자가 근로계약으로 1주의 소정근로시간을 정했더라도 그 이후 노사가 서면 또는 구두로 합의해 1주 또는 1일 소정근로시간을 변경했다면 이를 소정근로시간으로 봄이 타당하다. 따라서 위 단시간근로자의 주휴 산정 및 동원훈련으로 인한 근로 미제공시 유급처리를 위한 1일 소정근로시간은 최종적으로 노사 간에 합의해 실제 근로한 4주간의 총 소정근로시간을 그 기간의 총 소정근로일수(통상근로자의 총 소정근로일수)로 나누어 산출하면 된다(2013.2.20, 근로개선정책과-1290).

구분	월	화	수	목	금
근로계약서상 소정근로시간	7시간	7시간	7시간	7시간	7시간
매주 계획근무시간	7시간	5시간	5시간	6시간	8시간
실제근무시간	7시간	6시간	5시간	5시간	7시간

위의 경우 실제근무시간 기준으로 산정하면 된다.

(2) 소정근로시간을 초과한 경우

통상근로자는 소정근로시간인 6시간을 초과하여 예컨대 2시간의 근로를 초과하더라도 통상근로시간은 8시간이 된다. 통상근로자는 1일 8시간의 근로는 근로기준법상의 1일의 법정근로시간 내의 근로시간이므로 민사상의 근로의무가 없더라도 적법하다.

그러나 단시간근로자가 소정근로시간을 초과하여 근로할 경우(표(2)의 괘선 참조), 비로소 기간제법 제6조제3항에 따라 소정근로시간을 초과한 시간외근로가 된다. 1일 실제근로시간이 표(2)의 괘선인 경우와 같이 8시간을 초과할 때에는, 당사자간의 합의가 없이 실시했다면 위법한 근로가 된다. 민사상의 근로의무 발생은 본인의 동의나 명확한 취업규칙상의 근거가 있어야 된다. 또 소정근로시간을 초과한 경우에는 당사자간의 동의규정 유무와 상관없이 법정가산임금(적어도 50% 증가)을 지급하지 않으면 당해 단시간근로자에게 하는 채무불이행이 됨과 동시에, 동법상의 할증임금 미지급 위반이 된다.

4. 매주 12시간을 초과근로하여 주40시간을 초과하는 경우에 단시간근로자인지의 여부

주 40시간제 적용사업장에서 1주일의 소정근로시간을 30시간으로 정해 놓고 의무적으로 매주 12시간을 연장근로하는 근로자는 단시간근로자로 보는지 아니면 통상근로자로 보는지 여부이다. 1주 30시간을 근무하기로 정한 것만 본다면 통상근로자의 40시간에 비해서 짧은 시간 근무하므로 단시간근로자로 볼 수 있다. 반면, 연장근무를 의무적으로 한다는 사실을 본다면 매주 42시간을 통상적으로 근무하게 되므로 실질적으로 통상근로자로 해석할 수 있다. 이 경우 당해 근로자의 경우 형식적으로는 단시간근자임에도 불구하고 실질적으로는 통상근로자로

근무케 하고 있으므로 실질적인 면을 존중하여 통상근로자로 볼 수 있을 것이다. 그러나 매주 12시간을 연장하는 것이 아니라 상황에 따라서 근로자와 합의를 거쳐 12시간 이내에서 변동적으로 연장근로가 이루어진다면 단시간근로자로 볼 것이다.

5. 단시간근로자의 초과근로 제한과 그 거부

(1) 초과근로의 제한내용과 그 취지

① 초과근로의 제한내용

다음으로, 근로기준법상으로 적법한 근로라고 하여도 법정 내의 이 그림에 있는 2시간 근로라는 것은 소정근로시간을 초과한 근로이므로, 이를 단시간근로자에게 의무를 지우게 하기 위해서는 근로계약상(민사법상)의 근거가 필요하다.

기간제법 제6조에 의하면 「① 사용자는 단시간근로자에 대하여 소정근로시간을 초과하여 근로시키려는 경우에는 당해 근로자의 동의를 얻어야 한다. 다만, 1주간에 12시간을 초과하여 근로시킬 수 없다. ② 단시간근로자는 사용자가 제1항의 규정에 의한 동의를 얻지 않고 초과근로를 시키는 경우에는 이를 거부할 수 있다 ③ 사용자는 제1항에 따른 초과근로에 대하여 통상임금의 100분의 50이상을 가산하여 지급하여야 한다」고 규정하고 있다. 근로기준법은 법정근로시간을 초과한 연장근로에 대해서만 제한하고 있으나, 법정근로시간 이내의 경우에는 단시간근로자의 소정근로시간을 초과하는 초과근로시간을 제한하는 규정이 없다.

기간제법은 법정근로시간 이내라도 소정근로시간을 기준으로 1주일에 12시간 초과하여 사용하지 못하도록 하고 사용자가 단시간근로자의 동의를 얻지 않고 초과근로를 시키는 경우에는 거부권을 행사할 수 있도록 규정한 것이다.

② 초과근로시간을 특별히 제한하는 이유

(가) 단시간근로자의 초과근로시간을 특별히 제한하는 이유는 학업, 가사, 육아 등을 이유로 근로자 본인이 단시간근로를 희망하는 경우가 많은데 이러한 경우 사업주의 과다한 초과근로 요구로부터 근로자의 근로시간을 보호할 필요가 있기 때문이다. 단시간근로자의 경우 소정근로시간외 시간 활용이 특히 중요하므로 근로계약서 등에 초과근로의 내용 · 정도를 명시하도록 하고 연장근로(법정근로시

간 초과근로)외에 초과근로(법정근로시간내라도 소정근로시간 초과근로)에 대하여도 근로자와 합의하여야 함을 분명히 한 것이다. 또한 통상근로자로 채용해야 함에도 불구하고 인건비를 절감하기 위하여 단시간근로자를 채용하여 과대하게 초과근로를 시키는 탈법적 인력운용을 막기 위한 것이다.

(나) 단시간근로자에 있어서는 소정근로시간과 근로일수가 통상근로자보다 짧기 때문에 근로시간의 길이 · 시간대 · 근로일 수가 단시간근로자의 생활과 행동계획에 따라 구성된 것이므로 개인의 생활설계가 존중되어야 하며, 시간외 · 휴일근로의무의 범위가 적절히 제한되어야 한다. 이와 같은 기본방침을 전제로 하여 단시간근로자에게 있어서는 소정근로시간 외의 시간외 · 휴일근로는 그 일시가 구체적으로 특정된 경우에만 근로의무가 발생된다고 해석된다(김형배, 「노동법」, 24판, p.1294).

(2) 초과근로의 제한과 1주인 12시간한도

단시간근로자에 대한 과다한 초과근로를 제한하기 위하여 단시간근로자에게 소정근로시간을 초과하여 초과근로를 시킬 경우에는 당해 근로자의 동의를 얻도록 하고 1주일에 12시간을 초과할 수 없도록 하며, 이를 위반하여 단시간근로자에게 초과근로를 하게 한 자는 1천만원 이하의 벌금에 처한다(기간제법 제22조). 만일 동의를 얻지 아니하고 초과근로를 시킬 경우에 단시간근로자는 이를 거부할 수 있도록 거부권을 명시하였다. 또한 부당한 초과근로 거부를 이유로 해고 등 불리한 처우를 하는 경우 2년 이하 징역 또는 1,000만원 이하의 벌금형에 처하도록 하고 있다(동법 제21조). 소정근로시간은 단시간근로자로 정하면서 실제로는 초과근로를 통하여 상시적으로 통상근로자의 소정근로시간 이상을 근로시키는 경우(명목상 단시간근로자)에는 단시간근로자로 보지 않도록 하여 통상근로자와 동일하게 근로기준법을 적용하도록 하고 있다.

단시간근로자는 근로자의 사정(가사, 학업 등)에 의하여 단시간근로를 하는 경우가 많으므로 소정근로시간을 보호해 주는 것이 무엇보다도 중요하다. 그러나 현행 근로기준법은 법정근로시간을 기준으로 연장근로의 한도(1주 12시간), 할증률(50%)을 규정하고 있어 단시간근로자의 경우 소정근로시간을 초과한 초과근로에 대한 규제가 미흡한 실정이다.

현행 근로기준법시행령 「별표 2」 제3호에 단시간근로자의 초과근로에 대해 규율하고 있으나 벌칙규정이 없고 주로 절차적 사항에 관한 것이어서 실효성이 약하다.

초과근로를 시킬 경우 근로계약서, 취업규칙 등에 내용 · 정도를 명시, 가산임금을 지급하기로 한 경우에는 그 지급률을 명시, 근로자와의 합의가 있는 경우에만 초과근로가 가능하다.

(3) 동의 없는 초과근로명령과 그 거부

법정근로시간 이내라도 초과근로를 제한(1주 12시간)하고 사용자의 부당한 연장근로 지시에 대한 거부권을 명시한 것이다.

단시간근로자에 대하여 당초 근로자와 사용자간에 정한 근로시간을 초과하여 근로하게 하는 경우에는 근로자의 동의를 얻어야 하며 이 경우도 1주간에 12시간을 초과할 수 없다(제6조제1항). 만약 사용자가 단시간근로자 개인의 동의를 얻지 아니하고 초과근로를 하게 하면 단시간근로자는 이를 거부할 수 있다(제2항).

따라서 단시간근로자의 경우 소정근로시간을 기준으로 초과근로를 제한함으로써 단시간근로자의 소정근로시간을 보호하고 단시간근로의 활성화를 위한 토대를 마련할 필요가 있으므로 규정한 것이다.

외국사례를 보더라도 프랑스의 경우, 근로계약상 1주 또는 1월 근로시간에 대해 10시간을 초과할 수 없도록 제한(다만, 단체협약에서 정한 경우에는 3분의 1까지 가능)하고 있으며, 일본의 경우에는 노사협정에 의해서만 초과근로가 가능하도록 하고 있다.

또한 가령, 법정근로시간 제한 내의 근로라도 계약한 소정근로시간을 초과한 시간의 근로이기 때문에 1일 임금은 이 계약근로시간을 대상으로 정해지는 것이 일반적이며, 소정근로시간을 초과한 이 2시간 분의 근로에 대해서는 적어도 그 시간에 대응하는 부분의 임금은 추가해서 지급해야 한다. 또한 2시간분의 초과근로에 대해서는 통상임금의 100분의 50이상의 가산임금을 지급하여야 한다(기간제법 제6조제3항).

6. 단시간근로자의 소정근로시간

(1) 1일의 소정근로시간을 정하지 않는 경우 초과근로 판단

① 기간제법 제17조에 따른 근로조건 명시 의무 위반 여부

기간제법 제17조는 단시간근로자와 근로계약 체결 시 근로일 및 근로일별 근로시간을 서면으로 명시하도록 규정하고 있다.

기간제법 제17조(근로조건의 서면명시) 「사용자는 기간제근로자 또는 단시간근로자와 근로계약을 체결하는 때에는 다음 각 호의 모든 사항을 서면으로 명시하여야 한다. 다만, 제6호는 단시간근로자에 한한다.」

따라서, 사용자가 단시간근로자와 근로계약 체결 시 근로일 및 근로일별 근로시간을 서면으로 명시하지 않은 경우에는 500만원 이하의 과태료가 부과된다.

② 1일의 소정근로시간을 서면으로 정하지 않은 경우의 소정근로시간

근로기준법 제2조제1항제7호는 "소정근로시간"이란 제50조, 제69조 본문 또는 「산업안전보건법」 제46조에 따른 근로시간의 범위에서 근로자와 사용자 사이에 정한 근로시간을 말한다고 규정하고 있다.

기간제법 제17조에 따라 서면 근로계약서에 '근로일 및 근로일별 근로시간'이 기재되어 있는 경우 해당 근로계약서는 이른바 처분문서로서 특별한 사정이 없는 한 그에 따라 당사자들이 합의한 시간을 소정근로시간으로 판단한다.

그러나 1주 동안의 소정근로시간만 정하고 1주 동안의 근로일 및 근로일별 소정근로시간을 서면으로 정하지 않은 경우 서면에 명시하지 않았지만 통상적으로 근로를 제공하기 위해서는 구두 또는 묵시적으로 1일의 근로시간을 정할 수밖에 없으므로 사용자와 근로자의 근로계약 체결 시의 의사를 해석하여 소정근로시간을 판단해야 한다.

(2) 소정근로시간의 변경이 가능한지 여부

① 단시간근로자의 소정근로시간을 변경할 수 있는지 여부

근로기준법 제17조는 근로계약을 체결할 때에 근로자에게 소정근로시간 등이 명시된 서면을 교부하도록 하고 이를 변경하는 경우에도 동일한 의무를 부과하고 있으므로 소정근로시간 변경이 가능함을 전제로 한 것으로 볼 수 있으며 소정근로시간이 반드시 고정적일 필요는 없다. 따라서, 근로계약을 체결한 후에도 사용자와 근로자의 명시적이고 확정적인 합의에 따라 근로시간 등 근로조건을 변경할 수 있다고 해석된다. 근로계약기간 도중 특정근로자의 1주 또는 1일의 소정근로시간을 회사와 당해 근로자 간 서면 또는 구두로 합의를 통해 변경가능하다 (2013.2.20, 근로개선정책과-1290).

② 가산임금 지급을 회피할 목적으로 소정근로시간을 변경하는 경우

법정근로시간 내 초과근로에 대한 가산임금 지급을 회피할 목적으로 소정근로시간을 변경하는 경우에는 소정근로시간의 변경 여부에 관계없이 애초에 정한 소정근로시간을 초과한 근로에 대하여 가산임금을 지급하도록 해석한다. 예를 들어 (가) 취업규칙 등으로 주간 또는 월간 근무표를 작성한 후 일부 근로자와 사이에 특정일에만 소정근로시간을 변경하거나, (나) 총 소정근로시간의 변경은 없으면서 특정일의 소정근로시간을 조정하거나, (다) 특별한 사정없이 소정근로시간의 변경 횟수가 잦은 경우 등에는 가산임금 지급을 회피할 목적이 추정될 것으로 보인다.

위 경우에 해당함에도 "가산임금 지급을 회피할 목적이 아님"은 사용자가 입증하여야 한다.

③ 1주 동안의 소정근로시간 범위에서 사용자가 임의적으로 근로시간을 운용할 수 있는지 여부

(가) 법정 근로시간 내의 초과근로에 가산임금 지급 부담을 피하기 위하여 소정근로시간을 최대한 넉넉하게 정해놓고 실제 근로시간은 소정근로시간 범위에서 사용자의 임의대로 운용하는 경우

사례
통상적으로 1주 5일, 1일 4시간의 단시간근로자를 사용하여 왔는데, 소정근로시간을 초과한 근로 시 가산임금 지급이 부담이 되어 1일 6시간으로 근로시간을 정하고 실제 근로는 4시간을 기본으로 하되, 때때로 6시간 근무하도록 하여 4시간을 초과한 2시간 근로에 대해서는 가산임금을 지급하지 아니함

근로계약 시 명시적으로 정한 소정근로시간 범위 내의 근로에 대해서는 초과근로 시 가산임금 지급의 회피 목적에 관계없이 원칙적으로 가산임금을 지급할 의무가 없다.

(나) 그러나 근로계약 시 1주 동안의 소정근로시간을 명시적으로 정하였음에도

사용자가 특별한 사정없이 근로자의 소정근로시간만큼의 근로제공에 대한 수령을 거부하는 경우

경영상의 장애 등 사용자의 "휴업"으로 인한 때에는 근로자에게 근로기준법 제46조의 휴업수당 청구권이 발생하고 평균임금의 70%를 지급받을 수 있지만 사용자의 귀책사유 등으로 인한 휴업이 아니라 일방적인 수령 거부인 경우에는 민법 제538조의 채권자의 귀책사유로 인한 이행불능에 해당하므로 근로자에게 사용자가 수령하지 않은 소정근로시간 부분의 임금 전액에 대한 청구권이 발생한다.

(3) 소정근로시간을 집단적으로 일정기간 단위로 정하는 경우

사업장의 근로자집단별로 일정 단위기간 동안의 총 소정근로시간 및 특정주 또는 특정일별 근로시간을 변경할 수 있는지 여부이다.

① 단시간근로자의 근로일 및 근로일별 소정근로시간을 근로자대표와의 합의(또는 취업규칙)로 일정기간 단위로 정하는 경우에도 총 소정근로시간 및 특정주 또는 특정일별 근로시간을 변경할 수 있다고 판단된다.

② 다만, 단위기간이 시작된 후 근무편성표를 조정하여 소정근로시간을 변경하는 것은 근로자가 사전에 근로시간을 예측할 수 없게 되고 가산임금 지급을 면탈하려는 것으로 해석될 수 있으므로 특별한 사정이 없는 한 "단위기간 시작 전까지만 변경이 가능"하다고 해석함이 합리적이다.

7. 단시간근로자의 초과근로에 대한 가산임금의 지급 여부

(1) 가산임금의 지급 여부

근로기준법 제56조는 법정근로시간(1주 40시간)을 초과하여 연장근로를 한 경우 가산임금을 지급하도록 규정하고 있으므로 단시간근로자에 대해서는 그간 소정근로시간을 초과하였으나 법정근로시간을 넘지 않은 연장근로(법내 초과근로)에 대해서는 가산임금을 지급하지 않더라도 무방하다고 해석해 왔다. 판례는 근로기준법 소정의 기준 근로시간 범위 안에서 사용자와 근로자 사이의 약정근로시간을 초과하는 근로(이른바 법내 초과근로)는 근로기준법 제56조에서 말하는 시간외근로에 해당하지 아니하므로 그에 대하여는 그 법조에 정한 할증임금을 지급할 필요가 없다(대법 1998.6.26, 97다14200)고 한다. 그러나, 단시간근로자의 경우 소정근로시간

을 짧게 한 후 가산임금 지급없이 상시적인 초과근로를 강요받는다는 지적이 지속적으로 제기되어 왔다. 이에 따라 법정근로시간 이내라도 단시간근로자의 소정근로시간 초과근로에 대해 가산임금(50%)을 지급하도록 기간제법 제6조제3항을 2014.3.18(2014.9.19 시행) 개정하였다. 기간제법 제6조제3항에 의하면 「사용자는 제1항에 따른 초과근로에 대하여 통상임금의 100분의 50 이상을 가산하여 지급하여야 한다」고 규정하였다. 그 개정취지는 단시간근로자가 법정근로시간 내 근로를 강요받은 경우가 많아 이를 시정하고자 단시간근로자의 초과근로에 대하여 할증임금을 도입한 것이다.

(2) 가산임금 산정의 구체적 사례

① A는 주40시간이 적용되는 사업장에서 근무하고 있으며 소정근로시간이 주 32시간인 단시간근로자이다. 사업주가 특정한 주에 A에게 12시간의 초과 근로를 시키는 경우 할증임금이 지급되는지 여부이다

단시간근로자의 법정근로시간내의 초과근로에 대하여 통상임금의 100분의 50 이상의 가산임금을 지급하여야 하며 법정근로시간을 초과하여 근로를 했다면 통상근로자와 마찬가지로 법정근로시간을 초과한 4시간에 대해서는 통상임금의 100분의 50이상을 가산하여 임금을 지급하여야 할 것이나 이중의 가산임금을 지급하여야 하는 것은 아니다.

② A는 주40시간이 적용되는 사업장에서 근무하고 있으며 소정근로시간이 주 30시간인 단시간근로자이다. 사업주가 특정한 주에 A에게 14시간의 초과 근로를 시킨 경우 사업주에게 발생하는 법적책임은 어떤 것인가

기간제법 제6조는 단시간근로자의 초과근로를 주 12시간 이내로 제한하고 이를 위반한 사업주에게는 동 법 제22조에 의해 1천만원 이하의 벌금이 부과되도록 규정하고 있으므로 사업주에게는 1천만원 이하의 벌금이 부과 된다.

③ 한편, 단시간근로자의 소정근로시간외의 초과근로에 대하여 지급률을 명시하여 가산임금을 지급하기로 한 경우에는 그에 따라야 하며(근로기준법 시행령 제9조제1항 [별표 2] 제3호) 소정근로시간을 초과하여 근로를 했다면 소정근로시간을 초과한 5시간에 대해서는 통상임금의 100분의 50 이상을 가산하여 임금을 지급하여야 할 것이다.

7. 벌칙 및 불이익처우 금지

기간제법 제6조제1항의 규정을 위반하여 단시간근로자에게 초과근로를 하게 할 경우 1천만원 이하의 벌금형에 처한다(제22조).

동법 제6조제2항의 규정에 의한 사용자의 부당한 초과근로 요구 거부행위에 대하여 불이익처우를 금지하고 있다. 사용자는 부당한 초과근로 지시를 거부한 것을 이유로 해고 그 밖의 불리한 처우를 하지 못한다(제16조제1호).

부당한 초과근로 자시를 거부한 것을 이유로 근로자에게 불이익 처우를 한 사용자에 대해서는 2년 이하의 징역형 또는 1천만원 이하의 벌금형에 처한다(제22조).

8. 단시간근로자의 근로시간 결정방법의 유의점

(1) 근로시간 결정방법상의 유의사항

단시간근로자의 근로시간 결정방법에 대하여 다음 3가지 사항을 유의하여야 한다.

① 사업주는, 단시간근로자의 근로시간 및 근로일을 규정 또한 갱신할 때에는 당해 단시간근로자의 사정을 충분히 배려하여야 한다.

② 사업주는, 단시간근로자에게 가능한 한 소정근로시간을 초과하거나 소정근로일 이외의 일자에 근로시키지 않도록 하여야 한다.

③ 사업주는, 단시간근로자를 소정근로시간을 초과하거나 소정근로일 이외의 일자에 근로시키고자 할 경우에는 근로계약서 · 취업규칙 등에 당해 단시간근로자에게 소정근로시간을 초과하거나 소정근로일 이외의 일자에 근로시킨다는 취지 및 그 정도를 명시하여야 하며 초과근로에 대하여 가산임금을 지급하기로 한 경우에는 그 지급률을 명시하여야 한다(별표1의2제3호가목).

이러한 유의사항은 단시간근로자의 대부분이 가정생활과의 병행을 위해 단시간 또는 자기 사정에 맞는 일정한 취업시간대를 전제로 해서 근무하는 자이므로 사업주는 이 같은 단시간근로자의 사정을 충분히 고려해서 근로시간 · 근로일을 설정하도록 힘쓰며, 가능한 한 소정근로시간이나 소정근로일 이외에 근로시키지 않도록 노력하여야 할 것과 소정근로시간이나 소정근로일 이외에 예외적으로 근로를 시킬 경우에는 근로계약서 · 취업규칙 등에 그 취지 및 정도를 명시하여야 한다. 단시간근로자의 근로시간은 업무시작 · 업무종료시각으로 특정하지 않으면 안 되지만, 하나의 패턴만이 아니라 가정생활과 병행하기 때문에 근무일 및 시기에 따라 다르더라도 상관없다.

(2) 근로시간의 결정방법과 취업규칙 작성시의 유의사항

또 취업규칙과의 관계에 대하여 업무시작 · 업무종료시각 등이 근로자별 근무형태 등으로 다를 경우, 다음과 같이 시행하도록 유의할 필요가 있다.

① 동일사업장에서, 근로자의 근무형태나 직종 등에 따라 업무시작 및 업무종료시각이 다를 경우에는 취업규칙에 근무형태 및 직종별로 업무시작 및 업무종료시각을 규정하지 않으면 안 된다.

② 그러나 단시간근로자 중 본인의 희망으로 근무형태, 직종별로 업무시작 및 업무종료시각을 획일적으로 정하지 않는 자에 대해서는 취업규칙에는 기본이 되는 업무시작 및 업무종료시각을 정함과 동시에, 구체적으로는 개별적인 근로계약 등으로 정한다는 취지의 위임규정을 마련하여도 무방하다. 또, 개별적인 근로계약 등으로 구체적으로 정한 경우에는, 서면으로 명확하게 하는 것이 바람직하다.

③ 휴식시간 및 휴일에 대해서도 마찬가지이다.

따라서 취업규칙에는 표준적인 것만을 정해 한 사람, 한 사람 단시간근로자마다 개별적인 근로계약으로 정하는 것으로 하는 것이 실태에 맞는 바람직한 방법이라 말할 수 있다.

3 휴게시간을 둘러싼 문제

1. 단시간근로자에게도 휴게시간은 필요한가

(1) 휴게의 의의

근로기준법 제54조의 규정에 의하여 「사용자는 근로시간이 4시간인 경우에는 30분이상, 8시간 근로인 경우 1시간 이상의 휴게시간을 부여하여야 한다」는 원칙은 단시간근로자에게도 적용되어야 한다.

휴게란 근로계약상 근로자가 사용자의 지휘 · 감독의 구속으로부터 벗어나는 것을 말한다. 따라서 휴게시간은 근로시간이 아니다(근로기준법 제50조). 소정근로시간이 4시간 미만이어서 법률상 휴게시간의 부여의무가 없는 경우에도 일의 능률을 위하여 필요한 경우에는 적정하게 휴게를 부여하는 것이 바람직할 것이다.

(2) 휴게시간의 길이

사용자는 단시간근로자도 근로자인 이상, 근로시간 4시간에 대하여 30분 이상, 8시간에 대하여 1시간 이상의 휴게시간을 근로시간 도중에 주어야 한다(근로기준법 제54조제1항).

브레이크타임제(크로스타임제)의 허용 여부가 문제된다. 근무시간 중 작업량이 현저히 적거나 없는 시간을 이용하여 법이 정한 휴게시간 이상의 장시간을 휴식케 하는 제도(호텔업인 경우 오후 2시부터 5시까지)이다. 근로기준법 제54조는 휴게시간의 최저한만을 명시하고 있으므로 브레이크타임제 실시를 불법으로 보기는 곤란하다는 행정해석(1990.11.28, 감독 01254-6054)이 있다.

(3) 휴게시간의 배치

① 휴게시간은 근로시간 도중에 주어야 한다. 그러므로 휴게시간을 시업시각 직후 또는 종업시각 직전에 주는 것은 허용되지 않는다.

② 휴게시간을 주는 방법에 대해서는 근로기준법에서는 명문의 규정이 없으나, 단시간근로자에게도 휴게는 원칙적으로 일시에 주어야 할 것이다.

그러므로 휴게시간을 세분화하여 준다면 휴게시간 본래의 취지를 충족할 수 없고, 오히려 이러한 세분화된 휴게시간은 근로시간에 포함된다고 해야 한다.

(4) 자유이용의 원칙

① 휴게시간은 단시간근로자가 자유롭게 이용할 수 있도록 하여야 한다 (근로기준법 제54조제2항, 벌칙 제110조). 휴게시간은 사용자의 지휘 · 감독으로부터 완전히 해방되고 또한 자유로운 이용이 보장된 시간이다(대법 1992.4.14, 91다 20548).

② 휴게시간은 근로자가 자유롭게 이용할 수 있도록 해야 하나 기업질서를 위하여 필요한 최소한의 범위 내에서는 이를 제약할 수 있으며 휴게시간에 대해서는 임금을 지급할 법적 의무는 없다.

③ 그러나 단시간근로자가 복수의 기업에서 근로하는 경우 어느 사용자가 휴게시간을 주어야 하느냐가 문제된다. 근로자가 2개의 사업장에서 근로한다고 가정할 때 A사업장의 작업종료와 B사업장의 작업개시 사이의 시간에 휴게시간을 부여하는 방법이 가장 합리적이라고 생각된다. 그러나 근로자가 다른 사업장에서의 근로를 사용자에게 보고하지 않는 경우에까지 사용자에게 휴게시간 부여의무가 발생한다고 할 수는 없을 것이다.

2. 적용제외

근로기준법 제54조의 규정에 의한 단시간근로자의 휴게시간은 동법 제59조(근로시간 및 휴게시간의 특례)에 의하여 변경될 수 있다(근로기준법시행령 제32조).

4 휴일을 둘러싼 문제

1. 휴일의 의의와 취지

근로기준법 제55조는 「사용자는 근로자에게 1주일에 평균 1회 이상의 유급휴일을 주어야 한다」라고 규정하고 있다. 단시간근로자도 근로자인 이상 원칙적으로 휴일에 대한 청구권이 있다. 휴일은 근로자가 사용자의 지휘 · 명령으로부터 완전히 이탈하는 날을 말하며, 근로자의 건강유지와 문화적 생활의 향상을 위하여 마련된 것이다. 휴일은 단체협약이나 취업규칙으로 특정하는 것이 일반적이며, 반드시 일요일일 필요는 없다. 1회의 휴일은 24시간의 역일(0시부터 24시까지)을 의미하는 것이지만 3교대 작업을 하는 경우에는 계속 24시간의 휴식을 주면 1일의 휴일이 된다(대법 1991.7.26, 다카11636).

오늘날 7일 중 1일의 휴일을 준다는 것은 세계적으로 보편화되어 있는 제도이며, 1921년의 국제조약(제14조)은 공업적 기업에 있어서의 모든 근로자에게 7일의 기간 중 적어도 한 번 계속 24시간의 휴식을 주어야 한다고 규정하고 있다. 최근에 와서 선진 각 국에서는 주휴 2일제가 채택되고 있다.

2. 주휴일의 원칙

사용자는 근로자에게 1주일에 평균 1회 이상의 유급휴일을 주어야 한다(근로기준법 제55조제110조). 따라서 주휴일(근로기준법 제55조)의 경우 1주간의 소정근로일수를 개근한 단시간근로자에게는 1일의 유급휴일을 부여하여야 한다(동법시행령 제30조). 따라서 1주일에 3일만 근무하는 형태의 경우 나머지 휴무일 중에서 1일을 유급으로 지정 · 부여하면 되고, 당일에 지급하여야 할 임금지급 기준은 1일 소정근로시간수(4주간의 소정근로시간을 그 기간의 통상근로자의 총 소정근로일 수로 나눈 시간수)에 해당 근로자의 시간급을 곱하여 산정한 일급통상임금을 기준으로 지급하면 될 것이다. 일급통상임금을 산정할 경우에는 1일 소정근로시간 수에 시간급 임금을 곱하여 산정한다. 다만, 단시간근로자가 규칙적으로 연장근로를 하였다 하더라도 주휴수당 계산에 관하여는 연장근로를 제외한 소정근로시간으로 주휴수당을 계산함이 타당하다(2011.11.21, 근로개선정책과-4640).

3. 주휴일 이외의 휴일

사용자는 단체협약 또는 취업규칙이 정하는 바에 따라 근로자에게 주휴일 이외에 휴일을 줄 수 있다.

① 주휴일 이외의 휴일을 유급으로 할 것인가 또는 무급으로 할 것인가는 단체협약 · 취업규칙 · 근로계약 또는 노사관행에 의해 정해진다(1971.6.18, 근기 14559-6395). 당사자가 무급휴일로 정한 경우, 당일의 통상임금과 가산임금을 지급(150%)하고, 유급인 경우, 원래의 임금에 당일의 근로에 대한 임금과 가산임금을 지급(250%)하여야 한다(1988.6.16, 근기 01254-8895).

② 회사 운영방침에 따라 유급휴일에 야유회나 체육대회를 개최한 때에는 유급휴일에 당연히 지급되는 임금과 당일의 통상임금 및 가산임금을 지급하여야 한다(1979.7.12, 근기 1455-7105).

③ 유급휴일인 경우 근로의무가 면제된 것이 아니고, 당초부터 근로의무가 설정되지 않는 휴일에 근로한 것으로 보아 임금이 지급되므로, 판례(대법 1992.10.9, 91다14406)는 다르지만, 주 2일의 휴일이 있다고 하여 다른 날의 근로시간을 연장할 수 없다. 만일 당사자간의 합의로 휴일근로를 한 경우에도 가산임금을 지급하여야 한다.

4. 소정근로일이 불연속적인 단시간근로자의 주휴일 적용

소정근로일이 불연속적인 단시간근로자의 주휴일 적용은 단시간근로자가 일용직 근로자인지 관계없이 당해 근로자의 고용관계가 지속되는 한 주휴일 적용의 산정사유가 발생한 날을 기준으로 판단한다. 근로기준법 제18조제3항에 의거 4주간(4주간 미만으로 근로한 경우에는 그 주간)동안을 평균하여 1주간 소정근로시간이 15시간 이상인 경우 주휴일 규정이 적용되나 1주간 소정근로시간이 15시간 미만인 경우에는 주휴일이 적용되지 아니한다. 다만 주휴일의 부여목적이 1주간의 근로로 인하여 축적된 근로자의 피로회복 등을 위한 것인 바 주의 전부를 출근하지 아니한 경우에는 이를 부여하지 않아도 된다(2014.5.28, 근로개선정책과-3091).

5. 단시간근로자의 근로자의 날 적용

「근로자의날제정에관한법률」은 "5월 1일을 근로자의 날로 하고, 이 날을 「근로기준법」에 의한 유급휴일로 한다"고 규정하고 있다. 이때, 유급휴일이란 근로를 제공하였더라면 지급받을 수 있었던 금액을 지급받으면서 근로제공의 의무는 없는 것으로 정하여진 날을 의미한다.

「근로기준법」 제18조제3항은 1주 소정근로시간이 15시간 미만인 단시간 근로자에 대하여 같은 법 제55조의 주휴일 적용을 제외하는 것으로서 근로자의 날 적용을 배제하는 것으로 보기는 어렵다. 따라서, 단시간근로자의 경우에도 근로자의 날이 근로계약 기간 내에 있는 경우 유급휴일이 보장되어야 한다(2015.9.10, 근로기준정책과-4361).

9장 단시간근로자의 휴가를 둘러싼 법률문제

1 연차유급휴가

관련조문

※ **휴일 · 휴가의 적용**(근로기준법시행령 별표 2 제4호 가목, 마목)
나.사용자는 단시간근로자에게 법 제60조에 따른 연차유급휴가를 주어야 한다. 이 경우 유급휴가는 다음의 방식으로 계산한 시간 단위로 하며, 1시간 미만은 1시간으로 본다.

$$\text{통상근로자의 연차휴가일수} \times \frac{\text{단시간근로자의 소정근로시긴}}{\text{통상근로자의 소정근로시간}} \times \text{8시간}$$

마. 나목의 경우에 사용자가 지급하여야 하는 임금은 시간급을 기준으로 한다.

1. 연차유급휴가의 의의와 취지

근로기준법 제60조제1항 및 제2항은 「① 사용자는 1년간 80퍼센트 이상 출근한 근로자에게 15일의 유급휴가를 주어야 한다, ② 사용자는 계속하여 근로한 기간이 1년 미만인 근로자 또는 1년간 80퍼센트 미만 출근한 근로자에게 1개월간 개근시 1일의 유급휴가를 주어야 한다」고 규정하고 있다(동 제1항 및 제2항, 벌칙 제119조).

연차유급휴가는 1년간 계속근로한 근로자가 유급으로 휴가를 받는 것을 말하며, 근로자의 육체적 · 정신적 휴양(근로의 재생산의 유지와 문화적 생활의 확보)을 위하여 마련한 것이다(대법 2008.10.9, 2008다41666).

2. 연차유급휴가청구권의 내용

(1) 계속근로

1년간 계속근로한 것의 기산점은 당해 근로자의 채용일부터 산정한다. 사용자가 사업장의 모든 근로자의 연차휴가를 획일적으로 산정하기 위하여 어느 특정일을 산정마감일로 정해서 그때까지 1년이 되지 않은 자에 대해서는 매월 개근시에 1일의 휴가를 주더라도 위법이라고 할 수 없다.

계속근로는 실질적으로 판단되어야 하므로, 예컨대 임시직근로자가 정규직근로자으로 채용되거나 정년퇴직자가 다시 촉탁으로 재고용되더라도 특약이 없는 경우, 그리고 단기근로계약이 여러 차례 갱신되는 경우에는 계속근로한 것으로 보아야 한다.

(2) 1년간 80퍼센트 이상의 출근

1년간 80퍼센트 이상의 '출근'의 의미는 1년의 총일수에서 휴일을 제외한 일수, 전근로일을 80퍼센트 이상 출근한 것을 말한다.

근로자가 업무상의 부상 또는 질병으로 휴업한 기간과 출산 전 · 출산 후의 여성이 제74조의 규정에 의하여 휴업한 기간은 출근한 것으로 본다(근로기준법 제60조 6항). 연차휴가를 간 날은 연간 소정근로일에서 제외된다고 해석된다.

(3) 연차유급휴가권의 내용

① 단시간근로자도 근로기준법에서 말하는 근로자라 할 것이므로 당연히 휴일 · 휴가에 관한 규정이 적용된다. 다만, 4주간을 평균해서 1주간의 소정근로시간이 15시간 미만인 단시간근로자에 대해서는 주휴일 및 연차유급휴가에 관해서 그 적용이 배제된다.

② 그러나 주 소정근로일수가 일반근로자에 비하여 현저히 적은 단시간근로자의 경우에 연차유급휴가의 계산방식을 어떻게 할 것인가가 문제된다. 그러한 경우 연차유급휴가권의 발생 요건인 '1년간 80퍼센트 이상 출근'이라는 요건을 전제로 하여 소정근로일수에 비례하여 휴가를 부여하는 것이 합리적이라고 생각된다.

③ 연차유급휴가(근로기준법 제60조)의 경우에는 1년 간 소정근로일수를 80퍼센트 이상 출근한 경우에는 다음의 산정방식으로 계산한 시간을 유급휴가로 부여하여야 하며, 1시간 미만은 1시간으로 보게 된다. 연차유급휴가는 "1일" 단위로 소정근로일에 부여하되, 동일의 소정근로시간만큼 연차휴가를 사용한 것으로 본다.

연차휴가 사용일에 지급하여야 할 임금지급기준은 연차휴가로 1일 사용한 시간수에 상당하는 임금(1일 휴가 시간 수×통상시간급)을 지급하면 되고, 미사용 휴가일수에 대한 수당지급기준은 연차휴가시간수에서 이미 사용한 휴가 시간수를 공제하고 나머지의 휴가 시간수에 해당 근로자의 통상시간급을 곱하여 산정된 임금액을 당해 수당으로 지급하면 될 것이다.

$$\text{통상근로자의 연차휴가일수} \times \frac{\text{단시간근로자의 소정근로시간}}{\text{통상근로자의 소정근로시간}} \times 8\text{시간}$$

근로기준법을 적용받고 있는 사업장에서 일하는 통상근로자(판매원 등)의 근무시간은 1주 40시간, 1일 8시간인데, 단시간근로자는 1주간 1일 4시간씩 6일 근무하기로 하고 2015년 7월 1일 판매원으로 취업하였다면 근로기준법에 따를 때 단시간근로자가 사용할 수 있는 연차휴가는 어떻게 되는가?

(가) 1년 근속 미만시 발생하는 휴가시간 수

통상근로자가 한 달 동안 소정근로일수를 개근하였을 때 1일의 연자유급휴가를 받게 되므로 단시간근로자도 이에 비례하여 휴가를 받을 수 있다.

$$1\text{일} \times \frac{24\text{시간}}{40\text{시간}} \times 8 = 4.8\text{시간} \fallingdotseq 5\text{시간}(1\text{시간 미만은 }1\text{시간으로 봄})$$

(나) 1년 근속 이후 발생하는 휴가 시간수

$$15\text{일} \times \frac{24\text{시간}}{40\text{시간}} \times 8 = 72\text{시간}$$

④ 1년 초과한 잔여기간의 처리

근로자가 2014년 7월 1일 입사하여 2016년 12월 31일까지 약 1년 6개월 근무한 경우, 1년간 근로에 대한 연차유급휴가 이외 잔여 6개월에 대한 연차유급휴가 부여의무는 사업장의 단체협약, 취업규칙 등에 다른 특별한 정함이 없는 이상 발생하지 아니한다(2011.11.21, 근로개선정책과-4641). 개정근로기준법 제60조

제2항에 의하면 「사용자는 계속하여 근로한 기간이 1년 미만인 근로자 또는 1년간 80퍼센트 미만 출근한 근로자에게 1개월 개근시 1일의 휴가를 주어야 한다」고 규정하고 있다. 연차유급휴가는 근로자의 1년간의 근로에 대한 출근율에 따라 발생하므로 근로자 퇴직시 등 휴가산정을 위한 1년간의 기간을 초과한 잔여기간(2015.1.5. 입사하여 2016.7.5. 퇴직하여 1년 6개월 근로한 경우)은 단체협약 및 취업규칙 등에 달리 정하고 있지 않다면 연차유급휴가는 발생하지 아니한다(2014.6.13. 근로개선정책과-3360).

③ 주 중의 특정 요일을 휴가로 사용한 경우

월 · 화 · 수 3일을 휴가로 사용하였다면 12시간을 사용한 것이므로 72시간에서 12시간을 공제한 60시간이 잔여 연차휴가시간이다. 1주간 1일 8시간씩 3일(월 · 수 · 금)을 근무하는 근로자의 경우 연차휴가 시간은 위와 같으며, 월 · 수 2일을 휴가로 사용하였다면 16시간을 사용한 것이므로 72시간에서 16시간을 공제한 56시간이 잔여 연차휴가 시간이다(2002.12.17. 근기 68207-3373).

3. 연차유급휴가수당의 지급기준

① 연차유급휴가수당의 지급기준

연차유급휴가의 경우에 사용자가 지급하여야 할 임금은 시간급을 기준으로 한다(별표 2. 제4호다목). 미사용한 연차유급휴가시간("1일" 단위로 사용할 수 없게 된 잔여휴가시간 포함)에 대하여는 시간급 임금을 기초로 연차휴가근로수당을 지급(미사용휴가시간×시간급 임금)하여야 한다.

② 법정유급휴일 · 휴가 부여 시의 1일분의 유급임금 산정방법

유급휴일 · 출산전후휴가를 회사가 부여할 때 1일분의 유급임금을 계산하는 산식은 다음과 같다.

일급통상임금＝시간급×1일의 소정근로시간수

예를 들면, 단시간근로자가 1일 4시간씩 1주 20시간을 근무한 경우 1시간당 임금이 10,000원이라면 1일의 소정근로시간수가 4시간이다.

10,000원×4시간=40,000원((20시간×4주)÷(4주×5일)=4시간)이 된다.

2 생리휴가

사용자는 여성 근로자가 청구하면 월 1일의 생리휴가를 주어야 한다(근로기준법 제73조). 구법에서는 생리휴가가 유급이었으나 개정법에 의하여 무급으로 되었다.

고용노동부지침(2007.11.6, 여성고용팀-4078)에 의하면 생리휴가일은 생리현상이 있는 날이 휴가대상이 되며, 생리일은 여러 날이므로 생리현상일이 근로일과 휴무일에 겹치게 된다.

따라서 당사자가 근무일 중 1일을 선택하여 생리휴가를 사용한 것으로 약정하고 그 날에 대해 취업규칙 등에서 무급으로 정할 수 있으나 단체협약·취업규칙·근로계약으로 유급으로 규정하고 있다면 일급통상임금을 지급하면 근로기준법상의 생리휴가를 부여한 것으로 인정한다.

3 출산전후휴가

출산전후 휴가는 당사자간의 의사와 관계없이 부여되어야 하며 휴가 기간은 휴무일을 포함하여 90일 이상 확보되어야 히고 그 중 60일간은 유급으로 통상임금이 지급되어야 한다.

근로기준법 제74조(임산부의 보호)에서 출산전후휴가에 대하여 다음과 같이 규정하고 있다.

① 사용자는 임신 중의 여성에게 출산 전과 출산 후를 통하여, 90일(한 번에 둘 이상 자녀를 임신한 경우에는 120일)의 출산전후휴가를 주어야 한다. 이 경우 휴가기간의 배정은 출산 후에 45일(한 번에 둘 이상의 자녀를 임신한 경우에는 60일) 이상이 되어야 한다.

② 사용자는 임신 중인 여성근로자가 유산의 경험 등 대통령령으로 정하는 사유로 제1항의 휴가를 청구하는 경우 출산 전 어느 때라도 휴가를 나누어 사용할 수 있도록 하여야 한다. 이 경우 출산 후의 휴가 기간은 연속하여 45일(한 번에 둘 이상의 자녀를 임신한 경우에는 60일) 이상이 되어야 한다.

③ 사용자는 임신 중인 여성이 유산 또는 사산한 경우로서 그 근로자가 청구하

면 대통령령으로 정하는 바에 따라 유산 · 사산휴가를 주어야 한다. 다만, 인공임신중절 수술(「모자보건법」 제14조제1항에 따른 경우는 제외한다)에 따른 유산의 경우는 그러하지 아니하다.

④ 제1항부터 제3항까지의 규정에 따른 휴가 중 최초 60일(한 번에 둘 이상의 자녀를 임신한 경우에는 75일)은 유급으로 한다. 다만, 「남녀고용평등법」 제18조에 따라 출산전후휴가 급여 등이 지급된 경우에는 그 금액의 한도에서 지급의 책임을 면한다.

⑤ 사용자는 임신 중의 여성근로자에게 시간외근로를 하게 하여서는 아니 되며 그 근로자의 요구가 있는 경우에는 쉬운 종류의 근로로 전환하여야 한다.

⑥ 사업주는 제1항에 따른 출산전후휴가 종료 후에는 휴가 전과 동일한 업무 또는 동등한 수준의 임금을 지급하는 직무에 복귀시켜야 한다.

⑦ 사용자는 임신 후 12주 이내 또는 36주 이후에 있는 여성 근로자가 1일 2시간의 근로시간 단축을 신청하는 경우 이를 허용하여야 한다. 다만, 1일 근로시간이 8시간 미만인 근로자에 대하여는 1일 근로시간이 6시간이 되도록 근로시간 단축을 허용할 수 있다.

⑧ 사용자는 제7항에 따른 근로시간 단축을 이유로 해당 근로자의 임금을 삭감하여서는 아니 된다.

⑨ 제7항에 따른 근로시간 단축의 신청방법 및 절차 등에 필요한 사항은 대통령령으로 정한다.

4 배우자 출산휴가

남녀고용평등법 제18조의2는 배우자 출산휴가 제도를 도입하였다. 동조에 의하면 「① 사업주는 근로자가 배우자의 출산을 이유로 휴가를 청구하는 경우에 5일의 범위에서 근로자가 청구한 일수만큼 주어야 하며 휴가기간 중 최초 3일은 유급으로 한다. ② 제1항에 따른 휴가는 근로자의 배우자가 출산한 날부터 30일이 지나면 청구할 수 없다」고 규정하고 있다. 이 제도는 양성 평등의 출산문화를 정착하기 위하여 남성근로자에게 배우자 출산휴가 5일(유급 3일, 무급 2일)을 부여하는 새로운 제도를 도입하였다. 배우자 출산휴가는 단시간근로자에게도 당연히 적용된다.

5 태아검진 시간 허용

근로기준법 제74조의2(태아검진 시간 허용 등)는 태아검진 시간 허용에 관하여 다음과 같이 규정하고 있다.

① 사용자는 임신한 여성 근로자가 모자보건법 제10조에 따른 임산부 정기건강진단을 받는 데 필요한 시간을 청구하는 경우 이를 허용하여 주어야 한다.

② 사용자는 제1항에 따른 건강진단 시간을 이유로 그 근로자의 임금을 삭감하여서는 아니 된다.

6 1일 4시간 근무제의 육아시간

취업규칙에 육아시간의 규정을 두고 있는 경우 1일의 소정근로시간이 4시간밖에 되지 않는데도 육아시간을 주어야 하는지에 대해서 논란이 있다.

근로기준법 제75조에서는 「생후 1년 미만 유아를 가진 여성근로자가 청구하면 1일 2회 각각 30분 이상의 유급수유시간을 주어야 한다」고 규정하고 있다.

근로기준법의 육아시간에 관한 규정은 1일 8시간 근로제를 전제로 하고 1일 2회의 부여 의무를 규정한 것이다. 1일 근로시간이 그 절반인 4시간 이내인 경우 등은 1회 30분을 주면 된다.

육아시간은 생후 1년 미만의 영아를 양육하는 여성근로자가 청구한 경우에 그 부여 의무가 생기는 것이므로 근로시간이 짧기 때문에 근로자 자신이 판단해서 청구하지 아니한 경우에는 주지 않아도 위법이 아니며, 단시간근로자 독자의 취업규칙이 없는 경우에도 해당된다.

10장 단시간근로자의 해고 · 퇴직을 둘러싼 법률문제

1 근로계약기간을 정한 단시간근로자의 갱신 거부를 둘러싼 문제

1. 퇴직과 해고는 어떻게 다른가

퇴직이나 해고는 다같이 근로자가 회사를 그만두는 「근로계약의 종료」를 말한다. 「해고」는 사용자 측에서 행하는 근로계약의 일방적인 해제를 말하며, 「퇴직」은 그 이외의 근로계약의 종료를 말한다.

근로자가 회사를 그만두게 될 경우에는 그것이 「해고」에 해당하느냐 「퇴직」에 해당하느냐에 따라서 법률상 큰 차이가 발생하며, 「해고」가 될 경우에는 여러 가지 법적인 제한이 있으므로 주의하여야 한다.

퇴직이나 해고는 다같이 근로계약의 종료를 말하는 것인데, 어느 쪽에 해당하느냐에 따라서 법적인 규제가 다르다.

2. 근로계약기간을 정한 경우, 계약 갱신 거부는 해고가 되는가

해고란, 사용자 측으로부터 하는 근로계약의 일방적인 해약을 말한다. 그리고 사전에 일정한 근로계약기간을 정해 단시간근로자로 채용한 근로자는, 그 근로계약기간이 만료했을 때에 그만두게 하는 것은, 미리 합의한 계약기간의 만료에 따른 근로계약의 자동종료이기 때문에, 자동퇴직이 되어 해고가 되지 않으므로 문제는 생기지 않는다.

이 점에 대하여 고용노동부 행정해석(1999.10.29, 근기 68207-471)은 「기간의 정함이 있는 근로계약의 경우, 당사자 사이의 근로관계는 그 기간이 만료되면 사용자의 해고 등 별도조치 없이 당연 종료되는 것이 원칙이나 기간의 정함이 있는 근로계약이라도 「수차례」에 걸친 기간을 정한 근로계약이 계속 반복되어 그 정한 기간이 단지 형식에 불과한 경우에는 사실상 기간의 정함이 없는 근로계약으로 전환될 수 있으며, 이 경우 사용자가 근로자를 해고하려면 정당한 이유가 있어야 하는 등 통상근로자와 같은 보호를 받는 것이 타당하다. 이 경우 몇 차례 반복될 때 기간의 정함이 없는 근로계약으로 전환되는지에 대하여는 일률적으로 규정하기 어려우며, 이에 관하여서는 계약이 수차례 반복됨에 따라 근로자가 갖게 되는 기대심리, 당해 사업장의 계약관행, 여타 기간의 정함이 있는 근로자의 고용관계 등을 종합적으로 고려하여 판단하여야 할 것이다」라고 한다.

3. 일정한 유기(有期)사업이나 업무에 한해 고용한 단시간근로자의 사업종료는 자동퇴직인가

단시간근로자를 고용할 경우, 처음부터 일정한 사업이 종료되면 그 사업장의 업무가 종료되는 것이 예정되어 있는 흔히 「有期사업」에 한하여 고용하거나, 또 일정한 업무가 없어지면 그 일도 종료한다는 사실이 처음부터 예정되어 있는 업무에 한하여 고용한 경우, 이들 사업이나 업무의 종료에 따라 단시간근로자도 그만두게 하는데 이는 해고가 아니라 자동퇴직이다.

예컨대 전자의 유기사업인 경우, 상품전시장이나 견본시장, 박람회, 건설공사현장 등 초기부터 일정한 유기성이 있다는 것을 알 경우, 그 유기사업장의 업무에만 국한하여 고용한 경우 그 사업장의 종료는 처음부터 한정된 기한의 도래이므로 자동적인 근로계약의 종료가 된다. 또 후자의 처음부터 일정한 유기적인 업무에 한해 고용한 경우, 예컨대 추석 때의 세일 특매장, 연말시즌 때의 배달업무, 개점 때 매출을 도와주는 일, 신점포 개설이나 추석의 안내장 등 봉투 쓰기 등의 업무에 한하여 고용하거나 그 업무가 유기적인 경우도 위와 마찬가지로 계약 종료사유의 도래가 되므로 그 업무의 종료는 근로계약의 자동종료가 되어 당연히 퇴직이 된다.

즉, 이들은 「일정한 사업의 종료」 내지 「업무의 완료」에 필요한 「기간」을 정한 근로계약(근로기준법 제2조제1항제4호 및 기간제법 제4조제1항제1호)이 되므로, 그 경우도 기간만료에 의한 자동퇴직에 해당한다.

2 해고를 둘러싼 문제

1. 단시간근로자는 언제라도 자유롭게 해고할 수 있는가

단시간근로자라 하더라도 그것이 「해고」에 해당할 경우에는, 정당한 이유가 있어야 하며, 아무런 이유도 없이 사용자 제멋대로의 해고는 정당한 이유없는 해고로서 근로기준법 제23조제1항 위반으로 무효가 된다.

그러나 단시간근로자라 해도 아무런 정당한 이유도 없는데 이를 해고하는 것은 해고권 남용이라는 추정을 받을 경우도 생겨 해고하는 것은 불가능하다는 것을 인정하고 있다. 즉, 단시간근로자 등의 기간고용자에 대해 그 「고용관계는, 비교적 간단한 채용절차로 체결된 단기적인 유기계약을 전제로 하는 것 이상, 고용중지 효력을 판단해야 할 기준은 흔히 종신고용이란 기대하에서 기간의 규정없는 근로계약을 체결한 정규직근로자를 해고할 경우와는 자연히 합리적인 차이가 있어야 한다」(1986.12.4, 日本 最高裁 판결)고 되어 있지만, 그렇다 하더라도 해고라는 사용자 측의 일방적인 해약은(신의 측면에서 단시간근로자 계약의 해고) 사회적으로 보더라도 정당한 이유가 필요하다. 또 이 경우 근로계약기간 중 중도해고의 경우와 기간만료에 의한 고용중지에서는 정당한 이유범위가 다소 다르다.

2. 단시간근로자 해고의 정당사유

단시간근로자라 할지라도 정당한 이유가 없으면 이를 해고할 수는 없다는 것이 판례 통설인데, 단시간근로자의 해고에 있어서 정당한 이유란 어떤 것이 있을까. 물론, 단시간근로자에게도 통상근로자의 일반적인 해고 이유인 「능률불량」 「근무성적 불량」 「심신장해로 인한 취업불능 · 곤란」 등이나 징계해고사유인 「업무명령 위반」「직장질서 위반」 등의 적용이 있으며, 단시간근로자로서 「사회통념상 근로계약을 계속시킬 수 없을 정도로 근로자에게 책임있는 사유」가 있을 경우에는 이들 해고의 정당한 사유가 되는 것은 당연하다(대법 1978.4.28, 86다카1873).

그러나 단시간근로자 해고가 「정당」하다고 되기 위해서는 단순히 「정당한 이유」가 있는 경우 외에, 일반근로자의 해고인 경우와 마찬가지로, 다음과 같은 일반적인 정당성의 요건을 갖추지 않으면 안 된다. 해고는 근로자에게 근로자로서의 지위를 일반적으로 상실케 하는 행위이며, 일반적으로는 근로자의 생활에 끼치는 영향이 크므로 취업규칙에 의한 사유에 해당되어야 할 것이 필수 사항으로 되어 있다.

따라서 상시 10명 이상의 근로자를 사용하는 사업장에서는 해고에 관한 취업규칙의 규정이 있어야 하며(근로기준법 제93조제11호) 해고 및 해고절차 등은 원칙적으로 그 규정에 따라야 한다.

3. 법률상 해고가 제한되는 경우

해고는 원칙적으로 정당한 이유가 있어야 행사할 수 있는 사용자의 권한으로 그것이 정당한 이유가 없는 경우에는 무효가 되며, 이는 인원정리의 경우에 있어서도 예외는 아니다.

또한, 이와 같은 정당한 이유가 없는 경우 이외의 법률상 당연하게 해고가 금지되거나 제한되어 있는 경우가 있다.

(1) 부당노동행위가 되는 해고의 금지(노조법 제81조제1호 및 제5호)

근로자가 노동조합에 가입 또는 가입하려고 하였거나, 노동조합을 조직하려고 하였거나 기타 노동조합의 업무를 위한 정당한 행위를 한 것을 이유로 그 근로자를 해고하거나 그 근로자에게 불이익을 주는 행위(노조법 제81조제1호), 근로자가 정당한 단체행위에 참가한 것을 이유로 하거나 또는 노동위원회에 대하여 사용자가 노조법 제81조 규정에 위반한 것을 신고하거나 그에 관한 증언을 하거나 기타 행정관청에 증거를 제출한 것을 이유로 그 근로자를 해고하거나 그 근로자에게 불이익을 주는 행위(노조법 제81조제5호)는 금지되어 있다.

(2) 업무상의 부상 · 질병에 의한 휴업, 산전 · 산후휴가 중 및 그 후의 30일의 해고금지(근로기준법 제26조제2항)

근로기준법 제23조제2항에 「사용자는 근로자가 업무상 부상 또는 질병의 요양을 위하여 휴업한 기간과 그 후 30일 동안 또는 산전 · 산후의 여성이 이 법에 따라 휴업한 기간과 그 후 30일 동안은 해고하지 못한다」고 규정하고 있다. 그 취지는 근로자가 업무상의 재해로 인하여 노동력을 상실하고 있는 기간과 노동력을 회복하기에 필요한 그 후의 30일간은 근로자를 실직의 위협으로부터 절대적으로 보호하고자 함에 있다(대법 2011.11.10, 2009다63205). 따라서 근로자가 업무상의 부상 등으로 치료 중이라 하더라도 휴업하지 아니하고 정상적으로 출근하고 있는 경우, 또는 업무상의 부상 등으로 휴업하고 있는 경우라도 그 요양을 위하여 휴업할 필요가 있다고 인정되지 아니하는 경우에는 근로기준법 제23조의 해고가 제한되는 휴업기간에는 해당하지 아니한다.

업무상의 부상 · 질병 및 산전 · 산후의 휴가로 인하여 휴업 중 및 그 후의 30일간은 해고가 금지되어 있는데, 이 「휴업」에는 일부 휴업도 포함되므로 30일에 1회 치료만을 위하여 전부 또는 일부 휴업하고 있는 근로자도 그 해고제한에 해당된다.

또한 이 해고의 금지규정은 근로자의 귀책사유를 제외하고 있지 아니하므로, 설령 근로자의 중대한 비행을 이유로 하는 징계해고라 할지라도 금지되어 있다. 따라서 이 기간 중에는 근로자의 횡령사실이 발각되었을 때일지라도 본인이 퇴직한다면 모르되 회사 측에서 그만두게 할 수는 없다. 다만, 요양개시 2년 경과 후 사용자가 일시보상을 하였을 경우(산재보험의 상병보상연금을 받을 경우도 마찬가지이다) 또는 사업을 계속할 수 없게 된 경우에는 예외로 해고하여도 무방하다(근로기준법 제23조제2항단서).

(3) 성별, 국적, 신앙 등을 이유로 하는 해고의 금지(근로기준법 제6조)

근로자의 성별, 국적, 신앙, 사회적 신분을 이유로 하여 해고하는 것은 금지된다. 그러므로 정치적 신조 등을 이유로 행한 해고 등은 그것이 사상 · 신앙에 의한 차별에 해당할 경우에는 무효로 된다.

(4) 감독기관에 대한 신고를 이유로 하는 해고의 금지(근로기준법 제104조)

사업 또는 사업장에서 근로기준법 또는 이 법에 따른 대통령령을 위반한 사실이 있으면 근로자는 그 사실을 고용노동부장관이나 근로감독관에게 통보하여 시정하기 위한 조치를 취하도록 요구하는 「근로자의 통보권」이 보장되어 있다. 그리고 이 통보권의 보장을 담보하기 위하여 근로자가 위의 통보를 하였다는 것을 이유로 해고나 그 밖의 불리한 처우를 하는 것이 금지되어 있다.

(5) 여성임을 이유로 하는 정년 · 퇴직 및 해고의 차별금지

남녀고용평등법(제11조제1항)에 의하면 「사업주는 근로자의 정년 · 퇴직 및 해고에서 남녀를 차별하여서는 아니 된다」라고 규정하고 있다.

따라서 남성 60세, 여성 55세라고 하는 남녀간에 차이가 있는 정년이나, 근로자 55세, 교환직렬직종 43세라고 규정한 정년규정이나 인원정리시의 해고에 있어서 「30세 이상의 여성」이라든지 「유부의 여성」 등 여성임을 이유로 하는 기준으로 선정하여 해고하는 것은 위법 · 무효로 된다(대법 1988.12.27, 85다카657).

(6) 육아휴직 · 육아기 근로시간 단축기간 · 가족돌봄휴직 중의 해고 금지

사업주는 근로자가 만6세 이하의 초등학교 취학 선 자녀(입양자녀 포함)를 양육하기 위하여 육아휴직을 신청하는 경우에 이를 허용하여야 한다(남녀고용평등법 제19조제1항본문). 사업주는 육아휴직을 이유로 해고나 그 밖의 불리한 처우를 하여서는 아니 되며 육아휴직 기간에는 그 근로자를 해고하지 못한다(동법 제19조제3항본문). 사업주는 육아기(育兒期) 근로시간 단축을 이유로 해당 근로자에게 해고나 그 밖의 불리한 처우를 하여서는 아니된다(동법 제31조제5항). 사업주는 근로자가 부모, 배우자, 자녀 또는 배우자의 부모의 질병, 사고, 노령으로 인하여 그 가족을 돌보기 위한 가족돌봄휴직을 신청하는 경우 이를 허용하여야 한다(동법 제22조의2 제1항본문). 사업주는 가족돌봄휴직을 이유로 해당 근로자를 해고하거나 근로조건을 악화시키는 등 불리한 처우를 하여서는 아니된다(동법 제22조의2 제4항).

(7) 해고사유 및 해고시기의 서면 통보

사용자는 근로자를 해고하려면 해고사유 와 해고시기를 서면으로 통지하여야 한다. 근로자에 대한 해고는 서면으로 통지하여야 효력이 있다(근로기준법 제27조).

근로자에 대한 해고는 서면으로 통지하여야 그 효력이 발생한다고 규정함으로써 서면통지가 해고의 효력발생요건임을 명확히 한 것이다. 근기법 제27조는 해고사유 등의 서면통지를 통해 사용자로 하여금 근로자를 해고하는 데 신중을 기하게 함과 아울러, 해고의 존부 및 시기와 그 사유를 명확하게 하여 사후에 이를 둘러싼 분쟁이 적정하고 용이하게 해결될 수 있도록 하고, 근로자에게도 해고에 적절히 대응할 수 있게 하기 위한 취지이다. 사용자가 해고사유 등을 서면으로 통지할 때는 근로자의 처지에서 해고사유가 무엇인지를 구체적으로 알 수 있어야 하고, 특히 징계해고의 경우에는 해고의 실질적 사유가 되는 구체적 사실 또는 비위내용을 기재하여야 하며 징계대상자가 위반한 단체협약이나 취업규칙의 조문만 나열하는 것으로는 충분하다고 볼 수 없다(대법 2011.10.27, 2011다42324).

4. 단체협약 또는 취업규칙에 반하는 해고의 금지(노조법 제33조, 근로기준법 제93조)

단체협약 또는 취업규칙에는 통상 해고사유와 해고절차를 규정하고 있다. 단체협약으로 이와 같은 규정을 하였을 경우에는 원칙적으로 「근로조건 기타 대우에 관한 기준」으로서 규범적 효력이 부여되므로 그에 반하는 해고는 무효다(대법 2005.5.26, 2005두1152).

한편, 취업규칙으로 해고사유를 규정하였을 때는 소정의 해고사유가 예시적 규정으로 해석되는 경우를 제외하고 「해고권의 자기규제」로 해석되므로 취업규칙에 규정하는 것 이외의 사유로 인한 해고는 원칙적으로 행할 수 없다.

또, 해고절차를 위반하였을 경우에도 절차의 중요성, 위반의 정도 등에 따라 다르지만 그 규정절차를 취하지 아니하는 해고는 하자가 있다고 하여 무효가 되는 경우가 많다.

5. 단시간근로자를 업무상 필요로 하지 않을 경우

전술한 바와 같이 단시간근로자라 하더라도 아무런 정당한 이유가 없는 해고는 무효로 되어 있으며, 정당한 이유가 있다면 당연히 해고할 수 있다.

단시간근로자제도는 회사의 전 고용체제 하에서 국소 · 미봉적으로 기능하는 것으로, 인사정책에는 정년고용 및 연공서열식 임금체계 하에서 어쩔 수 없이 단시간근로자라고 하는 임시고용을 채택한다. 단시간근로자는 임시로 고용된 자로서 보충을 하는 근로자이므로 업무량이 감소해 단시간근로자를 필요로 하지 않게 되거나 정규직근로자의 대량채용으로 업무가 정규직근로자만으로 충분히 수행할 수 있게 되었을 때 기업은 채산성을 무시해가면서 단시간근로자의 고용을 계속해야 한다는 법률상의 의무는 없기 때문에 업무상 필요에 의해 단시간근로자를 해고할 수 있다.

즉, 단시간근로자는 기업의 업무량과 인원배치의 「탄력적인 조정으로서의 고용」으로, 이를 위해서는 가정주부 등의 여가이용, 가정생활, 취미나 학업 등을 양립하면서 책임과 구속이 경감되는 고용이 일반적이다. 따라서 그 책임과 구속경감으로 간이고용성에 따른 해고이유는 일반근로자보다도 경감되며, 업무상 단시간근로자를 필요로 하지 않게 되었을 때에는 정당한 이유가 된다.

6. 업무량이 적어진 것을 이유로 하는 단시간근로자의 해고인 경우

업무량이 적어져 단시간근로자가 할 업무가 없어져 고용할 필요성이 없어진 경우 단시간근로자 고용은 임시적인 성격을 가지고 있는 것이므로 그 해고는 전술한 바와 같이 일반적으로는 정당하다고 해석된다.

즉, 「임시직원의 고용관계는 비교적 간단한 채용절차로 체결된 단기적인 계약을 전제로 한 것인 이상, 해고 효력을 판단해야 할 기준은 종신고용이란 기대 하에 기간의 규정이 없는 근로계약을 체결한 근로자를 해고할 경우와는 합리적인 차이가 있어야 한다.

그러나 문제는 단시간근로자가 대량으로 있을 경우, 전원의 업무가 없어져 전원해고가 된다면 취급은 동일하지만, 일부 단시간근로자에게만 업무가 없어진 경우에는 그 해고 대상이 된 단시간근로자에게 왜 그 사람을 해고 대상으로 했는지에 대해 정당한 이유가 있어야 한다.

이때 해당 부문의 업무가 없어졌기 때문에 그 부문의 인원이 전원 해고된다고 하면 괜찮지만, 동일 부문에서 10명이 하던 업무가 절반인 5명으로 하는 업무가 되었을 때 이 5명은 그만두어야 하는데 이를 어떻게 선발할 것인가가 문제가 된다. 그 선발방법은 합리적인 기준을 필요로 한다.

이 경우의 기준은 일반적으로는 그만두어도 생활이 곤란하지 않는 사람을 우선적으로 선발하게 되며, 또 능률이 좋지 않은 사람, 근무내용이 나쁜 사람, 근무성적이 열악한 사람, 출근율이 나쁜 사람으로 업무상 이유가 기준이 된다. 그리고 합리적인 기준에 의해 그 기준대로 공정하게 5명을 선발해 갱신거부에 의한 해고를 하며 나머지 5명은 고용을 계속하게 된다.

이같이 단시간근로자 중에 그만둘 사람과 남을 사람을 구별할 경우, 어떻게 그 사람을 선별할 것인가에 대해서는, 회사가 합리적인 이유를 가지고 있어야 한다. 이 점에 대하여 판례에서도 매출 부진과 경제계의 불황으로 인원축소를 하지 않으면 안 될 경우, 출근 상황도 나쁘고 작업 중 종종 무단이탈해 작업에 지장을 주거나, 상사의 주의에도 불구하고 고쳐지지 않고, 표준작업지시를 지키지 않는 단시간근로자를 해고한 것은 해고 당시 총 고용량의 감소책의 하나로 단시간근로자의 사직을 권유해, 근로자를 해고한 데에는 정당한 이유라고 말할 수 있다.

7. 결근이 잦은 자, 능률이 나쁜 자, 협동심이 부족한 자인 경우

단시간근로자의 경우 채용한 이상 근로자로서 계약한 노무를 완전히(채무취지에 따라 민법 제390조) 이행하며 직장규율이나 질서를 지키고, 정해진 지휘 · 명령 및 상사의 지시에 따라 근무해야 할 의무를 지고 있다. 그리고 이들 의무에 위반한 사람, 즉 결근이 잦은 자, 능률이 나쁜 자, 협동심이 부족한 자등을 해고할 수 있다.

그러나 이러한 경우, 원칙적으로 이 같은 사유에 해당했을 때에는 그만두게 할 수 있다는 취지를 취업규칙에 기재해 두지 않으면 취업규칙에 명시되어 있지 않다는 사유로 인해 그만두게 한 것은 해고규정에 위반되어 해고권의 남용이라는 문제가 발생할 가능성이 있다. 그리고 단시간근로자의 경우 「이러한 사유가 있을 때에는 해고한다」는 것을 확실하게 취업규칙에 기재해 두는 것이 좋다. 그 예로 모회사의 취업규칙에는 다음과 같이 정해져 있다.

제○○조【해 고】 회사는 단시간근로자가 다음 각 호의 1에 해당할 때에는 근로계약기간 도중이라도 해고한다.

1. 업무량의 감소 · 정규직근로자의 충족 · 생산방식 등의 변경 등으로 단시간근로자의 고용 필요가 없어졌을 때
2. 정신 또는 신체에 장애가 있거나 또는 허약 · 질병 때문에 업무에 부적격일 때
3. 근무상황이 나쁠 때, 협동성이 결여될 때, 업무능력이 현저하게 떨어질 때 기타 단시간근로자로서 부적당할 때
4. 제○○조의 규정(근로자의 귀책사유에 의한 해고사유)에 해당할 때
5. 전호에 준하는 사유가 있어 단시간근로자로서 부적격하다고 인정될 때
6. 기타 단시간근로자 고용을 계속하기 곤란한 사유가 있을 때

제○○조【해고예고 · 예고수당】 회사는 전조에 의한 해고인 경우 30일 전에 예고하든지 30일분의 통상임금을 지불한다. 단, 전조 제4호에 해당하는 경우에는 그러하지 아니하다.

8. 단시간근로자 해고와 해고예고수당 지급필요 여부

단시간근로자 등의 기간고용자인 경우에는 본래 근로계약기간이 만료하면 자동적으로 퇴직이 되어 「해고」에 해당하지 않기 때문에 해고예고수당 문제는 발생하지 않는다. 그러나 기간제 근로계약을 반복해서 갱신한 경우에는 점차 그 유기적인 성격을 상실해 경우에 따라서는 기간의 정함이 없는 계약과 동일한 법리적용을 받게 된다. 그러므로 근로기준법 제35조에 의하면 「제26조는 다음 각 호의 어느 하나에 해당하는 근로자에게는 적용하지 아니한다. 1. 일용근로자로서 3개월을 계속근무하지 아니한 자, 2. 2개월 이내의 기간을 정하여 사용된 자, 3. 월급근로자로서 6개월이 되지 못한 자, 4. 계절적 업무에 6개월 이내의 기간을 정하여 사용된 자, 5. 수습사용 중인 근로자」라고 규정하고 있다. 근로기준법 제35조제3호에 의한 「월급근로자로서 6개월이 되지 못한 자」는 해고예고제도의 적용이 배제된다고 규정하였으나 헌법재판소는 동 조항이 위헌이라고 결정(헌법재판소 2015.12.23, 2014헌바3)했다. 근로기준법 제35조제5호에서 수습사용 중인 근로자란 수습사용한 날부터 3개월을 초과해 계속해서 사용될 경우에는 해고예고제도 적용이 있다고 규정하고 있다(근로기준법 시행령 제16조).

이 때문에 장기간에 걸쳐 기간근로계약을 반복적으로 갱신해 온 단시간근로자의 근로계약을 갱신 거절할 때에는 「30일 전에 예고하든지, 또는 30일분 이상의 통상임금을 지급하지 않으면 안 된다」(근로기준법 제26조).

9. 2개월이란 근로계약기간으로 채용한 단시간근로자의 도중 해고 시 잔여기간의 임금 지급을 필요로 하는가

단시간근로자의 대부분은 근로계약기간을 정해 채용하는 경우가 통상적인데, 근로계약기간을 정해 고용한 단시간근로자가 근무성적이 현저하게 나빠 그 업무를 할 수 없다고 인정할 경우 도중에 해고하는 경우가 있다. 이 경우는 해고가 근로기준법 제35조제2호의 해고예고 적용제외인「2개월 이내의 기간을 정하여 사용된 자」등에 해당하는 자일 때에는, 근로기준법상의 해고예고는 불필요하다.

그러나 이 같은 해고의 경우 예컨대 계약 중도에 해고하는 것은「근로계약기간의 도중해약」으로 잔여기간분의 임금지급이 필요하지는 않을까라는 문제가 있다. 이점에 대해서는 먼저 근로계약 중에서 이 기간 중에는 언제든지 해고 및 퇴직할 수 있다는 취지의 규정이 있다면 민법상의 근로계약기간에는 해당되지 않지만 이 같은 규정이나 관행이 없다면 근로계약기간 도중의 해고에 해당한다는 문제가 있다. 그리고 단시간근로자와의 근로계약기간을 정한 계약이 민법의 근로계약기간에서 도중에 정당한 이유없이 근로자가 퇴직할 경우, 근무계속의무 위반이 되며 다른 사용자가 해고할 경우도 근로계약기간을 정했지만 도중에 근로자가 일방적으로 퇴직하는 것은 채무불이행이라고 하는 구속력이 강한 경우도 있다. 이 같은 민법상의 의의를 지닌 근무계속의무가 있는 계약일 때에는 그 도중해고 사유가「당사자 일방의 과실로 인하여 생긴 때에는 상대방에 대하여 손해를 배상하여야 한다」(민법 제661조).

단, 이는 근로자 측에게도 적용되며 정당한 이유없이 도중에 퇴직하는 것은 손해배상의 대상이 된다. 그러나 노사 쌍방 모두 근로계약기간의 의의에 대해 이 같은 근무구속이 강력한 기간근로계약으로 해석하는 경우는 매우 적다.

만일, 위와 같이 강력한 구속기간의 근로계약일 때에는, 단시간근로자의 근무성적이 매우 나쁘고 실제로 그 고용한 업무를 할 수 없을 정도로 부득이한 이유가 있을 때에는 단시간근로자 측의 귀책사유가 되어 잔여임금의 배상은 불필요하다. 그러나 그 정도에 이르지 않는 경미한 사유일 때나 기간의 도중이라도 업무가 없게 되어 업무상 고용 필요가 없어질 때 등의 경우 근로자 측의 과실이라고는 말할 수 없으므로 사용자에게 잔여 기간분의 임금상당액 배상의무가 있다.

최근 단시간근로자 인원부족과 단시간근로자의 전력화라는 취지에서 본다면 오히려 이 같은 근무 의무의 구속이 있는 「근로계약기간의 규정」으로 하는 것이 사용자 측에게는 중도퇴직을 방지할 수 있을 것이다.

10. 단시간근로자에게는 퇴직금을 지급하지 않아도 되는 것인가

근로자가 퇴직했을 때에, 사용자는 근로자의 근속년수가 1년을 초과할 경우에는 퇴직금을 지급하여야 하며(근로자퇴직급여보장법 제8조제1항), 퇴직금제도를 마련할 것인지 아닌지는 기업의 자유에 맡겨져 있는 것이 아니라 반드시 지급해야 하는 강제적인 사항이다.

근로자퇴직급여보장법 제4조의 퇴직금제도에 관한 규정은 강행규정으로서 퇴직의 사유가 근로자의 임의퇴직이냐 사용자에 의한 해고이냐 여부에 관계없이 근로자퇴직급여보장법에 정해진 하한을 기준으로 한 퇴직금은 반드시 지급되어야 한다(대법 2004.6.25, 2002다51555). 따라서 퇴직한 경우 퇴직금을 지급한다는 취지인 취업규칙에 의한 규정이 없더라도 근로자는 사용자에게 퇴직금 지급을 청구할 수 있다.

11. 정리해고와 단시간근로자의 취급은 어떻게 되는가

(1) 정리해고 시의 단시간근로자의 우선적 취급

단시간근로자 고용의 법적 성격은 가정생활, 학업, 취미 기타 사생활과의 조화에 무게를 둔 임시적이고 보충적인 노동력의 제공계약이기 때문에 정규고용 근로자와는 달리 근로자의 고용관계상 지위는 미약한 입장에 있다. 따라서 그 회사가 인원정리를 하지 않을 수 없는 사태가 된 경우에는 먼저 최초로 단시간근로자가 인원정리 대상이 된다.

(2) 정리해고 시의 협의대상

정리해고의 대상에 단시간근로자가 포함된 경우에 통상의 근로자대표와의 협의만으로 충분하지 아니하면 단시간근로자대표를 포함하여 협의를 하여야 하는지의 문제이다. 이에 대하여는 해고대상 부문의 전체 근로자 중에서 단시간근로자가 차지하는 비율에 따라 근로자대표에 포함되어야 하고, 특히 단시간근로자만이 정리해고 대상으로 된 경우에는 반드시 단시간근로자대표 즉 당해 사업 또는 사업장에 단시간근로자의 과반수로 조직된 노동조합이 있는 경우에는 그 노동조합(단시간근로자의 과반수가 통상근로자와 함께 노동조합을 조직하고 있는 경우에는 그 노동조합) 단시간근로자의 과반수로 조직된 노동조합이 없는 경우에는 단시가간근로자의 과반수를 대표하는 자와 협의하여야 한다고 해석하는 것이 바람직할 것이다.

12. 임신 · 출산 등에 의한 자동퇴직제를 정해도 되는가

여성 단시간근로자가 임신하거나 출산하면 장기휴업이 예상되기 때문에 일반근로자와 달리 임시적이고 보충적인 근로자인 단시간근로자인 경우, 이를 원인으로 하는 자동퇴직제를 정해도 되는 것 아니냐는 문제가 생긴다.

그러나 단시간근로자라 해도 근로기준법상의 지위는 구별되지 않고, 원칙적으로 동일하기 때문에 임신이나 출산이라는 여성 특유의 사유에 대하여 퇴직제도를 정해 일방적으로 근로계약의 종료를 꾀하는 일은 예로 단시간근로자의 경우라도 성별에 의한 불합리한 차별에 해당하기 때문에 민법 제103조의 사회질서 위반으로 해서 무효화됨과 동시에 이는 여성근로자에 대한 부당한 차별이 된다. 이를 위해 남녀고용평등법 제11조는 여성 단시간근로자에게도 적용되어 「사업주는 근로자의 정년 및 해고에 있어서 남녀를 차별 하여서는 아니 된다」(동조제1항), 「사업주는 여성근로자의 혼인 · 임신 또는 출산을 퇴직사유로 예정하는 근로계약을 체결하여서는 아니 된다」(동조제2항)고 규정하여 금지하고 있다.

또 육아휴직에 관하여 「사업주는 육아휴직을 이유로 해고나 그 밖의 불리한 처우를 하여서는 아니 되며, 육아휴직 기간에는 그 근로자를 해고하지 못한다. 다만, 사업을 계속할 수 없는 경우는 그러하지 아니하다」(동법 제19조제3항)로 되어 있다. 그러나 도중에 근로계약기간이 만료되고 그 시점에서 고용종료가 된 경우도 있다. 이러한 문제를 해결하기 위하여 2012.2.1 개정남녀고용평등법 제19조 제5항에서 「기간제근로자 또는 파견근로자의 육아휴직 기간은 기간제법 제4조에 따른 사용기간 또는 근로자파견법 제6조에 따른 근로자파견기간에 산입하지 아니한다고 규정하여 육아휴직기간을 기간제근로자의 사용기간 또는 파견근로자의 파견기간에서 제외하여 고용종료 등의 불이익을 받지 않도록 하여 육아휴직 활용을 촉진하고 있다.

3 퇴직을 둘러싼 문제

1. 단시간근로자의 퇴직은 자유로운가

단시간근로자 고용의 경우 일반적으로 근로계약기간을 정한 고용으로 하는 것이 일반적이지만 「근로계약기간」의 규정이란 그 기간 중에 꼭 근무해야 한다는 채무이행기간(도중에 퇴직하는 일은 근로자 측의 채무불이행으로 손해배상의무를 지는 것)으로 하는 민법상의 「기간계약」으로 해석되고 있다.

일반적으로 단시간근로자의 근로계약기간 규정의 의의는 노사 쌍방이 인식하는 것은 별로 없고 원래 임시적이고 보충적인 고용을 목적으로 하는 간이절차에 의한 고용이기 때문에, 근로계약기간을 정하지만 원칙적으로 언제라도 자유롭게 근로자의 사정에 의해 퇴직할 수 있으며 근로계약기간은 단순히 고용이 끝나는 시기 내지 계속고용의 목표기간으로서의 의미밖에 갖지 않는다고 해석되는 경우가 많은 듯하다.

따라서 단시간근로자는 가령 근로계약기간을 정한 때라도 본래의 의의인 근무구속기간이라고 합의되지 않을 때에는 원칙적으로 언제라도 자유롭게 단시간근로자 근로계약을 해지해 퇴직할 수 있다고 이해되고 있다.

또 이는 기간계약을 갱신해 기간의 정함이 없는 계약과 유사한 상태가 된 경우라도 마찬가지로 역시 언제라도 자유롭게 퇴직할 수 있다고 해석해야 한다.

민법 제660조에 의하면 「근로계약기간의 약정이 없는 때에는 언제든지 계약해지의 통고를 할 수 있다」(제1항), 「전항의 경우에는 상대방이 해지의 통고를 받은 날로부터 1월이 경과하면 해지의 효력이 생긴다」(제2항)고 규정하여 1월이 경과되면 해지의 효력이 발생한다. 이는 근로자가 일방적으로 사용자에게 통고해 퇴직할 경우도 마찬가지로 통고 다음날부터 기산해서 1개월이 지나면 사용자의 승인이 없어도 효력이 발생하며 극단적인 경우에는 사표를 낸 다음 날부터 타사에서 일하는 경우나 회사에 통고도 하지 않고 멋대로 그만둔 경우도 있지만 모두 1개월이 지나면 효력이 발생한다고 해석된다.

근로계약의 해약신청이 「기간으로 보수를 정한 때에는 상대방이 해지의 통고를 받은 당기 후의 1기를 경과함으로써 해지의 효력이 생긴다」(민법 제660조제3항)고

할 것이다.

2. 장기결근에 의한 자동퇴직제를 정해도 되는가

일반근로자가 병원에 입원하여 장기결근 사태가 생긴 경우 일정기간의 휴직제도를 정해 휴직기간 만료시까지 그 사유가 소멸하지 않을 때에는 자동퇴직으로 하거나 해고하는 일로 되어 있는 것이 일반적이다.

그러나 단시간근로자는 이 같은 휴직제도의 적용을 하지 않고 예컨대 1개월을 초과하여 장기 결근한 경우 자동퇴직으로 한다는 취지를 정해도 되는지가 문제가 된다.

이 점에 대해서 임신퇴직제 등 여성차별문제와는 달리 남녀를 불문하고 일정기간의 장기결근이라는 근로자 측의 취업장애사유가 계속되는 것을 원인으로 해서 근로계약의 자동종료를 정하는 것이기 때문에 그 기간이 상당기간(단시간근로자는 유기고용이기 때문에 2~3개월 정도)이라면 단시간근로자 고용이라는 특수성에서 보아 불합리한 제도라고는 말할 수 없다. 예컨대 3개월간 결근한 근로계약의 자동종료기간을 정하고 이러한 사실에 의한 자동퇴직제는 유효하다고 생각할 수 있다.

즉, 단시간근로자는 어디까지나 임시적이고 보충적인 고용으로 본질은 일시적이고 단기적인 고용이기 때문에 종신고용제인 정규직근로자와는 달리 휴직기간이라는 본래 장기에 걸친 근로자 측의 사유로 인한 취업의무 불이행 상태인 휴직사유가 생겼을 때에는 해고하지만, 일정기간 해고를 유예하고 그 기간 중에 해고사유가 되는 취업장애사유가 소멸해 정상적인 근무가 가능하게 된 경우에는 해고하지 않고 복직을 명하는 제도를 적용하는 것은 단시간근로자의 고용성질에 보아 그리 흔치 않기 때문이다.

따라서 예로 「2개월 이상 계속결근」이라든지 또는 「무단결근이 14일을 초과했을 때」에는 자동퇴직으로 한다는 취지를 정하는 일도 원래 단시간근로자라는 것이 임시적이고 보충적인 단기고용이기 때문에 무단결근을 14일이나 한 사실은 그 고용목적에서 보아 근무의사가 없는 것으로 보아 묵시적인 퇴직의사표시가 있었다고 생각해도 되며, 또 계속해서 2개월이나 결근하게 되었을 때에도 마찬가지로 단시간근로자 고용으로서의 목적을 달성하지 않고 이 같은 객관적인 계속결근기간이라는 계약해제 조건을 사전에 정해 두는 일도 특별한 이유가 없는 경우에는 상관없다고 생각할 수 있다.

3. 퇴직급여제도의 적용과 평균임금의 산정방법

퇴직급여제도는 1주간 소정근로시간이 15시간 미만인 근로자를 제외한 모든 단시간근로자에게 적용된다(근퇴법 제4조제1항 단서). 1명 이상의 근로자를 사용하는 모든 사업 또는 사업장의 근로자는 비록 단시간근로자 1명이 있을지라도 적용된다(근퇴법 제3조). 퇴직금계산을 위한 평균임금을 산정함에 있어서 근로기준법 제2조제2항의 규정에 의하여 해당 근로자의 통상임금보다 저액인지 여부를 판단할 경우에는 사유발생일 전 3개월간에 지급된 임금총액을 그 기간의 총 일수로 나눈 1일의 평균임금과 근로기준법 시행령 별표 2「단시간근로자의 근로조건 결정기준」 제2호가목에 의한 일급통상임금을 비교하여 단시간근로자의 평균임금이 단시간근로자의 일급통상임금보다 적으면 그 일급통상임금액을 평균임금으로 하여 단시간근로자의 퇴직급여를 산정한다.

4. 단시간근로자의 퇴직금 산정시 계속근로기간 산정기준일

① 「근로자퇴직급여보장법」 제4조 및 제8조에 따라 사용자는 4주간을 평균하여 1주간의 소정근로시간이 15시간 이상이고 계속근로기간 1년에 대하여 30일분 이상의 평균임금을 퇴직금으로 퇴직하는 근로자에게 지급하여야 한다.

② 단시간근로자의 퇴직금 산정시 "4주"의 의미는 단시간근로자의 퇴직금 산정시 계속근로연수에서 4주 평균하여 1주 동안의 소정근로시간(4주간 평균)이 15시간 이상인 기간 전체가 포함되는바(2008.10.9, 근로조건지도과-4378) 4주간 평균하여 1주 소정근로시간이 15시간 이상과 미만을 반복하는 단시간근로자인 경우에는 퇴직일을 기준으로 이전 4주 단위씩 역산하여 1주 소정근로시간을 구하면 될 것이다(2015.9.10, 근로기준정책과04361).

4 재해보상을 둘러싼 문제

1. 산업재해보상보험법의 원칙적 적용

단시간근로자에 대해서도 원칙적으로 산업재해보상보험법이 적용된다. 산업재해보상보험법이 적용되지 않는 범위 내에서 근로기준법상의 재해보상 규정이 적용된다. 업무상 부상 또는 질병으로 인해 요양하고 있는 기간 중에 근로계약이 해지되어도 당해 부상, 질병이 완쾌되거나 일시보상을 행할 때까지는 요양보상, 휴업보상 등을 행하여야 한다.

2. 복수사업장 단시간근로자의 재해보상과 평균임금 산정 특례

기존에는 단시간근로자가 복수 사업장에서 일하다가 업무상 재해를 당하면, 재해를 입은 사업장에서 받던 평균임금을 기준으로 산재보험급여를 지급했으나 산재법시행령 개정에 따라 단시간근로자가 여러 사업장에서 근로하다가 업무상 재해를 당한 경우에는 평균임금 산정기간 동안 해당 단시간근로자가 재해가 발생한 사업에서 지급받은 임금과 같은 기간 동안 해당 사업 외의 사업에서 지급받은 임금을 모두 합산한 금액을 해당 기간의 총일수로 나눈 금액이다(산재법 시행령 제24조제1항제2호, 2016.3.22, 대통령령 제27050호, 2016.7.1.시행). 단시간근로자의 평균임금 산정 특례는 퇴직급여에 적용하는 것이 아니라 재해보상시 평균임금을 산정하는 경우에만 적용된다. 이는 단시간근로자의 평균임금을 산정할 경우 재해사업장 뿐만 아니라 재해 당시 근무하던 다른 사업장의 임금도 합산하도록 한 것이다. 이는 단시간근로자의 실질적 생활 보장을 도모한 것이다.

제4편

파견 · 도급 · 사내하도급 근로자의 고용과 법률문제

1장 파견근로자의 고용을 둘러싼 법률문제

1 근로자파견제의 의의

1. 근로자파견법의 입법 취지

근로자파견법 제1조에 의하면 「근로자파견사업의 적정한 운영을 기하고 파견근로자의 근로조건 등에 관한 기준을 확립함으로써 파견근로자의 고용안정과 복지증진에 이바지하고 인력수급을 원활하게 함을 목적으로 한다」고 규정하고 있다. 따라서 동법은 파견근로자의 보호와 원활한 인력수급을 그 목적으로 하고 있다고 할 수 있다.

2. 근로자파견의 의의

(1) 근로자파견의 개념

"근로자파견"이란, (가) 파견사업주가 근로자를 고용한 후 그 고용관계를 유지하면서, (나) 근로자파견계약의 내용에 따라, (다) 사용사업주의 지휘 · 명령을 받아 사용사업주를 위한 근로에 종사하게 하는 것을 의미한다(고용과 사용의 분리)(근로자파견법 제2조제1호). 여기서 근로자파견에 해당하는지 여부는 사용사업주(또는 원청)와 파견사업주(또는 하청)간의 계약의 명칭이나 형식보다는 계약의 목적 또는 대상에 특정성, 전문성, 기술성이 있는지 여부, 계약당사자가 기업으로서 실체가 있는지와 사업경영상 독립성을 가지고 있는지 여부, 계약이행에서 사용사업주가 지휘·명령권을 보유하고 있는지 여부 등 근로관계의 실질을 기준으로 판단하여야 한다(대법 2013.11.28, 2011다60247; 대법 2012.2.23, 2011두7076).

즉, 근로자파견관계란 파견사업주가 파견근로자를 고용한 후 사용사업주에게 파견하여 사용사업주의 지휘·명령을 받아 사용사업주에게 노무를 제공하는 것을 근로자파견이라 하며 특수한 노무공급 형태이다. 이러한 근로자파견계약에 따라 행하여지는 근로관계를 파견근로라 한다. 사용사업주는 파견사업주에게 약정된 보수를 지급하고 파견근로자의 노무급부를 수령할 권한을 갖는다.

이와 같은 노무공급 방식은 종래의 일반적인 고용형태와는 구별되는 특수한 노무공급 형태로서 노동력 수급제도의 새로운 분야를 이루고 있다.

(2) 파견근로의 특징

① 파견사업주·사용사업주·파견근로자의 관계

파견근로자는 일반적이고 전형적인 근로관계인 사용자와 근로자간의 1:1의 당사자 관계가 아니라 사용자가 복수(파견사업주와 사용사업주)인 3자 관계이다. 근로자파견사업을 행하는 자인 파견사업주, 파견되는 근로자인 파견근로자 및 근로자파견계약에 의하여 파견근로자를 사용하는 자인 사용사업주의 3당사자관계로 구성된다. 파견사업주는 자기가 고용한 파견근로자를 타인인 사용사업주의 지휘·명령을 받아 사용사업주를 위해 근로에 종사하게 하는 자를 말하며, 사용사업주는 파견사업주가 고용한 근로자를 파견받아 자기의 지휘·명령하에 자신을 위하여 근로에 종사하게 하는 자를 말한다. 이러한 파견사업주와 사용사업주간의 근로자파견계약에 의하여 파견되는 근로자 즉 파견사업주에 고용되어 사용사업주에 파견되어 사용관계에 있는 근로자를 파견근로자라고 한다.

② 3면적 당사자관계

근로자파견의 3당사자 사이에는 3면적 당사자관계가 성립된다. 파견사업주와 파견근로자간에만 고용관계가 있고, 파견사업주와 사용사업주간에는 근로자파견계약이 체결 존재하게 된다. 한편 사용사업주와 파견근로자간에는 고용관계는 없으나 파견계약의 내용에 따라 사용관계(지휘·명령관계)가 있다. 이러한 3면적 당사자관계는 일반적이고 전형적인 근로관계에서는 존재하지 않는 특이한 형태이다. 통상 파견근로관계는 고용과 사용관계가 분리되어 있다. 이에 따라서 파견근로자에 대한 사용자 책임이 누구에게 주어지는가 하는 것이 중요한 문제가 된다.

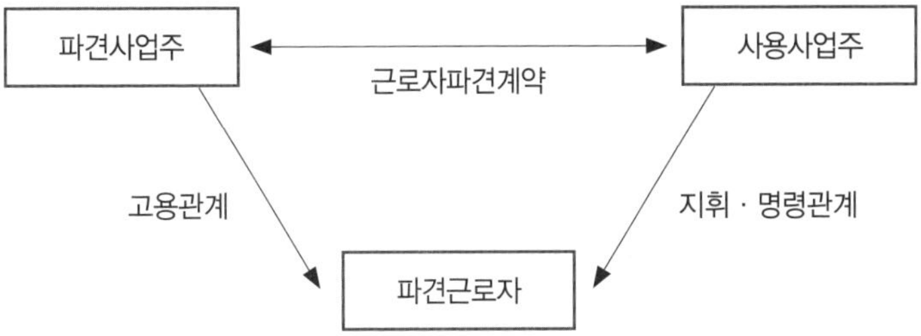

(3) 파견근로자 현황

파견근로자는 매년 증가하고 있으며 2002년 전 근로자 중에 차지하는 파견근로자의 비율은 0.17%(24,000명)이었으나 2006년에는 0.76%(118,000명), 2015년에는 1.10%(210,000명)이며 2014년 대비 16,000명 증가하였다. 2015년 남자는 87,000명이며 여성은 123,000명으로 여성이 다소 증가하였다.

2 근로자파견과 유사 고용형태와의 구별

1. 도급(용역)과의 구별

도급이란 당사자 일방(수급인)이 어떤 일을 완성할 것을 약정하고, 상대방(도급인)은 그 일(유 · 무형)의 결과에 대하여 보수를 지급할 것을 약정함으로써 성립하는 계약(민법 제664조)이다.

수급인 스스로의 재량과 책임 하에서 자기가 고용한 근로자를 사용하여 일을 완성하는 것이 그 특색이다. 사내 하도급(사내하청)은 원도급업체가 자기 사업장 내에서 이루어지는 업무의 일부를 하도급업체로 하여금 수행토록 하는 도급 유형이다.

도급은 근로자파견과는 달리 수급인(용역회사)이 직접고용한 근로자를 수급인이 직접 지휘 · 명령하여 특정한 업무를 수행하는 것이며, 근로자의 지휘 · 명령권은 수급인(용역회사)에게 있고, 도급인(발주회사)은 수급인의 근로자를 지휘 · 명령하지 아니한다. 도급은 계약의 일방당사자인 수급인이 '일의 완성'을 약정하고 타방 즉 도급인이 보수의 지급을 약정함으로써 성립한다(민법 제664조). 도급은 고용 · 위임 등과 같이 타인의 노무를 이용하는 계약에 속하는 것이지만, '일의 완성'이라는 결과에 목적을 두는 점에서 차이가 있다. 여기서 '일의 완성'이란 채무자(수급자)가 계약에 따라 정해진 일정한 업무결과를 달성하는데 이르기까지의 일체의 위험을 부담하는 것을 의미한다. 수급인의 일의 완성 의무와 도급인의 보수지급 의무는 서로 의존 관계에 있어 도급은 유상 · 쌍무계약에 속하며, 또 낙성 · 불요식의 계약이다. 도급에 있어서 수급인의 노무공급은 고용에 있어서와 같은 종속성이 없으며, 경제적으로 독립하여 작업의 성질상 허용되는 경우이기 때문에 수급인은 자유롭게 이행보조자나 이행대행자를 사용할 수 있다. 이 점에서 도급은 수급인이 파견사업주와 비슷한 위치에서 자신의 이행보조자 내지 대행자로서 근로자를 도급인에게 공급할 수 있는 형태를 띠고 있다. 이렇게 근로자가 도급인의 사업장에서 근로를 한 경우 그 근거가 근로자파견계약에 기초한 것인지 또는 도급계약에 기초한 것인지를 구분하기가 곤란한 경우가 많다. 특히, 도급인은 수급인 또는 그 이행보조자에게 작업의 방법 등 큰 부담을 지우지 않는 범위 내에서 적당한 지시나 감독을 할 수 있는데, 이러한 도급인의 지시와 감독은 파견근로자에 대한 사용사업주의 "지휘 · 명령"과 실질적으로 구별하기 쉽지 않다.

2. 위임 · 용역과의 구별

위임이란 당사자 일방이 상대방에 대해 사무처리를 위탁하고 상대방이 이를 승낙함으로써 성립하는 계약(민법 제680조)이다. 용역은 거래의 대상이 상품이 아닌 서비스(용역)로, 용역업체에 일정한 업무를 맡겨 수행하도록 하는 형태이며, 계약내용에 따라 민법상 도급, 위임 등에 해당될 수 있다. 예컨대 경비용역사업(경비업법), 청소용역사업(공중위생관리법), 기술용역사업(엔지니어링기술진흥법) 등이다.

3. 전출 · 전적 · 사외파견과의 구별

(1) 전출과의 구별

① 전출이란 근로자가 당초 소속기업에 재적한 채 타기업의 사업장에서 상당히 장기간 업무에 종사하게 되는 것을 말한다. 전출은 당초의 기업과의 고용관계를 유지하면서 타기업에서 근무한다는 측면에서 파견근로와 개념상 유사하다. 그러나 근로자가 당초 소속기업에 재적(在籍)한 채 다른 기업의 사업장에서 상당히 장기간 업무에 종사하게 하는 이른바, 전출(轉出)은 근로자파견법 적용대상이 되지 아니한다(2007.4.30, 비정규직대책팀-1437).

(2) 전적과의 구별

전적이란 근로자가 자기의 고용기업에서 다른 기업으로 적을 이동하여 해당 타기업의 업무에 종사하는 것을 말하며 '이적'이라고도 한다. 전적은 외형상 근로자가 당초의 기업에서 타기업으로 적을 옮겨 근로에 종사하는 것은 전출과 같지만 당초의 기업과의 근로관계를 종료시키고 타기업과 근로계약관계를 새로이 성립시킨다는 점에서 당초의 기업과의 근로계약관계를 존속시키는 전출과 구별되며, 파견근로와도 차이가 명확하다.

(3) 사외(社外)파견과의 구별

근로자파견과 외형상 비슷하나 법상의 근로자파견사업과 구별되는 것으로 이른바 사외파견을 들 수 있다. 사외파견이란 사업주가 고용조정 또는 기술지도 · 경력개발 등을 위해서 자기가 고용한 근로자를 그 고용관계를 유지하면서 협력회사 · 계열회사 등에서 일정 기간 근무하게 하는 경우로서 파견사업주가 사업으로 행하는 근로자파견과 달리 보아야 한다. 다만, 이러한 경우에도 자기가 고용한 근로자를 영리를 목적으로 계속 반복해서 파견하는 경우에는 근로자파견에 해당된다(2015.11.26, 고용차별개선과-2344).

4. 근로자공급과의 구별

근로자공급이란 근로자공급사업주가 자신의 지배 하에 있는 근로자를 타인(사용사업주)으로 하여금 사용하게 하는 것(직업안정법 제33조)이다. 근로자파견법 제정 이후 근로계약관계의 근로자를 타인이 사용하게 할 경우 동법 적용을 받게 되므로, 직업안정법상 근로자공급은 "사실상 지배 하에 있는 근로자"를 사용사업주에게 공급하는 경우로 한정된다.

직업안정법상 "근로자공급사업이란 공급계약에 따라 근로자를 타인에게 사용하게 하는 사업을 말한다. 다만, 근로자파견법 제2조제2호에 따른 근로자파견사업을 제외한다"라고 규정하고 있다(직업안정법 제4조제7호). 근로자공급을 반복 계속의 의사로서 행하는 사업을 근로자공급사업이라고 한다. "공급계약"이란 근로자를 공급하려는 자와 근로자의 공급을 받으려는 자 사이에 체결되는 근로자의 제공에 관한 계약을 말한다. 공급대상의 근로자는 근로자 공급 사업을 하는 자의 지배 하에 있는 근로자이며, 당해 근로자와 공급하려는 자와의 사이에 근로계약관계가 있는 경우나 실질적인 지배관계가 있는 경우를 모두 포함 하는 것이라고 한다.

특수한 노동력의 사용관계는 근로자의 이익을 부당하게 해할 우려가 있으므로, 직업안정법은 국내 근로자공급사업을 노동조합이외의 자가 행하는 것을 금지하고 있으며 근로자공급사업 허가의 유효기간은 3년으로 한다(동법제33조, 시행령 제33조). 이러한 금지는 근로자를 제공하여 타인에게 사용시키는 것 자체가 늘 근로자의 이익을 침해하기 때문이 아니라, 종래 근로자공급사업에 있어서 근로자가 중간착취의 대상이 되었기 때문이다. 노동조합이 행하는 경우에는 이와 같은 폐해가 발행할 염려가 없다고 보고, 예외적으로 허용하고 있다.

5. 유료직업소개소와의 구별

직업안정법은 직업안정업무의 국가독점을 예외적으로 무료직업소개와 유료직업소개를 인정하고 있다. 직업소개란 구인 또는 구직의 신청을 받아 구직자 또는 구인자를 탐색하거나 구직자를 모집하여 구인자와 구직자간에 근로계약이 성립하도록 알선하는 것을 말한다(직업안정법 제4조제2호). 유료직업소개소는 소개자와 구직자와의 사이에 근로계약 내지 고용관계가 존재하지 않는 반면, 파견근로에서는 구직자(파견근로자)와 구인자(파견사업주)와의 사이에 근로계약관계가 성립한다는 점에서 개념이 명확히 구분된다. '직업소개' 가 구인자와 구직자가 서로 근로계약을 맺도록 알선하는 것이라면, '근로자파견사업'은 근로자를 직접고용하여 사용사업주에게 파견한다는 점에서 차이가 있다.

6. 점원파견과의 구별

점원파견이란 자기와 근로계약관계가 성립된 회사의 명령에 따라 타사에 가서 업무를 행하는 형태이나 그 업무가 원래 소속된 회사의 업무로서 또 그 원래 소속 회사의 지휘 · 감독하에 행해지는 경우를 말하는데 파견형 전출이라고도 한다. 예컨대, 백화점이나 전문점에 점원을 파견하거나 또는 제조업자가 자사의 종업원을 판매 대리점에 파견시켜 서비스를 제공하거나 건물, 기계 등의 관리유지요원으로 근무케하는 경우를 말하는데 통상 점원파견 또는 대리점파견이라고 부른다.

점원파견은 점원 소속 회사와의 근로계약에 근거하여 회사의 명령에 따라 타사의 사업장에서 단순히 자사의 업무를 수행하는 것이며, 자사의 지휘 · 명령에 따른 근로제공이라는 점에서 통상의 근로와 차이가 없다. 즉, 취업상소가 파견지인 타사의 사업장이라는 점을 제외하고는 일반적인 근로관계와 다른 점이 없다. 따라서 사용사업주의 지휘 · 명령을 받아 근로에 종사하는 파견근로에는 해당하지 않는다고 본다.

3 근로자파견법상의 파견형태

1. 상용형 근로자파견의 허용

상용형 근로자파견이란 비파견기간에 파견사업주가 휴업수당을 지급하고 훈련을 제공하는 것으로 그렇지 않은 등록형 근로자파견과 대비된다. 근로자파견법상 근로자파견의 형태에 대하여 아무런 구분을 두지 않고 있는데, 이에 대하여 근로자파견법이 상용형 근로자파견만을 인정하는 것이라고 보는 견해가 있다. 그 근거는 근로자파견법 제2조제1호가 근로자파견을 "파견사업주가 근로자를 고용한 후 그 고용관계를 유지하면서 근로자파견계약의 내용에 따라 사용사업주의 지휘 · 명령을 받아 사용사업주를 위한 근로에 종사하게 하는 것을 말한다"고 정의한 것을 근거로 상용형만이 허용되어 있다고 주장한다.

2. 등록형 근로자파견 형태의 허용 여부

그러나 위 정의 규정(근로자파견법 제2조제1호)은 사용사업주의 지휘 · 명령을 받는 기간 중에는 파견사업주와의 고용관계가 유지된다는 의미이지, 사용사업주의 사용이 종료된 후에도 항상 파견사업주와의 고용관계가 유지되어야 한다는 의미까지 담고 있는 것은 아니라고 보아야 한다. 독일의 구 근로자파견법과 같은 기간제계약의 제한이나 일치 금지의 규정이 없는 상태에서 등록형 근로자파견이 금지되어 있다고 말하기는 어렵다는 견해가 현재 우리나라의 다수설이다. 또한 현재 우리나라 노동시장 실정은 등록형 근로자파견이 전부이다.

3. 상용형 근로자파견과 등록형 근로자파견의 적용 한계

다만, 근기법 또는 근로자파견법에서 기간제 근로계약을 금지하지 않고 파견사업주와 파견근로자 사이의 근로계약과 파견사업주와 사용사업주 사이의 근로자파견계약의 양 기간을 일치시키는 것을 제한하고 있지 아니하여 위 양 기간의 일치에 의한 등록형 근로자파견이 가능하다. 근로자파견 계약기간 존속 중에 파견근로자의 귀책사유 없이 사용사업주의 근로자 교체요구 등으로 근로자파견계약이 해지된 경우에는 여전히 파견사업주와 파견근로자 사이의 근로계약은 약정한 기간 동안 유효하게 존속한다고 보아야 하고, 이에 따라 파견사업주는 해당 파견근로자에 대한 잔여 기간의 임금지급의무를 면하지 못한다고 할 것이다(노동법실무연구회, 「근로기준법주해 I」, p.503). 근기법상 기간을 정한 근로계약의 체결이 가능하다고 해도 '사용사업주와의 근로자파견계약이 존속하는 기간'과 같은 불확정기간의 설정은 허용되지 않는다고 보아야 하고, 그 한도 내에서 등록형 근로자파견은 제한된다고 보아야 한다(2002.12.17, 근기68207-3365).

2장 근로자파견법의 목적 · 적용범위를 둘러싼 법률문제

관련조문

제1조【목 적】 이 법은 근로자파견사업의 적정한 운영을 기하고 파견근로자의 근로조건 등에 관한 기준을 확립함으로써 파견근로자의 고용안정과 복지증진에 이바지하고 인력수급을 원활하게 함을 목적으로 한다.

제2조【정 의】 이 법에서 사용하는 용어의 정의는 다음과 같다.

1. "근로자파견"이라 함은 파견사업주가 근로자를 고용한 후 그 고용관계를 유지하면서 근로자파견계약의 내용에 따라 사용사업주의 지휘 · 명령을 받아 사용사업주를 위한 근로에 종사하게 하는 것을 말한다.
2. "근로자파견사업"이라 함은 근로자파견을 업으로 행하는 것을 말한다.
3. "파견사업주"라 함은 근로자파견사업을 행하는 자를 말한다.
4. "사용사업주"라 함은 근로자파견계약에 의하여 파견근로자를 사용하는 자를 말한다.
5. "파견근로자"라 함은 파견사업주가 고용한 근로자로서 근로자파견의 대상이 되는 자를 말한다.
6. "근로자파견계약"이라 함은 파견사업주와 사용사업주간에 근로자파견을 약정하는 계약을 말한다.
7. "차별적 처우"라 함은 다음 각 목의 사항에 있어서 합리적인 이유 없이 불리하게 처우하는 것을 말한다.
   가. 근로기준법 제2조제1항제5호에 따른 임금
   나. 정기상여금, 명절상여금 등 정기적으로 지급되는 상여금
   다. 경영성과에 따른 성과금
   라. 그 밖에 근로조건 및 복리후생 등에 관한 사항

1 근로자파견법상의 목적

최근 산업구조 및 노동시장의 여건 변화에 따라 파견근로자가 빠르게 확산되고 있으나 관계 법규의 미비로 파견근로자의 권익보호가 제대로 이루어지지 아니하고 기업의 탄력적인 인력관리에 제약요인이 되고 있으므로 근로자파견제를 법제화함으로써 파견근로자의 근로조건을 개선하고 기업의 인력관리에 신축성을 제고하고자 제정하였다.

2 근로자파견법상의 용어의 정의

근로자파견법에서 사용하는 용어는 다음과 같다(동법 제2조)

(1) 근로자파견

"근로자파견"이란 파견사업주가 근로자를 고용한 후 그 고용관계를 유지하면서 근로자파견계약의 내용에 따라 사용사업주의 지휘 · 명령을 받아 사용사업주를 위한 근로에 종사하게 하는 것을 말한다(동법 제2조제1호).

근로자파견법 제2조제1호에는 '근로자파견'에 대한 정의가 규정되어 있는 바, 동 규정의 근로자파견에 해당하기 위해서는 파견사업주가 사업주로서의 실체를 갖추고 있어 파견사업주, 사용사업주, 파견근로자라는 3자관계가 형성되어야 하며, 아울러 사용사업주가 파견근로자에 대하여 지휘 · 명령권을 행사하고 있어야 한다. 또한 이와 같은 근로자파견에 해당하는지의 여부는 계약의 명칭, 형식 등(파견계약, 도급계약, 위임계약 등)에 관계없이 구체적인 사실관계에 기초하여 판단하되 근로자파견을 특징짓는 여러 징표들을 종합적으로 고려하여 판단하게 된다(「'근로자파견'의 판단기준에 관한 지침」, 2007.4.19, 비정규직대책팀-1303 참조).

(2) 근로자파견사업

"근로자파견사업"이란 근로자파견을 업으로 행하는 것을 말한다(동법 제2조제2호).

① **업으로 행한다는 의미**

여기에서 '업으로 행한다' 함은 일정한 목적을 가지고 동종의 행위를 계속 반복적으로 수행하는 것을 말하므로, 1회의 행위라 할지라도 계속 반복의 의사를 가지고 행하면 사업성이 인정되며, 형식적으로 행위가 수차례에 걸쳐 이루어졌다 하더라도 계속 반복의 의사가 없으면 사업성은 인정되지 않는다 할 것이다.

② **사외파견과의 구별**

근로자파견과 외형상 비슷하나 근로자파견법상의 근로자파견사업과 구별되는 것으로 이른바 사외파견을 들 수 있는 바, 사업주가 고용조정 또는 기술지도 등을 위해서 자기가 고용한 근로자를 그 고용관계를 유지하면서 협력회사 · 계열회사 등에서 일정기간 근무하게 하는 경우에는 사업으로서 근로자를 파견하는 경우와는 달리 보게 된다. 다만, 이러한 경우에도 자기가 고용한 근로자를 영리를 목적으로 계속 반복해서 파견하는 경우에는 근로자파견에 해당된다(2001.3.21, 고관 68460-340).

(3) 파견사업주

"파견사업주"란 근로자파견사업을 행하는 자를 말한다(동법 제2조제3호).

(4) 사용사업주

"사용사업주"란 근로자파견계약에 의하여 파견근로자를 사용하는 자를 말한다(동법 제2조제4호).

(5) 파견근로자

"파견근로자"란 파견사업주가 고용한 근로자로서 근로자파견의 대상이 되는 자를 말한다(동법 제2조제5호).

(6) 근로자파견계약

"근로자파견계약"이란 파견사업주와 사용사업주간에 근로자파견을 약정하는 계약을 말한다(동법 제2조제6호). 근로자파견법 제20조 및 같은 법 시행규칙 제11조에 의거 근로자파견계약의 당사자는 파견근로자의 수, 파견근로자가 종사할 업무의 내용, 근로자파견의 대가 등이 포함된 내용을 서면으로 체결하도록 규정하고 있으나, 동 계약서 서식에 대해서는 별도로 정하고 있지 않다. 따라서 계약서의 명칭을 용역이나 도급 등으로 표시하였다 하더라도 사실상 계약의 내용이 근로자파견계약에 해당되는 경우라면 근로자파견법이 적용될 것이다(2007.2.15, 비정규직대책팀-509).

(7) 차별적 처우

"차별적 처우"란 다음 각 목의 사항에 있어서 합리적인 이유없이 불리하게 처우하는 것을 말한다(동법 제2조제7호).

가. 근로기준법 제2조제1항제5호에 따른 임금

나. 정기상여금, 명절상여금 등 정기적으로 지급되는 상여금

다. 경영성과에 따른 성과금

라. 그 밖에 근로조건 및 복리후생 등에 관한 사항

"차별적 처우" 정의 규정은 파견근로자에 대한 차별금지 및 시정에 관한 규정(동법 제21조)이 도입됨에 따라 동법 제2조(정의)에 "차별적 처우"의 정의 규정을 신설한 것이다(제7호).

「기간제법」의 차별시정 관련 규정을 준용하고 있으므로 동법(제2조제3호)과 동일하게 규정한 것이다.

3 근로자파견법의 적용범위

1. 원 칙

근로자파견법 제21조(차별적 처우의 금지 및 시정 등)제4항은 차별시정제도를 규정하고 있는 동조의 적용범위를 '사용사업주가 상시 4인 이하의 근로자를 사용하는 경우에는 적용하지 아니 한다'고 규정하고 있다. 근로자파견법은 그 밖에는 적용범위에 대한 별도의 규정을 두고 있지 않으므로 차별시정 관련 사항 이외에는 모든 사업 또는 사업장에 적용된다고 할 수 있다. 상시근로자는 사용사업주가 직접

고용한 모든 근로자를 포함하되 파견근로자는 제외하여야 한다. 상시근로자 수를 기준으로 법 적용범위 및 시행시기를 판단하는 것은 차별시정제도에서 비교대상 근로자가 존재하는지 여부와 사용자의 법준수능력 등을 종합적으로 감안하여 차별판단이 가능해야 하므로 직접고용한 근로자만을 대상으로 한다(2007.6.3, 비정규직대책팀-2021).

2. 해외사업장에 현지 외국인을 채용한 경우의 근로자파견법 적용 여부

국내 파견회사가 파견계약 내용에 따라 사용사업주의 해외사업장에 현지 외국인을 채용하여 사용사업주를 위한 근로에 종사하게 하는 경우 근로자파견법 적용 여부이다.

해외 현지법인은 소재국에서 법인격을 부여받은 권리주체로서 국내법이 적용되지 아니하므로 국내회사가 현지에 독립한 법인을 설립하고 동 사업장에서 한국인을 고용하였을 경우에는 근로자파견법이 적용되지 아니한다고 보아야 할 것이다. 그러나 국내 파견회사가 해외 현지법인에 근로자를 파견하거나 현지에서 채용한 근로자에 대한 인사 및 노무관리 등을 관장하고 근로자의 보수 및 주요 근로조건 등을 결정하고 있는 경우에는 현지에서 채용한 근로자 또한 국내 파견회사와 함께 근로자파견법의 적용을 받는다고 보아야 할 것이다(2007.2.21, 비정규직대책팀-572).

3. 합병된 새로운 회사의 지휘 · 감독을 받는 경우 근로자파견법 적용 여부

(1) 외국법인 간의 통합으로 국내에 있는 각 지점 소속 근로자가 합병과정에서 일정기간 합병된 새로운 회사의 지휘 · 감독을 받는 경우 근로자파견법 적용 여부

근로자파견사업을 행하기 위해서는 근로자파견법 제7조 및 같은 법 시행규칙 제3조의 규정에 의한 근로자파견사업 허가를 받아야 하는 바 근로자파견을 업으로 행하지 아니하는 외국법인(A 및 B)의 각 국내지점이 단일법인체의 지점으로 합병하기에 앞서 내부적으로 특정 사업부문의 업무를 통합 · 운영한다면 이는 근로자파견법으로 규율할 성질은 아니라고 본다. (2007.2.27, 비정규직대책팀-659)

(2) 회사 합병시 고용 승계되는 인원을 폐업처리 시까지 기존회사에 근무하게 하는 경우 파견사업허가를 받아야 하는지 여부

"근로자파견"을 "업"으로 행하려는 자는 근로자파견법 제7조(근로자파견사업의 허가) 및 같은 법 시행규칙 제3조에 따라 고용노동부장관의 허가를 받도록 규정하고 있다. 반면 "도급"이란 당사자의 일방이 어느 일을 완성할 것을 약정하고 상대방이 그 일의 결과에 대하여 보수를 지급할 것을 약정함으로써 효력이 생기는 것으로 「민법」 제664조에서 규정하고 있다.

"도급"에 관하여 규정하고 있는 민법은 도급업무의 대상에 제한을 두고 있지 않으므로 회사가 일정기간 동안 관리부문 등을 "도급"으로 운영하는 것도 가능할 것으로 판단되나 이 경우 원사업자와 하청업체 사이에 계약의 명칭, 형식 등(도급계약 또는 파견계약 등)에도 불구하고 원사업자가 하청업체 근로자에 대하여 업무상 지휘·명령권을 행사하는 등 그 실질이 근로자파견법 제2조제1호의 '근로자파견'에 해당하는 경우에는 근로자파견법이 적용된다(「'근로자파견'의 판단기준에 관한 지침」, 2007.4.19, 비정규직대책팀-1303). 그러나 해당 회사(A)가 'B사'를 합병하는 과정에서 'B사' 직원들을 고용 승계한 후 'B사'를 폐업신고하기 전까지 일정기간 동안 'B사'에서 근무하게 하려는 것이라면, 이는 근로자파견을 "업"으로 행하는 것으로 보기는 어렵다고 할 것이므로 근로자파견법에 따른 파견사업허가를 받지 않아도 될 것으로 판단된다(2007.8.24, 비정규직대책팀-3370).

4. 외국법인 간의 통합으로 국내에 있는 각 지점 소속 근로자가 합병과정에서 일정기간 합병된 새로운 회사의 지휘·감독을 받는 경우 근로자파견법 적용 여부

근로자파견사업을 행하기 위해서는 근로자파견법 제7조 및 같은 법 시행규칙 제3조의 규정에 의한 근로자파견사업 허가를 받아야 하는바 근로자파견을 업으로 행하지 아니하는 외국법인의 각 국내지점이 단일 법인체의 지점으로 합병하기에 앞서 내부적으로 특정 사업부문의 업무를 통합·운영한다면 이는 근로자파견법으로 규율할 성질은 아니다(2007.2.27, 비정규직대책팀-659).

5. 외국국적의 근로자의 파견사용

근로자파견사업에 대하여 고용노동부장관의 허가를 받도록 하고 있는 입법취지 역시 무분별한 근로자파견으로 인하여 근로자가 입게 될 피해 등을 막기 위하여 정부가 파견사업주를 감독하려는 것으로서 그 주된 목적이 근로자를 보호하기 위한 것이므로, 외국 국적의 근로자라고 하여 근로자파견법이 적용되는 파견근로자의 범위에서 제외된다고 할 수 없다(대법 2000.9.29, 2000도3051).

3장 근로자파견사업의 요건 · 대상업무

1 근로자파견사업의 요건

근로자파견사업을 하기 위해서는 먼저 근로자파견을 '업'으로 행하여야 한다(동법 제2조제2호). '업으로'란 일정한 목적을 위하여 동종의 행위를 반복하여 계속하는 것을 말하는 것으로서 영리를 목적으로 하는가의 여부는 묻지 않는다. 그러나 기업의 고용조정이나 인사관리를 위하여 행하여지는 반복 · 계속적 파견은 '업'으로서 행하는 것이라고 볼 수 없다.

2 파견근로 허용업무에 관한 입법태도

파견근로 허용업무를 규정하는 입법방식에는 대상업무열거방식(positive list)과 금지업무열거방식(negative list)으로 구분된다.

1. 대상업무 열거방식(포지티브리스트 방식)

대상업무 열거방식은 일정한 업종에 한하여 근로자파견을 허용하고 나머지 업종에 대해서는 금지하는 입법방식이다. 이 방식은 근로자파견을 제한할 수 있다는 점에서 장점이 있으나 근로자파견이 기업사회에 새롭게 등장한 업종을 위해 인정되는 현실에 부합되지 못하는 점과 이로 인해 인정되지 않는 업종에 근로자파견이 불법으로 행하여 질 가능성이 매우 높다는 단점이 있다.

2. 금지업무 열거방식(네가티브리스트 방식)

금지업무 열거방식은 일정한 업종을 제외하고는 근로자파견을 허용하는 입법태도방식이다. 근로자파견이 업종상 제한이 없기 때문에 현실적으로 필요한 업종에 근로자파견이 공식적으로 행하여지는 것을 정당화시키는 등 현실에 부합할 수 있다는 장점이 있으나 너무 많은 분야에 파견근로가 이루어져 파견근로가 남용될 수 있다는 단점이 있다.

3 근로자파견 대상업무

관련조문

제5조【근로자파견대상업무 등】 ① 근로자파견사업은 제조업의 직접생산공정 업무를 제외하고 전문지식 · 기술 · 경험 또는 업무의 성질 등을 고려하여 적합하다고 판단되는 업무로서 대통령령이 정하는 업무를 대상으로 한다.

② 제1항의 규정에 불구하고 출산 · 질병 · 부상 등으로 결원이 생긴 경우 또는 일시적 · 간헐적으로 인력을 확보하여야 할 필요가 있는 경우에는 근로자파견사업을 행할 수 있다.

③ 제1항 및 제2항의 규정에 불구하고 다음 각 호의 업무에 대하여는 근로자파견사업을 행하여서는 아니된다.

1. 건설공사현장에서 이루어지는 업무
2. 「항만운송사업법」 제3조제1호, 「한국철도공사법」 제9조제1항제1호, 「농수산물유통 및 가격안정에 관한 법률」 제40조, 「화물유통촉진법」 제2조제2호 · 제10호의 규정에 따른 하역업무로서 「직업안정법」 제33조의 규정에 따라 근로자공급사업 허가를 받은 지역의 업무
3. 「선원법」 제3조의 규정에 따른 선원의 업무
4. 「산업안전보건법」 제28조의 규정에 따른 유해하거나 위험한 업무
5. 그 밖에 근로자 보호 등의 이유로 근로자파견사업의 대상으로는 적절하지 못하다고 인정하여 대통령령이 정하는 업무

④ 제2항의 규정에 의하여 파견근로자를 사용하고자 할 경우 사용사업주는 해당 사업 또는 사업장에 근로자의 과반수로 조직된 노동조합이 있는 경우에는 그 노동조합, 근로자의 과반수로 조직된 노동조합이 없는 경우에는 근로자의 과반수를 대표하는 자와 사전에 성실하게 협의하여야 한다.

⑤ 누구든지 제1항 내지 제4항의 규정을 위반하여 근로자파견사업을 행하거나 그 근로자파견사업을 행하는 자로부터 근로자파견의 역무를 제공받아서는 아니된다.

종전 근로자파견법은 파견대상업무(동법 제5조)를 허용업무(제1항)→일시사용업무(제2항 본문)→금지업무(제2항단서)순서로 규정하였으나 개정 법률은 대상업무를 이해하기 쉽도록 동법 제5조제2항의 일시사용업무(본문)와 금지업무(단서)를 별도의 항으로 분리하고 허용업무(제1항)→일시사용업무(제2항)→금지업무(제3항)순으로 규정하여 조문규정 방식 및 순서를 합리적으로 변경하였다.

1. 상시적 허용업무

(1) 상시적 허용업무의 범위

근로자파견사업은 절대금지업무 및 제조업의 직접 생산공정 업무를 제외하고 전문지식 · 기술 · 경험 또는 업무의 성질 등을 고려하여 적합하다고 판단되는 업무로서 대통령령이 규정하는 업무를 대상으로 한다(동법 제5조제1항). 상시적 허용업무는 파견사업주가 상시적으로 근로자파견사업을 행할 수 있고, 사용사업주 역시 파견기간 제한의 범위 내에서 파견근로자를 상시 사용할 수 있다. 이러한 입법태도는 포지티브시스템 방식으로서 근로자파견사업의 무분별한 확대를 방지하고 정규직근로자의 고용 안정을 위해 근로자파견이 허용되는 범위를 전문지식 · 기술 · 경험 또는 업무의 성질 등을 고려하여 적합하다고 판단되는 업무로 한정하고자 한 것이다. 그러나 이러한 입법태도는 전문지식과 기술분야에서 새롭게 요청되는 영역에서 불법파업을 할 수 밖에 없는 한계가 있으며 외국의 입법례와는 맞지 않으므로 향후 이러한 포지티브리스트 방식을 개선할 필요가 있다.

(2) 내용기준

근로자파견대상업무는 정규근로자의 고용불안을 해치지 않는 범위 안에서 노동시장의 유연성을 제고할 수 있도록, 전문지식, 기술 및 경험 등을 필요로 하는 업무로서 정규근로자의 고용대체효과가 크지 않은 업무를 대상으로 한다.

전문지식 · 기술, 경험 또는 업무의 성질 등을 고려하여 적합하다고 판단 되는 업무로서 대통령령이 정하는 업무를 대상으로 하며(동법 제5조제1항), 대통령령에서 32개 업무를 규정하고 있다. 이 경우 파견기간은 1년을 초과할 수 없으며, 연장기간을 포함하여 총 2년을 초과할 수 없다. 종전 파견대상업무는 1992년의 한국표준직업분류(통계청 고시 제1992-1호)에 따르고 있어, 2000년에 개정된 한국표준직업분류(통계청 고시 제2000-2호)에 맞춰 파견대상업무를 조정하고 파견대상업무를 현행 26개(세세분류 138개)업무에서 32개(세세분류 197개)업무로 확대한 것이다.

[근로자파견대상업무(시행령제2조제1항관련)]

한국표준 직업분류 (통계청고시 제2000-2호)	대 상 업 무	비 고
120	컴퓨터 관련 전문가의 업무	
16	행정, 경영 및 재정 전문가의 업무	행정전문가(161)의 업무를 제외한다.
17131	특허전문가의 업무	
181	기록 보관원, 사서 및 관련 전문가의 업무	사서(18120)의 업무를 제외한다.
1822	번역가 및 통역가의 업무	
183	창작 및 공연 예술가의 업무	
184	영화, 연극 및 방송관련 전문가의 업무	
220	컴퓨터 관련 준전문가의 업무	
23219	기타 전기공학 기술공의 업무	
23221	통신기술공의 업무	
234	제도 기술 종사자의 업무, 캐드 포함의 업무	
235	광학 및 전자장비 기술종사자의 업무	보조업무에 한한다. 임상병리사(23531), 방사선사(23532), 기타 의료장비 기사(23539)의 업무를 제외한다.
252	정규교육 이외 교육 준전문가의 업무	
253	기타 교육 준전문가의 업무	
28	예술, 연예 및 경기 준전문가의 업무	
291	관리 준전문가의 업무	
317	사무 지원 종사자의 업무	
318	도서, 우편 및 관련 사무 종사자의 업무	
3213	수금 및 관련 사무 종사자의 업무	
3222	전화교환 및 번호안내 사무 종사자의 업무	전화교환 및 번호안내 사무 종사자의 업무가 해당 사업의 핵심 업무인 경우를 제외한다.
323	고객관련 사무 종사자의 업무	

한국표준 직업분류 (통계청고시 제2000-2호)	대 상 업 무	비 고
411	개인보호 및 관련 종사자의 업무	치과조수, 병원시중원, 진료소 간호조수, 간호시중원, 병원 간호조수, 응급치료 시중원의 업무를 포함한다.
421	음식조리 종사자의 업무	관광진흥법 제3조의 규정에 의한 관광 숙박업의 조리사 업무를 제외한다.
432	여행안내 종사자의 업무	
51206	주유원의 업무	
51209	기타 소매업체 판매원의 업무	
521	전화통신 판매 종사자의 업무	
842	자동차 운전 종사자의 업무	
9112	건물 청소 종사자의 업무	
91221	수위 및 경비원의 업무	「경비업법」제2조제1호에 따른 경비업무를 제외한다.
91225	주차장 관리원의 업무	
913	배달, 운반 및 검침관련 종사자의 업무	

2. 일시적 허용업무

(1) 일시적 허용업무의 범위

근로자파견법 제5조제1항 및 제2항에 따라 제조업의 직접생산공정업무 또는 대통령령으로 정하는 허용업무에 해당되지 않더라도 출산 · 질병 · 부상 등으로 결원이 생긴 경우 또는 일시적 · 간헐적으로 인력을 확보하여야 할 필요가 있는 경우에는 근로자파견사업을 행할 수 있다(2007.7.19, 비정규직대책팀-2928).

이것은 인력관리의 유연성 제고를 위해 출산 · 질병 · 부상 등으로 재직근로자의 결원으로 업무공백이 있는 경우나 여름 성수기를 앞둔 빙과류 제조업체 등과 같이 계절적 요인 등으로 일시적인 업무증가로 인해 인력보강이 필요한 경우에 건설현장업무 등 절대금지업무를 제외하고 한시적으로 파견근로자를 사용할 수도 있도록 한 것이다.

(2) 일시적 허용업무의 근로자파견기간

근로자파견법 제5조제2항의 규정에 의한 일시적 허용업무의 근로자파견의 기간은 다음과 같다(동법 제6조제4항).

① 출산 · 질병 · 부상 등 그 사유가 객관적으로 명백한 경우에는 그 사유의 해소에 필요한 기간

근로자파견법 제5조제2항 및 제6조제4항에서는 근로자파견대상업무가 아니라 하더라도 출산 · 질병 · 부상 등으로 결원이 생긴 경우에는 그 사유의 해소에 필요한 기간동안 근로자파견사업을 행할 수 있도록 하고 있다. 따라서 근로자의 병가, 출산휴가(배우자출산에 따른 남성근로자의 출산휴가 포함)로 결원이 발생한 경우에는 그 사유의 해소에 필요한 기간동안 파견근로자를 사용할 수 있을 것이다(2015.12.14, 고용차별개선과-2549).

② 일시적 · 간헐적으로 인력을 확보할 필요가 있는 경우에는 3월 이내의 기간. 다만, 그 사유가 해소되지 아니하고 파견사업주 · 사용사업주 · 파견근로자간의 합의가 있는 경우에는 1회에 한하여 3월의 범위안에서 그 기간을 연장할 수 있다. 최대 6개월을 초과할 수 없다.

"일시적 · 간헐적 사유"의 경우 법령에서 구체적인 사유, 인정 요건 등에 대하여 정하고 있는 바 없으므로 개별사안에 따라 합리적으로 판단해야 하며 통상적으로 일시적 · 간헐적으로 인력을 확보하여야 할 필요가 있는 경우는 경기의 영향, 계절적 요인, 갑작스런 주문의 증가 등으로 업무량이 급증하여 인력을 확보하기 어려운 경우를 말한다. 예컨대, 특정제품 생산, 주문의 증가에 따른 물류이송작업, 갑작스런 생산계획 변경 등이 일시적이나 간헐적으로 발생하여 기존의 인력으로 업무진행이 어려운 경우라면 근로자파견법 제5조제2항에 따라 파견근로자를 사용할 수 있을 것이다. 다만, 위와 같은 경우가 연중 반복적으로 발생한다면 이는 상시적인 업무일 가능성이 높아 일시적 · 간헐적으로 인력을 확보할 필요가 있는 경우로 보기 어렵다(2015.12.14, 고용차별개선과-2549).

(3) 협의의무

출산 · 질병 · 부상 등으로 결원이 생긴 경우 또는 일시적 · 간헐적으로 인력을 확보하여야 할 필요가 있는 경우에 협의의무가 있으며 그 협의방법은 ① 사용사

업주는 파견근로자를 사용하고자 할 경우 사용사업주는 해당 사업 또는 사업장에 근로자의 과반수로 조직된 노동조합이 있는 경우에는 그 노동조합, 근로자의 과반수로 조직된 노동조합이 없는 경우에는 근로자의 과반수를 대표하는 자와 사전에 성실하게 협의하여야 한다. ② 이 경우 합의가 아닌 협의이므로 근로자대표의 의견에 구속될 필요는 없으나, 이를 위반시 3년 이하의 징역 또는 2천만원 이하의 벌금에 처해질 수 있다.

이 경우에는 사용사업주는 해당 사업 또는 사업장의 근로자대표와의 성실한 협의를 거쳐야 한다(동법 제5조제3항).

3. 파견금지업무

근로자파견법은 근로자파견을 허용하는 업무를 제한적으로 규정하고 있을 뿐만 아니라 절대적으로 금지되는 업무를 규정하여 근로자파견으로 일어날 수 있는 안전사고 등의 위험을 방지하고자 하고 있다. 근로자보호, 공익의 보호, 제도남용의 방지 등을 위하여 근로자파견과 파견근로자 사용이 금지되는 업무를 규정한 것이다. 파견금지업무의 규제는 모든 국가에서 취하고 있는 입법태도이다. 파견금지대상업무란 어떠한 사유로도 해당업무에 관하여 파견사업주는 근로자파견사업을 행할 수 없고, 사용사업주 역시 파견근로자를 사용할 수 없는 다음의 업무를 말한다(동법 제5조제2항 단서). 이러한 금지업무는 일시적 · 간헐적 사용의 필요가 있더라도 파견근로자의 사용이 허용되지 않는다. 그러나 이 경우에도 기간제법에 따라 기간제근로자 또는 단시간근로자와 근로계약을 체결하여 당해 근로자를 사용하면 될 것이다(2015.12.14, 고용차별개선과-2549).

(1) 건설공사현장에서 이루어지는 업무

근로자파견법 제5조제3항제1호의 “건설공사현장에서 이루어지는 업무”란 토목 · 건축 · 산업설비 · 조경 등 시설물을 설치 · 유지 · 보수하는 공사, 기계설비 기타 구조물의 설치 및 해체하는 공사 등이 이루어지는 현장에서 직접 이들 작업에 종사하는 업무를 말한다. 이 조항은 일용건설근로자들에 대한 중간착취 가능성의 배제와 현행 건설현장 노무인력 공급 시스템의 교란을 피하기 위한 것이다. 따라서 건설현장 근무 직원의 출 · 근용 차량을 지원하는 운전업무나, 비서 · 타자원과 같이 건설공사와 관련된 업무라 하더라도, 건설현장에 투입되어 작업에 직접 종사하는 경우가 아니라면 근로자파견 대상이 될 수 있다(2004.6.28, 비정규직대책과-1154).

(2) 항만운송사업법 제3조제1호 · 한국철도공사법 제9조제1항제1호 · 농수산물유통및가격안정에관한법률 제40조 · 물류정책기본법 제2조제1항제1호의 하역업무로서 직업안정법 제33조의 규정에 따라 근로자공급사업 허가를 받은 지역의 업무

이 조항은 노동조합이 운영하는 근로자공급사업의 독점적 지위를 보장하기 위한 것이다.

(3) 선원법 제3조의 규정에 따른 선원의 업무

이 조항은 선원 근로관계의 특수성을 감안하여 마련한 것이다.

(4) 산업안전보건법 제28조의 규정에 따른 유해하거나 위험한 업무

이 조항은 비숙련근로자에 대한 높은 재해발성 가능성과 사용사업주가 유해하거나 위험한 업무로 인한 경영상 위험이나 책임을 회피할 염려 때문에 파견금지업무에 포함시키고 있다(노동법실무연구회, 「근로기준법주해 I」, p.492). 근로자파견 금지업무 중 산업안전보건법 제28조(유해작업 도급 금지)의 규정에 따른 유해하거나 위험한 업무는 공정 또는 업종이 아니라 실제 종사하는 업무를 기준으로 판단해야 한다(2015.12.14, 고용차별개선과-2549).

(5) 그 밖에 근로자보호 등의 이유로 근로자파견사업의 대상으로는 적절하지 못하다고 인정하여 대통령령으로 정하는 업무는 근로자파견사업을 할 수 없다(동법 제5조제2항 단서).

근로자파견법 제5조제3항제5호에서 "대통령령으로 정하는 업무"란 다음에 해당하는 업무를 말한다(동법시행령 제2조제2항).

① 진폐의예방과진폐근로자의보호등에관한법률 제2조제3호에 따른 분진 작업을 하는 업무

② 산업안전보건법 제44조의 규정에 따른 건강관리수첩의 교부대상 업무

③ 의료법 제2조의 규정에 의한 의료인의 업무 및 같은 법 제58조의 규정에 따른 간호조무사의 업무

④ 의료기사등에관한법률 제3조의 규정에 따른 의료기사의 업무

⑤ 여객자동차운수사업법 제2조제3호에 따른 여객자동차운송사업의 운전업무

⑥ 화물자동차운수사업법 제2조제3호에 따른 화물자동차운송사업의 운전업무

4 근로자파견사업의 적정 운영을 위한 제도

1. 겸업금지

파견사업주는 파견사업의 적정한 운영을 위하여 일정한 범위내에서 겸업을 금지하고 있다. 겸업금지는 겸업을 허용할 경우 파견근로자를 해당사업에 고용할 수 있는 악용의 여지를 없애기 위한 것이다.

근로자파견법 제14조(겸업금지)에서 숙박업 등 일부 사업에 대하여는 파견근로자보호 및 근로자파견사업의 적정한 운영을 위하여 근로자파견사업과의 겸업을 금지하고 있다. 다음 사업을 하는 자는 근로자파견사업을 행할 수 없다(동법 제14조).

(가) 식품위생법에 의한 식품접객업

(나) 공중위생관리법에 의한 숙박업

(다) 가정의례에관한법률에 의한 결혼상담 또는 중매행위를 하는 업

(라) 기타 대통령령으로 정하는 사업

비록 현재 숙박업을 하고 있지 않다 하더라도 정관 등에 숙박업을 목적사업으로 기재하고 있는 이상 가까운 장래에 동 사업에 진출하려는 것으로 보지 않을 수 없으므로 정관 등에서 동 사업을 삭제한 후 근로자파견사업 허가신청을 하는 것이 바람직할 것이다(1998.7.31, 고관 68460-603).

2. 명의대여금지

파견사업주는 자기의 명의로 타인에게 근로자파견사업을 행하게 해서는 아니

된다(동법 제15조). 명의대여로 파견사업의 겸업금지 및 허가제한을 위반할 수 있기 때문이다.

3. 파견근로자의 사용제한

(1) 쟁의행위 중인 사업장의 경우

쟁의행위 중인 사업장에 그 쟁의행위로 중단된 업무의 수행을 위하여 파견사업주는 근로자를 파견할 수 없다(동법 제16조제1항, 벌칙 제44조제3호). 사용사업주가 쟁의행위로 중단된 업무를 파견근로자로 하여금 대체근로시키는 경우는 당연히 노조법 제43조제1항 위반이다(동법 제91조제3호).

근로자파견법 제16조(근로자파견의 제한) 제1항에 "파견사업주는 쟁의행위 중인 사업장에 그 쟁의행위로 중단된 업무의 수행을 위하여 근로자를 파견하여서는 아니된다."라고 규정하고 있는 바, 동조에서 규정하고 있는 "쟁의행위"란 노조법 제2조제6호의 규정에 의한 쟁의행위로서 정당한 쟁의행위를 의미한다(1998.8.7. 고관 68460-627).

(2) 정리해고 후 2년 이내인 경우

누구든지 근로기준법 제24조의 규정에 의한 경영상의 이유에 의한 해고를 한 후 대통령령이 정하는 일정기간이 경과하기 전에는 해당 업무에 파견근로자를 사용하여서는 아니 된다(근로자파견법 제16조제2항). 근로자파견법 제16조제2항에 따라 근로기준법 제24조에 따른 경영상의 이유에 의한 정리해고를 한 후 해당 업무에 파견근로자를 사용할 수 없는 기간은 2년으로 한다. 다만, 해당 사업 또는 사업장에 근로자의 과반수로 조직된 노동조합이 있는 경우에 그 노동조합(근로자의 과반수로 조직된 노동조합이 없는 경우에는 근로자의 과반수를 대표하는 자를 말한다)의 동의가 있는 때에는 6월로 한다(동법시행령 제4조).

5 파견사업주의 준수사항 및 사업보고

파견사업주 및 파견사업관리책임자는 고용노동부령이 정하는 사항을 준수하여야 한다. 첫째 파견사업주가 파견근로자를 모집하려는 경우에는 모집대상이 파견근로자임을 명시하여야 한다(동법 제17조, 시행규칙 제8조제1호). 이를 위반할 경우에 대한 벌칙규정이 없는 것은 문제이다. 둘째 파견사업주는 사무소의 보기 쉬운 곳에 허가증을 걸어 둘 것(시행규칙 제8조제2호), 셋째 파견사업주는 사업보고서를 매분기 다음달 10일까지 허가관청에 제출하여야 한다(시행규칙 제9조).

6 근로자파견사업의 허가절차

관련조문

제7조【근로자파견사업의 허가】 ① 근로자파견사업을 하려는 자는 고용노동부령이 정하는 바에 의하여 고용노동부장관의 허가를 받아야 한다. 허가받은 사항 중 고용노동부령이 정하는 중요사항을 변경하는 경우에도 또한 같다.

② 제1항 전단의 규정에 의하여 근로자파견사업의 허가를 받은 자가 허가받은 사항 중 동항 후단의 규정에 의한 중요 사항 외의 사항을 변경하려는 경우에는 고용노동부령이 정하는 바에 의하여 고용노동부장관에게 신고하여야 한다.

③ 사용사업주는 제1항의 규정을 위반하여 근로자파견사업을 행하는 자로부터 근로자파견의 역무를 제공받아서는 아니된다.

제43조【벌 칙】 다음 각 호의 1에 해당하는 자는 3년 이하의 징역 또는 2천만원 이하의 벌금에 처한다.

1. 제5조제5항, 제6조제1항 · 제2항 · 제4항 또는 제7조제1항의 규정을 위반하여 근로자파견사업을 행한 자

1의2. 제5조제5항, 제6조제1항 · 제2항 · 제4항 또는 제7조제3항의 규정을 위반하여 근로자파견의 역무를 제공받은 자

2. 허위 기타 부정한 방법으로 제7조제1항의 규정에 의한 허가 또는 제10조제2항의 규정에 의한 갱신허가를 받은 자

3. 제15조 또는 제34조제2항의 규정을 위반한 자

1. 고용노동부장관의 허가

(1) 허가의 취지

근로자파견이 일정한 법적 범위내에 이루어지도록 하여 파견사업이 중간착취, 인신구속 또는 반사회적 목적으로 운영되는 것을 방지하고 파견근로자의 권리를 보호하기 위한 것이다. 근로자파견사업을 하려는 자는 고용노동부령이 정하는 바에 의하여 고용노동부장관의 허가를 받아야 한다. 허가받은 사항 중 고용노동부령이 정하는 중요사항을 변경하는 경우에도 마찬가지이다(동법 제7조제1항). 그리고 위의 중요사항 이외의 사항을 변경하려는 경우에는 고용노동부령이 정하는 바에 의하여 고용노동부장관에게 신고하여야 한다(동법 제7조제2항). 근로자파견사업을 하려는 자는 고용노동부장관의 허가를 받아야 하며(동법 제7조제1항) 파견사업체의 적정한 운영과 파견근로자 보호를 위해 허가 결격사유(제8조), 허가기준(제9조), 유효기간 3년(제10조), 허가 취소(제12조), 겸업금지(제14조) 등을 규정하고 있다.

(2) 근로자파견사업의 허가요건

① 인적 요건으로 근로자파견법 제8조에 의한 결격사유에 해당되지 않아야 한다.

② 물직 요건으로 해당 사업을 수행할 수 있는 자산과 시설을 갖추어야 한다.

(가) 상시 5인 이상의 근로자(파견근로자를 제외)를 고용하는 사업 또는 사업장으로서 고용보험, 국민연금, 산업재해보상보험 및 국민건강보험에 가입되어 있을 것

(나) 1억원 이상의 자본금(개인인 경우에는 자산평가액)을 갖출 것

(다) 전용면적 20㎡이상의 사무실을 갖출 것

③ 특정의 소수의 사용사업주를 대상으로 하여 근로자파견을 행하는 것이 아니어야 한다.

④ 식품접객업, 숙박업, 혼인상담업 및 중매업을 겸업하지 않아야 한다.

(3) 무허가 파견사업주로부터의 역무 제공 금지

종전에는 사용사업주가 무허가 파견사업주로부터 근로자파견의 역무를 제공받

는 것을 금지하는 규정은 없었다.

근로자파견법 제7조제3항을 신설하여 사용사업주는 무허가 파견사업주로부터 역무를 제공받는 것을 금지하고 있다. 사용사업주는 동법 제7조제1항의 규정을 위반하여 무허가 파견사업을 행하는 자로부터 근로자파견의 역무를 제공받아서는 아니된다고 규정하고 있다(동법 제7조제3항).

사용사업주는 근로자파견법 제7조제3항의 규정을 위반하여 무허가 파견사업주로부터 근로자파견의 역무를 제공받은 경우 해당 파견근로자를 직접고용하여야 한다(동법 제6조의2제1항제4호).

사용사업주가 무허가 파견사업주로부터 근로자파견의 역무를 제공받은 경우 벌칙을 신설하였다(동법 제43조제1의2호). 이 경우에는 3년 이하의 징역 또는 2천만원 이하의 벌금에 처한다.

(4) 근로자파견법상 사업소가 2개 이상인 경우의 허가요건

근로자파견법상 사업소가 2개 이상인 경우의 허가요건에 관하여 근로자파견법 제7조 및 같은 법 시행규칙 제3조제1항의 규정에 의하여 근로자파견사업을 하려는 자는 주된 사업소의 소재지를 관할하는 지방고용노동관서에 근로자파견사업의 허가신청서를 제출하여야 하며 이 경우 사업소를 2 이상 두고자 할 때에는 사업계획서와 사무실 전용면적 확인서류 등은 사업소별로 구분하여 작성하도록 정하고 있다. 따라서 근로자파견사업 허가를 받으려는 자가 고용노동부지청 관할의 주된 사업소 이외에 서울, 인천, 울산 등에 사업소를 2 이상 두려는 경우에는 동법 시행규칙 제3조제1항제1호에 따른 사업계획서와 제4호에 따른 사무실 전용면적을 확인할 수 있는 서류 및 그 위치도를 각 사업소별로 구분하여 제출받을 필요가 있을 것이다. 여기서 사무실 전용면적이란 같은 동법시행령 제3조제3호에 따른 전용면적 20㎡이상의 사무실을 갖추는 것 등을 의미하는 것이다(2007.3.28, 비정규직대책팀-968).

2. 근로자파견사업의 결격사유

근로자파견법 제8조는 근로자파견사업의 허가를 받을 수 없는 자의 '결격사유'에 관하여 규정하고 있다.

① 미성년자 · 금치산자 · 한정치산자 또는 파산선고를 받고 복권되지 아니한 자

② 금고 이상의 형(집행유예를 제외한다)의 선고를 받고 그 집행이 종료되거나 집행을 받지 아니하기로 확정된 후 2년이 경과되지 아니한 자

③ 근로자파견법, 직업안정법, 「근로기준법」 제7조, 제9조, 제20조부터 제22조까지, 제36조, 제43조부터 제46조까지, 제56조 및 제64조, 최저임금법 제6조, 선원법 제110조를 위반하여 벌금 이상의 형(집행유예를 제외한다)의 선고를 받고 그 집행이 종료되거나 집행을 받지 아니하기로 확정된 후 3년이 경과되지 아니한 자

④ 금고 이상의 형의 집행유예선고를 받고 그 유예기간 중에 있는 자

⑤ 제12조의 규정에 의한 해당 사업의 허가가 취소된 후 3년이 경과되지 아니한 자

⑥ 법인으로서 그 임원 중 ①내지 ⑤의 1에 해당하는 자가 있는 법인

3. 근로자파견사업의 허가기간

허가는 3년의 기간으로 부여되며, 허가의 유효기간 만료 후 계속하여 근로자파견사업을 하려는 자는 고용노동부령이 정하는 바에 의하여 갱신허가를 받아야 하고, 갱신허가의 유효기간은 해당 갱신 전의 허가의 유효기간이 만료되는 날의 다음날부터 기산하여 3년으로 한다(동법 제10조).

4. 근로자파견사업의 허가취소 및 영업정지

고용노동부장관은 파견사업주가 다음의 경우에 해당하는 때에는 근로자파견사업의 허가를 취소하거나 6월 이내의 기간을 정하여 영업정지를 명할 수 있다(동법 제12조제1항).

① 거짓이나 그밖의 부정한 방법으로 허가를 받은 때(취소사유)

② 허가의 결격사유에 해당한 때(취소사유)

③ 허가기준에 미달한 때

④ 그 밖에 근로자파견법 제12조제1항제4호 내지 제23호에서 구체적으로 명시하고 있다.

이와 같이 허가의 취소 또는 영업정지처분을 받은 파견사업주는 그 처분 전에

파견한 파견근로자와 그 사용사업주에 대하여는 그 파견기간이 종료될 때까지 파견사업주로서의 의무와 권리를 가진다(동법 제13조제1항).

5. 폐쇄 등 행정조치

고용노동부장관은 허가를 받지 아니하고 근로자파견사업을 하거나 허가의 취소 또는 영업의 정지처분을 받은 후 계속하여 사업을 하는 자에 대하여는 관계공무원으로 하여금 해당 사업을 폐쇄하기 위하여 일정한 조치를 취할 수 있다(동법 제19조제1항).

4장 근로자파견계약을 둘러싼 법률문제

1 근로자파견계약의 의의와 내용

관련조문

제20조【계약의 내용 등】 ① 근로자파견계약의 당사자는 고용노동부령이 정하는 바에 따라 다음 각 호의 사항이 포함되는 근로자파견계약을 서면으로 체결하여야 한다.
1. 파견근로자 수
2. 파견근로자가 종사할 업무의 내용
3. 파견사유(제5조제2항의 규정에 의하여 근로자파견을 행하는 경우에 한한다)
4. 파견근로자가 파견되어 근로할 사업장의 명칭 및 소재지 기타 파견근로자의근로장소
5. 파견근로 중인 파견근로자를 직접 지휘 · 명령할 자에 관한 사항
6. 근로자피견기간 및 파견근로 개시일에 관한 사항
7. 시업 및 종업의 시각과 휴게시간에 관한 사항
8. 휴일 · 휴가에 관한 사항
9. 연장 · 야간 · 휴일근로에 관한 사항
10. 안전 및 보건에 관한 사항
11. 근로자파견의 대가
12. 기타 고용노동부령이 정하는 사항

② 사용사업주는 제1항의 규정에 따라 근로자파견계약을 체결하는 때에는 파견사업주에게 제21조제1항의 규정을 준수하도록 하기 위하여 필요한 정보를 제공하여야 한다. 이 경우 제공하여야 하는 정보의 범위 및 제공방법 등에 관한 사항은 대통령령으로 정한다.

1. 근로자파견계약의 의의

근로자파견계약이란 파견사업주와 사용사업주 간에 근로자파견을 약정하는 계

약을 말한다(근로자파견법 제2조제6호). 3자 관계인 근로자파견관계에 있어서의 파견근로자의 취업조건, 지휘명령관계 등을 명확화하기 위해 파견사업주가 사용사업주에 대하여 근로자를 파견하는 것을 약정하는 「근로자파견계약」에 있어서 규정할 사항이 법정되어 있으며 서면으로 체결하여야 한다(동법 제20조). 파견사업주와 사용사업주 사이의 근로자파견계약은 고유한 성질을 가진 쌍무계약이다. 이 계약에 의하여 파견사업주는 근로자를 파견할 채무를 부담하고, 사용사업주는 약정된 파견보수를 지급할 채무를 진다.

근로자파견계약의 당사자는 소정의 사항이 포함되는 근로자파견계약을 서면으로 체결하여야 한다.

2. 근로자파견계약의 필요적 기재사항

근로자파견계약은 사용사업주와 파견사업주간에 근로자를 사용사업주 업체에 파견시키는 것에 관한 계약이므로 파견근로자는 그 계약의 내용에 크게 영향을 받게 되므로 근로자파견법은 이를 고려하여 「근로자파견계약」에 일정한 사항을 기재하고 반드시 서면으로 계약이 체결되도록 규정하고 있다(동법 제20조).

근로자파견계약은 서면으로 작성하여야 하며, 파견근로자 보호를 위해 반드시 다음과 같은 사항이 포함되어야 한다(근로자파견법 제20조제1항).

① 파견근로자의 수

② 파견근로자가 종사할 업무의 내용

③ 파견사유(출산 · 질병 · 부상 등으로 결원이 생긴 경우, 또는 일시적 · 간헐적으로 인력을 확보하여야 할 필요로 사용하는 경우에 한함)

④ 파견근로자가 파견되어 근로 할 사업장의 명칭 및 소재지 기타 파견근로자의 근로장소

⑤ 파견근로 중인 파견근로자를 직접 지휘 · 명령할 자에 관한 사항

⑥ 근로자파견기간 및 파견근로개시일에 관한 사항

⑦ 시업 및 종업의 시각과 휴게시간에 관한 사항

⑧ 휴일 · 휴가에 관한 사항

⑨ 연장 · 야간 · 휴일근로에 관한 사항

⑩ 안전 및 보건에 관한 사항

⑪ 근로자파견의 대가

⑫ 기타 고용노동부령이 정하는 사항

근로자파견법에서 정한 법정기재사항 이외에도 근로관계와 사용사업주의 책임을 명확히 하기 위한 사항들을 명기해 두는 것이 바람직하다.

3. 필요한 정보의 제공

(1) 정보제공의 취지

사용사업주는 근로자파견계약을 체결하는 때에는 파견사업주에게 동법 제21조제1항의 규정(차별적 처우 금지)을 준수하도록 하기 위하여 필요한 정보를 제공하여야 한다(근로자파견법 제20조제2항 신설).

구법에는 파견근로자와 유사한 업무를 수행하는 사용사업체 소속 근로자의 근로조건 관련 정보를 파견업체에게 제공할 의무는 없었다. 그러나 파견근로자에 대한 차별금지 규정(동법 제21조)의 신설에 따라 파견사업주가 이를 준수하도록 하기 위해서는 파견사업주도 차별의 비교대상자인 사용사업주 사업내의 동종 또는 유사한 업무를 수행하는 근로자의 임금 및 그 밖에 근로조건 관련 정보를 사전에 알 필요가 있다.

이 경우 제공하여야 하는 정보의 범위 및 제공방법 등에 관한 사항은 대통령령으로 정한다.

근로자파견법 제21조제1항에 의하면 파견사업주와 사용사업주는 사용사업주 사업내의 동종 또는 유사한 업무를 수행하는 근로자에 비하여 파견근로자에 대하여 임금 그 밖에 근로조건 등에서 합리적인 이유없이 차별적 처우를 하여서는 아니 되므로 대통령령에서 정하게 될 정보의 범위는 사용사업주 사업내의 동종 또는 유사한 업무를 수행하는 근로자의 유무, 이들 근로자의 근로조건 등에 관한 사항이 될 것이다.

(2) 정보의 범위

사용사업주가 근로자파견법 제20조제2항에 따라 파견사업주에게 제공하여야 하는 정보의 범위는 사용사업주의 사업 내의 같은 종류 또는 유사한 업무를 수행하는 근로자에 대한 것으로서 다음 사항을 말한다(동법 시행령 제4조의2제1항).

① 근로자 유무 및 근로자의 수
② 임금 및 임금의 구성내역
③ 시업 및 종업의 시각과 휴게시간에 관한 사항
④ 휴일 · 휴가에 관한 사항
⑤ 연장 · 야간 · 휴일근무에 관한 사항
⑥ 안전 및 보건에 관한 사항
⑦ 복리후생시설의 이용에 관한 사항
⑧ 그 밖에 법 제2조제7호에 따라 차별적 처우의 대상이 되는 근로조건 중 ②부터 ⑦까지의 규정에 포함되지 아니한 사항

(3) 정보제공방법

사용사업주는 제공하여야 할 정보를 파견사업주에게 서면으로 제공하여야 한다(동법시행령 제4조의2제2항).

2 근로자파견계약 당사자의 권리와 의무

1. 파견사업주와 파견근로자의 의무

근로자파견계약은 파견사업주는 노무를 제공하게 될 (파견)근로자를 사용 사업주에게 공급할 의무를 부담하는 계약이다. 파견사업주는 사용사업주가 필요로 하는 직업 또는 기술상의 자격을 갖춘 파견근로자를 파견기간 동안 조달하는 것이 파견사업주의 주 채무이다. 이 근로자파견채무는 일종의 종류채무이다.

사용사업주에게 파견된 파견근로자는 사용사업주의 지시권에 복종하여야 하며, 사용사업주의 지시에 따라 노무를 제공해야 한다.

2. 근로자파견계약과 정보제공 및 취업조건의 고지

(1) 정보제공

근로자파견계약은 근로자파견법 제20조제1항의 규정에서 정한 내용을 기재하

여 서면으로 체결하여야 한다. 따라서 이 계약은 요식행위이다.

사용사업주는 근로자파견계약 체결시에 파견사업주에게 근로자파견법 제21조 제1항의 규정을 준수하도록 하기 위하여 필요한 정보를 제공하여야 한다. 이 경우 제공하여야 하는 정보의 범위 및 제공의 방법 등에 관한 사항은 대통령령으로 정한다(동법 제20조제2항).

개정법에는 파견근로자에 대한 차별금지규정이 신설됨에 따라 차별금지규정을 이행하기 위해서는 파견사업주가 사용사업주의 사업 내의 같은 종류 또는 유사한 업무를 수행하는 근로자에 비하여 차별적 처우를 금지한 동법 제21조제1항의 규정을 준수하기 위하여 해당 근로자의 근로조건에 대해 필요한 정보를 확인할 수 있어야 함으로 이를 감안한 적정한 근로자파견계약을 체결할 수 있으며 사용사업주의 파견근로 사용내역을 파악할 수 있어야 할 것이다.

따라서 근로자파견계약 체결시에 사용사업주가 파견사업주에게 이에 필요한 정보를 제공하도록 의무를 부과함으로서 차별금지규정이 제대로 준수되도록 하려는 것이다.

근로자파견계약의 당사자는 근로자파견계약을 체결하는 때에 파견근로자별로 작성하되 근로자파견계약의 내용이 동일한 경우에는 하나의 계약서로 작성할 수 있다. 근로자파견계약이 요식을 갖추지 못함으로써 무효가 된 경우에는 파견사업주와 사용사업주 사이의 관계는 민법 제741조의 규정에 의하여 부당이득반환의 문제로서 처리되는 것이 원칙이다.

(2) 취업조건의 서면고지

> **관련조문**
>
> **제26조 【취업조건의 고지】** ① 파견사업주는 근로자파견을 하고자 할 때에는 미리 해당 파견근로자에게 제20조제1항 각 호의 사항 기타 고용노동부령이 정하는 사항을 서면으로 알려주어야 한다.
>
> ② 파견근로자는 파견사업주에게 제20조제1항제11호의 규정에 따른 해당 근로자파견의 대가에 관하여 그 내역의 제시를 요구할 수 있다.
>
> ③ 파견사업주는 제2항의 규정에 따라 그 내역의 제시를 요구받은 때에는 지체 없이 그 내역을 서면으로 제시하여야 한다.

근로자파견법은 파견근로자의 근로조건 보호 등을 위해 파견사업주로 하여금 근로자파견을 하고자 할 때에는 미리 동법 제20조에서 규정한 근로자파견계약의 내용을 고지하여야 한다고 규정하고 있으며 그 내용은 다음과 같다.

① 파견사업주는 근로자파견을 하고자 할 때에는 미리 해당 파견근로자에게 동법 제20조 각 호의 사항 기타 고용노동부령이 정하는 사항을 알려주어야 한다(동법 제26조제1항). 여기서 "고용노동부령이 정하는 사항"이란 파견근로자가 파견되어 근로할 사업장의 복리후생시설의 이용에 관한 사항을 말한다(동법 시행규칙 제12조).

② 파견근로자는 파견사업주에게 동법 제20조제1항제11호 규정에 따라 해당 근로자파견의 대가에 관하여 그 내역의 제시를 요구할 수 있다(동법 제26조제2항).

③ 파견사업주는 동법 제26조제2항의 규정에 따라 그 내역의 제시를 요구 받은 때에는 지체없이 그 내역을 서면으로 제시하여야 한다(동법 제26조제3항).

④ 종전 규정의 문제점과 개정내용

종전 규정은 고지방법에 관하여는 별도의 규정이 없어 서면 이외에 구두로도 고지할 수 있으므로 파견근로자가 파견계약의 구체적인 내용을 미리 정확하게 파악하여 자신의 취업조건을 알 수 있도록 하는 데에 한계가 있으며 분쟁발생시 권리구제에도 제약이 따른다.

한편, 파견근로에 대해서는 파견사업주가 사용사업주로부터 받은 파견의 대가와 파견근로자에게 지급하는 임금사이에 과도한 중간공제가 있을 수 있다는 지적이 제기되어 왔다.

사용사업주와 파견사업주간 근로자파견계약의 내용 등을 서면으로 고지토록 하고 특히 파견의 대가에 대해서는 파견근로자가 그 내역제시를 요구할 수 있도록 함으로써 과도한 중간공제 가능성을 예방하고 파견사업의 투명성을 제고할 수 있을 것이다.

⑤ 서면고지 위반시의 벌칙 및 과태료

(가) 근로자파견법 제26조제1항을 위반하여 근로자파견을 할 때에 미리 해당 파견근로자에게 제20조제1항 각 호의 사항 및 그 밖에 고용노동부령으로 정하는 사항을 서면으로 알리지 아니한 파견사업주에게는 1천만원 이하의 과태료에 처한다(동법 제46조제3항). 구법에서는 1년 이하의 징역 또는 1천만원 이하의 벌금에 처하던 것을 개정하여 1천만원 이하의 과태료 부과로 전환하여 법 위반에 대한 처벌의 합리성을 높인 것이다.

(나) 파견근로자가 파견사업주에게 동법 제20조제1항제11호의 규정에 따른 근로자파견의 대가에 관하여 그 내역의 제시를 요구할 수 있으며(동법 제26조제2항) 요구가 있을 경우 파견사업주는 지체없이 그 내역을 서면으로 제시하도록 하여야 한다(동법 제26조제3항). 이를 위반한 경우에는 파견사업주에게 300만원 이하의 과태료를 부과한다(동법 제46조제5항).

(다) 파견사업주가 동법 제26조제3항의 규정을 위반하여 근로자파견대가의 내역을 지체없이 서면으로 제시하지 아니한 경우 300만원 이하의 과태료에 처해진다(동법 제46조제5항제2호의2).

3. 허가의 취소 또는 영업의 정지처분을 받은 파견사업주의 권리와 의무

① 근로자파견법 제13조제1항은「제12조의 규정에 의한 허가의 취소 또는 영업의 정지처분을 받은 파견사업주는 그 처분 전에 파견한 파견근로자와 그 사용사업주에 대하여는 그 파견기간이 종료될 때까지 파견사업주로서의 의무와 권리를 가진다」고 규정하고 있다. 따라서 파견사업주는 파견근로자로 하여금 사용사업주에게 노무를 제공할 것을 청구할 수 있을 뿐 아니라 임금을 지급할 채무를 부담한다. 그리고 사용사업주에 대하여는 사용사업주가 필요로 하는 자격있는 근로자를 조달 · 공급해야 할 의무를 부담하고, 그 보수를 청구할 권리를 가진다.

② 근로자파견법 제13조제1항의 경우에 파견사업주는 허가취소 또는 영업정지 등 처분의 내용을 지체없이 사용사업주에게 통지하여야 한다(동법 제13조제2항).

4. 근로자파견계약의 내용이 근로기준법을 위반한 경우

파견사업주와 사용사업주가 근로자파견계약 내에 근로기준법을 위반하는 내용을 포함시킨 근로자파견계약을 체결하고, 그 계약조항에 따라 파견근로자를 근로하게 함으로써 근로기준법을 위반한 때에는 양 당사자를 모두 근로기준법 제2조제1항제2호의 규정에 의한 사용자로 보아 해당 벌칙규정을 적용한다(동법 제34조제4항).

3 근로자파견계약의 기간 및 그 종료

> **관련조문**
>
> **제6조【파견기간】** ① 근로자파견의 기간은 제5조제2항의 규정에 해당하는 경우를 제외하고는 1년을 초과하지 못한다.
> ② 제1항의 규정에 불구하고 파견사업주 · 사용사업주 · 파견근로자간의 합의가 있는 경우에는 파견기간을 연장할 수 있다. 이 경우 1회를 연장할 때에는 그 연장기간은 1년을 초과하지 못하며, 연장된 기간을 포함한 총 파견기간은 2년을 초과하지 못한다.
> ③ 「고령자고용촉진법」 제2조제1호의 규정에 따른 고령자인 파견근로자에 대하여는 제2항 후단의 규정에 불구하고 2년을 초과하여 근로자파견기간을 연장할 수 있다.
> ④ 제5조제2항의 규정에 의한 근로자파견의 기간은 다음과 같다.
> 1. 출산 · 질병 · 부상 등 그 사유가 객관적으로 명백한 경우에는 그 사유의 해소에 필요한 기간
> 2. 일시적 · 간헐적으로 인력을 확보할 필요가 있는 경우에는 3월 이내의 기간. 다만, 그 사유가 해소되지 아니하고 파견사업주 · 사용사업주 · 파견근로자간의 합의가 있는 경우에는 1회에 한하여 3월의 범위안에서 그 기간을 연장할 수 있다.
>
> **부 칙 ② 【파견기간에 관한 적용례】** 제6조의 개정규정은 이 법 시행전에 체결되고 이 법 시행당시 종료되지 아니한(파견기간이 연장된 경우를 포함한다) 근로자파견계약에 대하여도 적용한다.

1. 1년을 초과하는 근로자파견계약의 금지

(1) 파견기간 원칙

파견기간은 근로자의 고용불안을 방지할 수 있는 범위와 기업의 일시적인 전문인력수요에 대처하기 위하여 1년을 초과할 수 없으나 파견사업주 · 사용사업주 · 파견근로자간의 합의가 있는 경우에는 파견기간을 연장할 수 있다. 이 경우 1회 연장시 그 연장기간은 1년을 초과하지 못하며 연장된 기간을 포함한 총파견기간은 2년을 초과하지 못한다(동법 제6조제1항 및 제2항). 다만, 출산 · 질병 · 부상 등의 결원에 의한 파견기간은 그 사유가 객관적으로 명백한 경우에는 그 사유의 해소에 필요한 기간으로 규정하고 있다. 따라서 그 사유가 객관적으로 명백하다면 2년을 초과하여 파견근로자를 사용할 수 있다. 또한 일시적 · 간헐적으로 인력을 확보할 필요에 의한 파견기간은 최장 6개월이다.

(2) 파견기간 예외

1) 고령자인 파견근로자의 경우

해당 업무에 고령자고용촉진법에 의한 고령자인 파견근로자에 대하여는 2년을 초과하여 근로자파견기간을 연장할 수 있다(동법 제6조제3항). 다만, 이 경우에도 근로자파견법 제6조제1항 및 제2항의 규정에 따라 1회의 파견기간은 1년을 초과하지 못한다. 그 입법취지는 고령화 사회를 맞아 재취업이 어려운 고령층이 노동시장에서 퇴출되는 것을 최소화하기 위한 입법정책적인 고려에서 예외를 설정한 것이다. 만 55세 이상인 파견근로자의 경우 파견사업주 · 사용사업주 · 파견근로자간의 합의가 있는 경우에는 연장횟수 및 총 파견기간에 대한 제한없이 파견기간을 연장할 수 있으나, 각 파견근로계약은 단위기간은 1년을 초과하지 못한다.

2) 출산 · 질병 · 부상 등으로 결원이 생긴 경우

근로자파견법 제5조제2항 및 제6조제4항에서는 근로자파견대상업무가 아니라 하더라도 출산 · 질병 · 부상 등으로 결원이 생긴 경우에는 그 사유의 해소에 필요한 기간동안 근로자파견사업을 행할 수 있도록 하고 있다. 따라서 근로자의 병가, 출산휴가로 결원이 발생한 경우에는 그 사유의 해소에 필요한 기간동안 파견근로자를 사용할 수 있을 것이며 배우자 출산에 따른 남성근로자의 출산휴가도 파견근로자 대체투입이 가능하다(2015.12.14, 고용차별개선과-2549). 따라서 그 사유가 객관적으로 명백하다면 2년을 초과하여 파견근로자를 사용할 수 있다.

3) 일시적 · 간헐적으로 인력을 확보할 필요가 있는 경우

근로자파견법 제6조제4항제2호에 의하면 일시적 · 간헐적으로 인력을 확보할 필요가 있는 경우에는 3월 이내의 기간, 다만 그 사유가 해소되지 아니하고 파견사업주 · 사용사업주 · 파견근로자 간의 합의가 있는 경우에는 1회에 한하여 3월의 범위 안에서 그 기간을 연장할 수 있다.

"일시적 · 간헐적 사유"의 경우 법령에서 구체적인 사유, 인정 요건 등에 대하여 정하고 있는 바 없으므로 개별사안에 따라 합리적으로 판단해야 하며 통상적으로 일시적 · 간헐적으로 인력을 확보하여야 할 필요가 있는 경우는 경기의 영향, 계절적 요인, 갑작스런 주문의 증가 등으로 업무량이 급증하여 인력을 확보하기 어려운 경우를 말한다. 예컨대 특정제품 생산, 주문의 증가에 따른 물류이송

작업, 갑작스런 생산계획 변경 등이 일시적이나 간헐적으로 발생하여 기존의 인력으로 업무진행이 어려운 경우라면 근로자파견법 제5조제2항에 따라 파견근로자를 사용할 수 있을 것이다. 다만, 위와 같은 경우가 연중 반복적으로 발생한다면 이는 상시적인 업무일 가능성이 높아 일시적 · 간헐적으로 인력을 확보할 필요가 있는 경우로 보기 어려울 것이다(2015.12.14, 고용차별개선과-2549).

2. 근로자파견계약의 해지

(1) 해지사유

사용사업주는 파견근로자의 성별 · 종교 · 사회적 신분이나 파견근로자의 정당한 노동조합의 활동 등을 이유로 근로자파견계약을 해지하여서는 아니 된다(근로자파견법 제22조제1항). 파견사업주는 사용사업주가 파견근로에 관하여 근로자파견법, 근로기준법, 산업안전보건법 등과 해당 법률에 의한 명령에 위반한 경우에는 근로자파견을 정지하거나 근로자파견계약을 해지할 수 있다(근로자파견법 제22조제2항).

(2) 해지의 제한 여부

파견계약의 해지에 근기법 제23조의 해고 제한 법리를 적용하여 사용사업주는 정당한 이유가 없는 한 근로자파견계약을 해지할 수 없다고 해석하여야 한다는 주장이 있으나, 근로자파견법 제22조의 반대해석상 위 조항에서 정한 것과 같은 차별적 사유나 노동조합 활동을 이유로 한 것이 아니라면 근로자파견계약의 해지사유는 파견사업주와 사용사업주 사이에서 자유롭게 정할 수 있다고 보는 견해가 타당하다(노동법실무연구회, 「근로기준법 주해1」, p.499).

3. 파견기간의 운용

(1) 근로자파견기간 초과금지

근로자파견법 제6조에서 근로자파견의 기간은 1년을 초과하지 못한다. 문제는 동 기간은 1년의 범위 안에서 파견횟수에 관계없이 파견 받아 사용할 수 있음의 의미인지, 아니면 1회 파견근로자 사용시의 최장기간을 의미하는지의 문제가 있다.

파견사업주 · 사용사업주 · 파견근로자 간의 합의가 있는 경우에는 파견기간을 연장할 수 있다. 다만 1회 연장시 연장기간은 1년을 초과하지 못하며, 연장된 기간을 포함한 총파견기간이 2년을 초과하지 못한다(동법 제6조제1항)고 규정하고 있으므로 최장 파견기간은 2년이다.

근로자파견법에서 근로자파견기간을 2년으로 한정하는 취지는 파견기간을 기간제근로자의 사용기간에 맞춘 것이다. 근로자파견제가 기업의 일시적인 인력수요와 상시고용이 어려운 전문인력 수요에 대처하기 위하여 생성 · 발전된 제도인 만큼 그 사유의 해소에 적정한 기간 동안만 파견근로자를 사용하도록 한 것이며, 정규직근로자를 파견근로자로 대체하여 장기간 파견근로자를 사용하는 파견근로의 상용화를 방지하기 위한 것이다. 따라서 사용사업주는 파견대상업무에 계속 인력을 사용하여야 할 필요가 있다면 사용 중인 파견근로자에 대하여 고용의무를 지게 하는 것이 법의 취지에 합당한 것이며, 파견사업주는 파견기간이 만료되기 전에 다른 사용사업체를 개척 하여 파견근로자의 고용안정을 도모할 필요가 있다.

(2) 파견기간 연장횟수 제한 삭제

근로자파견법 제6조제2항은 1회의 파견기간이 1년을 초과하지 아니하고, 연장된 총 파견기간이 2년을 초과하지 아니하는 범위내에서 파견기간 연장횟수의 제한이 없어졌다. 예를 들면 6개월 파견계약 체결 후 총 파견기간 2년 이내에서 파견기간을 3회 연장한 경우 근로자파견법 위반이 아니다.

근로자파견법 제6조제1항이 정하는 기간은 동일한 사용사업주 업체에 동일한 근로자를 계속적으로 파견할 수 있는 최장기간을 의미하며, 간헐적으로 수회에 걸쳐서 파견할 수 있는 기간을 의미하는 것은 아니다(1998.9.17, 고관 68460-848).

(3) 파견사업주와 1년 계약 종료 후 재계약 등의 조치 없이 계속 근로하는 경우 근로계약의 효력

기간의 정함이 있는 근로계약의 경우에는 당사자 사이의 근로관계는 그 기간이 만료되면 사용자의 해고 등 별도조치 없이 당연 종료되는 것이 원칙이다. 만일 기간의 정함이 있는 근로관계가 종료되었음에도 불구하고 당사자간 별도의 이의제기가 없는 상태에서 상당기간 계속근로가 이루어진 경우라면 이는 당사자간의 묵시적 합의에 의하여 당초와 동일한 근로조건의 근로계약을 연장한 것으로 봄이 타당하다. 다만, 이와 같이 근로계약이 연장된 것으로 볼 수 있는 경우에도 근로자는 근로계약관계를 존속할 수 없는 사정이 있는 경우에는 사용자에게 계약의 해지를 요청할 수 있다 할 것이므로 회사 취업규칙 등에서 정하고 있는 계약 종료에 관한 절차 및 방법 등에 따라 사직서 제출 등 필요한 조치를 이행하면 될 것으로 판단된다(2007.2.21, 비정규직대책팀-557).

(4) 다른 파견근로자의 재사용과 파견기간 산정

근로자파견법에서는 파견기간을 2년으로 제한하고 있는데, 예를 들어, "갑"이라는 파견근로자를 "A"라는 직무에 2년 사용 후 근로자파견계약을 해지하고 "을"이라는 파견근로자를 "A"라는 직무에 파견사업주로부터 파견받아 사용하는 것이 동법 위반에 해당하는지 여부의 문제가 있다.

이에 대하여 행정해석은 파견근로자의 파견기간을 2년으로 제한하는 법조항은 동일한 파견근로자를 2년 이상 사용하는 것을 제한하는 것으로서, 위의 예에서와 같이 동일한 직무에 서로 다른 파견근로자를 주기적으로 교체하여 사용하는 것은 가능하다고 보고 있다(1998.6.9, 고관 68480-407).

(5) 명예퇴직 후 파견근로자 전환과 사용기간의 제한

회사의 구조조정 과정에서 근로자를 명예퇴직 시킨 후 그 근로자의 소속을 파견업체로 변경하여 파견근로자로 사용하고 있는데 이런 경우에도 2년의 사용기간의 제한을 받는가의 문제이다.

사용사업주가 파견근로자를 2년 이상 사용할 경우에는 파견근로자에 대한 고용의무를 지게 한 것으로 하여 파견근로자의 정규직화를 촉진하고, 무분별한 파견근로자의 확산을 방지하자는 데 입법취지가 있으므로, 본 규정의 적용에 예외를 인정하기는 곤란하다. 파견기간이 종료한 후에도 그 근로자를 계속 사용할 필요가 있다면 정규직근로자로 고용하든지 여의치 않으면 계약직 · 임시직근로자 등으로 직접고용하는 것이 바람직할 것이며, 위의 사례와 같은 경우라면 사용사업주가 직접고용하는 것이 더욱 필요하다.

(6) 파견기간 만료와 파견근로자를 기간제근로자로 고용할 수 있는지 여부

파견기간이 2년이 되는 파견근로자는 어떻게 되며, 파견기간 2년 만기 후 이들 파견근로자를 정규직근로자가 아닌 기간제근로자로 고용할 수 있는지와 근로계약 기간에는 제한이 없는가의 문제이다.

근로자파견법은 회사에게 직접고용의무만 부과하고 있을 뿐 직접 고용하는 경우의 고용형태에 대해서는 달리 규정하고 있지 않으므로, 회사가 파견근로자를 직접 고용하고자 하는 경우 기간의 정함이 없는 근로계약 또는 기간제근로계약 형태도 가능하다(2008.10.21, 비정규직대책팀-154). 따라서 파견근로자를 2년간 고용한 이후 그 근로자를 기간제근로자로 2년까지 직접 고용하고 계약기간 만료를 이유로 근로관계를 종료할 수 있다.

(7) 파견근로자의 업무(A업무에서 B업무)를 변경사용한 경우의 파견기간 산정

사용기업이 파견근로자를 A업무에 2009.7.1부터 2010.6.30까지 파견 받아 사용하다가 업무를 B로 변경하여 2010.7.1부터 2011.6.30까지 사용한 경우 파견근로기간 산정은 어떻게 하는가이다. 파견근로기간을 산정함에 있어서는 사용사업주가 해당 파견근로자를 계속 사용하면 되는 것이지 파견근로자의 근무 부서나 담당 업무는 고려 요소가 될 수 없다. 따라서 위 예에서는 2009.7.1부터 2011.6.30까지가 해당 파견근로자를 사용한 기간(파견기간)이 된다.

5장 파견근로자 직접고용의무와 직접고용시 파견근로자의 근로조건

관련조문

제6조의2【고용의무】 ① 사용사업주가 다음 각 호의 어느 하나에 해당하는 경우에는 해당 파견근로자를 직접고용하여야 한다.

1. 제5조제1항의 근로자파견대상업무에 해당하지 아니하는 업무에서 파견근로자를 사용하는 경우(제5조제2항에 따라 근로자파견사업을 행한 경우는 제외한다)
2. 제5조제3항의 규정을 위반하여 파견근로자를 사용하는 경우
3. 제6조제2항을 위반하여 2년을 초과하여 계속적으로 파견근로자를 사용하는 경우
4. 제6조제4항을 위반하여 파견근로자를 사용하는 경우
5. 제7조제3항의 규정을 위반하여 근로자파견의 역무를 제공받은 경우

② 제1항의 규정은 해당 파견근로자가 명시적인 반대의사를 표시하거나 대통령령이 정하는 정당한 이유가 있는 경우에는 적용하지 아니한다.

③ 제1항의 규정에 따라 사용사업주가 파견근로자를 직접고용하는 경우에 있어서 파견근로자의 근로조건은 다음과 같다.

1. 사용사업주의 근로자 중 해당 파견근로자와 동종 또는 유사업무를 수행하는 근로자가 있는 경우에는 그 근로자에게 적용되는 취업규칙 등에서 정한 근로조건에 의할 것
2. 사용사업주의 근로자 중 해당 파견근로자와 동종 또는 유사업무를 수행하는 근로자가 없는 경우에는 해당 파견근로자의 기존의 근로조건의 수준보다 저하되어서는 아니될 것

④ 사용사업주는 파견근로자를 사용하고 있는 업무에 근로자를 직접고용하려는 경우에는 해당 파견근로자를 우선적으로 고용하도록 노력하여야 한다.

1 파견근로자의 직접고용의무 및 법적 성격

1. 직접고용간주규정에서 직접고용의무로의 전환

① **전환내용**: 구 근로자파견법은 제6조제3항 본문으로 "사용사업주가 2년을 초과하여 계속적으로 파견근로자를 사용하는 경우에는 2년의 기간이 만료된 날의 다음날부터 파견근로자를 고용한 것으로 본다"는 내용의 규정(직접고용간주 규정)을 두어 사용사업주가 파견기간제한을 위반한 경우 곧바로 사용사업주와 파견근로자 사이에 직접고용관계 성립이 간주되도록 하였다. 그런데 이후 개정된 근로자파견법은 직접고용간주 규정을 대체하여 제6조의2 제1항에서 "사용사업주가 2년을 초과하여 계속적으로 파견근로자를 사용하는 경우 해당 파견근로자를 직접 고용하여야 한다"는 취지로 규정하고 있다(직접고용의무 규정). 따라서 개정된 근로자파견법 하에서 파견근로자를 직접 고용할 의무가 있으므로, 파견근로자는 사용사업주가 직접고용의무를 이행하지 아니하는 경우 사용사업주를 상대로 고용 의사표시에 갈음하는 판결을 구할 사법상의 권리가 있고, 그 판결이 확정되면 사용사업주와 파견근로자 사이에 직접고용관계가 성립한다(대법 2016.6.23, 2016다13741; 대법 2015.11.26, 2013다14965).

직접고용간주 규정이나 직접고용의무 규정은 사용사업주가 파견기간의 제한을 위반하여 계속적으로 파견근로자를 사용하는 행위에 대하여 행정적 감독이나 처벌과는 별도로 사용사업주와 파견근로자 사이의 사법관계에서도 직접고용관계의 성립을 간주하거나 사용사업주에게 직접고용의무를 부과함으로써 근로자파견의 상용화 · 장기화를 방지하면서 파견근로자의 고용안정을 도모할 목적에서 사용사업주와 파견근로자 사이에 발생하는 법률관계 및 이에 따른 법적 효과를 설정하는 것이다(대법 2016.6.23, 2016다13741; 대법 [전원합의체] 2008.9.18, 2007두22320).

② **전환 내용의 문제점**: 근로자파견법은 구법상의 직접고용간주 규정의 취지를 살리면서 법리적 문제점을 해소하고 실효성을 높일 수 있도록 직접고용의무 방식으로 전환한 것이다. 개정법은 직접고용의무 위반시 직접제재, 직접고용에 따른 근로관계 명확화, 불법파견적용 명문화 등으로 타당하다고 할 것이다. 직접고용간주를 직접고용의무로 바꾼 것은 근로자 보호에 역행하는 것 아닌가 하는 의문

이 있을 수 있다.

구법은 파견기간(2년) 초과의 경우 "해당 파견근로자를 사용사업주가 고용한 것으로 본다"고 규정(직접고용간주)하였으나 기존의 직접고용간주 규정은 행정기관의 직접 제재가 어려워 실효성이 적고 파견대상업무 위반 등 불법파업에 대해서는 직접고용간주를 적용한다는 명문 규정이 없이 파견근로자 보호에도 미흡하였다. 또한 당사자 의사와 무관하게 법률에 의해 바로 근로계약관계가 맺어지므로 사적자치 원칙에 배치된다는 지적도 제기되어 왔다. 개정 근로자파견법 제6조의2제1항은 직접고용간주를 직접고용의무로 변경하면서 파견기간 초과 이외에 대상업무위반, 무허가 파견 등 모든 불법파견에 대해서도 고용의무 규정이 적용됨을 명문화 하였고 직접고용의무 미이행시 과태료(3천만원 이하)를 부과하여 파견근로자 보호의 실효성을 높였다. 또한, 개정 근로자파견법 제6조의2제1항은 불법파견시 사용사업주에 대한 벌칙을 파견사업주의 수준으로 강화하여 불법파견에 대한 근절의지를 분명히 하였다. 종전에는 1년이하 징역 또는 1천만원 이하 벌금형이나, 개정법에 의하면 3년 이하 징역 또는 2천만원 이하 벌금형으로 개정하였다.

2. 직접고용의무의 법적 성격

(1) 직접고용의무의 법적 성격에 대한 견해

그런데 이후 개정된 근로자파견법은 직접고용간주 규정을 대체하여 제6조의2제1항에서 '사용사업주가 2년을 초과하여 계속적으로 파견근로자를 사용하는 경우 해당 파견근로자를 직접 고용하여야 한다' 는 취지로 규정하고 있다(직접고용의무규정).

사용사업주의 직접고용의무의 법적 성격에 대해서는 다음과 같이 해석상 견해의 대립이 있어왔다.

① **직접고용간주설**: 직접고용에 관한 요건에 해당하면, 제정 근로자파견법의 내용과 같이 직접고용이 간주되어 고용관계가 형성된 것으로 해석하는 견해이다. 이에 따르면 해당 파견근로자를 직접고용하기 위해 사용사업주는 별도의 법률행위를 할 필요가 없고 근로자는 근로자지위확인 청구소송 등을 통해 권리 구제를 할 수 있다. 이 견해는 직접고용의무를 명시적으로 규정한 근로자파견법 제6조의

2 규정내용을 벗어난 해석이다.

② **직접고용청구권설**: 근로자파견법 위반시 직접근로관계가 형성된 것이 아니라 사용사업주에게 고용의무가 발생하는 것이고, 파견근로자는 사용사업주에게 고용의무를 이행하도록 청구권을 가진다는 견해이다. 이에 따르면 근로자는 근로자지위확인 청구소송은 할 수 없고 고용의 의사표시를 하라는 이행청구를 할 수 있을 뿐이다. 이 견해는 근로자파견법 제6조의2 제1항의 입법취지 및 조문내용에 맞는 견해이다(김형배, 「노동법」, 24판, p.1322).

③ **공법상 의무설**: 고용관계는 당사자의 의사를 무시하고 그 형성을 법으로 강제하기 어려운 성질을 가지고 근로자파견법에서 사용사업주가 고용의무를 이행하지 않으면 벌칙을 규정하고 있는 점 등을 고려하여 고용의무 규정은 단순히 사용사업주가 이를 위반할 경우 공법상 제재의 행정벌만 부담하는 행정상 의무 조항에 불과하다는 견해이다. 이에 따르면, 근로자는 사용사업주를 상대로 사법적 권리구제를 하기 어렵다. 이 견해에 따를 경우 근로자파견법의 직접고용의무만을 떼어 공법상의 의무라고 할 만한 근거가 없다는 점이 지적되고 있다.

(2) 판례의 태도

근로자파견법상 직접고용의무 규정은 사용사업주에게 공법상의 의무만을 부과하는 것이 아니라 사법상의 이행의무까지 부과하는 것으로 판단되므로, 사용사업주는 동법 제6조의 제1항의 규정에 따라 파견근로자를 고용할 의무를 부담하며, 그와 직접적인 사법상의 이해관계를 갖는 파견근로자는 사용사업주를 상대로 직접고용할 것을 청구할 수 있다고 판시하였는바, 이 역시 두 번째 견해를 따른 것으로 이해된다. 판결내용은 다음과 같다.

「개정 근로자파견법 하에서 파견기간 제한을 위반한 사용사업주는 직접고용의무규정에 의하여 파견근로자를 직접고용할 의무가 있으므로 파견근로자는 사용사업주가 직접고용의무를 이행하지 아니하는 경우 사용사업주를 상대로 고용의사표시에 갈음하는 판결을 구할 사법상의 권리가 있고, 그 판결이 확정되면 사용사업주와 파견근로자 사이에 직접고용관계가 성립한다. 또한 파견근로자는 이와 아울러 사용사업주의 직접고용의무 불이행에 대하여 직접고용관계가 성립할 때까지의 임금 상당 손해배상금을 청구할 수 있다」(대법 2015.11.16, 2013다4965).는 것이다.

3. 파견기간 중 파견사업주가 변경된 경우에 직접고용의무 규정의 적용을 배제할 수 있는지 여부

직접고용간주 규정이나 직접고용의무 규정은 사용사업주가 파견기간의 제한을 위반하여 계속적으로 파견근로자를 사용하는 행위에 대하여 행정적 감독이나 처벌과는 별도로 사용사업주와 파견근로자 사이의 사법관계에서도 직접고용관계의 성립을 간주하거나 사용사업주에게 직접고용의무를 부과함으로써 근로자파견의 상용화·장기화를 방지하면서 파견근로자의 고용안정을 도모할 목적에서 사용사업주와 파견근로자 사이에 발생하는 법률관계 및 이에 따른 법적 효과를 설정하는 것으로서(대법[전원합의체] 2008. 9. 18, 2007두22320), 그 내용이 파견사업주와는 직접적인 관련이 없고, 그 적용 요건으로 파견기간 중 파견사업주의 동일성을 요구하고 있지도 아니하므로, 사용사업주가 파견기간의 제한을 위반하여 해당 파견근로자로 하여금 대상 업무를 계속 수행하도록 한 경우에는, 특별한 사정이 없는 한 그 파견기간 중 파견사업주가 변경되었다는 이유만으로 직접고용간주 규정이나 직접고용의무 규정의 적용을 배제할 수는 없다고 봄이 타당하다(대법 2015.11.16, 2013다4965).

4. 구 근로자파견법 제6조제3항의 고용간주 규정이 헌법에 위반되는지 여부

구 근로자파견법 제6조제3항의 고용간주 규정은 계약의 자유 또는 직업의 자유를 침해하였다고 볼 수 없고, 수범자의 예측가능성을 해하거나 법집행 당국의 자의적인 집행을 가능하게 할 정도로 불명확하다고 할 수 없으므로, 명확성의 원칙에 위반되지 아니하며, 고용간주 규정은 기본권 제한의 본질적인 사항에 관하여 국회가 직접 결정함으로써 그 실질에 있어서도 법률에 의한 규율을 하고 있다고 할 것이어서, 법률유보의 원칙 내지 권력분립의 원칙에 위반된다고 할 수 없으며, 고용간주 규정이 별도로 당해 파견근로자의 명시적인 반대의 의사표시가 있는 경우에는 그 적용을 제외한 것은, 고용간주의 효과를 받는 당해 파견근로자의 의사 및 권리를 존중하여 이러한 경우에는 고용간주의 효과가 생기지 않는 것으로 한 것이므로, 조문의 형식상 체계 모순이라 할 수 없어 체계정당성의 원리에도 위배되지 않는다. 결국, 고용간주 규정이 헌법에 위반된다고 볼 수는 없다(부산고법 (창원)2016.1.21, 2015나130, 147: 대법 2016.6.10, 2016다10254, 2016다10261(병합) 심리불속행기각).

5. 직접고용간주 규정이 적용되어 정식 채용된 파견근로자의 호봉산정기준일(파견근무기간만료일) 기산점과 신의칙 적용 여부

금호타이어 불법파견사건에서 대법원은 2년의 파견기간이 끝나 직접고용으로 전환된 파견근로자에게는 신규채용일(2004.3.15)이 아닌 직접고용간주일(2000.7.1)에 정규직 1호봉을 부여한다고 판시하여 근로조건 산정기준일을 명시한 것이다. 판결내용은 다음과 같다.

「구 근로자파견법 제6조제3항에 의한 직접고용간주 규정에 따라 사용사업주가 직접 고용한 것으로 간주되는 파견근로자의 근로조건은 사용사업주의 근로자 중 해당 파견근로자와 동종 또는 유사업무를 수행하는 근로자가 있을 경우 그 근로자에게 적용되는 취업규칙 등에서 정한 근로조건과 동일하다고 보는 것이 타당하다. 나아가 직접고용간주 규정에 의한 법적 효과가 이미 발생하여 파견근로자와 사용사업주 사이에 직접고용관계가 성립하고 파견근로자가 사용사업주의 근로자와 동일한 근로조건을 적용받을 수 있는 권리를 취득한 뒤에, 노동조합 등의 제3자와 사용사업주가 합의하여 파견근로자의 직접고용 여부를 결정하면서 그 직접고용에 따른 최초 근로조건을 위와 같은 근로조건에 비하여 파견근로자에게 불리하게 설정하는 것은 직접고용간주 규정의 취지에 반할 뿐만 아니라, 파견근로자에게 이미 귀속된 권리를 파견근로자의 개별적인 동의나 수권도 없이 소급적으로 변경하는 것에 해당하므로, 이러한 합의는 효력이 없다고 보아야 한다.

파견근로자들의 경우 직접고용간주 규정이 적용되어 사용사업주가 파견근로자들을 고용한 것으로 간주되는 시점에 사용사업주의 근로자와 동일하게 정규직 1호봉이 부여되고 이후 호봉승급이 이루어져야 하며, 그럼에도 그 고용간주 시점부터 오랜 시간이 경과한 뒤에서야 노동조합과 사용사업주가 합의하여 파견근로자들의 신규 채용 및 이에 따른 최초 근로조건을 결정하면서 신규 채용 시점부터 비로소 정규직 1호봉을 부여하기로 한 것은 구 근로자파견법의 입법 목적과 직접고용간주 규정 등에 위배되어 무효이고, 위 합의 및 사용사업주에 대한 진정취하시점부터 7년 가까이 지나 파견근로자들이 해당 사건 소를 제기하였다는 등의 사정만으로 해당 사건 소제기가 신의성실의 원칙이나 금반언의 원칙에 반한다고 할 수 없다(대법 2016.6.23, 2012다108139)」 이 판결은 구 근로자파견법상 직접고용간주규정에 한정된 것이고, 현행 직접고용의무규정에는 포섭되지 않는다는 점에 주의할 필요가 있다.

2 직접고용의무의 요건과 시기

1. 직접고용의무의 요건과 시기

근로자파견법 규정에 의해 사용자의 직접고용의무가 바로 발생되며, '행정관청의 적발' 이나 '근로자의 소송제기' 처럼 별도의 행동이나 조치가 있어야 하는 것은 아니다. 따라서 '절대적 금지업무' 등 불법으로 파견근로자를 고용한 경우에는 즉시 사용사업주에게 그 의무가 발생하고, 적법한 파견근로자에 대해서는 계속 근로계약기간이 2년을 초과하는 날에 직접고용의무가 발생한다.

2. 개정법 시행 전의 파견근로자에 대한 직접고용의무 발생 시점

개정 근로자파견법 부칙 제2항(파견기간에 관한 적용례)에 의하면 제6조(파견기간)의 개정규정은 이 법 시행(2007.7.1.)전에 체결되고 이 법 시행당시 종료되지 아니한(파견기간이 연장된 경우 포함) 근로자파견계약에 대하여도 적용되는 것으로 규정하고 있다. 이에 따라 법시행일 이전에 체결(갱신)된 계약이라 하더라도 법 시행일 이후에 총 파견기간이 2년을 초과하는 등의 사유가 발생하면 직접고용의무가 발생하게 된다. 이는 근로자파견법이 개정법이라는 점에 기인하며, 제정법인 기간제법이 법 시행일 이후에 체결(갱신)된 계약이 2년을 초과하는 경우에 한하여 기간의 정함이 없는 근로자로 전환되는 것과 대비된다.

3. 파견근로자의 고용방법

① **기간제근로계약의 체결 가능성**: 불법파견을 하는 경우 해당 근로자를 직접 고용토록 한 것은 해당 근로자를 더 이상 파견근로자로 사용하는 것을 허용하지 않는다는 취지이다. 따라서 직접고용하는 경우의 고용형태에 관하여는 아무런 제한이 없으므로 '기간의 정함이 없는 근로계약 근로자'로는 물론이고 기간제근로계약을 체결할 수 있다(2007.5.3, 비정규직대책팀-1504). 현행 근로자파견법상 직접고용의무의 고용형태를 규정하고 있지 않으므로 기간제근로계약이 배제될 이유는 없다. 직접고용의무를 부담하는 사용사업주에게 기간의 정함이 없는 근로계약을 체결해야 하는 의무만을 부담시킨다면 파견근로자들을 기간제근로계약을 체결하는 근로자들에 비해 너무 과보호한다는 점이 지적될 수 있다.

② **근속년수 산정방법**: 사용사업주가 종전 파견근로자를 정규직 · 계약직 또는 임시직으로 직접채용한 경우의 근속년수 산정방법은 어떻게 할 것인가의 문제이다. 사용사업주와 파견근로자 간의 근로계약 체결은 고용승계의무 없는 근로계약 당사자의 변경에 해당하므로 별도 약정이 없다면 근로관계는 단절되는 것이며 따라서 사용사업주의 사용사업장에서 파견근로자로 근무하다가 직접 채용된 근로자의 근속년수는 사용사업주가 직접 채용한 시점부터 새롭게 기산한다(2001.7.11, 근기 68207-2231).

3 직접고용시의 파견근로자의 근로조건

고용의무에 의해 사용사입주가 직접고용시 준수해야 할 근로조건을 명문화 하였다. 사용사업주의 직접고용의무 이행시 준수해야 할 근로조건을 규정(동법 제6조의2제3항)하여 사용자가 부당하게 낮은 근로조건으로 직접고용하는 것을 방지하고 당사자간 법적관계를 명확히 하였으며 사용사업주가 파견근로자를 직접고용하는 경우에 있어서 파견근로자의 근로조건을 명확히 규정하였다.

사용사업주와 파견근로자간에 근로계약을 체결한 바가 없으므로 사용사업주가 파견근로자를 직접고용시 파견근로자의 근로조건에 대한 논란이 제기될 수 있으므로 그 기준을 명확히 한 것이다.

근로자파견법 제6조의2제3항은 「제1항의 규정에 따라 사용사업주가 파견근로자를 직접고용하는 경우에 있어서 파견근로자의 근로조건은 다음과 같다.

1. 사용사업주의 근로자 중 해당 파견근로자와 동종 또는 유사업무를 수행하는 근로자가 있는 경우에는 그 근로자에게 적용되는 취업규칙 등에서 정하는 근로조건에 의할 것

2. 사용사업주의 근로자 중 해당 파견근로자와 동종 또는 유사업무를 수행하는 근로자가 없는 경우에는 해당 파견근로자의 기존의 근로조건의 수준보다 저하되어서는 아니될 것」

이라고 규정하고 있다. 이 규정은 사용사업주 사업장에 파견근로자와 동종 또는 유사업무 종사 근로자가 있는 경우에는 그 근로자에게 적용되는 근로조건(단체협약, 취업규칙 등)을 적용하고 동종 또는 유사업무 종사 근로자가 없는 경우에는 해당 파견근로자의 기존의 근로조건을 저하시킬 수 없도록 하여 직접고용시에 준수해야 할 근로조건을 명문화 한 것이다.

4 파견근로자의 우선고용

사용사업주는 파견근로자를 사용하고 있는 업무에 근로자를 직접 채용하려는 경우에는 해당 파견근로자를 우선적으로 고용하도록 노력하여야 한다(동법 제6조의2제4항). 이는 선언적 규정이다. 기간제 · 단시간근로자의 정규직 전환노력의 의무(「기간제법」 제5조, 제7조)에 준하여 파견근로자에 대한 사용사업주 직접고용 노력의무를 규정한 것이다.

5 직접고용의무의 예외

1. 파견기간 만료시 파견근로자의 명시적인 반대의사 표시

근로자파견법 제6조의2제1항은 파견근로자를 2년을 초과하여 사용한 경우와

그 밖의 불법파견시에 사용사업주는 해당 파견근로자를 직접고용하도록 하고 있으며 제2항의 규정을 보면 해당 파견근로자가 명시적인 반대 의사를 표시하거나 대통령령이 정하는 정당한 이유가 있는 경우는 제1항의 규정의 적용을 제외하는 것으로 되어 있다. 고용의무 부과는 파견근로자를 보호하기 위한 것이므로 해당 파견근로자가 거부하는 경우까지 고용의무를 부과하는 것은 불합리하다. 또한, 파견근로자를 직접고용하는 것이 불가능하거나 실효성이 없는 경우 등을 대통령령으로 규정하여 예외를 인정한 것이다. 이 예외의 경우 2년을 초과하여 사용할 수 있다는 의미인가의 문제이다. 그러나 이는 파견근로자가 사용사업주의 근로자로 고용되는 것에 대한 명시적인 반대의사를 표시하는 경우에 사용사업주가 해당 파견근로자를 직접고용하지 않아도 된다는 의미일 뿐(직접고용의무 불이행에 따른 과태료가 면제된다.) 동일한 파견근로자를 계속(2년초과)하여 사용할 수 있다거나, 파견기간 위반에 따른 처벌이 면제된다는 의미는 아니다. 따라서 해당 사업장에서는 파견근로자를 계속 사용하였다면 해당 파견근로자를 직접고용하여야 하나, 해당 파견근로자가 명시적인 반대의사를 표시하였다면 사용사업주가 해당 파견근로자에 대한 직접고용의무는 면제된다. 근로자파견법 제6조제2항의 규정에 의하여 근로자파견기간은 최대 2년을 초과할 수 없다.

따라서 파견근로자가 하나의 사업장에서 2년 이상 계속하여 파견근로자로서 근무하고 싶다는 명시적인 의사표시(본인이 원할 경우)를 하였음을 이유로 하나의 사업장에 2년을 초과하여 파견근로자를 사용하고 있다면 이는 동법 위반이며, 파견사업주와 사용사업주는 동법 제43조 및 제44조의 규정에 의하여 처벌을 면할 수 없다.

근로자파견법 제6조의2제2항에서 규정하고 있는 "제1항의 규정은 해당 파견근로자가 명시적인 반대의사를 표시하거나 대통령령이 정하는 정당한 이유가 있는 경우에는 적용하지 아니한다"란 파견근로자가 사용사업장의 근로자로 고용되는 것에 대한 반대의사를 표시하는 경우는 사용사업장의 근로자로 직접고용이 되는 법적 효과가 발생되지 않는다는 의미일 뿐이다. 따라서 파견근로자가 하나의 사업장에서 계속하여 파견근로자로서 근무하고 싶다는 명시적인 의사표시(본인이 원할 경우)를 하였음을 이유로 하나의 사업장에 2년을 초과하여 파견근로자로서 사용할 수 있다는 의미는 아니다(1998.1.23, 고관 68460-1043).

2. 대통령령이 정하는 정당한 이유가 있는 경우

근로자파견법 제6조의2제2항에서 “대통령령이 정하는 정당한 이유가 있는 경우”란 다음 어느 하나에 해당하는 경우를 말한다(동법시행령 제2조의2).

① 「임금채권보장법시행령」제4조 각 호의 어느 하나에 해당하는 경우

② 천재 · 사변 그 밖의 부득이한 사유로 사업계속이 불가능한 경우

사업계속이 불가능한 특별한 사유가 있는 경우에는 직접고용의무를 적용하지 아니함으로써 사업주의 부담을 덜어 줄 것으로 기대된다. 근로자파견법 시행령 제2조의2제2호에서 규정한 「그 밖의 부득이한 사유」란, 불확정적인 개념으로서 천재 · 사변에는 해당하지 않더라도 사업을 더 이상 계속할 수 없는 사유가 객관적으로 명백한 경우로 보아야 할 것이다. 이는 천재 · 사변 이외의 원인에 의해서도 사업계속이 불가능한 경우가 있을 수 있다는 관점에서 포괄적으로 규정한 것으로, 개별적 사안에 따라 구체적으로 판단해야 할 것이다.

긴박한 경영상의 이유, 주문량의 급격한 감소, 근로자 귀책사유 등은 더 이상 사업을 계속할 수 없는 경우는 아닐 것이므로 이에 포함되지 않는다.

6 사용사업주가 파견근로자를 채용한 경우의 근속년수의 산정

사용사업주가 2년간 사용하였던 파견근로자를 계약직근로자 등으로 채용한 경우 그 근로자의 근속년수 계산이 문제된다.

사용사업주가 2년을 초과하여 파견근로자를 사용하는 경우에는 근로자파견법 제6조의2제1항제3호에 의하여 2년의 기간이 만료된 날의 다음날부터 파견근로자를 정규직근로자로 고용의무가 발생하지만, 파견계약기간이 만료된 후 사용사업주가 파견사업주와의 근로자파견계약을 종료한 후 파견근로자를 채용하는 경우에는 당사자의 의사에 따라 계약직 또는 임시직으로 채용 할 수 있다(1998.9.17, 고관 68460-848).

사용사업주가 파견근로자를 2년간 사용한 후 계약직 또는 임시직으로 직접 채용한 경우, 이는 고용승계 의무가 없는 근로계약 당사자의 변경에 해당하므로 별

도의 약정이 없다면 근로관계는 단절된다. 따라서 사용사업주의 사업장에서 파견근로자로 근무하다가 직접 채용된 근로자의 근속년수는 사용사업주가 직접 채용한 시점부터 새로이 기산된다(2001.7.11, 근기 68207-2231).

7 직접고용의무 불이행시 제재

사용사업주에게 직접고용의무가 발생하였으나 이를 이행하지 아니한 자는 3천만원 이하의 과태료에 처한다(동법 제46조제2항). 과태료의 구체적인 부과기준은 대통령령에서 정한다(동법 제46조제5항). 즉 사용사업주가 과거 2년간 직접고용의무 불이행으로 인하여 과태료 처분을 받은 전력이 있는 경우에는 직접고용하지 않은 근로자 1인당 1천만원의 과태료를 부과하도록 하고, 과태료 처분을 받은 전력이 2회인 경우에는 근로자 1인당 2천만원의 과태료를, 과태료 처분을 받은 전력이 3회 이상인 경우에는 근로자 1인당 3천만원의 과태료를 부과하도록 한 것이다(근로자파견법시행령제7조 및 별표3).

6장 불법파견을 하는 경우의 직접고용의무 및 벌칙과 제재

1 불법파견의 개념과 유형

1. 불법파견의 개념

근로자파견법상 불법파견이란 ① 공중위생 · 공중도덕상 유해한 업무에 취업시킬 목적으로 근로자파견을 한 경우(동법 제42조), ② 파견대상업무 위반(동법 제5조), ③ 파견기간 위반(동법 제6조), ④ 무허가 파견(동법 제7조), ⑤ 영업정지(동법 제12조)기간 중의 파견, ⑥ 쟁의행위 대체근로를 위한 파견(동법 제16조), ⑦ 경영상 이유에 의한 해고 이후 2년 이내 파견 사용(동법 제16조) 등 동법을 위반하여 근로자파견을 한 경우를 의미한다.

2. 불법파견의 유형

(1) 파견대상업무를 위반한 경우

① 파견대상업무가 아닌 업무에는 출산 · 질병 · 부상 등으로 결원이 생긴 경우 또는 일시적 · 간헐적으로 인력을 확보하여야 할 필요가 있는 경우에만 파견사업을 할 수 있으나 이러한 사유가 없는데도 파견근로자를 사용한 경우

② 금지업무에 대해서는 일시적 사용사유가 있어도 근로자파견사업을 할 수 없

는데 금지업무에 파견근로자를 사용한 경우

(2) 파견기간을 위반한 경우

① 근로자파견기간은 1회에 1년을 초과하지 못하고, 총 파견기간은 2년을 초과하여 사용할 수 없는데, 2년을 초과하여 파견근로자를 계속 사용한 경우

② 파견대상업무가 아닌 업무에 출산 · 질병 · 부상 등의 사유로 파견근로자를 사용할 경우에는 그 사유가 해소될 때 까지만 파견근로자를 사용할 수 있는데, 그 사유가 해소되었음에도 계속하여 사용한 경우

③ 파견대상업무가 아닌 업무에 일시적 · 간헐적으로 인력확보가 필요한 경우는 최장 6개월까지 파견근로자를 사용할 수 있는데, 6개월을 초과하여 사용한 경우

(3) 무허가 파견의 경우

① 피견허가를 받지 않고 파견사업을 행한 경우

② 파견허가를 받지 않은 무허가 업체에서 파견역무를 제공받은 경우

2 사용사업주의 직접고용의무

1. 사용사업주의 직접고용의무의 의의

근로자파견법은 종래 사용사업주가 2년을 초과하여 계속적으로 파견근로자를 사용하는 경우에 해당 근로자의 명시적인 반대의사가 없는 한 2년의 기간이 만료된 다음 날부터 파견근로자를 고용한 것으로 의제하는 규정을 두고 있었다(구 근로자파견법 제6조제3항). 그러나 근로자파견법 제6조제3항의 고용의제의 요건이 적법파견에 대한 파견기간의 초과(위반)에 대해서만 적용되는지 아니면 대상업무를 위반하거나 사업허가 없는 불법파견을 포함한 모든 파견유형에 대한 기간 위반에 대해서도 적용되는지에 관해서 학계와 실무계의 논란이 적지 않았다. 그러나 판례는 근로자파견이 위법한 경우라도 '직접고용간주규정'을 적용할 수 있다고 하여 기존의 태도를 변경하였다(대법[전원합의체] 2008.9.18, 2007두22320). 2012.2.1

개정 근로자파견법은 이를 개정하여 동법 제6조제2항을 위반하여 2년을 초과하여 계속적으로 파견근로자를 사용한 경우를 제외하고 불법파견의 요건이 갖추어지면 2년의 파견기간을 기다릴 것 없이 즉시 직접고용의무를 부과하였다.

사용사업주로 하여금 2년의 범위 내에서 불법파견의 여지를 제공하는 문제가 있으며 불법파견의 사유가 다르다는 점(파견대상 업무 위반, 파견기간 위반, 무허가 파견)을 감안할 때, 일률적으로 2년의 기간을 정하고 있는 것은 형평성에도 부합하지 않았다. 따라서 불법파견에 대한 사용사업주의 직접고용의무를 강화하여 불법파견으로 인한 사회적 문제를 완화할 필요가 있었다.

불법파견 상태가 있는 경우에는 파견근로자 보호차원에서 사용사업주에 대해 그 파견근로자를 직접고용하도록 직접고용의무를 부과하였다(동법 제6조의2제1항).

2. 사용사업주의 직접고용의무 발생 요건

(1) 근로자파견법 제5조제1항의 파견대상업무에 위반하여 파견근로자를 사용하는 경우

① '근로자파견법 제5조제1항의 파견대상업무 규정에 위반하여'란 제5조제1항에 의하여 시행령에서 규정하고 있는 파견대상업무(제5조제1항)가 아니면서 출산 · 질병 · 부상 또는 일시적 · 간헐적 인력확보 사유가 있는 경우가 아님에도 파견근로자를 사용한 경우를 말한다.

② 즉, 파견대상업무가 아닌 업무로서 일시적인 파견근로를 사용할 수 있는 사유가 없음에도 불구하고 파견근로자를 사용하는 경우에는 고용의무가 발생한다.

③ 직접고용요건이 충족되면 법규정에 의해 사용자의 직접고용의무가 발생되며, 행정관청의 적발 · 근로자의 소송제기 등에 의하여 고용의무가 발생하는 것은 아니다.

④ 근로자파견법 제5조제1항 규정을 위반하면 파견기간이 2년을 초과하지 아니한 경우에도 벌칙(3년 이하 징역형 또는 2천만원 이하 벌금형)이 부과될 뿐 아니라 곧바로 고용의무가 발생하는 것이다. 헌법재판소(헌재 2013.7.25, 2011헌바395결정)는 근로자파견 대상업무 위반 형사처벌규정은 합헌이라고 판단했다.

(2) 근로자파견법 제5조제3항의 규정에 위반하여 파견근로자를 사용하는 경우

① 「근로자파견법 제5조제3항의 규정을 위반하여」란 제5조제3항 및 시행령 제2조제2항에서 규정하고 있는 금지업무에 파견근로자를 사용한 경우를 의미한다.

동법 제5조제3항 및 시행령 제2조제2항에서 규정하고 있는 '건설공사현장업무', '선원업무' 등 '절대적 금지업무' 에 파견근로자를 사용하면, 벌칙이 적용되고 사용사업주에게 그 근로자를 바로 직접고용할 의무가 발생한다.

② 해당 근로자(파견근로자)들이 학교법인 가톨릭학원 산하 강남성모병원에서 실제로 수행한 업무 중 일부는 근로자파견이 절대적으로 금지되어 있는 '간호조무사의 업무' 에 해당하는 것으로 보이므로 해당 근로자는 근로자파견법 제6조의2제1항제2호에 따라 해당 근로자들을 직접고용하여야 할 의무가 있다고 할 여지가 많다. 그러나 설령 해당 근로자들이 강남성모병원에 대하여 직접고용을 요구할 권리가 있다고 하더라도, 강남성모병원이 이에 응하여 해당 근로자들과 실제로 근로계약을 체결하지 않는 한 강남성모병원에 대하여 과태료의 제재를 가할 수 있을 뿐 해당 근로자들이 곧바로 강남성모병원의 근로자로 간주되는 것은 아니라 할 것이므로, 결국 해당 근로자들은 강남성모병원에 대하여 쟁의행위를 할 수 있는 지위에 있지는 않다고 할 것이다(서울중앙지법 2008.11.8, 2008카합3466, 점유및사용방해금지가처분신청사건).

③ 근로자파견법 제6조의2제1항제3호 등과는 달리 '2년을 초과하여 계속적으로' 라는 규정이 없으므로 금지업무에 파견근로자를 사용하는 경우에는 파견기간이 2년을 초과하지 않아도 즉시 고용의무가 발생한다.

금지업무의 경우에는 파견근로자 사용 자체가 법적으로 불가능하여 파견 중단 외에 마땅한 시정방법이 없으므로 근로자 보호차원에서 즉시 고용의무를 부과한 것이다.

(3) 근로자파견법 제6조제2항을 위반하여 2년을 초과하여 계속적으로 파견근로자를 사용하는 경우

① '근로자파견법 제6조제2항을 위반하여' 란 파견 연장기간(1년) 및 총 파견기

간(2년) 제한(제6조제2항)을 초과하여 파견근로를 사용하였거나, 일시사용사유(제5조제2항)에 해당하나 그 기간을 초과하여 파견근로를 사용한 경우를 의미한다.

② 즉 파견기간을 위반하고 총 파견기간이 2년을 초과하여 파견근로자를 사용한 경우에는 파견기간 위반에 따른 벌칙과 동시에 고용의무도 부과된다.

(4) 근로자파견법 제6조제4항을 위반하여 파견근로자를 사용하는 경우

근로자파견대상 업무가 아니더라도 출산 · 질병 · 부상 등으로 결원이 생긴 경우 또는 일시적 · 간헐적으로 인력을 확보하여야 할 필요가 있는 경우에는 근로자파견사업을 할 수 있다(근로자파견법 제5조제2항). 이 경우에 근로자파견기간은 다음과 같다(동법 제6조제4항).

① 출산 · 질병 · 부상 등 그 사유가 객관적으로 명백한 경우에는 그 사유의 해소에 필요한 기간

② 일시적 · 간헐적으로 인력을 확보할 필요가 있는 경우에는 3개월 이내의 기간. 다만 그 사유가 해소되지 아니하고 파견사업주 · 사용사업주 · 파견근로자 간의 합의가 있는 경우에는 1회에 한하여 3월의 범위 안에서 그 기간을 연장할 수 있다.

근로자파견법 제6조제4항을 위반하여 파견근로자를 사용하는 경우에는 2년을 초과하여 계속적으로 파견근로자를 사용하는 경우가 아니더라도 위반 시점에서 사용사업주는 파견근로자를 직접고용할 의무가 있다.

(5) 근로자파견법 제7조제3항의 규정을 위반하여 근로자파견의 역무를 제공받은 경우

① '근로자파견법 제7조제3항의 규정을 위반하여'란 허가받지 않고 근로자파견사업을 행하는 자로부터 근로자를 파견받아 사용한 경우를 의미한다.

② 즉 무허가 파견업체로부터 파견근로자를 파견받아 사용하고 그 파견기간이 2년을 초과한 경우가 아니더라도 벌칙과 동시에 직접고용의무가 부과된다.

3 불법파견 여부에 관한 구체적 사례

불법 파견이 문제되는 구체적인 사례는 형식적으로는 도급 또는 업무위탁계약을 체결하였지만 실질적으로는 원청회사가 사용사업주로서 수급인의 근로자에 대하여 파견근로자와 마찬가지로 지휘 · 명령을 행하는 경우로서 실무에서는 위장도급이라고도 한다. 특히 사내하도급에 있어서 위장도급사례가 많이 발생하고 있다. 판례는 형식적으로 도급계약 등에 기하여 노무제공관계가 발생하더라도 수급인의 근로자에 대하여 사용사업주(도급인)의 지휘명령을 인정 할수 있는 경우에는 그 실질을 파견근로관계로 보아야 한다고 판시한 바 있다(대법 2010.7.22, 2008두4367; 광주고법 2011.1.27, 2010누1346). 위장도급 및 파견관계가 인정되는 사례에서는 통상 무허가 파견사업, 파견대상업무의 위반 그리고 파견기간의 도과 등 불법파견의 요건을 모두 충족하는 경우가 대부분이다. 구체적 사례는 다음과 같다.

1. 협력업체 소속으로 원청업체의 작업지시를 받으며 근무하는 경우 불법파견 여부

근로자파견법 제2조의 규정에 따른 '근로자파견'이란 '파견사업주가 근로자를 고용한 후 그 고용관계를 유시하면서 근로자파견 계약의 내용에 따라 사용사업주의 지휘 · 명령을 받아 사용사업주를 위한 근로에 종사하게 하는 것'으로 정의되는 바, '근로자파견'은 파견사업주 · 사용사업주 · 파견근로자라는 3자관계로 형성되며, 아울러 근로자파견에 해당하는지의 여부는 계약의 명칭, 형식 등(도급계약이든, 파견계약이든)에도 불구하고 사실관계를 기준으로 판단하게 된다. 만약 해당 근로자가 소속되어 있는 협력업체가 사업주로서의 실체를 갖추고 있으며(3자관계가 형성되며), 해당 근로자가 원청업체로부터 업무상의 지휘 · 명령을 받고 있다면 '근로자파견'에 해당할 소지가 있다(「'근로자파견'의 판단기준에 관한 지침」, 2007.4.19, 비정규직대책팀-1303참조)(2007.7.20, 비정규직대책팀-2946)

2. 용역업체에 필요한 장비 등을 무상대여 하는 경우 불법파견 해당 여부

회사에서 용역업체에 장비, 공기구를 무상 대여하고 소요자재를 지급하는 것에 대해서는 용역업체의 기계, 설비, 기자재의 자기 책임과 부담에 불리한 징표가 될 수 있으나 구체적으로는 장비 등의 무상공급의 필요성 · 정당성, 분실 또는 훼손 시 변상, 공사완료 후 반납 여부 및 절차 등 여러 요소를 고려하게 되며 그 외에 '파견사업주 등'의 실체 판단 요소와 '사용사업주 등'의 지휘 · 명령권 판단 요소를 종합적으로 고려하여 '근로자파견'에 해당하는지를 판단하게 된다(2007.7.25, 비정규직대책팀-2004).

3. 하청업체에 소모품 일부를 지급하는 경우 및 하청업체근로자 식비의 일부를 도급비에 포함시켜 지급하는 경우의 불법파견 해당 여부

회사에서 청소용역업체에 일부 공동으로 사용하는 소모품을 제공하는 경우, 경비하도급업체에 식대 일부를 지원하는 경우, 계약서에 하도급자에게 직원의 교체를 요구할 수 있도록 하는 경우 등은 '파견사업주 등'의 실체를 인정하는데 부정적 징표가 될 여지가 있다. 그러나 이러한 사실관계만으로 위장도급이라고 단정할 수 있는 것은 아니고 '파견사업주 등'의 실체판단 요소와 '사용사업주 등'의 지휘 · 명령권 판단 요소를 종합적으로 고려하여 '근로자파견'에 해당하는지를 판단하게 된다(2007.7.26, 비정규직대책팀-3029).

4. 외주용역을 주고 장비 등을 무상으로 제공하는 경우 불법파견에 해당하는지 여부

우선 "① 사업장내 특정장소를 지정해서 용역원을 상주 또는 대기하도록 계약서에 명시하거나 지시한 경우, ② 계약서상 용역업체의 용역인원, 근무형태(시간), 작업방법, 작업주기 및 용역원 자격요건을 명시하거나 정한 경우, ③ 용역계약 만료후 새로운 업체와 계약이 체결되어도 업체간 고용승계로 용역원의 동일 장소 근무기간이 2년을 초과하는 경우"에 대해서는 계약의 명칭 · 형식 등에도 불구하고 사실관계를 기초로 판단하되 사용사업주가 용역원에 대한 작업배치 · 변경 결정권, 근로시간 결정권 등을 행사하고 있는 것으로 판단되는 경우에는 파견적인 요소가 있게 되며, 채용 결정권을 행사하는 경우에는 파견사업주 등의 실체가 부인되거나 파견적인 요소가 인정될 수 있다. "④ 용역업체에 대하여 소요자재, 장비, 사무실, 전력, 용수 등을 무상으로 대여 또는 공급하는 경우, ⑤ 지하철 특성상 시중에서 구입이 어려운 전동차 및 승강설비 정비부품을 직접 용역업체에 지급하는 경우(부품의 종류가 많고 구매하기 어려운 실정임), ⑥ 사업장내에 설치된 크레인 및 이동용 고가사다리 등을 용역업체에서 사용하여 작업하게 하는 경우"에 대해서는 파견사업주 등이 사용사업주 등의 기계, 설비, 기자재 등을 사용하는 경우 사업주로서의 실체가 부인되거나 파견적인 요소가 인정될 수 있다(다만, 유·무상 여부, 필요성 및 정당성을 모두 검토해 보아야 구체적인 판단이 가능).

"⑦ 용역원 출근상태 확인, 일일작업 및 업무일지를 작성하여 제출하도록 하는 경우, ⑧ 혼재된 작업장 또는 분리된 작업장에서 공사 직원이 용역 업체 직원에게 직접 작업지시를 한 경우"에 대해서는 사용사업주 등이 용역원에 대하여 근태관리를 하거나 업무 지시·감독을 하는 경우에 해당한다면 파견으로 인정될 소지가 크다. "⑨ 용역비 정산시 용역원 투입부족 등의 사유로 용역비를 감액 지급할 경우"에는 파견사업주 등의 소요자금 조달 및 지급에 대한 책임 등을 검토하여 판단하게 된다(2007.7.12, 비정규직대책팀-2829).

5. 파견사업주로부터 근로자를 파견받아 사용사업주에게 파견을 하는 것이 불법파견인지 여부

근로자파견법 제2조제1호의 "근로자파견"의 정의에 따르면, 파견사업주는 근로자를 고용한 후 그 고용관계를 유지하면서 사용사업주에게 파견해야 하므로, 다른 파견사업주로부터 파견받은 근로자(고용관계가 없는 근로자)를 사용사업주에게 파견하는 것은 근로자파견에 해당하지 아니한다.

또한, 파견사업주는 사용사업주와 근로자파견계약을 맺고 그 계약의 내용에 따라 파견근로자로 하여금 사용사업주의 지휘·명령을 받아 사용사업주를 위한 근로에 종사하게 해야 하므로, 사용사업주가 아닌 다른 파견사업주에게 파견하는 것도 근로자파견에 해당하지 아니한다.

따라서 이는 불법파견 이전에 근로자파견 자체가 성립되지 않으며 이러한 소위 '재파견'은 직업안정법상 근로자공급사업에 해당되어 동법에 따른 처벌 규정이 적용될 수 있다(1999.3.3, 고관68460-349).

4 불법파견에 대한 벌칙과 제재

1. 벌칙과 제재

① 공중위생 또는 공중도덕상 유해한 업무에 취업시킬 목적으로 근로자파견을 한 자는 5년 이하의 징역 또는 3천만원 이하의 벌금에 처한다(근로자파견법 제42조).

② 파견대상업무 위반, 파견기간 위반, 무허가 파견의 경우에는 파견사업주, 사용사업주 모두 3년 이하의 징역 또는 2천만원 이하의 벌금에 처한다(동법 제43조).

③ 또한 영업정지명령을 위반하여 근로자파견사업을 계속하거나, 쟁의행위중인 사업장에 쟁의행위로 중단된 업무를 수행하기 위하여 근로자를 파견하거나, 경영상 이유에 의한 해고 이후 2년 이내에 파견근로자를 사용하는 경우에는 1년 이하의 징역 또는 1천만원 이하의 벌금에 처한다(동법 제44조).

④ 불법파견의 경우에도 근로자파견대상업무에 해당하지 아니하는 업무에 파견근로자를 사용하는 경우에는 직접고용의무가 발생하며, 이를 이행하지 않는 경우에는 3천만원 이하의 과태료가 부과된다(동법 제46조제2항).

사용사업주에 대한 직접고용의무 부과는 당사자의 의사에 관계없이 고용관계를 강제하는 것이다. 다만, 금지업무에 대해서는 일시적인 파견도 허용되지 않으므로 즉각적인 시정을 위해서 2년을 경과하지 않아도 바로 고용의무가 발생한다. 직접고용의무가 발생하였는데, 이를 이행하지 않을 경우 사용사업주에 대해서는 3천만원 이하의 과태료를 부과하도록 하였다.

2. 불법파견의 형사책임(지엠대우사건)

불법파견의 형사책임에 관하여 지엠대우사건에서 판례(대법 2013.2.28, 2011도34)는 「협력업체 소속 근로자들이 지엠대우 창원공장 내의 자동차 생산작업에 배치된 방식 및 내용, 지엠대우의 협력업체 소속 근로자들에 대한 단위작업서 · 조립사양서 · 작업지시서 · 포장작업사양서 등 각종 업무표준의 작성 및 배포, 지엠대우 소속 근로자의 결원이나 물량 증가로 인한 협력업체 소속 근로자들에 의한 인원충원에 있어서 그 절차나 방식, 협력업체 소속 근로자들에 대한 근무시간이나 연장 · 야간 · 휴일근무 여부의 결정과 근태관리 및 직무교육의 실태, 지엠대우가 창원공장의 협력업체들에 대하여 지급할 도급비를 결정하는 방식 및 그 내역 등에 관한 사실과 함께 지엠대우와 사내협력업체들 사이에서 각각 체결된 도급계약의 내용 및 각 사내협력업체 소속 근로자들의 업무수행과정에 비추어 본 노무제공의 내용과 방식, 이에 관한 지엠대우의 지배 · 통제의 내용과 범위 등에 비추어 볼 때, 지엠대우와 위 피고인들이 각 운영한 사내협력업체들은 그 사이에 각 체결된 계약의 명칭이나 형식 여하에 불구하고 그 협력업체에 소속된 근로자들이 지엠대우의 사업장에 파견되어 지엠대우의 지휘 · 명령 아래 지엠대우를 위한 근로를 제공하는 근로자파견관계에 있었다는 원심의 판단은 정당하다」고 판결한 것이다. 이 사건이 주목받는 이유는, 불법파견의 민사책임 즉 근로자파견법 위반의 사법(私法)상 효과가 쟁점이었던 다른 사건들과 달리, 불법파견의 형사책임이 다투어졌기 때문이다.

이 판결은 ① 불법파견이 인정되면 파견사업주뿐만 아니라 사용사업주도 범죄자로서 함께 처벌된다. ② 자동차산업에서의 사내하도급관계는 도급관계가 아니라 근로자파견관계일 소지가 많다. ③ 근로감독에서 지적이 없었다는 사실 등을 이유로 불법파견임을 몰랐다는 주장은 법률의 단순한 부지로서 범죄성립에 영향을 미치지 않는다는 점이다.

3. 형사처벌과 과태료 병과 여부

불법으로 파견근로자를 사용하고, 직접고용하지 않은 사업주에게 불법파견에 대한 형사처벌과 직접고용의무 불이행에 대한 과태료가 동시에 부과되는가의 여부이다.

근로자파견법 제43조제1호의2는 불법파견의 역무를 제공받은 자에 대한 형사처벌을, 동법 제46조제2항은 직접고용의무 불이행에 대한 과태료를 규정하고 있으므로 불법파견으로 파견근로자를 사용하면서 직접고용의무가 발생하였음에도 직접고용을 하지 않은 사용사업주에 대해서는 형사처벌과 병행하여 과태료가 부과될 수 있다.

동 형사처벌과 과태료 부과는 행정형벌과 행정질서벌의 관계로서 그 보호법익과 목적이 다르므로 이중처벌에 해당하지 아니한다.

4. 확정된 차별시정명령 불이행 및 직접고용의무 불이행에 대한 과태료 산정 방법

과태료의 액수는 확정된 차별시정명령 불이행 또는 직접고용의무 불이행과 관련된 근로자 1인당, 근로자파견법시행령 별표2에서 정하고 있는 금액을 사업주에게 부과하게 된다.

확정된 차별시정명령 및 직접고용의 효과는 근로자 개인별로 귀속되는 것이며, 그 불이행의 효과 또한 근로자 개인별로 귀속되므로 과태료도 근로자별로 부과하는 것이 타당하다. 다만, 해당 근로자 1인당 사업주에게 부과할 수 있는 과태료 최고액은 차별시정명령 불이행의 경우 1억원, 직접고용의무 불이행의 경우 3천만원이다.

7장 근로자파견의 법률관계

1 파견사업주와 사용사업주 사이의 법률관계

1. 법률관계의 기본적 성격

파견사업주와 사용사업주는 근로자파견계약을 맺어 근로자파견 법률관계를 형성한다. 근로자파견계약이란 파견사업주나 사용사업주 간에 근로자파견을 약정하는 계약을 말한다(근로자파견법 제2조제6호). 근로자파견계약은 파견사업주에 대하여는 노무를 제공할 근로자를 파견할 채무를 부담하게 하고, 사용사업주에 대하여는 파견에 따른 대가를 지급할 채무를 부담하게 하는 유상 · 쌍무계약이다.

근로자파견계약의 합법화는 파견사업주의 단일 사용자성을 전제로 하고 있다. 그러므로 근로계약관계의 당사자도 아니며 사용자도 아닌 사용사업주가 파견근로자에 대해 지휘 · 감독권을 행사하는 근거 내지 지위는 무엇인가에 관하여 견해의 대립이 있을 수 있다.

2. 근로자파견계약의 법률적 성격에 대한 견해

근로자파견계약의 법률적 성질과 관련하여 일본의 학설은 다음과 같이 양도설, 위임설, 임대차유사무명계약설이 있다.

① 양도설이란 파견사업주의 지휘 · 명령권을 사용사업주에게 이전 · 귀속하기

로 한 합의로 보는 견해이다. ② 위임설은 파견사업주가 파견근로자와 근로관계에서 완전히 이탈하는 것이 아니고 지휘 · 명령권만 사용사업주에게 이전된다는 점에서 지휘 · 명령권 위임의 합의로 보는 견해이다. ③ 임대차유사무명계약설은 민법상의 임대차계약과 근로계약을 혼합한 무명계약으로 보는 견해 등이 있다.

3. 구체적 논의의 실익

첫째 고용과 사용의 분리라는 근로자파견의 개념에 따라 사용사업주의 지휘 · 감독권이 파견사업주로부터 유래하지 않은, 근로자파견계약에 따라 사용사업주에게 고유하게 주어진 권한으로 볼 것인지, 아니면 둘째 파견사업주의 사용자성을 전제로 파견사업주가 본래 행사하여야 할 지휘 · 감독권이 근로자파견계약의 범위 내에서 사용사업주에게 일시적으로 이전 · 위임 · 위탁 · 이용 허락된 것인지에 있다(노동법실무연구회, 「근로기준법주해 I」, p.500).

첫째 견해를 택할 경우 파견사업주는 파견근로자에 대한 사용이 전제되어 있지 아니하므로 근로자파견계약의 공백기간 동안 노무를 수령하거나 이에 대한 대가를 지급할 의무가 없는 반면, 둘째 견해를 택할 경우 파견사업주는 근로자파견계약의 공백이 발생하더라도 파견근로자와 고용관계가 존속되는 중에는 당연히 사용자로서 고용과 사용의 일치관계로 복귀하게 되고, 다시 해당 근로자를 다른 사업체에 파견하기까지는 직접 사용자로서 노무를 수령해야 할 지위에 있게 된다.

근로자파견법상 파견사업주의 사용자성을 전제로 하는 이상 사용사업주의 지휘 · 감독권은 파견사업주가 사용자로서 가지는 권한으로부터 유래된 것으로 봄이 타당하고, 따라서 근로자파견계약의 중단, 종료 등으로 사용사업주의 지휘 · 감독권이 소멸하면 파견사업주는 고용과 사용이 일치된 사용자로서의 지위를 당연히 회복한다고 보는 것이 타당하다.

2 파견사업주와 파견근로자와의 법률관계

1. 파견근로자의 파견업무에 관련한 법률행위의 성격

근로자파견법에 의한 근로자파견은 파견사업주가 근로자를 고용한 후 그 고용관계를 유지하면서 사용사업주와 사이에 체결한 근로자파견계약에 따라 사용사업주에게 근로자를 파견하여 근로를 제공하게 하는 것이다.

파견근로자는 사용사업주의 사업장에서 그의 지시 · 감독을 받아 근로를 제공하기는 하지만 사용사업주와의 사이에는 고용관계가 존재하지 아니하는 반면, 파견사업주는 파견근로자의 근로계약상의 사용자로서 파견근로자에게 임금지급의무를 부담할 뿐만 아니라, 파견근로자가 사용사업자에게 근로를 제공함에 있어서 사용사업주가 행사하는 구체적인 업무상의 지휘 · 명령권을 제외한 파견근로자에 대한 파견명령권과 징계권 등 근로계약에 기한 모든 권한을 행사할 수 있으므로, 파견근로자를 일반적으로 지휘 · 감독해야 할 지위에 있다.

따라서 파견사업주와 파견근로자 사이에는 민법 제756조의 사용자관계가 인정되어 파견사업주는 파견근로자의 파견업무에 관련한 법률행위에 대하여 파견근로자의 사용자로서의 책임을 져야 하는 것이다.

다만, 파견근로자가 사용사업주의 구체적인 지시 · 감독을 받아 사용사업주의 업무를 행하던 중에 불법행위를 한 경우에 파견사업주가 파견근로자의 선발 및 일반적 지휘 · 감독권의 행사에 있어서 주의를 다하였다고 인정되는 때에는 면책된다고 할 것이다(대법 2003.10.9, 2001다24655).

2. 개별적 근로관계법상의 보호

(1) 계약관계의 성질

파견사업주와 파견근로자 사이에는 근로계약관계가 존재하는 것으로 보아야 한다. 따라서 파견사업주는 파견근로자와의 관계에서 근로기준법의 적용을 받는 사용자의 지위에 있다.

파견근로자는 파견사업주와 근로계약을 체결한 계약당사자이지만 사용사업주에게 노무제공을 하게 되므로, '노무급부'에 관하여 제3자를 위한 계약(민법 제539조)이 근로계약 내에 부관으로서 포함되어 있다고 볼 수 있다. 어떤 계약이 제3자를 위한 계약에 해당하는지 여부는 당사자의 의사가 그 계약에 의하여 제3자에게 직접 권리를 취득하게 하려는 것인지에 관한 의사해석의 문제로서 이는 계약 체결의 목적, 계약에 있어 당사자의 행위의 성질, 계약으로 인하여 당사자 사이 또는 당사자와 제3자 사이에 생기는 이해득실, 거래관행, 제3자를 위한 계약제도가 갖는 사회적 기능 등 제반 사정을 종합 하여 계약 당사자의 의사를 합리적으로 해석함으로써 판별할 수 있다(대법 2006.9.14, 2004다18804).

따라서 사용사업주는 근로자파견계약의 범위 내에서 파견근로자의 '노무급부'를 청구할 수 있는 채권을 보유하게 된다. 이러한 청구권에 기초해서 사용사업주는 파견근로자에게 지시권을 행사할 수 있다(김형배.「노동법」24판. p.1312).

(2) 파견근로자의 주된 채무내용

파견근로자는 제3자인 사용사업주에게 종속적 노무를 제공할 채무를 부담하고, 파견사업주는 노무급부에 대한 임금을 지급할 채무를 파견근로자에게 부담한다(근로자파견법 제34조제2항). 파견근로에 있어서는 노무급부가 제3자인 사용사업주의 지시를 받으면서 행하여 진다는 특색 때문에 근로자파견법은 파견근로자의 보호를 위하여 여러 가지 조치를 마련하고 있다.

① 파견사업주와 사용사업주는 파견근로자가 사용사업주의 사업장 내에서 동일한 업무를 수행하는 동종 근로자와 비교하여 부당하게 차별적 처우를 받지 않도록 하여야 한다(동법 제21조).

② 파견사업주가 사용사업주의 귀책사유로 파견근로자의 임금을 지급하지 못한 때에는 사용사업주는 파견사업주와 연대책임을 진다(동법 제34조제2항). 사용사업주의 귀책사유란 사용사업주가 정당한 사유없이 근로자파견계약을 해지한 경우와 사용사업주가 정당한 사유없이 근로자파견계약에 의한 근로자파견의 대가를 지급하지 아니한 경우를 말한다(동법시행령 제5조).

③ 사용사업주가 유급 또는 유급휴일 · 휴가를 주는 경우 그 휴일 또는 휴가에 대하여 유급으로 지급되는 임금은 파견사업주가 지급하여야 한다(동법 제34조제3항).

파견사업주와 사용사업주 간에 근로자파견계약서를 체결하였으며, 동 계약에 따라 1년간 외국연예인근로자를 파견시켜 공연활동을 시켰으나 사용사업주 갑이 영업이 안 된다는 이유만으로 공연료(임금도 포함)를 체불한 바 근로기준법상 사용자의 범위는 누구인가의 문제이다. 근로자파견법 제34조제2항의 규정에 의거 파견사업주 및 사용사업주를 근로기준법 제2조제1항제2호의 규정에 의한 사용자로 보아 근로기준법 제43조를 적용하여 처리하는 것이 타당하다. 다만, 근로기준법 위반으로 처벌대상이 되는 미지급 금품은 체불한 공연료 전액이 아니라 공연료 중에서 파견사업주가 파견근로자에게 지급해야 될 임금에 관한 부분으로 한정하여야 할 것이다(2000.4.8, 근기 68207-1098).

④ 파견근로자가 일정한 사용사업주에게 그의 노무를 계속 제공하면서 사실상의 취업상태를 유지하지 못하고, 다음의 취업을 위하여 대기하고 있는 경우에 파견사업주는 임금을 지급해야 하는가의 문제가 있다.

근로자파견법 제2조제1호는 파견사업주와 파견근로자 사이의 근로관계는 계속적으로 유지되는 것을 전제로 하고 있다. 다시 말하면 사용사업주와의 취업관계가 종료되면, 파견사업주와의 근로계약관계도 종료하는 것으로 해석되어서는 안 된다. 이것은 파견근로자의 고용관계를 매우 불안정하게 할 뿐만 아니라, 결과적으로 파견근로자의 위험부담 하에 파견사업주가 사업을 운영하는 것이라고 할 수 있다. 독일 근로자파견법은 사용사업주와의 취업기간이 종료됨과 동시에 파견사업주와의 근로계약기간이 동시에 종료되는 것을 금지하고 있다. 이와 같은 근거에서 파견사업주는 파견근로자가 대기하는 기간 동안의 임금을 지급하는 것이 원칙이다.

(3) 부수적 의무

① 파견근로자는 근로계약관계가 존속하는 동안 파견사업주에 대해서뿐만 아니라, 파견기간 동안에는 사용사업주에 대해서도 비밀유지의무와 경업피지의무를 부담한다고 하여야 한다. 특히 파견사업주와 파견근로자 사이의 고용관계가 종료된 후에 파견사업주는 정당한 이유없이 해당 파견근로자가 사용사업주에게 고용되는 것을 금지하는 내용의 근로계약을 체결하여서는 아니 되며 이러한 계약은 무효이다(근로자파견법 제25조제1항).

② 파견사업주는 정당한 이유 없이 파견근로자의 고용관계 종료 후 사용사업주가 해당 파견근로자를 고용하는 것을 금지하는 내용의 근로자파견계약을 체결하여서는 아니 된다(동법 제25조제2항). 근로자가 '파견' 근로자로서의 지위를 벗어나 '상용' 근로자로서 안정된 자리를 얻기 위하여 과거의 사용사업주와 근로계약을 체결하는 것은 파견사업주에 대한 성실의무에 반하지 않을 뿐만 아니라, 파견사업주가 이를 금지하는 계약을 요구하는 것은 직업선택의 자유(헌법 제15조)를 침해하는 것이 되어 무효라고 하여야 한다. 이와 같은 내용의 근로자파견계약을 체결하는 것도 역시 무효이다(동법 제25조제2항).

③ 파견사업주는 근로자파견을 하고자 할 때에는 파견근로자가 사용사업주에게 제공해야 할 노무급부 등 중요한 사항(동법 제20조 각 호 및 파견근로자가 파견되어 근로할 사업장의 복리후생시설의 이용에 관한 사항)을 서면으로 알려주어야 한다(동법 제26조). 취업조건(파견근로자라는 사실, 근로자파견계약의 내용 등)을 서면으로 알리도록 함으로써 파견근로자 권익보호를 강화하고 당사자 간의 분쟁가능성을 해소시킨 것이다. 또한 파견근로자가 근로자파견의 대가에 관한 내역의 제시를 요구할 경우 파견사업주는 그 내역을 서면으로 제시하도록 의무화 하였다. 이는 파견사업주에 의한 과도한 중간공제 가능성을 예방하기 위해 파견의 대가에 대한 내역을 서면으로 요구할 수 있는 권리를 파견근로자에게 부여한 것이다.

④ 파견사업주는 파견근로자에게 노무제공으로 얻을 수 있는 수입 및 기타 직업상의 발전가능성 등을 설명해 주어야 한다. 특히 파견근로자의 노무가 사용사업주의 사업장에서 이루어지게 되므로 근로자의 안전에 관해서는 사용사업주가 책임을 부담하지만(동법 제35조제1항), 파견사업주가 영향력을 행사할 수 있는 한도 내에서는 이에 대한 배려의무를 부담한다(동법 제20조제10호).

(4) 근로관계의 종료와 해고보호

① 파견사업주와 파견근로자 사이의 근로관계는 기간의 정함이 없는 것과 기간의 정함이 있는 것으로 나누어지는데, 기간의 정함이 없는 경우가 원칙일 것이다(동법 제2조제1호). 특히 파견근로기간에 맞추어 근로계약기간이 동시에 종료되도록 하는 것은 근로자파견법 제2조제2호에 위반되는 것으로 해석된다.

② 근로자파견계약의 중도해지를 근로계약 종료의 사유로 약정하는 것은 효력이 있는가의 문제이다. 구 근로기준법 제23조에 근로계약은 기간의 정함이 없는

것과 일정한 사업완료에 필요한 기간을 정한 것을 제외하고는 그 기간은 1년을 초과할 수 없다고 규정하고 있다. 그러나 기간제법 제4조제1항은 「사용자는 2년을 초과하지 아니하는 범위 안에서(기간제근로계약의 반복 갱신 등의 경우에는 그 계속 근로한 총 기간이 2년을 초과하지 아니하는 범위 안에서) 기간제근로자를 사용할 수 있다」고 규정하고 있다. 파견사업주와 근로자 간에 근로계약 체결시 계약기간을 정하지 아니한 경우라면 달리 볼 사정이 없는 한 기간의 정함이 없는 근로계약을 체결한 것으로 볼 수 있을 것이다. 다만, 근로계약기간을 파견기간으로 정했다고 볼 수 있는 경우에는 파견기간을 근로계약기간으로 볼 수 있다.

예컨대, 파견계약이 중도해지 되는 경우 근로계약이 종료된다고 규정하고 있는 경우에 이는 근로계약기간을 정한 것으로 보기는 어렵고 근로계약 해지사유를 규정하고 있다고 보는 것이 타당하며, 따라서 이 경우 근로기준법 제23조에 의한 해고의 정당한 이유가 있어야 할 것이다(2002.12.17, 근기 68207- 3365).

③ 파견근로자도 근로기준법 제23조(해고 등의 보호) 및 24조(경영상이유에 의한 해고의 제한)의 보호를 받는다(근로자파견법 제34조제1항 단서 전단). 따라서 파견사업주는 파견근로자를 정당한 이유 없이 해고할 수 없다.

④ 파견사업주와 파견근로자 사이에 근로계약이 체결되어 있더라도 계약당사자들의 합의에 의하여 사후적으로 근로관계를 종료시키는 것은 정당하다.

3. 집단적 노사관계법상의 보호

(1) 노조법의 적용

파견근로자도 헌법상의 근로3권을 향유할 수 있는 근로자이다. 따라서 근로자파견법에는 아무런 규정이 없으니, 파견근로자는 파견사업주의 사업장 내에서 노동조합을 결성하거나 해당 노동조합에 가입할 수 있다. 문제는 이러한 파견근로자로 조직된 노동조합의 단체교섭요구가 있을 때 파견사업주는 단체교섭에 응해야 할 의무를 부담하는지 여부이다. 근로계약관계가 있는 당사자 사이에서는 당연히 단체교섭관계가 인정된다. 따라서 파견사업주는 그 소속 파견근로자들로 조직된 노조의 단체교섭요구에 대하여 정당한 이유없이 거부할 수 없다. 그러나 파견근로자 노조가 파견사업주에게 단체교섭을 요구할 경우 단체교섭 대상은 임금,

연장 · 야간 · 휴일근로, 연차유급휴가, 재해보상 등에 대한 사항에 한정된다(근로자파견법 제34조제1항 단서 전단). 왜냐하면 근로시간, 휴일 · 생리휴가 · 산전산후휴가, 육아시간, 교육시설 등에 관한 사항에 대해서는 사용사업주가 사용자로서의 지위에 있기 때문이다(김형배. 「노동법」 24판. p.1315).

(2) 근참법의 적용

근로자파견법에는 근참법에 의한 노사협의회의 설립이나 운영에 관해서 명문의 규정이 없다. 파견근로자는 사용사업주의 사업장에서 근무하고 있는 동안에도 근참법상 파견사업주의 사업장에 고용되어 있는 근로자라고 할 수 있으므로, 파견근로자는 파견사업주의 사업장에서 노사협의회의 선거권 내지 피선거권을 행사할 수 있다(근참법 제6조).

3 사용사업주와 파견근로자의 관계

1. 개별적 근로관계법상의 권리 · 의무

(1) 취업관계의 성질에서의 당사자의 권리 · 의무

① 사용사업주와 파견근로자 사이의 법적 관계에 대해서 사용사업주가 노무급부지시청구권을 가지는 것은 파견사업주가 사용사업주에게 그 채권을 양도하기 때문이고, 또한 파견사업주와 파견근로자 사이의 근로계약에서 '노무지급'에 관하여는 그 부관(附款)으로서 제3자를 위한 계약(민법 제539조)이 행하여지기 때문이다.

또한 파견근로자는 사용사업주와의 동의 하에 사용사업주의 사업장에 편입됨으로써 양 당사자간에는 노동법상의 성실의무와 배려의무가 발생되는 계기가 마련된다고 볼 수 있다. 따라서 사용사업주는 파견근로자의 노무에 관한 구체적 계획과 활용방법을 정할 수 있으며, 파견근로자는 사용사업주의 사업장에 적용되는 근로시간제도와 복무규율에 따라야 한다(동법 제34조제1항 단서 후단).

② 파견근로자는 사용사업주에 대하여 계약상의 의무에 유사한 부수적 의무를

부담한다. 그 내용은 일반적으로 비밀유지의무와 주의의무가 될 것이고, 이에 대한 위반이 있으면 사용사업주에게 손해배상의무를 부담한다.

③ 사용사업주의 부수적 의무에는 파견근로자의 안전에 관한 배려의무가 있다. 사용사업주는 파견근로자에 대하여 배려의무를 부담한다. 특히 근로자파견법 제35조제1항 · 제2항 · 3항은 사용사업주의 산업안전보건법상의 사용자로서의 특례를 규정하고 있다. 그리고 사용사업주는 파견근로자가 소지한 물품에 대해서도 부수적 의무로서 보관의무를 부담한다. 사용사업주의 귀책사유로 배려의무를 위반한 경우에는 이로 인하여 발생한 손해배상책임이 발생한다(김형배. 「노동법」 24판. P.1317).

④ 甲회사와 직접적인 근로계약을 체결한 乙이 丙회사에 파견을 나가 작업을 하던 도중 기계 내 안전장치가 제대로 작동되지 않아 부상을 입은 사안에서, 甲회사는 근로계약에 수반하는 안전배려의무를 다하지 못하였으므로 乙이 입은 손해를 배상할 책임을 부담하고, 丙회사는 乙과 甲회사 사이의 근로계약과 甲회사와 丙회사 사이의 근로자파견계약이 개재된 법률관계에 의하여 乙의 노무를 지배 · 관리할 수 있었으므로 이러한 양자의 관계는 근로계약 및 근로자파견계약을 매개로 한 실질적인 사용자, 피용자의 관계라고 보아야 하는데, 丙회사는 기계 고장을 제대로 확인하지 아니한 채 작업을 하도록 하고 별다른 안전교육을 실시하지 아니하는 등 사용자로서 안전배려의무를 다하지 못하여 乙로 하여금 손해를 입게 하였으므로, 불법행위로 인한 손해배상책임과 경합하여 채무불이행으로 인한 손해배상책임을 부담한다는 원심법원의 판결(대구고법 2011.6.29. 2010나9475)을 대법원이 확정했다(대법 2013.11.28. 2011다60247).

(2) 근로기준법상의 사용자로서의 지위

① 파견근로자의 보호를 위하여 사용사업주와 파견근로자 사이에도 사실상의 취업관계가 성립하므로 이 점에 관한 한 사용자로서의 책임을 부담한다는 것은 당연하다(사용자기능의 분열). 따라서 근로자파견법도 사용사업주가 부담해야 할 노동법상의 책임을 규정하고 있다. 파견근로자와의 관계에서 사용자의 위치에 있는 자는 원칙적으로 파견사업주라 할 것이고, 근로기준법 중 대부분의 규정(부당해고 구제신청 절차에 관한 규정도 포함된다)의 적용에 있어서 파견사업주를 사용자로 보고 사용사업주는 근로시간, 휴게, 휴일 등의 일부 규정의 적용에 있어서만 사용자로 본다는

근로자파견법 제34조의 규정이나, 파견기간이 2년을 초과하는 경우 사용사업주가 파견근로자를 고용할 의무를 규정하는 근로자파견법 제6조의2 규정 또한 위와 같은 취지를 반영한 것이라 할 것이고, 따라서 사용사업주는 파견근로자에 대한 관계에서 사용자로 볼 수 없다(서울고법 2006.2.10, 2004주14399).

즉 근로시간 · 휴게 · 휴일 등의 구체적인 운용에 관해서는 사용사업주를 법률상 사용자로 보고 있으며, 산업안전보건법상의 안전보건책임 또한 사용사업주가 부담하도록 하고 있다(근로자파견법 제34조, 제35조). 특히 특례규정을 두어 근로시간 · 휴게 · 휴일(근로기준법 제49조 내지 제54조, 제56조, 제57조, 제61조), 유급휴가의 대체(근로기준법 제60조), 여성 및 연소근로자의 근로조건(근로기준법 제67조 내지 73조) 등의 보호에 있어서는 사용사업주만을 파견근로자의 사용자로 보고 있다(근로자파견법 제34조제1항).

② 외형적 · 형식적으로는 근로자가 원고용주인 파견사업주에 고용되어 파견사업주와 사용사업주의 근로자파견계약에 따라 제3자인 사용사업주의 사업장에서 사용사업주의 지휘명령에 따라 업무에 종사하더라도, 실제로는 파견사업주에게 노동법상 파견사업주의 책임을 부담할 만한 독자적인 능력이 없거나 파견사업주가 고용관계의 기본적 사항에 대한 권한을 행사하지 않아 파견사업주로서의 존재가 형식적 · 명목적인 것에 지나지 않는 반면, 근로자가 사용사업주와 종속적인 관계에 있고 사용사업주가 근로자에 대하여 지휘명령을 할 뿐 아니라 근로자의 채용, 징계, 해고 등 인사에 관한 사항, 임금에 관한 사항 및 고용관계의 유지에 필요한 노무관리에 관한 사항 등 고용관계에 관한 기본적 사항에서도 주도권을 행사하는 경우에는 사용사업주와 근로자 사이에 묵시적 근로계약관계가 있다고 봄이 타당하다(서울고법 2013.3.13, 2012나59376). 이 사건은 甲이 乙 학교법인이 운영하는 대학교의 후생복지센터에서 기간제근로자로 근무하다가 乙 법인과 포괄적 근로자파견계약을 맺은 丙 주식회사와 근로계약을 체결한 후 다시 위 센터에 파견되어 이전과 동일한 업무를 하며 2년 동안 근무하였는데 丙 회사가 甲에게 계약기간 만료를 통보한 사안에서, 甲과 丙 회사 사이의 근로계약 체결경위와 과정 등 여러 사정에 비추어 볼 때, 파견사업주인 丙회사는 채용, 계약기간 만료 통보 등 인사에 관한 사항, 임금에 관한 사항 및 교육훈련 등 고용관계의 유지에 필요한 노무관리에 관한 사항 등 고용관계에 관한 기본적 사항에 관하여 아무

런 권한을 행사하지 않아 파견사업주의 존재가 형식적 · 명목적인 것에 지나지 않는 반면, 甲은 사용사업주인 乙 법인과 종속적인 관계에 있었고 사용사업주인 乙 법인이 甲에 대하여 지휘명령을 하였을 뿐만 아니라 고용관계에 관한 기본적인 사항에 관하여도 실질적인 주도권을 행사하였으므로, 甲이 丙회사와 근로계약을 체결한 후에도 甲과 乙 법인 사이에 묵시적인 근로계약관계가 유지되고 있었다고 볼 수 있고, 乙 법인이 丙 회사를 통하여 근로계약기간 만료를 통보한 것은 부당해고에 해당한다고 한 사례이다.

(3) 위법한 파견근로관계의 경우 사용사업주와 파견근로자간에 직접적인 고용관계의 성립 여부

근로자파견사업 허가를 받지 아니하거나 또는 파견허용 업무 이외의 업무에 근로자파견의 형태로 근로자를 사용하는 등의 위법한 파견근로관계의 경우에도 사용사업주인 회사가 파견근로자를 2년 이상 사용하면 근로자파견법상의 고용의무 조항이 적용되는지 여부에 관하여 견해의 대립이 있다. 대법원은 직접고용간주 조항을 두었던 구법 제6조제3항의 해석과 관련하여 형식상으로는 독립 법인으로 운영되어 왔지만 실질적으로는 모자회사의 관계로서 사실상의 결정권을 행사해 온 회사 사이에 체결된 업무도급계약은 진정한 의미의 업무도급이 아닌 '위장도급'에 해당하고, 모회사가 '위장도급'의 형식으로 근로자를 사용하기 위하여 자회사의 법인격을 이용한 것에 불과한 경우에는 실질적으로 모회사가 근로자들을 직접 채용한 것과 마찬가지로서 모회사와 근로자들 사이에 직접 근로계약관계가 존재한다고 보아야 할 것이다(대법 2003.9.23, 2003두3420). 대법원판례에 따르면 적어도 도급업체의 법인격을 이용한 것에 불과할 정도의 위장도급의 경우에는 근로자파견법이 적용되는 것이 아니라 사용사업주와 도급업체 소속 근로자(파견근로자)들 간에 처음부터 근로계약관계가 존재하는 것으로 보고 있다. 구 근로자파견법상 위법한 근로파견의 경우 직접고용간주를 적용할 수 있느냐에 관하여 견해의 대립이 있었고 하급심 판례도 엇갈리고 있었다. 전원합의체는 근로자파견이 위법한 경우라도(구 근로자파견법 제5조제1항, 제2항) '직접고용간주규정'(구법 제6조제3항)을 적용할 수 있다고 하여 기존의 태도를 변경하였다(대판[전원합의체] 2008.9.18, 2007두22320). 대법원 전원합의체는 구 근로자파견법 제6조제3항이 사용사업주와 파견근로자 사이의 사법관계에서 직접고용관계 성립을 의제함으로써 근로자파견의 상용화 · 장기화를 방지하고 그에 따른 파견근로자의 고용안정을 도모하는 데 있다고 판시하면서, 동법 제5조에 정한 파견의 경우에만 직접고용관계의 성립을 의제할 것은 아니라고 한다. 그러나 2008.7.3에 개정된 동법 제6조의2제1항은 「직접고용하여야 한다」고 규정함으로써 사용사업주에게는 고용 「의무」(채무)가 부과되고 있을 뿐이다.

개정근로자파견법 제6조의2는 적법 · 불법파견을 불문하고 모두 고용의무를 진다고 규정함으로서 종전 직접고용간주 적용을 둘러싼 견해의 대립을 입법적으로 해결하였다.

(4) 근로기준법상 파견사업주와 사용사업주의 사용자기능의 분열

사용자책임의 소 재	근로기준법상의 규정
파견사업주 부 담	제15조 부터 제36조까지(근로계약기간, 근로조건의 명시, 근로조건의 위반, 위약예정의 금지, 전차금상계 금지, 강제저축의 금지, 해고 등의 제한, 경영상이유에 의한 해고제한, 해고예고, 부당해고 등의 구제 신청, 금품청산), 제39조(사용증명서), 제40조(근로자의 명부), 제41조(계약서류의 보존), 제42조 내지 제48조(임금지급의 방법, 도급사업에 대한 임금지급, 비상시지급, 휴업수당, 임금대장), 제56조(연장근로등에 대한 가산임금의 지급), 제60조(연차유급휴가), 제64조(최저연령과 취직인허증), 제64조부터 제68조까지(연소자증명서, 미성년자의 근로계약과 임금청구), 제78조부터 제92조까지(재해보상편), 휴일 · 생리휴가 · 산전후휴가시 유급으로 지급되는 임금(근로자파견법 제34조제3항)
사용사업주 부 담	제50조부터 제55조까지(근로시간, 탄력적근로시간제, 선택적근로시간제, 연장근로의 제한, 휴게, 휴일), 제58조부터 제59조(근로시간 계산의 특례, 근로시간 및 휴게시간의 특례), 제62조(유급휴가의 대체), 제63조(근로시간 · 휴게 · 휴일규정의 적용제외), 제67조부터 75조까지(여성과 연소근로자의 근로시간, 야간 · 휴일 · 시간외 · 갱내근로의금지, 생리휴가, 산전후휴가, 육아시간)
파견사업주 사용사업주 양자 부담	위의 규정을 제외한 근로기준법상의 규정들 사용사업주의 귀책사유로 파견사업주가 임금을 지급하지 못한 때: 이 경우 제43조(임금지급방법)및 제68조(미성년자의 임금청구)의 규정적용시 파견사업주 및 사용사업주를 근로기준법상의 사용자로 본다(근로자파견법 제34조제2항). 파견사업주와 사용사업주가 근로자파견계약 내에 근로기준법을 위반하는 내용을 포함시키고, 그 계약조항에 따라 파견근로자를 근로하게 함으로써 근로기준법을 위반한 때(근로자파견법 제34조제4항)

(5) 산업안전보건법상 파견사업주와 사용사업주의 사용자기능의 분열

사용자책임의 소 재	산업안전보건법상의 규정
사용사업주 부 담	원칙적으로 사용사업주를 산업안전보건법상의 사용자로 봄(근로자파견법 제35조제1항)
파견사업주 부 담	산업안전보건법 제43조제1항의규정에 의하여 사업주가 정기적으로 실시하여야 하는 건강진단중 고용노동부령이 정하는 건강진단(근로자파견법 제35조제4항)
파견사업주 사용사업주 양자 부담	제5조(사업주의 의무), 제43조제5항(작업장소의변경, 작업의 전환 및 근로시간단축의 경우에 한한다), 제43조제6항 단서(본인의 동의 없는 건강진단 결과의 공개금지), 제52조제2항(감독기관에 대한 신고를 이유로 한 불이익처우의 금지) 파견사업주와 사용사업주가 산업안전보건법을 위반하는 내용을 체결하고 그 계약에 따라 파견근로자를 근로하게 함으로써 산업안전보건법을 위한 경우(근로자파견법 제35조제6항)

2. 집단적 노사관계법상의 보호

(1) 노조법의 적용

1) 파견사업체에서 노동조합 결성 및 노동조합 가입 여부

파견근로자는 파견사업주와 근로관계가 있기 때문에 단결권의 행사로서 노동조합 결성 및 가입은 당연히 허용된다. 그러나 현실적으로 작업장이 서로 다른 곳인 경우가 많기 때문에 노동조합활동이 어렵다. 또한 근로조건을 결정하는 사용자가 파견사업주라기 보다 사용사업주인 경우가 많기 때문에 노동조합 활동이 활발하지 못하다.

2) 파견근로자가 사용사업장에 기존의 노동조합이 있는데 가입할 수 있는지 여부

파견근로자가 스스로 노동조합을 설립하지 아니하고 사용사업주의 근로자들로 구성된 노동조합에 가입하는 것이 허용될 수 있는지에 관하여 논란의 여지는 있지만 현행 노조법에서 이에 대하여 규제하지 않고 있으므로 가능하다고 해석된다. 결국 노동조합의 형태에 반드시 특정 사용자와 고용관계에 있는 근로자만을 구성원으로 하는 기업별 노동조합만 있는 것은 아니라는 점, 근로자파견법이 일정한 범위 안에서 사용사업주의 사용자 지위를 인정하는 점 등을 감안할 때, 비록 사용사업주의 근로자들을 주된 구성원으로 하더라도 그 노동조합이 규약으로 해당 사업장에서 노무를 제공하는 파견근로자를 구성원에 포함하고 있는 경우에는 파견근로자도 위 노동조합에 가입할 수 있다고 볼 것이다. 다만, 이 경우에도 해당 노동조합과 사용사업주 사이에 파견근로자의 급여 등 파견사업주와 파견근로자 사이에 결정되어야 할 근로조건을 교섭의 대상으로 삼을 수는 없다(노동법실무연구회, 「근로기준법주해1」, p.508).

3) 파견근로자로 조직된 노동조합이 사용사업주를 대상으로 단체교섭을 요구할 수 있는지 여부

파견근로관계에서 파견근로자들의 노동조합은 근로조건의 개선을 위하여 사용사업주에게 단체협약의 체결을 위한 단체교섭을 요구할 수 있는가의 문제이다. 다시 말하면 사용사업주는 파견근로자에 대하여 노조법상의 사용자의 지위에 있는가이다. 이 문제에 관해서 근로자파견법은 아무 규정을 두고 있지 않다.

이에 대하여 판례(대법 1993.11.23. 92누13011)는 집단적 노사관계당사자로서의 지위는 개별적 근로관계 내지 이와 유사한 사용종속관계를 전제로 한다는 태도를 취하고 있다. 따라서 사용사업주를 단체교섭의 상대방으로 보는 데는 부정적 견해를 가지고 있다. 그러나 근로자파견법에 의하면 사용사업주도 근로자들의 일부 근로조건에 대해서는 사용자로서의 지위가 인정되기 때문에 파견근로자 노동조합이 사용사업주에 대하여 단체교섭을 요구할 경우 사용사업주가 사용자책임을 지는 사항, 즉 근로시간과 휴일 · 휴가에 관한 사항에 대해서는 단체교섭에 응할 의무가 있다고 보는 것이 타당할 것이다(김유성 「노동법 I 」, p.399).

(2) 근참법의 적용

파견근로자는 사용사업주의 사업장에서는 노사협의회의 선거권 · 피선거권을 갖지 못한다. 따라서 파견근로자는 사용사업주의 사업장에 있어서 노사협의회 설치를 결정하는 근로자 수에 산입될 수 없다(근참법 제4조, 시행령 제2조). 다만, 사용사업주는 파견근로자로부터 파견근로에 관한 고충의 제시가 있는 경우에는 그 고충의 내용을 파견사업주에게 통지하고 신속 · 적절하게 고충을 처리하도록 하여야 한다. 그러나 고충처리 외에도 사용사업주는 파견근로가 적정하게 행하여지도록 필요한 조치를 강구하여야 한다(근로자파견법 제31조).

3. 파견사업주의 의무와 책임

(1) 파견근로자의 복지증진의무

근로자파견법은 파견근로자의 권익을 보호하고 향상시키며 행정관청으로 하여금 이를 관리 · 감독할 수 있도록 파견사업주에게 여러 가지 의무를 부과하고 있다.

① 파견사업주는 파견근로자의 희망과 능력에 적합한 취업 및 교육훈련기회의 확보, 근로조건의 향상 기타 고용안정을 기하기 위하여 필요한 조치를 강구함으로써 파견근로자의 복지증진에 노력하여야 한다(동법 제23조).

② 파견근로자와 파견사업주간에는 근로기준법상의 근로자 보호 규정이 적용되기 때문에 근로계약의 근로기준법상 근로조건 하향금지(동법 제15조), 및 근로계약기간, 근로조건 명시 등 근로계약상의 근로자 보호 규정을 준용되고 있다(근로자파견법 제34조).

(2) 파견근로자에 대한 고지의무

① 파견사업주는 근로자를 파견근로자로서 고용하고자 할 때에는 미리 해당 근로자에게 그 취지를 서면으로 알려주어야 한다(근로자파견법 제24조제1항). 구법에는 고지방법에 관한 규정이 없으므로 서면 또는 구두로도 할 수 있었으나, 개정법은 법률관계를 명확히 하고 사용사의 일방적인 파견근로계약의 체결 강요를 규제하기 위하여 서면고지 방법을 명시한 것이다.

② 파견사업주는 그가 고용한 근로자 중 파견근로자로 고용하지 아니한 자를 근로자파견의 대상으로 하고자 할 경우에는 미리 그 취지를 알려주고 해당 근로자의 동의를 얻어야 한다(동법 제24조제2항).

근로자파견법 제24조제1항은 근로계약의 주요내용이라는 점에서 동조 제2항은 주요 내용의 변경이라는 점에서 당연하고, 따라서 만일 근로자를 고용하면서 파견근로자임을 명시하지 않는 경우에는 정규직근로자로서 고용한 것으로 보아 따로 근로자의 동의를 얻지 못하는 한 근로자파견의 대상으로 삼을 수 없다고 보아야 한다(노동법실무연구회, 「근로기준법주해 I」, p.499).

(3) 취업조건의 고지

① 파견사업주는 근로자파견을 하고자 할 때에는 미리 해당 파견근로자에게 취업조건을 서면으로 알려주어야 한다(동법 제26조).

② 파견사업주가 근로자에게 파견근로의 취지나 취업조건을 알려주지 않았거나 허위로 숨긴 경우에는 근로기준법 제17조 위반이 될 수 있으며 동법 제19조 의해 구제받을 수 있다(근로자파견법 제34조).

(4) 근로자파견 대가의 내역 제시

파견근로자는 파견사업주에게 동법 제20조제1항제11호의 규정에 따른 근로자파견의 대가에 관하여 그 내역의 제시를 요구할 수 있다(동법 제26조제2항). 파견사업주는 파견근로자로부터 근로자파견의 대가에 관하여 그 내역의 제시를 요구받은 때에는 지체없이 그 내역을 서면으로 제시하여야 한다(동법 제26조제3항).

파견대가의 내역의 제시를 의무화하는 것은 영업기밀을 공개하라는 것이 아닌가라는 문제가 있다.

파견근로는 파견사업주의 과도한 중간공제 가능성을 내포하고 있는 제도이며 사용업체로부터 받은 파견의 대가와 파견근로자 임금의 차액이 전부 중간착취라는 오해를 받을 수 있다.

실제로는 사회보험료, 관리비용, 인건비(파견근로자 외에 상시 5일 이상 근로자를 고용할 것이 허가요건임) 등을 제한 나머지 금액이 이윤에 해당할 것이다.

따라서 파견대가의 내역제시를 통해 파견사업의 투명성을 높이고 불필요한 오해를 받지 않도록 할 필요성이 있으므로, 동조항을 신설한 것이다.

(5) 파견근로자 고용제한의 금지

① 파견사업주는 정당한 이유없이 파견근로자 또는 파견근로자로서 고용되려는 자와 그 고용관계의 종료 후 사용사업주에게 고용되는 것을 금지하는 내용의 근로계약을 체결하여서는 아니된다(동법 제25조제1항).

② 파견사업주는 정당한 이유없이 파견근로자의 고용관계의 종료 후 사용사업주가 해당 파견근로자를 고용하는 것을 금지하는 내용의 근로자파견계약을 체결하여서는 아니된다(동법 제25조제2항).

(6) 파견근로자 관리업무

파견사업주는 파견근로자의 적절한 고용관리를 위하여 근로자파견법상의 결격사유에 해당하지 아니하는 자 중에서 사업소별로 1명 이상의 파견사업관리책임자를 선임하여야 한다(동법 제28조). 파견사업주는 파견사업관리대장을 작성하고 근로자파견의 종료일로부터 3년간 보존하여야 한다(동법 제29조).

(7) 파견사업주의 사용자 책임

① 근로계약 당사자인 파견사업주가 사용자로서 근로기준법상의 책임을 진다. 근로계약의 성립, 변경, 해고 등 근로계약과 관련된 부분과 퇴직금, 사용증명, 근로자명부 등 고용주로서의 사용자 책임을 부담한다.

② 고용주로서 임금에 관한 사용자책임을 원칙으로 진다. 임금지급, 비상시 지급, 휴업수당, 임금대장 등 임금지급과 관련된 사용자 책임을 부담한다.

③ 근로시간과 관련된 부분은 책임이 원칙적으로 없으나, 연상 · 야간 및 휴일근로 가산임금은 임금과 관련되어 있으므로 파견사업주가 부담한다. 연차유급휴가는 1년 이상의 장기근로관계에서 일어나는 것이므로 파견사업주가 책임을 진다.

④ 연소근로자의 고용관계에 있어서는 파견사업주가 사용자로서 책임을 부담한다. 최저연령과 취직인허증, 18세 미만자 연소자증명서 및 친권자 후견인의 동의서를 비치하여야 한다.

⑤ 재해보상에 있어서 고용관계의 사용자인 파견사업주가 사용자책임을 진다.

근로자파견사업의 성격상 파견사업주가 파견근로자의 작업현장에서 직접적으로 근로자를 관리, 감독할 지위에 있다고 볼 수는 없다. 그러나 근로자파견법 제34조, 제35조제2항에 의하면, 재해보상에 관한 근로기준법, 산업재해예방에 관한 산업안전보건법 제5조를 적용함에 있어 파견사업주를 사용자 내지 사업주로 보도록 되어있는 점, 사용자책임에 관한 민법 제756조의 취지 등을 종합해보면, 산재사고에 관하여 파견사업주 자신에게 직접적인 과실이 있는 경우는 물론 파견사업주 자신에게 직접적인 과실이 없는 경우에도 근로자파견계약에 의하여 파견근로자를 사용하는 사용사업주 등에게 과실이 있는 경우에는 파견사업주도 산재사고로 인한 손해배상책임을 져야 한다고 봄이 상당하다(수원지법 2008.7.11, 2008

나6950).

⑥ 주휴, 연차휴가, 생리휴가, 산전후휴가에 따른 유급수당의 임금은 파견사업주가 근로자에게 지급하여야 한다.

⑦ 파견사업주는 파견근로자를 직접 지휘 · 감독하고 있지 않으므로 산업안전보건법상의 사용자는 아니기 때문에 원칙적으로 사용자책임이 없다.

⑧ 정기 건강진단에 있어서는 예외적으로 파견사업주가 사용자책임을 부담한다. 파견사업주는 파견근로자에 대한 건강진단 결과를 설명하여야 하며 해당 건강진단 결과를 사용사업주에게 지체없이 송부하여야 한다.

⑨ 산업안전보건법을 위반하는 내용을 포함한 근로자파견계약을 체결하고 그에 따라 근로하게 하여 동법을 위반한 경우에는 계약당사자인 파견사업주와 사용사업주를 모두 산업안전보건법상의 사업주로서 벌칙을 받는다.

4. 사용사업주의 의무와 책임

(1) 근로자파견계약 준수 의무

근로자파견법은 파견근로자를 직접 사용하는 주체인 사용사업주에 대해 파견근로를 남용하지 않고, 사용하고 있는 파견근로자를 보호할 수 있도록 여러 가지 의무를 부과하고 있다.

① 사용사업주는 파견사업주와의 근로자파견계약을 준수하여 이를 위반하지 아니하도록 필요한 조치를 강구하여야 한다(동법 제30조).

② 근로자파견계약에 위반하여 파견근로자를 사용할 경우 근로자파견계약을 해지할 수 있다고 해석하여야 할 것이다.

(2) 파견근로자 고충처리

① 사용사업주는 파견근로자로부터 파견근로에 관하여 고충의 제시가 있는 경우에는 그 고충의 내용을 파견사업주에게 통지하고 신속 · 적절하게 고충을 처리하여야 한다.

② 고충처리 이외에 사용사업주는 파견근로가 적정하게 행하여지도록 필요한 조치를 강구하여야 한다(동법 제31조제2항).

(3) 파견근로자 관리

① 사용사업주는 파견근로자의 적절한 파견근로를 위하여 사용사업관리책임자를 선임하여야 한다(동법 제32조제1항).

(가) 사업관리책임자는 사업소별로 1인 이상 선임하여야 한다.

(나) 사용사업관리책임자는 업무내용은 파견근로자를 지휘 · 명령하는 자에 대한 지도 및 교육, 파견근로자의 고충처리, 사용사업관리대장을 작성 · 보존하여야 한다.

② 사용사업주는 사용사업관리대장을 작성하여 근로자파견의 종료일부터 3년간 보존하여야 한다(동법 제33조 및 동법시행규칙 제17조).

(가) 사용사업관리대장은 사업소별로 작성 · 보존하여야 하며 작성내용은 "파견근로자의 성명, 파견사업주 및 파견사업관리책임자의 성명, 파견근로자의 파견기간, 파견근로자의 업무내용 등"이다.

(4) 파견근로자에 관한 사용자 책임

파견근로자에 대한 사용자책임은 원칙적으로 파견근로자를 고용한 파견사업주가 책임이 있다. 근로자파견은 고용과 사용의 분리라는 특수성에 있으므로 파견사업주에게 사용자 책임을 물을 수 없는 경우와 파견근로자 보호의 실효를 거두기 위하여 사용사업주에게도 공동책임을 부담시키는 것이 적절한 경우가 있으므로 이를 명확히 하기 위한 것이다.

① 사용사업주는 사용관계에 있어서 근로기준법상의 사용자로서 책임을 부담한다.

② 근로시간에 있어서 사용사업주는 사용자로서 근로시간법제 및 연장근로의 제한, 휴일, 휴게, 월차휴가, 근로시간 및 휴게시간의 특례, 유급휴가 대체, 근로시간제 적용 제외 등에 있어서 사용자로서 책임을 부담한다.

③ 연소근로자에 있어서도 근로시간에 있어서는 근로기준법상 사용자로서 책임을 진다. 즉 법정기준 근로시간, 야간근로금지, 시간외 근로, 갱내근로 금지 등에 있어서 사용자책임을 부담한다.

④ 여성근로자에 있어서도 사용관계에 있어서는 사용사업주가 사용자책임을 진다. 갱내근로 금지, 생리휴가, 출산전후휴가, 육아시간 등에 있어서는 사용자책임

을 부담한다.

⑤ 파견사업주가 사용사업주의 다음과 같은 귀책사유로 근로자의 임금을 지급하지 못하는 경우에는 사용사업주는 파견사업주와 연대하여 임금지급 책임을 진다(동법시행령 제5조).

(가) 사용사업주가 정당한 사유없이 근로자파견계약을 해지한 경우

(나) 사용사업주가 정당한 사유없이 근로자파견계약에 의한 근로자파견의 대가를 지급하지 아니한 경우

⑥ 파견사업주와 사용사업주가 근로기준법을 위반하는 내용을 포함한 근로자파견계약을 체결하고 이에 따라 파견근로자를 근로하게 근로기준법을 위반한 경우 사용사업주는 파견사업주와 더불어 사용자로서 책임을 진다.

행정해석에 의하면 「근로자파견법 제34조에 의하면 출산전후휴가를 부여할 의무가 있는 사업주는 사용사업주이며, 동 휴가기간 동안 발생하는 임금에 대해서는 파견사업주가 지급하도록 규정되어 있으므로, 출산전후휴가기간 동안 동 임금을 지급하지 아니하는 경우에는 법위반이 된다(2000.4.26, 여원 68240-126)고 하며 「2년간 사용한 후 파견근로자를 사용사업주가 직접 채용한 경우 고용승계 의무가 없는 근로계약 당사자의 변경에 해당하므로 별도의 약정이 없다면 근로관계는 단절되며, 따라서 사용사업주가 직접 채용한 시점부터 새로이 근로관계가 개시된다(2001.7.11, 근기 68207-2231)고 한다.

⑦ 파견근로자에게는 사용사업주가 사용관계에 있어서는 사용자로서의 책임을 지는 것이 원칙이다. 사용사업주가 사용자로서 산업안전보건상의 사용자책임을 진다. 이 경우 산업안전보건법 제31조제2항의 "근로자를 채용할 때"를 "근로자파견의 역무를 제공받은 때"로 본다.

⑧ 파견 중인 근로자에게 건강진단을 실시한 경우에는 건강진단 설명의무 및 진단결과를 파견사업주에게 지체없이 통보하여야 한다.

5. 파견사업주와 사용사업주의 공동책임

(1) 근로기준법 책임

근로자파견법 제34조제1항은 근로기준법 제1장 총칙 중 균등처우, 강제근로의

금지, 폭행의 금지, 중간착취의 배제, 공민권행사의 보장, 보고출석의 의무 등의 규정, 제7장 기능습득,

산업안전보건법 제5조(사업주의 의무), 제43조제5항(작업장소의 변경, 작업의 전환 및 근로시간 단축의 경우에 한한다), 제43조제6항단서(개별근로자의 건강진단결과 공개), 제52조제2항(신고를 이유로 한 불리한 처우 금지)의 적용에 있어서는 파견사업주 및 사용사업주 모두에게 산업안전보건법상의 산업안전보건법 제2조제3호의 규정에 의한 사업주 책임을 부가하고 있다(동법 제35조제2항).

(2) 산업안전보건법 책임

근로자파견에 있어서 사업주는 파견사업주를 말하나, 근로자파견법 제35조제1항은 산업안전보건법의 적용에 관한 특례를 마련하여 사용사업주를 산업안전보건법상 사업주로 보아 사업주책임을 부과하고 있다.

6. 사회보험료 부담

근로자파견법에는 사회보험료 부담에 관하여 누가 책임을 질 것인가에 관해 명시되어 있지 않지만 고용보험료, 건강보험료, 국민연금, 산재보험료 등 각종 사회보험비용의 부담은 원칙적으로 파견사업주에게 책임이 있다.

7. 파견근로자의 불법행위로 인한 사용자 책임

(1) 문제의 소재

파견근로자가 업무와 관련하여 제3자에게 손해를 끼친 경우나 불법행위를 한 경우 파견사업주와 사용사업주 중 누가 책임을 지느냐 하는 문제가 발생한다. 파견근로자는 사용사업주의 지시 · 감독을 받아 근로를 제공하지만 양자 사이에 고용관계가 존재하지 아니한다.

(2) 사용사업주의 사용자성

먼저, 사용사업주의 사용자성은 부정하기 힘들 것이다. 사용사업주는 파견근로자에 대한 직접적인 지휘 · 감독권을 행사하여 노무를 제공하게 하는 자이므로,

파견근로자가 그 지휘 · 감독권에 복종하여 노무를 제공하는 과정에서 제3자에게 손해를 끼쳤다면 민법 제756조에서 정한 사용자로서 그 배상책임을 진다고 봄이 상당하다.

(3) 파견사업주의 사용자성

파견사업주는 파견근로자의 근로계약상 사용자로서 임금지급의무를 부담하고 사용사업자가 행사하는 구체적인 업무상의 지휘 · 명령권을 제외한 파견명령권과 징계권 등 근로계약상 모든 권한을 행사할 수 있으므로 파견근로자를 일반적으로 지휘 · 감독해야 할 지위에 있다. 따라서 파견사업주는 민법 제756조의 규정에 따라 파견근로자의 파견업무에 관련한 법률행위에 대하여 사용자로서의 책임이 있다. 다만, 파견근로자가 사용사업주의 구체적인 지시 · 감독을 받아 사용사업주의 업무를 행하던 중에 불법행위를 한 경우, 파견사업주가 파견근로자의 선발 및 일반적 지휘 · 감독권의 행사에 있어서 주의를 다하였다고 인정되는 때에는 사용사업주에게 책임이 있을 것이다.

판례(대법2003.10.9, 2001다24655)는 "파견근로자는 사용사업주의 사업장에서 그의 지시 · 감독을 받아 근로를 제공하기는 하지만 사용사업주와 사이에는 고용관계가 존재하지 아니하는 반면, 파견사업주는 파견근로자의 근로계약상의 사용자로서 파견근로자에게 임금지급의무를 부담할 뿐만 아니라, 파견근로자가 사용사업자에게 근로를 제공함에 있어서 사용사업주가 행사하는 구체적인 업무상의 지휘 · 명령권을 제외한 파견근로자에 대한 파견명령권과 징계권 등 근로계약에 기한 모든 권한을 행사할 수 있으므로 파견근로자를 일반적으로 지휘 · 감독해야 할 지위에 있게 되고, 따라서 파견사업주와 파견근로자 사이에는 민법 제756조의 사용관계가 인정되어 파견사업주는 파견근로자의 파견업무에 관련한 불법행위에 대하여 파견근로자의 사용자로서 책임을 져야 한다"고 판시하고, 다만, "파견근로자가 사용사업주의 구체적인 지시 · 감독을 받아 사용사업주의 업무를 행하던 중에 불법행위를 한 경우에 파견사업주가 파견근로자의 선발 및 일반적 지휘 · 감독권의 행사에 있어서 주의를 다하였다고 인정되는 때에는 면책된다"고 하고 있다.

(4) 평 가

대법원 판례는 피해자를 두텁게 보호하는 장점이 있으나, 근로자파견법이 고용과 사용의 구분을 정면으로 인정하여 이를 합법화한 법률인 점, 이에 따라 파견사업주의 파견근로자에 대한 지휘 · 감독은 추상적 · 형식적인 것에 그치는 점, 파견근로자의 사용에 부수하는 위험은 그에 대한 지휘 · 감독권을 행사하는 사용사업주가 부담함이 타당하고 또한 통상적으로 사용사업주가 파견사업주에 비하여 그러한 위험부담을 질 수 있는 자력면에서도 우월한 점 등에 비추어 볼 때 파견사업주의 사용자책임을 지나치게 쉽게 인정할 것은 아니다.

위 대법원 판결에서도 "사용사업주의 구체적인 지시 · 감독을 받아 사용사업주의 업무를 행하던 중에 불법행위를 한 경우에 파견사업주가 파견근로자의 선발 및 일반적 지휘 · 감독권의 행사에 있어서 주의를 다하였다고 인정되는 때에는 면책된다"고 하여 면책의 요건을 분명히 하였는바, 이러한 면책의 요건을 충족시키는 것이 근로자파견의 본 모습이라는 점에 유의할 필요가 있다(노동법실무연구회, 「근로기준법주해 I」, p.510).

8장 파견근로자에 대한 차별시정을 둘러싼 문제

1 파견근로자에 대한 차별시정 제도

관련조문

제21조【차별적 처우의 금지 및 시정 등】 ① 파견사업주와 사용사업주는 파견근로자임을 이유로 사용사업주의 사업내의 동종 또는 유사한 업무를 수행하는 근로자에 비하여 파견근로자에게 차별적 처우를 하여서는 아니된다.
② 파견근로자는 차별적 처우를 받은 경우 노동위원회에 그 시정을 신청할 수 있다.
③ 제2항의 규정에 따른 시정신청 그 밖의 시정절차 등에 관하여는 「기간제 및 단시간근로자보호등에관한법률」 제9조 내지 제15조 및 제16조(동조제1호 및 제4호를 제외한다)의 규정을 준용한다. 이 경우 "기간제 또는 단시간근로자"는 "파견근로자"로, "사용자"는 "파견사업주 또는 사용사업주"로 본다.
④ 제1항 내지 제3항의 규정은 사용사업주가 상시 4인 이하의 근로자를 사용하는 경우에는 이를 적용하지 아니한다.
제21조의2【고용노동부장관의 차별적 처우 시정지도 등】 ① 고용노동부장관은 파견사업주와 사용사업주가 제21조제1항을 위반하여 차별적 처우를 한 경우에는 그 시정을 요구할 수 있다.
② 고용노동부장관은 파견사업주와 사용사업주가 제1항에 따른 시정요구에 응하지 아니할 경우에는 차별적 처우의 내용을 구체적으로 명시하여 노동위원회에 통보하여야 한다. 이 경우 고용노동부장관은 해당 파견사업주 또는 사용사업주 및 근로자에게 그 사실을 통지하여야 한다.
③ 노동위원회는 제2항에 따라 고용노동부장관의 통보를 받은 경우에는 지체없이 차별적 처우가 있는지 여부를 심리하여야 한다. 이 경우 노동위원회는 해당 사용자 및 근로자에게 의견을 진술할 수 있는 기회를 부여하여야 한다.

관련조문

④ 제3항에 따른 노동위원회의 심리 및 그 밖에 시정절차 등에 관하여는 「기간제법」 제15조의2제4항에 따라 준용되는 같은 법 제9조제4항, 제11조 부터 제15조까지의 규정 및 제15조의2제5항을 준용한다. 이 경우 "시정신청을 한 날"은 "통지를 받은 날"로 "기각결정"은 "차별적 처우가 없다는 결정"으로 "관계당사자"는 "해당 파견사업주 또는 사용사업주 또는 근로자"로 본다.

부칙 ① **【시행일】**이 법은 2007년 7월 1일부터 시행한다. 다만, 제20조제2항, 제21조, 제43조의2 및 제46조제1항 · 제3항의 개정규정의 시행일은 사업 또는 사업장(사용사업주의 사업 또는 사업장을 말한다. 이하 같다) 별로 다음 각 호와 같다.

1. 상시 300인 이상의 근로자를 사용하는 사업 또는 사업장:2007년 7월 1일
2. 국가 및 지방자치단체의 기관, 「정부산하기관 관리기본법」 제3조의 규정에 따른 정부산하기관, 「정부투자기관 관리기본법」 제2조의 규정에 따른 정부투자기관, 「지방공기업법」 제49조 및 동법 제76조의 규정에 따른 지방공사 및 지방공단, 「정부출연연구기관 등의 설립 · 운영 및 육성에 관한 법률」 제2조 및 「과학기술분야 정부출연연구기관 등의 설립 · 운영 및 육성에 관한 법률」 제2조의 규정에 따른 정부출연연구기관 및 연구회, 「국립대학병원설치법」에 따른 대학병원:2007년 7월 1일
3. 싱시 100인 이상 300인 미만의 근로자를 사용하는 사업 또는 사업장: 2008년 7월 1일
4. 상시 100인 미만의 근로자를 사용하는 사업 또는 사업상:2009년 7월 1일

1. 종전 법규정과 문제점

구법은 파견근로자에 대한 사용사업주의 사업내의 동일한 업무를 수행하는 동종근로자와 비교하여 부당하게 차별적 처우를 받지 아니하도록 하여야 한다고 규정하고 있으나 동법 위반시 제재 · 시정수단이 없는 훈시규정에 불과하였다.

파견근로자에 대한 차별적 처우를 금지 · 시정하는 규정이 미비하였으므로 개정법은 차별적 처우의 금지 및 시정절차를 구체적으로 규정하여 파견근로자에 대한 불합리한 차별처우를 실효성 있게 시정할 수 있게 된 것이다.

2. 근로자파견법상 차별시정 제도의 특징

(1) 차별시정 제도의 특수성

근로자파견법에서 차별행위 금지주체로 근로계약 체결당사자인 파견사업주 뿐만아니라 사용사업주까지 규정한 것은 입법정책적 고려에서 도입된 것이다. 따라서 파견근로자에 대한 차별시정 제도는 기간제 · 단시간근로자에 대한 차별금지와

동일한 형식으로 규정되어 있다 하더라도 고용관계와 사용관계가 분리된 파견근로의 특성에 비추어 실질적으로는 내용상 및 해석상 차이가 있을 수 있다.

(2) 차별처우 금지영역의 특수성

근로자파견법상 차별금지 제도의 입법정책적 측면과 고용관계 및 사용관계로 분리되는 파견근로의 특수성을 감안할 때 차별처우 금지영역은 파견근로자의 근로제공 및 사업장 편입에 따라 형성되는 '임금, 정기상여금, 경영평가에 따른 성과금, 그 밖에 근로조건 및 복리후생 등에 관한 사항' 이 될 것이다.

(3) 차별행위 금지주체의 특수성

사용사업주와 파견사업주 양자는 각각 사용자 책임영역에 따라 차별행위 금지주체일 뿐만 아니라 시정명령을 받는 주체 및 확정된 시정명령 불이행시 과태로 납부책임의 주체가 된다.

2 차별적 처우의 금지 및 시정

1. 차별적 처우의 금지

파견사업주와 사용사업주는 파견근로자임을 이유로 사용사업주의 사업내의 동종 또는 유사한 업무를 수행하는 근로자에 비하여 파견근로자에게 차별적 처우를 하여서는 아니된다(근로자파견법 제21조제1항). 구 근로자파견법 제21조는 파견근로자가 사용사업주의 사업내의 동일한 업무를 수행하는 동종근로자와 비교하여 부당하게 차별적 처우를 받지 아니하도록 규정하고 있었으나 이 규정은 아무런 벌칙이 없는 훈시규정에 불과하여 파견근로자에 대한 불합리한 차별처우를 방지 할 수 있는 수단이 되지 못하였다. 그러므로 근로자파견법 제21조를 개정하여 그 비교대상을 동종 또는 유사한 업무를 수행하는 근로자로 확대하고, 차별적 처우에 대한 시정절차를 도입하여 그 실요성을 담보하도록 하였다(동법 제21조제2항).

통상 금지되는 차별은 사용사업주 또는 파견사업주가 파견근로자임을 이유로 사용사업주의 사업내의 동종 또는 유사한 업무를 수행하는 근로자에 비하여 파견근로자에게 임금 그 밖에 근로조건 등에 있어서 합리적인 이유 없이 불리하게 처우하는 것을 의미한다(동법 제2조제7호 및 제20조제1항).

차별적 처우의 금지 주체는 파견사업주와 사용사업주를 모두 포함하고 파견근로자의 차별적 처우와 관련하여 비교대상은 사용사업주의 사업내 동종 또는 유사한 업무를 수행하는 근로자이다.

2. 차별시정 신청권자

차별적 처우를 받은 파견근로자는 노동위원회에 차별시정을 신청할 수 있으며(동법 제21조제2항) 그 절차는 「기간제법」의 차별시정절차를 준용하고 있다(동법 제21조제3항).

(1) 차별시정 신청권자로서의 파견근로자

"파견근로자"란 파견사업주가 고용한 근로자로서 근로자파견의 대상이 되는 자이다(동법 제2조제5호). 차별적 처우를 받은 파견근로자는 파견사업주 또는 사용사업주를 상대로 노동위원회에 차별시정을 신청할 수 있다(근로자파견법 제21조제2항). 계약의 형식과 상관없이 실질이 파견근로자이면 차별시정의 신청권자가 될 수 있다.

(2) 불법파견시의 차별시정 신청권자

1) 불법파견시에는 파견근로자도 차별시정 신청권자이다.

① 계약의 형식이 도급, 위임이라고 하더라도 이와 상관없이 계약의 실질이 근로자파견계약이면 파견근로자는 차별시정제도가 적용될 수 있다.

사용사업주 등과 파견사업주 등 사이에 체결된 계약의 명칭 · 형식 등 파견의 판단기준에 관한 지침(2007.4.19, 비정규태책팀-1303)에 따라 파견근로자 여부를 판단한다.

② 근로자파견법 제2조제1호는 근로자파견을 '파견사업주가 근로자를 고용 한 후 그 고용관계를 유지하면서 근로자파견계약의 내용에 따라 사용사업주의 지휘 · 명령을 받아 사용사업주를 위한 근로에 종사하게 하는 것' 으로 정의하고 있

다. 근로자파견법상 노동위원회에 그 시정을 신청할 수 있는 자는 파견근로자에 한한다(동법 제21조제2항). 따라서 원칙적으로 근로자파견과 유사한 사외근로 형태인 도급근로자의 경우에는 수급인이 도급인으로부터 도급받은 업무를 수행하기 위해 근로자를 고용하여 직접 지휘 · 명령하여 해당 업무에 투입하는 관계를 말하므로 근로자파견법상 파견근로자에 해당되지 않기 때문에 신청인 적격이 없다고 할 수 있다.

③ 문제는 소위 불법파견근로자에 대해서 근로자파견법상 차별적 처우의 금지와 그 시정절차를 적용할 것인가에 있다. 종래의 학설은 적법파견에만 적용된다는 견해와 적법파견뿐만 아니라 불법파견에도 적용된다고 보아야 하고 따라서 위장도급의 경우 도급근로자는 파견근로자로 보아야 한다는 견해가 대립하고 있었으나 대법원 판례는 적법파견, 불법파견에도 적용된다고 한다(대법[전원합의체] 2008.9.18, 2007두22320; 2010.7.22, 2008두4367). 이에 따라 사용사업주(또는 원청)와 파견사업주(또는 하청) 간의 계약의 명칭 · 형식 등에도 불구하고(예, 도급계약), 그 실질이 근로자파견에 해당하는 경우에는 동법의 관련 규정이 적용되며 그 결과 불법파견(파견대상업무 위반, 파견기간 위반, 무허가 파견, 기타 동법 위반 등)에 해당하는 경우에는 근로자파견법에 따른 처벌이 가능하다.

마찬가지로 그 실질이 근로자파견에 해당하는 경우에는 근로자파견법상의 차별시정제도가 적용되는 것으로 보며 차별적 처우를 받은 파견근로자는(적법파견이든 불법파견이든) 노동위원회에 차별시정을 신청할 수 있다.

2) 불법파견의 유형

불법파견이란 ① 공중위생 · 공중도덕상 유해한 업무에 취업시킬 목적으로 근로자파견을 한 경우(제42조), ② 파견대상업무(제5조) 위반, ③ 파견기간(제6조) 위반, ④ 무허가 파견(제7조), ⑤ 영업정지(제12조)기간 중의 파견사업, ⑥ 쟁의행위 대체근로를 위한 파견(제16조), ⑦ 경영상 이유에 의한 해고 이후 2년 이내 파견사용(제16조) 등 근로자파견법을 위반하여 근로자파견을 한 경우를 의미한다.

① 파견대상업무를 위반한 경우

(가) 파견대상업무가 아닌 업무에는 출산 · 질병 · 부상 등으로 결원이 생긴 경우 또는 일시적 · 간헐적으로 인력을 확보하여야 할 필요가 있는 경우에만 파견사업을 할 수 있으나 이러한 사유가 없는데도 근로자파견사업을 한 경우

(나) 금지업무에 대해서는 일시적 사용사유가 있어도 파견사업을 할 수 없는데 금지업무에 대하여 근로자파견사업을 한 경우

(다) 단, 제조업의 직접생산공정업무는 출산 · 질병 · 부상 등으로 결원이 생긴 경우 또는 일시적 · 간헐적으로 인력을 확보하여야 할 필요가 있는 경우 가능

② 파견기간을 위반한 경우

(가) 근로자파견의 기간은 2년을 초과하지 못함에도 불구하고 2년을 초과 하여 파견근로자를 계속 사용한 경우

(나) 파견대상업무가 아닌 업무에 출산 · 질병 · 부상 등의 사유로 파견근로자를 사용할 경우에는 그 사유가 해소될 때까지만 파견근로자를 사용할 수 있는데, 그 사유가 해소되었음에도 계속하여 사용한 경우

(다) 파견대상업무가 아닌 업무에 일시적 · 간헐적으로 인력확보가 필요한 경우에는 최상 6개월까지 파견근로자를 사용할 수 있는데, 이를 초과하여 사용한 경우

(라) 무허가파견의 경우

파견허가를 받지 않고 파견사업을 행하거나, 파견허가를 받지 않은 무허가 업체로부터 파견역무를 제공받은 경우

(마) 구제신청의 적격성

근로자파견법상 파견근로자의 정의에 합치하는 한 합법 · 불법을 불문하고 사용사업주의 지휘 · 명령하에 노무를 제공하는 실질적 지위에 있다고 한다면 구제신청의 적격성을 갖는다고 할 수 있고, 그 근거는 근로자파견법의 목적 및 파견근로자의 정의 규정에서 찾아야 한다고 생각된다.

(3) 파견근로자 지위의 존재시점

파견근로자 여부 판단은 차별시정신청 당시가 아니라 파견 · 사용사업주에 의한 차별처우가 있었던 때를 기준으로 한다. 차별처우 당시 파견근로자였으나 그 밖의 사정으로 시정신청 당시에는 파견근로자가 아니라고 하더라도 차별처우가 있었던 때를 기준으로 차별시정을 신청할 수 있다.

3. 차별처우 금지주체: 파견사업주와 사용사업주

(1) 차별시정의 피신청인

근로자파견법에서는 “파견사업주와 사용사업주는 파견근로자임을 이유로… 차별적 처우를 하여서는 아니된다”(동법 제21조제1항)고 규정하고 있다. 따라서 차별행위의 피신청인(금지의무자)은 파견사업주와 사용사업주이며, 각각 사용자 책임영역에 따라 차별시정의 피신청인이 될 수 있다. 이에 관하여 일부 견해는 차별처우 금지 주체 및 시정 명령 이행의무자는 근로계약상 임금지급의무를 부담하는 파견사업주라는 의견이 있다. 그러나 일반적으로 법기술상 연대책임을 지는 경우 모든 입법례는 ‘연대하여’ 책임을 진다는 명시적 규정을 통해 법률관계를 명확히 하고 있다. 근로자파견법 제21조의 규정은 연대책임을 규정한 것이 아니라 책임의 주체를 열거한 것이다.

(2) 파견근로자에 있어서 근로조건별 차별시정주체(시정명령 이행의무자)

① 사용사업주와 파견사업주는 파견근로자에 대한 차별행위 금지 주체가 될 뿐만 아니라, 나아가 시정명령을 받는 주체, 시정명령 불이행시 과태료 납부 책임의 주체가 된다.

② 시정명령은 각각 사용자 책임영역에 따른 근로조건에 대해 이행의무자가 된다. 근로자파견법 제21조의 파견사업주와 사용사업주라는 규정은 파견사업주와 사용사업주가 각각 사용자 책임영역에 따라 책임을 진다는 것을 명시한 것이다. 즉, 근로자파견법 제34조의 규정에 따라 근로기준법상의 임금 · 연차유급휴가 등에 관한 사항은 파견사업주가, 근로시간과 휴게 · 휴일의 부여 등은 사용사업주가 사용자로서 책임을 지게 된다.

③ 임금에 있어서 파견근로자에 차별적 처우를 하지 않을 의무를 누가 부담하는가의 문제이다. 근로자파견법 제21조는 파견사업주와 사용사업주를 차별적 처우의 금지의무 수규자로 규정하고 있으나, 제34조는 파견사업주의 책임영역과 사용사업주의 책임영역을 규율하고 있는 점에 비추어 근로계약상 임금지급의무의 주체는 파견사업주이므로 임금차별에 대해서는 파견사업주를 상대로 차별시정을 주장 · 신청할 수 있다.

직접고용관계에 있는 기간제 근로관계와 달리 파견근로관계에서 사용사업주는 직접 계약당사자가 아니므로 근로자파견법에서 정한 범위 내에서 한정적으로 사용자책임을 부담하며, 파견근로자에 대하여 근로계약상의 의무를 부담하는 것은 아니므로, 사용사업주의 책임범위(차별시정의 대상이 되는 근로조건)는 근로자파견법상 사용사업주가 부담하는 책임, 즉 근로시간과 휴식(휴일, 휴가), 안전과 보건 및 모성보호 등에 관한 사항을 중심으로 하는 중요 근로조건만으로 제한하여 이해하는 것이 타당하다.

반면에 임금은 원칙적으로 파견사업주가 부담주체이므로 파견근로자는 고용주인 파견사업주에 대해서 차별시정을 주장할 수 있다. 사용사업주는 임금에 관한한 차별시정명령의 이행의무자가 아니다. 차별적 처우금지규정이 사용사업주와 파견근로자 사이에 새로운 법률관계(채권관계)를 창설하는 것을 목적으로 하는 것이 아니기 때문이다.

(3) 근로자파견법 제34조의 사용자 책임영역

① 파견사업주만을 사용자로 보는 경우

(가) 파견사업주는 파견근로자를 고용하는 자이므로 근로기준법의 대부분의 조항에 대하여 사용자 책임이 있다. 근로기준법 제2장 근로계약, 제3장 임금, 제4장 근로시간 및 휴식 중 임금과 관련한 부분, 제5장 여성과 소년 중 근로계약 및 임금에 관한 부분, 제8장의 재해보상에 대하여는 파견사업주만을 사용자로 보며 사용사업주에게는 사용자 책임이 없다.

(나) 파견사업주가 사용사업주의 귀책사유로 인하여 근로자의 임금을 지급하지 못하는 경우가 있다. 근로자파견법 제23조제2항은 사용사업주가 정당한 사유없이 근로자파견계약을 해지하거나 근로자파견의 대가를 지급하지 아니하는 등 파견사업주가 사용사업주의 귀책사유로 인하여 임금을 지급치 못하게 되면 양자가 연대하여 책임을 지도록 규정하고 있다.

② 사용사업주만을 사용자로 보는 경우

(가) 파견근로가 사용사업체에서 파견근로인 경우 출퇴근시간, 휴게, 연장근로, 휴일근로에 관하여 파견근로자를 지휘 · 명령하는 자는 사용사업주이다.

(나) 근로기준법 제4장의 근로시간과 휴식 중에서 제50조 근로시간, 제55조 휴

일, 제58조 근로시간계산의 특례, 제59조 근로시간 및 휴게시간의 특례, 제63조 적용의 제외, 그리고 제5장의 여성과 소년 중 제69조 근로시간, 제70조 야간근로와 휴일근로의 제한, 제71조 시간외근로, 제72조 갱내근로의 금지, 제73조 생리휴가, 제74조 임산부의 보호, 제75조 육아시간에 있어서는 사용사업주만이 사용자책임이 있다.

다만, 휴일 또는 휴가에 대하여 유급으로 지급되는 임금이나 연장근로에 대한 임금 및 수당은 파견사업주가 사용자책임이 있다.

파견사업주 책임영역	사용사업주 책임영역
– 해고 및 해고예고 – 퇴직급여제도 – 임금, 휴업수당, 금품청산 – 연차유급휴가 – 재해보상	– 근로시간(탄력적 · 선택적 근로시간제 포함) – 연장근로의 제한 – 휴게, 휴일 – 유급휴가의 대체

4. 차별처우 금지영역

(1) 금지영역

차별처우 금지영역으로서 '임금, 정기상여금, 경영성과에 따른 성과금, 그 밖에 근로조건 및 복리후생 등에 관한 사항' 의 범위가 기간제근로자나 단시간근로자의 경우와는 다르다.

파견근로자의 경우 고용관계와 사용관계(지휘 · 명령관계)가 분리되는 고용형태의 특수성으로 인하여 차별처우 금지영역의 범위가 기간제 · 단시간근로자와는 다르다.

③ 파견근로자로서의 근로제공 및 사용사업주의 사업장에의 편입에 따라 형성되는 근로조건은 차별처우 금지영역에 해당되며, 파견사업주 및 사용사업주는 사용사업주가 직접고용한 근로자와 차별해서는 아니된다. 근로제공 및 사업장 편입에 따른 근로조건이 아닌 나머지 부분(예: 직접고용한 근로자신분에 기하여 지급되는 가족수당 등)은 임금 그 밖에 근로조건 등(제2조제7호)에 포함된다고 볼 수 없을 것이므로 차별처우가 금지되는 영역에 해당되지 않을 것이다.

(2) 파견근로자의 '임금' 및 '그 밖에 근로조건 및 복리후생사항'

1) 임금, 정기상여금, 경영성과에 따른 성과금, 그 밖에 근로조건 및 복리후생 등에 관한 사항의 범위

① 파견근로자가 임금에 있어서 불리한 처우를 받고 있는 경우 임금지급에 대한 사용자 책임은 파견사업주가 지므로 파견사업주를 피신청인으로 하여 차별적 임금의 시정을 신청할 수 있다. 이 경우 파견근로자가 파견사업주로부터 지급받은 임금이 '사용사업주가 직접고용한 사용사업주 사업내의 동종 또는 유사 업무 수행 근로자(비교대상 근로자)'에게 지급한 임금에 비해 적다면 차별의 문제가 제기될 수 있다.

파견근로자의 「그 밖에 근로조건 및 복리후생 등에 관한 사항」에는 「① 파견근로자로서의 근로제공」(예: 근로시간, 휴게, 휴일 등) 및 「② 사용사업주의 사업장에의 편입」(예: 사업장 시설이용, 작업복 지급 등)에 따른 근로조건 및 복리후생사항 관련된 사항이 포함될 것이다.

2) 파견근로자와 직접고용근로자 간의 임금액의 비율을 정하는 방법 및 경조사비가 차별적 처우 금지영역에 포함되는지 여부

근로자파견법 제21조에 의하면 파견사업주와 사용사업주는 파견근로자임을 이유로 사용사업주의 사업 내의 동종 또는 유사한 업무를 수행하는 근로자에 비하여 파견근로자에 차별적 처우를 하여서는 아니되며 여기서 '차별적 처우'란 임금 그 밖에 근로조건 등에 있어서 합리적인 이유 없이 불리하게 처우하는 것을 말한다. 이러한 '차별적 처우 금지' 관련 규정은 사업장의 규모에 따라 단계적으로 시행된다(공공부문 및 300명 이상은 2007.7.1부터, 100명 이상 300명 미만은 2008.7.1부터, 100명 미만은 2009.7.1부터). 여기서 '차별적 처우 금지' 영역에 포함되는 근로조건 등의 범위는 근로기준법, 취업규칙 또는 근로계약 등에 의한 근로조건으로서 임금, 근로시간, 휴일, 휴가, 안전 · 보건 및 재해보상 등이 포함된다 할 것이다. 일반적으로 파견근로자의 경우에는 고용관계와 사용관계가 분리되는 고용형태의 특수성으로 인하여 차별적 처우 금지영역의 범위가 기간제 · 단시간근로자와는 다르다 할 것이다. 즉, 파견근로자로서 사용사업주의 사업장에 편입되어 근로를 제공하는 데에 따른 근로조건 등이 차별처우가 금지되는 영역에 포함된다 할 것이다. 따라서 임금액에 대한 차별적 처우 여부, 경조사비 등이 차별적 처우 금지영역에 포함시킬 수 있는지 여부 등은 파견사업주와 사용주간에 맺은 근로자파견계약의 내용, 파견근로자의 사용사업주 사업장의 편입에 따라 수혜가 가능한 근로조건 등의 범위 등 구체적인 사실관계 등을 종합적으로 고려하여 판단하여야 할 것이다(2007.6.26, 비정규직대책팀-2414).

(3) 복리후생제도가 차별적 처우 금지영역에 포함되는지 여부

'차별적 처우 금지' 영역에 포함되는 근로조건 및 복리후생사항 등의 범위는 근로기준법, 취업규칙 또는 근로계약 등에 의한 근로조건 및 복리후생사항으로서 임금, 근로시간, 휴일, 휴가, 안전 · 보건 · 재해보상 및 복리후생사항 등이 포함된다 할 것이다. 일반적으로 파견근로자의 경우에는 고용관계와 사용관계가 분리되는 고용형태의 특수성으로 인하여 차별적 처우 금지영역의 범위가 기간제 · 단시간근로자와는 다르다 할 것이다. 즉, 파견근로자로서 사용사업주의 사업장에 편입되어 근로를 제공하는 데에 따른 근로조건 및 복리후생사항 등이 차별처우가 금지되는 영역에 포함된다 할 것이다. 따라서 경조사비, 자녀학자금 지원, 건강 검진비 지원 등 복리후생제도를 차별적 처우 금지영역에 포함시킬 수 있으나 그 판단기준은 동 복리후생제도가 사용종속관계 성립을 전제로 지급되는 것인지 또는 파견근로자가 사용사업주의 사업장 편입에 따라 수혜가 가능한 것인지 여부, 사용사업주와 파견사업주 간에 맺은 근로자파견계약의 내용 등 구체적인 사실관계 등을 종합적으로 고려하여 판단하여야 할 것이다(2007.6.26, 비정규직대책팀-2425). 개정법은 차별적 처우의 용어의 정의(근로자파견법제2조제7호)에서 「복리후생사항」을 포함하고 있다.

5. 비교대상 근로자

(1) 비교대상 근로자의 의의

차별판단을 위한 파견근로자의 비교대상 근로자는 "사용사업주의 사업내의 동종 또는 유사한 업무를 수행하는 근로자"이다(근로자파견법 제21조제1항).

〈비교주체〉		〈비교대상 근로자〉
파견근로자	⟷	사용사업주의 사업내의 동종 또는 유사한 업무를 수행하는 근로자

(2) 비교대상 근로자의 선정범위

파견근로자의 비교대상 근로자는 ① 사용사업주의 사업내의 ② 동종 또는 유사한 업무를 수행하는 근로자(근로자파견법 제21조제1항)이다. 근로자파견법은 비교대상을 사용사업주의 '사업내' 라고 명시한 점을 고려할 때 동일한 사업내에서 비교대상 근로자를 선정하여야 하며, 인접한 지역이라도 사업이 달리 운영되는 경우에는 비교대상 근로자의 선정범위가 될 수 없을 것이다.

(3) 공무원보수규정을 적용받는 정규직근로자(간호조무사)의 임금보다 동일 사업장내에 근무하는 용역업체근로자의 임금이 적은데 이것이 임금에 대한 차별적 처우에 해당하는지 여부

'용역업체 파견근로자' 라고 하고 있어 용역(도급)업체의 용역근로자인지 파견업체의 파견근로자인지 명확하지 않은 바, 만약 용역업체의 용역근로자인 경우 근로자파견법에 의한 차별시성 제노가 적용되지 않는 것이 원칙이다. 다만, 이 경우에도 사용사업주(병원)로부터 직접 지휘·명령을 받는 등 사실관계가 '근로자파견' 에 해당하는 경우에는 근로자파견법의 규율을 받게 되어 불법파견의 문제가 제기될 수 있고, 동 법상의 차별시정제도도 적용될 것 이다. 한편 동 근로자들이 파견업체의 파견근로자이고 간호조무사와 동일한 업무를 수행하고 있다면 간호조무사의 업무는 근로자파견법시행령 제2조에 따라 파견이 금지되는 업무이므로 불법파견(파견대상업무위반)이 될 수 있다(이 경우 사용사업주는 즉시 직접고용의무 발생)(2007.7.26, 비정규직대책팀-3028).

6. 불리한 처우와 합리적 이유

(1) 기본원칙

파견근로자에 대한 불리한 처우의 유무와 합리적인 이유의 유무는 파견근로의 특성을 고려하여 판단하게 된다. 설사 불리한 처우가 있는 경우에도 그 원인이 파견근로라는 고용형태의 속성으로 인한 경우에는 합리적 이유가 있는 것으로 볼 수 있다(예: 승진기회의 배제 등).

(2) 파견근로자의 임금

① **파견근로자의 임금차별시 피신청인 자격**: 파견근로자가 임금에 있어서 불리한 처우를 받고 있는 경우 임금지급에 대한 사용자 책임은 파견사업주가 지므로 파견사업주를 피신청인으로 하여 차별적 임금의 시정을 신청할 수 있다. 이 경우 파견근로자가 파견사업주로부터 지급받은 임금이 '사용사업주가 직접 고용한 사용사업주 사업내의 동종 또는 유사 업무 수행 근로자(비교대상근로자)' 에게 지급한 임금에 비해 적다면 차별의 문제가 제기될 수 있다.

② **파견근로에 있어서 임금차별의 판단기준**: 파견근로자에게 지급하는 임금(A)이 사용사업체의 동종 근로자의 임금(B)과 직접 비교되어야 하는지 아니면 파견료(C)를 포함하여 비교되어야 하는지 논란이 있다. 즉, 사용사업주가 파견사업주에게 근로자파견계약의 대가로 지급한 총액(A+C)이 사용사업주의 근로자의 임금(B) 이상이면 되는가(A+C≧B), 또는 A≧B이고 C는 별도로 계산되는가의 문제이다.

파견근로자의 임금을 사용사업주의 비교가능한 근로자에 비하여 차별지급하는 경우 차별적 처우의 금지 주체 내지 시정명령의 이행의무자는 근로계약상 임금지급의무를 부담하는 파견사업주이므로, 파견근로자는 파견사업주를 상대로 사용사업주의 동종 · 유사근로자의 임금과 비교하여 합리적 이유없이 그 지급액의 차이가 있다면 차별시정신청을 할 수 있다. 따라서 파견근로자의 수령임금액과 사용사업주가 직접 고용한 근로자의 임금수령액이 직접 비교의 대상이 되어야 한다고 판단된다.

일부 견해는 A+C≧B이더라도 이는 파견근로의 특성상 합리적 사유로 볼 수 있으므로 차별에 해당되지 않는다고 하지만, 파견근로자는 파견사업주가 얼마의 수수료를 예정하고 있는지 알 수 있는 지위에 있지 않을 뿐만 아니라, 이를 알아야 할 필요도 없으므로 이를 고려하여 차별적 처우의 존부를 판단하는 것은 아니라고 생각된다.

※ 유럽 등 외국의 파견근로자 임금이 정규근로자의 70~85% 사이에 분포하고, 독일의 근로자파견법이 단체협약에 의한 근로조건의 차별화를 인정하고 있다는 점에서 우리도 사용사업주의 정규근로자의 80%선에서 파견근로자의 임금수준이 결정되면 합리적이라고 볼 수 있는 견해도 있다.

(3) 파견근로자의 그 밖에 근로조건 등

파견근로자의 「그 밖에 근로조건 등」에는 「① 파견근로자로서의 근로제공」 및 「② 사용사업주의 사업장에의 편입」에 따른 근로조건과 관련된 사항이 포함될 것이다.

(4) 파견근로자의 급여 수준을 동종 · 유사한 업무의 근로자와 비교하여 차별이 되지 않도록 인상하기 위해서 파견사업주와 파견료에 대한 계약을 다시 체결해야 하는지 여부이다.

사용사업주 및 파견사업주는 파견근로자임을 이유로 사용사업주의 사업내의 동종 또는 유사한 업무를 수행하는 근로자에 비하여 파견근로자에게 차별적 처우를 할 수 없게 된다.

따라서 파견근로자에 대한 기존의 임금 그 밖에 근로조건에 차별적 처우가 있는 경우에는 이를 시정하기 위해 근로자파견계약을 다시 체결해야 하는 경우도 있을 수 있다고 본다.

3 고용노동부장관의 차별적 처우 시정 요구권

(1) 시정요구권의 의의 및 취지

현행 차별시정제도는 차별적 처우를 받은 파견근로자의 신청과 노동위원회의 시정명령을 통해 사후적으로 차별이 해소되는 구조이며, 당사자가 불이익을 우려하여 차별시정을 신청하지 않는 경우가 있다. 이에 따라 2012.2.1 개정근로자파견법은 정부가 사전적 · 적극적으로 차별을 해소할 수 있도록 고용노동부장관은 사용자가 파견근로자에 대해 차별적 처우를 한 경우에는 그 시정을 요구할 수 있으며, 파견사업주와 사용사업주가 이에 응하지 않을 경우에는 노동위원회에 통보하여 노동위원회가 차별적 처우가 있는지 여부를 심리하여 차별적 처우의 시정을 명할 수 있도록 하고 이를 위반한 경우 1억원 이하의 과태료를 부과할 수 있도록 하였다(근로자파견법 제21조의2 · 제46조제1항).

(2) 시정요구권자

차별적 처우 시정 요구권자는 고용노동부장관이다. 고용노동부장관은 파견사업주와 사용사업주가 파견근로자임을 이유로 사용사업주의 사업 내의 동종 또는 유사한 업무를 수행하는 근로자에 비하여 파견근로자에게 차별적 처우를 한 경우에는 그 시정을 요구할 수 있다(동법 제21조의2 제1항).

(3) 시정 요구에 불응할 경우의 통보 및 통지

고용노동부장관은 사용자가 근로자파견법 제21조의2제1항에 따른 시정요구에 응하지 않을 경우에는 차별적 처우의 내용을 구체적으로 명시하여 노동위원회에 통보하여야 한다. 이 경우 고용노동부장관은 해당 파견사업주 또는 사용사업주 및 근로자에게 그 사실을 통지하여야 한다(동법 제21조의2 제2항).

(4) 노동위원회의 심리 개시

노동위원회는 근로자파견법 제21조의2 제2항에 따라 고용노동부장관의 통보를 받은 경우에는 지체 없이 차별적 처우가 있는지 여부를 심리하여야 한다. 이 경우 노동위원회는 해당 파견사업주 또는 사용사업주 및 근로자에게 의견을 진술할 수 있는 기회를 부여하여야 한다(동법 제21조의3제3항).

4 차별시정 신청절차

파견근로자는 차별적 처우를 받은 경우 노동위원회에 그 시정을 신청할 수 있다(근로자파견법 제21조제2항). 근로자파견법 제21조제2항의 규정에 따른 시정신청 그 밖의 시정절차 등에 관하여는 기간제법 제9조 내지 제15조 및 제16조(동조 제1호 및 제4호를 제외한다)의 규정을 준용한다. 이 경우 기간제근로자 또는 단시간근로자는 “파견근로자”로, 사용자는 “파견사업주 또는 사용사업주”로 본다(근로자파견법 제21조제3항)고 규정하고 있다. 그러므로 차별시정 신청절차 조사 · 심문과 입증책임 · 조정 · 중재, 시정명령 등의 불복 및 확정에 관해서는 별도 해설하지 아니하고 제2편 기간제법 해설 중 해당 부분을 참고하기 바란다.

5 적용범위

파견근로자의 차별적 처우 금지 및 시정절차에 관한 규정은 사용사업주가 상시 4인 이하의 근로자를 사용하는 경우에는 이를 적용하지 아니한다(동법 제21조제4항). 근로자파견법상 차별처우 금지규정 적용 대상사업 판단시 "상시 4인 이하의 근로자"의 범위에 파견근로자를 포함할 것인지의 여부에 관하여 파견근로자를 포함한다는 견해와 파견근로자를 제외된다는 견해의 대립이 있으나 파견근로자를 제외한다는 견해가 타당하다.

근로자파견법은 원칙적으로 상시 근로자 1인 이상의 모든 사업장에 적용되나 「기간제법」이 상시 5인 이상의 근로자를 사용하는 사업 또는 사업장에만 적용되는 점 등을 고려하여 이와 균형을 맞춘 것이다.

9장 파견근로자를 효율적으로 활용하기 위한 포인트

1 사용사업주는 파견근로자에게 연장근로를 명할 수 있는가

① **지휘 · 명령의 근거**: 근로자파견에 있어서 사용사업주는 파견근로자에 대하여 직접 지휘 · 명령을 행하여 사용사업주의 업무에 종사시키는 것이 예정되어 있다. 그러므로 사용사업주는 파견근로자에게 연장근로명령도 직접 행할 수 있다. 다만 사용사업주가 가지고 있는 파견근로자에 대한 지휘 · 명령권한은 ① 파견사업주와 파견근로자와의 근로계약 등에 근거를 둔 것을 전제로 ② 사용사업주와 파견사업주와의 근로자파견계약에 근거하여 가지고 있다. 그러므로 사용사업주가 연장근로를 명령하기 위해서는 그 전제로서 파견사업주와 파견근로자간의 근로계약, 파견사업주의 취업규칙이나 단체협약으로 파견근로자에 대한 연장근로명령의 권한근거가 있어야 한다. 또한 파견사업주는 파견근로자에 대하여 근로계약 체결시에 연장근로의 상한을 통지할 필요가 있다.

② **연장근로에 대한 이중합의**: 다음으로 사용사업주와 파견사업주 간의 근로자파견계약에 있어서 연장근로의 명령권을 사용사업주에게 이전한다는 합의와 당해 파견근로자의 취업조건으로서의 연장근로를 명할 수 있는 시간의 상한을 정할 필요가 있다. 당연히 실제 연장근로명령도 파견사업주와의 체결된 근로계약 등 및 파견사업주 · 사용사업주간의 근로자파견계약에 정해진 범위 내에서 정할 필요가 있다. 또한 사용사업주는 1주 40시간 · 1일 8사간의 법정근로시간을 초과하는 연장근로를 명하는 경우(1주 1일의 주휴일에 대한 휴일근로도 마찬가지이다) 위에서 본 계

약상 권한(의무)에는 사용사업주와 해당 파견근로자 간의 합의가 필요하다.

③ **연장근로 · 휴일근로 할증임금 지급의무자**: 파견사업주는 파견근로자에 대하여 실제로 행한 연장근로 · 휴일근로에 대한 할증임금의 지급의무를 부담한다. 파견근로자와의 근로계약, 사용사업주와의 근로자파견계약에서 연장 · 휴일근로에 관해서 정함이 없다는 이유로 그 지급의무를 면할 수 없다. 근로자파견의 대가의 설정에 있어서는 파견사업주에게 발생하는 할증임금의 지급의무의 부담을 근로자파견의 대가에 반영하는 기준, 구체적으로는 근로자파견계약에 있어서 근로자파견의 대가의 추가발생의 기준을 정하여야 한다.

2 연차유급휴가의 취득 · 시기변경권의 행사

① **연차유급휴가의 부여**: 파견근로자는 「근로자」이므로 일반 근로자와 동일하게 근로기준법 제60조에 따라 연차유급휴가를 취득한다. 파견근로자가 연차유급휴가의 권리를 행사하기 위해서는 파견근로자와 근로계약을 체결한 파견사업주에 대해 하는 것이지 사용사업주에 대해 권리행사를 하는 것은 아니다(근로자파견법 제34조제3항). 파견근로자는 파견사업주의 취업규칙 등에 정한 절차에 따라 연차유급휴가를 취득할 수 있다.

② **파견사업주의 시기변경권의 행사**: 파견근로자로부터 연차유급휴가의 신청을 받은 파견사업주는 파견사업주의 사업의 정상한 운영에 지장이 있는 경우에는 시기변경권을 행사할 수 있다. 주의해야 할 사항은 사업의 정상한 운영에 지장을 준다는 것은 파견사업주의 사업을 기준으로 판단하되 연차유급휴가의 취득이 사용사업주의 운영에 미칠 영향이나 사용사업주에 대한 대체근로자의 파견 필요성을 이유로 시기변경권을 행사할 수 없다는 것이다.

실제상 파견사업주는 고객인 사용사업주의 경영상황을 고려하여야 한다. 그러므로 근로자파견계약에 있어서 파견근로자로부터 연차유급휴가의 신청이 있는 경우의 조정방식이나 대체요원 파견 등의 대처 방법을 구체적으로 규정하는 것이 바람직하다.

③ **파견근로자 연차휴가 사용시 조정방법 및 대체요원 파견**: 근로자파견계약에서

파견근로자가 유급휴가를 취득한 경우의 조정방법은 대체요원의 파견을 정한다면 계약상으로는 파견근로자가 유급휴가를 취득한 경우에 사용사업주가 파견사업주에 대하여 대체요원을 파견하여 줄 것을 요구할 수 있다. 그러나 실무상으로는 사용사업주 스스로 고용하는 근로자에게 유급휴가를 취득시켜 근로일에 취업하지 아니한 날이 있으므로 파견근로자로부터의 유급휴가 신청에 대하여 사용사업주는 반드시 대체요원 파견을 요구할 수는 없다고 생각한다. 이와 같이 사용사업주로부터의 대체요원 청구에 대응하기 위해 파견사업주는 조정요원으로서의 파견근로자를 확보할 수 있으나 그 조정요원이 된 파견근로자는 직무가 있더라도 불확정하거나 고용이 아주 불안정하다. 이와 같이 불안정한 입장에 있는 파견근로자는 일용파견으로서 사회문제가 되고 있다.

3 사용사업주는 파견근로자를 징계할 수 있는가

파견근로자에 대한 징계권은 사용자인 파견사업주가 당연히 보유하는 권한이다. 다만 파견사업주는 미리 취업규칙에 징계의 종별 및 사유를 규정하여 이를 주지시킬 필요가 있다. 그러므로 사용사업주는 파견근로자를 징계할 수 없으므로 파견사업주에 대하여 기업질서를 문란시킨 파견근로자의 교체를 요구할 수 있을 것이다. 그러므로 파견사업주로서는 취업규칙에 사용사업주의 지휘 · 명령을 받은 파견취업을 상정하여 규정할 필요가 있다. 사용사업주로서는 기업질서 유지를 위해 파견취업 장소에서 파견근로자가 준수해야 할 구체적인 규율이 있는 경우에는 근로자파견계약에서 이러한 사항을 정할 때 파견사업주에 대하여 파견근로자를 지도 · 교육할 의무를 지우게 하는 것이 바람직하다.

4 파견근로자를 둘러싼 성희롱 대응책

근로자파견에 있어서 성희롱은 ① 직장 내에 있어서, ② 파견근로자의 의사에 반하여 행해지고, ③ 성적 언동 등을 말한다. 직장 내 성희롱은 성적인 언동 등에 대해 파견근로자의 대응에 따라 그 파견근로자에게 성적 언동 등으로 성적 굴욕감 또는 혐오감을 느끼게 하거나(대가형), 성적 언동 또는 그 밖의 요구 등에 따르지 아니하였다는 이유로 고용에서 불이익을 주는(환경형) 것으로 분류할 수 있다. 남녀고용평등법 제12조는 직장 내 성희롱 금지의무를 부과하고 동법 제13조제1항은 사업주는 직장 내 성희롱을 예방하고 근로자가 안전한 근로환경에서 일할 수 있는 여건을 조성하기 위해 직장 내 성희롱 예방교육 실시의무를 규정하고 있다.

근로자파견법에 따라 파견근로가 이루어지는 사업장에서 동법 제13조제1항을 적용할 때에는 근로자파견법 제2조제4호에 따른 사용사업주를 남녀고용평등법에 따른 사업주로 본다(근로자파견법 제34조).

파견근로자를 고용하는 파견사업주는 당연히 이 규정의 적용을 받는다. 또한 남녀고용평등법은 파견근로자 보호의 실효성을 확보하기 위하여 파견근로자에게 매일같이 지시 · 명령을 행하는 사용사업주에게도 남녀고용평등법 제12조 및 제13조의 적용을 통하여 파견근로자에 대한 성희롱 방지의 조치의무를 과하고 있다. 파견근로자가 사용사업주로부터 성희롱의 피해가 있는 경우 파견근로자는 사용사업주 · 파견사업주 쌍방에 대하여 성희롱 방지나 시정조치 등의 적절한 대응을 요구할 수 있다.

파견근로자가 성희롱의 고충 해소를 요청할 경우 사업주는 근무장소 변경, 배치전환 등 가능한 조치를 취하도록 노력하여야 한다(남녀고용평등법 제14조의2 제1항). 또한 파견근로자는 성희롱을 행하는 사용사업주의 근로자에 대하여 불법행위에 따른 손해배상을 청구(민법 제750조)할 수 있는 외에 해당 행위자의 사용자인 파견사업주에 대해서도 사용자책임(민법 제756조)이나 안전보호의무 위반으로 인한 손해배상을 청구하는 것도 가능하다. 실제로 파견근로자로부터 사용사업주에 대한 손해배상청구소송이 제기되고 있다. 파견사업주도 성희롱의 소를 방치한 경우에는 손해배상청구를 받을 가능성이 있다. 성희롱의 방지를 위해서는 사용사업주에게 적절하게 대응할 것이 요구되므로 사용사업주의 전 종업원을 대상으로 교육연수를 행할 필요가 있다.

5 파견근로자에 대한 안전배려의무

1. 안전배려의무의 의의

안전배려의무란 사용자는 생산시설 · 기계 · 기구 등의 위험으로부터 근로자의 생명 · 신체 · 건강을 안전하게 보호할 의무를 말한다. 사용자는 근로계약에 수반되는 신의칙상의 부수적 의무로서 근로자가 노무를 제공하는 과정에서 생명 · 신체 · 건강을 해치는 일이 없도록 인적 · 물적 환경을 정비하는 등 필요한 조치를 강구하여야 할 의무를 부담하고, 이러한 보호의무를 위반함으로서 피용자가 손해를 입을 경우 이를 배상할 책임이 있다(대법 2006.9.28, 2004다44506;대법 2002.11.26, 2000다7301). 그리고 이러한 사용자의 보호의무 또는 안전배려의무 위반행위가 불법행위의 요건에 해당하는 경우에는 채무불이행책임과 경합하여 불법행위로 인한 손해배상책임도 부담하게 된다(대법 1997.4.25, 96다53086).

2. 사용사업주가 파견근로자에 대하여 안전배려의무를 부담하는지 여부

근로자파견관계에서 파견사업주는 근로자를 고용한 후 그 고용관계를 유지하면서 사용사업주와 근로자파견계약을 체결하여 근로자를 파견하고, 이에 따라 파견근로자는 사용사업주의 지휘 · 명령을 받아 사용사업주를 위한 근로에 종사하게 된다. 파견근로자가 파견근로 중에 직면하는 생명, 신체, 건강에 대한 위험은 대부분 사용사업주가 지배 · 관리하는 영역에서 발생한다. 근로자파견법 제35조제1항 본문에서 "파견 중인 근로자의 파견근로에 관하여는 사용사업주를 산업안전보건법 제2조제3호의 규정에 의한 사업주로 보아 동법을 적용한다"고 규정하여 근로자파견관계에서 산업안전보건법의 규정에 따른 산업재해 예방 및 근로자의 안전과 보건 유지 · 증진 등에 관한 의무를 원칙적으로 사용사업주에게 부과하고 있다. 사용사업주가 파견근로자의 생명, 신체, 건강에 대한 위험을 예방하고 파견근로자의 안전을 유지하기 위하여 필요한 조치를 하지 아니할 경우 산업안전보건법 등에서 정한 형사적 또는 행정적 제재를 받을 수 있도록 한 것도 이러한 점을 고려한 취지로 볼 수 있다.

위와 같은 근로자파견에서의 근로 및 지휘 · 명령 관계의 성격과 내용 등을 종합하면, 파견사업주가 고용한 근로자를 자신의 사업장에 파견받아 지휘 · 명령하며 자신을 위한 계속적 근로에 종사하게 하는 사용사업주는 파견근로와 관련하여 그 자신도 직접 파견근로자를 위한 보호의무 또는 안전배려의무를 부담함을 용인하고, 파견사업주는 이를 전제로 사용사업주와 근로자파견계약을 체결하며, 파견근로자 역시 사용사업주가 위와 같은 보호의무 또는 안전배려의무를 부담함을 전제로 사용사업주에게 근로를 제공한다고 봄이 타당하다. 그러므로 근로자파견관계에서 사용사업주와 파견근로자 사이에는 특별한 사정이 없는 한 파견근로와 관련하여 사용사업주가 파견근로자에 대한 보호의무 또는 안전배려의무를 부담한다는 점에 관한 묵시적인 의사의 합치가 있다고 할 것이다. 따라서 사용사업주의 보호의무 또는 안전배려의무 위반으로 손해를 입은 파견근로자는 사용사업주와 직접 고용 또는 근로계약을 체결하지 아니한 경우에도 위와 같은 묵시적 약정에 근거하여 사용사업주에 대하여 보호의무 또는 안전배려의무의 위반을 원인으로 하는 손해배상을 청구할 수 있다고 할 것이다. 그리고 이러한 약정상 의무 위반에 따른 채무불이행책임을 원인으로 하는 손해배상청구권에 대하여는 불법행위책임에 관한 민법 제766조제1항의 소멸시효 규정이 적용될 수는 없다(대법 2013.11.28, 2011다60247).

6 파견근로자에게 기업비밀을 준수하게 하기 위해서는

1. 기업비밀이란

우리 고용시스템은 정년고용의 보장과 더불어 파견근로 등 다양한 고용형태가 있으므로 근로자는 사용자에게 신의칙상 여러가지 의무가 있다. 기업비밀이 외부에 누설되는 일은 그렇게 많은 것은 아니다. 그러나 노동시장에 있어서 고용이 유동화 · 다양화되고 있는 현재 종래에 비하여 근로자의 사용자에 대한 충성심은 낮아지고 기업비밀이 외부에 누설되는 사태가 증가하고 있다. 기업비밀이 외부에 누설되면 업적에 큰 영향을 끼치고 경우에 따라서는 경쟁력을 약화시키고 기업존립에까지 영향을 미친다. 그러므로 기업비밀이 외부에 누설되지 않도록 체제를 구축하는 것은 기업이 존속되도록 또는 발전적인 기업전략에 있어서 너무도 중요하다. 파견근로자 노무관리에 있어서 어떻게 기업비밀을 지킬 것인가는 중요한 과제이다.

2. 파견에 있어서 기업비밀의 누설방지책의 필요성

파견근로자는 사용사업주의 지휘·명령에 따라 사용사업주 업체에서 취업하므로 사용사업주의 기업비밀에 접촉할 가능성이 높다. 이 점에서 영업비밀에 관해서는 부정경쟁방지및영업비밀보호에관한법률에 따라 강력한 보호를 받게 되므로 파견근로자도 법을 준수해야 함에는 변함이 없다. 한편 영업비밀에 해당되지 아니한 기업비밀은 직접고용한 근로자의 경우와는 달리 사용사업주가 파견근로자에 대하여 직접 징계처분을 과할 수 없고 파견사업주가 징계를 할 수밖에 없다. 다른 한편 인건비의 절감과 유동화를 목적으로 이용된 파견근로자는 불안정한 신분에 놓여 있으므로 직접고용근로자와 비교하여 사용사업주에 대한 충성심이 낮고 기업비밀을 누설할 가능성이 높다. 그러므로 파견근로자를 이용할 때에는 기업비밀 누설을 방지하는 것이 중요한 문제이다.

3. 파견에 있어서 비밀준수의무의 문제

① **파견사업주에 대한 비밀준수의무**: 재직 중의 파견근로자에게 과해지는 파견사업주에 대한 비밀준수의무를 유의할 필요가 있다. 파견사업주와 파견근로자 간의 근로계약은 파견근로자가 사용사업주에 취업하는 것을 전제로 한다. 파견근로자는 이러한 근로계약관계에 부수하여 성실의무가 있으므로 파견사업주가 사용사업주의 기업비밀에 관계되는 비밀준수의무도 당연히 부담하게 된다. 그러므로 파견근로자가 사용사업주의 기업비밀을 누설하는 경우 파견근로자는 파견사업주에 대한 비밀준수의무 위반으로서 징계처분의 대상이 된다.

② **사용사업주에 대한 비밀준수의무**: 사용사업주와 파견근로자 간에는 근로계약관계가 없다. 그러므로 파견근로자는 사용사업주에 대하여 근로계약관계의 부수의무로서 비밀준수의무를 부담하는 것은 아니다. 그러나 파견근로자는 사용사업주의 지휘·명령을 받아 사용사업주 업체에서 취업하는 것을 전제로 파견사업주

가 고용하는 것이므로 그 사용관계에 터잡아 신의칙상 사용사업주에 대하여 비밀준수의무를 부담하고 있는 것이다.

③ **퇴직 후의 비밀준수의무**: 파견근로자가 퇴직한 후의 비밀준수의무는 퇴직 후의 비밀준수의무에 있어서는 직접고용의 경우에도 특약이 필요하다. 그러나 사용사업주와 파견근로자 간에는 근로계약관계가 없으므로 사용사업주가 파견근로자에 대하여 서약서 등의 제출의무를 부과할 수는 없다. 실무상으로는 파견사업주와 파견근로자 간에는 사용사업주의 기업비밀에 관한 비밀유지의무 특약 등을 체결함에 따라 파견근로자는 퇴직 후에 비밀유지의무가 부과되는 것이다. 실무상으로 먼저 파견사업주와의 근로자파견계약으로 파견근로자의 취업조건을 규정하는 것이 중요하다. 구체적으로 「파견사업주는 파견근로자로부터 사용사업주의 기업비밀유지규정을 준수한다」는 취지의 서약서를 취득하여 그 서약서 내용을 충분히 교육시켜 파견근로자를 파견할 것으로 하여 간접적으로 준수를 요구할 수 있고 파견사업주에게 서약서사본을 제출하게 한다거나 사원교육실시를 통보받을 수 있다. 또한 파견근로자의 비밀준수의무 위반으로 사용사업주 업체에 손해가 발생하는 경우에는 파견사업주가 그 손해를 보상한다는 취지의 조항을 근로자파견계약서에 삽입하는 것도 중요하다. 그러므로 파견근로자에게 비밀준수의무 위반이 있는 경우에는 사용사업주는 파견사업주를 통하여 해당 파견근로자의 교체 또는 근로자파견계약의 해제 등으로 대응할 수 있다. 그러므로 퇴직 후에 있어서나 재직 중에 있어서도 근로자파견계약을 통하여 사용사업주 업체의 기업비밀의 준수를 요구하는 것이 적절한 것이다.

7 사용사업주로부터 파견근로자의 교체를 요구받는 경우

근로자파견계약에 따라 사용사업주에게 어떤 근로자를 파견할 것인가는 파견근로자를 고용하는 파견사업주의 판단에 맡겨져 있다. 그러므로 사용사업주는 파견사업주가 행하는 파견근로자의 선발에 간섭하여서는 아니 된다. 파견사업주는 근로자파견계약에서 정한 일정한 직무수행능력을 지니고 있는 근로자를 파견해야 할 의무가 있다. 사용사업주는 근로자파견계약에서 파견대상 업무에 있어서의 전문적 능력 · 지식 · 경험을 필요로 하는 업무를 정해 파견사업주에 대하여 이러한 전문적 능력 · 지식 · 경험이 있는 근로자의 파견을 요구하는 것은 가능하다. 채용 및 교육연수의 비용(Cost)을 고려하면 즉시 현장 투입이 가능한 노동력을 이용할 수 있는 점이 근로자파견의 메리트다. 그러므로 사용사업주는 파견사업주에게 근로자파견계약이 정하는 바에 따라 일정한 직무수행능력을 지닌 근로자를 파견해 달라고 요구할 수 있다. 예컨대 파견근로자의 능력이 부족하거나 파견근로자의 근무태도가 현저히 불량한 경우에 사용사업주는 파견사업주에 대하여 파견근로자의 교체를 요구할 수 있다. 직무수행능력이나 근무태도의 정도에는 큰 차이가 있으므로 능력 부족이나 근무태도의 불량을 이유로 파견근로자의 교체를 요구하는 것은 쉬운 일이 아니다. 사용사업주가 기대한 수준에 미치지 못한다는 정도로 파견근로자를 교체하기는 어렵다. 특히 파견근로자의 교체는 파견사업주와 파견근로자 간의 근로계약을 해소해야 하는 중대한 문제이다.

이처럼 파견근로자의 교체를 둘러싼 트러블을 사전에 방지하기 위해서는 파견업무의 내용이나 해당 업무에 필요한 파견근로자의 기술이나 능력 등에 있어서 근로자파견계약에서 가능한 한 상세히 구체적으로 규정할 필요가 있다.

8 파견기간 중 사용사업주로부터 근로자파견계약 도중 해소하는 것은 가능한가

근로자파견계약은 파견사업주와 사용사업주 간의 거래이므로 미리 근로자파견계약에서 정하는 계약기간이 만료되면 원칙적으로 종료된다. 또한 계약기간 도중이더라도 일방 당사자에게 채무불이행이 있다면 계약은 해제될 수 있다(민법 제544조) 중도해약조항에 따른 중도해약을 금지할 수 있는 것은 아니다. 그러나 근로자파견계약의 해소는 사용사업주로서는 취업시킨 파견근로자에게 큰 영향을 미친다. 특히 파견사업주와 파견근로자 간에 구체적인 사용사업주 업체로의 근로자파견이 예정된 파견기간에 따라 근로계약을 체결한 경우에는 파견사업주로서는 근로자파견계약을 해소시켜 파견근로자를 다른 사용사업주 업체에 파견하는 것도 쉬운 일이 아니므로 근로자파견계약이 해소될 때 근로계약을 해소할 수밖에 없다.

사용사업주는 파견근로자의 성별 · 국적 · 종교 · 사회적 신분이나 파견근로자의 정당한 노동조합 활동 등을 이유로 근로자파견계약을 해지하여서는 아니 된다(근로자파견법 제22조제1항).

10장 근로자파견사업과 도급사업의 구별

1 근로자파견과 도급, 업무위탁 등과의 차이

자기가 고용하는 근로자를 발주처 회사에 보내, 발주처회사의 지휘 · 명령하에서 발주처회사의 업무를 수행하는 것이 아니라, 어디까지나 도급업체 자신이 발주처회사로부터 업무를 도급받고, 자기의 근로자를 스스로 지휘 · 명령하여 주문된 업무의 완성이나 독립한 수탁업무의 처리를 행하는 경우에는 근로자파견의 형태에는 해당되지 않는다. 주문받은 업무의 처리를 업무도급 형태에 의해, 사업주로서 자기가 독립한 사업으로서 근로자를 사용하여 업무를 처리하고, 업무의 완성을 도급하고 있는 것이라고 한다면, 직업안정법의 근로자공급 위반이나 근로자파견법의 「근로자파견사업」 위반이라고 하는 문제는 발생하지 않는다.

즉, 도급이나 업무위탁과 '근로자파견'과의 차이는 도급 등은 발주자나 위탁자의 업무지휘(지휘 · 명령)는 일체 받지 않고, 고용주인 자사만의 지휘 · 명령을 받고, 자사의 업무로서, 자사의 노무지휘하에서 자사를 위해서 발주처사업장에서 취업하는 것이다. 따라서 상대방 기업의 지휘 · 명령을 전혀 받지 않는 점에서 근로자파견과 명백하게 구별되는 것이다.

도급은, 발주자의 주문에 따라서 수주자가 스스로의 재량과 책임하에 자기가 고용하는 근로자를 사용하여 업무를 완성하고, 발주자가 근로자를 지휘 · 명령하여 업무에 종사시키는 것이 아니라는(단, 주문상의 지도는 있지만, 그것도 직접 근로자를 시키지 않고, 도급인의 관리자에게 행하는 방식으로 족한다)점에서 다르다.

업무위탁은, 위탁자가 어떤 업무나 사무의 처리를 위탁하고, 수탁자가 그 처리를 승낙하고, 자기의 책임으로 수탁사무(업무)를 처리하는 정도의 자기재량을 지니고 행하는 것을 말하지만, 도급과 마찬가지로 수탁자가 자사의 사업으로 행하는 것이고, 이를 위해 근로자를 위탁자의 사업장에 파견하여도, 위탁자측은 노무관리는 전혀 행하지 않고, 노무지휘는 전부 수탁자측에서 행하여 근로자는 자사의 지휘 · 명령하에서 자사의 업무로서 위탁된 업무나 사무를 수행하는 것이다.

그러나 현실의 근로장소가 발주를 하는 쪽이나 업무를 위탁하는 쪽의 기업내에 있는 경우에는 시설관리나 취업장소에 관한 규율이나 물적관리상의 지도에 따르지 않으면 안 된다.

그러므로 문제는 발주처의 지시 등이 '주문자로서의 지도' 의 범위에 그치는 것인가, 노무관리상의 지휘 · 명령인가가 중점이 된다. 도급이나 업무위탁의 형식으로 되어있어도 도급업체가 지휘 · 감독을 전혀 행하지 않고 근로자만이 도급업무 수행을 위해 따르고, 상대방 기업이 노무지휘를 행하고 있는 실태가 있으면 계약명의는 도급으로 되어있어도 '근로자파견' 으로 보게된다. 예컨대 발주자가 도급계약서에 구체적인 작업조건을 명시하는 것은 이미 도급인에게 다른 재량의 여지를 남기지 않는 것이 되어 발주자가 노무급부관련 지시를 사전에 행사한 것과 다름이 없으므로 사실상 근로자파견으로 보아야 할 것이다.

2 근로자파견계약인지 도급계약인지의 여부에 관한 판단기준

1. 근로자파견과 도급 구별의 의의

도급이 근로자파견과 관련하여 자주 문제가 되는 것은 바로 형식적으로는 도급계약(또는 용역계약 등 명칭 불문)을 체결하고 실제로는 근로자파견처럼 운영하는 경우가 있기 때문이다. 근로자파견은 근로자파견법에 따른 여러 가지 규율을 받게 되므로, 근로자파견법상의 규율을 회피하기 위해 형식적으로 도급계약인 것처럼 위장한 경우도 있을 수 있고 당초 도급으로 운영하려고 하였으나 운영과정에서 실질적인 모습이 근로자파견처럼 운영된 경우도 있을 수 있다. 그러나 이런 경우는 모두 그 실질적인 운영이 근로자파견으로 운영되었으므로 근로자파견법의 규율을 받는 것이 타당하다.

한편 실질적으로는 원사업자와 직접고용관계에 있다고 보아야 할 근로자를 형식적 · 명목적 존재에 불과한 도급업체의 근로자로 위장하거나 또는 당초 도급으로 운영하려고 하였으나, 운영과정에서 실질적인 모습이 원사업자와 직접고용관계에 있는 것처럼 운영된 경우도 있을 수 있을 것이다. 이런 경우는 모두 그 실질적인 운영이 직접고용관계처럼 운영되었으므로 직접고용관계를 전제로 노동관계법을 적용하는 것이 타당하다.

그런데 위와 같이 사실상의 양태가 근로자파견 또는 직접고용관계처럼 운영되면서 형식적으로는 도급계약을 체결하고 있는 경우는 도급 중에서도 특히 "사내하도급"에서 많이 발생하고 있다. 사내하도급은 원사업자가 자신의 사업의 일부를 다른 사업자에게 위탁하여 납품을 받는 하도급거래 중에서 수급사업자가 원사업자의 사업장 내에서 또는 그의 실질적인 지배력이 미치는 공간 내에서 주로 노무를 이용하여 위탁받은 업무를 수행하는 것이다. 즉 공간적으로 원사업자가 수급사업자의 근로자에 대하여 여러 가지 업무상의 지휘 · 명령권을 행사할 개연성이 높다는 특징이 있다. 따라서 도급, 특히 사내하도급에 있어서는 실제로 운영되는 모습이 근로자파견인지, 진정한 도급인지의 구별이 노동법적으로 중요한 과제가 되는 것이다.

2. 근로자파견과 도급의 차이점

근로자파견과 도급의 구별에 있어서의 핵심은 「지휘 · 명령권」을 누가 행사하는가에 달려 있다고 할 것이다. "근로자파견"은 사용사업주가 직접 그 사업을 수행하면서 파견사업주가 고용한 근로자를 파견 받아 해당 업무에 투입하고, 그 근로자를 지휘 · 명령하여 노동력을 제공받는 것이다. "도급"은 수급사업자가 원사업자로부터 위탁 받은 업무를 수행하기 위해 근로자를 고용하고 직접 그 근로자를 해당 업무에 투입, 지휘 · 명령함으로써 노동력을 제공받은 것이다. 따라서 원칙적으로 도급에서는 원사업자가 수급사업자의 근로자에 대하여 업무상의 지휘 · 명령권을 행사할 수 없다.

만약 원사업자가 수급사업자의 근로자에 대하여 업무상의 지휘 · 명령권을 행사한다면 이는 그 계약의 명칭 · 형식 등이 도급계약으로 되어 있다고 하더라도 사실상의 운영이 근로자파견법상 근로자파견(사용사업주가 파견근로자를 지휘 · 명령하는 것)과 같은 것이 되어 근로자파견법의 규율을 받게 된다.

3. 근로자파견과 도급의 구별 방법

(1) 종합적인 판단

① **지휘 · 명령권의 행사주체**: 근로자파견과 도급을 구별하는 결정적인 기준은 결국 「지휘 · 명령권」을 누가 행사하는가 하는 것이다. 그리고 지휘 · 명령권을 누가 행사하는가의 문제는 지휘 · 명령권 행사를 추정할 수 있는 여러 가지 징표들을 「종합적으로」고려하여 판단한다. 주의할 점은 도급에서도 원사업자는 도급계약의 이행을 확보하기 위해 수급사업자와 함께 그 이행보조자인 수급사업자의 근로자에 대하여 일정한 '지시권'을 행사할 수 있다고 보는 것이 일반적이라는 것이다. 따라서 원사업자가 수급사업자의 근로자에 대하여 단순히 업무지시를 한 번 한 것을 두고 근로자파견으로 인정되는 「지휘 · 명령권」을 행사하였다고 결론 내려서는 아니 된다는 것이다.

② **근로자파견적인 요소와 도급적인 요소가 복합되어 있는 경우**: 구체적으로 보면, 현실에서는 근로자파견적인 요소와 도급적인 요소가 복합되어 있는 경우가 많은 것인 바,(가령 사내하도급에서 수급사업자의 근로자에 대한 지휘 · 명령권을 원사업자도 행사하고, 수급사업자도 행사하는 경우 등) 이 경우 만약 대부분의 지휘 · 명령권을 수급사업자가 행사하고 있다면, 설령 원사업자가 업무지시를 몇 번 하였다고 하더라도 이를 원사업자가 지휘 · 명령권을 행사하는 것으로 보고 근로자파견으로 결론 내려서는 아니 된다는 것이다.

③ **종합적 판단**: 결국 근로자파견인지 아니면 도급인지를 판단하기 위해서는 누가 주도적으로 지휘 · 명령권을 행사하였는지를 보아야 할 것이다. 이를 위해 지휘 · 명령권 행사를 추정할 수 있는 여러 징표들에 대하여 누가 그 권한을 행사하였는지를 각각 조사 · 파악한 후 이들을 모두 모아서 종합적인 결론을 도출해야 한다. 즉 전반적으로 볼 때 누가 지휘 · 명령권을 주도했는지를 판단하여 결론을 내려야 한다는 것이다.

(2) 근로자파견과 도급의 구별 순서와 구별징표

1) 3자관계 성립

근로자파견과 도급은 모두 3자 관계를 그 특징으로 한다. 근로자파견은 파견사업주 · 사용사업주 · 파견근로자로 구성되며, 도급은 원사업자 · 수급사업자 · 수급사업자의 근로자로 구성된다. 따라서, 3자 관계가 성립되지 않는다면, 애초부터 근로자파견인지, 도급인지를 구별할 필요도 없게 되는 것이다. 여기에서 문제가 되는 것은 바로 「도급」에서 수급사업자가 사업주로서의 실체가 없는 형식적 · 명목적 존재에 불과한 경우이다. 이 경우 수급사업자는 사업주로서의 실체가 없으므로 결국 원사업자와 (수급사업자가 고용한) 근로자만 남게 되어 양자관계가 되며, 원사업자와 수급사업자의 근로자는 묵시적 근로계약관계에 있는 것으로 추정된다.

이와 같은 경우, 판례는 수급사업자에 대하여 업무수행의 독자성이나 사업경영의 독립성을 갖추지 못한 채, 원사업자의 일개 사업부서로서 기능하거나, 노무대행기관의 역할을 수행한 것으로 본다(예: 현대미포조선 사건, 대법 2008.7.10, 2005다75088 종업원지위확인).

2) 3자 관계 성립 여부 판단 기준

따라서 근로자파견인지, 도급인지를 판단하기 위해서는 먼저 3자 관계가 성립되는지의 여부를 살펴보아야 하다. 그 결과 3자 관계가 아닌 양자관계만 남는다면, 원사업자와 (수급사업자가 고용한) 근로자간에 직접고용관계를 추정하여 노동관계법을 적용하여야 할 것이다. 그러나 수급사업자가 사업주로서의 실체를 갖추고 있다면, 비로소 근로자파견인지, 도급인지를 판단할 실익이 있게 된다.

① **사업주 실체 판단 징표**: 2007.4.19. 노동부 · 법무부 · 검찰이 함께 마련한 「근로자파견의 판단기준에 관한 지침」에는 사업주로서의 실체를 갖추고 있는지를 판단하는 징표로서 다음 다섯 가지를 제시하고 있다.

(가) 채용 · 해고 등의 결정권, (나) 소요자금 조달 및 지급 책임, (다) 법령상 사업주 책임, (라) 기계 · 설비 · 기자재의 자기 책임과 부담, (마) 전문적인 기술 · 경험과 관련된 기획 책임과 권한

위의 다섯 가지 징표들을 종합적으로 검토해 볼 때, 원사업자가 주로 그 권한을 행사하고 있다면, 수급사업자는 사업주로서의 실체를 갖추고 있는 것으로 인정받

기 어려울 것이며, 반대로 수급사업자가 주로 그 권한을 행사하고 있다면 수급사업자는 사업주로서의 실체를 갖추고 있는 것으로 인정받을 수 있을 것이다.

② **지휘 · 명령권 판단 징표**: 한편 수급사업자의 실체가 인정된다면, 다음 단계로 위에 제시한 사업주실체 판단 요소 다섯 가지와 아래 제시하는 지휘 · 명령권 판단 요소 다섯 가지를 종합적으로(열 가지) 고려하여 근로자파견에 해당하는지 아니면 도급에 해당하는지의 여부를 판단하며, 특히 아래 (가)(나)(다)는 그 주요 판단기준이 된다.

2007.4.19. 노동부 · 법무부 · 검찰이 함께 마련한「근로자파견의 판단기준에 관한 지침」에는 지휘 · 명령권 판단의 징표로서 다음 다섯 가지를 제시하고 있다.

(가) 작업배치 · 변경결정권, (나) 업무 지시 · 감독권, (다) 휴가 · 병가 등의 근태관리권 및 징계권, (라) 업무 수행에 대한 평가권, (마) 연장 · 야간 · 휴일근로 등의 근로시간 결정권

③ **사업주실체 판단 요소 중 채용의 경우**: 사업주실체 판단 요소 중 "채용"을 예로 들면, 가령 수급사업자가 근로자를 채용하는 경우에 원사업자가 직접 모집공고를 내고, 근로자 면접 및 선발과정을 거친 후 수급사업자에게 통보하여 근로계약만 수급사업자가 체결토록 했다면 이는 수급사업자의 실체를 부정할 수 있는 강한 징표가 될 것이다. 다만 이 경우에도 다른 징표들을 종합적으로 고려하여 결론을 내려야 한다. 그러나 수급사업자가 스스로 모집공고를 내고 근로자 면접을 보는 과정에서 원사업자의 임원 또는 직원이 면접장소에 참관만 한 경우, 혹은 참관해서 질문도 몇 가지 한 경우, 혹은 특정 지원자에 대해서만 집중 질문하면서 강한 관심을 보인 경우 등 다양한 상황이 있을 수 있는 바 이 경우에는 다른 여러 징표들과 함께 종합적으로 검토하여 수급사업자의 실체가 명목적 · 형식적인 존재에 불과한 것으로 볼 정도인지, 아니면 수급사업자의 실체를 부정할 정도는 아니지만 채용과정에 원사업자가 상당부분 관여하여 정상적인 도급관계로 보기 어렵고 그 실질이 근로자파견에 해당한다고 보아야 할 것인지 등을 판단해야 할 것이다.

4. 대법원 판례의 태도

도급과 근로자파견의 구분에 관하여 대법원 판결(대법 2015.2.26, 2010다106436; 대법 2012.2.23, 2011두7076)에서 확인되고 있는 바와 같이 법률관계는 첫째, 원청

업체와 사내협력업체 간에 체결한 계약의 명칭이나 형식이 아닌 그 근로관계의 실질에 따라 판단해야 한다는 원칙 하에서, 둘째, 그 구체적인 기준으로 원청업체의 지휘 · 명령관계의 존부에 대한 판단부분과 계약의 성격에 대한 판단부분으로 나누어 판시하고 있다.

대법원은 근로자파견에 해당하는지를 판단함에 있어서는 세 가지 판단기준을 제시하고 있다.

1) 실질 판단의 원칙

대법원은 원고용주가 어느 근로자로 하여금 제3자를 위한 업무를 수행하도록 하는 경우 그 법률관계가 위와 같이 근로자파견법의 적용을 받는 근로자파견에 해당하는지는 당사자가 붙인 계약의 명칭이나 형식에 구애될 것이 아니라, 그 근로관계의 실질에 따라 판단하여야 한다는 것이다.

2) 유형적 방법

근로자파견과 도급계약이 상호 대비되는 특징적인 여러 가지 판단기준을 나열하는 「유형적 방법」을 제시한다. 대법원은 근로자파견의 판단기준을 다음과 같이 제시한다. ① 제3자가 당해 근로자에 대하여 직 · 간접적으로 그 업무수행 자체에 관한 구속력 있는 지시를 하는 등 상당한 지휘 · 명령을 하는지, ② 당해 근로자가 제3자 소속 근로자와 하나의 작업집단으로 구성되어 직접 공동 작업을 하는 등 제3자의 사업에 실질적으로 편입되었다고 볼 수 있는지, ③ 원고용주가 작업에 투입될 근로자의 선발이나 근로자의 수, 교육 및 훈련, 작업 · 휴게시간, 휴가, 근무태도 점검 등에 관한 결정 권한을 독자적으로 행사하는지, ④ 계약의 목적이 구체적으로 범위가 한정된 업무의 이행으로 확정되고 당해 근로자가 맡은 업무가 제3자 소속 근로자의 업무와 구별되며 그러한 업무에 전문성 · 기술성이 있는지, ⑤ 원고용주가 계약의 목적을 달성하기 위하여 필요한 독립적 기업조직이나 설비를 갖추고 있는지 등의 요소를 바탕으로 그 근로관계의 실질에 따라 판단하여야 한다(대법 2015.2.26, 2010다106436;대법 2015.2.26, 2010다93707;대법 2015.2.26, 2012다96922). 이들 판단기준 중 ①과 ②의 요소는 근로자파견임을 보여주는 징표인 반면 ③④⑤는 해당 계약이 도급계약임을 보여주는 징표에 해당된다.

3) 종합적 판단

대법원은 근로자파견임을 확인함에 있어 「종합적 판단」을 할 것을 요구한다.

3 근로자파견의 판단기준에 관한 지침

종전에는 「근로자파견사업과 도급 등에 의한 사업의 구별기준」에 관한 고시 (고용노동부고시 제98-32호, 1998.7.20.)가 있었으나 2007.4.20 폐지하였다. 이를 대체하여 고용노동부 · 법무부 공동지침으로 「'근로자파견'의 판단기준에 관한 지침」(2007.4.19, 비정규직대책팀-1303)을 마련하여 시행하고 있다.

고용노동부 · 법무부 공동지침('근로자파견'의 판단기준에 관한 지침)에 따르면 근로자파견법상 '근로자파견'에 해당하는지 여부 판단에 앞서 파견사업주, 수급인, 수임인 등(파견사업주 등)이 사업주로서의 실체를 갖추고 있는 지를 먼저 판단한다.

이때, '유령회사'와 같이 사업주 실체가 없는 경우에는 근로자를 사용하는 사업주, 도급인, 위임인 등(사용사업주 등)과 해당 근로자간 고용관계가 있는 것으로 추정, 노동관계법을 직접 적용하게 된다.

사업주 실체가 인정된다면, 사용사업주 등과 파견사업주 등이 도급관계인지, 아니면 근로자파견관계인지를 판단하게 되는데, 이 때 사용사업주 등의 지휘 · 명령에 대한 판단 기준들을 종합 고려하여 실제로 파견인지 여부를 결정하되, 작업배치 · 변경결정권, 업무지시 · 감독권, 휴가, 병가 등의 혼재근무와 관련하여 지침을 통일하면서 독립적 판정기준으로 보지는 않되 사용사업주 등에 의한 업무지시 · 감독권이 행사될 개연성이 높은 정황 징표로 보아 혼재작업이 있는 경우에는 업무지시 · 감독권 행사 여부를 보다 신중히 검토하도록 지침의 내용으로 명시하였다.

고용노동부 · 법무부공동지침(2007.4.19, 비정규직대책팀-1303) 내용은 다음과 같다.

■ '근로자파견'의 판단 기준에 관한 지침

1. 목 적

이 지침은 「파견근로자 보호 등에 관한 법률」(이하 '법' 이라 한다)에 위반한 고용형태를 효과적으로 단속함으로써 근로자파견제도의 적정한 운영을 기하기 위하여 법 제2조제1호의 규정에 의한 '근로자파견' 과 근로자파견이 아닌 것을 구분함에 있어 그 판단의 기준을 정하는 것을 목적으로 한다.

2. 구성 주체

근로자파견법 제2조제1호에 의한 '근로자파견' 은 근로자파견사업을 행하는 자인 '파견사업주' 와 근로자파견계약에 의하여 파견근로자를 사용하는 '사용사업주' 및 파견사업주가 고용한 근로자로서 근로자파견의 대상이 되는 '파견근로자' 라는 삼자관계로 구성이 된다.

[근로자파견의 관계]

3. 판단의 체계

(1) 판단 순서

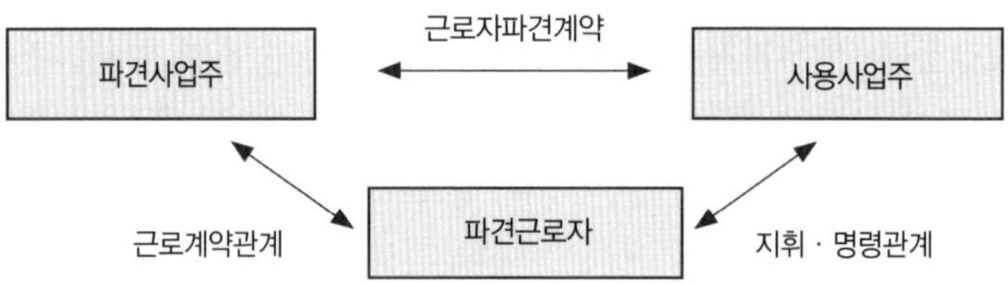

② 파견사업주 등이 사업주로서의 실체가 인정되지 않는 경우에는 해당 근로자를 고용하지 않고 사용하는 사용사업주, 도급인, 위임인 등(이하 '사용사업주 등' 이라 한다)이 해당 근로자를 직접고용한 것으로 추정하여 노동관계법 위반 여부를 판단한다.
③ 파견사업주 등이 사업주로서의 실체가 인정되는 경우에는 해당 근로자가 사용사업주 등의 지휘 · 명령을 받는지 여부를 조사하여 해당 고용관계가 '근로자파견' 에 해당하는 지를 판단한다.

(2) 판단방법(종합적 판단)

근로자파견법 제2조제1호의 '근로자파견' 에 해당하는지의 여부는 아래 4의 가 및 나의 각 호를 종합적으로 고려하여 판단한다. 이 경우 나의 1), 2), 3)은 근로자파견 인지를 판단하는 주요 기준으로 본다.

4. 판단의 기준

(1) 파견사업주 등에 대한 사업주로서의 실체 판단

사용사업주 등과 파견사업주 등 사이에 체결된 계약의 명칭 · 형식 등에도 불구하고, 파견사업주 등에게 다음 각 호의 권한이나 책임이 존재하지 않는 경우에는 파견사업주 등의 실체가 인정되기 어려우므로 법 제2조제1호의 근로자파견의 정의 중에서 "파견사업주가 근로자를 고용한 후 그 고용관계를 유지"하는 것으로 보지 아니한다. 다만, 4), 5)는 단순히 육체적인 노동력을 제공하는 경우에는 적용되지 아니한다.

1) 채용 · 해고 등의 결정권

※ 채용면접표, 취업규칙, 근로계약서, 신규채용자 안전교육, 기타 해고 관련 서류 등을 확인

2) 소요자금 조달 및 지급에 대한 책임

※ 사무실 임대차 계약서, 사업체 설립비용 부담여부, 주식회사의 경우 주금 납입 경위 및 주식 소유비율, 기성금 및 수당 지급방법 등을 확인

3) 법령상 사업주로서의 책임

※ 4대보험 가입증명서, 주민세 및 사업소세 등 각종 세금관련 자료, 근로소득 원천징수 관련 자료, 사용사업주등과 파견사업주 등 사이에 체결된 계약서 · 임원간 순환근무 여부, 기타 단체교섭 관련 서류 등을 확인

4) 기계, 설비, 기자재의 자기 책임과 부담

※ 사용사업주 등이 지급하는 기계나 설비, 기자재의 내역과 유무상 여부를 확인하고, 무상으로 제공할 경우 그 필요성 및 정당성을 확인

5) 전문적 기술 · 경험과 관련된 기획 책임과 권한

※ 기획 관련 작성서류, 사용사업주 등과 파견사업주 등 사이에 체결된 계약서 및 동 계약이 단순 노무제공인지 여부, 사업계획서, 파견사업주 등의 업무수행능력 및 소속 근로자 자격증 유무 등을 확인

(2) 사용사업주 등의 지휘 · 명령에 대한 판단

사용사업주 등과 파견사업주 등 사이에 체결된 계약의 명칭 · 형식 등에도 불구하고, 사용사업주 등이 해당 근로자에 대하여 다음 각 호의 권한을 행사하는 경우에는 법 제2조제1호의 근로자파견의 정의 중에서 "파견사업주가… 사용사업주의 지휘 · 명령을 받아 사용사업주를 위한 근로에 종사하게 하는 것"으로 판단한다.

1) 작업배치 · 변경 결정권

※ 작업계획서, 인력배치 계획서, 관련 회의자료, 기타 작업배치 관련 서류 및 관행 등을 확인

2) 업무 지시 · 감독권

※ 일일 작업지시서, 안전교육 일지, 조회 개최 여부, 업무관련 지시 전달 방법 등을 확인

※ 특히 직접고용한 근로자와 혼재하여 같거나 유사한 업무에 종사토록 하는 경우에는 업무 지시 · 감독권 행사 여부를 보다 신중히 검토

※ 계약서상 업무의 목적이나 내용이 지나치게 추상적이어서 사용사업주 등의 지시를 통해 비로소 구체화되는 불확정한 상태에 놓여 있거나 또는 업무 전반을 망라하는 것으로 되어 있어 특정 업무에 한정되지 않는 경우에는 업무 지시 · 감독권이 인정될 수 있음에 유의

3) 휴가, 병가 등의 근태 관리권 및 징계권

※ 휴가, 결근, 조퇴, 외출, 지각원, 출근부, 기타 징계관련 서류 등의 확인

4) 업무수행에 대한 평가권

※ 업무수행 및 실적에 대한 평가서, 파견사업주 등의 직원이 현장에서 감독 · 평가하는지 여부, 잘못된 업무수행이 발견된 경우에 있어서의 조치 관행 등을 확인

5) 연장 · 휴일 · 야간근로 등의 근로시간 결정권(다만, 작업의 특성상 일치시켜야 하는 경우에는 제외한다)

※ 연 · 월차 유급휴가 사용내역, 일일 근무현황, 기타 근로시간 관련 서류 등을 확인

4 사업장 점검 요령

'근로자파견' 의 판단 기준에 관한 지침 관련(2007.6.21, 근로기준팀-4877) 사업장 점검요령은, 사내 하도급 등 근로자파견과 유사한 근로형태의 확산에 따라 파견과 도급 등의 구별 필요성이 증가하는 상황에서, 불법파견 여부를 점검함에 있어서의 점검 요령, 판단기준 및 사후조치에 관한 내용을 정함으로써 효율적인 점검을 도모하고, 지방관서간 업무 처리의 일관성을 확립하는데 그 목적이 있다.

❶ '근로자파견'의 판단 기준에 관한 지침 (P.564~P.566 참조)

❷ '근로자파견'과 도급 등의 구별

1. 근로자파견과 도급 등의 개념

(1) 근로자파견

"근로자파견"이란 파견사업주가 근로자를 고용한 후 그 고용관계를 유지하면서 근로자파견계약의 내용에 따라 사용사업주의 지휘 · 명령을 받아 사용사업주를 위한 근로에 종사하게 하는 것을 말한다(파견근로자 보호 등에 관한 법률 제2조, 이하 "파견법이라"한다).

- "파견사업주"란 근로자파견사업을 행하는 자를 말한다.
- "사용사업주"란 근로자파견계약에 의하여 파견근로자를 사용하는 자를 말한다.
- "근로자파견계약"이란 파견사업주와 사용사업주간에 근로자파견을 약정하는 계약을 말한다.

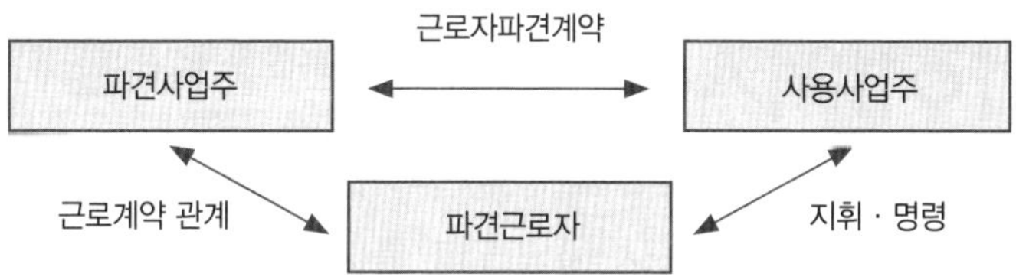

(2) 도급 · 위임 등의 개념

1) 근로자 공급

근로자공급사업이란 근로자를 공급하는 공급사업주가 자신의 지배 하에 있는 근로자를 타인(사용사업주)이 사용하게 하는 것을 말한다(국내근로자공급사업의 경우 노조법상 노조만이 허가를 받을 수 있고, 항운노조가 그 대표적 예).

※ 근로자파견법 제정 이후 근로계약관계 근로자를 타인에게 사용하게 하는 것은 근로자파견법의 적용을 받으므로, 직업안정법상 근로자공급은 "사실상 지배 하에 있는 근로자"를 사용사업주에게 공급하는 경우로 한정한다.

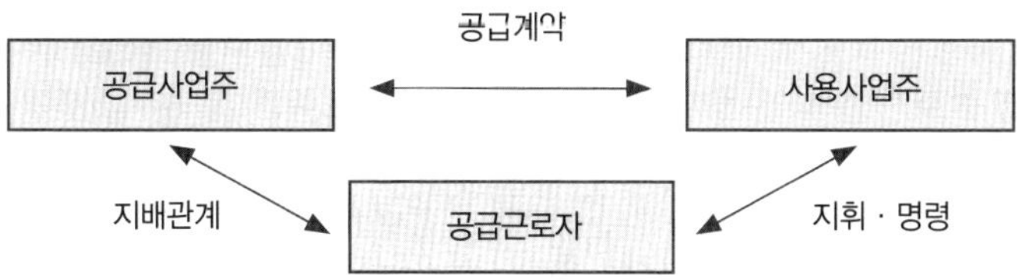

2) 도 급

도급이란 당사자 일방(수급인)이 어떤 일을 완성할 것을 약정하고, 상대방(도급인)은 그 일(유 · 무형)의 결과에 대하여 보수를 지급할 것을 약정함으로써 성립하는 계약이다(민법 제664조).

도급은 수급인 스스로의 재량과 책임 하에서 자기가 고용한 근로자를 사용하여 일을 완성한다.

※ 사내 하도급(사내하청)은 원도급업체가 자기 사업장 내에서 이루어지는 업무의 일부를 하도급업체로 하여금 수행토록 하는 도급 유형이다.

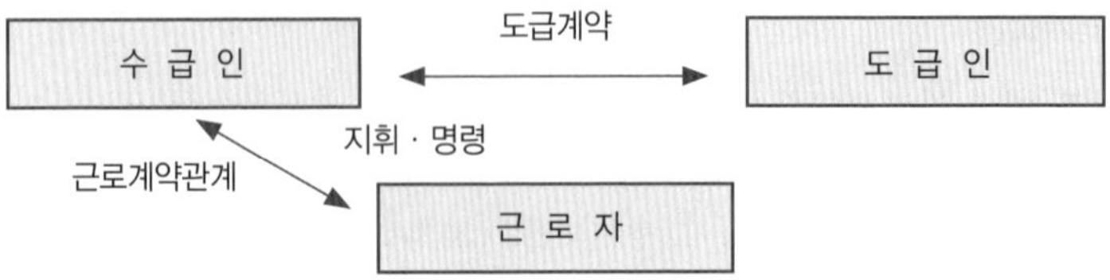

3) 위 임

위임이란 당사자 일방이 상대방에 대해 사무처리를 위탁하고 상대방이 이를 승낙함으로써 성립하는 계약이다(민법 제680조).

4) 용 역

용역이란 거래의 대상이 상품이 아닌 서비스(용역)로 용역업체에 일정한 업무를 맡겨 수행하도록 하는 형태로서, 계약 내용에 따라 민법상 도급, 위임 등에 해당될 수 있다.

※ 예: 경비용역사업(경비업법), 청소용역사업(공중위생관리법), 기술용역사업(엔지니어링기술진흥법)

(3) 근로자파견과 도급 · 위임 등의 구별

1) 구별의 필요성

실제로는 근로자파견 관계이나 근로자파견법상 규제(대상업무, 파견기간, 사업주 책임 등)를 회피하기 위해 도급 · 위임 등으로 위장하는 사례가 발생한다.
이에 따라 당사자간 노무를 제공하고 사용하는 형태가 근로자파견에 의한 것인지 도급 등에 의한 것인지 구별할 필요가 있다.

2) 근로자파견과 도급 · 위임 등의 차이

근로자파견은 사용업체가 직접 사업을 수행하면서 근로자만 파견업체로부터 파견받아 사용하는 형태이고 도급(위임)은 수급인(수임인)의 책임 하에 도급(위임)받은 사업을 수행하는 것으로, 필요한 근로자도 수급인(수임인)이 직접고용하고 사용하는 형태이다.

⇒ 양자간 구별의 핵심은 전반적인 사업수행 과정에서 근로자에 대한 지휘 · 명령권을 누가 행사하는지에 있다.

① 파견사업주 등의 실체가 인정되지 않는 경우에는 사용사업주 등이 해당 근로자를 직접고용한 것으로 추정한다.
② 파견사업주 등의 실체가 인정되고, 사용사업주 등이 파견사업주 등의 근로자에 대하여 지휘 · 명령권을 행사한다면 파견근로관계이다.
③ 파견사업주 등의 실체가 인정되고, 사용사업주 등이 파견사업주 등의 근로자에 대하여 지휘 · 명령권을 행사하지 않는다면 도급, 위임 · 위탁, 용역 등의 관계이다.

2. 구별의 원칙

〈1〉 검토 순서
○ 삼자관계의 형성 여부를 판단하기 위해 먼저, 파견사업주 등의 실체 존재 여부를 파악한다.
(도급인(위임인)–수급인(수임인)–수급인(수임인)의 근로자, 또는 사용사업주–파견사업주–파견근로자)
○ 파견사업주 등의 실체가 확인되면, 근로자에 대한 지휘 · 명령권의 행사 주체가 사용사업주 등인지 파견사업주 등 인지를 파악한다.
〈2〉 사실관계에 따른 판단
○ 계약의 명칭 · 형식 등 외견상 양태나 현상에 기초하기 보다는 구체적인 사실관계에 따라 판단한다.
〈3〉 종합적 검토
○ 파견사업주 등의 실체, 지휘 · 명령권 행사 주체를 판단함에 있어 업종이나 업무 완수에 요구되는 특성 등을 고려하면서, 근로제공과 관련한 여러 기준들을 종합적 · 전체적으로 검토한다.
※ ① 작업배치 · 변경 결정권 ② 업무 지시 · 감독권 ③ 휴가, 병가 등의 근태 관리권 및 징계권은 근로자파견 인지를 판단하는 주요 기준이다.

3. 「판단의 기준」 설명

(이하 기술된 징표들은 현실에서는 각각이 속하여 사용된 판단요소별로 엄격하게 구별되는 것이 아니며, 다른 판단요소에도 영향을 미치고 다른 요소의 판단을 위해서도 사용될 수 있으며, 또한 개별 징표의 존재 여부는 전부 또는 전무(all or nothing)의 형태가 아니라 강약(strong or weak)의 형태, 즉 정도로서 나타날 것임)

(1) 파견사업주 등의 실체 판단을 위한 고려 요소

⇒ 삼자관계 성립 여부를 확인하기 위한 징표

4–가–1) 채용 · 해고 등의 결정권
※ 채용 면접표, 취업규칙, 근로계약서, 신규 채용자 안전교육, 기타 해고관련 서류 등을 확인

○ 실체 인정을 위해서 마땅히 파견사업주 등이 수급 · 수임인의 근로자, 파견근로자(이하 '파견근로자 등'이라 한다)의 채용, 해고 등을 독자적으로 실시하여야 하며, 만일 사용사업주 등의 지시를 받거나 사실상 사용사업주 등이 결정하는 경우는 실체 인정에 부정적 징표가 될 것이다.

〈실체 인정의 부정적 징표〉

▲ 법원은 원도급자가 하도급자의 근로자 채용과정에 직접 참여하여 채용 여부를 결정하거나, 사실상 직접적으로 해고 또는 징계를 결정한 사실을 하도급자의 실체를 부정하는 요소의 하나로 예시하고 있다(SK–인사이트코리아 사건, 경기화학 소사장 사건 등).

〈실체 인정의 중립적 징표〉

▲ 사내 하도급과 같이 동일 사업장에서 도급 업무를 수행하는 경우, 도급계약의 목적 달성을 위해 원도급자가 하도급 근로자의 일정한 자격을 요구하는 것은 도급인의 정당한 '지시권'의 범위에 포함되는 것으로 하도급자의 실체를 부정하는 요소로 보기 어렵다.

> **4-가-2) 소요자금 조달 및 지급에 대한 책임**
> ※ 사무실 임대차 계약서, 사업체 설립비용 부담 여부, 주식회사의 경우 주금(株金) 납입 경위 및 주식 소유비율, 기성금(旣成金) 및 수당 지급방법 등을 확인

○ "소요자금 조달 및 지급에 대한 책임"은, 금전적 측면에서 파견사업주 등의 실체가 있는지 여부를 판단하기 위한 것이다.

- 파견사업주 등이 사업 수행에 필요한 자금을 자기 책임 하에 조달하고 조직을 구성할 수 있는 규모나 관리능력을 갖추고 있어야 한다.

〈실체 인정의 부정적 징표〉

▲ 사업실적과 무관하게 매월 파견사업주 등에게 일정액을 보장하여 임금부족분 등을 보전하여 주는 경우

▲ 파견사업주 등의 근로자 임금인상을 결정함에 있어, 사실상 사용사업주 등 소속 근로자들의 인상분과 연동으로 도급비의 인상을 산정하는 경우는 실체 부인의 한 요소가 될 수 있으므로 다른 요소들과 종합적으로 고려할 필요가 있다.

〈실체 인정의 중립적 징표〉

▲ 성과급 등 일시적, 돌발적 지급 금품을 파견사업주 등(또는 그 단체) 대표와 협의를 통해 기준을 결정하고, 파견사업주 등에게 지급 후 파견사업주 등이 근로자에게 지급하는 경우

▲ 회사 창립일이나 명절 등에 선물을 원·하도급 근로자 구분 없이 사내에 근로하는 모두에게 지급하는 경우

▲ 사용사업주 등의 복지시설을 이용하도록 하거나 사내근로복지기금 수혜자로 적용하는 경우

▲ 기타 파견사업주 등의 근로자 복리후생 증진을 위한 것

> **4-가-3) 법령상 사업주로서의 책임**
> ※ 4대 보험 가입 증명서, 주민세 및 사업소세 등 각종 세금관련 자료, 근로소득 원천징수 관련 자료, 사용사업주 등과 파견사업주 등 사이에 체결된 계약서, 임원 간 순환근무 여부, 기타 단체교섭 관련 서류 등을 확인

○ 파견사업주 등은 사업자 등록이 있어야 하고, 자신의 명의 하에 파견근로자 등을 4대 보험에 가입시켜야 하며, 노동관계법상 사용자로서의 의무(취업규칙 작성, 노사협의회 구성·운영, 체불 등 민원이나 노사분쟁 발생시 처리)를 이행하여야 한다.

(용인기업 사건에서 원도급자가 하도급자가 납부할 건강보험, 국민연금, 고용보험금 등을 하도급자에게 기성금과 함께 지급하였고, 산재보험은 원도급자의 명의로 가입하였으며, 사용자배상책임보험은 원·하도급자가 공동 가입한 후 보험료를 분담하였음에도 다른 요소들과 함께 종합적으로 고려하여 하도급자의 실체를 부인하지 않았음)

▲ 계약상 당사자로서의 책임(계약의 사실성)은 사실관계를 확인한다.

※ ① 계약 이행을 담보하기 위한 하도급자의 이행보증 제출 여부, ② 위약금 · 공사지연 등의 지체상금과 실제 발생사례, ③ 하자보증에 관한 내용과 발생사례, ④ 기타 계약과 관련한 원도급자와의 분쟁 유무 등

▲ 사내 하도급은 계약 후 공사추가 등 변경이 빈번한 점을 감안하여 변경사유 등을 통해 계약의 사실성을 확인한다.

4-가-4) 기계, 설비, 기자재의 자기 책임과 부담 ※ 사용사업주 등이 지급하는 기계나 설비, 기자재의 내역과 유 · 무상 여부를 확인하고, 무상으로 제공할 경우 그 필요성 및 정당성을 확인 ※ 다만, 단순히 육체적인 노동력을 제공하는 경우에는 적용되지 아니한다.

○ 기계, 설비, 기자재의 자기책임과 부담의 판단은 소유의 개념보다는 해당 업무특성, 사용사업주 등의 기계 · 시설 등의 사용 필요성과 사용에 따른 파견사업주 등의 부담과 책임 등을 고려하여 사용사업주 등이 지급하는 기계나 설비, 기자재 내역과 유 · 무상 여부를 확인하고, 무상으로 제공할 경우 도급계약 내용과 무상제공의 필요성 및 정당성에 중점을 두어 판단한다.

※ 사용사업주 등은 계약으로 목적물의 품질 유지 · 개선이나 작업의 효율성 등, 정당한 사유가 있는 경우 자재 · 금형 등을 제공할 수 있도록 업종별「표준하도급 계약서」에 예시되어 있다.

- 기자재 등에 대한 명세와 대장 등 관리현황, 분실 또는 훼손 시 변상규정, 공사완료 후 반납 등의 절차에 관한 내용을 확인한다.

〈실체 인정의 중립적 징표〉

▲ 서비스분야에서 수급(수임)업무 수행 시 특정 복장을 착용할 필요가 있어 사용사업주 등이 작업복 등을 지원하는 것은, 업무 수행의 특성에 따른 계약조건으로 파견사업주 등의 실체를 부정한다고 보기 어렵다.

4-가-5) 전문적 기술 · 경험과 관련된 기획 책임과 권한 ※ 기획관련 작성서류, 사용사업주 등과 파견사업주 등 사이에 체결된 계약서 및 동 계약이 단순 노무제공인지 여부, 사업계획서, 파견사업주 등의 업무 수행능력 및 소속 근로자 자격증 유무 등을 확인 ※ 다만, 단순히 육체적인 노동력을 제공하는 경우에는 적용되지 아니한다.

○ 파견사업주 등이 계약의 내용을 수행하기 위한 전문적 기술이나 경험을 보유하고, 자기 책임과 권한 아래 사용한다면 실체 인정에 유리한 징표라고 할 수 있다.

- 전문적 기술 · 경험과 관련한 기획 책임과 권한은 파견사업주 등을 기준으로 판단하여야 하며 개별근로자가 소유하는 기술, 기능 여부를 판단하는 것이 아니다.

(2) 지휘 · 명령권 행사의 주체 판단을 위한 고려 요소

⇒ 사용사업주 등과 파견근로자 등 간 지휘 · 명령관계 여부를 확인하기 위한 징표이다.

4-나-1) 작업 배치 · 변경 결정권 ※ 작업계획서, 인력배치 계획서, 관련 회의자료, 기타 작업배치 관련 서류 및 관행 등을 확인

○ 사용사업주 등이 파견근로자 등의 작업 배치 · 변경에 대한 결정권을 가지고 업무를 수행하는 경우는 사용사업주 등의 지휘 · 명령관계 인정의 주요 징표가 된다.

4-나-2) 업무 지시 · 감독권 ※ 일일 작업지시서, 안전교육 일지, 조회 개최 여부, 업무관련 지시 전달 방법 등을 확인 한다. ※ 특히 직접고용한 근로자와 혼재하여 같거나 유사한 업무에 종사토록 하는 경우에는 업무 지시 · 감독권 행사 여부를 보다 신중히 검토한다. ※ 계약서상 업무의 목적이나 내용이 지나치게 추상적이어서 사용사업주 등의 지시를 통해 비로소 구체화되는 불확정한 상태에 놓여있거나 또는 업무 전반을 망라하는 것으로 되어 있어 특정 업무에 한정되지 않는 경우에는 업무 지시 · 감독권이 인정될 수 있음에 유의하여야 한다.

○ 사용사업주 등이 파견근로자 등에 대하여 직접적 · 구체적으로 업무 수행 방법, 수행 속도, 근로의 장소 및 시간 등을 지시하고 감독하는 경우는 사용사업주 등의 지휘 · 명령권 인정의 주요 징표가 된다.

〈지휘 · 명령관계 인정의 부정적 징표〉

▲ 파견사업주 등이 그의 근로자에 대한 업무지시와 감독을 자신의 관리자를 통해 자체적으로 이행한다면 사용사업주 등의 지휘 · 명령권을 부정하는 주요 징표가 될 수 있다.

〈지휘 · 명령관계 인정의 중립적 징표〉

▲ 사용사업주 등이 계약에 반하는 파견사업주 등의 업무수행에 대하여 계약 내용을 알려주거나 시정을 요구하는 것은, 사용사업주 등의 지시권 범위에 포함된다고 볼 수 있으며, 파견사업주 등의 지휘 · 명령권을 침해한다고 보기 어렵다.

▲ 계약의 목적 달성을 위해 일정 수준 이상의 자재를 사용하거나 일정 수준 이상의 업무 수행이 필요한 경우, 파견근로자 등이 계약 내용과 다른 제품의 자재를 사용하거나, 다른 방법을 사용하여 업무를 수행하는 것에 대하여, 사용사업주 등이 이를 지적하고 시정을 요구하는 것은 계약의 목적 달성을 위한 지시권 범위에 포함된다고 볼 수 있다.

▲ 계약을 통해 파견사업주 등(파견근로자 등)이 수행해야할 업무가 사전에 확정되어 사용사업주 등의 파견사업주 등에 대한 업무 전달방법으로 내부전산망이 활용되며, 파견근로자 등이 그 내용에 따라 통상의 절차에 따라 업무를 수행하고, 사용사업주 등의 별도 지시나 감독 또는 사용사업주 등에 대한 결과보고 등의 조치가 없다면 파견사업주 등의 지휘 · 명령권을 침해한다고 보기 어렵다.

▲ 특정제품의 생산이나 규격의 통일, 사업내용의 획일성을 위해 사용사업주 등이 제시한 주문서, 시방서, 설계도면 등에 의해 업무를 수행하는 것이 파견사업주 등의 지휘·명령권을 침해한 요소로 보기 어렵다.
▲ 산업안전보건법 제29조에 의한 도급인의 작업장 순회점검 등 안전·보건관리, 하도급 근로자의 안전·보건교육에 대한 지도와 지원 등은 가능하다.

4-나-3) 휴가, 병가 등의 근태관리권 및 징계권
※ 휴가, 결근, 조퇴, 외출, 지각원, 출근부, 기타 징계관련 서류 등을 확인

○ 사용사업주 등이 파견근로자 등의 전반적인 근태를 관리하고, 징계를 결정하고 있는 경우 사용사업주 등의 지휘·명령관계 인정의 주요 징표가 된다(SK와이번스 사건, 한국마사회 사건).

〈지휘·명령관계 인정의 중립적 징표〉
▲ 휴가기간 동안 파견사업주 등의 자체적 업무수행이 가능하지 않다면, 사용사업주 등의 근로자 휴가시 파견근로자 등에게 휴가를 적용하는 것이 반드시 파견사업주 등의 지휘·명령권을 침해하는 것은 아니라고 할 수 있다.
▲ 사용사업주 등이 단순히 파견사업주 등의 근로자 출·퇴근시간을 파악하여 파견사업주 등에 통보함으로써 파견사업주 등으로 하여금 근태관리를 할 수 있도록 한 것이 반드시 파견사업주 등의 지휘·명령권을 침해하는 것은 아니라고 할 수 있다.
▲ 사용사업주 등이 사업장 질서 유지를 위해 파견사업주 등에게 퇴거·근태시정을 요구하는 것은 도급인의 정당한 '지시권'의 범위에 포함되는 것으로, 반드시 파견사업주 등의 지휘·명령권을 침해하는 것은 아니라고 할 수 있다.

4-나-4) 업무 수행에 대한 평가권
※ 업무수행 및 실적에 대한 평가서, 파견사업주 등의 직원이 현장에서 감독·평가하는지 여부, 잘못된 업무수행이 발견될 경우에 있어서의 조치 관행 등을 확인

○ 업무수행 과정에서 사용사업주 등의 공정이나 기술지도 등의 양태와 업무수행 결과에 대해 검사, 평가가 어떻게 이루어지는지를 현장 점검을 통해 확인한다.
○ 파견근로자 등의 업무 수행 결과에 대한 사용사업주 등의 개별·구체적 평가가 상시적으로 이루어진다면 사실상 직접적인 지휘·명령권 행사에 해당한다.

〈지휘·명령관계 인정의 중립적 징표〉
▲ 업종 및 공정의 특성상 사용사업주 등의 업무수행방법의 유지가 필요한 경우, 사용사업주 등이 입회하여 공정검토, 기술지도 및 업무수행결과를 검사하는 것이 파견사업주 등의 지휘·명령권을 침해한다고 보기 어렵다.

4-나-5) 연장 · 휴일 · 야간근로 등의 근로시간 결정권(다만, 작업의 특성상 일치시켜야 하는 경우에는 제외한다)
※ 연 · 월차 유급휴가 사용내역, 일일 근무현황, 기타 근로시간 관련 서류 등을 확인

○ 사용사업주 등이 파견근로자 등의 연장 · 휴일 · 야간근로 등의 근로시간 결정권을 직접 행사하는 경우 양자간 지휘 · 명령관계 인정의 징표로 활용될 수 있다.

〈지휘 · 명령관계 인정의 중립적 징표〉

▲ 작업특성상 사용사업주 등과 파견사업주 등 간 작업시간, 휴게시간을 일치시키는 것이, 반드시 파견사업주 등의 지휘 · 명령권을 침해하는 것은 아니라고 할 수 있다.

▲ 연장 · 야간 · 휴일근로 등 시간외근로의 경우, 사용사업주 등과 파견사업주 등 간 사전협의가 있었고, 그 필요성이 인정된다면, 파견사업주 등의 지휘 · 명령권을 침해하는 것은 아니라고 할 수 있다.

3 사업장 점검 요령

1. 점검 순서 및 요령

◈ ① 자료수집 · 검토 등 예비조사 ② 근로자 설문 ③ 현장점검 등의 순서로 진행한다.
◈ 계약의 명칭, 외형보다는 실제 이행과정에서 나타나는 사실관계를 밝히는데 중점을 두고 점검한다.

(1) 예비조사

근로자 설문 및 현장조사 이전에 도급계약서 등 자료를 면밀히 검토하여 현장점검 시의 중점 착안사항을 결정한다.

<사전 검토 자료(예)>

① 하도급업체 관리규정, 도급계약서 및 단가 산출자료
② 파견사업주 등의 근로자 명부, 단체협약, 취업규칙, 근로계약서
③ 체불 등 민원 및 노사분쟁 발생 시 처리내역, 노사협의회 운영실태 등
④ 법률에 규정된 사업주 의무이행 관련 자료(고용 · 산재보험 가입 등)
⑤ 파견사업주 등의 이력, 도급사업 경력 등

(2) 근로자 설문(붙임 2 설문지 활용)

① 예비조사 시 파견사업주 등의 근로자명부를 제출받아 대상근로자(3~5명)를 선정하되 보안에 유의하여야 한다. 노조가 있는 경우, 업무단위 별로 노조원과 비노조원을 적정하게 배분 선정한다.

② 객관적인 설문이 이루어지도록 비밀유지가 가능한 장소를 이용하거나, 필요한 경우 전화 · 우편 등을 활용하고, 설문의 내용은 업종 등에 따라 조정하여 시행한다.

(3) 현장점검

○ 조사자가 노동조합 또는 노사협의회 근로자위원을 면담, 근무실태 및 불법파견 등에 대하여 의견을 청취하고 필요한 자료 등을 확인한다.

<현장 확인 자료(예)>

① 채용 면접표, 취업규칙, 근로계약서, 신규채용자 안전교육 서류 등
② 사무실 임대차 계약서, 사업체 설립비용 부담 여부, 주금 납입 경위 및 주식 소유비율, 기성금 및 수당 지급방법, 사업계획서
③ 사용사업주 등이 지급하는 기계나 설비, 기자재의 내역과 유 · 무상 여부
④ 기획관련 작성서류, 사용사업주 등과 파견사업주 등 사이에 체결된 계약서, 파견사업주 등과 소속 근로자의 자격증 유무 등
⑤ 작업계획서, 인력배치계획서, 작업공정도, 기타 작업배치 관련 서류 등
⑥ 일일작업지시서, 안전교육 일지, 업무관련 지시 전달 방법 등
⑦ 휴가 · 결근 · 조퇴 · 외출 · 지각 등 근태관리부, 징계관련 서류 등
⑧ 연 · 월차 유급휴가 사용내역, 일일 근무현황, 기타 근로시간 관련 서류 등
⑨ 업무수행 및 실적에 대한 평가서, 사용사업주 등의 직원이 현장에서 감독 · 평가하는지 여부, 잘못된 업무수행이 발견된 경우의 조치 관행 등

파견근로자 등에 대한 작업 감독 및 지시자, 파견사업주 등의 사업 수행에서의 독자성 정도, 파견사업주 등과 사용사업주 등의 근로자 혼재작업 여부, 업무의 동질성 여부 등을 점검표를 이용하여 확인한다.

(4) 종합적 판단

어느 하나의 징표가 아니라 위에서 언급된 여러 징표들을 종합적 · 전체적으로 검토하여 파견 · 도급 등 여부를 판단한다.

이 경우 ① 작업배치 · 변경 결정권 ② 업무 지시 · 감독권 ③ 휴가 · 병가 등 근태관리 및 징계권 등은 다른 징표에 비해 우선적으로 고려한다.

2. 점검시 유의사항

해당 하도급이 「기간제법」 또는 「근로자파견법」의 적용을 회피할 목적으로 추진되고,근로자에게 불이익한 결과가 발생하였는지 여부는 중요한 양형자료이므로 범죄구성요건인 '파견사업주의 실체' 와 '사용사업주의 지휘 · 명령권' 을 판단하는 요소 외에 별도로 다음 각 사항에 대하여도 충실하게 조사한다.

(1) 사내하도급 추진 「경과」에 대한 조사

① 하도급업체의 설립 시점, 설립주체 및 목적을 조사한다.
② 도급 전환 또는 하도급업체 교체 전후로 노동조합 또는 근로자대표와의 협의 여부 및 협상내용, 노사갈등 및 분쟁시 상호 주장한 내용 등을 조사한다.

(2) 사내하도급 추진「결과」에 대한 조사

① 도급 전환 전후의 비정규직 수, 정규직과의 임금격차, 근로자가 수행하는 업무의 변화 등 근로조건의 변경내용을 조사한다.
② 하도급계약 해지 조건 등으로 인한 고용불안 발생 여부를 조사한다.

4 점검결과 조치

1. 직접고용지도

※ 불법파견 판정 시 파견근로자 등의 고용안정을 최우선적으로 고려하여 조치한다.

(1) 파견사업주 등의 실체가 부인되는 경우

사용사업주 등이 직접고용하도록 지도하고, 사용사업주 등이 직접고용에 응하지 않은 경우에는 근로자파견법 이외의 다른 노동관계법 적용 여지를 검토하여 조치한다.

※ 근로자파견관계가 성립하지 않으므로 근로자파견법 적용은 어렵다.

최종적으로는 민사절차에 의한 권리구제를 지도하여야 한다.

(2) 불법파견의 경우

동일한 사용사업주 등이 2년 이상 사용한 파견근로자 등은 당사자의 명시적인 반대나 대통령령으로 정하는 정당한 사유가 없는 한, 법 제6조의2 제1항의 규정에 의거 사용사업주 등이 직접고용토록 지도한다.

※ 절대 파견금지 업종은 근속기간과 무관하게 직접고용 지도한다.

(3) 직접고용시의 근로조건

직접고용하는 파견근로자 등의 근로조건은, 해당 근로자와 동종 또는 유사업무를 수행하는 사용사업주 등의 근로자와 동일하게 하되 동종 또는 유사업무를 수행하는 근로자가 없을 경우 해당 근로자의 기존 근로조건보다 저하되지 않도록 지도한다.

2. 시정지시 · 사법처리 등

※ 근로감독관 집무규정에 의거 조치

(1) 시정지시

① 적법도급 · 파견 전환 또는 직접채용 등을 통하여 파견근로자등의 고용안정이 우선적으로 확보되도록 지도한다. 고용안정 조치는 사실상 사용사업주 등의 결정에 달려있음을 감안하여 지도한다.
② 파견사업주 등과 사용사업주 등에게 근로자 고용안정에 대한 개선계획서를 제출토록 요구(25일 이내)하여, 타당성이 인정되는 경우 시정 지시한다.

(가) 개선계획서는 불법상태 해소 방법, 내용, 시기, 파견근로자 등의 고용안정에 관한 사항 등을 포함한다.

(나) 개선 기한: 2월 이내(파견 · 사용사업주 등의 노사간 합의서가 제출되고, 필요성이 인정되는 경우 2개월까지 기한연장 가능)

(2) 사법처리

① 처벌을 요구하는 진정 등 민원이 제기된 경우, ② 사용사업주 등이 고용안정 조치 없이 도급계약을 해지함으로써 파견근로자 등의 실직이 예상되는 경우, ③ 불법상태의 해소 가능성이 없거나 개선계획서 미 제출 등 개선의지가 없거나 개선기한 내 시정되지 않은 경우, ④ 불법파견으로 사회적 물의 발생, 노사간 분쟁 장기화 등, 필요하다고 판단되는 경우 사법처리 절차를 진행한다.

근로자파견법 제6조의2에 따라 직접고용의무가 법률상 발생하였으나 불이행한 경우에는 과태료 병과가 가능하다.

불법파견 여부가 불분명하거나 당사자간 다툼이 있는 등의 경우에는 특별사법경찰관의 직무를 행함에 있어 검사의 지휘를 받아 사법처리 절차를 진행하여야 한다.

원 · 하청 운영실태 점검표

1. 총괄표

(1) 원청업체 현황

○ 회 사 명:

○ 대 표 자:

○ 사업종류:

○ 주　　소:

○ 담당자(전화번호): (　　　)

○ 근 로 자: ○○명

○ 하청업체 수: ○○개소

○ 하청근로자 수: ○○○명

(2) 하청업체 현황

연 번	업체명	근로자수	담당업무	연번	업체명	근로자수	담당업무
1	ㅇㅇ(주)	ㅇㅇ명	ㅇㅇ업무	13	ㅇㅇ(주)	ㅇㅇ명	ㅇㅇ업무
2				14			
3				15			
4				16			
5				17			
6				18			
7				19			
8				20			
9				21			
10				22			
11				23			
12				24			

2. 하청업체 운영실태 점검내용

(1) 사업체 개요

사 업 체 명	
소 재 지	
사 업 종 류	
대 표 자	
근 로 자 수	
담 당 자	
전 화 번 호	

(2) 도급(위임)계약의 내용

계 약 일		계 약 기 간	
도 급 금 액		업 무 내 용	
작 업 장 소		현 장 책 임 자	

근로자 설문지

이 조사는 해당 사업장 근로자의 업무수행실태를 파악하여 도급 또는 파견 여부 판단에 참고 하기 위한 것이므로, 아래의 질문내용에 따라 사실대로 적어 주시기 바랍니다.

1. 인적사항

성 명		소속회사명(부서)	
입사일자		담당업무	

2. 귀하를 채용하고 임금을 결정한 사람은 누구입니까?

① 도급업체(원청) 관계자 ② 소속회사 사장 또는 관계자

3. 귀하에 대한 작업배치 또는 변경의 결정은 누가 합니까?

① 도급업체(직책, 이름): ② 소속회사(직책, 이름):

4. 귀하의 업무수행과 관련하여 필요한 기계, 설비, 기자재는 누구로부터 제공받습니까?

① 도급업체(원청) 관계자 ② 소속회사 관계자

5. 귀하는 도급업체 근로자와 같은 장소에서 같이(함께) 작업을 하고 있습니까?

① 예 ② 아니오

5-1. (5번 문항에 ①로 답한 경우) 도급업체 근로자를 포함하여 같이 일하는 근로자는 하루에 보통 몇 명입니까?

○ 도급업체(원청) 근로자: ○ 소속회사 근로자:

5-2. (5번 문항에 ①로 답한 경우) 도급업체 근로자와 귀하의 업무내용에 차이가 있습니까?

① 같음 ② 비슷함 ③ 전혀 다름

5-3. (5-2번 문항에 ③④로 답한 경우) 도급업체 근로자와 귀하의 업무내용을 기재하십시오.

○ 도급업체(원청) 근로자: ○ 귀하:

6. 귀하는 도급업체(원청) 근로자의 업무를 대신 수행한 적이 있습니까?

① 예 ② 아니오

6-1. (6번에서 ①로 답한 경우) 업무를 대신 수행한 이유는 무엇입니까?

① 도급업체(원청) 근로자가 갑자기 결근하거나 휴가 갔기 때문
② 작업물량이 늘어났기 때문
③ 기타(이유)

7. 작업내용을 구체적으로 지시하고 감독하는 사람은 누구입니까?

① 도급업체(원청) 관계자 ② 소속회사 관계자
○ 지시, 감독자 인적사항
– 소속회사와 직위: – 성명:

8. 귀하가 수행한 업무에 대한 평가는 누가 합니까?

① 도급업체(원청) 관계자 ② 소속회사 관계자
○ 지시, 감독자 인적사항
– 소속회사와 직위: – 성명:

9. 잔업이나 휴일근무는 누가 결정하고 지시합니까?

① 도급업체(원청) 관계자 ② 소속회사 관계자
○ 지시자 인적사항
– 소속회사와 직위: – 성명:

10. 귀하에 대한 휴가 · 병가 등 근태관리나 징계를 결정하는 사람은 누구입니까?

① 도급업체(원청) 관계자 ② 소속회사 관계자
○ 지시, 감독자 인적사항
– 소속회사와 직위: – 성명:

11. 귀하는 임금, 퇴직금, 상여금, 휴업수당 등 금품을 도급업체(원청)로부터 직접 지급받은 적이 있습니까?

① 예 ② 아니오

11-1. (11번에 ①로 답한 경우) 지급받은 금품과 시기를 기재 하십시오.

○ 금품 이름: ○ 받은 시기:

년 월 일 작성자: (인)

5 하청사업주에 대한 사업주로서의 실체 및 원청사업주의 지휘 · 명령에 대한 판단 체크리스트

1. 하청사업주에 대한 사업주로서의 실체 판단

점검항목	확 인 내 용	확인결과
채용 · 해고 등의 결정권	ㅇ 하청이 실질적으로 면접 등을 실시하는지 – 면접관은 누구로 구성되는 지 – 채용공고는 누가 하는지 (공고일자, 게재방법 등)	
채용 · 해고 등의 결정권	ㅇ 하청이 독자적인 취업규칙을 작성하는지 – 하청이 취업규칙을 신고하는지 – 하청이 취업규칙을 변경할 때 관련 규정을 준수하는지(과반수의 동의 등)	
채용 · 해고 등의 결정권	ㅇ 근로계약서의 명의가 하청으로 되어 있는지	
채용 · 해고 등의 결정권	ㅇ 하청이 신규채용자 교육을 실시하는지 – 교육장소, 강사, 교육대장 등 확인	
채용 · 해고 등의 결정권	ㅇ 하청명의로 해고예고통지서를 발송하는지 ㅇ 부당해고 구제신청이 있는 경우 하청이 당사자로서 대응하는지	
소요자금 조달 · 지급 책임	ㅇ 하청 명의로 사무실 임대차 계약을 하는지 – 임차 시기, 임차비용 지급 내역 등 확인	
소요자금 조달 · 지급 책임	ㅇ 회사 설립시 주식대금 부담자가 하청인지 – 현 주식소유 현황, 주식회사의 경우 주금납입 경위 및 주식 소유 비율, 법인등기부등본 등 주식소유 내역자료 확인	
소요자금 조달 · 지급 책임	ㅇ 도급계약서의 기성금 지급방법과 실제 지급 방법이 일치하는지 – 원청으로부터 하청으로 지급되는 수당의 지급기준, 지급방법 등 확인(회계장부 등)	
법령상 사업주로서 책임부담	ㅇ 고용보험 등 4대 보험을 하청이 가입하는지 – 가입시기와 사업개시 시기 비교 등 확인 ㅇ 고용보험료 사업주 부담분 누가 부담하는지(납부영수증 등 확인)	
법령상 사업주로서 책임부담	ㅇ 하청이 주민세 및 사업소세 등 각종 세금을 납입하는지	
법령상 사업주로서 책임부담	ㅇ 하청이 근로자들의 근로소득세 원천징수하는지	
법령상 사업주로서 책임부담	ㅇ 하청과 원청이 체결한 계약서 – 도급계약서 – 이행보증보험 가입 여부 – 계약불이행시 조치사항 관련 조항 확인	
법령상 사업주로서 책임부담	ㅇ 원청 직원 중 하청의 임원 등으로 근무하다 원청으로 복귀하는지(해당 사례 확인)	

점검항목	확 인 내 용	확인결과
법령상 사업주로서 책임부담	ㅇ 하청이 노조와 단체교섭을 하고 단체협약을 체결하는지 – 교섭할 경우 교섭대표는 누가 맡았는지	
기계, 설비, 기자재의 자기 조달 여부	ㅇ 기계, 설비 및 기자재 등의 도입계획 수립을 하청이 하는지	
	ㅇ 기계, 설비 및 기자재 등의 조달에 대한 계약체결을 하청이 하는지	
	ㅇ 기계, 설비 및 기자재 등의 대금지급을 하청이 하는지	
	ㅇ 기계, 설비 및 기자재 등이 고장난 경우 교체의 결정, 조치, 수리의뢰 등을 하청이 하는지	
	ㅇ 원청에서 기계, 설비, 기자재 등을 무상제공 하는지, 하청이 비용을 부담하는지 – 무상으로 제공할 경우 그 이유와 업무상 필요 여부 확인	
전문적 기술·경험과 관련한 기획 책임과 권한 유무	ㅇ 원청과 체결된 계약서 내용이 제품의 제조 등 일의 완성에 중점이 있는지, 단순히 노무도급에 관한 내용인지 – 도급계약 체결방법이 공개경쟁입찰, 수의계약 또는 다른 방법이었는지 확인	
	ㅇ 하청이 독자적인 사업계획 수립하여 업무수행 하는지 – 원청이 아닌 다른 회사의 업무도 수행하는지	
	ㅇ 하청이 업무수행에 필요한 핵심 기술, 자격 등을 보유하고 있는지 – 보유하는 경우 어떤 것인지 – 필요 자격자 재직 여부 – 하청이 업무관련 독자적 특허 등을 취득했는지	

※기타 특기할 사항 또는 사업장에 고유한 사항 기재

2. 원청사업주의 지휘 · 명령에 대한 판단

☞ ★(굵은 글씨)는 대법원판결에서 근로자파견의 요소로 판단한 지표이므로 현장점검시 중점적으로 확인하는 것이 필요

점검항목	확 인 내 용	확인결과
작업 배치 · 변경권	ㅇ 원청이 도급계약 이행을 위해 작업계획서 등을 독자적으로 작성하는지 – 인력투입 또는 감축 계획 자체 수립 여부 확인 – 필요 원자재 도입계획 수립 및 계약 등 확인	
	ㅇ 원청이 사업수행에 필요한 인력수급 계획을 수립하는지 – 인력 수요 발생 시 신규채용 계획 수립은 누가 하는지 – 인력배치 계획 수립은 누가 하는지 – 인력 감축계획 수립은 누가 하는지	
	★원청이 사내하도급근로자가 수행할 작업량과 작업 방법, 작업 순서 등을 결정하는지 여부	

점검항목	확 인 내 용	확인결과
작업 배치 · 변경권	**★원청이 사내하도급근로자에 대한 일반적인 작업배치권과 변경 결정권을 가지는지** **★컨베이어벨트 좌우에 원 · 하청 근로자들과 혼재하여 배치되어 있는지 여부**	
	★원청이 원청 근로자에게 산재 및 휴직 등의 사유로 결원이 발생하는 경우 사내하도급근로자로 하여금 결원을 대체하게 하는지 – 대체할 경우 누가 어떤 경로로 배치지시를 하는지	
	★원청이 사내하도급근로자에 대하여 교대제 운영 여부를 결정하는지	
업무 수행에 대한 지시 · 감독권	**★원청이 미리 작성하여 교부한 각종 작업지시서* 등에 의하여 단순, 반복적인 업무를 수행하는지** * 부품의 식별방법과 작업방식 등을 지시하는 작업지시서	
	★원청이 사내하도급근로자를 직접 지휘하는지, **★원청이 사내하도급근로자의 잘못된 업무수행이 발견되어 수정하는 작업지시를 하는지**	
	★하청의 현장관리인이 구체적 지휘 · 명령권을 행사하였다 하더라도, 원청이 결정한 사항을 전달한 것에 불과하거나, 그러한 지휘명령이 원청에 의해 통제되어 있는 것에 불과한지 ○ 긴급상황 발생시 하청의 현장관리인이 어떻게 상황을 처리하는지(원청의 관여 여부 확인)	
	★원청이 원 · 하청 근로자에 대해 작업속도를 결정하는지	
	○ 원청의 요구사항이 근로자에게 업무지시로 내려올 때 어떤 경로를 거쳐 하달되는지	
	○ 원청에서 조회를 개최하는지 – 조회를 개최하면 어떤 내용이 지시되는지	
휴가, 병가 등 근태관리권 및 징계권	○ 원청이 휴가, 병가 등 근태 · 인원현황을 관리하는지 – 휴가 · 병가 등을 누구에게 어떤 경로로 보고하고 사용하는지(휴가 · 병가 등의 결정권사는 누구인지) – 관련기록은 누가 작성 · 관리하고 있는지 **★원청이 사내하도급 업체를 통해 사내하도급근로자에 대한 근태상황, 인원현황을 파악 · 관리하는지**	
	○ 원청에서 징계권이 있는지 – 징계위원회 구성 및 개최 사례 등 확인 – 취업규칙에 징계규정이 있는지 – 징계양정은 누가 결정하는지 – 징계결과에 대한 재심청구는 누구에게, 어떻게 하는지	
업무 수행에 대한 평가	○ 원청이 사내하도급근로자의 업무수행 태도와 근무실적에 대한 평가를 하는지	

점검항목	확 인 내 용	확인결과
업무 수행에 대한 평가	ㅇ 원청이 사내하도급근로자의 잘못된 업무수행에 대해 기술 지도를 하는지 ㅇ 시정을 요구하는 경우 어떤 경로로 누가 하는지	
연장 · 야간 · 휴일근로 등 근로시간 결정	**★원청이 사내하도급근로자의 시업 및 종업시간을 결정하는지**	
	★원청이 사내하도급근로자의 휴게시간을 결정하는지	
	★원청이 사내하도급근로자의 연장 및 야간근로를 결정하는지	
	ㅇ 원청이 사내하도급근로자의 휴일을 결정하는지	

6 불법파견 예방 및 도급(위임 · 위탁)업무의 적법한 운영을 위한 자율점검표(2007.8.12)

ㅇ 이 점검표는 고용노동부의 「근로자파견의 판단기준에 관한 지침(2007.4.19)」을 근거로 도급(또는 위임 · 위탁)업무가 적법하게 이루어지고 있는지에 대한 체크포인트를 표시한 것이다. 우선 「근로자파견의 판단기준에 관한 지침(2007.4.19)」을 숙지한 후 현장의 실태에 비추어 사실대로 점검한다.

ㅇ 불법파견에 해당되는지 여부는 체크리스트에 대한 응답결과를 종합적으로 고려하여 판단한다. 이 때 음영처리 된 부분에 대한 응답빈도가 많을수록 불법파견에 해당될 가능성이 높아지므로 개선 · 보완 조치가 필요하다.

ㅇ 특히, 점검항목 중 작업 배치 · 변경 결정권(12항목), 업무 지시 · 감독권(13,14), 휴가 · 병가 등의 근태관리권 및 징계권(15,16)은 근로자파견인지를 판단하는 주요 기준이다. 따라서 이들 항목에 대하여 ③,④번에 체크를 한 경우에는 불법파견에 해당될 소지가 크므로, 문제점이 있는 부분을 즉시 개선 및 보완하여야 한다.

도급 · 위임 · 위탁업무 수행업체(이하 '도급업체 등')

ㅇ 명칭:

ㅇ 수행하는 업무의 내용(계약의 명칭):

▣ 체크리스트

점검항목			점검결과			
			매우 그렇다	그렇다에 가깝다	그렇지 않다에 가깝다	전혀 그렇지 않다
파견사업주등의 실체판단을 위한 고려요소	채용 해고 등의 결정	1. 우리 회사는 '도급업체 등'의 근로자 채용, 해고 등의 인사권에 개입하거나 어떠한 영향력도 행사하지 않는다.	①	②	③	④
		2. '도급업체 등'은 도급업무 수행을 위해 필요한 자금이나 관리능력을 충분히 보유하고 있다.	①	②	③	④
	소요 자금 조달 지급 책임	3. 도급사업 수행을 위한 소요자금 조달과 지급의 책임은 전적으로 '도급업체 등'에게 있다.	①	②	③	④
		4. 도급계약 조건과 무관한 일체의 금품을 '도급업체 등'의 근로자에게 직접 지급하지 않는다.	①	②	③	④
	법령상 사업주 책임	5. '도급업체 등'은 4대 보험 가입 등 소속 근로자에 대한 법령상의 책임을 자체적으로 부담하고 있다.	①	②	③	④
		6. '도급업체 등'의 계약 이행을 담보하기 위하여, 이행보증·위약금·공사 지연에 대한 지체상금 등을 계약서에 규정하고, 실제로 적용하고 있다.	①	②	③	④
	기계, 설비, 기자재의 책임과 부담	7. '도급업체 등'의 사무실과 작업장은 우리 회사와 구분되어 있다.	①	②	③	④
		8. '도급업체 등'은 우리 회사로부터 제공받은 설비·기자재 등의 멸세·분실 및 손망실 시 변상·반납 등의 절차에 관하여 별도 규정을 두어 관리하고 있다.	①	②	③	④
		9. 우리 회사가 '도급업체 등'에 제공한 설비, 기자재 등의 보수 및 수리 등은 '도급업체 등'이 담당하며, 우리 회사는 필요한 협조를 한다. 다만, '도급업체 등'의 요청에 따라 우리 회사가 직접 보수나 수리를 하는 경우는 '도급업체 등'이 필요한 비용을 부담한다.	①	②	③	④
	전문기술경험 관련기획책임 권한	10. '도급업체 등'이 수행하는 업무에 대하여 전문적 기술(자격)이나 경험을 갖출 것을 도급계약의 조건으로 하고 있으며, 이는 법률의 규정에 의하거나 생산(제공)하는 물품(서비스)의 특성상 필요불가결하다.	①	②	③	④
		11. '도급업체 등'은 자신이 보유한 전문적 기술·경험을 자기 책임과 권한 하에 사용한다.	①	②	③	④
지휘명령권 행사의 주체판단을 위한 고려요소	작업 배치 변경 결정	12. '도급업체 등'의 근로자에 대한 작업 배치·변경의 권한은 '도급업체 등'에 있다.	①	②	③	④
	업무지시감독	13. '도급업체 등'의 근로자의 업무 수행 방법, 수행 속도, 근로의 장소와 시간을 지시하고 감독하는 것은 전적으로 '도급업체 등'의 권한이다.	①	②	③	④
		14. 계약 이행에 관한 주문·지도 등은 '도급업체 등'이 선임한 현장대리인(책임자)을 통하여 행하며, '도급업체 등'의 근로자에게 직접 요구하지 않는다.	①	②	③	④

점 검 항 목			점검결과			
			매우 그렇다	그렇다에 가깝다	그렇지 않다에 가깝다	전혀 그렇지 않다
지휘명령권 행사의 주체판단을 위한 고려요소	휴가등 근태관리와 징계	15. '도급업체 등'의 근로자에 대한 휴가, 병가의 승인이나 징계의 권한은 '도급업체 등'에게 있다.	①	②	③	④
		16. '도급업체 등'의 근로자의 지도 교육과 규율 유지에 대한 모든 책임을 진다.	①	②	③	④
	업무수행평가	17. 우리 회사는 '도급업체 등'의 근로자의 근무태도를 감독 · 평가하지 않는다.	①	②	③	④
		18. 우리 회사는 '도급업체 등'의 근로자의 잘못된 업무수행이 발견될 경우 해당 근로자에게 직접 기술지도 또는 시정을 요구하지 않는다.	①	②	③	④
	연장휴일 등 근로시간 결정	19. '도급업체 등'의 시업 및 종업 시간, 휴식시간, 휴일 등은 전적으로 '도급업체 등'의 권한이므로, 우리 회사가 결정하거나 지시를 하지 않는다.	①	②	③	④
		20. '도급업체 등'의 연장 · 야간 · 휴일근로는 '도급업체 등'이 자율적으로 결정하며, 어떠한 경우에도 우리 회사가 결정하지 않는다.	①	②	③	④

년 월 일

점검자: 서명

7 고용노동부 행정지도 · 점검대비 준비해야 하는 서류목록 및 사유

고용노동부의 행정지도 · 점검대비 준비해야 하는 서류목록과 사유는 파견사업주와 사용사업주의 실체를 판단하기 위한 것이므로 파견사업주와 사용사업주로 나누어 살펴본다.

1. 파견사업주의 사업주로서의 실체 판단 관련 서류

구분	요구서류	사유	제출서류
작업배치 · 변경 결정권	작업계획서, 인력배치계획서, 관련 회의자료, 작업배치 관련서류	도급인이 작업계획 및 인력배치에 관여하는가	수급인 명의의 작업계획서(수급인 로고 및 관리자 서명이 있어야 함)
업무지시 · 감독권	일일작업지시서, 안전교육일지, 조회 개최 여부	일일작업지시를 도급인이 하는가, 수급인이 하는가. 안전교육 등은 도급인이 하는가, 수급인이 하는가. 수급인은 매일 업무 조회를 하는가.	수급인 일일 작업지시서(수급인 로고 및 관리자 서명이 포함된 근로자 개인별 작업지시서)

구분	요구서류	사유	제출서류
휴가 · 병가 등의 근태 관리권 · 징계권	휴가 · 결근 · 조퇴 · 외출 · 지각원 · 출근부, 징계관련 서류	휴가 · 결근 · 조퇴 · 외출, 지각시 근태관리를 도급인이 관여하지 않는가. 출근부는 누가 작성하는가(도급인인가, 수급인인가) 출근부를 도급인에게 보고하지는 않는다.	수급인 로고 및 관리자 서명이 있는 출근부 (근태관리대장)
업무수행에 대한 평가권	업무수행 및 실적평가서, 재작업 관련 서류	업무수행에 대한 평가를 하는가(단순파견의 경우 도급인 직접 지시 · 감독을 하는바 업무 평가가 불필요함)	수급업체에 대한 업무수행능력 평가서
연장 · 휴일 · 야간 근로 등 근로시간 결정권	연차 유급휴가 사용 내역/ 일일 근무현황/ 기타 근로시간 관련 서류	휴가 사용시 도급인의 승인 또는 관리가 이뤄지는가. 기타 근로시간 결정은 누가 하는가	연차 사용신청서 및 사용대장 (수급인 로고 및 관리자 서명)

2. 사용사업주의 사업주로서의 실체 판단 관련 서류

구 분	요구서류	사유	제출서류
채용 해고 관련 서류	채용면접표, 취업규칙, 근로계약서, 신규채용자 안전 교육자료, 해고 관련서류	채용면접표(도급인 관리자 채용관여 여부 –확인란 등 존재여부), 취업규칙 및 근로계약서(도급인의 지휘, 관리에 따른다는 내용 또는 근로시간에 의한다라는 내용이 있는지 여부 확인)	면접표(수급인 사업주 확인) / 근로계약서, 취업규칙(도급인 관련 내용 삭제)
소요자금 조달 및 지급책임	사무실 임대차 계약서 도급비 산정기준 도급비 정산 기준	사업장 임대차 계약서 도급비 산정기준 기성금 및 수당지급방법	유 · 무상 임대차 계약서 / 도급비 정산 기준 확인(임률도급 해당 여부 주의)
법령상 사업주로서의 책임	수급인 4대보험 가입서류 근로소득 원천징수 관련 서류, 임원간 순환근무 자료	수급인이 사업주로서의 의무를 이행하고 있는가	4대보험 가입확인원 / 임금대장 / (수급인) 노사협의회, 고충처리위원회
기계, 설비, 기자재 자기책임 · 부담	사용사업주 제공설비 목록(유 · 무상)	기계, 설비, 기자재를 무상으로 지급하고 있는지, 무상으로 지급할 경우 무상지급의 정당성이 있는지 여부	기계, 설비, 기자재 무상 제공 내역서 무상제공사유(품질유지, 해외구매 설비, 맞춤자재 등)
전문적 기술, 경험과 관련된 책임과 권한	기획관련서류 도급계약서 파견사업주 업무수행능력 및 자격증 유무	수급인은 전문적 기술이나 경험을 보유하고 있는가 단순하게 인력만 파견하는 것은 아닌가	수급인 사업계획서 / 수급인 관리계획서 / 도급 관련 제안서 / 회사 업무 관련 자격증

11장 사내 하도급근로자의 고용과 법률문제

1 사내 하도급 제도의 노무관리

1. 사내 하도급 근로자의 의의

사내 하도급 근로자란 업무를 도급받은 하도급 회사에 고용된 근로자가 발주자인 모기업(母企業) 등 근로자를 받아들이는 기업의 사업장 내에 들어가 근무하는 자를 말한다. 이러한 근로자를 사외공(社外工) 또는 공급근로자(供給勤勞者), 파견근로자라고 부르는 경우가 있다.

이와 같은 근로형태는 본래 전통적으로 조선 · 건설 · 철강업 등의 생산현장에서만 볼 수 있는 특이한 제도였으나, 그후 자동차 · 전자 등 제조업의 직접생산 부문으로 확대되었고 현재는 간접생산부문이라고 할 수 있는 청소관련업, 식당, 물류 등 용역서비스 및 대형할인마트, 사무직종, IT산업의 사무 및 전문직종 등 여러 분야의 업종에 확대되어 가고 있다.

2. 사내 하도급의 개념과 그 특징

(1) 사내 하도급의 개념

사내 하도급이란 원사업주가 자신의 사업의 일부를 다른 사업주에게 위탁하여 납품을 받는 하도급거래 중에서 원사업주의 사업장 내에서 작업이 이루어지는 경우를 일컫는다. 흔히 "사내하청"이라고도 한다. 전통적인 하도급거래가 주로 사외의 부품업체에 사업의 일부를 위탁하여 납품을 받는 형식으로 이루어져 왔던 것에 비하여 사내 하도급은 원사업주의 사업장 내에서 작업이 이루어진다는 점에 그 특징이 있다. 본래 하도급의 대기업과 중소기업 간의 거래, 그리고 중소기업 간의 거래라 하더라도 기업의 규모가 두 배 이상 차이가 날 것을 조건으로 하고 있다(하도급거래공정화에관한법률 제2조제2항 및 제3항 참조). 사내 하도급 역시 대규모 사업장 내에서 도급거래가 이루어진다고 하는 점에서 이미 기업 규모의 차이가 어느 정도 전제되어 있다.

(2) 사내 하도급 형태의 증가

한편 초기에 사내 하도급은 주로 대형 조선소 등에서 널리 활용되다가 이후 철강, 화학, 자동차, 전자 등 대규모의 제조업체를 중심으로 점차 확산되어 온 것으로 보인다. 그렇지만 사내 하도급과 유사한 용역이나 위임 등의 경우에도 원사업주와 위임 받은 사업주의 업무가 공간적으로 분리되지 않는 경우가 일반적이라는 점에서 사내 하도급의 개념은 서비스산업이나 사무직종, 청소 · 경비 용역 등의 경우에까지 포괄하여 사용할 수도 있을 것이다.

(3) 사내 하도급의 특징

① **사내 하도급의 다양성과 그 특징**: 이러한 사내 하도급의 개념과 특징으로부터 원-하도급업체간 공정거래라고 하는 전통적인 도급거래의 쟁점과는 다른 노동법적 문제가 발생하기도 한다. 그것은 사내 하도급의 경우 사외 하도급과 달리 하도급업체의 근로자가 공간적으로 원사업주의 통솔 구역 안에서 업무를 수행하고, 원사업주가 직접고용한 근로자와 같은 작업공간에서 각기 다른 사업주가 고용한 근로자가 함께 일을 하는 경우로는 건설 분야 이외에 주로 근로자파견의 경우를 상정할 수 있다. 그러나 근로자파견은 일부 직종으로 제한되고 있으므로 이 범위를 넘어서는 파견근로의 활용은 불법적인 노동력 활용이 되는 것이다. 문제는 사내 하도급의 외형을 취하면서 사실상 근로자파견과 같이 원사업주가 하도급근로자에 대하여 직접 지휘 · 명령을 하는 경우이다. 도급은 '당사자 일방이 어느 일을 완성할 것을 약정하고 상대방이 그 일의 결과에 대하여 보수를 지급할 것을

약정함으로써 그 효력이 발생' 하는 민법상의 계약이다(민법 제664조). 아울러 도급계약에 따른 보수는 그 완성된 목적물의 인도와 동시에 지급되어야 하며, 목적물의 인도를 요하지 아니하는 경우에는 그 일을 완성한 후 지체없이 지급되어야 한다(민법 제665조). 반면 근로자파견은 '파견사업주가 근로자를 고용한 후 그 고용관계를 유지하면서 근로자파견계약의 내용에 따라 사용사업주의 지휘 · 명령을 받아 사용사업주를 위한 근로에 종사하게 하는 것' 으로 정의된다(근로자파견법 제2조 제1호). 따라서 근로자파견과 달리 도급의 경우에는 원사업주와 하도급 근로자간에 지휘 · 명령관계를 상정할 수 없다.

② **위장도급-불법파견 문제**: 그럼에도 현실에서는 명목상으로는 도급계약의 형식을 갖추었으나, 실제로는 원사업주가 하도급 근로자를 지휘 · 명령하는 경우가 적지 않다. 이 경우에는 계약의 명칭 · 형식 등에도 불구하고 그 실질이 근로자파견에 해당하므로 근로자파견법의 적용을 받게 된다. 이 문제는 특히 최근 사내 하도급의 증가와 함께 위장도급-불법파견의 문제로서 사회적 쟁점으로 부상하고 있다. 한편, 사내 하도급은 직접 생산부문과 간접 생산부문으로 구분될 수 있다. 직접 생산부문에는 상시 도급을 담당하는 상시 인력과 임시 도급을 담당하는 지원인력의 두 종류가 존재할 수 있다. 간접 생산부문에는 청소, 식당, 물류 등 용역서비스 중심의 직무를 예로 들 수 있다.

(4) 사내하도급의 계약형태별 유형

도급의 유형은 계약의 목적물을 기준으로 분류하면 제조물공급계약(물량도급), 노무도급이 있고, 도급계약 수행장소를 기준으로 분류하면 일반도급, 사내하도급이 있다. 도급의 규율원리 및 방식에는 도급은 민법에 의하여, 근로관계는 노동법에 의하여 규율된다는 점이다. 사내하도급은 어느 경우이든 도급 단가의 산정 방식에 따라 다음 〈표〉에서와 같이 물량도급, 임률도급, 단위도급, 보전도급, 일용도급의 유형으로 분류할 수 있다. 특히 행정관청의 불법파견 점검 확인시 도급단가 산출자료 및 정산자료가 중요한 이유는 도급비 지급 자체가 물량도급인지(단가×물량), 임률도급인지(노임×투입되는 인원수), 단위도급인지(노임×계약인원수)를 확인하기 위함인데, 도급비 산정내역서 및 정산내역서만 확인해도 전체적인 불법파견 가능성을 예측할 수 있다. 예컨대 임률도급의 경우 수급인의 실제 투입되는 근로자 수를 근거로 도급비를 지급하는바, 수급인이 수령하는 기성금은 '인건비+

단순 수수료'에 불과하고 투입되는 인원 수 파악을 위해 도급인이 직접 근태관리를 하거나 근태에 대한 보고를 받는 등 업무 완성을 목적으로 행하는 도급의 취지에 부적합하기 때문이다. 직접 생산부문의 도급 중 임률도급 및 일용도급에 불법파견의 소지가 많은 것으로 보인다. 임률도급 또는 일용도급이 많은 업종은 자동차, 전자, 기계 등 주로 흐름공정을 갖고 있는 경우이다. 간접 생산부문의 도급은 제조업 뿐 아니라 거의 전 업종에 걸쳐서 광범위하게 분포하고 있다.

사내 하도급과 유사한 형태로서 한 때 소사장제가 확산되기도 하였다. 그렇지만 소사장제는 일정한 기능을 가진 개인 혹은 팀에 대하여 소규모 또는 단기간에 사업의 완성이 요구되는 업무의 수행을 위탁하는 것을 말하지만 별개 사업으로서의 독립적 성격이 미흡한 경우라고 볼 수 있을 것이다(고용노동부「불법파견 형태의 사내 하도급 문제해결을 위한 참여정부의 노력과 과제」2007.7.). 최근 대법원 판례(대법 2016.5.26, 2014도12141)는 별도의 사업자등록을 한 소사장도 사용자로부터 지휘 · 감독을 받았다면 근로기준법상 근로자에 해당한다고 판단한다.

[표6] 사내 하도급의 계약형태별 유형

구 분	해당업무	내 용	특 징
물량도급	선적, 포장, 출고 등	생산물량 비례도급방식	전형적 도급
임률도급	생산공정	임률과 작업시간 기준	원 · 하두급 혼재작업
단위도급	청소, 경비 등	임률과 계약시간 기준	간접(용역) 업무
보전도급	설비유지, 보전	임률과 표준시간 기준	간접(용역) 업무
일용도급	돌발작업, 한시투입	임률도급과 유사	파견형태(6개월 미만)

(5) 구체적 사례

① **임률도급이 근로자파견에 해당하는지 여부**: 임률도급은 도급비를 산정하는 방식에 따른 분류로 보이는 바, 그 자체가 근로자파견과 도급을 구별 짓는 직접적인 징표로 보기는 어렵다고 보지만, 임률도급 방식을 활용하는 것이 단지 도급비를 산정하는 방법상의 문제를 넘어 실제로는 원사업주가 수급사업주에게 재정 보조를 해 주는 수단으로 활용되고 있다면, 위의 사업주 실체 판단요소 중 "소요자금 조달 및 지급에 대한 책임"에 있어서 수급사업주의 실체 인정에 부정적인 징표가 될 수도 있을 것이다. 다만, 근로자파견에 해당하는지의 여부는 어느 하나의 징표

에 따라 판단하는 것은 아니며, 사업주실체 판단 요소와 지휘 · 명령권 판단요소를 종합적으로 고려하여 판단하게 된다(2009.12.3, 고용차별개선정책과-2055).

② **사내하청근로자에 대하여 원청업체가 일정 부분 인력관리를 하는 것이 근로자 파견에 해당하는지 여부**: 근로자파견 여부를 판단하는 경우 '파견사업주등' (파견사업주, 수급인, 수임인 등)과 '사용사업주등' (사용사업주, 도급인, 위임인 등) 사이에 체결된 계약의 명칭 · 형식 보다는 구체적인 사실관계에 기초하여 판단하되, ① '파견사업주등' 의 실체 판단 요소와 ② '사용사업주등' 의 지휘 · 명령권 판단 요소를 종합적으로 고려하여 판단하며, 특히 지휘 · 명령권 판단요소 중에서 ▲ 작업배치 · 변경 결정권 ▲ 업무 지시 · 감독권 ▲ 휴가, 병가 등의 근태 관리권 및 징계권이 판단의 주요기준이 된다(「근로자파견의 판단기준에 관한 지침」 참조).

③ **원 · 하청근로자가 동일한 근태시스템 · 생산시스템을 사용하는 경우의 근로자 파견에 해당하는지 여부**: 이처럼 근로자파견에 해당하는지 여부는 사업주실체 및 노무관리와 관련된 다양한 사실관계를 토대로 종합적 판단을 해야 한다.

첫째, 원 · 하청 근로자가 동일한 근태시스템을 사용하는 경우에는 그 자체가 금지되는 것은 아니지만, 만약 동 근태시스템에 의해 원청업체가 하청업체 근로자에 대하여 직접 근태관리를 하고 있는 것이라면 근로자파견임을 추정하는 요소가 될 수 있다.

둘째, 생산시스템을 통하여 도급공정을 포함한 투입량, 생산량, 품질검사를 실시간으로 관리하는 것은 가능할 것이나 동 관리가 하청근로자에 대한 지휘 · 감독권의 행사를 위한 목적으로 사용된다면 근로자파견임을 추정하는 요소가 될 수 있다.

셋째, 공정이 수급/도급별로 명확히 구별되어 있지 않은 상황에서 원청업체 직원과 하청업체 직원의 시스템상 근무계획을 원청업체에서 일괄하여 수립하는 경우에는 근로자파견임을 추정하는 요소가 될 수 있다고 보여진다.

넷째, 하청업체 직원이 진행하는 공정의 설비운영정도(공정시작/종료 등)에 대하여 원청업체에서 데이터 취합 및 활용하는 것은 가능할 것이나, 동 데이터 취합 및 활용이 하청업체 직원에 대한 지휘 · 감독 또는 업무평가 등을 위한 자료로 활용된다면 근로자파견임을 추정할 수 있는 징표가 될 수 있다고 보인다(2010.11.17, 고용평등정책과-1109).

④ **대법원판례**: 지엠대우의 협력업체 소속 근로자들이 지엠대우 창원공장 내의

자동차 생산작업에 배치된 방식 및 내용, 협력업체 소속 근로자들에 대한 단위작업서 · 조립사양서 · 작업지시서 · 포장작업사양서 등 각종 업무표준의 작성 및 배포, 협력업체 소속 근로자들에 의한 인원충원에 있어서 그 절차나 방식, 협력업체 소속 근로자들에 대한 근무시간이나 연장 · 야간 · 휴일근무 여부의 결정과 근태관리 및 직무교육의 실태, 협력업체들에 대하여 지급할 도급비를 결정하는 방식 및 그 내역, 지엠대우와 사내협력업체들 사이에서 각각 체결된 도급계약의 내용 및 각 사내협력업체 소속 근로자들의 업무수행과정에 비추어 본 노무제공의 내용과 방식, 이에 관한 지엠대우의 지배 · 통제의 내용과 범위 등에 비추어 볼 때 지엠대우와 사내협력업체들 사이에 각 체결된 계약의 명칭이나 형식 여하에 불구하고 그 협력업체에 소속된 근로자들이 지엠대우의 사업장에 파견되어 지엠대우의 지휘 · 명령 아래 지엠대우를 위한 근로를 제공하는 근로자파견관계에 있었다고 한다(대법 2013.2.28, 2011도34).

(6) 사내하청업체에 대한 원청업체 지시권의 한계

① **지시권의 한계**: 원청회사가 하청회사 근로자에게 도급계약상 정해진 절차에 따른 계약목적의 완성에 관한 순수한 지시만 하였고, 하청회사 근로자에게 아무런 불이익이나 영향을 미치지 않았다면 비록 사내하청업체라 하더라도 도급계약 자체의 지시권을 부성할 수는 없다.

도급계약의 부속서류에 업무처리에 관한 표준업무기술서(시방서)가 첨부되어 있고, 원청회사와 사내하청업체가 그러한 업무처리 절차에 따라 도급 업무를 수행할 것을 약속하였다면, 이행보조자인 하청업체의 근로자도 단지 그러한 업무처리 절차에 따라 일하는 것이 원청회사의 지시에 따라 일하는 것으로 보기는 어렵다고 할 것이다.

도급계약을 체결하면서 원청업체가 작업방법이나 주의사항 등에 관한 표준작업지침서 내지 시방서를 정하여 사내하청업체에 시달하는 경우가 있다. 그러나 원청업체와 하청업체 당사자의 의사가 작업수행 방법과 절차에 관하여 중요한 합의를 하고, 그러한 합의의 내용대로 일을 완성해 달라는 원청업체의 지시가 있다면 그것이 도급계약상의 지시권 범위를 일탈하였다고 보기는 어렵다. 따라서 도급업무 처리의 절차나 방법에 관한 원청업체의 세부적인 지침서(시방서)를 도급계약에서 명시하고 하청업체에 대하여 그 지침에 따르도록 하였다는 사실만을 가지고 원청업체가 하청업체 근로자에 대한 지시권까지 사전에 행사하였다고 보기는 어렵다. 그러나 최근 외부 노동력의 활용이 점차 증가되는 상황에서 수급업체 근로자에 대한 도급회사의 지시권을 전적으로 배제할 수는 없을 것이므로 도급목적 지시권의 행사 범위에 대한 구체적 판단기준이 판례를 통해 축적돼야 한다. 이러한 관점에서 보면 아래 대법원 판결들은 분명 기존 판결들에 비해서는 진일보했다고 평가할 만하다.

② **대법원판례**: (가) 인천국제공항사건: 판례는 경비업법상 국가 중요시설의 경비업무를 맡는 경비원들은 경비책임자와 시설주의 지휘 · 감독을 받게 돼 있으므로, 인천국제공항공사가 용역 경비원들을 철저히 감독하고 지휘 · 명령하는 등 인사 · 노무관리에 깊숙이 관여했다 하더라도 국가 중요시설인 인천공항의 시설주로서 경비용역계약의 목적을 달성하기 위하여 경비업법 등에 따라 부여된 권한을 행사한 것에 불과하므로, 특수경비업체 등에 고용된 후 인천공항에 파견돼 인천국제공항공사로부터 직접 지휘 · 명령을 받는 특수경비원들을 근로자파견관계에 있다고 보기 어렵다(대법 2013.7.25, 2012다79439)고 한다. 이 판례는 인천국제공항사는 A사에 경비업무를 맡겼다가 이후 B사와 새로 용역 계약을 체결했다. A사에서 공항 특수경비원으로 일했던 해당 근로자들은 B사의 채용 시험에 응시했지만 불합격하자 '경비업체는 공항공사에 종속된 노무관리 대행기관에 불과하고, 공사가 실질적인 사용자이므로 용역은 위장도급이고 해당 근로자들은 공항공사 파견근로자'라고 주장하며 소송을 냈다. 그러나 1 · 2심은 "인천공항공사가 해당 근로자들을 관리 · 감독한 사실은 인정되지만 경비업법에 규정된 권한을 행사한 것에 불과하다"며 원고패소 판결한 것이다.

(나) KTX 여승무원 사건: 판례는「한국철도공사 열차팀장이 KTX 여승무원의 업무 수행을 확인하도록 되어 있는 것은 KTX 여승무원에 대한 업무상 감독이라기보다는 위탁협약의 당사자가 보유한 권리의 행사로서 KTX 승객서비스업무가 위탁협약의 내용에 맞추어 제대로 이행 되었는지를 확인하고 감수하는 절차라고 이해할 수 있고, 철도유통 등이 한국철도공사 측의 시정요구에 따라 징계처분을 한 사실만으로는 철도유통 등이 독자적으로 인사권을 행사하였다는 점을 부정하기는 어렵다. 나아가 한국철도공사 측에서 확정하는 열차운행표(일명 '기준 다이아')는 KTX의 운행 내용만을 제공할 뿐 KTX 여승무원의 구체적인 출퇴근시간이나 승무시간, 배치순서는 철도유통 등이 작성하는 승무교번표를 통하여 비로소 확정

되었다. 'KTX 승무원 서비스 매뉴얼' 등의 제공 역시 한국철도공사 측이 위탁협약 당사자의 지위에서 업무의 표준을 제시하여 KTX 승객서비스업무가 균질적으로 수행되도록 노력해 달라고 철도유통 등에 주문하는 취지로 볼 수 있다」(대법 2015.2.26, 2011다78316)라고 한다.

위 KTX 여승무원 사건의 원심 판결에서 직접적 근로계약관계를 인정하였으나 대법원에서는 비록 묵시적 근로관계가 부정됐지만 실무상으로는 위장도급 중 묵시적 근로관계가 인정되는 경우의 구체적 구별 기준을 제시했다는 점에서 큰 의미가 있다.

특히, 기존의 묵시적 근로계약관계 인정 판결에서는 수급업체의 '사업주로서의 실체성'에 중점을 두고 판단했으나, 이러한 판단기준에서 진일보해 ① 한국철도공사 소속 근로자와 KTX 여승무원의 담당업무가 어떻게 다른지, ② 여승무원에게 지급된 임금지급 기준이 위탁협약 도급금액 결정 기준과 차이가 있는지, ③ 수급업체가 KTX 승무사업본부를 따로 설치하고 한국철도공사로부터 사무실을 임차하며, 여승무원들의 제복과 휴대용 가방 등을 직접 구입해 배부하는지, ④ 채용, 승진, 직급, 교육, 근무평가 등을 누가 담당하는지, ⑤ 여승무원들의 출퇴근 시간이나 승무 시간, 배치 순서 등을 누가, 어떤 경위로 확정하는지 등의 매우 구체적 사항까지 고려했다. 그리고 그 과정에서 한국철도공사가 소속 근로자인 열차팀장으로 하여금 KTX 여승무원들의 업무 수행을 확인하도록 하거나 'KTX 승무원 서비스 매뉴얼' 등을 제공했다 하더라도, 이는 위탁협약의 당사자가 보유한 권리의 행사이거나 그 지위에서 업무의 표준을 제시한 것으로 볼 여지가 있다고 판단해, 실무상 진정도급으로 인정받을 수 있는 기준 뿐만 아니라 도급회사의 지위에서 행할 수 있는 일반적 지휘 · 감독 범위까지 제시하고 있다. 결론적으로는 묵시적 근로계약관계가 부정됐으나, 그 판단기준은 실무상 참고할 필요가 있다.

(7) 사내 하도급의 중요성

사내 하도급은 그것이 진정한 도급에 해당하는 경우에는 원사업주와 하청업체 근로자간에 노동법적인 규율이 개입할 여지가 없다. 이 경우에는 주로 원사업주와 하청업체 간에 「민법」, 「하도급거래공정화에관한법률」 등이 적용될 것이고, 하청업체와 그가 고용한 근로자 간에는 「근로기준법」, 「최저임금법」 등의 노동관계법이 적용될 것이다. 반면에 사내 하도급이 원사업주와 하청업체 간의 계약의 명칭 · 형식 등에도 불구하고 그 근로관계의 실질이 근로자파견에 해당하는 경우에는 소위 위장도급-불법파견의 문제가 발생하게 되며, 이 경우에는 원사업주와 하청업체 근로자 간에 근로자파견법 등 노동관계법이 개입하게 된다.

3. 사내 하도급 근로자의 유형

이와 같은 사업장내 도급 근로자 중에는 원청업체 등의 생산공정의 일부를 도급(청부)받은 도급 회사가 일정한 생산수단을 보유하고 자기 근로자에 대해서 직접 지휘 · 감독을 하는 도급공형이 있고, 이와는 달리 독립된 기업으로서의 실체를 가지지 않은 도급 기업에 소속되어 있으면서 발주자인 원청업체의 사업장에 들어가 원청업체의 지휘 · 감독 하에서 노무를 제공하는 경우가 있다.

이러한 고용형태의 근로자를 대공형(貸工型)이라고 말한다. 이것은 하도급기업이 원청업체에 근로자를 대여하는 것이 되며 근로자공급사업이 되어 위법이다.

4. 사내하도급 사업장 현황

고용노동부의 '2010년 사내하도급 현황'에 따르면 300인 이상 사업장 근로자 132만6040명 중 사내하도급 근로자 수는 32만5932명(24.6%)이다. 300인 이상 사업장 1,939개소 중 사내하도급을 활용한 사업장은 799개소(41.2%)이다. 조선이 가장 많고 철강, 기계 · 금속, 자동차, 전기 · 전자 순이다.

[표7] 2010년 사내하도급 실태점검 대상 사업장 현황

업종	점검대상	원청근로자 수(A)	사내하도급 업체(개소/명)		
			업체수	근로자수(B)	B/A
합 계		197,969	787	79,298	40.1
자동차 (7)	기아자동차 소하리공장	5,720	10	424	7.4
	르노삼성자동차	5,500	5	890	16.2
	현대자동차 울산공장	26,555	96	6,230	23.5
	현대자동차 전주공장	4,050	14	1,016	25.1
	현대자동차 아산공장	2,791	12	950	34.0
	타타대우상용차	995	2	287	28.8
	GM대우 부평공장	11,071	7	424	3.8

업종	점검대상	원청근로자 수(A)	사내하도급 업체(개소/명)		
			업체수	근로자수(B)	B/A
조선 (5)	대우조선해양	12,600	100	14,812	117.6
	삼성중공업	11,332	127	15,209	134.2
	한진중공업	1,963	38	1,251	63.7
	현대중공업	24,899	168	15,942	64.0
	STX조선	2,986	71	4,213	141.1
철강 (5)	동국제강 포항공장	787	7	392	49.8
	동부제철 아산공장	788	6	405	51.4
	세아베스틸	1,451	27	786	54.2
	포스코 포항공장	7,458	10	2,691	36.1
	현대제철 포항공장	1,440	7	403	28.0
전자 (7)	노키아TMC	613	4	1,744	284.5
	동우화인켐	2,200	5	909	41.3
	삼성전자 탕정공장	7,120	7	2,170	30.5
	하이닉스반도체	17,706	15	1,673	9.5
	한국태양유전	429	2	80	18.7
	ASE코리아	2,279	3	502	22.0
	LG디스플레이 4,5,6공장	5,283	4	598	11.3
IT (5)	동부CNI	745	3	101	13.6
	동양시스템즈	876	7	199	22.7
	삼성SDS	10,023	11	236	2.3
	한국휴렛팩커드	976	5	93	9.5
	SK C&C	3,503	14	142	4.1

[자료출처: 고용노동부 2011년]

2 사내하도급 분야 노사관계의 새로운 쟁점(현대자동차 사내하청 사건)

1. 현대자동차와 사내하도급근로자 간에 지휘 · 명령관계가 있는지의 여부(대법 2015.2.26, 2010다106436;대법 2012.2.23, 2011다7076)

① 회사가 사내협력업체 소속 근로자에 대한 일반적인 작업배치권과 변경결정권을 가지고 사내협력업체 소속 근로자가 수행할 작업량과 작업방법, 작업순서,

작업속도, 작업장소, 작업시간 등을 결정한 점, ② 회사는 사내협력업체 소속 근로자를 직접 지휘하거나 사내협력업체 소속 현장관리인 등을 통하여 구체적인 작업 지시를 하였는데, 사내협력업체의 현장관리인 등이 소속 근로자에게 구체적인 지휘 · 명령권을 행사하였다 하더라도 이는 회사가 결정한 사항을 전달한 것에 불과하거나 그러한 지휘 · 명령이 회사에 의하여 통제된 것에 불과한 점, ③ 사내협력업체 소속 근로자가 회사 소속 근로자와 같은 조에 배치되어 동일한 업무를 수행한 점, ④ 회사는 소속 근로자의 결원이 발생하는 경우 사내협력업체 근로자로 하여금 그 결원을 대체하게 하기도 한 점, ⑤ 회사가 사내협력업체 소속 근로자에 대한 휴게시간 부여, 연장 및 야간근로, 교대제 운영 등을 결정하고 사내협력업체를 통하여 사내협력업체 소속 근로자의 근태상황 등을 파악하는 등 사내협력업체 근로자를 실질적으로 관리하여 온 점 등을 들어 현대자동차와 사내하도급근로자 간에 지휘 · 명령관계가 있다고 판단하였다.

2. 현대자동차와 사내협력업체 간에 체결한 계약이 도급계약인지 여부

① 사내협력업체가 도급받은 업무 중 일부는 회사 소속 근로자의 업무와 동일하여 명확히 구분되지 아니하는 점, ② 사내협력업체의 고유하고 특유한 업무가 별도로 있는 것이 아니라 회사의 필요에 따라 사내협력업체의 업무가 구체적으로 결정된 점, ③ 사내협력업체 소속 근로자의 담당업무는 회사가 미리 작성하여 교부한 각종 조립작업지시표 등에 의하여 동일한 작업을 단순 반복하는 것으로서 사내협력업체의 전문적인 기술이나 근로자의 숙련도가 요구되지 않고 사내협력업체의 고유 기술이나 자본이 투입된 바 없는 점 등이다. 이러한 사정을 종합하면, 해당 근로자들은 사내협력업체에 고용된 후 회사의 작업현장에 파견되어 회사로부터 직접 지휘 · 감독을 받는 근로자파견관계에 있었고 해당 계약은 도급계약이 아니라고 판단하였다.

3. 판례의 의의

대법원은 근로자파견의 판단기준에 관해 구체적으로 제3자의 지휘 · 명령 여부, 제3자의 사업에 실질적으로 편입 여부 외에도 작업에 투입될 근로자의 선발이나 근로자의 수, 교육 및 훈련, 작업 · 휴게시간, 휴가, 근무태도 점검 등에 관한 원고용주의 독자적인 결정 권한의 행사 여부나 계약 목적의 한정성 및 근로자 업무의 제3자 소속 근로자업무와의 구별성, 업무의 전문성 · 기술성 여부, 그리고 계약의 목적을 달성하기 위한 원고용주의 독립적 기업조직이나 설비의 존부 등의 요소까지 고려해서 실질적인 파견근로인지를 판단해야 한다고 판시했다. 종전 컨베이어벨트 생산공정, 혼재공정 등을 불법파견의 기준으로 삼아 불법파견의 성립을 인정한 판결(대법 2012.2.23, 2011두7076)에서 더 나아가 조립공정 뿐 아니라 서브공정, 차체, 도장, 의장, 엔진공정 등에서 근무하는 모든 협력업체 근로자들에 대해 불법파견을 인정함으로써, 결국 현대자동차 소속 정규직과 혼재 업무를 하지 않고 하청업체가 특정 공정을 모두 전담하는 소위 '블록(block)화 공정' 까지 모두 불법파견을 인정했다는 점에서 의미가 있다. 근로자파견법에서 정의한 대로 사용사업주가 아닌 자와 근로계약을 체결했더라도 "사용사업주의 지휘 · 명령을 받아", "사용사업주를 위한 근로에 종사하게 하는 것"이면 근로자파견이라고 봐야 한다는 점 등 계약의 성격을 분명히 했다는 점에 그 의의가 있다.

3 하도급업체근로자가 원청업체에 단체교섭을 요구하는 경우

1. 원청업체와 하도급업체의 사용자

근로기준법에서 사용자란 「사업주 또는 사업경영담당자 그 밖에 근로자에 관한 사항에 대하여 사업주를 위하여 행위하는 자를 말한다」라고 정의하고 있다(근로기준법 제2조제1항제2호).

여기에서 사용자란 근로기준법상의 근로자에 대한 법적 조항을 이행해야 하는 자를 모두 포함하는 개념이다. 따라서 지금까지의 사용자냐 아니냐 하는 것은 주로 고용관계의 존부를 가지고 판단하여 왔다. 제3자가 고용주에 대하여 부당노동행위의 압력을 가한 것에 대해서도 제3자와는 관계없이 고용주 자신의 책임이라고 판단해 왔으나, 최근에 와서는 계약형식에 구애됨이 없이 실질적인 사용종속관계에 주목하여 판단하는 경우가 많아지고 있다.

2. 하도급업체 근로자 입장

원청업체는 하도급업체에 대한 발주(發注)를 조정하고 하도급 중소기업 간의 경쟁을 이용해서 하도급업체가 도산하지 않는 범위 내에서 최저한도까지 도급가격을 억제해 나가므로, 하도급업체의 생산비는 극도로 억제되어 그 영향이 근로조건에 미칠 뿐만 아니라 고용조건까지도 영향을 받지 않을 수 없게 된다. 따라서 원청업체는 하도급업체에 대한 경제적 지배관계를 통해서 결국은 하도급업체 근로자의 근로조건에 영향을 미치게 하여 경우에 따라서는 죽느냐 사느냐 하는 권한까지 장악하고 있다고 말할 수 있다.

하도급업체의 근로자는 그 도급업체에 대하여 근로조건의 개선을 요구해 보아도 해결할 수 없는 경우가 많으므로, 하도급업체를 지배하고 있는 원청업체에 대하여 직접 단체교섭을 요구하고 싶어 한다.

그러나 고용관계가 성립되어 있지 않는 원청업체는 하도급업체 근로자의 단체교섭 요구를 받아들이지 않을 뿐만 아니라 원청업체는 하도급업체 내의 노동조합 활동을 싫어하며 만약 하도급업체 내에 노동쟁의가 발생하면 발주를 정지하는 경우가 있다. 따라서 하도급업체의 근로자는 단체교섭이나 쟁의행위를 사실상 제약을 당하고 있다고 볼 수 있다.

3. 원청업체에 대한 단체교섭 요구

(1) 단체교섭 요구의 적법성 여부

하도급업체 근로자의 단체교섭권에 사실상 제약이 가해졌다고 해서 무작정 원청업체와 하도급업체 근로자 간에 단체교섭을 인정하게 되면, 하도급업체의 고용주는 이것을 악용하여 자기가 고용하고 있는 하도급업체 근로자를 선동해서 원청업체와 도급 기업간에 체결한 도급계약조건을 자기에게 유리하게 전개할 수 있을 것이나, 그렇게 되면 원청업체는 하도급업체를 필요악의 존재라고 생각할 것이며, 다시는 그 하도급업체에 도급을 주는 일은 없을 것이다. 그렇게 되면 하도급업체근로자는 실업을 면치 못할 것이다.

따라서 예를 들면, 원청업체가 하도급업체의 자본을 대부분 출자하고 원청업체의 임원이 하도급업체의 임원을 대부분을 겸하고 있어 하도급업체의 경영의 대부분 또는 전부를 지배하고 있는 경우에는 실질적으로 하도급업체는 독립성이 없고 원청업체의 일개 사업장에 불과하므로 이와같은 경우에만 교섭이 가능하다고 보고 있다.

(2) 판례상 단체교섭의 상대방이 된다는 경우

① 사용자(또는 사용자단체)는 단체교섭의 상대방으로서 신의에 따라 성실히 교섭하고, 정당한 이유 없이 단체교섭을 거부하거나 해태하여서는 아니되는바(노조법 제30조), 이때 단체교섭 당사자로서의 사용자는 근로자와 근로계약을 체결한 근로계약의 당사자가 되는 것이 보통이고, 도급 또는 하도급의 경우 원청업체는 하도급업체의 근로자와 직접 근로계약을 체결하고 있지 아니하므로 원청업체가 단체교섭의 당사자가 될 수는 없을 것이나, 다만 하도급업체의 근로자가 원청업체의 생산과정에 투입되어 원청업체의 지휘 · 명령하에 근로를 제공하고 있고, 원청업체가 하도급업체의 근로자에 대하여 실질적인 사용종속관계를 가지고 영향력 또는 지배력을 행사할 수 있는 경우에는 원청업체 역시 단체교섭의 상대방이 된다(대법 2003.9.23, 2003두3420).

② 사용자가 하도급업체 소속 근로자 등에 대한 인사 발령한 사실, 하도급업체 소속 근로자들에 대한 교육훈련을 직접 실시한 점, 하도급업체 소속 근로자들은 하노급업체별로 나뉘지 않고 각 부서별로 혼재돼 조장의 지시에 따라 작업을 수행해 온 점, 또 자동차 시트의 생산에 필요한 회사 공장 내 부지, 기계, 설비 등 장비가 사용자가 제공하는 것으로 보이는 점 등을 종합해보면 사용자는 업무도급의 형식으로 사용종속관계에 있는 하도급업체 소속 근로자를 직접 지휘, 감독하면서 실질적인 영향력을 행사하는 실질적인 사용자로서 단체교섭의 상대방이 된다고 할 것이다(전주지법군산지원 2006.4.12, 2005카합411).

③ 단체교섭의 당사자로서의 사용자라 함은 근로계약관계의 당사자로서의 사용자에 한정하지 않고 비록 근로계약관계의 당사자가 아니라고 하더라도 단체교섭의 대상이 되는 근로조건에 관한 사항의 전부 또는 일부에 관하여 그 근로자를 고용한 사업주로서의 권한과 책임을 일정 부분 담당하고 있다고 볼 정도로 실질적이고 구체적으로 지배 · 결정할 수 있는 지위에 있으면 단체교섭의 당사자로서의 사용자에 해당한다고 볼 것이다(대전지법 2011.10.6, 2011카합782 결정).

4 원청업체의 하도급업체 근로자에 대한 부당노동행위

어느 원청업체의 일정한 일을 완성할 것을 약정하는 도급계약을 체결한 하도급업체에 입사한 근로자는 어디까지나 하도급업체와 사용종속관계가 있는 것이다. 따라서 도급을 준 원청업체와의 노사관계가 성립될 여지가 없다. 그러나 앞에서 설명한 바와 같이 하도급업체 근로자가 원청업체와 근로계약관계가 성립된 것으로 보는 경우가 있다. 원청업체와 하도급업체 근로자 간에 근로계약관계가 성립된 것으로 보는 경우라 하더라도 전반적인 관계에 있어서 계약이 성립된 것으로 보는 경우가 있고, 단지 근로기준법의 적용관계에 대해서만 사용자-근로자 관계가 성립된 것으로 보는 경우가 있다.

예를 들면, 어느 회사의 도급을 받아 원청업체의 구내에 들어가 일을 하는 근로자들이 하도급 업자를 사용자로 하는 하도급업체의 노동조합을 설립하려고 할 때 원청업체에서 「당신들이 노동조합을 설립하면 도급계약을 취소하겠다」고 직접 압력을 가하거나 하도급업체의 대표자를 불러들여 「노동조합의 설립을 막아라」 또는 「노동조합을 설립하려고 하는 주동자 누구누구를 당장 해고하라. 만약 해고하지 않으면 도급계약을 취소하겠다」고 압력을 가하여 하도급업체의 대표자가 그 압력에 못 이겨 노동조합을 설립하는 주동자를 해고한 경우 즉, 원청업체 또는 영향력이 강한 제3자가 압력을 가하여 사용자가 부당노동행위를 한 경우 사용자뿐만 아니라 제3자인 원청업체까지 그 책임을 물을 수 있다고 보는 판례(대법 2010.3.25, 2007두8881)가 있다. 이에 의하면 「근로자의 기본적인 노동조건 등에 관하여 그 근로자를 고용한 사업주로서의 권한과 책임을 일정 부분 담당하고 있다고 볼 정도로 실질적이고 구체적으로 지배 · 결정할 수 있는 지위에 있는 자가, 노동조합을 조직 또는 운영하는 것을 지배하거나 이에 개입하는 등으로 노조법 제81조제4호에서 정한 행위를 하였다면, 그 시정을 명하는 구제명령을 이행하여야 할 사용자에 해당한다. 원청업체가 개별도급계약을 통하여 사내 하청업체 근로자들의 기본적인 노동조건 등에 관하여 고용사업주인 사내 하청업체의 권한과 책임을 일정 부분 담당하고 있다고 볼 정도로 실질적이면서 구체적으로 지배 · 결정할 수 있는 지위에 있고 사내 하청업체의 사업폐지를 유도하는 행위와 그로 인하여 사내 하청업체 노동조합의 활동을 위축시키거나 침해하는 지배 · 개입 행위를 하였다면, 원청업체는 노조법 제81조제4호에서 정한 부당노동행위의 시정을 명하는 구제명령을 이행할 주체로서의 사용자에 해당한다」라고 한다.

그러나 노동위원회나 법원에서 상술한 바와 같은 사용자 개념의 확대적용 해석을 하는 데 있어서 노조법 제2조제2항에서 「사용자란 사업주 · 사업의 경영자 또는 그 사업의 근로자에 관한 사항에 대하여 사업주를 위하여 행동하는 자를 말한다」라고 정의하고 있으므로 원청업체나 제3자에 대해서 부당노동행위 구제명령을 내리기는 어려운 면이 있다. 그러나 사안에 따라서는 확대 적용하는 경우도 있다. 그러므로 「원고용주에게 고용되어 제3자의 사업장에서 제3자의 업무에 종사하는 자를 제3자의 근로자라고 할 수 있으려면, 원고용주는 사업주로서의 독자성이 없거나 독립성을 결하여 제3자와 노무대행기관과 동일시할 수 있는 등 그 존재가 형식적 · 명목적인 것에 지나지 아니하고 사실상 해당 피고용인은 제3자와 종속적인 관계에 있으며, 실질적으로 임금을 지급하는 자도 제3자이고 또 근로제공의 상대방도 제3자이어서 해당 피고용인과 제3자간에 묵시적 근로계약관계가 성립되어 있다고 평가 될 수 있어야 할 것이다」(대법 2004.6.25. 2002다51555; 대법 2003.9.23. 2003두3420; 대법 1999.11.12. 97누19946)라고 한다.

5 도급을 준 원청업체의 안전관리 책임

산업안전보건법에서는 도급 근로자의 산업재해발생률이 매년 증가하고 있기 때문에 재해방지의 철저함을 기하기 위하여 근로계약의 당사자인 사업주 이외에도 근로자의 안전보건에 사실상 영향을 미치는 하도급업체 근로자를 받아들인 원청업체 등에 대해서도 특별한 안전보건의무를 부여하고 있다.

같은 장소에서 행하어지는 사업의 일부를 도급을 주어 행하는 사업 중에서 수급인 및 하수급인의 공사금액을 포함한 해당 공사의 총 공사금액이 20억원 이상인 건설업 · 수급인 및 하수급인에게 고용된 근로자를 포함한 상시근로자가 50인 이상인 선박 및 보트 건조업 · 1차 금속산업 · 토사석광업 · 제조업(상시근로자가 100인 이상) 등을 행하는 사업주는 그가 사용하는 근로자 및 그의 수급인(하수급인을 포함)이 사용하는 근로자가 같은 장소에서 작업을 할 때에 생기는 산업재해를 예방하기 위한 업무를 총괄 · 관리하기 위하여 안전보건총괄책임자를 지정하여야 하며 사업주는 도급사업에 있어서의 안전보건조치를 강구하여야 한다(산업안전보건법 제18조 및 제29조). 안전보건총괄책임자를 지정한 경우에는 「건설기술진흥법」 제64조제1항제1호에 따른 안전보건총괄책임자를 둔 것으로 본다(동법 제18조제2항).

1. 안전 · 보건에 관한 사업주간의 협의체 구성 및 운영

협의체는 도급인인 사업주 및 그의 수급인인 사업주 전원이 참가하는 협의체를 구성하고 그 협의체를 유효적절하게 운영하여야 한다. 협의체는 작업의 시작시각, 작업장간의 연락방법 및 재해발생 위험시의 대피방법 등을 협의하여 매월 1회 이상 정기적으로 회의를 개최하고 그 결과를 기록 · 보존하여야 한다(동법시행규칙 제29조).

2. 작업장의 순회점검 등 안전보건관리

원수급인은 수시로 관계 하수급인과 상호간의 연락 및 조정을 하여야 하고 건설업 등 6개 사업은 2일에 1회 이상 그 외의 사업은 1주일에 1회 이상 작업장의 순회점검을 하여야 한다(동법시행규칙 제30조제1항).

3. 수급인이 근로자에게 하는 안전 · 보건교육에 대한 지도와 지원

수급인은 하수급인이 행하는 근로자의 안전 또는 보건을 위한 교육에 대하여 그 교육을 실시하는 데 필요한 장소의 제공, 교육에 사용하는 자료의 제공 등 조치를 강구하여야 한다(동법시행규칙 제30조제3항).

4. 그 밖에 산업재해예방을 위하여 고용노동부령으로 정하는 사항을 준수하여야 한다(산업안전보건법 제29조).

5. 안전 · 보건에 관한 협의체의 구성 · 운영에 관한 특례

건설업의 도급 사업주가 근로자와 사용자가 같은 수로 구성되는 안전 · 보건에 관한 노사협의체를 구성 · 운영하는 경우에는 노사협의체가 산업안전보건위원회의 심의 · 의결 기능과 안전 · 보건에 관한 협의체의 협의 기능을 함께 수행하도록 하고 별도로 산업안전보건위원회 및 안전 · 보건에 관한 협의체를 설치 · 운영하지 아니하도록 하였다(동법 제29조의2제1항 및 제2항).

6 도급을 준 발주처 회사의 산재보상책임

산업재해보상보험법에서는 사업이 수차의 도급에 의하여 행하여지는 경우에는 원수급인을 산재보험법의 적용을 받는 사업주로 보고 있다. 민법상 도급이란 당사자 일방이 어느 일을 완성할 것을 약정하고 그 상대방이 그 일의 결과에 대하여 보수를 지급할 것을 약정하는 계약이다.

이 경우 일을 맡긴 사람을 도급인이라고 말하며 일을 맡은 사람을 수급인이라고 말한다. 원수급인이라고 하는 것은 사업이 수차의 도급에 의하여 행하여지는 경우에 최초에 사업을 도급받은 자를 말한다. 그리고 하수급인이라고 하는 것은 원수급인으로부터 그 사업의 전부 또는 일부를 도급받아 행하는 자를 말한다. 이러한 도급은 건설업 · 제조업 · 수선업 등 여러 분야에서 행하여지고 있다. 최초로 계약을 체결한 수급인이 다시 순차적으로 하도급을 줌으로써 도급인 대 원수급인 대 재하수급인 사이에 근로관계를 둘러싸고 여러 가지 노동법상의 문제점이 발생한다. 우리나라에 있어서 하수급인은 영세성을 면치 못하고 이윤도 적기 때문에 안전보건관리 측면에서 많은 취약점을 지니고 있다.

수차의 도급 사업이 행하여지는 경우에 근로자에 대한 보험급여 문제는 근로자나 그 유족의 생활문제에 직결되는 것이기 때문에 책임의 소재를 분명히 하기 위하여 원칙적으로 원수급인을 보험가입자로 하고 엄격한 요건을 구비한 경우에 한하여 예외적으로 하수급인을 보험가입자로 취급하고 있다. 즉, 「고용보험및산업재해보상보험의보험료징수등에관한법률」 제9조에서는 「건설업 등 대통령령이 정하는 사업이 여러 차례의 도급에 의하여 행하여지는 경우에는 그 원수급인을 이 법을 적용받는 사업주로 본다. 다만, 대통령령이 정하는 바에 따라 공단의 승인을 받은 경우에는 하수급인을 이 법을 적용받는 사업주로 본다」고 규정하고 있다. 따라서 해당 근로자가 업무상 부상하거나 질병에 걸린 경우 산재보험의 급부를 받지 못하는 일은 없을 것이다.

7 사내하도급 근로자의 근로조건보호 가이드라인

1. 사내하도급 가이드라인의 제정 배경

사내하도급이란 원사업주로부터 업무를 도급받거나 업무처리를 수탁한 사업주가 자신의 의무를 이행하기 위하여 원사업주의 사업장에서 해당 업무를 수행하는 것을 말한다. 이렇게 사내하도급은 도급이 원사업주의 사업장에서 행해지는 특징이 있어서 원사업주가 수급사업주의 근로자에게 업무상 지휘 · 명령과 인사 · 노무관리 측면에서 관여할 여지가 있게 된다. 따라서 사내하도급은 불법파견에 해당되는지 여부가 주된 쟁점으로 부각돼 왔다. 그럼에도 사내하도급은 원칙적으로 개별 기업간의 민사상 계약관계이므로 노동관계 법률로 규율하는 것이 타당한지에 대한 논쟁이 있어서 입법적 규율이 쉽지 않은 측면이 있었다. 이러한 여건에서 사내하도급 문제가 도급 · 파견의 구별을 둘러싼 논란에 가려져서는 아니 되고, 사내하도급 근로자의 근로조건이 개선될 수 있도록 각 조치를 취할 필요가 있다는 점에 주목했다. 사내하도급 근로자는 원청의 사업장 내에서 원사업주의 영향 아래에서 근로를 제공하면서 원청의 성과에 기여하고 있다는 점을 직시해 수급사업주가 사내하도급 근로자의 사용자로서 노동법상 책임과 근로조건 개선을 위해 노력해야 하는 것과 더불어 원사업주도 사내하도급 근로자의 근로조건 보호와 고용 안정을 위해 일정한 역할을 해야 하고, 원 · 하청 근로자간에 임금 등 근로조건 격차 해소를 위한 노력도 필요하다는 인식을 하게 된 것이다. 따라서 원 · 하청 사업주가 협력해 노동법적 책임을 다하는 동시에 기업의 사회적 책임 차원에서 사내하도급 근로자의 근로조건 개선과 고용 안정을 위해 노력하도록 하는 계기를 마련하기 위해 고용노동부가 사내하도급 근로자 보호 가이드라인을 2011.7.18에 제정하고 그 시행과정에서 나타난 문제점을 보완하여 가이드라인을 개정(2016.4.7, 고용차별개선과-6735) 시행하고 있다.

2. 사내하도급 관련 가이드라인의 의의 및 중요성

사내하도급 근로자는 원청의 사업장 내에서 근로를 제공하고 원청의 성과에 기여하고 있으며 원사업주의 영향 아래에서 근로를 제공할 수밖에 없다는 점을 감안할 때 원사업주도 사내하도급 근로자의 근로조건 보호와 고용안정을 위하여 일정한 역할을 하여야 하고, 원 · 하청 근로자간의 임금 등 근로조건 격차 해소를 위한 노력도 필요하다. 따라서, 가이드라인을 제정하여 원 · 하청 사업주가 협력하여 현행 노동법적 책임을 다하는 동시에 기업의 사회적 책임 차원에서 근로자보호 및 근로조건 개선을 위해 노력하도록 한 것이다.

가이드라인은 크게 ① 목적, ② 사내하도급 등 용어의 정의, ③ 수급사업주 조치사항, ④ 원사업주 조치사항, ⑤ 원 · 수급사업주 공동 노력 사항 등 5개 부문으로 구성되고, 원 · 수급사업주의 조치사항은 근로조건 보호를 위한 법령 준수사항과 기업의 사회적 책임 차원에서 근로조건 개선을 위한 노력사항으로 구분해 규성했다. 그러나 「가이드라인」 내용이 미흡한데다 그마저도 「노력한다」는 선언적 의미에 그쳐 실효성이 있느냐에 대해서는 의문이 있다.

3. 사내하도급근로자의 근로조건 보호 가이드라인

(고용노동부 2016.4.7, 고용차별개선과-6735)

(1) 목 적

사내하도급 관계가 상생과 협력의 관계로 발전하기 위해서는 원사업주와 수급사업주 간에 공정한 거래질서를 확립하고 상호 협력하여 도급사업의 적정한 운영을 도모해야 할 것이며, 사내하도급 근로자의 고용 및 근로조건에 대한 배려가 필요하다. 이 가이드라인은 이를 위해서 원사업주와 수급사업주가 준수하거나 노력해야 할 사항들을 제시함으로써 사내하도급 근로자의 고용안정 및 근로조건을 개선하고 기업의 경쟁력을 높이기 위한 것이다.

(2) 정 의

① “사내하도급”이란 원사업주로부터 업무를 도급받거나 업무의 처리를 수탁한 사업주가 자신의 의무를 이행하기 위해 원사업주의 사업장에서 해당 업무를 수행하는 것을 말한다.

② “수급사업주”란 업무를 도급받거나 업무의 처리를 위탁받은 사업주를 말한다.

③ "원사업주"란 업무를 도급하거나 업무의 처리를 위탁한 사업주를 말한다.
④ "사내하도급 근로자"란 수급사업주가 원사업주로부터 도급받거나 위탁받은 일을 완성하거나 업무를 처리하기 위하여 고용한 근로자를 말한다.

(3) 수급사업주가 강구하여야 할 조치사항

1) 근로조건 보호를 위한 준수사항

① 사내하도급 근로자와 근로계약을 체결할 때에는 임금 · 근로시간 · 휴일 등 근로조건을 서면으로 명시하여 교부하고, 사내하도급 근로자를 해고할 경우에는 해고사유와 시기를 미리 서면으로 통지한다.
② 산업재해 예방을 위해 필요한 안전 및 보건상의 조치를 취한다.
③ 사내하도급 근로자의 임금이 최저임금 이상이 되도록 한다.
④ 사내하도급 근로자의 사회보험(산재보험, 고용보험, 건강보험, 국민연금) 가입, 근로소득세 원천 징수, 제세공과금 납부 등 법령상의 의무를 이행한다.
⑤ 그밖에 근로기준법, 산업안전보건법 등 노동관계 법령을 준수하고, 근로자가 노동관계법령에서 정하고 있는 근로조건 보호 등에 관한 주요 사항을 알 수 있도록 필요한 조치를 취한다.

2) 근로조건 등의 개선을 위한 노력사항

(가) 적정한 도급대금의 결정 및 적정임금의 보장

① 도급대금은 동종 · 유사근로자의 임금수준과 사회보험의 사업주 부담부분 등 법령준수에 필요한 비용의 확보 등을 고려하여 적정하게 결정되도록 노력한다.
② 수급사업주는 도급대금을 결정함에 있어 사내하도급 근로자의 임금이 동종 또는 유사한 업무를 수행하는 원사업주 소속 근로자의 임금과 비교하여 불합리한 차별이 없도록 노력하고, 원사업주로부터 받은 도급대금 중 사내하도급 근로자의 임금이 적정한 수준으로 책정되도록 노력하여야 한다.
③ 사회보험료 또는 최저임금 등이 변동되는 경우에는 해당 변동 내용이 도급대금에 반영될 수 있도록 원사업주와 협의하는 등 적절한 조치를 취한다.

(나) 직업능력개발

① 사내하도급 근로자의 직무능력을 향상시키기 위한 다양한 형태의 교육훈련 프로그램을 개발 · 운영한다.
② 원사업주와 협의하여 사내하도급 근로자의 교육훈련에 필요한 교육 프로그램 · 교재 · 기자재 및 교육장소 등에 대한 지원과 편의를 제공받도록 노력한다.
③ 교육훈련 등을 통해 향상된 직업능력을 적정하게 평가하여 임금 등 근로조건 개선과 경력관리에 반영될 수 있도록 노력한다.

(다) 고충처리

① 사내하도급 근로자가 고충을 쉽게 제기할 수 있는 적절한 방안을 마련하고, 고충은 신속하게 처리한다.

② 사내하도급 근로자의 고충이 원사업주 또는 다른 수급사업주와 관련된 경우에는 관련 사업주와 협의하여 고충이 원만히 처리될 수 있도록 노력한다.

(4) 원사업주가 강구하여야 할 조치사항

1) 근로조건 보호를 위한 준수사항

① 원사업주의 귀책사유로 사내하도급 근로자에게 임금을 지급하지 못한 경우에는 원사업주는 수급사업주와 연대하여 책임을 진다.

② 도급계약 체결시 사내하도급 근로자의 인건비 단가가 최저임금 이상이 되도록 한다.

③ 사내하도급 근로자가 산업재해 위험이 있는 장소에서 작업을 할 때에는 산업재해 예방을 위하여 필요한 조치를 취하여야 한다.

④ 그밖에 근로기준법, 산업안전보건법 등 노동관계법령에서 원사업주와 관련된 규정을 준수하여야 한다.

2) 근로조건 등의 개선을 위한 노력사항

(가) 적정임금 보장

① 원사업주는 도급대금을 결정하는데 있어 부당하게 단가를 인하하거나 낮은 단가를 강요하지 않으며, 도급대금은 도급계약에 따라 적기에 적정한 방법으로 지급한다.

② 원사업주는 수급사업주와 도급계약을 체결할 때 사내하도급 근로자가 동종 또는 유사한 업무를 수행하는 원사업주 소속 근로자에 비하여 임금 · 근로조건, 그 밖의 처우에 있어 불합리한 차별이 발생하지 않도록 적정한 도급대금이 보장될 수 있도록 노력한다.

③ 사회보험료 또는 최저임금 등이 변동되어 수급사업주가 요청하는 경우에는 해당 변동 내용이 도급대금에 반영될 수 있도록 노력하며, 원사업주가 해당 변동 내용을 도급대금에 반영하였을 때에는 그 대금이 목적에 맞게 사용되었는지를 확인하기 위하여 수급사업주에게 자료제공 등을 요청할 수 있다.

④ 도급계약 등을 갱신할 경우 도급대금을 정함에 있어 수급사업주의 기여를 고려하여 원사업주의 성과가 적정하게 반영될 수 있도록 노력한다.

⑤ 원사업주와 원사업주 소속 근로자대표는 원사업주 소속 근로자의 근로조건을 결정할 경우 사내하도급 근로자의 근로조건에 대해서도 배려하도록 노력한다.

(나) 근로자복지 및 복리후생시설의 이용

① 원사업주와 원사업주 소속 근로자는 사내하도급 근로자가 우리사주조합에 가입(직전 연도 연간 총매출액의 100분의 50 이상을 거래하는 수급업체에 한한다)할 수 있도록 배려하고, 사내근로복지기금의 수혜를 받을 수 있도록 노력한다.

② 원사업주 소속 근로자가 이용하는 복리후생시설을 사내하도급 근로자가 함께 이용할 수 있도록 가능한 범위에서 편의를 제공한다. 이 경우 원사업주 소속 근로자는 사내하도급 근로자와 공동으로 복리후생 시설을 이용할 수 있도록 적극 협조한다.

(다) 사내하도급 근로자의 건강과 안전을 위한 조치

① 산업재해 위험이 있는 작업의 경우 작업의 시작시간, 작업장간 연락방법, 재해발생위험시 대피방법 등 산업안전 · 보건 조치에 대하여 수급사업주와 사전에 협의한다.

② 수급사업주가 실시하는 사내하도급 근로자의 안전보건교육을 지원하고, 쾌적한 작업환경에서 업무를 수행할 수 있도록 노력한다.

(라) 직업능력개발

① 사내하도급 근로자의 직업능력개발을 위하여 수급사업주의 요청이 있는 경우 교육프로그램 · 교재 · 기자재 및 교육장소 등에 대하여 적절한 편의를 제공하도록 노력한다.

② 필요한 경우 수급사업주와 협의하여 원사업주 소속 근로자와 사내하도급 근로자를 대상으로 공동 훈련을 실시할 수 있다.

(마) 고충처리

① 수급사업주가 소속 사내하도급 근로자의 고충을 해결하기 위해서 원사업주의 협조 또는 지원을 요청하는 경우에는 그 고충이 원만하게 해결될 수 있도록 노력한다.

(5) 원사업주와 수급사업주가 공동으로 노력하여야 할 사항

1) 도급운영

① 원사업주와 수급사업주가 도급계약을 체결할 때에는 해당 도급업무의 내용 및 도급대금의 구체적인 내역 · 지급방법 · 지급기일 등을 서면으로 명시하여 투명한 운영을 도모한다.

② 수급사업주는 독립된 사업주로서 근로자 채용 · 징계 · 근태관리, 작업배치 · 변경 및 업무상 지휘 · 명령권 등을 독자적으로 행사하고, 사내하도급 근로자를 직접 지휘 · 명령하여 원사업주로부터 위탁받은 업무를 수행한다.

③ 원사업주는 수급사업주의 인사노무관리 권한과 책임을 존중하고 이에 간섭하지 아니한다. 다만, 작업의 특성상 불가피한 경우는 수급사업주의 협조를 요청할 수 있다.

2) 고용안정

① 원사업주는 사회통념상 합리적인 이유가 없는 한 도급계약을 장기간으로 하거나 갱신을 보장함으로써 사내하도급 근로자의 고용안정을 도모하도록 노력한다.

② 원사업주가 부득이 사내하도급 관계를 종료하게 되는 경우에는 늦어도 1개월 전에 그 사실을 수급사업주에게 알려주도록 한다.

③ 도급관계가 종료되어 수급사업주가 교체되는 경우에는 사회통념상 합리적인 이유가 없는 한 원사업주는 신 · 구 수급사업주와 협의하여 사내하도급 근로자의 고용 및 근로조건이 유지될 수 있도록 노력한다.

④ 도급관계가 종료될 경우 수급사업주에게 다른 사업장이 있다면 해당 사내하도급 근로자를 그 사업장으로 배치하도록 노력한다.
⑤ 원사업주가 근로자를 신규채용하는 경우에는 해당 업무의 구체적인 내용 및 채용규모 등 일자리 정보를 수급사업주와 사내하도급 근로자에게 제공하여 사내하도급 근로자 중 적격자가 우선 채용될 수 있도록 노력한다.
⑥ 원사업주가 직접 수행하던 업무를 사내하도급 관계로 전환하여 수급사업주에게 위탁하는 경우에는 사전에 근로자대표 또는 노사협의회 등에 위탁 사유와 그 시기에 대한 정보를 제공하고, 근로자의 고용안정과 근로조건 보호에 대해 상호 협력한다.

3) 근로조건 개선

① 원사업주와 수급사업주가 도급계약을 체결할 때에는 사내하도급 근로자의 근로조건이 개선될 수 있도록 상호 노력하여야 한다.
② 원사업주와 수급사업주는 상호 협력하여 사업장의 유해 · 위험요인에 대한 실태를 파악하고 이를 평가하여 관리 · 개선하는 등 필요한 조치를 함으로써 안전하고 쾌적한 작업환경을 조성하도록 노력한다.

4) 노사협력

① 원사업주는 사내하도급 근로자의 정당한 노동조합 활동을 존중하며, 이를 이유로 사내하도급 계약을 해지하거나 갱신을 거부하지 않도록 한다. 이 경우 사내하도급근로자도 원사업주의 시설관리권 등 경영권을 존중한다.
② 원사업주와 원사업주의 근로자대표는 필요하다고 인정될 경우 수급사업주의 근로자대표가 원사업주의 노사협의회 또는 간담회에서 바람직한 협력방안에 관한 의견을 개진할 수 있도록 기회를 부여한다.
③ 원사업주와 수급사업주는 동종 또는 유사한 업무를 수행하는 원사업주 소속 근로자와 수급사업주 소속 근로자 간에 임금 · 근로조건, 그 밖의 처우에 있어 불합리한 차별이 발생하지 않도록 필요한 사항에 대하여 상호 정보를 제공하는 등 적극적으로 협력하여야 한다.

12장 민법의 도급 · 위임계약에 의한 고용과 법률문제

1 민법의 도급 · 위임 · 근로계약이란

1. 일반원칙

민법은 노동법과는 달리 평등 · 독립의 인격자 상호간의 자유로운 계약을 전제로 하고 있다. 민법에서는 노무공급에 관한 계약으로서 노무 자체의 이용을 목적으로 하는 고용(민법 제655조)과 어느 일의 완성(完成)을 목적으로 하는 도급(민법 제664조)과 어느 사무처리의 위탁을 목적으로 하는 위임(민법 제680조)의 세 가지 유형으로 규정하고 있다.

첫째, 도급은 당사자 일방이 어느 일을 완성할 것을 약정하고 상대방이 그 일의 결과에 대하여 보수를 지급할 것을 약정함으로써 그 효력이 생긴다(민법 제664조). 이것을 요약하면 성과매매의 계약이다. 도급계약의 성질상 도급인은 수급인이나 그의 이행보조자인 근로자에 대하여 도급업무의 이행에 관하여 지시를 내릴 수 있다(민법 제669조). 민법상 도급계약의 지시권과 노동법상 근로계약의 지시권이 근본적으로 다를 수 있는 부분은 그 지시권이 종속성을 초래할 수 있을 정도의 내용인가에 달려 있다고 할 것이다.

둘째, 위임은 당사자 일방이 상대방에 대하여 사무처리를 위탁하고 그 상대방이 이를 승낙함으로써 그 효력이 생긴다(민법 제680조). 이것을 요약하면 사무처리의 위탁계약이다.

셋째, 고용은 당사자 일방이 상대방에 대하여 노무를 제공할 것을 약정하고 상대방이 이에 대하여 보수를 지급할 것을 약정함으로써 그 효력이 생긴다(민법 제655조). 이에 대해 근로계약은 사용자의 지휘 · 명령에 따라 노무를 제공하는 종속노동계약이다.

이 중에서 사용자의 지휘 · 감독에 따라 노무를 제공하는 근로계약이 아닌 도급계약, 위임계약은 어디까지나 노무제공을 자기 스스로의 권한과 책임에 의해서 행하는 것을 그 본질로 하고 있다. 따라서 설령 계약의 형식은 도급 · 위임계약이라 하더라도 그 노무의 실태가 사용자가 지휘 · 감독을 하는 종속노동이라고 인정되면 근로계약이라고 본다. 일반적으로 도급인과 수급인 사이에는 지휘 · 감독의 관계가 없으므로 도급인은 수급인이나 수급인의 피용자의 불법행위에 대하여 사용자로서의 배상책임이 없는 것이지만, 도급인이 수급인에 대하여 특정한 행위를 지휘하거나 특정한 사업을 도급 시키는 경우와 같은 이른바 노무도급의 경우에는 비록 도급인이라고 하더라도 사용자로서의 배상책임이 있다(대법 2006.11.10, 2004다37676).

2. 판례의 태도

(1) 레미콘 차주 겸 운송기사와 레미콘 제조회사와의 도급계약

레미콘 제조회사와 레미콘 운반 도급계약을 체결하고 위 회사가 제조한 레미콘을 수요자에게 운반하는 업무를 담당하고 있는 레미콘 차주 겸 운송기사를 위 회사에 대하여 사용종속적인 관계에서 노무에 종사하고 그 대가로 임금 등을 받아 생활하는 노조법에 정한 근로자라고 볼 수 없다고 한 원심의 판단을 수긍한 사례이다. 판례(대법 2006.5.11, 2002다20910) 내용은 다음과 같다.

「① 레미콘 운송차주가 회사의 레미콘 운반 지시에 성실히 응할 의무가 있음은 레미콘운송차주 등이 체결한 레미콘 운반 도급계약의 성질상 당연히 요구되는 것으로서 이를 업무의 내용이 사용자에 의해 일방적으로 정해진 것이라고는 볼 수 없고, ② 근무시간 및 근무장소에 관하여 회사의 지시에 따라야 함은, 레미콘을 필요로 하는 건설현장으로부터 공급주문을 받은 주체가 회사인 이상, 회사가 운반 도급계약의 상대방인 레미콘 운송차주로 하여금 운반장소를 지정하여 운송을 위탁하는 것은 운반 도급계약의 기본적인 내용이 될 수밖에 없고, 레미콘 제조회사가 레미콘의 타설시간을 조정할 수 있는 것이 아니라 수요자인 건설현장의 공정에 따라 수요자가 원하는 시간에 맞추어 타설하여야 하는데, 레미콘 운송차주들이 건설현장에서 원하는 시간을 개별적으로 파악하기는 힘들기 때문에 제조회사인 회사가 레미콘운송차주에게 구체적인 출하시간을 알려줄 수밖에 없는 점에 비추어 레미콘 운송의 특성상 불가피하다 할 것이며, ③ 레미콘 운송차주 등의 복장이나 차량관리를 통제하는 것은, 공사현장에 상시로 출입하는 레미콘 운송차주 등의 안전을 위한 것이거나, 장기적이고 전속적인 레미콘 운반 도급계약에 수반되는 것으로 레미콘 제조회사인 회사의 대외적인 이미지 제고와 제조회사의 식별을 위한 것으로서, 레미콘 운송차주 등과 사이에 레미콘 운반 도급계약시에 양해된 사항이라 볼 것이고, ④ 회사가 제조한 레미콘만을 운반 하도록 하여 레미콘 운송차주들의 사업상 독립성을 일정 범위 내에서 제한하는 것은, 레미콘은 생산된 시점으로부터 일정시간이 경과하면 품질에 문제가 발생하여 신속히 수요자에게 운송될 것을 필요로 하고, 레미콘의 정확한 강도와 규격에 대한 품질보증이 필요하기 때문으로 이는 안정적인 운송수단을 확보함으로써 적정 품질의 레미콘 공급에 차질이 발생하는 것을 방지하기 위한 것일 뿐만 아니라, 레미콘 운송차주들 또한 레미콘 제조회사와의 전속적이고 장기적인 운반계약을 통하여 자신들의 경제적 이익을 안정적으로 유지, 증대시킬 수 있다는 이로운 점이 있어 그와 같은 운반 도급계약을 체결하였다고 볼 것이라고 하여, 레미콘 운송차주 등이 업무수행과정 등에서 어느 정도 회사의 지휘 · 감독을 받는 것은 레미콘 운송업무의 성질상 불가피하거나, 레미콘 운송차주 등이 운송이익 증대를 위하여 스스로 감수한 결과라고 할 것이고, 이에 더하여, 레미콘 운송차주들의 복귀시간이 정해져 있지 않고 그 복귀 업무도 자유로운 점, 스스로 제3자를 고용하여 업무를 대행하는 것이 불가능하지 않은 점, 레미콘 운송차량의 소유권이 레미콘 운송차주들에게 있고 그 차량의 관리를 레미콘 운송차주들 스스로 하여 온 점, 레미콘 운송차주들이 취업규칙 · 복무규정 · 인사규정 등의 적용을 받지 아니하고, 기본급이나 고정급이 정하여져 있지 아니한 점, 근로소득세를 원고가 원천징수한 것이 아니라 레미콘 운송차주들이 각자 사업자등록을 하여 사업소득세 및 부가가치세를 납부한 점 등을 종합하여, 레미콘 운송차주 등을 회사에 대하여 사용종속적인 관계에서 노무에 종사하고 그 대가로 임금 등을 받아 생활하는 노조법 소정의 근로자라고 볼 수 없다」고 판단하였다.

(2) 업무위탁계약을 체결한 모니터링 요원의 실질적인 사용종속관계가 인정 되는 경우

사용자와 업무위탁계약을 체결한 모니터링 요원들이 실질에 있어 종속적인 관계에서 위탁자에게 근로를 제공한 근로자에 해당한다고 한 사례가 있다(대법 2016.7.22, 2014다222794). 판례는 ① 해당 모니터링 요원은 근무시간 10분 전까지 출근하여 위탁업체의 근무지시를 받고 매일 근무상황을 위탁업체에게 보고하며 위탁업체의 인원조정이나 자리배치 요구에 응할 의무가 있는 점, ② 위탁업체는 모니터링 요원 간 업무 인계 · 인수상황에 관하여 관제센터장의 결재를 받도록 하고 모니터링 요령과 관련하여 상황이나 차량번호의 구체적인 기재 방법을 지시한 점, ③ 용역업체가 모니터링 요원을 신규 배치하려면 위탁업체의 승인을 받아야 하며 모니터링 요원의 근무태도 불량 · 불성실을 이유로 위탁업체가 교체를 요구할 경우 즉시 이에 응하여야 하는 점, ④ 모니터링 요원은 관제센터장에게 휴가 · 병가보고를 하였고 처음 업무교육도 용역업체가 아닌 관제센터장에게 받은 점, ⑤ CCTV 모니터가 고장이 나는 경우 모니터링 요원이 위탁업체에게 통보하여 수리하게 한 점, ⑥ 모니터링 요원 이외에 관제센터에 상주하는 용역업체 직원은 없었으며 모니터링 요원이 용역업체 직원을 만난 적도 거의 없는 점, ⑦ 용역업체는 모니터링 요원으로부터 모니터링 결과를 보고받지 아니하였고 모니터링 요원의 근무편성에 관여하거나 그 근무태도를 평가한 바 없는 점, ⑧ 용역업체가 매년 변경되었음에도 해당 모니터링 요원들은 새로운 용역업체로 소속만 바꾸어 가면서 모니터링 요원으로 동일한 업무를 수행하여 온 점 등의 사정을 종합하면, 용역계약에 따른 그 근로관계의 실질은 해당 모니터링 요원들이 용역업체에 고용된 후 위탁업체의 관제센터에 파견되어 위탁업체의 지휘 · 명령을 받으면서 위탁업체를 위한 모니터링 업무에 종사하는 근로자파견에 해당한다. 이는 근로자파견법 제6조의2 제1항 규정에 의하여 위탁업체가 해당 모니터링 요원들을 사용한 지 2년이 초과된 시점에 해당 모니터링 요원들을 직접 고용할 의무가 발생하였다고 보아, 위탁업체는 해당 모니터링 요원들의 고용승계 요구를 거절함으로써 직접고용의무를 이행하지 아니한 것에 대하여 해당 모니터링 요원들에게 임금 상당 손해배상금을 지급할 의무가 있다는 취지로 판단한 것은 정당하다는 것이다. 이와 비슷한 사례는 건물의 주차관리 등을 용역업체에 위탁하면 용역업체 소속 근로자가 해당 건물에서 주차관리 업무를 수행하면서 용역업체가 아닌 위탁업체(건물소유자 등)의 실질적인 지휘 · 감독을 받는 경우가 있다. 기업들의 전산시스템을 관리해 주는 IT업체 소속 근로자 역시 전산시스템 관리 · 운용업무를 수행하면서 위탁업체의 실질적인 지휘 · 감독을 받는 경우가 있다. 이에 대한 기업의 대응책으로는 주차관리나 전산시스템 관리를 위탁하는 업체(건물소유자나 해당 기업체)는 용역업체로 하여금 현장관리인을 파견하여 현장관리인이 직접 소속 근로자에 대한 근태관리 · 업무 지휘 · 감독 등을 하여 근로자파견으로 인정되지 않도록 유의할 필요가 있다.

(3) 사내하청 기업이 업무수행의 독자성이 없다면 해당 근로자는 원청기업과 근로계약관계가 성립되는 경우

사내하청 기업이 업무수행의 독자성이 없다면 해당 근로자는 원청기업과 근로계약관계가 성립된다는 판례(대법 2008.7.10, 2005다75088)의 사건개요와 판결요지는 다음과 같다.

현대미포조선의 사내도급업체인 용인기업의 근로자들이 현대미포조선을 상대로 종업원지위확인을 구한 사안이다.

대법원은 「원고용주에게 고용되어 제3자의 사업장에서 제3자의 업무에 종사하는 자를 제3자의 근로자라고 할 수 있으려면, 원고용주는 사업주로서의 독자성이 없거나 독립성을 결하여 제3자의 노무대행기관과 동일시 할 수 있는 등 그 존재가 형식적, 명목적인 것에 지나지 아니하고, 사실상 해당 피고용인은 제3자와 종속적인 관계에 있으며, 실질적으로 임금을 지급하는 자도 제3자이고, 또 근로제공의 상대방도 제3자이어서 해당 피고용인과 제3자 간에 묵시적 근로계약관계가 성립되어 있다고 평가될 수 있어야 한다」는 일반론을 설시한 뒤, 아래와 같은 점에 비추어 용인기업의 근로자와 현대미포조선 사이에 묵시적 근로관계가 성립한 것으로 판단한다.

① 근로자들이 소속된 용인기업은 약 25년간 오직 회사(현대미포조선)의 업무만을 수행하고

② 회사가 용인기업 소속의 근로자들의 채용, 승진, 징계에 관하여 실질적인 권한을 행사하였다.

③ 회사가 근로자들의 출근, 조퇴, 휴가, 연장근무, 근로시간, 근무태도 등을 점검하고

④ 회사가 근로자들이 수행할 작업량과 작업 방법, 작업 순서, 업무 협력 방안을 결정하였다.

⑤ 용인기업이 당초 수급한 업무 외에도 근로자들로 하여금 회사 소속 부서의 업무를 수행하게 하고

⑥ 회사는 용인기업의 작업물량이 없을 때에는 교육, 사업장 정리, 타 부서 업무지원 등의 명목으로 근로자들에게 매월 일정 수준 이상의 소득을 보장하고

⑦ 용인기업의 소속 근로자들에 대한 근로소득세 원천징수, 소득신고, 회계장부 기장 등의 사무가 회사에서 제공하는 사무실에서 이루어졌다.

⑧ 용인기업은 독자적인 장비를 보유하지 않았고, 소속 근로자의 교육 및 훈련 등에 필요한 사업경영상 독립적인 물적 시설을 갖추지 못하였다.

비정규직 사용과 관련한 노동법상 핵심 쟁점 중의 하나가 사내도급에 관한 위장도급 문제이다. 이와 관련하여 대법원은 모회사인 사업주가 업무도급의 형식으로 자회사의 근로자를 사용하였으나 실질적으로는 위장도급으로서 사업주와 근로자들 사이에 직접 근로계약관계가 존재한다고 판단한 사례가 있었는데(대판 2003.9.23, 2003두3420), 이 사건에서 다시금 수급인이 사업주로서 독자성이 없거나 독립성을 결여한 경우 그 수급인의 근로자와 도급인 사이에 직접적으로 묵시적인 근로관계가 있는 것으로 평가하고 있다는 점이다.

3. 행정해석

행정해석(2000.2.25, 근기 68207-585)은 「도급계약에 의해 근로기준법상 근로자로 볼 수 없는 경우는 다음과 같은 요건을 갖추어야 한다.

① 어떤 일을 완성할 것을 약정하고 그 일의 결과에 대하여 보수를 지급하는 형태로 계약을 체결하고,

② 일정 기간 동안 일정량의 물량에 대하여 사용자의 지휘 · 감독 없이 작업자의 재량에 따라 작업을 완료함을 목적으로 하며,

③ 작업시한 이전에 작업을 완료한 경우에도 동일한 보수를 지급하며, 작업 수행시 독립성과 자주성이 보장되는 등의 경우를 말한다」고 한다.

도급과 근로관계에 관한 법무부 행정해석(1968.5.9, 법무 810-81421)에 의하면 다음과 같다.

근로기준법이나 노조법 적용을 받는 근로관계와 그렇지 아니한 노무제공관계(예: 도급)의 구별은 계약의 형식적 명칭여하에 불구하고

① 전자는 노무제공의 결과보다 그 과정 자체에 중점이 있으나, 후자는 일정 업무의 처리결과에 중점이 있으며

② 전자는 노무제공의 과정에 있어서 사용자의 개별적 구체적인 지휘 · 명령이나 감독을 받는 결과 근로자의 노무제공이 사용자의 의사에 따라야 하는 종속적 요소가 있게 되지만, 후자는 사전에 일반적 또는 추상적인 지휘감독을 받고 구체적 수행방법이 주로 근로자의 의사에 따라 결정되는 것과 같이 독립적 요소가 강하며,

③ 전자의 경우에 보수는 근로제공과정의 대가라는 측면에서 생활보장과 관련하여 수준을 결정하는데 대하여, 후자의 경우는 노무제공의 성과에 대응하는 보수액을 정하는 결과 기본급여가 전무할 수 있다는 점 등에서 차이가 있다.

2 고용이 아닌 위임이 되기 위한 요건

외무원 등에 대해서 위임으로 인정되려면 우선 사용자의 지휘 · 감독을 받지 않고 노무는 본인 자신의 자유재량에 의해서 행하여져야 하며, 계약형식은 위임으로 하고 실질적으로는 사용자의 지휘 · 감독 · 통제를 받는다면 근로계약(근로계약)으로 보며 노동법이 적용된다. 그러므로 보험회사 · 증권회사 · 금융기관 등의 외무원 · 외교원이나 판매원 · 수금원 · 용차계약의 운전사 · 방송회사의 예능원 등과 위임계약으로 하고 싶으면 노무는 그들의 자유재량에 의해서 처분하도록 맡겨져야 한다. 그렇게 할 수 없는 경우에는 당당히 근로계약으로 하고 노동법의 적용

을 받는 것이 떳떳하고 타당할 것이다.

따라서 도급 · 위임계약으로 인정받으려면 우선, 위임계약으로 어울리는 직무에 대하여,

① 소속 회사와의 계약은 민법 제680조의 위임계약이어야 한다.

② 업무성과에 따라 수주사무(受注事務)의 처리경비(經費) 및 보수를 지급해야 한다.

③ 직원이라고 볼 수 있는 명칭을 사용하지 말아야 한다.

④ 근무시간이나 장소(다만, 활동지역의 지정을 제외) 등의 제한을 받지 않도록 해야 한다.

⑤ 회사의 취업규칙이나 징계규정 등을 적용하지 말아야 한다.

⑥ 보수의 처리는 근로소득세로 할 것이 아니라 자유직업소득으로 처리해야 한다.

⑦ 기타는 고용노동부 · 법무부공동지침인 「근로자파견의 판단기준에 관한 지침」을 참고하면 될 것이다.

3 위임 내지 업무위탁관계 판례 및 행정해석의 판단기준

1. 판 례

1) 학습지 교사의 경우

학습지교사가 근로자인지의 여부에 관하여 대법원판례(대법 2005.11.24, 2005다39136)는 다음과 같은 이유로 근로자가 아니라 위임 내지 업무위탁관계에 있다는 점을 명확히 했다.

「학습지교사가 피고회사로부터 위탁계약에 따른 최소한의 교육 등을 받을 의무가 있을 뿐 위탁업무의 수행과정에서 업무의 내용이나 수행방법 및 업무수행시간 등에 관하여 피고회사로부터 구체적이고 직접적인 지휘 · 감독을 받고 있지 아니한 점, 학습지교사는 피고회사의 정사원과는 달리 그 채용부터 출퇴근시간, 위탁관계의 종료에 이르기까지 그 제한이 거의 없고 다른 곳의 취업에도 특별한 제한이 없는 점에 비추어 피고회사에 전속되어 있다고 볼 수 없는 점, 학습지교사가 피고회사로부터 지급받는 수수료 등은 그 위탁 업무수행을 위하여 학습지교사가

제공하는 근로의 내용이나 시간과는 관계없이 오로지 신규 회원의 증가나 월회비의 등록에 따른 회비의 수금실적이라는 객관적으로 나타난 위탁업무의 이행실적에 따라서만 그 지급 여부 및 지급액이 결정되는 것이어서 근로제공의 대가로서의 임금이라고 보기 어려운 점 등에 비추어 보면, 학습지교사는 피고회사와 사이에 사용, 종속관계에서 임금을 목적으로 근로를 제공하는 근로자로 볼 수 없다.」고 하고 「민법 제689조제1항은 위임계약은 각 당사자가 언제든지 해지할 수 있다고 하면서 제2항에는 당사자 일방이 부득이한 사유 없이 상대방의 불리한 시기에 계약을 해지한 때에는 그 손해를 배상하여야 한다고 규정하고 있는데, 민법상의 위임계약은 그것이 유상계약이든 무상계약이든 당사자 쌍방의 특별한 대인적 신뢰관계를 기초로 하는 위임계약의 본질상 각 당사자는 언제든지 이를 해지할 수 있고 그로 말미암아 상대방이 손해를 입는 일이 있어도 그것을 배상할 의무는 부담하지 않는 것이 원칙이다(대법원 2000.6.9, 98다64202 판결 등 참조).

원심이 이 사건 위탁계약은 민법상 위임계약이어서 당사자 쌍방은 계약기간 만료 전이라도 언제든지 위임계약을 해지할 수 있다고 판단한 것은 위와 같은 법리에 따른 것으로 옳고, 이 사건 위탁계약에 해지사유가 정하여져 있다는 사정만으로 피고회사가 해지권을 포기하기로 약정하였다거나 이 사건 해지가 해지권의 남용에 해당한다고 보기는 어려우므로 이 점에 관한 상고이유의 주장도 받아들일 수 없다」고 한다.

2) 한국야쿠르트 위탁판매원의 경우

한국야쿠르트 위탁판매원이 근로기준법상 근로자인지 여부에 관하여 판례(대법 2016.8.24, 2015다253986)는 위탁판매계약의 당사자일 뿐 근로자는 아니라는 것이다. 판례는 그 근거를 다음과 같이 제시하고 있다.

① 해당 유제품 위탁판매원들이 회사로부터 지급받는 각종 수수료의 금액은 기본적으로 각 위탁판매원의 판매실적에 연동되어 결정되는 것으로서, 위탁판매원들이 제공하는 용역의 내용이나 시간과 반드시 비례적 관련성을 가진다고 볼 수 없다. ② 회사가 위탁판매원들에게 근무복을 제공하고 적립형 보험의 보험료 및 상조회비를 일부 지원하였다고 하더라도, 이는 위탁판매원들의 판매활동을 장려하기 위한 배려차원에서 이루어진 것일 뿐이므로 근무상의 어떠한 지시나 통제를 받은 것으로 평가할 수는 없다. ③ 회사가 해당 위탁판매원들을 상대로 해서 실시

한 매월 2회 정도의 교육은 위탁판매원들의 원활한 판매활동을 위해 회사가 위탁자의 지위에서 행하는 최소한의 업무 안내 및 판촉활동에 대한 독려에 불과할 뿐, 이로써 위탁판매원들이 회사로부터 위탁판매계약에 따른 용역 제공 과정에서 구체적인 지휘 · 감독을 받았다고 볼 수는 없다. ④ 설령 회사가 관리점 내에 일정표를 게시하고 위탁판매원들로부터 서약서를 징구했다고 하더라도, 그 일정 및 서약서의 내용이 위탁판매원들에 대한 구체적인 업무지시와 감독에 관한 것이라고 볼 만한 아무런 사정을 찾을 수 없고, 오히려 이는 위탁판매계약상의 의무를 주지시키는 것에 불과하다고 보인다. ⑤ 위탁판매원들에 대해 회사로서는 위탁판매계약의 해지에 따른 불이익만을 위탁판매원들에게 줄 수 있을 뿐, 복무규정에 따른 각종 제재를 부과할 수는 없다. ⑥ 위탁판매원들은 세법 및 사회보장제도에 관한 법령에서 근로자로서의 지위를 인정받지 못하고 있다. 따라서 위탁판매원들이 종속적인 관계에서 회사에게 임금을 목적으로 근로를 제공한 것이라고 볼 수는 없으므로, 해당 위탁판매원들은 근로기준법상 근로자가 아니라는 것이다.

2. 행정해석

도급계약을 체결한 수급인(소위 '오야지')이 독립적으로 근로자를 채용하고 근로조건의 결정권을 가지며, 근로시간 조정을 포함한 작업진행계획을 수립하여 독립된 판단하에 작업을 진행하고 자재와 경비를 부담하며, 공사대금 중 인건비 등을 제외한 잉여금을 수급인이 자기 이윤으로 취득하는 등의 경우라면 해당 수급인을 도급인이 사용하는 근로자로 볼 수는 없을 것이다. 그러나 형식상 도급계약을 체결하였다 하더라도 도급인이 제공하거나 정한 작업 장소와 시간에 도급인의 계획에 따라 작업(또는 공사)를 진행하면서 그 지휘 · 감독을 받아 작업을 하고, 노무제공에 대해 근로일수에 따른 급여를 제공받기로 한 자에 불과하다면 해당 수급인(오야지)은 근로기준법상 근로자에 해당한다고 볼 수 있을 것이다(2006. 5.2, 근로기준팀-2016; 대법 2001.7.13, 2000도6086; 대법 1997.4.25, 96다53086).

4 도급계약과 위임계약의 구별

1. 구별의 실익

타인의 노무 내지 노동력을 이용할 목적을 가진 당사자 사이의 약정이 위임계약으로 파악되는 경우 도급과 비교하여 다음과 같은 점에서 차이가 있다.

① 위임은 원칙적으로는 무상계약이다(민법 제686조제1항 참조). 따라서 수임인은 특약이 없는 한, 위임인에게 보수를 청구할 수 없다. 물론 비용상환청구권(동법 제687조, 제688조 참조)을 통해 보수지급청구권이 상당부분 상쇄될 수는 있다.

② 위임관계의 당사자는 언제든지 위임계약을 해지할 수 있다(동법 제689조).

민법 제689조제1항은 위임계약은 각 당사자가 언제든지 해지할 수 있다고 하면서 제2항에는 당사자 일방이 부득이한 사유 없이 상대방의 불리한 시기에 계약을 해지한 때에는 그 손해를 배상하여야 한다고 규정하고 있는데, 민법상의 위임계약은 그것이 유상계약이든 무상계약이든 당사자 쌍방의 특별한 대인적 신뢰관계를 기초로 하는 위임계약의 본질상 각 당사자는 언제든지 이를 해지할 수 있고 그로 말미암아 상대방이 손해를 입는 일이 있어도 그것을 배상할 의무를 부담하지 않는 것이 원칙이다(대법 2005.11.24, 2005다 39136).

2. 구별기준

위임계약에서는 수임인이 위임사무를 처리하는 활동 그 자체를 목적하며, 수임인은 수급인과 달리 일의 완성을 인수하는 것은 아니라고 한다. 따라서 수임인은 선량한 관리자의 주의를 다하여(민법 제681조) 사무를 처리해야 하지만, 약정된 사무를 처리한 이상 그 사무처리가 일정한 결과를 수반하지 않더라도 수임인은 부담한 채무를 이행한 것으로 된다. 결국 일견 명확해 보이는 표지는 도급과 고용의 추상적 구별기준과 마찬가지로 일정한 결과 발생을 급부목적으로 하느냐(이 경우는 도급), 아니면 단순히 일정한 결과를 위한 노력, 즉 수임한 사무를 처리하는 것으로 충분한가(이 경우는 위임) 하는 점이다. 따라서 도급과 위임을 구별하는 문제도 결국은 계약 해석의 문제로 귀착한다(하경효외. 「사내 하도급과 노동법」. p.56-57 인용).

5 업무위탁(도급)의 메리트와 유의사항

1. 기간이나 업종에 의한 제한 여부

업무위탁을 받을 경우의 메리트로서는 사업장 내의 비효율적인 부분이나 본래 업무와는 관련 없는 부문을 분리하여 전문업자에게 위탁함으로서 비용삭감, 노무관리상의 리스크나 사무처리를 회피 · 생략할 수 있다는 점에 있다. 또한 근로자파견과는 달리 수탁 받은 업무처리기간에 제한이 없고 업무종류에도 거의 제한이 없다는 점이 가장 큰 메리트이다. 업무위탁은 근로자파견과 유사하지만 가장 큰 차이점은 근로자파견은 「파견사업주가 근로자를 고용한 후 그 고용관계를 유지하면서 근로자파견계약의 내용에 따라 사용사업주의 지휘 · 명령을 받아 사용사업주를 위한 근로에 종사하게 하는 것」(근로자파견법 제2조제1호)을 의미하지만 업무위탁은 「노동의 결과로서의 작업의 완성」을 목적으로 하는 것으로 수탁 받은 업사를 자기의 재량과 책임으로 「자기가 고용하는 근로자를 직접 지휘하여 일의 와성」을 할 수 있다는 점이다.

2. 장소 · 시간 · 방법 등과 수탁자의 재량

통상 파견근로자는 사용사업주의 사업장내에서 담당자 등으로 부터의 지휘명령이나 업무에 관한 지시를 받아 업무를 행하는 것이지만 업무위탁의 경우에는 반드시 그 사업장 내에서 업무를 행하는 것은 아니다. 업무위탁에서 요구되는 것은 결과이지 그 작업방법이 아니다. 그러므로 작업지시를 받더라도 자기 사업장에서 일을 완성할 수 있으며 수탁사업장 중에 설비를 이용하여 수탁업무를 완성한 수 있다.

어떻게 작업하는가는 작업의 종류나 계약에 따라 결정된다.

요컨대 계약에 따라 작업결과를 기한 내에 완성하는 것이므로 그를 위한 시간 배분이나 방법 등은 특별한 약정이 없으면 수탁업자의 재량에 따라 행할 수 있다. 계약내용에 관계없는 부분에서의 세부적인 지시를 직접 받을 필요가 없다.

3. 노동관계법의 제약을 받는지 여부

보수에 있어서도 근로기준법의 제약을 받지 않는다. 반드시 현금을 지불할 필요도 없으며 어음이나 수표에 의한 지불도 문제없다. 또한 계약의 해제 등에 있어서도 노동관계법령에 의한 제약을 받지 않으며, 민법이 정하는 바에 따라 행하면 충분하다.

〈업무위탁의 관계〉

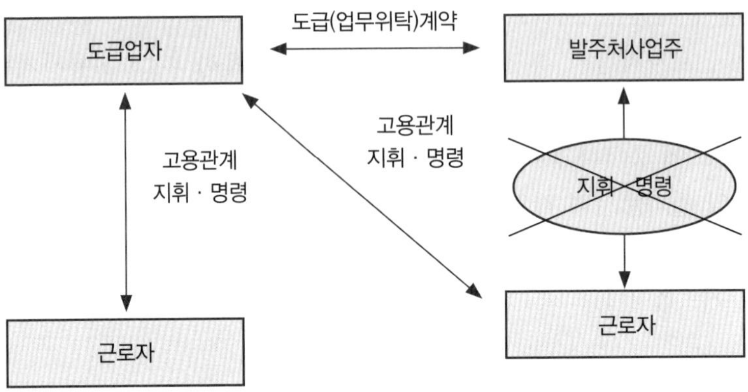

제5편

특수직 · 특정 전문직 근로자의 고용과 법률문제

1 촉탁제도

1. 위임계약의 촉탁과 근로계약의 촉탁

일반적으로 촉탁이라고 하지만 그 종류와 형태는 기업마다 다음과 같이 다양하다.

① 정년퇴직자를 회사가 필요하다고 인정하여 계속 고용하는 경우

② 기업의 예산관계로 상여금 등의 지급에 있어서 일반종업원과 차별을 할 필요가 있는 경우

③ 촉탁이라 해도 사용종속관계 하에 두고 노무를 제공하고 그 대가로서 임금을 지급하는 경우

④ 민법 제680조에 의한 위임계약으로 하고 사용종속관계 하에서 노무를 제공하는 것이 아니라 일정한 사무처리이 위인에 관한 위탁업무만을 처리하게 하는 경우

⑤ 촉탁용무원처럼 단속적 근로에 종사하게 하는 경우

⑥ 촉탁에 대한 전용 취업규칙을 작성하고 일반근로자와 명확히 구분해서 처리하는 경우

⑦ 촉탁에 대한 전용 취업규칙을 작성하지 않고 일반근로자와 같이 처리하는 경우 등 그 형태와 종류는 다양하다.

우리나라에서 현재 실시하고 있는 촉탁은 대개 변호사 · 의사 · 공인회계사 · 공인노무사 등 전문 직종에 있는 자가 매일 회사에 출근하여 근무하는 것이 아니라 일정한 일자 또는 요일에만 근무하는 경우가 많고, 최근에 와서 정년퇴직 후 퇴직자가 계속 근무하기를 희망하고 회사가 그 노무제공을 필요로 할 때 정년연장을 대신하여 촉탁제를 운용하고 있는 경우가 많아지고 있다.

일부 기업에서는 노동관계법을 잘 모르고 촉탁이라는 고용형식을 취하면 근로기준법 등 노동관계법의 적용을 받지 아니하는 것이라고 생각하고 촉탁이라는 명칭에 어울리지 않는 직종에 촉탁제를 두고 있는 경우가 있다. 회사에서 촉탁제를 두는 경우, 우선 민법 제680조의 위임계약으로 하느냐, 제655조의 근로계약으로 하느냐를 먼저 신중히 생각하여야 한다.

민법 제680조의 위임계약으로 하면 도급계약의 경우와 같이 회사가 지휘·감독을 해서는 안 되며, 노무의 제공을 오로지 본인의 재량에 맡겨야 하고, 위임계약은 사무처리를 위탁하는 계약이므로 사무처리와 거리가 먼 생산직 등에는 어울리지 않는 경우가 많다.

근로계약으로 하는 경우에도 근로계약기간을 약정하는 계약으로 하느냐, 근로계약기간을 정하지 아니하는 계약으로 하느냐를 검토하여야 한다. 근로계약으로 하는 경우에는 촉탁 전용 취업규칙을 작성하여 일반 근로자와 처우나 근로조건이 다른 점에 대해서 명확히 규정하고 규정에 따라 운영하여야 할 것 이다.

2. 정년퇴직자에 대한 고령자고용촉진법의 규정내용

사업주는 정년에 도달한 자가 그 사업장에 다시 취업하기를 희망하는 때에는 그 직무 수행능력에 적합한 직종에 재고용하도록 노력하여야 한다(고령자고용촉진법 제21조제1항). 사업주는 고령자인 정년퇴직자를 재고용함에 있어 당사자간의 합의에 의하여 근로자퇴직급여보장법 제4조의 규정에 의한 퇴직금과 근로기준법 제60조의 규정에 의한 연차유급휴가일수계산을 위한 계속근로기간 산정에 있어 종전근로기간을 제외할 수 있으며 임금의 결정을 종전과 달리 할 수 있다(고령자고용촉진법 제21조제2항).

그러나 고령자고용촉진법의 규정은 계속근로기간산정에 있어 정년퇴직 이전의 기간을 제외할 수 있도록 하고 있는 것뿐이므로, 비록 재계약의 형태를 취하고 있다 하더라도 근로제공의 단절없이 촉탁직으로 계속근로하는 경우에도 촉탁직으로 근로한 전체의 촉탁기간만이 계속근로로 인정되어 퇴직금 및 연차유급휴가를 산정하는데 있어서 반영되어야 할 것이다. 즉 촉탁직으로 재고용되더라도 1개월간 개근시에 1일의 연차유급휴가가 발생하고 근로기간이 1년을 초과하는 경우에 그 다음연도에 연차유급휴가를 부여하여야 할 것이다. 퇴직금의 산정은 촉탁직으로 고용된 시점부터 퇴사하는 시점을 계속근로기간으로 인정하여 평균임금을 산정하여야 할 것이다(2000.9.5, 근기 68207-2995).

정년퇴직자를 기간의 정함이 있는 근로계약으로 재고용하는 경우에 당사자간의 특약이 없다면 근로자의 퇴직금 및 연차유급휴가일수 계산을 위한 계속근로연수는 재근로계약기간만 해당된다(2001.2.2, 근기 68207-338).

근로자가 정년이 지난 후에도 사용자의 동의 아래 기간의 정함이 없이 사용자와의 근로관계를 계속 유지하여 왔다면 사용자는 특별한 사정 없는 한 단순히 해당 근로자가 정년이 지났다거나 고령이라는 이유만으로 근로관계를 해지할 수 없고 해당 근로자를 해고하기 위해서는 근로기준법 제23조제1항 소정의 정당한 사유가 있어야 한다(대법 2002.12.12, 2002두12809).

정년퇴직한 근로자를 재고용하는 경우에도 재고용 시점부터 계속 근무한 기간이 1년 이상이면 퇴직금을 지급하여야 하는 바, 당사자간에 이를 지급하지 않기로 합의하였다 하더라도 동 합의는 강행법규 위반으로 무효이다(1999.3.12, 근기 68207-584).

3. 정년퇴직자를 촉탁으로 재고용하는 경우

요즘 정년을 연장하여야 한다는 여론이 높아지고 있으나, 연공서열형 임금체계 하에서는 정년을 연장하기가 어려운 경우가 많다. 따라서 차선의 방법으로 정년퇴직 후 촉탁으로 재고용하는 예가 많아지고 있다. 정년퇴직자를 촉탁으로 재고용하는 경우 정년 전과 동일한 조건으로 고용해야 하는 것이지, 일반종업원과 차등을 두고 고용하는 경우 어떠한 사항에 대해서 차등을 얼마나 둘 수 있는지 궁금해 하는 경우가 많다.

우선 근로계약이나 취업규칙을 명확히 해 두고 그 절차(예를 들면, 위촉장을 교부하는 등)도 명확히 해 둘 필요가 있다.

(1) 촉탁전용 취업규칙의 작성

촉탁규정은 일반 취업규칙의 세부 규정이며 여기에 기재해야 할 사항은 제도의 목적, 정의와 구분, 신분(촉탁 · 특별사원 등), 재고용의 결정(본인의 희망, 회사의 승인), 계약기간(1년 이내), 계약경신, 근로조건 기타의 조항 등이다.

(2) 재고용 선발기준

촉탁으로 재고용하는 경우에 회사가 선별하는 기준은 대략 다음과 같다.

① 해당자의 근무기간

② 재직 중의 업적, 능력, 건강상태

③ 인격, 취업태도, 근무성적
④ 가정 사정, 생활 정도
⑤ 직무와 회사가 필요로 하는 기간
⑥ 본인의 적성, 잠재능력

이 중에서 ②, ⑤의 건강상태와 회사의 필요도가 가장 중요시되고 있다. 선발기준을 정할 때 근로기준법과 관련해서 유의할 사항은 제6조의 균등처우이다. 즉, 성별, 국적, 신앙, 사회적 신분을 이유로 차별하는 선발기준은 헌법의 법 앞의 평등원칙과 관련해서 문제가 생길 여지가 있다. 노동조합과 관련해서는 재직 중에 노동조합 활동을 했다거나 노동조합의 간부였다는 것을 이유로 그러한 자들만을 배제하는 기준을 만드는 것은 부당노동행위와 관련해서 문제가 생길 소지가 있다. 그리고 남녀고용평등법과 관련해서는 여성인 것을 이유로 재채용 요건에 남자와 차등을 두는 것도 문제가 될 것이다.

4. 촉탁근로자의 취업규칙

정년퇴직한 근로자를 재고용하는 경우의 취업규칙에 대해서는 앞에서 설명하였다. 민법 제680조에 의한 위임계약에 의한 촉탁의 경우를 제외하고는 촉탁도 근로기준법의 적용을 받는 근로자에 해당된다. 따라서 촉탁을 포함해서 10명 이상의 근로자를 사용하는 사업 또는 사업장에는 반드시 취업규칙을 작성하여 고용노동부장관에게 신고하여야 한다. 일반 취업규칙에 촉탁에 관한 별도의 규정이 없을 때 그 취업규칙에 「이 취업규칙은 ○○회사에 근무하는 모든 종업원에게 적용한다」는 규정을 두고 있는 경우가 대부분이며, 촉탁도 ○○회사의 종업원인 이상 그 취업규칙의 모든 조항의 적용을 받게 된다.

촉탁에 대하여 일반근로자와 달리 적용해야 할 사항이 있으면 촉탁 전용 취업규칙을 작성해야 하나, 일반근로자에게 적용하는 취업규칙과 같은 수십개 조항을 일일이 작성할 필요가 없다. 단지, 일반근로자와 다르게 적용하는 조항만을 설정하여 「나머지 부분은 일반 취업규칙을 준용한다」는 조항을 두면 될 것이다.

회사에 따라서는 여러 종류의 촉탁을 고용하는 경우가 있다. 예를 들면, 정년퇴직자를 재고용하는 경우 정년퇴직과 관계없이 특수한 직종에 대해서 촉탁으로 고용하는 경우 또는 변호사 · 고문 · 공인회계사 · 공인노무사 기타 전문가에 대하여 일정한 요일에만 출근을 요하는 경우 등이다. 이것을 촉탁의 종류마다 취업규칙을 작성하는 것은 너무 번거로운 일이므로 촉탁의 종류를 갑종촉탁 · 을종촉탁 · 병종촉탁으로 구분하여 하나의 취업규칙에 묶어서 규정하는 것이 좋다.

5. 민법의 위임계약에 의한 촉탁

사용종속관계가 아니라 위임형식으로 위촉하는 경우, 예를 들면 고문 · 상담역 · 공인회계사 · 공인노무사에게 사무의 처리를 위탁할 때에는 장기간에 걸치는 경우라 해도 근로기준법이나 민법의 근로계약에 관한 규정은 적용되지 않으며, 그 대신 민법 제3편 제2장 제11절(제680조~제692조)의 위임에 관한 규정이 적용된다. 이 보수에 대해서는 유상으로 하는 경우에 그 금액, 지불시기 및 방법 등에 대해서 특약해 놓아야 한다. 이때 위탁한 사무처리를 위임자가 경솔하게 처리해 버리는 등 수임인의 책임이 아닌 이유로 위임이 도중에 종료한 경우에는 수임인은 그 농안에 이미 처리한 사무의 비율에 따른 보수를 청구할 수 있다(민법 제686조제3항).

위임계약의 해제는 언제든지 어느 측에서도 상호간에 할 수 있다(민법 제689조). 따라서 어느 일정한 기간 동안은 서로 해제를 요구하지 않는다거나 해제를 요구할 경우에는 보수를 지급하지 않는다거나 하는 것에 대하여 특약을 해 둘 필요가 있다. 해제가 상대방에 대하여 불리한 시기에 행하여진 경우에는 상대방은 손해배상을 청구할 수 있다(민법 제689조제2항).

예를 들면, 유상으로 1년간 계약한 것을 8개월만에 위임자가 해제한 경우 수임자는 나머지 4개월분의 보수를 청구할 수 있다. 해제가 어느 측의 의사표시에 의한 경우가 아니고 위임관계가 종료한 때에는 상대방에게 그 취지를 통지하여야 하며, 만약 이것을 태만히 하게 되면 상대방으로부터 아직 위임이 끝나지 않았다고 하여 권리행사를 받게 되는 불이익을 당하게 되는 경우가 있다(민법 제692조).

고문의 위임계약서를 포괄적인 서면으로 작성하는 경우에는

① 누구와 누가 계약을 체결하는 것인가?

② 고문이 해야 할 일이나 위탁하는 사항이나 내용은 구체적으로 무엇인가?

③ 보수는 언제 얼마를 어떠한 방법으로 지불하는가, 위촉사무에 대한 수수료는 지불하는 것인가, 지불하지 않는 것인가?

④ 계약의 해제는 언제 어떻게 하는 것인가, 계약기간은 몇 년으로 하는가, 갱신은 어떻게 하는가?

⑤ 회사의 회의나 행사에 출석의무가 있는가, 비밀준수의무 · 사전승낙의무 등 권리관계는 어떻게 되는 것인가 하는 것 등을 내용으로 하여 그 계약의 성립을 증명하기 위해서 증서 2통을 작성하여 서명날인하여 계약당사자가 각각 1통씩 보관하는 형식으로 하면 될 것이다.

이와 같은 위임계약을 하는 것은 변호사나 공인회계사 · 세무사 · 공인노무사 기타 전문가를 고문으로 하는 경우 등이며, 일반 기업에서 행하는 정년 후 계속 동일한 직무에 재고용하는 경우에는 위임계약이 될 수 없으며 근로계약이 된다. 다만, 위탁하는 일이 전문적인 내용인 때에는 위임계약으로 할 수도 있을 것이다.

2 재택근무제도

1. 재택근무제도의 의의

오랜 공업화 사회와 그 이전의 중상주의 시대를 통해서 변함이 없는 것은 기업과 종업원 관계에 있어서 종업원은 반드시 회사에 출근하는 것이라는 생각이다. 바꾸어 말하자면 종업원을 일정한 근무장소에서 일정한 시간 동안 묶어 놓는 것이 당연한 것이라고 생각해 왔다. 확실히 제조업에 있어서의 생산현장 종업원이나 광산의 현장노무자, 상점에서의 접객점원 등은 절대적으로 근무장소에 묶어 둘 수밖에 없었고 앞으로도 이것은 변함이 없을 것이다.

그러나 사업장 내부에서 근무하지 않는 사람들, 예를 들면 판매원, 수금원, 보험외무원 등에 대해서는 반드시 아침과 저녁에 사업장에 들러야만 하는 것이라는 생각이 적어졌다. 이 사람들의 주된 활동무대는 사업장 내부가 아니라 외부에 있는 거래처 등 외부활동이기 때문이다.

요즘과 같은 정보화 사회에 있어서의 기획입안자, 광고담당자, 기자 등의 일부는 반드시 근무장소가 사업장 내부에 있어야 할 필요가 없어졌으나, 사업주들은 구태의연한 생각 즉, 고용이란 근로자의 시간을 사고 그 반대급부로서 임금을 지급하는 것이라는 인식을 가지고 있다. 최근에 와서 사업주들이 이러한 생각을 가지는 것이 오히려 손해를 보는 것이 아니냐 하는 것을 느끼기 시작했다.

판매원, 영업사원측 입장에서 생각해 보면 회사의 규율 때문에 사원의식을 높이기 위해서 별로 효과가 없는 이유 때문에 교통지옥 시대에 아침 9시에 출근시키고 저녁 6시에 퇴근시키는 것이 불합리한 것이라고 생각할 것 이다.

2. 재택근무와 노무관리의 중요성

재택근무는 주로 정보통신기기를 활용하여 시간적 · 장소적 제약을 받지 않고 근로가 시간과 장소를 자유롭게 하여 근무하는 원격근로(Telework)방법이다. 재택근로는 사무실 근무가 필수적으로 요청되지 않으므로 통근부담을 경감시킬 뿐만 아니라, 다양한 생활환경 속의 개개 근로자의 수요에 적절하게 대응할 수 있는 근무방식으로 최근 광범위하게 확산되고 있다.

고용노동부의 2015년도 통계청의 매월경제활동인구 조사 보고서 부가조사(2015년 8월말 기준)에 의하면 '재택근로' 내지 '가정내근로'를 실시하고 있는 근로자는 약 47,000명으로서, 비정규직근로자 전체의 1.4%를 차지하고 있다.

그 중에서 사업주와 고용관계에 있는 근로자가 정보통신기기를 활용하여 근로시간의 전부 또는 일부를 자택에서 업무에 종사하는 근무형태이다. '재택근로제'는 해당 근로자가 직무와 생활의 조화를 도모하면서 그 능력을 발휘하여 생산성을 향상할 수 있으며, 또한 개개 근로자의 실정에 적합하게 적용함으로써 근무에 충실하게 할 수 있다는 점에서 차세대 근무스타일로서 기대되고 있다.

이러한 재택근무의 경우 직장 내 근무 등과는 다르게 업무에 종사하는 장소가 근로자의 사생활에 노출되어 있는 자택이라는 점이나, 근로자가 근무시간대와 일상생활시간대가 혼재된 상태에서 근무할 수밖에 없다는 점 등을 고려하여 일반적인 경우와 같이 사업주의 지배 · 관리 및 사업장 내에서의 근무에 대한 노무관리를 전제로 한 근로기준관계법령의 적용시 적절한 노무관리를 행하여야 할 필요가 있다. 실제로 재택근무가 성공하기 위해서는 무엇보다 어떤 직무가 재택근무에 적합한 것인지에 대한 업무별 직무분석이 구체적으로 선행되어야 할 뿐 아니라 우선 조직문화(대면 통제형 조직문화로부터 분권 지향적이고 자율적 조직문화)를 바꾸려는 노력이 선행되어야 한다.

(1) 비출근과 자택근무를 가능케 하는 배경

지금까지 왜 반드시 출근을 시킬 수밖에 없었느냐 하는 이유를 살펴보고 그 이유 중 현대 사회에서 해결될 수 있는 방법이 있다면 그것이 바로 비출근과 자택근무를 가능케 하는 배경이 될 것이다.

회사가 반드시 출 · 퇴근을 시키는 이유는,

① 앞에서 설명한 바와 같이 사업주의 구태의연한 고정관념 때문에

② 출근을 하지 않으면 판매목표에 관한 회합을 할 수 없고, 수주처리의 연락을 할 수 없기 때문에

③ 수금한 금전의 납금을 시켜야 하기 때문에

④ 물품배달을 겸하고 있기 때문에

⑤ 거래처의 애로사항이나 희망을 상사나 담당자에게 전달할 수 없기 때문에

⑥ 상사가 훈시를 하거나 동료간의 인간관계를 가지게 하기 위해서

⑦ 사생활과 근무를 명확히 구분하기 위해서

⑧ 근무시간 중에 근무태만을 방지하기 위해서

⑨ 방문처를 명확히 하기 위해서

⑩ 타부문과의 협조와 연결이 필요하기 때문에

⑪ 수금한 돈을 가지고 도망칠 위험이 있기 때문에

⑫ 타 회사로부터의 스카우트를 방지하기 위해서

⑬ 신속한 전달을 요하기 때문에(계획변경 등에 필요한)

⑭ 회사에 가져와야 할 문서가 있기 때문에(계약서 등)

이상이 반드시 일정한 사업소에 아침과 저녁의 정해진 시각에 들려야 할 이유이다. 그러나 이것을 상세히 검토해 보면 ①의 사업주나 상사의 고정관념이나, ⑪의 인간불신에 의한 수금한 돈을 가지고 도망칠 위험이 있다거나 하는 등 이유가 되지 않는 이유 때문에 개혁을 어렵게 만들고 있다.

이러한 것들은 기술적으로 해결할 수 있는 것인데도 불구하고 반대하는 태도의 저변에는 감상적이고 비논리적인 관행 중시(지금까지 그렇게 해 왔다는)가 깔려 있기 때문이다. 기술적으로 해결할 수 있는 것으로는,

②의 판매목표 등에 관한 회합은 월 1회나 1주 1회로 되는 것이며 수주에 대해서는 전화연락으로도 충분할 것이다.

③의 수금한 돈에 대해서는 은행송금시스템으로 변경하면 가지고 도망칠 위험은 없을 것이다. 얼굴과 얼굴을 맞대지 않고서는 수금한 돈을 받을 수 없다는 나약한 생각을 가지고서는 발전하는 산업사회 속에서 패자가 될 것이며, 이것은 그와 같은 업계의 체질에 문제가 있는 것이다.

④의 물품배달을 영업사원에게 겸무시키는 것은 특별한 경우를 제외하고 도매상과 소매상을 대상으로 하는 경우 수주와 배달을 분리하는 것이 요즘의 교통사정으로 보아 더 이점이 많다고 생각된다.

⑤의 거래처의 애로사항이나 희망 또는 충고를 상사나 관계자에게 전달할 수 없기 때문에 귀사해야 한다는 이론은 보고서를 자택에서 작성해서 FAX나 속달로 보내면 될 것이다.

⑥의 상사의 훈시나 동료간의 인간관계의 형성은 확실히 중요하다. 그러나 만약 판매원이나 외무원 자신이 그것을 희망한다면 몰라도 그들은 모두 프로페셔널(프로 비즈니스맨)이며, 상사의 훈시가 없으면 열심히 일하지 않는다거나 인간관계가 회사간부의 훈시에 의해서만 이루어질 정도의 인간이 아 니다.

상사의 훈시 중에는 상사의 취미가 많이 포함되어 있거나, 종업원을 훈시에 의해서 구속하는 고정관념이 남아 있거나 둘 중 하나인 경우가 많다.

⑦의 사생활과 근무를 명확히 구분하여야 한다는 생각은 오히려 종업원 자신이 가지고 있다. 하루 종일 방문처를 순회하고 있는 것처럼 보이게 하고 사실은 자기 자신을 위한 "아르바이트"를 하거나 바둑을 두거나 하는 일이 있는 것은 사실이나, 이러한 것들은 채용을 할 때 전력조사 등에 의하거나 면접 시점에서 체크하여야 할 문제들이다. 상호신뢰 하에 자유 재량권을 널리 인정하여 활기 있는 분위기에서 근무하는 것이라면 사생활과 근무의 구분은 스스로가 할 수 있을 것이다.

⑩의 신속한 전달을 요하는 사항에 대해서는 앞으로 기술진보에 의해서 팩시밀리나 전화 등을 이용한다면 반드시 출근이 절대적인 조건이 아닐 것이다.

⑭의 회사에 가져가야 할 문서(예를 들면, 계약서 등) 등에 대해서는 보험외무원 등이 여기에 해당될 것이나, 방법을 연구하면 해결될 수 있는 경우가 많을 것이다.

이상과 같은 생각을 기초로 해서 연구 · 검토해 보면 절대 출근이라는 이유는 소멸될 것이며, 비출근과 자택근무의 가능성은 현저히 증대할 것이다.

(2) 비출근 재택근무가 가능한 직종

① 판매원
② 보험외무원
③ 상점순회지도원, 교재판매지도교사
④ 기획담당자, 광고 등의 기획담당자
⑤ 기자의 일부
⑥ 수금원

현 단계에서 매일 출근을 강제하지 않아도 되는 직종은 판매원, 보험외무원, 수금사원, 상점순회지도원 등이다. 여기에서 매일 출근을 강요하지 않는다는 의미는 전연 출근이 불필요하다는 뜻이 아니며, 월 1회 또는 주 1회 출근 또는 필요에 의해서 출근하는 의미이다.

어찌되었든 간에 대도시 교통의 혼잡 등 사회의 변천에 따라 인간회복의 근무체제는 여러 가지로 검토되어야 할 것이며 선진국에서는 이미 실시하여 성공을 거두고 있다.

3. 재택집배원의 근로자성 판단기준

① 재택집배원이 우체국장과 체결한 재택집배위탁계약서상 우편물의 배달구역과 배달물량 등 업무의 내용이 사용자에 의하여 정해지는 점, 배달할 우편물의 수령과 배달 후의 특별우편물배달증 및 지환우편물의 수수가 미리 정해진 시각과 장소에서 이루어져 시간적 · 장소적 제한을 받는다고 볼 수 있는 점, 휴일의 근무실적에 대한 휴일수당을 포함하여 매월 고정적 금액으로 받는 보수는 근로 자체의 대가로 볼 수 있는 점 등 근로자성을 인정할 수 있는 요소들이 있으나

② 일반 민간위탁집배원 등과 달리 복무규정, 인사규정 등 해당 사업장의 취업규칙을 적용받지 않으며, 조퇴 · 외출 등 복무관리를 받지 아니하고 업무수행과정에 있어서도 구체적인 지휘 · 감독을 받지 않는 점, 업무를 다른 사람으로 하여금 수행토록 할 수 없는 점, 업무수행 도중 다른 용도로 시간을 이용할 수 있어 사용자에의 전속성이 인정되기 어려운 점, 매월 거의 고정된 금액이 지급되는 보수는 계약내용상 업무량(배달물량 또는 담당 세대수를 기준으로 계산)에 따라 산정된 위탁수

수료로 볼 수 있어 근로 자체의 대가라고만 보기는 어려운 점, 작업도구는 일반적으로 우체국에서 부담하나 업무수행에 소요되는 다른 비용은 집배원 개인이 부담키로 하고 있는 점, 기타 근로소득세를 납부하지 않고 4대 보험에 가입치 아니하는 등 근로자성을 인정하기 어려운 요소들도 다수 있는 바,

③ 이들을 종합적으로 판단하여 볼 때, 위탁수수료가 근로 자체의 대가로 볼 수 있는지 여부 등 일부 판단이 곤란한 사항이 있음을 고려하더라도 업무상 지휘·감독 여부, 사용자에 대한 전속성과 업무수행의 대체성 등의 면에서 명백히 종속적인 지위를 인정하기 곤란하므로 귀 질의의 재택집배원은 달리 볼 특별한 사정이 없는 한 사업 또는 사업장에서 임금을 목적으로 종속적인 지위에서 근로를 제공하는 근로기준법 제2조제1항제1호의 근로자로 보기는 어렵다(2004.3.29, 근기 68207-1515).

4. 재택근무는 사업장 밖의 간주근로시간인가

다음과 같은 요건을 충족하는 형태로 행하여진 재택근무(근로자가 자택에서 정보통신기기를 사용하여 행하는 근무형태의 경우)는 원칙적으로 근로기준법 제58조제1항에 규정된 사업장 밖 근로에 관한 간주근로시간제를 적용하여야 할 것이다(일본후생노동성 2004.3.5, 기발제03050호).

① 해당 업무가 침식, 기거 등 사생활을 영위하는 자택에서 행하여질 것

② 해당 정보통신기기가 사용자의 지시에 따라 상시 통신 가능한 상태에서 행하여지는 것이 아닐 것

③ 해당 업무가 수시 사용자의 구체적인 지시에 따라 행하여지는 것이 아닐 것

다만 예컨대 근로계약상 오전 9시부터 12시까지를 근로시간으로 하여 근로자가 침식·기거 등 사생활을 영위하는 자택 내에서 직무 전용 공간(방)을 확보하는 등, 근무시간대와 일상생활시간대가 혼재되지 않도록 조치를 강구하는 취지의 지침이 있으며, 또한 해당 조치에 따라 수시로 사용자의 구체적인 지시에 의하여 업무가 행해지는 경우에는 근로시간을 산정하기 곤란할 경우에 해당하는 사업장 밖 근로에 관한 간주근로시간을 적용할 수 없을 것이다.

상기에서 살펴본 바와 같이 재택근무의 경우에는 원칙적으로 사업장 밖 근로로서 「간주근로시간제」를 적용한다.

5. 재택근무 실시상의 유의사항

재택근무는 일반적으로 근로자가 직무와 생활의 조화를 꾀하고 그 능력을 발휘하여 생산성을 향상하는 것이 가능하다는 평가를 받고 있는 근무형태 이다.

그러나 한편으로는 부득이 근로자의 근무시간대와 일상생활시간대가 혼재된 상태로 근무할 수밖에 없으므로, 노무관리상 대응이 곤란한 측면이 있어 그 도입을 주저하는 사업주도 있다.

한편 재택근무와 비슷한 것으로서 사업주와 고용관계가 없는 도급계약 등에 따라 근무하는 방식으로서 이른바 비고용의 취업형태인 「재택취업」의 형태도 있다.

재택근무를 제도로서 도입하는가 여부는 기본적으로 사업주가 근로자의 의향을 존중하여 해당 업무의 내용이나 사업장에서의 업무실태 등을 감안 하여 판단하여야 할 것인바, 이를 일방적으로 업무명령으로 실시할 것이 아니라 근로자의 합의를 얻어 적절한 재택근무의 도입과 실시를 위해 노력해야 할 것이다.

또한 근로자가 재택근무(근로자가 근로시간의 전부 또는 일부를 자택에서 정보 통신기기를 사용하여 행하는 근무형태)를 행하는 경우에도 근로기준법, 최저임금법, 산업안전보건법, 산업재해보상보험법 등의 근로기준관계법령이 적용되어야 한다.

(1) 근로조건의 명시

사용자는 근로계약을 체결하는 자에 대하여 재택근무를 실시하는 경우에 근로계약체결시에 취업장소로서 근로자의 자택을 명시하여야 한다(근로기준법 시행령 제8조). 근로조건이나 임금에 관하여 재택근로자와 관리자간의 불필요한 분쟁을 예방하기 위해 취업규칙, 단체협약 등에 재택근무의 실시근거와 규정을 구체적이고 명확하게 마련하여야 한다. 재택근무형태도 여러 가지 유형이 있으므로 그 형태에 적합한 보수 · 수당체계가 마련되어야 한다.

(2) 근로시간

재택근무는 사용자가 근로자의 사생활에 개입할 수 없는 자택에서 근무가 행하여지며, 근로자의 근무시간대와 일상생활시간대가 혼재할 수밖에 없는 사정이 존재하는 바, 일정한 경우에는 근로시간을 산정할 수 없는 근무방식으로 근로기준법 제58조제1항에 규정되어 있는 사업장 밖 근로의 「간주근로시간」을 적용하여야 할 것이다.

재택근무에 대하여 간주근로시간제를 적용하는 경우에는 재택근무를 행하는 근로자가 취업규칙 등 정하는 소정근로시간을 근로한 것으로 본다.

다만 업무를 수행하기 위하여 통상 소정근로시간을 초과하여 근로할 필요가 있는 경우에는 해당 필요한 시간을 근로한 것으로 보며 근로자대표와의 서면합의에 따라 행할 경우에는 해당 노사간 서면합의에서 정한 시간을 통상 필요한 시간으로 근로한 것으로 본다(근로기준법 第58조제2항).

또한 재택근무에 있어서 간주근로시간제를 적용하는 경우라 하더라도 통상 근로시간이 법정근로시간을 초과하는 경우 시간외근로에 관한 동법 제55조에 의한 할증임금을 지급할 필요가 있으며, 현실적으로 야간근로가 이루어지는 경우라면 야간근로할증임금을 지급할 필요가 있다(동법 제56조).

이에 따라 근로자는 업무에 종사하는 실제 시간을 일보 등에 기록하여 사업주가 이를 통하여 재택근무를 행하는 근로자와 관련이 있는 근로시간의 상황을 적절히 파악할 수 있도록 하여야 할 것이며, 필요에 따라서는 소정근로시간이나 업무내용 등을 개선하는 것이 바람직하다.

아울러 산업안전보건법상의 건강진단의 실시, 안전보건교육, VDT작업 기준의 준수, 산재보험의 적용에 있어서 업무상재해와 사적행위의 구분 등을 정해야 할 것이다.

(3) 시간외 · 휴일 · 야간근무수당

재택근무자도 시간외 · 휴일 · 야간근무를 할 수 있으며 이 경우에 지급하는 연장 · 휴일 · 야간근로수당의 지급기준을 작성할 필요가 있다.

6. 재택근로자에 대한 근로기준법 적용기준

(2000.12.29, 근기 68201-4085)

(1) 재택근로자의 의의와 유형

1) 재택근로자의 개념

재택근로자(teleworker)란 근로기준법상의 근로자로 ① 장소적으로 해당 사업장 밖의 거주지에서 컴퓨터를 비롯한 정보통신기기를 활용해 업무를 행하거나 ② PC방 등에서 업무를 행하는 근로자를 말한다.

2) 재택근로자의 유형

① on-line(컴퓨터 통신망으로 연결; 온라인 사이버 학원 등) 방식의 재택근로자와 off-line(전화를 통한 헬스클럽 회원권 판매 등) 방식의 재택근로자로 구분한다.

② 전통적 가내수공업(인형 눈달기, 구슬 꿰매기, 밤까기 등)에 종사하는 자는 동 지침의 적용대상에서 제외한다.

(2) 근로계약 체결

① 임금, 근로시간, 취업의 장소와 종사해야 할 업무, 기타의 근로조건을 명시한 근로계약서를 작성 · 교부한다.

※ 정보통신기기의 구입 및 설치(비용부담 주체), 업무진행에 관한 보고체계, 의사소통 방법, 소요비용의 부담(전기료, 인터넷 이용료 등), 지원체제(정보통신기기 장애 등 문제 발생시 회사의 지원방법) 등에 관한 사항을 명시해야 한다.

※ 특히, 전기료와 같이 업무수행에 따른 소요비용을 실비변상하기로 한 경우에는 사전에 그 성격(통상임금 또는 평균임금)을 명확히 규정해야 한다.

② 근로자명부, 임금대장 등 근로계약에 관한 중요한 서류를 작성하여 3년간 보존하여야 한다.

(3) 근로시간

① 1주간 소정근로시간은 주당 40시간 이내에서 정한다.

② 사용자가 업무수행에 대한 지휘감독을 하거나 근로시간을 정확히 산정하기 어려운 재택근로의 특수성을 감안, 노사간에 미리 근로시간을 산정하는 방법을 정해 놓는 것이 다툼을 최소화 할 수 있다.

※ on-line 방식의 경우에는 노사간 서면합의로 정한 시간을 일한 것으로 간주하되, 서면합의가 없는 경우에는 해당 사업장의 통상근로시간을 일한 것으로 해석한다.

※ off-line 방식의 경우에는 사업장 밖 근로자와 같이 근로계약서 등에 명시된 소정근로시간을 일한 것으로 간주한다.

③ 사용자가 추가로 일을 부여하고, 재택근로자도 실제로 추가적인 근로를 제공한 때에는 해당 근로시간은 당사자 합의에 의한 연장 · 야간 또는 휴일근로에 해당하는 할증임금이 지급되어야 한다.

(4) 휴게 · 휴일 · 휴가

① 휴게시간은 근로자가 업무수행 중 자율적으로 갖는 것으로 본다.

② 휴일, 휴가는 근로기준법의 규정대로 적용한다.

7. 재택근로자 근무규칙(취업규칙)

제1조(목적) ① 이 규칙은 재택근무자의 취업에 관한 사항을 규정하는 데 있다.
② 이 규칙에서 정하지 아니한 사항은 「회사 취업규칙」에 정한 바에 따른다.
제2조(근무장소) 재택근무자는 자택에서 근무하되 매주 1회 또는 2회 지정된 일자에 회사에 출근하여야 한다.
제3조(근무시간 등) ① 재택근로자는 근로기준법 제58조제1항에서 규정하는 사업장 밖의 근로에 관한 간주근로시간제를 적용하여 소정근로시간을 근로한 것으로 본다.
② 재택근무자가 시간외근로, 휴일근로 또는 야간근로를 할 때에는 미리 전자메일이나 전자단말기 등에 따라 소속 과장에게 신청하여야 한다.
③ 재택근무자가 연차유급휴가 또는 경조휴가를 취득할 때에는 그 취지를 전일까지 전자메일이나 전자단말기 등에 따라 소속 고장에게 신청하여야 한다.
제4조(근무실적보고) ① 재택근무자는 근무일의 시업, 종업시각, 실근로시간 및 휴게시간을 소정의 일보(日報)에 기재하여야 한다.
② 재택근무자는 1주일분의 일보를 다음 주 회사 출근시에 소속 과에 제출하여야 한다.
제5조(급여) 재택근무자의 급여는 정규직원급여규정에서 정한 바에 따른다. 다만 통근수당은 회사 지시에 따라 출근한 날의 금액을 지급한다.
제6조(기기의 대여, 비용부담 등) ① 회사는 재택근무자가 자택에서 근무하기 위해 필요하다고 인정하는 기기를 구입하거나 무상으로 대여하거나 설치, 정비, 수리하여야 한다.
② 회사는 재택근무자가 자택에서 근무하기 위해 소요되는 전기사용료, 전화사용료, 전자단말기 이용대금, 용지사용료 등의 비용을 부담한다.
③ 재택근무자는 각 월분의 제2항의 지출액을 매월 15일까지 소정용지에 적어 소속과에 청구하여야 한다.
④ 회사는 제3항의 청구액을 청구한 달의 다음달 급여지급일에 지급한다.
제7조(연수, 교육) 회사는 재택근무자에게 필요에 따라 직무연수 및 안전보건교육을 실시한다.
제8조(겸업금지) 재택근무자는 다른 회사의 업무를 수행하거나 업무처리도급 등을 하지 못한다.
제9조(비밀의 엄수) 재택근무자는 업무상 지득한 기업 비밀, 개인정보 등을 가족 그 밖의 다른 사람에게 누설하지 못힌다.

부 칙

이 규칙은 2011년 7월 1일부터 시행한다.

3 스마트워크(Smart work)관련 노동관계법령 적용 기준

1. 목 적

최근 인터넷을 중심으로 하는 기술혁신으로 정보통신기기를 활용하여 시간과 장소를 자유롭게 선택하여 업무를 수행할 수 있는 스마트워크가 새로운 업무방식으로 부각되고 있다. 스마트워크를 실시하게 되면 기업 입장에서는 업무 효율 향상, 유능한 인재 확보, 고객 만족도 향상, 비용절감 등의 효과를 기대할 수 있으며, 근로자 입장에서는 일과 삶, 일과 가정의 조화를 꾀할 수 있다.

이러한 장점에도 불구하고 스마트워크는 근무와 일상생활이 혼재할 수 밖에 없는 근무방식으로 노무관리에 어려운 측면이 있어 상당수 기업과 근로자가 도입을 주저하고 있는 것이 현실이다.

이에 따라, 고용노동부는 「스마트워크 확산을 위한 노동관계법령 가이드라인」(2011.4.11, 근로개선정책과-761)을 제정하여 근로와 일상생활이 혼재하는 스마트워크에 관한 노동관계법령의 적용 관계를 명확히 하고, 스마트워크 도입 · 시행에 필요한 노무관리상의 유의 사항을 제시하고 있다.

2. 스마트워크의 정의 및 형태

(1) 스마트워크의 정의

스마트워크란 근로자가 근로시간의 전부 또는 일부를 자택, 사용자가 제공하는 별도의 사무실 또는 특정되지 않은 장소에서 정보통신기기를 이용하는 등의 방법으로 근무하는 것을 말한다.

스마트워크는 고정된 근무장소에서 미리 정해진 근무시간에 따라 근무하는 방식과 달리 정보통신기기를 이용하는 등의 방식으로 장소나 시간에 구애받지 않고 일하는 유연한 근무방식이다.

(2) 스마트워크의 형태

스마트워크는 일하는 장소에 따라 재택형, 위성사무실형(스마트워크센터형), 이동형(모바일워크형)으로 나눌 수 있고, 실시 빈도에 따라 상시형, 수시형으로 나눌 수 있다.

[스마트워크의 형태]

형 태		개 념
일하는 장소	재택형	근로자가 정보통신망을 활용하여 가정에서 일하는 형태
	위성사무실형	개인 좌석이 정해져 있지 않은 공동의 장소 또는 집에서 가까운 거리에 있는 공공 근무 장소에서 일하는 형태
	이동형	장소나 시설에 구애받지 않고 원격접속이 가능한 기기를 활용하여 일하는 형태

형 태		개 념
실시 빈도	상시형	사무실에는 거의 출근하지 않고 대부분의 업무를 자택, 위성사무실 또는 모바일로 일하는 형태
	수시형	스마트워크를 하는 빈도 · 시간이 주 1~2회, 오전 또는 오후에만 등 미리 정해진 사무실에서의 근무빈도 · 시간에 비하여 적은 형태

3. 스마트워크 가이드라인의 적용 범위

스마트워크 가이드라인은 스마트워크를 도입한 기업과 그 기업에 속하여 스마트워크를 하는 근로자에 대하여 적용한다.

여기서 말하는 근로자란 근로기준법 제2조제1항제1호에 따른 근로자를 말하며, 상용 · 임시 · 일용 등 고용형태를 불문한다.

4. 노동관계법령의 적용 및 유의 사항

(1) 노동관계법령의 적용

근로자가 스마트워크를 하는 경우에도 근로기준법, 최저임금법, 근로자퇴직급여보장법, 산업안전보건법, 산업재해보상보험법 등 노동관계법령이 적용된다.

(2) 근로기준법령의 적용상의 유의 사항

① 근로자 채용시 근무장소의 명시

사용자가 상시형으로 운영되는 재택형 또는 위성사무실형 스마트워크의 일자리에 근로자를 채용할 경우에는 근무장소가 근로자의 자택 또는 위성사무실이라는 것을 명시하여야 한다.

사업장을 주된 근무장소로 하면서 일정 빈도 · 시간을 스마트워크 방식으로 근무하는 수시형의 경우에는 주된 근무장소와 함께 일정 빈도 · 시간을 주된 근무장소 외의 장소에서 근무할 수 있다는 내용을 명시하여야 한다.

② 취업규칙의 변경

기존의 취업규칙에 스마트워크를 실시할 수 있다는 규정이 없는 상황에서 스마트워크를 도입하는 경우에 취업규칙을 변경해야 하는지는 다음과 같다.

가. 취업규칙의 변경 없이 개별 근로자의 동의만으로 가능한 경우

스마트워크를 하는 근로자와 통상근로자를 비교하여 근무장소 외의 다른 근로조건에 변경이 없는 경우에는 스마트워크를 하고자 하는 근로자의 개별적 동의를 받아 실시하는 것만으로도 가능하며, 반드시 취업규칙을 변경할 필요는 없다.

나. 취업규칙을 변경해야 하는 경우

사용자가 해당 사업 또는 사업장의 근로자 전체를 대상으로 일괄적으로 스마트워크를 시행하는 경우에는 취업규칙을 변경하여야 한다.

스마트워크를 하는 근로자와 통상근로자를 비교하여 근무장소 외에 근로시간 · 임금 등 다른 근로조건에 변경이 있는 경우에도 그러한 내용을 담아 취업규칙을 변경하여야 한다.

다른 근로조건에 변경이 있는 경우의 예시

① 스마트워크를 하는 근로자에 대한 근로시간 산정방법을 달리 하는 경우(예: 사업장밖근로시간제 · 재량근로시간제 채택 등) ② 스마트워크를 하는 근로자에 대한 임금의 결정 · 계산방법 등을 달리 하는 경우 ③ 스마트워크를 하는 근로자에 대한 수당의 내용을 달리하는 경우 ④ 스마트워크를 하는 근로자에 대하여 별도의 성과평가 · 인사관리,사내교육 · 연수제도 등을 적용하는 경우

③ 근로시간의 관리

가. 통상적인 근로시간제를 적용하여야 하는 경우

재택형 · 위성사무실형 스마트워크에서 활용하는 정보통신기기가 상시 통신 가능한 상태이어서 사용자가 정한 업무 시작 · 종료 시각, 휴식시간 등의 관리가 가능한 경우에는 통상적인 근로시간제의 적용을 받는다.

여기서 상시 통신 가능한 상태란 사용자가 근로자에 대하여 정보통신기기를 이용하여 전자메일, 전자게시판 등의 방법으로 수시로 구체적인 업무 지시를 하는 것이 가능하며, 사용자로부터 업무 지시가 있는 경우에 근로자가 이에 즉시 반응해야 하는 상태에 있음을 말한다.

나. 사업장밖 간주근로시간제를 적용할 수 있는 경우

사업장밖 간주근로시간제는 근로기준법 제58조제1항 및 제2항에 의하면 근로자가 출장이나 그 밖의 사유로 근로시간의 전부 또는 일부를 사업장 밖에서 근로하여 근로시간을 산정하기 어려운 경우 소정근로시간, 업무수행에 통상 필요한 시간 또는 노사 서면합의로 정한 시간을 근로한 것으로 간주하는 제도를 말한다.

스마트워크를 실시함에 있어 정보통신기기가 상시 통신 가능한 상태에 있지 않고 사용자가 수시로 구체적인 업무지시를 하지 않아 근로시간을 산정하기 어려운 경우에는 '사업장밖 간주근로시간제' 를 적용할 수 있다.

㉠ 근로시간의 산정

'사업장밖 간주근로시간제' 를 적용하게 되면 스마트워크를 하는 근로자는 취업규칙 · 근로계약 등에서 정한 소정근로시간을 근무한 것으로 간주한다.

다만, 업무수행을 위하여 통상적으로 소정근로시간을 초과하여 근로할 필요가 있는 경우에는 그 업무수행에 통상 필요한 시간을 근무한 것으로 간주하며, 이 경우에 있어 노사가 서면합의로 근로시간을 정한 경우에는 그 시간을 통상 필요한 시간으로 본다.

사업장밖 간주근로시간제 적용시 근로시간 산정 예시

취업규칙에서 소정근로시간을 1일 8시간으로 정하였고, 사업장밖 근로(스마트워크)를 하는 근로자의 근무시간이 통상근로자의 근무시간과 유사한 경우에는 1일 8시간 근무한 것으로 간주

사업장밖 근로(스마트워크)를 하는 근로자가 작업 준비 · 작업 마무리 등을 하기 위하여 통상 1일 9시간 근무가 필요할 경우에는 1일 9시간을 근무한 것으로 간주 (다만, 이 경우에 노사가 서면합의로 근무시간을 1일 8.5시간으로 정했다면 그 시간을 근무한 것으로 간주)

㉡ 연장 · 야간 · 휴일근로

'사업장밖 간주근로시간제' 에 따른 간주 근로시간이 법정근로시간을 초과하는 경우에는 그 초과 부분에 대하여 연장근로수당을 지급하여야 한다.

사용자의 지시에 따른 특정의 업무 수행에 통상 필요한 시간이 야간근로나 휴일근로를 발생시킬 경우에는 원칙적으로 그에 대한 야간 · 휴일근로수당을 지급하여야 한다.

이와 관련하여, 야간근로나 휴일근로에 대한 사용자의 지시가 구체적이거나 명확하지 아니한 경우에는 할증임금지급을 둘러싸고 분쟁이 발생할 수 있다.

따라서, 사용자는 스마트워크를 하는 근로자가 야간 · 휴일근로를 할 경우에는 사전에 신고하여 사용자의 허가를 얻도록 하고, 그 실적에 대해 사후보고를 하도록 하는 절차를 취업규칙 · 근로계약 등에 정할 필요가 있다.

다. 재량근로시간제를 적용할 수 있는 경우

스마트워크의 대상 업무가 ① 신상품 · 신기술의 연구개발 또는 인문사회 · 자연과학 분야의 연구업무, ② 정보처리시스템의 설계 · 분석업무, ③ 신문 · 방송 · 출판업에서의 기사의 취재 · 편성 · 편집업무, ④ 의복 · 실내장식 · 공업제품 · 광고 등의 디자인 · 고안업무, ⑤ 방송 프로그램 · 영화 등 제작업에서의 프로듀서 · 감독업무 중 하나에 해당하는 경우에는 '재량근로시간제' 를 적용할 수 있다.

재량근로시간제는 근기법 제58조제3항에 의하여 업무수행 방법 및 근로시간의 배분을 근로자의 재량에 맡기고 노사 서면합의로 정한 시간을 근로한 것으로 간주하는 제도이다. 업무의 재량성이 큰 업무라 해서 모두 재량근로시간제를 적용할 수 있는 것은 아니고, 근기법시행령 제31조의 업무에 한하여 적용할 수 있다.

'재량근로시간제' 를 도입하기 위해서는 사용자와 근로자대표가 서면합의를 하여야 하며, 서면합의에는 대상업무, 업무수행 수단 및 시간배분 등에 관하여 근로자에게 구체적인 지시를 하지 않는다는 내용, 근로시간의 산정은 서면합의에서 정하는 바에 따른 다는 내용을 명시하여야 한다.

㉠ 근로시간의 산정

'재량근로시간제' 를 적용하게 되면 스마트워크를 하는 근로자는 노사 서면합의로 정한 시간을 근로한 것으로 간주한다.

재량근로시간제 적용시 근로시간 산정 예시

디자이너 업무를 재택근무 방식으로 하면서 근무시간을 노사 서면합의로 1일 8시간으로 정하면 실제로는 10시간 또는 7시간을 근무하든 관계없이 8시간을 근무한 것으로 간주한다.

㉡ 연장 · 야간 · 휴일근로

'재량간주근로시간제' 에서 노사 서면합의로 정한 시간이 법정근로시간을 초과하는 경우에는 그 초과 부분에 대하여 연장근로수당을 지급하여야 한다.

노사 서면합의로 정한 시간에 야간 · 휴일근로 시간이 포함되어 있는 경우에는 그 부분에 대하여 야간 · 휴일근로수당을 지급하여야 한다.

라. 근로시간 관리와 관련한 권장 사항

스마트워크를 시행하면서 사업장밖 근로시간제 또는 재량근로시간제를 채택하는 경우라도 사용자는 스마트워크를 하는 근로자의 실제 근로시간을 주기적으로 파악하고 실제 근로시간에 비추어 간주근로시간이 적정한 지를 확인하여 실제 근로시간에 맞도록 간주근로시간을 조정하는 조치를 취하는 것이 바람직하다.

④ 임금 및 수당의 조정

스마트워크를 시행하면서 근무장소만 달리할 뿐 현재의 업무내용 및 소정근로시간에 변화가 없다면 급여(기본급)의 내용을 달리 정할 필요는 없을 것이다.

스마트워크로 인해 사업장에 통근하는 일이 없어지거나 적어짐으로 인해 통근수당(차량유지비) · 급식비 등을 조정할 경우에는 그런 내용을 담아 취업규칙을 변경하여야 한다.

(3) 산업안전보건법령 적용상의 유의 사항

① 스마트워크 장소에 대한 안전보건기준의 준수

사업주가 고정 장소를 제공하는 위성사무실형 스마트워크의 경우에는 산업안전보건법령에서 정하는 안전보건기준을 이행하여야 한다.

특히, 스마트워크의 경우 주로 정보통신기기를 활용하게 되므로 근골격계질환에 대한 예방조치를 취할 필요가 있다.

재택형 스마트워크의 경우에는 근로자의 사생활이 이루어지는 자택이 근무장소이어서 프라이버시 침해 등의 문제가 발생할 수 있고, 근무와 일상생활이 동시에 이루어지고 있는 점을 감안할 때 원칙적으로 산업안전보건법령에서 정하는 안전보건기준을 이행할 필요는 없다.

다만, 재택형 스마트워크라 하더라도 사업주가 컴퓨터 · 의자 등 사무기기를 제공하는 경우에는 근골격계질환 예방 등의 조치를 하는 것이 바람직하다.

② 스마트워크 근로자에 대한 사업주의 의무

사업주는 스마트워크를 하는 근로자에 대해서도 통상근로자와 마찬가지로 건강진단을 실시하여야 하며, 정기적으로 안전 · 보건교육을 실시하여야 한다.

특히, 스마트워크를 하는 근로자를 새로 채용할 때에도 스마트워크를 하는 업무에 대한 안전 · 보건교육을 실시하여야 한다.

(4) 산업재해보상보험법령 적용상의 유의 사항

스마트워크 중에 해당 업무가 원인이 되어 발생한 재해는 업무상 재해로서 근로기준법상 재해보상 및 산업재해보상보험법상의 보험급여의 대상이 된다.

다만, 재택형 스마트워크에서 근로자의 사적 행위를 원인으로 하여 발생한 재해는 업무상 재해로 인정되지 않는다.

스마트워크를 하는 근로자에게 발생한 재해가 업무를 원인으로 하는지 여부는 해당 근로자가 입증해야 한다.

4. 그 밖에 스마트워크의 적절한 도입과 시행을 위한 유의 사항

(1) 노사의 공감대 형성

스마트워크의 원활한 도입과 정착을 위해서는 근로자의 불필요한 오해를 방지하고 노사간에 공감대를 형성하는 것이 중요하다.

따라서, 스마트워크의 도입에 앞서 도입 목적, 대상 업무, 대상 근로자의 범위, 스마트워크의 방법 등에 대하여 사용자와 근로자대표가 충분히 협의하고 협의된 사항을 서면으로 작성해 두는 것이 바람직하다.

(2) 업무의 원활한 수행

스마트워크를 하는 근로자가 해당 업무를 원활하고 효율적으로 수행하기 위해서는 업무 내용, 업무수행 방법 등을 문서화하여 교부하는 것이 바람직하다.

또한, 스마트워크는 근로자가 사업장 밖에서 근무하기 때문에 평상시 또는 긴급시의 연락방법에 대해서도 사전에 정해두는 것이 바람직하다.

(3) 공정한 성과평가 및 인사관리

스마트워크는 근로자가 사무실에 출근하지 않는 것 때문에 성과평가 등을 걱정하는 일이 없도록 성과평가 및 인사관리 제도를 구축하는 것이 바람직하다.

특히, 스마트워크를 하는 근로자에 대하여 통상근로자와는 다르게 성과평가 및 인사관리를 하는 경우에는 그러한 내용을 반영하여 취업규칙을 변경하여야 하며, 스마트워크를 하려는 근로자에게 미리 그 내용을 설명하는 것이 필요하다.

(4) 비용 부담

스마트워크를 시행하는 경우에 업무수행에 소요되는 기자재 및 소모성 비품, 통신비 및 정보통신기기의 수리 · 관리 비용 등은 사용자가 부담하는 것이 원칙이다. 그러나, 근무장소가 사업장으로부터 떨어져 있는 스마트워크의 특성상 근로자가 지출한 비용에 대하여 사용자가 신속하고 체계적으로 대처하는 것이 곤란한 경우가 있다.

따라서, 사용자가 사전에 일괄부담할지, 스마트워크를 하는 근로자가 선부담하고 사용자가 후상환할지, 사용자가 부담해야 할 비용의 범위를 어디까지로 할지 등에 대하여 노사가 미리 충분히 협의하여 취업규칙 등에 정하는 것이 필요하다.

(5) 사내교육 등

스마트워크를 하는 근로자는 OJT(On the Job Training)에 의한 교육기회를 얻기 어려운 측면이 있으므로 사내교육 기회 등에 불안을 갖지 않도록 필요한 조치를 취하는 것이 바람직하다.

특히, 스마트워크를 하는 근로자에 대하여 통상근로자와는 별도의 사내교육이나 연수제도 등을 운영하는 경우에는 이를 취업규칙에 반영하여야 한다.

(6) 사업장 근무로의 전환 가능성

스마트워크만을 하는 것으로 채용 또는 배치 전환된 경우가 아니라면 근로자가 원할 경우 다시 통상의 사업장 근무로 전환할 수 있다는 내용을 미리 당사자 사이에 정하거나, 취업규칙에 반영 하는 것이 바람직하다.

찾아보기

ㅇ

ㅈ

ㅊ

ㅌ

ㅍ

ㅎ

김 수 복

金 洙 福 (☎ 02-556-9912)

저자 약력	저서 및 논문
· 고려대학교 경제학과 졸업	· 고용조정과 정리해고(중앙경제)
· 동국대학교 대학원 졸업(경제학박사)	· 근기법-인사 · 노무실무사례(중앙경제)
· 행정고등고시합격(제3회)	· 근로시간 · 휴일 · 휴가의 법률실무(중앙경제)
· 노동부 총무과장 · 재해보상과장 · 법무담당관	· 근로자참여및협력증진에관한법률(중앙경제)
· 중앙노동위원회 사무국장	· 노동법(중앙경제)
· ILO(국제노동기구)노동정책과정이수	· 노동조합법(한국사법행정학회)
· 동국대 법과대학 강사	· 노동조합및노동관계조정법(중앙경제)
· 서경대학교 대우교수	· 단체협약의 체결과 운영(중앙경제)
· 광주여자대학교 겸임교수	· 비정규직근로자의고용및노무관리(중앙경제)
· 공인노무사시험위원	· 산업재해보상보험법(중앙경제)
· 노사관계개혁위원회 자문위원	· 산재보험법개론(매일경제신문사)
· 근로복지공단 비상임이사	· 업무상 재해의 이론과 실제(중앙경제)
· 한국공인노무사회 부회장	· 인사이동의 법률문제(중앙경제)
· 사단법인 한국노동연구소장 겸 이사장(현)	· 임금 · 퇴직금을 둘러싼 법률문제(중앙경제)
· 사단법인 노정회장 대행	· 취업규칙 · 근로계약의 작성과 운영(중앙경제)
· 국제공인노무사사무소대표 공인노무사(현)	· 기업의 노동조합대책(중앙경제)
· 숭실대노사관계대학원겸임교수	· 파견 · 도급 · 사내하청 · 업무위탁 · 전출실무(중앙경제)
· 서울지방노동위원원회 공익위원	· 근로기준법-판례 · 해석통람(중앙경제)
· 노동부규제심사위원회공동위원장	· 징계 · 해고 · 퇴직의 법률실무(중앙경제)
· 서울중앙지방법원 조정위원	· 노사협의회의운용과 법률실무(중앙경제)
· 한국사회법학회 회장	· 채용에서 퇴직까지 법률지식(중앙경제)
· 단국대학교행정법무대학원강사	